編集復刻版

水原克敏 編・解題

戦後改革期文部省実験学校資料集成 第Ⅲ期 第1巻

不二出版

〈復刻にあたって〉

一、原本自体の破損・不良によって、印字が不鮮明あるいは判読不能な箇所があります。

一、資料の中には人権の視点から見て不適切な語句・表現・論もありますが、歴史的資料の復刻という性質上、そのまま収録しました。

一、解題（水原克敏）は第1巻巻頭に収録しました。

（不二出版）

〈第1巻　目次〉

◎収録一覧

巻		資料名	発行所	発行年月日
		〈初等教育実験学校報告書〉		
第1巻	1	小学校道徳の評価	東洋館出版社	1963（昭和38）年5月20日
	2	小学校特別教育活動指導計画のあり方	教育図書	1964（昭和39）年6月1日
	3	小学校音楽の指導法に関する二つの実験研究	音楽教育図書	1963（昭和38）年6月20日
	4	小学校道徳指導計画改善の観点	教育図書	1963（昭和38）年7月5日
第2巻	5	小学校クラブ活動の効果的な運営	教育図書	1964（昭和39）年1月5日
	6	小学校音楽の指導法に関する実験研究――創作の指導法	大蔵省印刷局	1964（昭和39）年6月15日
	7	小学校家庭科すまいの領域を中心にした学習指導法の研究	教育図書	1964（昭和39）年6月10日
	8	学習に役だつ小学校図書館	東洋館出版社	1965（昭和40）年7月10日
第3巻	9	作文の学習指導	教育図書	1965（昭和40）年3月1日
	10	小学校道徳の指導法　読み物資料の効果的利用	東洋館出版社	1965（昭和40）年6月1日
	11	小学校児童会活動運営の実際	東洋館出版社	1965（昭和40）年6月1日
	12	児童の実態に即した学習指導法の研究――特に下学年の理科指導について	東洋館出版社	1965（昭和40）年10月5日

『戦後改革期文部省実験学校資料集成　第Ⅲ期』解題

水原　克敏

1. 特設道徳・特別教育活動による人間形成と学習指導の「能率化・効率化」を重視

昭和三三年度学習指導要領改訂は、教育課程の四領域化（教科・道徳・特別教育活動・学校行事等）によって、道徳教育の特設と特別教育活動等の設定によって人間形成を重視すること、かつ、系統主義カリキュラムと科学技術教育によって「能率化・効率化」を企図すること、という二大方針を打ち出した。

特設道徳は、政治的文脈から唐突に特設されたので、その具体化を図るためにカリキュラムと教育方法の開発が急がれた。収録資料一二件のうち三件が道徳教育で、その内容は、（収録資料1）「小学校道徳の評価―特に学級における友人関係の指導と関連して―」と（同4）「小学校道徳指導計画改善の観点」、そして（同10）「小学校道徳の指導法　読み物資料の効果的利用」である。さらに、特別教育活動についても、（同2）「小学校特別教育活動指導計画のあり方」、（同5）「小学校クラブ活動の効果的な運営」、（同11）「小学校児童会活動運営の実際」、という三件で、やはり特別教育活動を通した人間形成が追究されている。これまで生活指導のカリキュラムによって、生徒指導が展開されてきたが、特設道徳によって、計画的な生徒指導は、特設道徳に委ねられることになった。ただし、道徳教育が様々な事情により期待通りには展開されなかったことは周知の通りである。そのほか、文部省唱歌の事例案を提案した音楽、合理的で人間的な生活を求める家庭科（すまい）なども、時代背景との関係で興味深い役割を求める実験的研究がなされた。

他面、系統主義カリキュラムと科学技術教育による「能率化・効率化」重視によって、日本の経済復興を支える学習指導法の開発が目指された。収録資料に共通するキー・ワードとして「能率化・効率化」のタームがたびたび登場するのが、今回の報告書の大きな特徴である。そうした観点から、「教材の構造化、目標の具体化等」を行うことは、「教育専門職として、わたくしたち自らの手で、どうしても究めてかからなくてはならない」と目白小学校長は「はじめに」（収録資料12）で述べているように、カリキュラムと教育方法の近代化（合理化・能率化）志向と、これを担う近代プロフェッショナルとしての専門職意識が見られる。学習指導の効率化を図るための「資料センター」化を求めて、（同8）では「役だつ小学校図書館」のあり方が提案され、また、効率化を図るための（同9）作文教育の様々な教授法が考案され、それを検証する合理的な度数分布の分析がなされた。そして（同12）理科教育でも、合理的で成果の上がる教育方法の開発が見られた。

2. 初等教育実験学校報告書1から12

収録資料1『初等教育実験学校報告書1　小学校道徳の評価』一九六一年　東洋館出版社　全一九二頁

本書は、東京学芸大学付属世田谷小学校が昭和三三・三四・三五年度の三か年にわたる、「道徳の評価」に関する実験学校としての研究報告である。同校は、昭和二五年度に Guidance 研究部（のちの生活指導部）を設置した時に始まり、校外の生活指導を中心に研究してきた。その後、「基本的な習慣」に着目して児童生徒の実態調査研究をし、さらに、東京学芸大学教育研究所とともに研究会を持つことで、「昔の修身科」とは違う「広い立場」から「人間形成」を追究した。そして、昭和三一年から三二年にかけて、同校の「新しい教育目標」「最大の自己実現と、最大の社会奉仕、そのための民主的人格の基礎」を確立したという。研究では、児童の道徳性を発展させるための指導・評価のあり方、特に児童の友人関係の道徳性に絞って検討した。まず、学習指導要領と照合し、①協調性と相互尊重（親切・同情・友情・忍耐・寛容・思慮反省・明朗快活・感謝・正直誠実・自治・愛校心・人格の尊重）、②責任（自由と責任・時間の尊重・公共心・公徳心・権利義務）、③独立心と批判力（自立・自主自律・個性の伸長・努力・向上心・正義・勇気・公平公正）、④合理性（合理的精神・探究心）という徳性を挙げた。そして、評価方法として、①ソシオメトリー、②友人関係の質問紙法、③事態反応テスト、④絵による事態完成テスト（漫画）、⑤道徳判断の標準テスト、⑥集団行動の観察法、⑦友人に関する作文法（「学級の友だち」）、⑧ゲス・フー・テスト、⑨グループ日記、⑩対人関係の質問紙法をあげて、それぞれの実験検証による意義と課題をまとめている。注目すべき見解を挙げておくと、(1)「価値のかっとうの場を設定」することで評価する仕方は「よい着眼点」である。(2)「児童の内面にせまる」には、「教師が時間をかけ」「多面的に厚みのある評価」をする必要がある。(3)「道徳の評価の仕事は教育の本質につらなり、道徳の指導と一体になって」教育することが必要である、という見解である。

収録資料2『初等教育実験学校報告書2　小学校特別教育活動指導計画のあり方』一九六二年　教育図書　全二一二頁

本書は、東京都豊島区立雑司谷小学校が、昭和三五・三六年度の二か年にわたる実験学校として、「特別教育活動指導計画のあり方」をまとめた研究報告書である。特に、児童会活動と学級会活動に絞った研究である。第一年度は、児童理解と自主性を高める努力と学級会活動の基本にある特別教育活動の基礎的研究をし、第二年度は、児童会活動及び学級会活動を研究した。それらを包含する特別教育活動は、「自発的、自治的な活動」を促し、「実践的人格」形成を目的とするが、その反面、「集団生活の中から、正しい物の見方を身につけ、自他の相互関係を通して自主性を確認し、進んで問題を意識しながら、自分たちで解決するための実践力を育てるような指導が、計画的に意図されていなければならない」と同校は捉える。同校は、このように特別教育活動の意義を捉えつつも、「指導の強化」によって「児童の自発的、自治的な活動」を後退させるか、あるいは能率的でしかも優秀な結果を期待することで、「特別教育活動の本質を失う」ことを懸念している。こうした見解により、同校は、昭和三一・三二年度の二か年にわたる週番引継簿・児童会記録・学級会記録に現れた具体的な生活目標の項目別頻度数を調査し、その上で、週番制度を廃止した。「児童の看護、管理面の仕事は、本来教師がそれに当たるべき性質のもので」「それを、週番という名のもとに児童をその補助的役割につけることは本末転倒」と捉えたのである。「週番児童はみずからの学校生活を改善向上させる本来の活動以上に」「友人より上位にたったような錯覚」に陥り、「一種の権力的組織になってしまうという問題」を指摘している。同様の論理で、学級委員のあり方も見直された。「学級委員は担任教師の補助的な役割ではなく、文字どおり学級全体の意向を代表するものでなければならない。学級会活動の世話役であり、役員的存在」であるとされ、「交代制」とした。

収録資料3『初等教育実験学校報告書3　小学校音楽の指導法に関する二つの実験研究』　一九六三年　音楽教育図書　全二二二頁

本書は、昭和三四・三五年度に実験学校として指定された東京学芸大学付属世田谷小学校と横浜国立大学学芸学部付属鎌倉小学校の研究報告書で、前者は「音楽科における統合的指導法」について、後者は「音楽の基本的要素を身につけさせるための効果的な指導法」について担当した。

世田谷小学校は、「教科としての本質、指導の効果、能率、児童の個性に適応するという角度」から「統合的指導が効果的で望ましいという結論」を前提に、次の三点を究明することとした。①単位時間の統合的指導法のあり方、②「題材に要する総時数を総括した場合に考えられる統合的指導法」のあり方、③年間計画における統合的指導のあり方、という三点である。音楽の統合的指導法は、「その時代（昭和三四〜三六年）にとってはとにかく音楽教育の分野において大きな問題となり、さまざまな反響を呼んだ」という。「統合的指導法が最終的にねらっているもの、それは、児童に無理がなく学習でき、音楽のほんとうの楽しさを知って、音楽学習に喜びをもつようになるための教育方法の研究である」と同校は位置づけている。

他方、鎌倉小学校は、「音楽の基本的要素を身につけさせるための効果的な指導法」の研究で、まず、音楽の「基本的要素とは何か」という問いのもとに広く研究資料を調査し、リズム・メロディー・ハーモニー・フレーズ・速度・強弱・音色の七点を確定した。教育課程作成上の基本的立場として、①音楽の楽しさ、喜び、②態度・習慣、③感覚（基本的要素）、④表現技能、⑤知的理解の五点を目標とし、上記七点の基本的要素を入れ込んで、教育課程様式第一次案として「日本音楽の伝統的な内容の感じを表現したり鑑賞したりする」案を作成。具体的には、文部省唱歌「かたつむり」「日の丸」「なかよしこよし」「はごろも」等の指導内容と学習活動例、指導案、指導の系統案も提案した。そして指導の四段階を明らかにした。

収録資料4『初等教育実験学校報告書4　小学校道徳指導計画改善の観点』　一九六三年　教育図書　全二三二頁

本書は、道徳指導計画の改善に関して、文部省が昭和三六・三七年度の実験学校として委嘱した東京都新宿区立戸塚第三小学校の研究成果報告書である。同校は、①「児童の道徳性の発達や生活の実態、地域環境の特殊性」を捉える。②これまでの「指導の結果から、どのような問題が発生したか」。③「指導の結果発生した問題を、どのように解決し、改善したか」、という順序で報告している。まず①の解明のために、小学校学習指導要領の「児童期の道徳性の発達」の内容及び児童心理学の諸文献を研究し、次いで学習指導要領の「道徳指導の内容」を低・中・高学年の発達段階に即して分析表を作成した。さらに児童の生活を四三内容九九項目について調査・記録・観察などを参考に考察した。また、「原理別領域別　坂本式道徳性診断検査」も実施して、全国平均と比較して同校の課題を析出した。そして結論として、「道徳の時間の意義は、生活指導のように偶発的に起こった問題の指導と異なり、児童の発達段階や、生活の実態に立って、道徳性を計画的・継続的に指導するものである。そこには、当然系統性が考えられねばならない」とした。「習慣化、心情、判断力、態度」について「系統的なおさえ方を考えるべきで」ある。さらに「系統性」について討議を重ね、「二つの面から考えた」という。一つは、学習指導要領の「四つの領域」の内容を、「学年の発達段階や生活の実態に応じて」どう重点的に配列するか、という意味の「系統性」である。例えば、低学年では「日常生活の基本的行動様式」を主とし、学年が上がることで、「道徳的心情、道徳的判断」「個性の伸長、創造的な生活態度」「国家、社会の成員としての道徳的な態度と実践的意欲」という配列である。二つは、道徳性を「六か年の積み上げ」による方式で、低学年では、決め事の「習慣化」、中学年、高学年においては、「判断を基礎とした態度」の形成である。同校は、これらの原則を踏まえて、主題の一覧表を提案したのである。

収録資料5『初等教育実験学校報告書5　小学校クラブ活動の効果的な運営』一九六三年　教育図書　全一四八頁

本書は、文部省が昭和三六・三七年度の二か年にわたり、「クラブ活動の計画と指導」という主題で実験学校に委嘱した埼玉県鴻巣市立鴻巣東小学校の研究報告書である。同校のクラブ活動は、昭和二二年度学習指導要領の自由研究として、音楽、郷土などの一〇クラブができ、四年生以上の児童の希望参加制で、全職員の指導によって開始した。次いで、昭和二六年度学習指導要領改訂によって自由研究は廃止されたが、国語・理科・音楽などのクラブ活動は続けられ、昭和三七年度には、珠算・読書・習字・地歴・生物・電気・美術・歌唱・器楽・手芸・運動の一一クラブに落ち着いた。児童の所属するクラブの選択については、一年を二期あるいは三期に分けて、希望の順位によって振り分ける仕方がとられたが、「児童の所属変更希望調査によると、大半の児童が一年間同一のクラブに所属することを希望している」ので、年間一期制を検討しているという。時間は、毎週水曜日六時間目で年間総時数は三五時間である。「クラブ活動のねらい」は、「同好の児童が集まり、主体を児童において活動することによって、自発性、自治性が養われ、児童会、学級会活動ではじゅうぶん満たすことのできない個性の伸長も図られ、生活も楽しく豊かなものとなり、心身ともに健康な生活が期待できるものである」と同校では捉え、中学年以上の児童を対象に、「学年・学級のわくを解体して、共通の興味・関心を追究していく活動」をめざしている。同校の「クラブ活動のねらい」は、①共通の興味・関心を追求する活動を通して、自発的、自治的な活動ができるようにする。②個性や能力の伸長を図る。③生活を楽しく豊かにする、という三点である。それぞれのクラブ担当教師は年間指導計画を立て、自発性、積極性、計画性、実践性、協力性という五つの観点から評価する。このような仕方が効果的な運営であるという報告書である。

収録資料6『初等教育実験学校報告書6　小学校音楽の指導法に関する実験研究』一九六四年　大蔵省印刷局　全一三二頁

本書は、文部省が昭和三六・三七年度の二か年にわたって、「創作の指導法」という主題で実験学校を委嘱した東京学芸大学付属小金井小学校の研究報告書である。同校は、この主題を受けて、次のような仮説を設定した。「創作の指導は、まず他の領域での学習経験（たとえば、音楽語い・音楽感覚・音楽知識など）の累積・発展・応用として、また、それらとの関連の上に考えられるべきである」と。また、「実験研究の中に指導法を帰納的に見いだそうとする実践的な観点から分析を考え」という手法をとることにしたという。初年度は、①研究のための基礎調査（音楽の面から見た環境と児童の実態調査）。②創作指導における「感動」と「形式」の問題、言わば、創作の種である感動をある種の表現形式に整えることの問題である。③実験・調査による「即興的表現」の研究（指導内容の系列と体系）、という三点を課題とした。第二年度は、実験と調査を重ねての「即興的表現」の研究で、①児童の発達段階をふまえて具体的内容と系列を立て「実験・調査を基礎とした指導体系」案を作成、②再実験・再調査により、教材系列、指導法、学年別指導一覧表の作成、③「分担奏や合奏のくふうの内容と指導」の研究、④問題点別指導法の考察、という仕方で研究を進めた。「実験・調査を基礎とした即興的表現の内容」の一覧表を見ると、即興的表現の能力形成をめざして、まず、指導内容の類型の欄には、①動物の鳴き声・物売りの声や呼び声の模倣とふしづけ、②物音のリズムの模倣とその音楽的な表現、③歌問答・リズム問答・しりとり遊び、④ことばのふしづけ、⑤旋律の創作、とあり、分析・系統の欄には、模倣からふしづけへ、ふしづけのための細かい技能、まとまったふしの創作へ、という三段階がある。具体的な指導内容では、⑤旋律の創作の欄だけをあげると、「短い旋律（歌うふし）の創作（四小節程度）」から「まとまった旋律（楽器のふし）の創作（八小節程度）」まで四段階があり、さらに学年別配当の欄がある。このように同校は、実験学校として、創作的表現ができるための指導体系を提案したのである。

収録資料７『初等教育実験学校報告書７　小学校家庭科すまいの領域を中心にした学習指導法の研究』一九六四年　教育図書　全二〇四頁

本書は、文部省が昭和三七・三八年度の二か年にわたって、「すまいの領域を中心にした学習指導法の研究」という主題で実験学校を委嘱した東京都目黒区立東根小学校の研究報告書である。家庭科は、基本的に衣食住の領域を対象とする教科であるが、委嘱研究では、「すまい」の指導法の研究である。「被服領域や食物領域に関しては、比較的研究が深められ、あらゆる角度から究明されつつある」が、「すまい領域に関しては、多くの問題を内在している領域にもかかわらず、未開拓の分野が数多く残されていて、実際指導にたずさわっているものにとっては、至難な領域」であるという。研究の初年度は、①児童が家庭生活をどのように過ごしているか、その実態を正しく把握する必要があるので、その調査をした。②小学校学習指導要領の第七章の熟読による課題設定をし、昭和三八年六月の中間発表では、「地域の実態と家庭科の年間計画」「すまいの領域を中心とした題材の指導計画」「題材『身のまわりの整理整とん』を中心にした学習指導の実際」、そして「実演授業を通しての指導法の研究」の四点を提案した。第二年度は、第五学年で「清掃」、第六学年で「涼しいすまい方」と「冬のすまい」の研究授業とともに、そのあり方を研究し、その準備資料及び事後の指導案の改訂と調査などをまとめて収録した。これらの研究を遂行する上で問題になった一つは、「すまいの指導の対象となる住生活の現実があまりにも開きが大きく、『指導上の焦点をどこに合わせたらよいか』という点である」という。東京と北海道、工場地帯と農業地帯、そしておそらく貧富の差による住宅事情の落差がひどい時代である。被服や食物は、割合に題材を容易に見つけることが可能であるが、住居の事情は様々で、児童生徒にはなじみにくい大人の領域に属するところがあるので、その中で生活に有用な題材を開発しなければならない。同校は、これらを踏まえて題材を開発したのである。

収録資料8『初等教育実験学校報告書8　学習に役だつ図書館』一九六四年　東洋館出版社　全二六二頁

本書は、文部省が昭和三七・三八年度の二か年にわたって、「小学校図書館のあり方」という主題で実験学校を委嘱した東京都大田区立田園調布小学校の研究報告書である。昭和二八年に学校図書館法が成立したが、同校は、早くも昭和二四年に校舎の一隅に図書館を設置し、同二六年には独立した図書館を新築落成した。同三〇年には東京都の実験学校の指定を受け、同三二年に『効率教育をめざしての本校の図書館運営の実際』を編集発行した。図書館の運営方針は、①読書による情操豊かな円満な人格の形成をはかる。②図書及び図書以外の資料の整備と活用により学習の効率化をはかる。③図書及び図書以外の資料の自主的自発的な活用をはかる態度を養う、というもので、同校は目録ファイルの整備に力を入れてきた。これらの経緯の中で、同校は、「資料センターとしての学校図書館の実現に努力」してきたという。そして文部省実験学校としての研究「学習に役だつ学校図書館」では、「資料利用による学習の効率化と読書による人間形成の二つに重点をおいて研究」を進めたのである。「効率化」の観点からみると、「問題は資料の構成があまりにも図書に偏していて」「児童の自主学習の対象にはなっても、学習指導には直接に役だたなかった」。図表・地図・スライド・テープ・写真そして自作資料など膨大な量が必要である。また、図書館の整備についても、研究室・資料室・視聴覚室・読書室などが必要であり、かつ「図書館のもとに統一され、一元的に組織化」される必要がある。他方、人間形成のための機能はどうか。教師のためと児童のためとの二つがある。教師のためには「一般教養書（文学、思想、宗教、伝記等）が」、児童のためには「物語・文学作品・伝記等」が「読むものに、感動、感銘を与え、共感をよび心情に訴え、やがて価値観をつちかう機能を果たす」ことになる。最後に、「図書館の資料利用による学習の効率化と読書による人間形成（情操育成）とは、学校図書館の役割であり目標である」と結論している。

収録資料9『初等教育実験学校報告書9　作文の学習指導』一九六五年　教育図書　全一八四頁

本書は、文部省が昭和三六・三七・三八年度の三か年にわたる実験学校として、神奈川県川崎市立向小学校には「作文の基礎的基本的能力、特に記述力、取材力、構想力に関する研究」を、また、埼玉県熊谷市立西小学校には「読解指導と作文指導との関連のさせ方および作文指導における教材の扱い方に関する研究」を委嘱し、その研究成果の報告書である。

まずは、川崎市立向小学校の研究であるが、「第一章　絵日記と記述力」では、記述量について、「絵を先にかく児童と、文章から書きはじめる児童と」がおり、実験観察によれば、文章から書き始めた作品が、記述量がはるかに多い。素材数では、絵を先に描いた作品は、素材が一つに絞られている。文章を先に書いた作品は、素材が多く、朝から晩までのことが次々と書かれている。児童について、「文章を先に書いた児童は、書字力評価上が多く、また、口頭発表のじょうずな者が多い」。実験観察から見ると、一年生に初めて絵日記を書かせる時は、①長い文章を書かせる時には、文章から書かせるとよい。②まとまったものを狙う時は、絵を先に描くよう指導するとよい。③能力中以下の児童は、文章を先に書かせることに無理がある、などの結論である。第二章は「取材メモと取材力―中学年の記録の場合」では、「箇条書きのメモのほうが、充実した作品を生む」という結論である。第三章は、高学年を対象にした「構想メモと構想力」で、「構想メモを使用」すると、「取材段階での活動状態や、構想のしかたが大きく影響する」という結論である。
熊谷市立西小学校の読解指導では、「書く」活動を取り入れる仕方は、高学年では高い効果があるが低学年では効果が見られないという結論である。作文指導では、低学年は、教科書の教材よりも、「身近な児童作文」を教材として活用したほうがよい。「感想文、生活文、生活日記など自己表現的な文章では、はじめから文章を読解させると、どうしてもそれにとらわれやすく、例文の模倣的な記述」に陥りがちであるから、「最初に文章を書き→それについて話し合い、自分の文章について評価させ→それから教材文を読み→推考、または、新しく記述するような過程」をとる方が効果的である、という結論である。

収録資料10『初等教育実験学校報告書10　小学校道徳の指導法　読み物資料の効果的利用』　一九六五年　東洋館出版社　全二四六頁

本書は、文部省が昭和三八・三九年度の二か年にわたって横浜市立本町小学校に実験学校を委嘱することで、「読み物の利用」による道徳指導法の研究を進めた成果報告書である。道徳が設置されてから六年余、第一次研究（昭和三三年九月～三六年三月）は指導内容三六項目の検討と、指導のための素材の収集。基本的な考え方は、①道徳時間では、生活指導を重視して児童の生活態度を高め、生活能力を伸ばしていく心の姿勢、生活への志向性をつくる。②道徳の指導は教科及び教科以外の活動における生活指導に発展を期す。③学級づくりによる生活指導を展開し、学級生活が児童の道徳性の発達に及ぼす影響を考察。第二次研究（同三六年四月～三八年三月）は、実践的に検討して改善を図った。特に道徳教育の主題のねらいを吟味し、学年段階をおさえて発展系列及び資料活用表を作成した。第三次研究（同三八年四月～一一月）は、文部省実験学校の初年度で、その研究組織を四部構成とした。第四次研究（同三八年一二月～四〇年三月）は、①道徳時間の指導法上の問題点を検討し、研究テーマ設定の手がかりとした。道徳指導書の中に、話し合い、教師の説話、読み物の利用、視聴覚教材の利用、劇化、実践活動の六つの方法があるので、これを素材に教育方法を検討。児童の道徳の内面化を図る道筋はどうあったらよいか、「道徳的価値のかっとう場面」を利用することが効果的である。さらに「価値の一般化はどのようにしたらよいかという問題」がある。②「読み物資料の効果的利用」について、過去四年間で、「読み物利用と視聴覚教材の利用がもっとも多い」。読み物は、「深く道徳的価値にふれさせる」ものとして、「ぐうわ、童話、物語、伝記、作文、詩等々」「心情を養うのに役だつ」。「道徳的判断力や道徳的心情の形成は、みずからの行為を思考し反省することと〔と〕もに、先人の行為や考え方に学ぶことが多い」。それは読み物を利用することで効果がある。同校としては、そのような考えにより、各学年で、読み物利用の具体的指導事例をあげることで、報告書としたのである。

収録資料11『初等教育実験学校報告書11　小学校児童会活動運営の実際』一九六五年　東洋館出版社　全一七六頁

本書は、文部省が昭和三八・三九年度の二か年にわたって東京都荒川区立第四日暮里小学校に実験学校を委嘱することで、「児童会活動運営の実際」の研究を進めた成果報告書である。研究の第一期（昭和三八年四月～一〇月）は基礎研究で、教育課程の四領域（教科・道徳・特別教育活動・学校行事等）の共通理解、特別教育活動の中の児童会活動・学級会活動・クラブ活動のそれぞれのねらいと特質を理解した。第二期（同三八年一一月～三九年三月）では、仮説・検証・仮説の再検討を繰り返して、児童会活動運営の指導計画案を作成し、そして第三期（同三九年四月～同四〇年三月）では、指導計画第三次案を提案。この研究過程でとりあげられた問題点は二〇に及び、その一部を挙げると、①教育活動全体の中で、特別教育活動をどのように位置づけるか。④学級経営に特別教育活動をどのように生かしたらよいか。⑥自発的・自治的活動の限界をどうおさえたらよいか。⑧特別教育活動の評価はどうするか。⑨集団への積極的参加のさせ方と、その中における個の尊重をどうするか。⑱特別教育活動における集会活動と、学校行事等における集会活動の位置づけ、などを挙げている。本校の児童会活動の代表委員会において、「いちばん問題になったのは」、話し合いすべき意見や「議題がなかなか集まらない」ことで、児童たちが「投書する意欲を失って」いることである。対策として、議題整理のプログラム委員会を設置し、かつ部活動代表も入れ、そして投書へ丁寧に返答するなどの策を講じた。部活動では、「教師のお手伝いに終始するようなものや、活動・仕事の処理が教師の手を借りなくてはできないものであってはならない」こと、そして「児童が自分たちの学校生活を向上発展させるため、自発的・自治的に学校内の仕事を分担処理し、より楽しい充実した生活ができるようにする」ことを確認している。これらの原則を確認しつつ、同校は、「期待される学年別能力段階表」を作成しつつ指導計画案を報告書としてまとめたのである。

収録資料12『初等教育実験学校報告書12　児童の実態に即した学習指導法の研究―特に下学年の理科指導について―』一九六五年　東洋館出版社　全二六六頁

本書は、文部省が昭和三六・三七・三八年度の三か年にわたって東京都豊島区立目白小学校に実験学校を委嘱することで、「児童の実態に即した学習指導法の研究―特に下学年の理科指導について―」の研究を進めた成果報告書である。同三四・三五・三六年の実験学校であった東京都中央区立有馬小学校とその研究に協力した東京都世田谷区立弦巻小学校の研究課題であった「児童の自然認識の実態、特に幼稚園および小学校低学年児童について」の成果をふまえ、「学習指導方法の確立を図るのには、どのような手続きや手順を必要とするかを明らかにする」ために、文部省は改めて目白小学校を実験学校に委嘱したという。さらに、大阪府堺市立大仙小学校や京都府京都市立本能小学校の協力があり、また、「この研究は、千葉県習志野市立実籾小学校や東京都江戸川区立下小岩小学校と大阪府豊中市立中豊島小学校などに継承されて、研究が進められている」と文部省初等教育課長は「まえがき」で述べている。小学校低学年の学習指導法は、この時代、「能率化・効率化」指導をする上で重視されていたことが分かる。「自然科学の基礎的原理が理解できるようにする」にはどうするか、「こどもたちが具体的な自然の事物・現象の中から疑問や問題を見つけ出し、これを解決しようと努力する問題解決の過程が活動の中心になる。問題を解決するために、自分がとらえた事実をもとにしてこれを分析したり総合したりして考察する間に、筋道の通った考え方でくふう、処理する能力を養うことができるし、その結果として、自然科学的な事実や基礎的な原理の理解も得られるのである」と、同校は捉えている。「能率的な学習指導を計画」することは、小学校理科指導書でも求めており、「能率的に進めるためには、どうしても欠くことのできない必要なことがある。すなわち、連続して発展していく学習のつねに下位にあって、学習の発展をささえているもの」「基礎的なものをしっかりおさえ」る必要があるという。同校は、低学年対象の指導計画を開発し、かつ指導細案と実践例も含めて報告したのである。

解題執筆者紹介

水原克敏　みずはら・かつとし

現在　早稲田大学教育・総合科学学術院教育学研究科特任教授　東北大学名誉教授

主著　『近代日本教員養成史研究』　風間書房　一九九〇年
『現代日本の教育課程改革』　風間書房　一九九二年
『近代日本カリキュラム政策史研究』　風間書房　一九九七年
『現代日本教育課程改革』（中国語・方明生訳）
中国・教育科学出版社　世界課程与教学新理論文庫　二〇〇五年
History of National Curriculum Standards Reform in JaPan
Tohoku University Press, 2011
『増補改訂版　学習指導要領は国民形成の設計書―その能力観と人間像の歴史的変遷―』
東北大学出版会　二〇一七年

編　『自分～私がわたしを創る～』　東北大学出版会　二〇〇一年
『自分～わたしを拓く～』　東北大学出版会　二〇〇三年
『戦後改革期文部省実験学校資料集成』全九巻　不二出版　二〇一五～二〇一六年
『戦後改革期文部省実験学校資料集成（第Ⅱ期）』全六巻　不二出版　二〇一七年
『新小学校学習指導要領改訂のポイント』　日本標準　二〇一七年

共編　『学校を考えるっておもしろい!!教養としての教育学～TAと共に創るアクティブ・ラーニングの大規模授業～』　東北大学出版会　二〇一七年

監修　『自分Ⅲ～わたしから私たちへ～』　東北大学出版会　二〇〇四年

共著　『新しい時代の教育課程』　有斐閣　二〇〇五年　第四版　二〇一八年

初等教育実験学校報告書 1

小学校
道徳の評価

1961

文部省

初等教育実験学校報告書 1

小学校
道徳の評価

（特に学級における友人関係の指導と関連して）

1961

文部省

まえがき

道徳の時間は，去る昭和33年９月から実施されているのであるが，その年間指導計画・指導方法に関する研究の進展に伴い，道徳の評価をどのように考え，どのように実施すればよいかが各学校において問題とされるようになった。このことは，道徳教育の発展を意味するものとして喜ばしいことであるが，道徳の評価はまことに困難な問題であり，今後の各学校における研究の成果にまつ点がきわめて多いのである。

本書は，文部省が昭和33，34，35年度の３か年にわたって東京学芸大学付属世田谷小学校に実験研究を委嘱して得た成果をまとめたものである。本書を一つの手がかりとして，今後この方面に関する研究をいっそう進められることを期待してやまない。

なお，本実験研究に心からの協力をいただいた付属世田谷小学校の全職員の方々，特に研究の中心となって終始尽力され，執筆をも担当された山崎幸一郎教諭をはじめ，研究委員各位に深く感謝する次第である。

昭和36年５月15日

文部省初等中等教育局
初等教育課長　上野芳太郎

はじめに

道徳の評価は今日の現場における教育の最も基本的な問題の一つであると思う。

本校は昭和33年度から35年度まで３年間にわたり文部省初等教育実験学校として，この道徳の評価の実験研究に打ち込んできた。

さて，研究に取り組んでみると，本研究はわれわれの現場にとってはきわめてじみな努力をつみ重ね，しかもその一歩一歩が未開の原野を切り開く思いに似た，それに体力を要し，しかも創造的な仕事の連続であった。

しかし，絶えずわれわれは本研究の重要性についての強い認識と，世の本研究に対する大きな期待と，そして何よりも本校のこどもたちの幸福を考えるわれわれの教育者としての使命観とから，常にみずからを励まし，むちうって，ここまで到達したのである。

今日，ここに３年間の切り開いた道をふりかえり，ささやかではあっても，現場における道徳教育の確かな前進のために，一つの道しるべを立てたいと思う。本研究の小さな実りが，ここに公にされ，もし今日の初等教育における道徳教育の推進に少しでも役だつとしたら，これにすぎる本校の光栄はないと思う。

最後に，本書が生まれたのは以下の方々の全くの努力の結晶である。以下本研究の研究分担と，それぞれ分担された方々の氏名をここに連ね，各位に心からの謝意を表させていただきたいと思う。

本研究の問題設定には，東京学芸大学教授前本校校長倉沢剛，文部省教科調査官青木孝頼，東京教育大学心理学教室元本校教官真仁田昭，本校教諭山崎幸一郎，木島孝，武藤重治，池田成男，石野明夫，東節子，上田幸夫が，

本研究の問題作成には，山崎，石野，東，上田，それに真仁田が，

そしてその問題の検討には青木，真仁田，山崎，石野，東，上田が，

実験学級としては1年石野，東，2年山崎，3年上田，4年木島，5年池田，6年武藤が，そしてそのまとめにあたっては，山崎学級と池田学級の資料が中心となり，

教育実験の実施にあたっては本校全教官および，父母の心からの協力を得，

資料の整理方式の検討には，青木，真仁田，山崎，石野，東，上田が，

資料の整理には教官では江橋，池田が，

さらに東京学芸大学学生，西尾恒敬，安藤駿英，福島修美，中野美和，浅田昌宏，中川晃，松本多慶子その他の諸君が，また卒業生として蟻川和子その他の諸君が，

原稿執筆は山崎，江橋が共同討議の上にこれに当たり，その検討には青木，真仁田が当たった。

ここにしるして重ねて謝意を表し，あわせて，読者諸賢の本研究に対する今後のご叱正とご助言を切にお願いして筆をおきたい。

昭和36年5月15日

東京学芸大学付属世田谷小学校長

理学博士　辻　本　芳　郎

目　次

序　　論

1　本研究の動機とその重要性の認識

端的にいってわれわれが今日まで，現場でほんとうにこどもたちの道徳性を伸ばそうとし，道徳指導を展開しようとするときに，常にその指導の客観的な裏づけとして，切実に道徳の評価の重要性を認識してきた。

ところが一方，その道徳の評価について求められる研究資料は決して少なくないのであるが，われわれの現場で真に生かしやすい，確かな評価のしかたを具体的に示唆したものはきわめて少ないと思われた。

総じて，われわれは道徳の評価は今日の現場における教育の最も基本的な，われわれ自身の研究課題の一つであると考えた。これが本研究の直接的な動機であるといってよいであろう。

さらに，われわれが本研究の動機の伏線をたどると，それはわが校の道徳教育研究のあゆみをふりかえることになると思われる。

わが校の新しい道徳教育のあゆみは昭和25年，幸福なひとりひとりのこどもたちの成長と発達を目ざして，学校に Guidance 研究部（後の生活指導研究部）が設けられた時に始まると考えることが妥当であろう。当時の秩序の乱れた社会からこどもたちを守り，さらに積極的に新しい社会の建設者になるように，特に校外の生活指導の必要を認め，よいこども会を育てようとしたのもこのころであった。（木宮乾峰編「校外生活の指導」東洋館出版社，参照）

そして，さらに小学校における道徳教育の確かな基礎がためをするために，親と教師と一体になって，こどもたちの基本的な習慣となるものをおさえ，そのよりよいあり方を求めていった。昭和26年から27年にかけて，十数回の研究会を重ねて，およそ200にのぼるこどもたちの，望ましい基本的な習慣をおさえ，実態調査を経て，本校の児童のその傾向を知り，児童の道徳性の発達段階や，親の期待するこどもたちの努力目標を明確にし道徳の指導内容をおよそ見通すことができたのである。(五十嵐清止・山崎幸一郎「児童の基本的習慣とその実態一小学校における道徳教育の基礎として一」「教育学研究第20巻」金子書房，参照)

続いて，昭和28年9月，東京学芸大学教育研究所と一体となって，本校が道徳教育研究協議会をもち，新しい道徳教育のあり方を示唆したことは記録しておかなければならないことであろう。この研究では，道徳教育を昔の修身科というような狭い意味にとらないで，もっぱら人間形成を誤らないようにするという広い立場を主張したものであって，この精神は今日も変わっていないと思う。（東京学芸大学教育研究所編「道徳教育」学芸図書株式会社，参照）

一方，われわれは昭和31〜2年にかけて，学校のえがく理想的なこどもの人間像を明確にとらえ，わが校の新しい教育目標をあらゆる角度から究明し，確立していった。

つまり，わが校の教育目標を一口にいうと，最大の自己実現と，最大の社会奉仕，そのための民主的人格の基礎につちかおうとするのであるが，この中に明確にこどもの道徳的発達の筋をおさえて，児童の個性のひらめきや，身近な人間関係の成長や，広い環境への適応を図っていこうとしたのである。（研究紀要No. 4「わが校の新しい教育目標と各学年の教育目標」1957年8月，参照）

以上のような基礎的な研究をふまえ，ここに新しい道徳教育はどこまでも学校の全教育活動で行なうことの原則を再確認し，さらに，道徳の時間の特別なはたらきとその必要を認め，道徳教育の充実を期して，昭和33年6月小学校における道徳教育のあり方を特に「道徳」の内容構成と，その指導のしかたについて，全校をあげてその成果を発表した。（倉沢剛編

「小学校の道徳教育」学芸図書株式会社，参照）

そしてさらに，1年間の実験を経て，昭和34年5月「新しい道徳教育の諸問題」特に「道徳の評価」の研究をはらんで，本校の研究結果を重ねて発表した。

以上，「道徳の評価」が抽出されてくるまでのわが校の道徳教育のあゆみを展望してみたわけであるが，最後にも一つ，わが校の研究歴として忘れてはならないことがある。

それはわが校が，昭和27年から29年にかけて，文部省から「教育課程」の実験課題を与えられて研究に取り組んだときのことである。

この実験研究の中で，われわれはしばしば「問題解決学習における問題の評価基準とその方法」とか，「問題はあく力のテスト」とか，あるいは「パーソナリティーテスト」などと取り組まなければならなかった。つまりわれわれは，よい指導法や，よい指導計画を導き出すためのいわゆる間接的な評価に取り組まなければならなかったし，さらにその基礎にある直接的な児童の評価に取り組まなければならなかったのである。ここで，われわれはある程度の評価の方法の研究のしかたを身につけたし，教育における評価の重要性を，身をもって学びとったのである。（文部省「教育課程実験学校の研究報告」明治図書出版株式会社，参照）

われわれは，このような，われわれの教育研究のあゆみの中から，本研究の動機を必然的な形において認め，その重要性を深く認識するものである。

2　道徳の評価の問題点をめぐって

—昭和34年5月20日「道徳の評価部会」
における提案と，その討議から—

○道徳の評価について　　提案者　山崎幸一郎

(1) 現場における道徳の評価の問題

はじめに，われわれが現場において当面し，切実に考えなければならなかった道徳の評価，特に児童の評価についての問題点を具体的に示しておくことにしたい。

ア　こころみに本校で，昭和32年1月，これから学齢期に達して4月から入学しようとする幼児1274名に，広場でいろいろな遊びをしているこどもの絵の中から，「いけないことをしている子」を指摘させると，その約98%の幼児は「けんかをしている子」をいけないといった。この場合，そう指摘しなかった残りの2%の幼児もこれはテストの問題であって，問題を耳で受け取り，図上で答えを指摘することの操作のふなれからきたものかもしれない。つまり，満5才の1274名の幼児全部が,「けんかはいけないこと」と知っているといってもよいであろう。ところが，学校にはいってからの児童たちの生活を観察すると，ちょっと自分の机の領域に，となりの子の手が出ているといってはけんかをする子があり，教室の積み木や，わなげのとりっこで，すぐけんかをする子があったりする。

そこで，しばしば現場で問題になるのは，児童の知っていることと実行できるということの間のずれの大きいことであり，そこから知識・判断の評価を主とする客観テストは一体どのように生かしたらよいかと言うことである。

イ　心情，態度の評価はむずかしい領域で，教師，友人，児童自身，父母などによってなされる観察法，面接法，テスト，チェックリスト，作文法，ゲス・フー・テスト，質問紙法，などによる広い角度から資料を収集する必要があると一般にいわれるが，現場で能率的で扱いやすい方法はどんなものだろうか。

ウ　行動の評価は指導要録の「行動および性格の記録」と深い関係があると指摘されるが，具体的にはどのように関連させ，処置していったらよ

いか。

エ　現場における道徳の評価のむずかしさの根元はまず次のようなところにあると思われる。それは，評価の方法を一方にはおもに心理学的な立場から，科学化し，技術化し，どこまでも客観的に説明しようとするが，他の一方にはおもに教育学的な立場から，総合的にいわゆるどう察を加え，体認ないし共感的理解を強調し，いっそう本質化しようとする。この両者を実際的にはどう考え，現場ではどのように進めていったらよいのか。

(2) 道徳の評価のあり方への考察

現場における道徳の評価は，常に指導の流れの中で自然に行なわれ，次の指導の重点がおさえられ，そしてひとりひとりの児童を生かせるものでなければならないと思われる。

そして，実際的にはこのような道徳の評価は現場ではいろいろくふうして行なわれてきていると思われる。

たとえば，日々の指導の直後に教室で静かに回想して，きょう一日のひとりひとりの児童の道徳的成長を思い返し，目だつこどもを具体的に記述していくのである。このように，ひとりひとりの児童を見つめ，長い目で観察をつみかさねていくことは道徳の評価のよい一つの方法であると考えられる。

また，自分をどう見るかとか，いわゆる反省的思考の成長の度を評価するために，毎年，時を決めて質問紙法で「わたくしの長所・短所」を記述させたり，作文で「わたくし」ないし「ぼく」といった題目を与えて自由に書かせてみることなども，効果が認められるのではないか。

次の作文は同一児童が毎学年末6年間つづった「ぼく」の題目のもとに書いた自由作文である。

ぼく　　　2年　清水幸比古

ぼくたちはもうすぐ3年生です。ぼくはいっしょうけんめいべんきょうしてりっぱな3年生になろうと思いました。

うんどうもたくさんして，じょうぶなからだにして，びょうきなんかにかからないように，からだをしっかりしたいと思いました。

春はあたたかくて，きもちのいいときです。あたたかい春風にふかれながら，学校でおべんきょうをするのはとても，うれしいことです。

早く3年生になって，お友だちと，もっと なかよく したいと 思いました。　(昭和29.2.26)

ぼくは代議士になるのだ　　4年　清水幸比古

ぼくは正しく強い子だ。

どんな苦しいことがあっても，どんなくやしいことがあっても，ぐっと歯をくいしばってがまんするのだ。そして，大きくなった 代議 になるのだ。

ぼく　　5年　清水幸比古

ぼくの短所はわがままで，しつっこくて，すぐおこって，弱虫で，泣虫で気が小さい。

しかし，この悪い短所も兄弟姉妹がいないのと，親せきの家族が小さな家にいっぱいいるので，わがままや，しつっこくなったのだと思う。またまわりの環境もよくない。　(昭和32.3.12)

ぼく　　6年　清水幸比古

自分自身で一番必要な事は自信だと思います。しかし，うぬぼれはいけないと思いす。また人間は欲がなければだめだと思います。

それから，根気などがないと成功しそうなことでも不成功に終わることがあるのです。ぼくは今までずいぶんそれを経験しました。

ぼくはその時，直そうと思いました。が人間がもともと短気だからだめだ。親ゆずりだと思いました。だから，裏の裏を直そうと思いましたが，

今考えると表面に表わさないのが一番たいせつだと思いました。これからはどんな苦しいことがあってもぜったいに表面に表わさないで，じっとがまんして成功がくる時をまつように努力しようと思います。

以上の作文を通して見るときに，この児童の人間像を現場の教師としてはかなり明確に読みとることができるように思われる。

その他にも現場では，実際的なさまざまな方法によって道徳の評価が行なわれているであろう。

そこで，このような現場で経験的に行なわれている道徳の評価の方法の長所は，生活的であり，観察を主としてじゅうぶんに時間をかけたものであり，かつ総合的であることが指摘されよう。

しかし，その短所としては，主観的であり，否技術的であり，広く他の道徳の内容領域におよぶ科学的な評価はあまり期待できないかもしれない。

現場ではこどもを伸ばすために，指導のただ中でできる現場にふさわしい，有効で便利な道徳の評価の方法を切実に求めているのである。

○研究協議から

ア　道徳意識の評価と道徳教育の評価

この二つは次元を異にすると思われるのではっきり分けて考えていく必要がある。

道徳教育の評価の中に，道徳意識の評価の分野が含まれるのであろう。

イ　道徳教育の評価

・道徳教育の評価には直接的な児童の評価と，間接的な指導法や指導計画の評価とがある。児童の評価は道徳の時間のみについて行なうことは無理であろう。

・道徳の評価で目標を設定すれば評価の技術はでてくる。この場合，目標を評価しやすいように，いわゆる操作化することが必要である。こうし

ないかぎり道徳教育の評価はできないであろう。

・評価の全体的な構造をおさえ，また，児童の個人差ということも重視し，現場ではどうあるべきか，じゅうぶんくふうされ，資料が提供されなければならない。

ウ　知識・理解と行動との評価のずれ

・実践行動と結びつく道徳の評価でなければならないだろう。

・知識・理解と行動との相関が高ければ道徳の評価ができるであろう。

・この二つのずれは調査のしかたに問題があるのではないか。意識をもっと違った角度から，違った方法でおさえる必要があるだろう。

・意識と非行の傾向をはっきりさせていったらいいのではないか。田研テストと診断テストとの相関関係をとらえて，どんな傾向をもつかおさえるといった例も一つの資料になるかもしれない。

・知と行との差はあたりまえである。知ったから悪いのではない。意識の理解と行動は発達的に見る必要がある。そして，行動の中にある感情，心情をはっきりおさえていく必要がある。

・知識・理解と行動とのずれは指導の問題ではないだろうか。

・犯罪・非行の子の善悪の判断と，正常な子の善悪の判断との間には大差がない。

そこで，知るとともに自己指導ができるようにすることがたいせつである。そのためには，

知るとともに情感に訴えるように，また学級全体をよいものにしていき，集団で非行ができないようにしていくといったことが重要である。

そこで，ひとりひとりの児童の評価とともに学級集団の評価も，同時にしていくことがたいせつである。

エ　評価のしかたについて

・価値かっとうの場を与えて，反応をみることが有効である。

・しかし，この問題の場面は実際にある場面であることが重要である。ケースと事実とは違うものである。

・動機の解釈がたいせつである。その理由をじゅうぶんにつかまなければならない。

・こどもを高めるための指導の場で，こどもの評価がくふうされることがたいせつである。

・現場では観察法，面接，そしてチェックリストによる方法などがやりやすく有効であろう。

・評価にあたっては次のようなことがらにじゅうぶん留意しなければならない。

1.　評価のための資料の妥当性を吟味すること。
2.　質問紙法などを実施する場合には，教師と児童との人間関係が実施するのにふさわしいかどうかの反省を加えること。
3.　結果の解釈や処理の方法を正しいものにしなければならないこと。
4.　学習指導要領との関係を検討すること。
5.　心情面の評価を長い目で多角的に，いわゆる厚い評価にすること。
6.　道徳意識のとらえ方。
7.　よい学級をつくることとその評価の重要性。

ことに道徳教育は，このいわゆる学級づくりにたいせつな意味があるので，この学級づくりと評価との関係をじゅうぶんに研究しなければならない。

○備　考

研究協議参加者（敬称略）

文部省	教科調査官	青木孝頼
東京学芸大学	助教授	金子　敏
東京学芸大学	教授	倉沢　剛

文部省視学官	小杉	巖
東京学芸大学 助教授	佐藤	正
東京学芸大学 講師	角尾	稔
板橋区教育委員会 指導主事	染田屋	謙相
東京学芸大学 助教授	辰見	敏夫
港区青山小学校 教諭	中村	昇
東京教育大学	真仁田	昭
武蔵野市 指導主事	三角	光夫
東京学芸大学付属世田谷小学校 教諭	山崎	幸一郎

その他約30名

3 道徳の評価の手がかりを求めて

―第1年度における報告「研究経過と評価の問題」から―

(1) 道徳の評価の前提となるもの

道徳の評価には直接的な児童の道徳性の評価と，間接的な指導計画や方法の評価の二つがあると考えられるが，ここではまず前者の児童の道徳性の評価に焦点をおいて考えを進めていきたい。

はじめに道徳の評価の本質的な立場から三つの前提になるものを指摘しておきたい。

ア　道徳の評価は児童の人格の全体に関連するものであるから，他の教科の場合における評価とは質的にたいへん違うものであるということである。

イ　道徳の評価は道徳教育が学校の全教育活動を通して行なわれる以上学校における全教育活動の領域から，さらに家庭生活や地域社会の生活の領域からも考慮されなければならないであろう。

ウ　道徳の評価はもともと道徳指導と一体になってその目標達成に努めなければならないものであるから，ひとりひとりの児童を生かすものでなければならない。その方法も自然に行なわれ，指導の高まりを妨げるものであってはならない。

(2) 問題のはあく

さて次に現場における道徳の評価の問題点を明確にしなければならない。

第1の問題は道徳の評価の観点はどのように定めたらよいかということである。

評価は目標達成の程度を明らかにする仕事であるから，道徳の評価もまず目標を再確認し，基準とする評価の観点を明確にしなければならない。

第2の問題は，道徳の評価は目標を具体的な指導の場にすえて，評価しやすいものにするとよいといわれるが，それはどのようにしたらよいかということである。

第1表　評価の問題

A．知識・判断の評価はどうおさえるか。	1、評価の観点をどうするか。 2、場をすえて評価しやすいものに。 3、現場で生かしやすい有効な方法はないか。 4、どうまとめるか。 5、どう生かすか。
B．心情・態度の評価はどうおさえるか。	
C．行動の評価はどうおさえるか。	

この点で当初，第2表のような道徳の指導を評価する窓口を設けて評価を試みようとしたが，取り上げた一つ一つの項目がきわめて高次な目標であったために，具体的な評価の仕事が一歩も進まなかった経験がある。

第2表　道徳の指導の評価

1. 日常生活の具体的行動様式
2. 道徳的心情と道徳的判断力
3. 個性の伸長・創造的な生活態度
4. 民主的な国家・社会に必要な道徳的態度
5. 指導者の基本的な態度
6. 児童と教材との活発な充実した取り組み
7. 順序よい経験の連続的な発展性
8. 児童の自発性と教師の指導性の調和
9. 経験中心と教材中心との調和
10. 自由と規律の調和

（備考，1～5は道徳の観点から，6～10はよい授業の観点から）

第3の問題は現場で生かしやすい評価の方法はどのようにしたらよいかということである。

ところで以上の三つの問題点を縦糸と考えるならば，その横糸として次の三つの基本的な問題が指摘される。（第1表参照）それは道徳性の評価の三つの面からくるものであって，

A．道徳的知識や判断の評価の実際的な考え方，生かし方はどうしたらよいか。ここではいわゆる客観テストの活用のしかたなどの問題も含まれる。

B．道徳的心情や態度の評価を正しく能率的に行なうにはどうしたらよいか。

C．行動の評価は現場ではどのようにしたらよいか。

このような縦糸と横糸との問題のあやなす中に，実は第3の現場で生かしやすい有効な評価の方法が位置していると考えられる。

第4の問題は，評価の結果をどのようにまとめたらよいかということである。道徳の評価は人格の全体にわたって総合的な立場をとる必要があるというが，具体的にはどのようにすることが望ましいか。

第5の問題は道徳の評価の結果はどう生かしたらよいかということである。

およそ以上のような評価の問題のありかを指摘したが，第1年度においてはまず現場的な立場から，一方に基本的な道徳性の評価の面を考慮しながら，第1，第2の問題から出発し，第3の生かしやすい評価の方法にせまろうとした。

(3) 三つの試み

そこでまず道徳の評価の観点として考えなければならなかったのは，道徳の評価を行なうために高次の目標をなるべく具体的に分析し，どのような場でどのような具体的な事実や方法を用意して行なうかを示唆した評価しやすいものにくだいていく仕事である。

第3表　目標の分析（抄）

	I 健康安全の保持
1年	・身体衣服の清潔を保つことができる。 ・よい食事の習慣を身につける。 ・正しい姿勢に注意し保つことができる。 ・つゆ時に悪くなったものや，なま水に注意できる。

道徳	教科	特活	行事等
◎	○	◎	○

その第1の試みとして，われわれは道徳の目標を学年別に具体的な分析をしていった。（第3表参照）また，その一つ一つの具体目標が指導の場として強調される度合を，「道徳」を中心に，教科，特別教育活動，学校行事等について示し，相互の関連をもおよそ考えられるようにしてみた。

しかし，評価の手がかりを求める仕事としてはこの程度の目標の分析ではまだふじゅうぶんであり，また評価の場としても特に設けた指導の場よりも，児童たちが地金を出しきる自由な遊び時間や放課後などをさらに考慮に入れなければならないと思われた。

そこで第2の試みとして，いっそう評価しやすいように指導目標を具体

的な日々の指導の場にすえて考えてみようとした。

たとえば1年生のいわゆるしつけの指導になるのであるが，「時間をたいせつにし，きまりよい生活をする。」という指導目標のままでは児童の発達段階も明確になっていないし，行動の内容も抽象的で評価しにくいわけであるから，これを「夜は早く寝るように」という指導の場に位置づけて「夜は8時ごろに寝る」とくだいてみた。

第4表 1 年 の 事 例

ごご8じごろにはねる。

（指導のねらい）

時間の尊重・自立

（指導の月日）　33年5月23日

項目	5月22日	5月30日
ねる	12	36
ねられない	26	2

これを児童と約束し，家庭からの報告をまとめてみると，（第4表参照）指導直前には26名の児童はテレビその他で夜ふかしの傾向が認められたが指導1週間後の調査ではそれが2名に減じ，多くの家庭では「約束どおり必ず8時には休むようになった。」とか，「よい習慣がつきました。」などというのである。

もちろん，この場合のしつけの評価は長い目で，かついろいろな面から児童を観察し，確かな習慣形成が認められなければならないが，以上の試みから，われわれは目標を具体的な日々の場にすえ，目標を評価しやすいものにくだくということはきわめて有効な着眼点であると考えた。

次に第3の試みは，以上の試みの上に，児童にとってこれからの切実な問題の場を与えて，その反応を具体的にとらえ，考察を加えてみようとしたものである。これは現場で生かしやすい評価の方法に一歩せまることができると思われた。

ところで児童の道徳性の評価として，ここに直接的にひとりひとりの児童の道徳性を評価するということは困難であると予想されたから，まず学級ないし，グループの児童の評価に力点をおいてみた。

さてその一つの事例は3年生のよいなかまをつくる道徳指導の場で，友情の深まりをねらいとし，心のかてとして「クオレ」の一節を読み物教材として与えた指導であったが，その前後に次のような（第5表参照）問題の場面をとらえて，児童の答えを質問紙法によって求めた。

児童の答えをまとめてみると，「ドッジボールにいれる」という児童は前後を通じて45名，「いれない」という児童は2名であった。この2名は前後で入れかわって同一人ではないのである。

またその「いれない」といったわけはいずれも「友だちより遊びがだいじ」といった傾向のものである。

ところで「いれる」というわけを見ると，「友だちだから」という友人をきわめて尊重する立場から，「なかよしはよいこと」といういわば徳目型，「かわいそう」という同情型，「あ

第5表 3 年 の 事 例

あなたはドッジボールをしていて，もうあまり時間のないとき，友だちが，「入れてー」といってやってきたら，どうしますか。

（指導のねらい）　友情・信頼，親切・同情

（指導の月日）　34.2.5

項目	2月5日	2月13日	備考
いれる	45	45	同1人でない
いれない	2	2	

いれないといったわけ

理由	同上	同上	同上
遊ぶ時間がなくなる	1	1	どれも遊びが中心。
人数が多すぎる	1		
次の休みにもできる		1	

いれるといったわけ

友だちだから	4	10	
仲よしはよいこと	6	9	
きまりだから	2	1	
同情して	17	12	
あとで困るから	8	6	
先生がいったから	4	2	
次にもできる	2	5	

とで困る」という実際型，「先生がいった」という他律型などのいろいろな種類のものが認められ，そしてその前後を比較すると，前の「他律型」や「実際型」や，「同情型」が減って，後には「友だちを尊重する」「なかよしはよいこと」などの次元の高い段階と思われる項目が加わってきている。

ここで留意しておきたいことは，

ア　「いれる」「いれない」といっても，この判断はいろいろな要因が総合されて生まれてくるものであるから，この場合一概に良い悪いは決められないということである。現に前には，同情して「いれる」といった児童が後には「次の休み時間にはいれてあげるから」といってことわっているのである。

イ　このような評価にあたって，どちらの行動や判断を選ぶかといったことのみでなく，その行動や判断の基礎である道徳的な心情や態度へ，「なぜですか」と切りこんでいくことは有効であり，評価のためのよい資料が得られると思われた。

ウ　以上の例にもみられるような児童にとって切実ないわゆる価値のかっとうの場を設定して，それに対する児童の反応をおさえるしかたは，道徳の評価の方法を具体化するためのよい着眼点の一つであると考えられた。

この点でも一つ，5年生に心のかてを与える道徳指導の場をおさえて，同様の試みをしてみた。

第6表　5年の事例 (1)

少女エリザベスの物語で心を打たれたこと。

（指導のねらい）
正直・誠実。正義・勇気。

（指導の日時）34年4月24日

項　　目	ひん度数
正　直	19
勇　気	10
ことわった	8
親切（手紙をあげた）	15
愛　情	2
自己犠牲	2
自主自律	1
美しい心	2
えらい	4

この事例は「勇気をもって正義を貫ぬく心情の高まり」をねらって，エリザベスという少女が交通事故にあった少年を助け他の誘惑やおどしに負けないで勝つという感動に満ちた物語を読み物利用によって指導したものである。

ところで，その物語の感銘を児童に答えさせると，第6表にみるように，それは「正直」「勇気」などの指導のねらいに即して心の高まりを述べているのであるが，他に「親切」その他いろいろな項目におよび，なお物語の最後の盛り上った場面で感動したもの，途中の行為に心を打たれたもの，総合的に感動しているものなど，さまざまであって，ここに児童に与える心のかては一つであっても，その反応としての児童の受けとり方は種々あることがうかがえた。

次にこのような心のかてを与える前後に，第7表に示す問題を与えて，

第7表　5年の事例 (2)

あなたは正しくないことにさそわれて，まけたことがありますか。
あるとしたら，どういうことで，またまけないようにするにはこれからどうしたらいいですか。

（指導のねらい，指導の月日は第5表に同じ）

	4月24日		4月28日	
有無	ある	38	ある	45
	ない	10	ない	3
まけないようにする方法	がまん	9	悪いことは絶対しない	12
	よく考えて	8	正しいことはやりぬく	6
	悪いと思ったらしない	8	よく考えて	10
	にげる	6	勇気を出して	8
	約束いいつけを守る	5	必ず約束いいつけを守る	6
	勇気を出して	3	がまん	2
	うそをいわない	1	ことわる	3
	ことわる	1	そばにいかない	3
	熱中して他はしない	1	心の美しい人	2
	よわいものいじめしない	1	うそをつかない	1
	人のいいなりにならない	1	人に教えてやる	1
	美しい正しい心	1	さそいにのらない	1
前後を通じて同じまけない方法をのべたもの				10

その答えを比較してみると，まず前には「そんなことはない」と答えた児童が10名，それが後には３名に減じている。

次に「まけないようにするにはどうしたらいいと思いますか」とたずねてみると，前には最も多い「がまん」が減じて，後に「よく考えて悪いことは絶対しない，正しいと思ったことをやりとおす」などが加わり，一般に児童たちの自己を見つめ，しっかりした反省がなされていると思われた。

しかし，前後を通じて同じ答えをしている児童が48名中10名もおり，まして文章表現の上からのみ，児童の内面的なものの深まりをおさえようとすることは危険であると考えられた。

以上の試みを通じて，総じておよそ次のようなことがいえよう。

ア　評価の観点として，目標を場に即して具体化することは重要な着眼点であること。

イ　問題設定による児童の反応から道徳の評価のためのよい資料が得られるであろうということ。さらに，この場合，答えの理由をおさえるとよいこと。

ウ　これは特に留意したい点であるが，児童の内面にせまるものほど反応が多様であり，それは教師が時間をかけ，じっくり児童と取り組んで，多面的に厚みのある評価の方法をどうしても講じなければならないこと。

この点で現場としては，常に児童の観察を，観点をすえて地道につみ重され，よく児童を見る目をもち，児童たちを総合的に判断できる教師のいわゆる共感的な理解に基づく評価のあり方が基本的に忘れられてはならないと思われた。

なおここで注意しておきたいことは，ここまでに試みられたことが，道徳の時間の指導を中心になされたことで，何か道徳の評価を道徳の時間を通してのみ行なうといった受け取り方がもしなされるとしたら，これは行

き過ぎといわなければならないということである。

(4)　これからの問題

最後に，われわれの今後に残された研究を確かめておきたい。

第１に何よりも，前述の問題３，現場で生かしやすい評価の方法をそれぞれの評価の面に即して，いっそう組織的，実験的に研究を深め，よい方法を一つ一つ導き出していきたい。これが第２年目のわれわれの研究の焦点であるといってよいであろう。

第２にそのためにも，具体目標の分析の仕事も継続し，それに第１でおさえられるであろう方法をそえて，目標全体の立場から比較的かたよらない道徳の評価ができるような広い意味での方法を生み出していきたい。

第３に，評価のまとめ方，

第４に実際的な評価の生かし方といった問題を追究していきたい。

われわれにとって，ここでしみじみ感じられることは端的にいって，一つは道徳の評価の問題解決はたいへん深く遠い仕事であるということの実感と，も一つは，道徳の評価の仕事は教育の本質につらなり，道徳の指導と一体になって，ひとりひとりの児童たちを確かに生かそうとするきわめて重要な現場における仕事の一つであるということである。

I 目　　的

本研究の目的は，児童の道徳性の発展を期するためにはどのような指導が効果的か，またそれを評価するためにはどのような方法が適切であるかを，特に児童の友人関係における道徳性の伸長に焦点をしぼって検討し，吟味することにある。

本研究で児童の友人関係の道徳性に問題をしぼったのは，一つには研究を容易に具体化するためでもあるが，同時に，児童期における対人関係の調整と好ましい方向への発展を図ることは道徳教育の中核をなすと考えたからでもある。

つまり，児童をその集団生活において，多くの友人を理解し容認し合い自主的，独立的でかつ，協調性のある方向へと指導するということは，何よりも道徳教育における基本的な問題と認識したからである。また言いかえるならば，児童たちの，友人関係における対等の人間関係としての磨き合いこそ，かれらの道徳性の伸長にきわめて重要な意味をもっていると考えられるのである。

なお，ここで述べておきたいことがある。道徳の評価の方法にせまっていくのに，たとえば，親切とか同情といった道徳の内容項目に観点をすえて，「道徳」・各教科，特活，行事その他遊びなどの評価の場から評価していくものと，それとは逆に，道徳，各教科，特活，行事，その他遊びの領域など，児童の具体的な生活の場に観点をすえて，それに含まれる親切，同情などの内容項目を分析し評価していくものとの二つが考えられる。

われわれは，後者の具体的な児童の生活場面に観点をすえて評価する方法のほうが，現場にとっては，生きた評価ができ，より現場に即したものと見たのである。実は，ここにも，本研究の目的を児童の生活の場である

友人関係に観点をすえた根拠がある。

次にこころみに，この児童の友人関係における道徳性の伸長に焦点づけて，学習指導要領との関連を照合してみると，友人関係における近代的な望ましい人間像の基本的な観点から，

① 協調性と相互尊重に関して——親切・同情・友情・忍耐・寛容・思慮反省・明朗快活・感謝・正直誠実・自治・愛校心・人格の尊重

② 責任に関して——自由と責任・時間の尊重・公共心・公徳心・権利義務

③ 独立心と批判力に関して——自立・自主自律・個性の伸長・努力・向上心・正義・勇気・公平公正

④ 合理性に関して——合理的精神・探究心など

およそ以上が指摘できよう。このように，本研究のねらう児童の友人関係における道徳性の伸長と，学習指導要領における「道徳」の内容との関連はきわめて深い関係にあるのであって，これは端的に本研究の価値と，その重要性とを裏づけているといってよいであろう。

ところで，以上のようにおよそ本研究の目的をとらえたのであるが，さらにわれわれは，いっそうその目的を具体化し，本研究の見通しを明らかにしようとした。すなわち，

① 本研究を通して児童の友人関係を助長し，発展させるために効果的な指導法を検討したい。

② この研究を通して友人関係を焦点としての評価の型を検討し，合わせて道徳の内容の各領域を評価する方法を検討していきたい。

③ 最後に，現場に有効で容易な評価の方法を抽出したい。

以上をわれわれは本研究の具体目標とよんでいる。

さてこのような本研究のねらいを達するために，以下において述べるように，意図的な指導が加えられ，その指導過程のさまざまな段階において

各種の適当と考えられた評価方法が実施されたわけである。そして，われわれには最後にこれらの結果を通じて，その指導法と評価の方法のぜひを確かめ吟味しようとしたのである。

Ⅱ 本研究の計画とその手続き

本研究は昭和33年4月から，36年3月までの３年間の継続研究であるが，序論ですでに述べておいたとおり，その第１年度は道徳の評価の問題を吟味し，指導の場に即していくらかの予備実験をこころみたわけである。

そして，第２年度はまず，前記のような本研究の目的を明確にし，具体目標を確立したのである。そして次に，児童の学級社会における友人関係特に児童の正常な生活におけるつまずきにみる問題の分析を行ない，われわれの経験と知識を総合し，一方にはさまざまな文献を資料にして，現場にふさわしいテスト問題の作成に努め，いわゆる教育実験計画の見通しをたてた。

ここで特に述べておきたいことは，評価の場を設定し，問題を吟味していった手続きである。まず，学級の研究組織としては，各学年から１名ずつの委員から構成されていた道徳研究委員会の中に，特に問題の分析と作成にあたる専門小委員会を設け，この小委員会が絶えず現場からの生の資料を集めては，心理学者および教育学者と協同研究の場を設け，必要によっては学校の全教官に呼びかけて多くの経験と知見とを統合していった。

その結果，評価の場の設定についてはおよそ次のような結論を得た。つまり，

① 児童の正常な生活の場を評価の場と考える。特に，その中でも児童が緊張した教室から解放され，自由に，かつ主体的に行動できる場面を最もよい評価の場と考える。

② 児童が行動しようとするときに，心理的なかっとうを切実に経験しなければならないような場を評価の場とする。

③ 自然な学校生活の場とともに，指導者が意図的に構成した場を評価の場とする。これは一方には教育課程の各教科，道徳，特別教育活動，学校行事等のそれぞれの中での指導計画との関連を図るとともに，また一方では特に意図的な小集団を構成して，評価の場としていった。

ところで，いよいよ教育実験であるが，その実験はおよそ下記のように進めた。まず，実験学級を各学年を１学級ずつ設けた。そしてこの実験学級では後述するように，ソシオメトリーの結果と教師の必要な観点とから小集団（こどもはこれを仲よしグループとよんでいた）を編成し，特に児童の友人関係における道徳性の伸長を期するための指導計画や指導法を意図し，観察評価の可能な場を次々に設けていった。

実験期間は昭和34年10月下旬から，昭和35年３月上旬で，事前の調査と事後の調査を全学年（テストによっては中学年以上のものもあったが）について実施した。

実験学級は上述のように実験期間中，適機をつかんでは有効な指導の場を設け，観察記録をつみ重ねていった。また同時に，児童たちはそれぞれの小集団ごとに自分たちの好きなグループの名を命名し，グループ日記を記録していった。

おもな評価の方法はおよそ次のとおりである。

おもに教師による評価の方法としては

① ソシオメトリー（いわゆる社会測定法ないし交友測定法と言われる）
② 友人関係の実態をはあくするための質問紙法
③ 事態反応テスト
④ 絵による事態完成テスト（児童はまんがという）
⑤ 道徳的判断に関する標準テスト

⑥ 集団行動についての観察法

おもに児童による評価としては

⑦ 友人に関する作文法。作文「学級の友だち」

おもに友人による評価については

⑧ ゲス・フー・テスト

⑨ グループ日記

おもに父母による評価としては

⑩ 対人関係，特に友人関係に関する質問紙法。

なお，以上の各評価の方法は次のような実施計画のもとに行なった。

・評価の実施について

第１回（事前の調査）

34.	10/29（木）	道徳的判断に関する標準テスト	４年以上
	10/30（金）	ソシオメトリー	全 学 年
	11/２（月）	ゲス・フー・テスト	３年以上
	11/４（水）	絵による事態完成法 Ⅰ	全 学 年
	〃	作文「学級の友だち」	全 学 年
	11/５（木）	絵による事態完成法 Ⅱ	全 学 年
	11/９（月）	事態反応テスト Ⅰ，Ⅱ	３年以上
	11/10（火）	友人関係の実態をはあくするための質問紙法	３年以上
	〃	父母への対人関係，特に友人関係に関する質問紙法	全 学 年
		観察法（実験期間中，実験学級で適宜実施）	
		グループ日記	

第２回（事後の調査）

35.	２/22（月）	ゲス・フー・テスト	３年以上

２/23（火）	道徳的判断に関する標準テスト	４年以上
２/24（水）	友人関係の実態をはあくするための質問紙法	３年以上
２/29（月）	作文「学級の友だち」	全 学 年
３/１（火）	絵による事態完成法 Ⅰ	全 学 年
３/２（水）	絵による事態完成法 Ⅱ	全 学 年
３/３（木）	事態反応テスト Ⅰ，Ⅱ	３年以上
３/４（金）	ソシオメトリー	全 学 年
〃	父母への対人関係，特に友人関係に関する質問紙法	全 学 年

この実施にあたっては，それぞれの学級のつごうにもよったが，同一学年は同一日時において実施するようにした。

さて，最終の第３年度においては，一つ一つの評価法による資料の整理・検討と，その全体的な考察とまとめにあたり，現場に適した評価のしかたの抽出と，その指導法の改善に努めた。

以上，本研究の計画とその手続きをかいつまんで述べてきたが，このような計画とその考察の過程を表示すると，第８表のようになる。

（第8表）

本研究の計画と過程

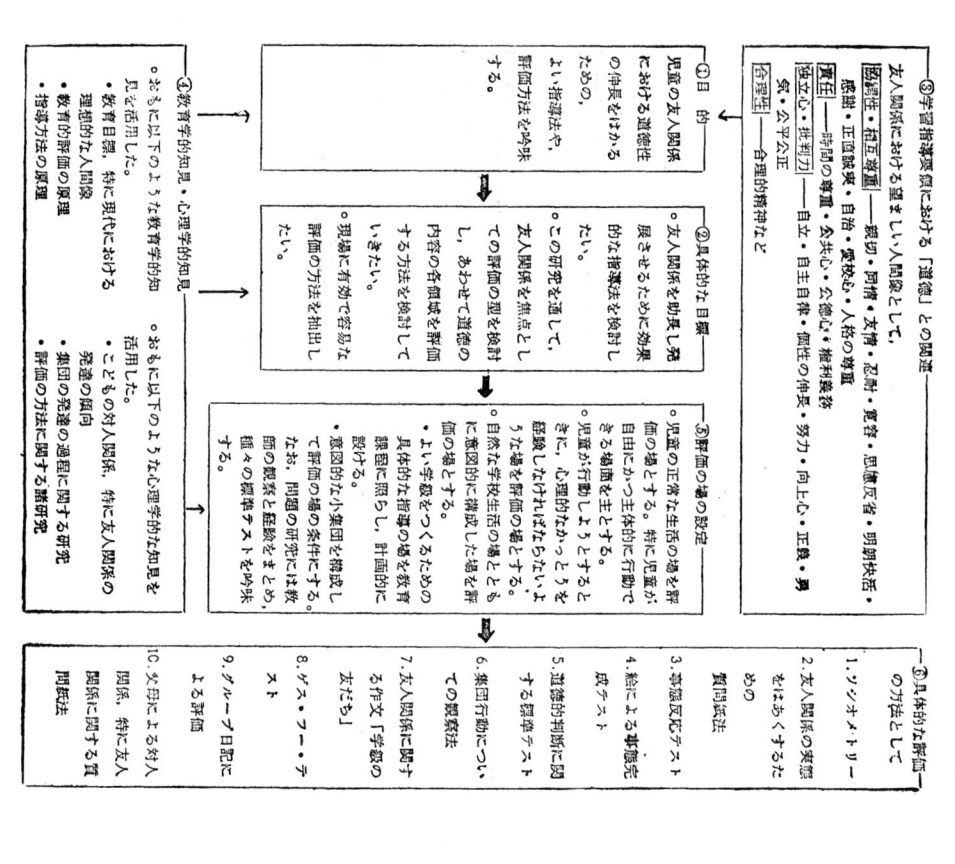

⑥学習指導要領における「道徳」との関連

友人関係における望ましい人間像として，
- 協調性・相互尊重 ――親切・同情・友情・忍耐・寛容・思慮反省・明朗快活・感謝・正直誠実・自治・愛校心・人格の尊重
- 責任 ――時間の尊重・公共心・公徳心・権利義務
- 独立心・批判力 ――自立・自主自律・個性の伸長・努力・向上心・正義・勇気・公平公正
- 合理性 ――合理的精神など

①目的

児童の友人関係における道徳性の伸長をはかるための，よい指導法や，評価方法を吟味する。

②具体的な目標

- ｏ友人関係を助長し発展させるために効果的な指導法を検討したい。
- ｏこの研究を通して，友人関係を焦点としての評価の型を検討し，あわせて道徳の内容の各領域を評価する方法を検討していきたい。
- ｏ現場に有効で容易な評価の方法を抽出したい。

③評価の場の設定

- ｏ児童の正常な生活の場を評価の場とする。特に児童が自由にかつ主体的に行動できる場面を主とする。
- ｏ児童が行動しようとするときに，心理的なかっとうを経験しなければならないような場を評価の場とする。
- ｏ自然な学校生活の場とともに意図的に構成した場を評価の場とする。
  - ・よい学級をつくるための具体的な指導の場を教育課程に照らし，計画的に設ける。
  - ・意図的な小集団を構成して評価の場の条件にする。なお，問題の研究には教師の観察と経験をまとめ，種々の標準テストを吟味する。

④教育学的知見・心理学的知見

- ｏおもに以下のような教育学的知見を活用した。
  - ・教育目標，特に現代における理想的な人間像
  - ・教育的評価の原理
  - ・指導方法の原理
- ｏおもに以下のような心理学的な知見を活用した。
  - ・こどもの対人関係，特に友人関係の発達の傾向
  - ・集団の発達の過程に関する研究
  - ・評価の方法に関する諸研究

⑤具体的な評価の方法として

1. ソシオメトリー
2. 友人関係の実態をはあくするための質問紙法
3. 事態反応テスト
4. 絵による事態完成テスト
5. 道徳的判断に関する標準テスト
6. 集団行動についての観察法
7. 友人関係に関する作文「学級の友だち」
8. ゲス・フー・テスト
9. グループ日記による評価
10. 父母による対人関係，特に友人関係に関する質問紙法

（教育実験）

事前の調査　34年 10/29 ～ 11/10

⑧教育のいとなみ

児童の友人関係における道徳性を伸長するための指導を加える。その機会として，
- ・有効な共同製作や作業
- ・学芸会やおたのしみ会
- ・いろいろな係り活動
- ・給食やそうじ・グループの遊び等

さらにひとりひとりに責任ある仕事を与え，順にリーダーとなるように。

事後の調査　35年 2/22 ～ 3/5

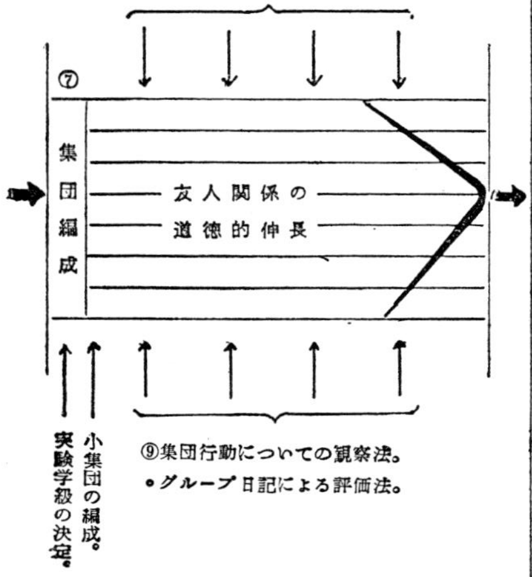

小集団の編成。
実験学級の決定。

⑨集団行動についての観察法。
•グループ日記による評価法。

⑩結果の吟味

1. ソシオメトリーによる評価とその考察
2. 友人関係の実態をはあくするための質問紙による評価とその考察
3. 事態反応テストによる評価とその考察
4. 絵による事態完成テストによる評価とその考察
5. 道徳的判断に関する標準テストによる評価とその考察
6. 集団行動についての観察法による評価とその考察
7. 友人関係に関する作文による評価とその考察
8. ゲス・フー・テストによる評価とその考察
9. グループ日記による評価とその考察
10. 父母による対人関係，特に友人関係に関する質問紙法の評価とその考察

⑪全体的な考察とまとめ

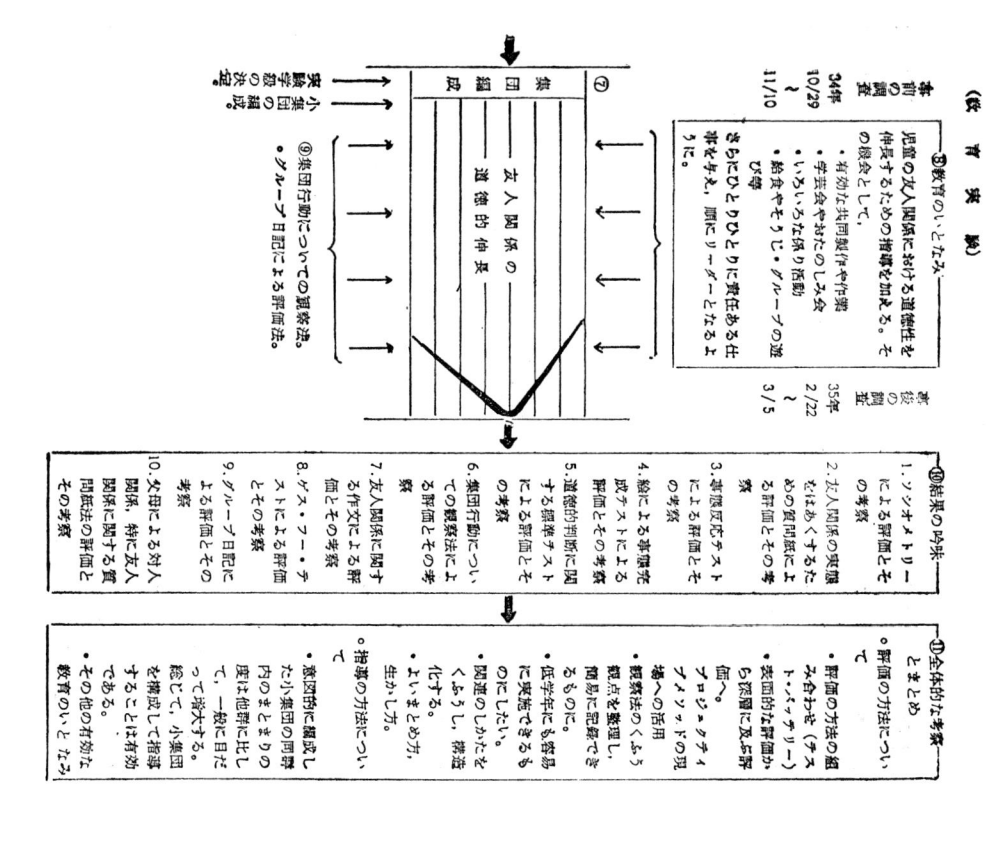

- ｏ評価の方法について
  - ・評価の方法の組み合わせ（テスト・バッテリー）
  - ・表面的な評価から深層に及ぶ評価へ。プロジェクティブメソッドの現場への活用
  - ・観察法のくふう 観点を整理し，簡易に記録できるものに。
  - ・低学年にも容易に実施できるものにしたい。
  - ・関連のしかたをくふうし，構造化する。
  - ・よいまとめ方，生かし方。
- ｏ指導の方法について
  - ・意図的に編成した小集団の同群内のまとまりの度は他群に比して，一般に目だって増大する。総じて，小集団を構成して指導することは有効である。
  - ・その他の有効な教育のいとなみ

Ⅲ 結 果 の 吟 味

われわれは「児童の友人関係における道徳性の伸長を期するための，よい指導法や，評価の方法を吟味する」ために，評価の場を設定し，具体的な評価の方法をくふうして，すでに前章で述べた本研究の計画に基づいて教育実験を実施した。

ここでは，この実験結果を通して，それぞれの評価方法の長所，短所を中心に検討し，あわせて，指導法の吟味をしてみたい。そして，それぞれの評価法の関連と独立性についても吟味し，現場にふさわしい評価方法のあり方を考究したいと考える。

1　ソシオメトリーによる評価とその考察

(1)　その実施手続き

ソシオメトリーが，集団のまとまり（凝集度）や，個々の児童の集団内における地位をはあくするのに有効なことであることは，一般に広く認められている。われわれも児童の学級内における友人関係の実態や，その集団構造をはあくするためにソシオメトリーを実施した。

このテストの実施にあたっては，以下のような方法がとられた。

ア　この結果を参考として，新しくグループ編成が行なわれることを児童に周知させた。

イ　質問項目は　a．席替えをする場合だれと並びたいか。また，並びたくないか。b．いくつかのグループに分かれて体育をする場合にはだれと同じグループになりたいか。また，なりたくないか。c．グループに分かれて，図画や工作をする場合にはだれと同じグループになりたいか。ま

た，なりたくないか。d．昼休みや放課後の時間には，だれといっしょに遊びたいか。また，遊びたくないか。このように個々の項目について児童に記述させ，かつ，それぞれ，記入した理由を述べさせた。

ウ　記入にあたっては，選択対象が学級内の友人に限られること。また人数には制限がないことを注意した。

エ　この結果については，すべて，その秘密が守られることを周知させた。

オ　実験後にこのテストをふたたび実施したわけであるが，その場合にも以上のことは同様に周知させた。

カ　すでに述べたように，実験前におけるこのテスト結果を中心にしてグループ編成が行なわれる。

グループ編成にあたって留意した点を述べると，以下のようである。

(ア)　被選択数の少ないこどもや，被排除数の多いこどもの選択は，優先的に考慮した。

(イ)　選択数の少ないこどもの希望も同様に優先的に扱った。

(ウ)　教師の平常の観察から友人関係に問題があると考えられるこどもの選択もじゅうぶんな顧慮を加えた。

(エ)　相互選択の対は，できるだけ同じグループになるようにした。

(オ)　相互排除の関係にあるものは，同群内に属さぬようにした。

このような顧慮のもとにだいたい5～6人からなるグループが編成され，各種の学校生活における活動が営まれた。

(2)　ソシオメトリーの結果とその評価

われわれは，教育実験の前後において，このソシオメトリーを実施したので，その両方の結果を比較しながらこの評価法について検討を加えてきた。

ソシオメトリーの結果を整理し評価する場合には，さまざまな方法があげられているし，また考えられるが，われわれは，a．集団凝集度　b．相互選択，選択，無選択無排除，排除，相互排除の分布　c．実験前の反応が実験後においては，どう変化するかの検討。

などの点から考察することにした。なお，かかる整理がなされる以前にソシオマトリックスが作成され，また，各個人の選択や被選択，排除と被排除などが一見して理解しうるよう個人別記録カードが整えられた。

ア　集団凝集度による評価

集団のまとまりを数量的にはあくするために各種の凝集度を求める公式が用意されているが，ここではルンドバークらの考案になる，

$Co = \frac{2\Sigma MP.}{n(n-1)}$ の公式を用いてみた。この場合MPは相互選択の略である。

実験学級における実験前後の各グループの凝集度と，クラス全体の凝集度は第10表のとおりである。

（第10表）

グループ	1	2	3	4	5	6	7	8	全
前	0.133	0.133	0.133	0.2	0.133	0.133	0.133	0.267	0.037
後	0.267	0.069	0.200	0.133	0.200	0.267	0.333	0.400	0.058

この結果から考察すると，大多数のグループは，その凝集度が高まっているし，また，学級全体をみてもこの凝集度は向上しているといえる。この結果は，この種の友人関係に関する指導がある程度効果的であることを示すものといえよう。しかし，この凝集度から，著しく効果的であったとは決していえない。

凝集度による評価は，このようにして一応量的に集団のまとまりを評価

することができるが，この公式では，その相互選択のみが，検討の対象となっていて，他の，たとえば，選択数や排除数などに，考慮がはらわれていない。各反応をまとめての一つの公式ができれば，集団凝集度による評価はいっそう有効なものになると考えられる。今日の段階では，それゆえに，凝集度以外の方法によってもソシオメトリーの結果を評価することが必要と考えられる。そこで，次に，われわれが各反応の分布状態から評価することを考えた。

イ　各反応の分布からの評価

第１図は，相互選択，選択，無選択無排除，排除，相互排除の各反応をグループごとに示したものである。

これらの図のようにして，各反応の全体的な布置を検討することは，集団凝集度の検討では得られない全体的な集団構造の変化や傾向を評価する上に，有

第 1 図

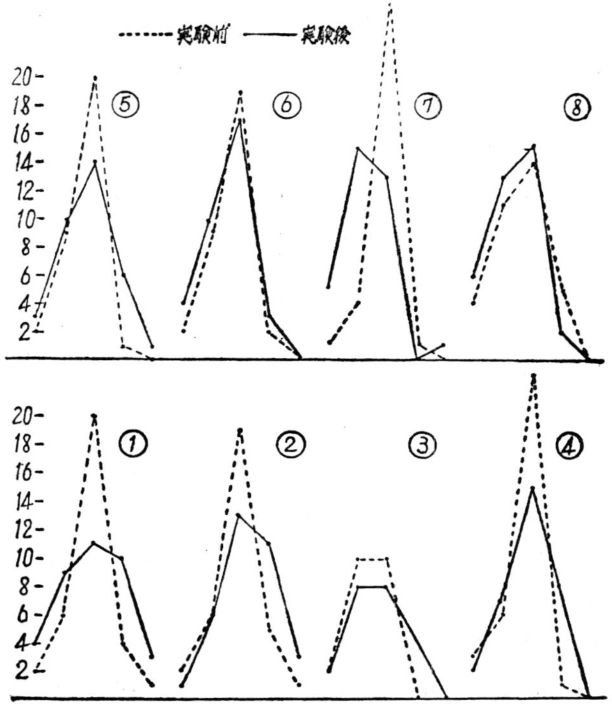

効な方法であるといえよう。つまり，分布の特色から，その集団が，よりよい方向にまとまりつつあるのか，あるいは逆なのか，また，その間に特定の指導が介入していれば，その前後の布置を検討することで，指導法に対する評価も可能になると考えるのである。

第1図を考察すれば理解されるように，多くのグループは，実験後において，無選択無排除の反応が減少し，反対に相互選択や選択の反応は，実験後において多くのグループで増加する傾向がある。そして，排除の反応の増加するグループは，きわめてわずかであることも認められる。

このことは，実験後において，各グループにおける対人関係や集団のまとまりが，より好ましい方向に発展していることを示唆しているし，またその意味で，われわれの用いた指導法も積極的な意義があったと考えることができる。

ウ　各反応の移行状態による検討

集団の構造の変化を評価する場合，各反応の分布状態から検討することの意義はすでに述べた。しかし，この分布の検討からは，分布の変化は容易にはあくできても，その内容に立ち入って検討することはできない。つまり，実験前のどの反応が，実験後でどの反応に移行したかの検討をすることはできないのである。そして，この点に関して評価することができれば，（たとえば，実験前の選択反応は実験後ではどの反応に移行することが多いかということ）今後の実践活動において，対人関係の発展の過程をある程度予測することができるし，それゆえに，指導効果を高めることも可能であると考える。

次に示す第11表その1は，ある実験学級における8集団すべての集団内における移行状態と%を示したものであるが，これについて検討すると，

a．実験前の相互選択反応は，半数がそのまま相互選択にとどまるが，それについでは，無選択無排除反応への移行が多く（30%），ついで選択反応への移行であり（約10%），排除や相互排除への移行はほとんどない。

b．選択反応では，無選択反応への移行が36%で第1位であるが，ついで相互選択への移行も多い。（28%）また排除反応への移行も20%程度みられる。

c．無選択，無排除反応は，そのまま無選択無排除にとどまることが50%程度であり，ついでは相互選択（約20%），排除（15%）への反応がみられる。

d．排除反応は，無選択への移行が最も多く60%であり，ついでは相互排除や選択反応への移行が目だつが，相互選択への移行は全く認められない。

e．相互排除反応は，そのままであるのが最も多く，それについでは，選択や排除への移行である。

このように，実験前における各反応の実験後における移行には，一応の規則的な傾向がうかがえる。

そして，この結果を，他集団からの記名や他集団の記名の各反応の移行状態第11表その2と比較すれば，同群内の移行は，より好ましい移行を示しているということができる。

このような方式を，各下位集団それぞれについて検討すれば，この移行状態からも，各集団を比較評価することが可能となるであろう。（117～119ページ参照）

（第11表）その1

全体の同群内の反応の移行

事前＼事後		相互選択	選択	無選択	排除	相互排除	計
相互選択	数値	18	4	11	1	2	36
	%	50.00	11.11	30.56	2.78	5.56	
選択	数値	7	2	9	5	2	25
	%	28.00	8.00	36.00	20.00	4.00	
無選択	数値	29	15	77	22	7	150
	%	19.35	10.00	51.33	14.66	4.56	
排除	数値	0	2	9	1	3	15
	%	0	13.33	60.00	6.66	20.00	
相互排除	数値	0	1	0	1	2	4
	%	0	25.00	0	25.00	50.00	
計		54	24	106	30	16	230

その2　全体の同群と他群との反応の移行

相互選択	数値	26	4	11	1	4	46
	%	56.52	8.70	23.91	2.17	8.70	
選択	数値	12	27	66	6	0	111
	%	10.81	24.32	59.49	5.41	0	
無選択	数値	34	85	1267	152	5	1543
	%	2.20	5.51	82.11	9.85	0.32	
排除	数値	2	2	91	51	1	147
	%	1.36	1.36	61.90	34.69	0.68	
相互排除	数値	0	2	17	4	0	23
	%	0	8.70	73.91	17.39	0	

エ　ソシオグラムによる評価

集団内にどのような下位集団があるか，個々の児童はいかなる地位を占め，他の児童とどのような関係にあるかを評価する一つの方法として，ソシオグラムがある。この方法は，集団構成員が多数であれば，そのえがき

方が困難になるが，限られた範囲では，容易にその集団の特色をはあくできるという特色がある。

われわれは，このソシオグラムを実験学級における個々の集団ごとに作製して，評価することを試みた。

第 2 図

実験前　　実験後

第八集団

第五集団

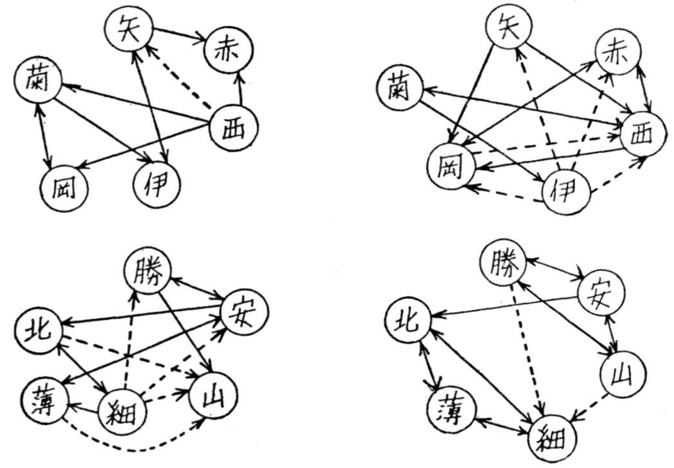

第２図は実験集団のソシオグラムのうち，一，二の例を示したものであるが，（実線は選択，破線は排除を意味する）この図からも理解されるように，集団内における関係の変化を，一見してとらえることができる。しかし，この場合，第８集団と第５集団の成員の関係をもえがき出そうとすれば，その図は混雑してしまうきらいがある。

それゆえに，ソシオグラムによる評価も，その限度をじゅうぶんに認識した上で実施すれば，有効な評価法の一つになると考える。

オ　個人別カードの活用

個々の児童が，だれを選択し排除したか，またたれから選択され排除さ

れたかを，テストごとに1枚のカードに記録しておくことは，何回かのソシオメトリーを実施し，それらを相互に比較して，児童を評価するときに有効な方法であると考える。それによって児童の集団内における地位と，その変化を容易にとらえることができる。（第12表参照）

第12表

氏名	選択	排除	被選択	被排除	備考

以上，ソシオメトリーによる評価法の中で，有効と考えられる方法のおもなものを述べたのであるが，より適切で簡潔な整理方式が確立されればこの評価法はまことに効果的な意義のある評価方法となることを，われわれは信じて疑わない。

2　友人関係の実態をはあくするための質問紙法による評価

(1)　実施手続き

われわれは，一般的な友人関係の実態や問題の所在をとらえ，なおかつ問題児を発見するために3年以上の児童を対象として，質問紙法による調査を行なった。この調査も実験前後の2回にわたって実施し，その比較検討を試みたわけである。なお3年生以上としたのは，読解力の程度を考慮したからである。

はじめに，われわれは，主として次の五つの観点に焦点づけて問題を用意した。

ア　集団内における安心感，気安さ，一体感などを主としてとらえるための問題。

イ　友人や自分が，集団生活において，反集団的な行動をとったり，とろうとした場合，自分や友人はどうそれを処理しようとするか。

ウ　どの程度に，自他を尊重する態度があるか。友人と比較して，みずからの集団内における地位や役割をどの程度と認識しているか。

エ　集団内におけるリーダー性，統率の技術は，どの程度あるか。

オ　異性に対する態度はどのようなものであるか。

以上五つの角度から問題は構成されている。

この問題作成にあたっては，われわれの経験や観察を統合し，さまざまな標準テストを参考にして，数次にわたる会合を重ね，1問1問の問題分析を行なったのである。そして昭和34年10月，一応の完成を見たが，さらに検討を加え，65題の問題にしぼった。

第1回の調査は，同年11月末に行なわれ，その結果をもとにふたたび項目分析を行ない，いわゆる問題のある子とない子の差がはっきりしないものや不適当と思われる問題を削除して，最終的には50題としたのである。

この項目分析にあたっては，中間的な位置にいる4学年を対象として，次のような比較検討を行なったのである。

①　あなたは，友だちといっしょにいるよりひとりでいるほか，よいとおもいますか。（集団内における安定感）

②　あなたはグループのリーダーが，おとこの子（おんなの子）のほうがよいと思いますか。（異性に対する態度）

③　あなたは，いやなことをする友だちでもがまんして，いっしょに，あそんだり，しごとをすることができるほうですか。（反集団的な行動に対

する態度）

④　あなたは，友だちに，はんたいされてもみんなのために，いいとおもったことは，やりぬきますか。（集団におけるリーダー性）

以上の4問題を例にすると

（第13表）

問題	ひんすう 上位の児童	ひんすう 下位の児童	% (a) 上位の児童	% (b) 下位の児童	a − b	平均通過率 (P) $\frac{a+b}{2}$	$P\left(100-\frac{a+b}{2}\right)$
1	28	25	93	83	10	88	1056
2	3	3	10	10	0	10	900
3	27	4	90	13	77	52	2496
4	22	6	73	20	53	47	2491

①，②のように，問題のある子とない子との差がはっきりしない問題は削除し，③，④のように，はっきりするものはよい問題として整理していったのである。

そして，ソシオメトリーで問題のある子は，質問紙法ではどうかを検討したがその結果は一般にその一致が認められ，質問紙法による問題発見の信頼性および問題の妥当性が高く評価される見通しがたてられたのである。

こうして第2回目は，第1回の問題のうちから15題を削除して，35年2月に実施したのである。

問題は別表1（紙数の関係でⅠとⅡを掲載した）のようになっており，望ましい答えをしたものには粗点1点を与え，その合計点によって考察を加えていったのである。

整理のしやすい方法としては各観点ごとに10問題を配分し，合計50点と

なるようにすること，または，パーセンタイル・ランク，あるいはTスコア $\left(T=\frac{\text{個人点}-\text{平均点}}{\frac{1}{10}SD(\text{標準偏差})}+50\right)$ による整理方式がとられればよかったのであるが，現在それまでには至らなかったことは残念に思うところである。なお，今後の研究課題としておきたい。

（別表1）

ちょうさ

学年　　組　　番　　男女

なまえ＿＿＿＿＿＿

ぎのページから　いろいろ　しつもんが　あります。

どのもんだいも，こたえやすいと　おもいますから，よく　よんで，おもうとおりに　しょうじきに　こたえてください。

みなさんの　せいせきとは　まったく　かんけいのない　テストです。

れんしゅう

○まいあさ，おきたときに　あなたは　かおを　あらいますか。　はい，いいえ？

○あなたは　まいにち，ごはんが　おいしく　いただけますか。　はい，いいえ？

	望ましい答え	換算点　%	？	換算点　%	備考
Ⅰ					
Ⅱ					
Ⅲ					
Ⅲ					
Ⅴ					
合計					

道徳の評価

（○印は望ましい答）

Ⅰ

(1) あなたのクラスでは，けんかをする友だちが，たくさんいて，いやだとおもうことがよくありますか。……………… はい　(いいえ)　？

(2) あなたは，ともだちと，べんきょうや，しごとをするのが，たのしいですか。…………………………………… (はい)　いいえ　？

(3) あなたは，ふだんあまり口をきかない友だちとも，すぐおはなしができますか。………………………………… (はい)　いいえ　？

(4) あなたは，おおぜいの，友だちのまえでも，へいきで，おはなしができますか。………………………………… (はい)　いいえ　？

(5) あなたは，みんなにすかれているとおもいますか。……… (はい)　いいえ　？

(6) あなたは，うれしいことでも，かなしいことでも，友だちになんでも，はなしますか。……………………………… (はい)　いいえ　？

Ⅱ

(7) あなたは，友だちから，からかわれたり，いたずらされたりすると，すぐ，おこったり，らんぼうしたりするほうですか。…………………………………………………… はい　(いいえ)　？

(8) あなたは，友だちのためなら，いやなことでも，がまんしてあげることが多いですか。………………………… (はい)　いいえ　？

(9) あなたは，友だちが，わるいことをしたとき，すぐおこるほうですか。……………………………………………… はい　(いいえ)　？

(10) あなたは，げんきを，なくした友だちを，なぐさめたり，ちからづけたりすることが，よくありますか。……………… (はい)　いいえ　？

(11) あなたは，いやなことをする友だちでも，がまんして，いっしょに，あそんだり，しごとをすることが，できるほうですか。…………………………………………………… (はい)　いいえ　？

(12) 友だちから，悪いことだと思うのにさそわれたとき，ことわれないほうですか。……………………………… はい　(いいえ)　？

(13) あなたが，何かしようとしたとき，友だちから，はんたいされると，すぐおこってしまいますか。……………………… はい　(いいえ)　？

(14) あなたは，ゲームなどしてまけると，すぐおこるほうですか。…………………………………………………………… はい　(いいえ)　？

(15) あなたは，うっかり，友だちとやくそくをして，まもれないことがよくありますか。…………………………………… はい　(いいえ)　？

(16) あなたが，よくないあそびをしていて，友だちからとめられたとき，すぐやめられるほうですか。……………………… (はい)　いいえ　？

(17) あなたは，友だちの本をうっかりよごしてしまったとき，ともだちに，すぐあやまれるほうですか。………………… (はい)　いいえ　？

(18) 友だちから，わらわれるのがいやなので，うそをつくことが，よく，ありますか。…………………………………… はい　(いいえ)　？

(19) みんなのしらないところで，わるいことをしたとき，みんながしらないことだから，しらんかおをしているほうですか。……………………………………………………… はい　(いいえ)　？

(2) 結果と考察

実験前後の調査の結果から，われわれは，ソシオメトリーではうかがえない友人関係の実態をとらえることができ，問題児の発見，抽出にもこの質問紙法がじゅうぶんに役だつことが理解されたのである。

たとえば過度に「？」の多い者は，判断に迷い，自己決定の欠けたものとして，調査の対象になり，また，異常に点の低いものは，当然，問題児として，適切な指導が加えられるわけである。

なお，前記の調査目的に付随して，およその発達的変化をとらえることができる。すなわち，集団内における安定感や自主性は，学年の発達とともに高まることが理解されるし，友人間の問題を合理的に処理しようとする態度も発達とともに顕著になる傾向がうかがえる。

(3) 今 後 の 課 題

質問紙法による評価は「はい」「いいえ」「？」の三つで，明確に弁別し数量化することが容易で，一般的な友人関係の実態や問題児の発見にはたいへん有効であることが認められた。ただ，この調査を行なうにあたっては，いかにして，安心して正直に書かせるかという問題。また，一定の時間内に大多数の児童が回答を書き終えるためには，問題数を制限しなければならないという問題，さらにまた，いかなる質問項目が，児童の実態はあくの上に最も適切であるかという問題などが今後の重要な課題として残されている。

3 事態反応テストによる評価とその考察

(1) 実 施 手 続 き

このテストは，ある特定の問題を含んだ場合を提起し，そのような事態で児童がどう考えるか，どう判断しまた行動するか，またなぜそのようにするのかその理由，などをとらえようとするもので，本実験の場合，その問題自体はすべて友人関係，あるいは，集団生活において，比較的よく生起すると考えられる事態を選んだ。

またこのテストでは，そのⅠとそのⅡが用意されているが，それは，問題自体はいずれにおいても共通であるが，一方は，友人が問題をひきおこしたような場面であり，そのときに集団の一員として自分はどう対処するかを見ようとするものであり，他の一方は，自分が問題をひきおこした場面で，そのときに多くの友人は，どう処すると予想するかについて回答を求めたものである。

在来，このような形で発問する場合，答えは，いくつかの選択肢の中か

ら選ぶとか，イエス，ノーの形式で答えるかの方式をとるものであるが，われわれは，あえて，その方法をとらず児童の自由な記述の中に，他の方法ではとらえられない側面をとらえることができると考えたのである。

このようにして，われわれは，このテストによって，集団内における自身の行動を，他の成員の行動の予想との間にいかなる関連があるかを見ようとしたわけである。

この問題で選ばれた場面は，遊びの時間，クラブ活動や，学習時，学級会，当番，放課後，登下校時，家庭というような児童の具体的な場面であり，しかも当校の児童の生活によくあるもの，共通経験としておさえられるような事態であり，また常にその場面はなんらかの問題を含んだ場合である。

たとえば，「親切，同情」という観点にたった問題として「ドッジボールにへたな子がいれてといって来たとき，あなたは，どうしますか」（そのⅠ）「わたしは，ドッジボールがへたなのです。わたしは，ドッジボールにいれてといっていきました。そんなとき，ともだちは，どうするとおもいますか。」（そのⅡ）という質問を用意したのである。そして，それぞれでその理由を問うたのである。

このテストははじめ，各問ごとに選択肢を作成し＋２から－２の評価段階を設けたが，この基準の作製は予想外に困難であったので，後に述べるように各問題ごとに回答の類型を出し，それぞれにどの程度の割合をしめるかを考察することによって評価しようとした。

このテストも，他と同様，そのⅠ，そのⅡとも実験前と実験後の２回実施した。実施にあたっては，試験ではなく成績とはなんら関係のないことを周知させ，問題をよく読んで考えたことを自由に記述するようにし，第１ページ表紙に例題を設けて，記述のしかたをじゅうぶんに理解させた上で行なった。

回収後は，無作為に抽出したクラスの回答を分類して，各問題ごとに回答の類型化を図った。そして，それぞれの児童の回答をその類型にあてはめて，最後に別表のように数量的にまとめ，個々の児童および学級の傾向と，集団理解の程度をとらえたのである。このことについては，H男の事例研究の項でふれたいと思う。

(2) 結果と考察

この事態反応テストによって，われわれは，チェックリストなどではうかがい得ない個々の児童の個性的な行動の様式と集団の成員に対する理解や認識の程度を評価することができると考える。たとえば集団の成員に対して安心感をもち，自分に対するじゅうぶんな好意があると予想する児童は，みずからも他の成員に対して好意的な行動をとることが多いということが理解される。しかし中には，集団の行為に安んじていないから，自分は自己中心的な身がってな行為をする児童もある。他の成員のきびしい行為を予想する者はみずからもきびしい態度で友人に望もうとする傾向がみられることもある。

また，われわれは，前述のように，児童のこのテストにおける各問題の回答を類型し，それによって，クラス全体の傾向をとらえるようくふうした。その結果，行動およびその理由において，学年による発達的変化を認めることができた。第14表から第19表までは，この問題のうち，二，三の問題について，学年的変化を示したものである。

また，このテストは，比較的容易に実施しうるテストで，発見された問題児についてのみ実施し，その児童をさらに詳細に評価し，指導の手がかりを得ようとするときに用いるのも一つの方法である。詳細な診断には，きわめて効果的な方法であると考える。

(3) 今後の課題

このような理由で，この事態反応テストはその整理方式が容易でないという難点はあるがたんねんに整理すれば，児童理解にとってまことに有効な方法といえよう。われわれは，この方法のより容易な，より簡潔な整理方法を考案することによって，さらに有効な評価方法の一つにしたいと考えている。

（第14表）

（問題）　ドッジボールにへたなこが「いれて」といってきたとき，あなたはどうしますか。　そのわけ。

その1の2

	3年						5年					
	前			後			前			後		
	男 %	女 %	計 %	男 %	女 %	計 %	男 %	女 %	計 %	男 %	女 %	計 %
A いれる	91.65	88.88	90.48	96.00	94.74	95.45	100	100	100	100	100	100
B 条件つき	4.17	5.65	4.76	4.00	5.26	4.55	0	0	0	0	0	0
C 皆と相談して	0	0	0	0	0	0	0	0	0	0	0	0
D 黙過する	0	0	0	0	0	0	0	0	0	0	0	0
E いれない	4.17	5.56	4.76	0	0	0	0	0	0	0	0	0

	3年						5年					
	前			後			前			後		
	男 %	女 %	計 %	男 %	女 %	計 %	男 %	女 %	計 %	男 %	女 %	計 %
1.集団成員との一体感	9.09	0	5.26	16.67	11.76	14.63	8.00	4.35	6.25	12.00	8.00	10.00
2.情緒的同情	72.72	75.00	73.67	58.32	76.47	65.85	80.00	73.90	77.07	84.00	88.00	86.00
3.規範	18.18	18.75	18.42	25.00	11.76	19.51	12.00	21.73	16.67	4.00	4.00	4.00
4.個人的立場	0	6.25	2.63	0	0	0	0	0	0	0	0	0
1.もうひとり連れてくれば	100	100	100	0	0	0	0	0	0	0	0	0
2.いれないのはかわいそうだから	0	0	0	0	0	0	0	0	0	0	0	0
1.皆の意見もあることだから	0	0	0	0	0	0	0	0	0	0	0	0
1.自分に決意権なし	0	0	0	0	0	0	0	0	0	0	0	0
2.変に思われるのはいやだ	0	0	0	0	0	0	0	0	0	0	0	0
1.負けるから	100	100	100	0	0	0	0	0	0	0	0	0
2.自分に決意権なし	0	0	0	0	0	0	0	0	0	0	0	0

（第15表）

（問題）　わたしはドッジボールがへたなほうです。
わたしがドッジボールに「いれて」とたのんだとき，
ともだちはどうするとおもいますか。　そのわけ。

その Ⅱ の 2

	3年						5年					
	前			後			前			後		
	男 %	女 %	計 %	男 %	女 %	計 %	男 %	女 %	計 %	男 %	女 %	計 %
A いれてくれる	66.7	66.6	64.3	87.5	84.4	86.0	88.5	85.7	87.2	96.0	90.9	93.6
B いれてくれない	29.2	27.8	28.6	12.5	15.6	14.0	7.7	4.8	6.4	4.0	0	2.1
C どうなるかわからない	0	5.6	3.5	0	0	0	0	0	0	0	0	0
D その他	4.1	0	3.5	0	0	0	3.8	9.5	6.4	0	9.1	4.3

	3年						5年					
	前			後			前			後		
	男 %	女 %	計 %	男 %	女 %	計 %	男 %	女 %	計 %	男 %	女 %	計 %
1.集団成員との一体感	31.3	33.3	32.1	28.6	41.2	34.2	39.1	44.4	41.5	3.3	20.0	27.3
2.同情，好意	22.5	33.3	21.4	33.3	23.5	28.9	26.1	27.8	26.8	45.8	50.0	47.7
3.規範	43.8	25.0	35.7	28.6	23.5	2.63	17.4	22.2	19.5	4.2	15.0	9.1
4.個人的立場の強調	12.5	8.4	10.7	4.8	5.9	5.3	4.3	5.6	4.9	4.2	5.0	4.5
5 ただなんとなく	0	0	0	4.8	0	2.6	13.0	0	7.3	12.5	10.0	11.4
1.遊びのおもしろさの半減を恐れて	85.7	100	91.7	100	100	100	100	100	100	100	0	100
2.友人のいじわる	14.3	0	8.3	0	0	0	0	0	0	0	0	0
3.平生の自分の行動を，顧みて	0	0	0	0	0	0	0	0	0	0	0	0
	0	100	100	0	0	0	0	0	0	0	0	0
	100	0	100	0	0	0	100	100	100	0	100	100

（第16表）

（問題）　そうじのとき，おとこのこと，おんなのこと，いっしょにくんでやったほうがいいとあるこがさかんにいいました。みんなもいろいろなことをいいました。あなたはどうおもいますか。　　そのわけ。

その1の12

	3年						5年					
	前			後			前			後		
	男 %	女 %	計 %	男 %	女 %	計 %	男 %	女 %	計 %	男 %	女 %	計 %
A ともにやる	65.21	83.33	73.17	76.00	94.74	84.06	73.07	86.36	79.15	72.00	100	85.11
B 別々にやる	8.69	11.11	9.76	8.00	0	4.54	23.08	13.64	18.75	28.00	0	14.89
C 多数決にする	13.04	0	7.32	16.00	5.26	11.36	3.85	0	2.08	0	0	0
D 保留	13.04	5.56	9.76	0	0	0	0	0	0	0	0	0

	3年						5年					
	前			後			前			後		
	男 %	女 %	計 %	男 %	女 %	計 %	男 %	女 %	計 %	男 %	女 %	計 %
1.同じ人間だから仲良くすべきだ	13.33	20.00	16.67	5.26	11.11	8.11	10.53	10.53	10.52	5.56	0	2.50
2.相互理解を深める良い機会	13.33	20.00	16.67	36.84	16.67	27.02	10.53	0	5.26	22 22	4.55	12.50
3.それぞれの持味を出してするのが良い	59.99	40.00	50.00	42.10	66.66	54.04	68.42	78.95	73.67	61.11	95.45	80.00
4.多数の意見希望だから	0	6.67	3.33	5.26	0	2.70	5.26	0	2.63	0	0	0
5.そうじはともにやるものだから	13.33	6.67	10.00	10.53	5.56	8.11	5.26	5.26	5.26	11.11	0	5.00
6.相互に慎しむことを条件としていっしょにやる	0	6.67	3.33	0	0	0	0	5.26	2.63	0	0	0
1.能率的だから	100	0	50.00	0	0	0	50.00	66.67	55.56	28.57	0	28.57
2.異性がきらいだから	0	50.00	25.00	50.00	0	50.00	16.67	0	11.11	0	0	0
3.なんとなくやりにくいから	0	50.00	25.00	50.00	0	50.00	33.33	33.33	33.33	71.43	0	71.43
1.めんどうでないから	33.33	0	33.33	50.00	0	40.00	0	0	0	0	0	0
2.どっちでもいいから	67.33	0	67.33	50.00	100	60.00	100	0	100	0	0	0
	100	100	100	0	0	0	0	0	0	0	0	0

（第17表）

その Ⅱ の12

（問題）　そうじのとき，わたしは　おんなのこと　おとこのこと　いっしょにくんでやったほうがいいとさかんにいいました。みなさんはどのようにかんがえているとおもいますか。　そのわけ。

	3年						5年					
	前			後			前			後		
	男 %	女 %	計 %	男 %	女 %	計 %	男 %	女 %	計 %	男 %	女 %	計 %
A 共にやることに賛成	79.2	77.8	78.6	87.5	89.5	88.4	73.1	81.0	76.6	72.0	86.4	78.7
B 反対する	8.3	22.2	14.3	12.5	10.5	11.6	19.2	9.5	14.8	24.0	0	12.8
C 多数決を提案する	4.2	0	2.3	0	0	0	0	0	0	0	0	0
D 個人で意見が違うだろう	8.3	0	4.8	0	0	0	0	9.5	4.3	4.0	13.6	8.5
E その他	0	0	0	0	0	0	7.7	0	4.3	0	0	0

理由	3年						5年					
	前			後			前			後		
	男 %	女 %	計 %	男 %	女 %	計 %	男 %	女 %	計 %	男 %	女 %	計 %
1.同じ人間だから仲良く共にすべきだ	52.6	35.7	45.4	28.6	41.2	34.2	12.5	17.6	15.2	5.6	10.5	8.1
2.相互理解を深めるよい機会	10.52	42.9	24.2	28.6	23.5	26.3	12.5	0	6.0	16.7	5.3	10.8
3.男女それぞれの持ち味それを発揮すれば能率的	26.2	21.4	24.2	42.9	35.3	39.5	68.8	76.5	72.7	66.7	84.2	75.7
4.そうじは共にやるべきものだから	5.3	0	3.0	0	0	0	6.3	5.9	6.0	0	0	0
5.いちばん文句のない方法だから	5.3	0	3.0	0	0	0	0	0	0	11.1	0	5.4
1.能率的、そのほうがやりやすい	0	25.0	17.8	33.3	0	20.0	25.0	0	17.8	33.3	0	33.3
2.異性がきらい	100	75.0	83.3	66.7	100	80.0	75.0	100	83.3	66.7	0	66.7
1.面倒でないから	100	0	100	0	0	0	0	0	0	0	0	0
2.どちらでもよいから	0	0	0	0	0	0	0	0	0	0	0	0
	100	0	100	0	0	0	0	100	100	100	100	100
	0	0	0	0	0	0	100	0	100	0	0	0

（第18表）

その1の14

（問題）　いえで　あなたがどうしてもやらなければならないべんきょうをしているとき，クラスのとても　なかのよい　ともだちがあそびに　きました。そんなとき，あなたは　どうしますか。　そのわけ。

	3年 前 男%	3年 前 女%	3年 前 計%	3年 後 男%	3年 後 女%	3年 後 計%	5年 前 男%	5年 前 女%	5年 前 計%	5年 後 男%	5年 後 女%	5年 後 計%
A 断わる	29.16	22.22	26.19	28.00	42.10	34.08	46.15	22.73	35.41	57.69	45.45	52.08
B 待っていてもらう	16,66	5,56	11.91	20.00	15.79	18.18	23.08	40.91	31.25	11.54	36.36	22.91
C 勉強後を約束する	45.83	72.22	57.14	40.00	36.84	38.62	30.77	31.82	31.25	26.92	13.64	20.53
D 遊ぶ	8.33	0	4.76	12.00	5.26	9.08	0	4.55	2.08	3.85	4.55	4.17

	3年 前 男%	3年 前 女%	3年 前 計%	3年 後 男%	3年 後 女%	3年 後 計%	5年 前 男%	5年 前 女%	5年 前 計%	5年 後 男%	5年 後 女%	5年 後 計%
1.義務感	35.71	75.00	81.82	100	75.00	86.67	100	100	100	93.33	40.00	72.00
2.仕事の完遂への意欲	14.29	25.00	18.18	0	25.00	13.33	0	0	0	6.67	60.00	28.00
3.自己の性格形成	0	0	0	0	0	0	0	0	0	0	0	0
1.勉強の義務感と遊びとのかっとう	100	0	80.00	100	100	100	83.33	100	93.33	100	66.67	72.73
2.友情を強調	0	100	20.00	0	0	0	16.67	0	6.67	0	33.33	27.27
3.折衷，妥協	0	0	0	0	0	0	0	0	0	0	0	0
1.義務の優先	54.54	84.62	70.84	100	85.71	94.12	100	100	100	57.14	33.33	71.43
2.仕事の完遂への意欲	45.45	15.38	28.16	0	14.29	5.88	0	0	0	28.57	66.67	14.29
3.友情を強調	0	0	0	0	0	0	0	0	0	0	0	0
4.折衷，妥協	0	0	0	0	0	0	0	0	0	0	0	0
1.友情	50.00	0	50.00	66.67	100	75.00	0	100	100	100	100	100
2.不安や恐怖	0	0	0	0	0	0	0	0	0	0	0	0
3.勉強からの逃避	50.00	0	50.00	33.33	0	25.00	0	0	0	0	0	0

（第19表）

（問題）　わたしがなかよしのがっきゅうのともだちのところへあそびにいったら，そのともだちはだいじなべんきょうをしているところでした。こんなとき，ともだちはどうするとおもいますか。　そのわけ。

その II の14

	3年 前 男%	3年 前 女%	3年 前 計%	3年 後 男%	3年 後 女%	3年 後 計%	5年 前 男%	5年 前 女%	5年 前 計%	5年 後 男%	5年 後 女%	5年 後 計%
A 断わる	25.0	47.0	33.3	29.2	47.4	37.2	46.2	47.6	46.8	44.0	40.9	42.6
B 待っててもらう	12.5	5.9	9.5	33.3	21.0	27.9	19.6	33.3	13.9	28.0	36.6	31.9
C 勉強後を約束する	36.5	41.2	37.1	37.5	31.6	34.9	23.1	9.5	9.2	24.0	13.6	19.1
D 遊び	0	0	0	0	0	0	0	4.8	2.1	4.0	0	2.1
E その他	20.8	5.9	14.3	0	0	0	11.5	4.8	4.6	0	8.9	4.3

	3年 前 男%	3年 前 女%	3年 前 計%	3年 後 男%	3年 後 女%	3年 後 計%	5年 前 男%	5年 前 女%	5年 前 計%	5年 後 男%	5年 後 女%	5年 後 計%
1.義務感から	100	100	100	71.4	66.7	68.8	100	100	100	100	100	100
2.仕事の完遂への意欲	0	0	0	0	33.3	18.7	0	0	0	0	0	0
3.自己の性格形成	0	0	0	14.3	0	6.3	0	0	0	0	0	0
4.罰を恐れる	0	0	0	14.3	0	6.3	0	0	0	0	0	0
1.勉強への義務感と遊びとのかっとう	66.7	100	75.0	37.5	50.0	41.7	100	85.7	92.7	100	100	100
2.友情を強調する	33.3	0	25.0	12.5	25.0	16.7	0	14.3	7.3	0	0	0
3.折衷，妥協	0	0	0	50.0	25.0	41.7	0	0	0	0	0	0
1.義務への優先	100	100	100	77.8	83.3	80.0	100	100	100	100	33.3	77.8
2.仕事の完遂への意欲	0	0	0	11.1	16.7	13.3	0	0	0	0	66.7	22.2
3.友情の強調	0	0	0	11.1	0	6.7	0	0	0	0	0	0
4.妥協，折衷	0	0	0	0	0	0	0	0	0	0	0	0
1.友　情	0	0	0	0	0	0	0	4.8	2.1	100	0	100
2.不安や恐れ	0	0	0	0	0	0	0	0	0	0	0	0
3.勉強からの逃避	0	0	0	0	0	0	0	0	0	0	0	0
	100	100	100	0	0	0	100	100	100	0	0	0

4　絵による事態完成テストでの評価とその考察

児童たちはこのテストを通常「まんが」と呼んでいる。このテストは4こまの絵からなり，はじめの三つには，登場人物がそれぞれ事態を描写し説明する会話をかわしている。児童は，第4こま目で，以上の事態にどう処するかを，簡潔に会話的に記入する。その児童の記入した文を分析することによって，児童の友人関係における態度や意識を評価しようとするものである。

たとえば，ある問題では，ひとりのこどもが本を持って逃げている。それを別の子が追っている。ところが，逃げた子が誤ってガラスを割ってしまう。そして困ったとつぶやく。それに対して，追いかけた子はなんと言うか，それをまんがの吹き出しのようになっている空欄に児童が記入するのである。

このテストは事態反応テストと同様に，そのⅠとそのⅡが対になっていて，前例のように，追いかけた子の身になって答える場合と誤りを犯した子の立場にたって答える場合とがある。この両者の立場にたった発言を関連させて分析し評価しようとするわけである。

このテストは，すでに心理学において広く用いられているT.A.T.であるとか。P.F.T.などの諸検査と同様に，プロジェクティブな方法を用いたものである。

このテストのような型式で児童に解答を求めることは，多くの他のテスト以上に児童の関心や興味を刺激し，より積極的にテストに臨むであろうことが予想されたので，期待をもって実施した。そしてその結果は，予想どおりであって，学年を問わず，多くの児童が興味深げに問題と取り組んでいた。

このテストで用いられた問題の数は，総計20問であり，またそれぞれが

対になっているため，合計40問になるわけである。

以下に，このテストの問題例を示してみよう。

（第3図）

このような形式のテストは，児童の内面的世界に立ち入って評価するという点では有効であるが，得られた資料をどのようにまとめ，整理して，いかなる観点から評価するか，ということに関しては，なおさまざまな問題が残されているように思われる。

われわれは，この結果を整理するにあたっては，できるだけどの問題でも一貫して同じ評価基準から評価するように，まず試みてみた。そして一応以下のような観点となる基準を設けた。

絵による事態完成テストの基準

1.　自分（たち）の要求の取り消し

A　いやいやの取り消し（消極的）

。相手の圧力に折れて。しかたないから

A′ 自分(たち)の非を認めての取り消し(率直な態度での取り消し)

2. 妥協的な態度

B 消極的態度での妥協

B′ 積極的態度での妥協

3. 双方の要求を認め折衷案

C 決定的態度で折衷案を出し，相手に強引に承服を求める態度

C′ 相手の同意が得られるかどうかうかがいながら折衷案を出す態度

4. 相手の要求の否認

D 有無をいわせぬ態度での否認（非協力，関係断絶を示唆）

D′ 相手が要求を取り消すことを期待しながら否認（協調の余地を残す）

5. 自分（たち）の要求の主張

E 強引な自己主張（絶対このほうがいい）

E′ 同調を求めつつ自己主張

6. 怒りの表現（攻撃的態度）

F 怒りの表現

7. その他

X 意味不明，無記

このような観点にたって，どの問題における反応をも，評価してみた。そしてこの評価の場合には，問題が対になっているため，A－A型，A－B型……等々さまざまな型が出てくるわけである。そこで，個々の児童が全体として，どの型をどの程度示すかという点から，児童の評価を試みたのである。その例は，事例研究の項で詳細に述べられているので，ここでは割愛することにする。

また，このような観点から，集団の一般的傾向をもとらえようと試みた。しかし，このことに関しては，その型が過度に複雑になるため，容易

に評価することができないので，一応取りやめた。

その後，この基準に対する再検討が加えられ，評価をより容易にするために，改めて以下のような基準が設定された。

絵による事態完成テスト基準（改訂案）

A 自分（たち）の要求を取り消し妥協しようとする態度

a 消極的にいやいや取消し妥協する態度

a′ 積極的に自分（たち）の非を認めて取り消し妥協する態度

B 双方の要求を認めて折衷案を出そうとする態度

b 決定的な態度で折衷案を出し，相手に強引に承服を求める態度

b′ 相手の同意が得られるか，どうか，うかがいながら折衷案を出す態度（説得的な態度）

C 相手の要求を否認し自分（たち）の要求を主張する態度

c 有無をいわせぬ態度で否認し，（非協力，関係断絶の示唆）強引に自己主張（絶対に自分たちの要求のほうがいい）する態度

c′ 相手が要求を取り消すことを期待しながら否認し（協調の余地を残す），同調を求めながら自己主張をする態度。（相手の立場も尊重した上でなおかつ説得で取り消しを期待する態度）

D その他（無記入，意味不明）

そして，これによって評価する場合，そのⅠとそのⅡの関係の型をとらえようとする場合には，A．B．C．D の四つの型の組み合わせ，特にその中でも A．B．C の三つの型の組み合わせによる九つの型で，どの型が多いかを評価するように，また個々のテスト別に評価する場合には a とか，a′というように詳細に評価するようにした。

たとえば，先に例として示した問題の反応の1年と3年と5年の各学級の評価を示すと，

第20表

反応 その1	反応 その2		1年	3年	5年
A	A	(自分の要求取り消し・自分の要求取り消し)	6	1	0
A	B	(〃・折衷案)	1	4	3
A	C	(〃・自己主張)	8	22	27
B	A	(折衷案・自分の要求取り消し)	1	0	0
B	B	(〃・折衷案)	3	6	10
B	C	(〃・自己主張)	4	0	7
C	A	(自己主張・自分の要求取り消し)	5	1	0
C	B	(〃・折衷案)	3	1	0
C	C	(〃・自己主張)	13	8	0

第20表のようであって，この問題の場合，発達的には，折衷案を出す傾向，自他のわがままを認めない態度などは学年とともに増大するが，一方あくまでも自己主張をするという態度は，減少することが理解される。

このような方法で，個々の児童の評価，集団の評価が可能になるわけである。

われわれは，以上のような評価基準を設定したのであるが，さらに有効な方法もあると考えられるので，今後，この点に関しては，さらに検討したいと考えている。

以上で，このテストの評価法についての概括的な説明を終えるが，すでに述べたように，分析の観点，整理方式，評価法などに問題はあるが，詳細に検討すれば，この方法は児童理解と評価のために，独特の役割を演ずると考えている。たとえば，このテストによって，常に自分の意志を抑制し，集団のふんい気に従おうとするこどもとか，あるいは，過度にみずからの考えや主張を通そうとするこどもとか，また，できるだけ折衷した考え方をとろうとするこどもとか，さまざまのタイプがそこに浮き上ってく

るし，何回かにわたって，テストを実施すれば，その態度の変容過程をもとらえることができるわけである。

また，このテストは1年生でも実施することが可能であることも，大きな特徴といえる。やや時間を多く要するきらいはあるが，かれらはまことに積極的な関心を示したのである。

さらに研究が進められ，よりいっそう，効果的な評価方法が，このテストについても実現されることが期待される。

5 道徳的判断に関する標準テストによる評価とその考察

1 実施手続き

われわれは，本研究と関連させて，標準検査による評価が，どのような役割を演ずるかを吟味するために，また，児童の道徳的判断の一般的な傾向をとらえるために，診断的道徳判断テスト（神大式）を実施してみた。

このテストは，文部省の「小学校学習指導要領　道徳編」に示す4領域すなわち，

① 日常生活の基本的行動様式

② 道徳的心情，道徳的判断

② 個性の伸長，創造的な生活態度

④ 国家社会の成員としての道徳的態度と実践的意欲

の評価からなり，それぞれの領域のパーセンタイルによる評価と全体を統括しての5段階による評価ができるようになっている。

たとえば日常生活の基本的行動様式の問題では，

友だちが「世の中に役にたたないような人間は，自分で死んだほうがよい。」といいました。田中くんは,「どんな人間でも，自分で死ぬことは，ぜったいによくない。」といいました。

田中くんの考えは

□	□	□	□	□
ひじょうにまちがっている	ややまちがっている	どちらともきめにくい	だいたいただしい	ひじょうにただしい

粗点 ［　　］

村山くんは，道で先生に出会いましたが，いそいでおつかいに行くとちゅうでしたので，気がつきませんでした。それであいさつをしませんでした。

村山くんがあいさつをしなかったことは，

□	□	□	□	□
ひじょうによくない	あまりよくない	どちらともきめにくい	だいたいよい	ひじょうによい

粗点 ［　　］

道徳的心情，判断では，

組がえがあったので黒川くんは「みんなとなかよくするように，あす，ソフトボールをしよう。」といいました。黒川くんは，しんぱんにえらばれましたが，急に病気になったので，あとをたのんで休みました。

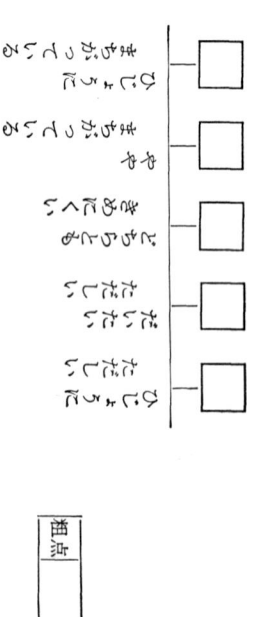

黒川くんのしたことは

□	□	□	□	□
ひじょうにまちがっている	ややまちがっている	どちらともきめにくい	だいたいただしい	ひじょうにただしい

粗点 ［　　］

秋山くんは，美しい山や海の写真や絵を見ると，そのりっぱさと，清らかさに深く心をうたれます。それでいつもへやにかざります。

秋山くんは

□	□	□	□	□
ひじょうによくない	あまりよくない	どちらともきめにくい	だいたいよい	ひじょうによい

粗点 ［　　］

個性の伸長，創造的な生活態度の問題は，事例研究のところで扱ってあるので，ここでは割愛し，国家・社会の成員としての道徳的態度と実践的意欲の問題をしるせば

大川くんが，学校へ行くとちゅう，小さな子がころんで，けがをして泣いていました。大川くんは，この子を家までつれていってやったので，学校におくれてしまいました。

大川くんがおくれたことは

□	□	□	□	□
ひじょうにまちがっている	ややまちがっている	どちらともきめにくい	だいたいただしい	ひじょうにただしい

粗点 ［　　］

西田さんは，いつも「外国に生まれていたらよかったなあ。」と思っています。大きくなったら，貧しい日本をはなれて，外国へ行ってくらしたいと思っています。

西田さんの考えは

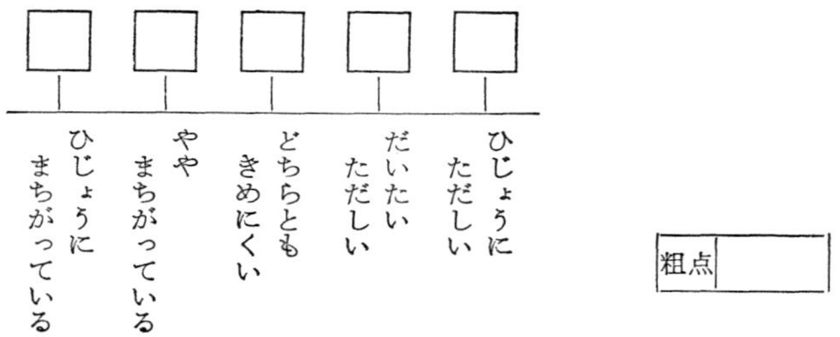

（診断的道徳判断テストより引用）

この実施にあたっては，調査の正確さを期するために，児童に問題をじゅうぶん理解させ，一つ一つ児童の反応ぶりを確かめながら進めていった。また，当然のことながら実施に適する時期を確認して行った。またわれわれは，特に，パーセンタイルによる道徳判断プロフィールを重視し，道徳領域別診断と問題児の発見を試みたのである。

2　結果と考察

これを実施した結果から考察すると，このテストは，全体の得点，および，個人個人の得点，さらにはプロフィールによる評価によって個々の児童の評価と同時にクラス全体の評価も可能であり，それが，指導法の評価につながるものである。また，特にかけはなれた児童をピックアップすることができる。

第 4 図

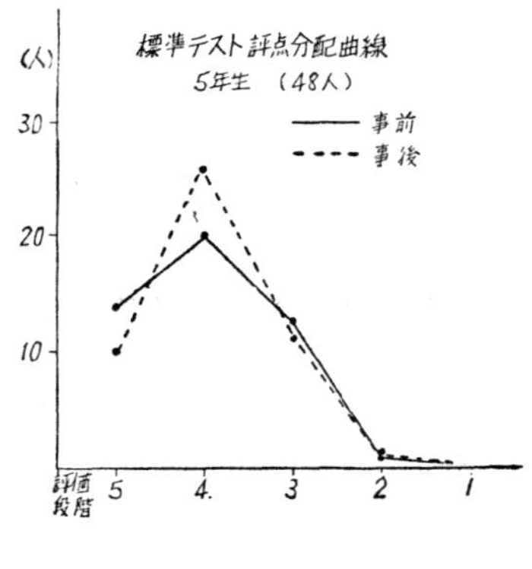

しかし，この検査が有効かどうかは，その弁別力が広いかどうかにかかっているが，その点からすると，多少，弁別力が狭いのではないかと思われる。つまりほとんどすべての児童が５から３の間に分散しており，評価段階の平均は４になっている。

そして，評価段階が２であるとか，１である児童はほとんどないといってよい。このことはいわゆる識別力が狭いことを意味する。それだけに，このテストで評価段階が１か２の児童は問題としなければならない。やはり，われわれとしては，評価点が１から５の間に好ましい分散を示すようになっていることが期待されるのである。

しかし，これは，ごく限られたわれわれの学校の被験者の結果からの見解であるから，一般的な結論であるとは決していえない。われわれは，テストをこのような評価段階から見るよりも，それぞれのパーセンタイルを結びつけたプロフィールが，どのような姿をえがくか，その線のえがき方によって，児童を評価することのほうが，より有効ではないかと考える。

第 5 図

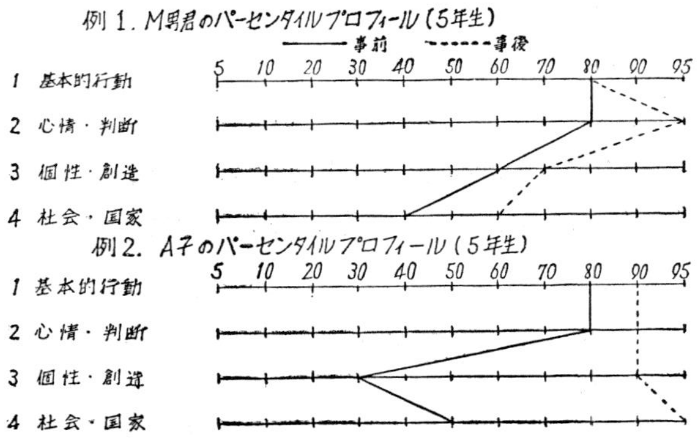

われわれは，このような観点にたって整理を意図しているが，同時に，テスト作成者，および，現場において，問題分析等，いろいろな角度からの研究をさらにすすめられるよう期待したい。それらによって道徳的に問題となる児童が容易に発見されれば，まことに利用価値の高いテストになるのではないかと考える。

6　集団行動についての観察法による評価とその考察

(1) 実施手続き

はじめに観察法についてのわれわれの期待を述べておこう。学級をいくつかのグループに編成して，それぞれが単位として，活動する場合，そのグループがよいふんい気につつまれて，より生産的に活動しているかどうか，またそれぞれのグループにおいて各成員がところを得て，うまく活動しているかどうかを吟味する場合における一つの有力な方法として，われわれは観察法を重視した。

しかし，いうまでもないことであるが，何の指標もなく，ただ観察するだけではその評価法に問題があるので，一応次のような観察の観点を作成した。

ア　集団活動の一般的印象

（段階）　　　　（観　　点）

5．全員が活発に活動に参加し，楽しそうにいきいきと動いた。
4．大部分の者は活発に活動に参加したが，やや積極的な協力に欠けていた。
3．成員が仕事に取りかかったが，形式的でただ与えられた仕事を消極的に行なった。
2．大部分の者はかってに活動し，ごくわずかの者のみが仕事を遂行した。
1．集団としてまとまらず，混乱して無秩序であり，ばらばらにかってなことをした。

イ　成員の相互関係

5．全員が互いに助け合い，協力し合っていた。
4．大部分の者が助け合い，協力し合っていたが，ごく少数の者の間に

対立や競争がみられた。
3．約半数は協力し，相互に扶助し合っていたが，他は対立，競争，無関心がみられた。
2．わずかの者を除いて，互いに対立したり，競争心を示したり，また相手に無関心であった。
1．だれもが相手に無関心であったり，競争心ばかり示し，ばらばらであった。

ウ　組織的な活動

5．全員が集団の目標を自主的積極的にたて，またその目標を理解し，責任の分担を明らかにして仕事をした。
4．全員が集団の目標を理解していたが，責任の分担がはっきりしていなかった。
3．集団の目標や責任の分担について一部を除いて，多くの者があいまいな状態にあって，消極的に動いていた。
2．一部には目標や責任が理解されていたが，多くは無関心，争い，かってな行動ばかりしていた。
1．目標もはっきり全員に意識されず，組織化もされず，逆に緊張や争いがみられた。

エ　責任者の活動

5．リーダーは自分の意見を主張せず，メンバーの意志を尊重し，よいふんい気の達成に努力し，メンバーはリーダーに協力した。
4．リーダーはたいていメンバーの意志を尊重したが，時に自己主張をはげしくすることもあった。
3．リーダーは成員をおだてたり，ほめたりして，リードしたが時にみずからの役割にさからい，教師やその他の有力者に頼ろうとした。時に成員からからかわれたり，ひやかされたりした。

2. リーダーはやや支配的，専制的で，おどかし，非難，罰などを用いて，成員を支配しようとした。

1. リーダーはまったく，支配的，専制的で，時には暴力を用いた。

オ 集団のまとまり

5. 孤立児はまったくなく，すべてのこどもが喜んで集団活動に参加していた。互いによく相手を認め合っていた。

4. 孤立児はまったくないが，時に積極性のみられない，つまり消極的に協力する者がみられた。

3. 集団が二つぐらいに分裂したり，特別なこどもと対立したりすることもあった。

2. 集団活動に無関心な孤立児がいた。それに注意をする者もいなかった。

1. 集団から排斥された孤立児がいたり，対立が絶えなかった。他の成員の地位を下げようとした。

カ 集団成員の教師への態度

5. 教師が注目すると全員が親しみをこめた表情をしたり，話しかけをしてきた。

4. 二，三の者が教師に恐れや極端な服従的態度を示したが，多くは親しみをこめた表情を示した。

3. 心からの親しみというより，へつらったり，表面的な愛想をふるまう傾向が強かった。

2. 教師に対してはほとんど無関心であり，閉鎖的であり，中にはこそこそかくれようとする者もいた。

1. 教師に対しては全員が閉鎖的であり，反目的であった。

キ 他集団への態度

5. 他集団の成員ともきわめて積極的に交わり，協力的，相互扶助的で

あった。

4. 他集団からの交渉があれば協力や手助けをした。積極的でなかった。

3. 他集団との交渉はまったく形式的なものであった。

2. 他集団に対しては，その活動にまったく無関心であった。

1. 他集団の成員とは対立的，閉鎖的，反目的であった。

およそ，以上であるが，観察者である教師はまず，これらの観点を熟知し，以下に示す「観察のチェックリスト」を用意して，その上で観察場面に臨むようにした。

なお，ここで重要なことは，その観察の場である。この点についてはⅡ本研究の計画と手続きにおいても述べておいたが，この観察の場は一つには容易に観察できるという条件を考慮し，もう一つには児童の友人関係における道徳性を伸長するのにふさわしい，さまざまな共同製作や共同作業学芸会やおたのしみ会，いろいろな係り活動，その他遊びの場などを意図的に構成したものである。つまり，学級における児童の友人関係の広がりや深まりを求めて行なわれる教育のいとなみを加え，それを観察の場として，観察法による評価を実施したのである。

(2) この方法の結果と評価

集団行動についての観察法を実施してみた結果は，観察のチェックリストに記入し，それぞれの項を5段階にわけて数量化した。

次に具体的に2年1組における観察の結果を端的に示してみよう。なおここに示した結果は同一学級における最初のものと，最後のものとを抽出したものである。（第21. 22表 参照）

（第21表）

観察のチェックリスト　その１（２年１組）　12月15日

記 録 者　（山崎幸一郎）

班名＼項目	1.集団活動の一般的印象	2.成員の相互関係	3.組織的活動	4.責任者の活動	5.集団のまとまり	6.成員の教師への態度	7.他集団への態度	備考 1. 観察した活動の種類と時刻，時間 2. 問題としたこどもの活動状況 3. その他
1	5 4 ③ 2 1	5 ④ 3 2 1 中山ぶらぶら	5 4 ③ 2 1 たえず話し合っていた。	5 4 ③ 2 1 リーダーはっきりせず。	5 4 3 ② 1	⑤ 4 3 2 1	5 4 ③ 2 1 菊田がきたらしりそける。	描画の共同製作 11:35〜12:20 得点 23
2	5 ④ 3 2 1 5人でやり，あとからきた千田は4グループで仕事をやつた。	5 ④ 3 2 1 松本ぶらぶら	5 ④ 3 2 1	5 4 3 ② 1 中田きかない	5 4 3 2 ①	⑤ 4 3 2 1	5 4 ③ 2 1	得点 22
3	5 4 ③ 2 1 さあっと終った河村，村田はまんがをみる。	5 4 3 ② 1	5 4 ③ 2 1	5 4 ③ 2 1 リーダーはっきりせず。	5 4 3 ② 1	⑤ 4 3 2 1	5 4 ③ 2 1	得点 21
4	⑤ 4 3 2 1	⑤ 4 3 2 1 それぞれよく仕事をしていた。	⑤ 4 3 2 1	5 4 ③ 2 1 リーダーはっきりせず。	5 ④ 3 2 1 よかったが，すわりがはっきりしない。	⑤ 4 3 2 1	⑤ 4 3 2 1 千田をすすんでいれて楽しくやった。	得点 32
5	5 4 3 ② 1 始めはよかったが。	5 4 ③ 2 1 西山，岡田に「何をしちょる」と注意。	5 4 ③ 2 1 はじめテレビ塔のアイデアはよかった。あとがだめになつた。	5 4 ③ 2 1 岡田，菊田さしずをする。	5 4 3 ② 1	⑤ 4 3 2 1	5 4 ③ 2 1	西山まんがをみている。 得点 22
6	⑤ 4 3 2 1 早くからせっせとしごとをした	5 ④ 3 2 1 大木まんが。早くでき上る。	⑤ 4 3 2 1	⑤ 4 3 2 1 山岡よくさしずする。	5 ④ 3 2 1 大木，広井のまんが。	⑤ 4 3 2 1	5 4 ③ 2 1	得点 31
7	⑤ 4 3 2 1 他のグループが図書館にいつたが，いかないでやる。	⑤ 4 3 2 1	5 ④ 3 2 1 木村鉛筆グルグル。山内他のグループへ	⑤ 4 3 2 1 園部，田島しごとをよくする。	⑤ 4 3 2 1	⑤ 4 3 2 1	5 4 ③ 2 1	得点 32
8	⑤ 4 3 2 1 安井休んでいたがよくやった。	⑤ 4 3 2 1	⑤ 4 3 2 1 だんだんよくなった。	5 ④ 3 2 1 安井，臼井，仕事をすすめる。	⑤ 4 3 2 1	⑤ 4 3 2 1	5 4 ③ 2 1	得点 32
備考						グループの仕事を皆にはなされるのをいやがった。	いずれもグループの秘密を守ろうとした。ここでは他集団との協力の場はあまりない。	

（第22表）

観察のチェックリスト　その２（２年１組）　３月４日　　記　録　者　（山崎幸一郎）

項目 / 班名	1.集団活動の一般的印象	2.成員の相互関係	3.組織的活動	4.責任者の活動	5.集団のまとまり	6.成員の教師への態度	7.他集団への態度	備考　1. 観察した活動の種類と時刻，時間　2. 問題としたこどもの活動状況　3. その他
1	5④321 横山きげんわるくかかない。指導してかくことになる	5④321	5④321	5④321 谷田リーダーになる。しかも後には自分でかきたいものをかこうとする	5④321	⑤4321	5④321	紙しばいづくり　11：20〜12：00 得点　29
2	⑤4321 常野，千田，中田だんだんに積極的になる。	⑤4321	5④321	⑤4321 常野リーダーになる。グループをまとめようと努める	⑤4321	⑤4321 常野グループのまとめ方について相談にくる。	5④321 千田他へ見にいく。	千田ほうぼうまわって「ぼくたちのほうがうまい」という。 松本ぶらぶら。　得点　33
3	⑤4321	⑤4321	⑤4321	5④321	5④321 村井，片岡おわってぶらぶら。	⑤4321	5④321	村田ころがってしまう。ぶらぶら。 得点　32
4	⑤4321 佐山がふざけるとすぐ藤山がつつく。	5④321	5④321 佐山が自己中心。	5④321 リーダーの向山はグループは協同組合なのという。	5④321 佐山	⑤4321	5④321	佐山，はじめゴムわあそび。しかし「ほかのグループにまけちゃうぞ」ともいう。 三木，絵をかかないで文のみかこうとする。 向山もころがる。　得点　30
5	⑤4321	⑤4321	⑤4321	5④321 菊田，矢田，岡田，赤津	⑤4321	⑤4321	5④321	矢田ぶらぶら。「いなばのもいろうさぎ」。 片岡とおいかけっこ。 赤津ぶらぶら。　得点　33
6	⑤4321	⑤4321	⑤4321	⑤4321	5④321	⑤4321	⑤4321	広井ぶらぶら。 得点　34
7	⑤4321	⑤4321	⑤4321	⑤4321 園部	⑤4321 特に目立ってよい。	⑤4321	⑤4321	得点　35
8	⑤4321	⑤4321	⑤4321	⑤4321	⑤4321	⑤4321	5④321	「細田君少しふざけちゃうの」（安井の訴え）。 細田，北山ぶらぶら。 得点　34
備考				明確なリーダーというのはない。				この作業はグループがよくまとまるようである。 こどもの問題の行動がよくつかめる。

この結果によると，まず何回かにわたって重ねられた観察記録は，ソシオメトリー，その他の評価の結果とたいへん近似であることをわれわれは発見した。

たとえば，観察チェックリストその2におけるグループの得点は，1グループ29点，2グループ33点，3グループ32点，4グループ30点，5グループ33点，6グループ34点，7グループ35点，8グループ34であるが，これを試みに，(1)ソシオメトリーの項であげておいたこの同一学級の各グループの凝集度ないし，それをグラフ化して表示した結果と照合してみるとソシオメトリーで問題のある1グループは，この観察法による評価でも得点が少なく，ソシオメトリーで最もよい7グループは，この観察による評価でも得点がもっともよい。

このような傾向はソシオメトリー以外のテストその他による評価法についてもおよそうかがうことができる。これは，観察による評価の方法が合理化されてうまく操作されるとしたら，現場ではきわめて行ないやすく，有効な評価法にすることができると思われる。さらにいえば，論に飛躍があるかもしれないが，観察法を重点的に実施して，足りないものを他の評価の方法で補うといった要領が，現場における道徳の評価の定石と考えられないだろうか。

さらに，観察のチェックリストによる結果をみてみよう。ここには，単にグループの評価を数量化するのみでなく，一つにはグループの質的なまとまりを考察する資料としての観察事項がいきいきと述べられているし，二つには，目だつこどもの行動が記録されている。つまり，前者からは，グループの評価を質的な面から掘り下げてみることができるであろうし，後者は，よきにつけあしきにつけて問題の児童を発見したり，目だつ児童の累加記録としての役割を期待することができるように思われる。

ところで，この集団行動についての観察法を実施して改善しなければな

らないいくつかの点を見いだした。まず，「観察のチェックリスト」であるが，前述の評価の観点と照合しながら学級全体のグループ活動を観察記録することは．授業者としてはたいへん無理であるということであった。画板に記録用紙を載せて記録したが，疲労も大であるし，何よりも一方には本分である学習指導を行なわなければならないからであった。

そこで，すべての各項目にわたって一時に評価することは困難であるから，一定の時間にどの項目と，どのグループを評価するかをあらかじめ決めておいてから，観察するように改めていくことにした。

なお，記録していく技術としても段階における5と1を特に目だつものから，適機に記入していくということもたいせつなことであると思われたし，何よりも何度か実施して評価の観点をすっかり記憶してしまい，熟練するということがきわめて常識的なことであるが重要であると思われた。

最後に，この集団行動について観察法の評価も，一般的な観察法の原則をじゅうぶん知っておかなければならないだろう。

第1に，この観察法の一般的な特色および長短を考えておきたい。観察法は特別な道具も設備もいらないで，かえって日常の生活状態をそのままのあらゆる場面で行なうほうがよいとされ，しかもこの観察が他のテストやいろいろな調査，面接の基礎となるものであるから，一般にきわめて重視されている。

しかし，普通は観察法がいつも児童に接している教師であることから，教師の先入感や主観がはいりやすいといわれている。また，その資料からは現状の状態の資料しか得られないというのが欠点といえば欠点であろう。

第2に，この観察法で最も重要なことは，何のために観察するか，という目標が明確に定まっているということと，その目標を達成するためにはどのような事項について観察すればよいか，という観察事項が明確に決まっていることである。

第3に観察法は他の評価の方法のように1ないし2度で終わるというものではないし，また一方的な面からの観察では役にたたないと考えられている。普通には児童を自然な状態で観察する場合と，児童をある位置においてその行動を観察する場合とであるが，いずれにしても，一ぺんかぎりではなく多方面から観察するのである。

なお，児童をある位置において行動を観察する場合には，そのある位置におく条件の変化によって，その態度や活動がどのように変化するかを観察するわけである。

第4にこの観察を有効にするためには，まず，自然の状態にある児童の活動について，観察事項の点で眼に映ったことは，そのたびに記録にとるようにしなければならない。

次には，教師ばかりの観察ではなしに，友人，知人，父母あるいは学校の小使さんなどにも観察事項を提示して，みんなの観察の結果を提供してもらい，教師自身の観察を吟味することも有効なことである。

終わりに観察の結果はできるかぎり記録にとどめなければならないが，決定的な解釈を下すためには，じゅうぶんに多角的になされるさまざまな記録を全部考慮にいれて行なわれなければならないとされている。

以上の観察法の一般的な原則はわれわれの集団行動についての観察法による評価法を考えていく場合にも，たいせつな留意点であると思われる。

(3) ま と め

集団行動についての観察法は総じて，学級における各グループの全体としてのふんい気や，より生産的な活動の傾向や，さらにひとりひとりのグループ構成員の活動状態を吟味する方法として，現場ではきわめて有効である。

そして，この方法によって，得られた結果は貴重であって，ことに何回

かにわたってつみ重ねられた観察記録をソシオメトリーその他と比較検討するとき，集団の動きや発展，また個々の児童の態度の変化などが，まことにいきいきととらえられる。

また，評価の結果から考察されたことで最も重要なことは，観察法が，よい観点とよい観察の場と，よく熟練した観察者とによって実施されるとすると，ソシオメトリーその他のテストなどによる評価の結果とほぼ一致するであろうということである。もちろん，それぞれのソシオメトリーその他の評価法の特長を生かさなければならないが，現場のわれわれとして日常最も平易に行なっている観察法をなんとかさらに科学化し，長い目で累加し充実したものにし，これを軸にして必要によって，他の評価法を活用するといった定石をくふうしたいと思われる。

なお，一方，観察法の欠点として，観察者が教師であるために，授業の運営と観察を一時に行なうことのむずかしさがある。また，各グループをすべての項目にわたって一時に評価することの困難であることもすでに指摘したことである。これらの方法上の欠点を補い，われわれは科学化され，簡易化された価値のある観察法をくふうしたいものであると思う。

最後にもう一つふれておきたいことは，観察のチェックリストが，グループの評価ばかりでなく，個人の評価にも適用できるようにくふうすることが，道徳の評価の方法としてはきわめて重要な課題であると考える。

7 友人関係に関する作文による評価とその考察

(1) 実施手続きと考え方

友人関係に関する作文による評価は，児童が友人関係についてどのような見方や，とらえ方をしているかを知るための一つの方法として，われわれはこれを用いた。

作文法には単に題目のみを与えて，自由に書かせる方法があると思うがここでは「学級の友だち」という題のもとに，他の調査と同様に実験前と実験後の２回にわたって，その提出を求めた。

もともとこの方法は，全般的な傾向を量的に表現することは一般に困難である。その意味で，この作文法にはその整理方法にも種々な難点があるが，事態反応テストなどと同様に，児童の内的世界に立ち入って質的にとらえるためにはきわめて有効な方法であり，かつ現場では行ないやすい方法である。

(2) この方法の結果と評価

ここでは具体的にいくつかの作文を示して考察を加えてみたい。

くみのともだち（事前調査で）　　　　　２年　味野　雅江

わたしはえんそくのひから，わたしはたか山さんに，「あしたいっしょにかえりましょうね。」といいます。

わたしがあさ，あめがふっていないので，学校へかさをもっていかないで，おひるごろから雨がふったりすると，たか山さんはれんこーとをかしてくれたり，かさにいれてくれます。わたしが学校でいちばんすきなのは竹田さんと高山さんです。　　　（11月４日）

くみの友だち（事後調査）　　　　　２年　味野　雅江

わたしはくみの中でおとこの子で一ばんすきな人はやじまくんです。おんなの子はたけ田さんです，２ばんめは田島さんです。

おとこのこで，２ばんめは木むらくんです。

わたしがたけ田さんがすきなわけは，おとなしくて，しんせつだからです。やじまくんはしんせつだからです。

やまうちくんもすきです。おとこのこと，あそぶときは山うちくんか，

やじまくんです。おんなのことあそぶときは，たいていたけ田さんです。でも，田島さんはもうすぐ，おおさかへいってしまうので，つまりません。わたしは田島さんは２ばんめにすきです。　　　（２月27日）

これはある２年生の作文であるけれども，今かりに，この事前と事後の作文を比較してみると，この児童なりに一つの発達の傾向がうかがえるように思う。

まず，見て明りょうにわかることは，事前には好きな友だちが２名だけであったものが，事後には６名になっていることである。つまり友人関係の広がりがこの場合につかみとれるように思われる。しかし，ここでよくみると，事前において好きだったふたりのうち，ひとりは事後においてもかわらないが，もうひとりの友だちの名は事後の作文には見当たらないのである。また，事後において好きな友だちとして指名された児童の半分は同じグループのものである。そこで，この児童の友人関係は拡大されるが一方には友人がかわりやすいということと，一方には生活を共にした同グループの友だちを選択するようになるといった傾向が強く感じられる。このような結果は，ソシオメトリーと比較するとおよそよく一致する。

次に，この作文を読むと，たとえば，事前の作文の中に見える「あしたいっしょにかえりましょうね。」といったり，また「れんこーとをかしてくれたり，かさにいれてくれます。」といったりして，いかにも２年生らしい質的な「仲のよさ」が感じられるように思う。また同様に，事後においては友人選択の理由として「おとなしくて，しんせつ」なことを指摘したり大阪へいってしまう友を思ったり，短い文章ではあるけれども，この子の友人を見る目の深まりや，友を思う心情がうかがえるように思われる。そして，事前から事後にかけて，この作文に表現されているかぎりにおいては友だちを見る目や思う心の深まりが認められるように思われる。

くみの友だち（事前に）　　2年　なぞの　おとこ

ぼくは赤津くんと，細田くんと，ぼくです。（注・仲よしをいうのであろう。）どうして，なかよくなったかあげます。ひみつ，ひみつ，細田くんはぼくのちかくにひっこしてきて，いっしょにあそんでいます。

赤津くんはきょういっしょにあそんでなかよくなりました。そうして3人なかよくあそびたいとおもいます。

細田くんと赤津くんと，ぼくはまたひみつをつくります。ひみつですから，おしえません。

ぎょうぎよくしてもおしえません。まだ，大きくなるまで，だめだめ。

（11月4日）　（山内）

くみの友だち（事後に）　　2年　山内　勉

ぼくのともだちは，とにかく，ふじ山くんと，ほそ田くんです。ふじ山くんとはうちがちかいです。ほそ田くんとはよけいちかいです。

でも，つねのくんはエビスですから，ときどきしかあそべません。でも学校ではいつもあそんでいます。

ふじ山くんとはときどきうちにきたり，ぼくがふじ山くんのうちへいったりしています。でも，ほそ田くんとはときどきしかあそびません。

この作文に2年生の男子の作品であるが，事前では「ひみつ」を作ってはずんでかかれている友人関係や，ちょっといっしょに遊んで仲よくなっていくこのころの友人関係の特色など，われわれは生きた児童理解に役だったように思われる。

なお事後においては，事前に比してきわめて落ち着いて，友人関係を生活記録的に述べており，3年生になったこどもとしての風格ができたことに気づかされる。

それでは次に，高学年の児童ではどうであろうか。

学級の友だち（事前に）11月4日　　5の3　山内　晴朗

ぼくの友だちは数えきれないくらいたくさんいます。しかし，その中でも，もっともすきな友だちは，吉田君と小沼君，倉田君，大泉君，星野君などがいます。きらいな人はあまりありません。

友だちというものは心が合っていないとだめだと思います。心が合っていないと，すぐけんかをして，はなればなれになってしまいます。それから，帰る道が同じでないと，ゆっくり話しあったりすることができないので，つまらないです。ぼくの家の近くには一つも友だちの家がありません。大田区はよい住宅地なのに，どうしてみんなが住まないのかわけがわかりません。

それから，女の子がすきだと，みんながへんなことを言いますが，女の子がすきだっていいと思います。

このごろ，相手のいやがるニックネームを言うが，これはいけないと思います。それから，みんなとなかよくなったら，どんなにたのしいことかと考えています。

学級の友だち（事後に）2月29日　　5の3　山内　晴朗

ぼくは家の近くに友だちがひとりもいないので，学校へ行くのがとても楽しみです。学校に行くと，たくさんのお友だちがいて，いっしょに勉強したり，いろいろなおもしろい遊びができます。けれども，あそんでいる時，ひとりでも不正なことをすると，おもしろくなくなってきます。不正なことなどをする人はだいたい決まっています。ぼくはこういう人がだいきらいです。こんな人はぜったいにえらくなれないと思いました。

ぼくのすきな人は，せいぎ感と，責任感の強い人です。おもな人は男では吉田君，大泉君，小沼君，星野君，塚田君，橋田君，吉井君，宮田君などです。女の子はあまりよくわかりません。ぼくはこの組できらいな人はひとりかふたりぐらいしかいません。ぼくは５年３組の人はだいたいすきです。

でもきらいな人がいるので，あまりうれしくありません。どうしたら，すきになれるのだろうかと，いつも考えているのですが，いい考えがうかんできません。やっぱり，おなかの中の虫が好かないのだろうと思います。――もし，その人たちも好きになれたら，どんなにすばらしいことかなあと，いつも考えています。

それから名前はいいませんが，ある人が試験所で，こっそり自分の力だめしをしています。（５人ぐらい）それはいいことだと思いますが，ぼくが「どこでやっているの？」と聞くと，「知らないよ。」と言って，教えてくれないのです。教えてくれても損することはないのに，みんな（行っている人）に聞いても教えてくれないのです。ぼくはその時，「いじわるだなあ。」と思いました。

それで，もし，ぼくがそんな立場になったら，きっと教えてあげようと思いました。でも，やっぱり友だちはいいなあと思いました。

それは体育の時間に，サッカーをやっている時，ゴールの上の白いぼうが落ちてきてぼくの頭にぶつかった時，みんなでしばふにはこんでくれ，ぼくを「だいじょうぶ。」とか「いたかったろう。」と，やさしくなぐさめてくれたからです。

これは５年生の作文の１事例であるが，まず前例にならって，この事前と事後の作文を比較してみよう。

事前ではまず好きな友人５人を指名し，「友だちというものは心が合っていないとだめ。」といったよい友だちの成立条件を述べ，次に友人関係について家での友だち，女の友だち，ニックネームなどの問題点を指摘し，「みんななかよくなったら，どんなにたのしいことかと考えています。」と

期待を述べている。

事後では，まず好きな友だちについて「ぼくのすきな人は，正義感と責任感の強い人です。」という理想的な人間像をかかげて，そこから９人の友人を指名している。この９人の中には，事前で指名した児童の変更はなくその他に４人の児童が増加しているのである。

次に，この児童はきらいな友だちがどうして好きになれるか，くふうしているが，「おなかの中の虫が好かないのだろう。」とそのむずかしさを述べ，そして，「もし，その人たちも好きになれたらどんなにすばらしいかなあといつも考えています。」と言っている。この児童は精いっぱい，友人関係の向上につとめているように思われる。

また，試験所にこっそり行っている友だちを「いじわるだなあ。」と攻撃しているが，「もし，ぼくがそんな立場になったら，きっと教えてあげようと思いました。」と，自分を他人の立場におきかえて反省を加えているし，さらに，「でもやっぱり友だちはいいなあ。」と強調して結んでいる。

なお，この作文には，仲のわるいあるいはきらいだと思われる友人の名前は決してあげられていないのであって，この児童の友だちをだいじにしようとする気持ちがよくうかがわれる。

総じて，事前には好きな友だちを指名し，心を合わせる必要をとき，問題点を指摘して，「みんななかよくなったら，どんなにたのしいことか。」といった，やや抽象論に終わっているものが，事後になって友人選択の基準を正義と責任におき，友人を見る目を深めながら，友人関係を拡大している。

また一方には，きらいな友だちをなくすくふうをかさね，いじわるな友だちを見てはみずからをいましめ，人の身になることもできるようになってきている。そして友だちをだいじにし，心から「やっぱり友だちはいいなあ。」と叫んでいるのであって，友人関係を文字通り高め，広げ，しかも

深めてきているといってよいであろう。

次に，こゝで，以上の三つの事例を通して，作文を評価する基礎的な観点をいくつか述べておきたい。

よく作文の中から，「われわれ」とか「わたくしたち」とかいう語いの使用ひん度数をおさえて，児童の社会生活ないし集団生活の意識の深まりを数量的に表示するこころみも行なわれているが，この友人関係に関する作文による評価は，このような数量化はよほど条件を整えた場合でないかぎりは無理のようである。

一般に低学年の作文はいわゆる生活記録的な表現が多く，「したこと」「見たこと」などが断片的に，平板に，かつ外面的に述べられ，うまく情感が盛られていないといった傾向が認められる。

ところが，一般に高学年の作文は児童の情感がこめられ，立ち入った内面的なものの表現がなされ，自分の立ち場も明確に述べられる。そこで一般に作文の評価は高学年にすすむほど，行ないやすいといわれている。

そこで，低学年の作文の評価では高学年以上に，いわゆる行間を読む努力が多く期待されるし，また低学年には簡単な文章完成法の方式による短い作文を書かせることによって，つまり評価のしやすいものにおきかえて評価するくふうが期待されている。

なお，作文法には，手紙や，自叙伝，または後に述べるグループ日記，学級日記なども有効な評価の資料になると考えられる。

(3) ま と め

友人関係に関する作文による評価の方法は全般的な傾向を数量的に表現することはむずかしいが，事態反応テストや事態完成テストなどとともに，児童の内的な世界を立ち入って知るための方法としては有効であるといえよう。

また，それはいろいろのテストの評価の結果をより確かに，よりいきいきとした質的な意味でのよい裏づけを与えるものである。

ところがこの評価方法の欠点は，まず前述したところであるが，特別な場合を除いては一般的に量的に表現することは困難である。

また，作文の中には通り一ぺんの単なる外面的なしかも断片的な記述にすぎないものも見られる。そこでよい評価の資料になる作文を書かせるためには調査のねらいをおとさないように，よく趣旨を徹底してから書かせることがたいせつである。特に低学年では，作文の内容について，立ち入った指示と注文とができるかぎり必要であると考えられる。

さらに重要なことは，作文は微妙なニューアンスを伴うものであり，その作文の分析はよく行間を読むということが強調されるが，より合理的，科学的な分析のしかたを樹立することが今後の重要な課題の一つである。

いずれにしても，作文による評価は，質的な吟味という点でわれわれの現場では得やすく，かつきわめて有効であるといえよう。

8 ゲス・フー・テストによる評価とその考察

(1) その実施手続き

このテストは，学級の児童が，日常互いに友人の性格や行動を観察して知っているということを利用し，その一致する所見によって個々の児童の行動を評価しようとするものであるが，その有効性は広く一般に認められているところである。

われわれは，教研式ゲス・フー・テストを用いて調査を行ない，評価の一助とした。つまり，この方法によっても個々の児童の特質や友人関係やその学級の構造を理解しようとしたのである。

評価の観点は，自主性，正義感，責任感など16項目から成っており，その観点をおさえて，具体的な場面を設定し，各項目ごとに，最も近いと思われる友人ふたりに限定して記入するようになっている。参考までに二，三問題を記載してみる。

（第23表）

1	A	勉強やしごとを，父母や友だちにたよらないで，自分の力でやりとげられる人は，だれでしょう。	答 答
	B	はんたいに，自分のことを自分でやろうとはしないで，人にたよろうとばかりする人は，だれでしょう。	答 答

（観点——自主性）

9	A	机，そうじ道具，ボールなど，学校のものや，公園の樹木など，おおやけのものをたいせつに扱って，やたらにいためない人は，だれでしょう。	答 答
	B	はんたいに，学校や公園などのおおやけのものをやたらにこわしたり，よごしたりして，たいせつにしない人はだれでしょう。	答 答

（観点——公共心）

10～1	A	ひとの口論やけんかをさばいてやるとして，その一方が自分の友だちや弟や妹であったとしても，それにえこひいきなどしないで，公平にさばいてやる人はだれでしょう。	答 答

	B	そういう場合，自分の友だちや弟や妹のひいきをして，まちがったさばきをしそうな人はだれでしょう。	答 答

（観点——判断の公正さ）

11～3	A	いつもほがらかで，はきはきしていて，人にあかるい感じを与える人はだれでしょう。	答 答
	B	はんたいに，いつも不平をいったり，ふゆかいそうな顔をしていて，人に暗い感じを与えている人はだれでしょう。	答 答

（観点——明朗性）

（教研式ゲス・フー・テストより引用）

実施にあたっては，次の点を考慮した。

ア　記入したことがらについては絶対に秘密を守ること。そして，この結果は，みんなの長所，短所を知って，学級をよりよくするために活用することを周知させ，正直に答えることを注意する。

イ　記入のしかたをじゅうぶんに理解させ，所定の数だけ書くように努力することを周知させる。しかし，実際には例外を認めざるを得ない場合も生ずるであろう。

ウ　机を円形または方形に並べて，児童相互の顔が見えるようにして実施した。

エ　児童が理解できない語句などはわかりやすく説明して，1問ごとにA，Bそれぞれいっせいに記入させた。なお，記入時間は平均2～3分とした。

オ　極端に記入しないものは除外して採点することにした。

このような配慮のもとに，われわれはゲス・フー・テストを実施した。

採点は（A－B）において，－5以下ならば1，－4から－2は2，－1から1は3，2から4は4，5以上は5，という5段階に分けて個々の児童を評価した。

第 6 図

問題1の分配関係（自主性）

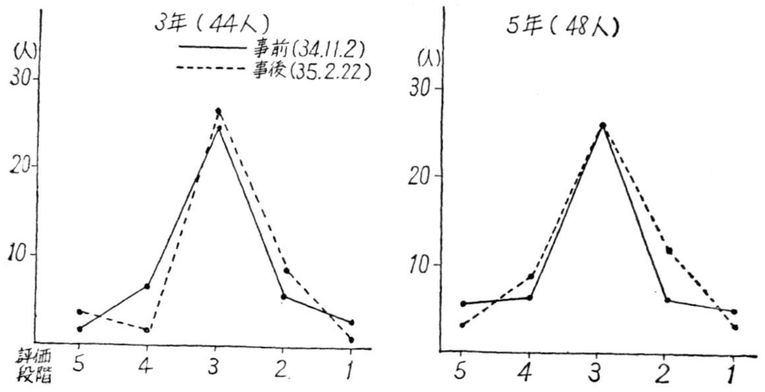

第 7 図

問題9の分配曲線（公共心）

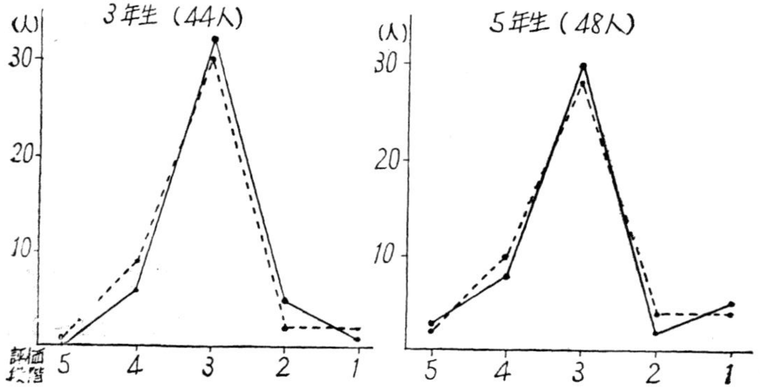

(2)　この方法の結果と評価

このテストは，各項目にわたって，5段階による数量的な評価が容易にでき，しかも，教師による観察法の所見にも一致する面が多く，個々の児童を評価する方法として有効であった。

グラフを見てもわかるとおり，比較的安定した曲線をえがいており，評価点が1から5の間に適当に分散している。したがって，このテストの弁別度は高く評価されてよいであろう。

心理学上の発達段階に沿えば，自主性や公共心は，年齢の進むにつれて向上する傾向があるということであるが，このグラフではその傾向はあまり判然としない。これは，3年生の観点と5年生の観点とでは，質的な違いがあることを示すものと考えられる。同じ自主性であっても，外面的なものから内面的なものをも含む自主性への発展が，数量的に同じ傾向を示す結果になったのであろう。

前述のとおり，このテストは，個々の児童の特質や友人関係などをはあくするのにたいへん有効な方法であるが，しかし，われわれがこれを用いたかぎりでは，やはりその領域が万般にわたっているために，本研究と関連のある項目を抽出し，検討することのほうが有効であるし，また，それと他の評価方法，たとえば，ソシオメトリーなどと関係づけながら吟味すればよいように考えられる。

9　グループ日記による評価とその考察

(1)　実 施 手 続 き

グループ日記による評価はグループ構成員である児童自身の観察や反省によって，そのグループのふんい気の高まりの度や，またこの中でグループ構成員としてのひとりひとりの児童がどのような役割をもち，どのように活動しているかを評価するために有効な方法であると思われる。

一般には中学年以上に適当であるが指導によっては２年生の後半ごろには可能であると思われる。

実施の手続きは，ソシオメトリーの結果によって，グループ編成した直後において，それぞれのグループに自分たちのグループ名をつけさせるとともに，グループ日記を与え，グループごとに当番を決めて責任を明らかにし，その当番がグループの日々の様子やしたこと，考えたことを記録することにした。なおこの日記は教室の一定の位置におくことにした。

⑵　この方法の結果と評価

はじめにグループができて日記に取り組んだころの状況を教師の記録から見てみよう。２年１組の実態である。

12月２日

第３校時，新しいグループを作った。みんな喜びあう。何かいきいきとし，休み時間もグループで話し合って，楽しく過ごすようにすすめたが，砂場，ジャングルなどへ大部分のこどもはでかけていって，そこでグループごとに遊んでいた。

集合状態などもグループごとにほめる。給食もグループごとにとらせる。

ノートのほしいグループにはこれをあげるといって，ノートを見せたところが，皆それがほしいという。そこでノートを各グループに与え，グループの名をつくってノートに書くこと，グループの子の名をページのはじめに書くこと，そして次のページから順に「仲よし日記」（または仲よしノート）を書くことにする。

午後はさっそく，グループによる工作で，めいめいいろいろな家をつくり，それをグループごとに集めて小さな町をつくる。みんなおもしろがって，午後３時まで続ける。

８のグループから訴えが一つあった。安井が，「山野さんを臼井くんがきみはきらいだ。」といって，いじめると言ってきた。そこで，わたしは安井に「あなたがたが仲よくなるようによくくふうしてあげてね。」と励ますと，こっくりをしてまた外へとんでいって，あとはなんとも言ってこなかった。他のグループはみんないきいきと仕事をしていた。放課後，それぞれのグループで日記をつけていた。

次にこの２年１組のうちでもよくまとまった７グループの日記「さくらちょう」を抄記してみた。

さくら　ちょう　　　７のグループ

あじの　　田島由紀

園部和子　　山内　勉

木村　隆　　上野雅彦

12月２日（水よう日）　　田島　由紀

きょう，がっこうで，ずがこうさくをやりました。わたしは，なにをやるのかとおもって，まっていたら，先生がおうちをつくるのといったのでみんなで，ひとりひとりでつくりました。そして，わたしたちは，おみせや，おうちをつくりました。

12月３日（木よう日）　　園部　和子

きょう学校でみんなできのうのつづきの，ずがこうさくをやりました。木むらくんや，やまうちくんと，うえのくんがさぼったから，「こまるわねえ。」といいました。

でも，いちばんこまるのは，あじのさんです。

すんでから，そのべさんと，たじまさんがねんどをつくりにいきました。それがすんで，そのべさんと，たじまさんがかえってきました。

ぐるーぷになってから，２日めですが，とてもたのしかったです。

12月1日（金よう日）　　　　　　　　　　山内勉，田島由紀

きょう，さきおとといのこうさくの町つくりのつづきをしました。まずさいしょに，しょうぼうしょをつくりました。山内くんは，しょうぼうしょの火のみやぐらをつくりました。そのべさんや，たじまさんや，あじのさんは，うちをつくりました。

おわるのは，わたしたちがいちばんあとでした。かえるのも，こうさくのためにかえるのがおそくなりました。それから，わたくしたちはかえりました。

12月10日（木よう日）　　　　　　　　　　田島　由紀

きょう，かるたつくりをしました。そしたら，先生が「こんど，６人のぐるーぷで，かるたをつくります。」といいました。

わたしたちはとても，うれしかったです。

12月11日（金よう日）　　　　　　　　　　園部　和子

きょう，５じかんめ，ずこうをつくりました。わたしたちは，ゆうえんちをかきました。

園部さんは，ひこうきをかき，やまうちくんは，こーひーのあそびどうぐをつくりました。みんなでなかよくつくりました。

そして，先生にほめられました。わたしたちはとてもうれしかったです。

12月14日（月よう日）　　　　　　　　　　山内　　勉

きょう，がっこうで，さっかーをやりました。そして，先生がいちばんめに１てんをいれました。そして，みんなで，いっしょうけんめいにやりました。

４たい４でどうじでした。みんなあせを流して，いっしょうけんめいやりました。

12月15日（火よう日）　　　　　　　　　　田島　由紀

きょう，わたしたち，さくらぐるーぷで，えをかきました。それで，わたしたちは，おやすみじかんもかいて，みんなほめられました。

12月16日（水よう日）　　　　　　　　　　味野雅江，木村隆

きょう学校で，おわかれ会のときする，おはなしや，クイズをかんがえました。

そして，さくらぐみはひみつの花ぞのというおはなしをつくりました。

それから，そのべさんと，たじまさんと，山内くんとで，おはなしをかきました。

12月17日（木よう日）　　　　　　　　　　園部和子，山内勉

きょう，きのうのつづきのげきのれんしゅうをしました。山内くんはリヤ王をやりました。あまりできないのでやめました。

そして，おもしろいものはないので，「なんでもいい。」と，園部さんがいうので，ことばはおんなしじゃありません。

12月18日（金よう日）　　　　　　　　　　味野雅江，木村隆

きょう学校で，たじまさんのおわかれかいをやりました。７のグループはもりのおおうそうじをやりました。

はじめ，た山さんと山岡さんがおんがくをやりました。３のグループのえ田さんが，プログラムをやりました。８のグループはとてもおもしろかった。

わたしたちのグループはこえが小さいと先生がいいました。おわりに，たじまさんが，ナイロンのできるまでという，かみしばいをやりました。

１月11日（月よう日）　　　　　　　　　　木村　　隆

きょう学校でちょうれいがありました。こうちょう先生ががいこくのはなしをしました。

そして，きょうしつにはいって，山ざき先生のおはなしをききました。

７のグループがきがそろって，おぎょうぎをよくして，金しょうをもら

った。

一月12日（火よう日）　　上野　雅彦

きょう，中山くんとぶらんこにのってあそびました。きょう，おぎょうぎで金しょうをもらいました。

1月13日（水よう日）　　田島　由紀

きょう，山内くんや，園部さんたちであそびました。つかまえごっこをしました。

かねがなったので，ずがをやりました。ずがすんでから，金しょうをもらいました。それがこの金しょうです。（金しょう添布）

1月14日（木よう日）　　園部　和子

きょうは，金しょうをもらえないので，つまらないと，みんなでおもっている。あしたはしっかりやろうとおもいます。

もうすっかりなかよくなりました。

1月18日（月よう日）　　山内　勉

きょうはちょうかいがありました。また，こうちょう先生がアメリカのはなしをしてくれました。おきょうしつにはいってから，おやすみのじかんがきて，おとこのこがいすをならべにいきました。あとから，おんなのこがきて，テレビをみにきました。だいは，かもとりごんべいです。

おわってから，男の子がいすをもとにもどしました。

1月21日（木よう日）　　味野　雅江

きょうふじおかくんが，おくちをむすんで，しせいをまっすぐ，おめめをひからせる，きしょうみたいのを（㊉という印をつけた小布を胸につける。○は目，一は口をむすび，｜はしせいをよくする約束で，児童はおもしろがった）48こつくってきてくれました。

つけられない子は先生につけてもらいました。

1月22日（金よう日）　　田島　由紀

きょう，せんせいが５じ間めに，ずがこうさくで，みんなにさくぶんようしを６まいと，がようしを２まいくれました。そして，先生はさくぶんでも，まんがでも，はなしでもいいといったので，７のグループはみんなで，そうだんして，おはなしにしました。

１月25日（月よう日）　　園部　和子

あしたから，あたらしい１年生のにゅうがくしけんです。それで，わたしたちはおやすみになります。みんな大よろこびでした。

それから，４のグループのさ山くんが，またほねをおりました。（前には足の骨折をした）こんどは手です。わたしたちは，ずいぶん，ほねをおるこがいるなあとおもいました。

２月２日（火よう日）　　山内　勉

きょう，学校でサッカーをしました。２たい１で男がかちました。みんなで１，２の３と４とうたいながらしました。さいしょ先生がおにになりました。

きょうしつにはいってから，さようならといってかえりました。とてもおもしろかった。

２月４日（木よう日）　　うえの

きょう，せんせいが「おしくらごんべいのげきをしなさい。」といいました。

ぼくたちはどうぶつむらのゆきがっせんをやります。

きょう，すなばでふねをつくっていると，さ山くんにこわされました。きょう，中山くんといっしょにかえります。

２月８日（月よう日）　　田島　由紀

きょう，げきをしました。けれど園部さんがいないので，７のグループはできませんでした。７のグループは「おしくらごんべい」というだいじゃありません。

そのべさんはうさぎで，山内くんはきつねです。

2月19日（火よう日）　　園部　和子

きょう学校へ，「おしくらごんべい」につかうどうぐをもっていったけど，げきをやりませんでした。

わたしはきのう，やすんだから，きのうやってしまったのかな，とおもいました。

でもはやくなおってよかったとおもいます。だって，7のグループの田島さんや,山内くんにあえるんですもの,きのうはとてもつまらなかった。先生もしんぱいしてくださって，とてもうれしかったです。

2月16日（火よう日）　　田島　由紀

きょう，5じ間め，たいいくをしました。さっかーをしました。どちらも0たい0でした。それで，おへやにかえってきて，おかえりのよういをしました。それで，わたしは園部さんのうちにゆくからです。ではさようなら。

2月22日（月よう日）　　うえの

きょう，5じかん目にち田くんと，かたおかくんと，や田くんと，むら田くんと，向山くんがさいばんをしました。

ち田くん，向山くん，おか田くん，かたおかくんのじゅんばんに，あったことをはなしました。向山くんたちは，ち田くんがわるいというし，ち田くんはかたおかくんたちがわるいといい，こまってしまいました。

ぼくたちはだれがわるいか，わかりません。？

2月23日（火よう日）　　味野　雅江

きょう学校で，げきのとき，はなのまわりにつける，はなや，かざりをつくりました。

わたくしたちは，とちゅうまでしかできないので，あしたつくります。

たじまさんたちはつばき,木むらくんたちはさくら,うえのくんたちは，

うめのはなです。

2月24日（水よう日）　　田島　由紀

きょう，先生がグループでえをかきなさいといったので，わたしたち7のグループでそうだんして，どうぶつえんのえを，かくことにしました。わたしたちはこまかくかきました。

2月29日（月よう日）　　木村　隆

きょうは学校で上のくんが，けがをしました。それは，くぎで足をさしたのです。

えいせいしつのくぼた先生はたいしたことはないといっておりました。くぼた先生はくぎをこずかいのおじさんにきってもらうそうです。

（注　校舎のコンクリートのへいの一部にくぎがわずか露出していた。上野君がけがをしたら，グループの子はみんなえいせい室へいった。）

3月2日（水よう日）　　味野　雅江

きょう，学校でみんなで5時間目に，おひめさまや，おだいりさまをつくりました。

みんな，いっしょうけんめいつくりました。

先生がおうちへもってかえることは，きょう学校において，あしたつくりなさいといいました。

3月3日（木よう日）　　田島　由紀

きょうは3月3日なので，おきゅうしょくにおひなさまケーキがありました。そして，5年か，6年生のおねえさんがたが，かみしばいを二つみせてくださいました。それは，とてもおもしろかった。

3月4日（金よう日）　　園部　和子

きょう，5時間目，先生が雪うさぎというかみしばいをしてくださいました。

そのはなしは，こうさぎが，いのししにだまされて，たべられそうにな

るというとてもおもしろいおはなしです。

3月16日（水よう日）　　　　　　　　　　木村　隆

きょうは学校でそつぎょうしきのおけいこがありました。そのまえに，5年生のところへ，きのうかいたさくぶんをとどけにいきました。そのとき，じゅんこちゃんが，さくぶんをよみました。（注　作文は1年間，教室のそうじや給食のせわをしてくれたお礼の作文。）

また，ガラスをわってしまいました。それはや田くんと，やす井さんでした。先生がさいばんちょうです。それでじけんはかいけつしました。

3月17日（木よう日）　　　　　　　　　　上野

きょう，5じかんめに，せんせいが3がっきにやったしけんをかえしてくれました。

おぎょうぎのいい子がくばりました。ぼくもくばった中のひとりです。

それから，ぼくたちのグループはぜんぶの人がくばりました。ぼくは3まい100てんがありました。そのべさんは5まいです。それから，きょう，ぼくのうちに中山くんがきます。

3月18日（金よう日）　　　　　　　　　　味野　雅江

きょう学校でそつぎょうしきがありました。1年生と2年生が2かいでした。

おわってから，きょうしつへかえって，おつう しんぼ をいた だき ました。みんなたのしそうなかおをしました。おつうしんぼをもらいおわるとせんせいがおかしをくばってくださいました。

グループ日記に少し紙数を取りすぎたきらいがないでもないが，これは現場で実施しやすい効果的な評価の一つであると思われる。

以上のグループ日記からまず受ける一般的な印象はきはめて良いものであって，「さくらグループ」の構成員全員が活発にグループ活動に参加し

それぞれ責任を果たし，いかにも楽しそうに伸びてきているようだ。しかもそのグループの生活の様子が，いきいきと手にとるようにうかがえるのである。つまり，このグループ日記によって，いわゆる数量的にではないが，質的な面で深くグループの評価に役だちうるように思われる。

その点で，ソシオメトリーその他のグループの評価資料と合わせて用いるときわめて効果的であると考えられる。

なお，このグループの日記から，ひとりひとりの児童の評価も可能であるが，そのことについてはⅣ事例研究にゆずりたいと思う。

(3) まとめ

グループ日記による評価の方法はそれぞれのグループの道徳性の高まりや，グループ全体のふんい気を評価し，また，グループ構成員としてのひとりひとりの児童の活動の様子を質的に掘りさげて評価するのによい。

そして，その実施のしかたも簡単で，ごく自然のうちに行なわれるので現場ではよい一つの評価の方法であるといえよう。

しかし，学級全体のグループ日記を常に見通すことはなかなか時間的に困難であり，また，前にもふれたとおり数量的に評価することもむずかしい。

前者についてはどのグループにか焦点づけたり，順に対象グループを移行させたりして，目を通すというような実際的なくふうを加えることが必要であるし，後者については作文法と同様に，今後，より科学的な分析法を樹立することが期待される。

10　父母による対人関係，特に友人関係に関する質問紙法による評価とその考察

(1) 実施手続き

父母による評価の意図を述べておこう。われわれが児童について観察したり，またその他の方法によって評価する場合，やはり学級内あるいは学校内での評価という制約は必然的に受けるであろう。その意味で学校外，特に家庭内における児童の反応は父母の評価を期待せざるを得ないであろう。父母の忠実な報告が得られるとすれば，それは貴重な評価となるし，われわれ自身の評価のよい参考になると思われる。

ところで，この実験では特に友人関係についての児童の言動を父母がどう見るかという点について，いろいろな評価を加えてもらった。その場合，この調査がすべて研究のためであること，また児童の成績評価その他に関連性をもたせないことなどを理解してもらい，質問紙法によって，率直な回答を求めようとした。また，匿名を希望する父母にはその事由を認めた。

質問紙には，問題の焦点を決め，整理しやすいように考えた。

まず，その質問紙を具体的に示してみよう。

当校では目下，より楽しい学級を作るために，さまざまな調査研究を行なっております。

この調査もその一環として行なうものでありますから，よろしくご協力ください。率直な回答を期待しております。

なお，匿名希望の方はそれでも結構です。

年　組　　回答父母氏名　　父母

① お子様の学級の友人関係をごらんになって，良いと思われる点についてご記入ください。

② 学級の友人関係について，改めたいと思われる点についてご記入ください。

③ お子様の学級のふんい気で好ましい点がありましたらご記入ください。

④ 学級のふんい気で改めたいとか，好ましくないと思われる所がありましたら，ご記入ください。

⑤ お子さまのさまざまな対人関係（たとえば親子関係，近隣との関係，友人関係など）で気になる点がありましたら，ご記入ください。

⑥ 友人関係に対する学級担任の指導についてご希望があればご記入ください。

この問題の内容は①～④で，学級の友人関係や，ふんい気の良い点と悪い点についてそれぞれ指摘してもらおうとするのであるが，⑤は以上の学級の友人関係をこえた広い対人関係を問題にしている。これは友人関係における道徳性の伸長をねらう指導が狭い友人関係内にとどまり，発展性のないものであってはならないので，さらに今後の本質的な指導を加える根拠をつかもうとしたのである。

(2) この方法の結果と評価

この父母による友人関係に関する質問紙法は，その評価の結果を他の評価法のように数量化して解釈することは困難であり，また父母に匿名を認めている立場からも，ひとりひとりの児童について立ち入った評価も過重に期待することはできないだろう。

しかし，問2，学級の友人関係について改めたい点や，問4，学級のふんい気について改めたい点などを重点的におさえて，父母全体の意見を総括してみると，一つの傾向がうかがえ，また何を問題にしているかについて，一般的なふんい気を知ることが可能であり，その意味ではきわめて有効な資料が得られると思われる。

たとえばこれを2年1組の事例を通して述べてみよう。

問題2，学級の友人関係について改めたいと思われる点については，この組では，事前の調査には「一部の限られた人たちと交友することなく」「だれとでも」といった意見が圧倒的に多く，続いて「学級の中にある少数の強力グループを敬遠し，恐れるということがないように」とか，「女

児の友人はたくさんありまして非常に仲よくしているが，男児の友人は真に仲よくできないよう」などの問題点を指摘し，

事後の調査には「グループをつくりかえ，大ぜいの友人とおつきあいできますように」がやはり多いが，事前よりもその指摘するひん度数が半減し，さらに「グループが仕事をするとき，幼いためか，互いにわがままがでて，あまりよくいっていないよう」「物を渡して人を使うふうがあるらしい」など，新しい問題の提案がみられる。

問題４，学級のふんい気で改めたいと思われる点については，

事前には，「あまりのびのびしすぎて度を過ごし，統制がとれないのではないか」「時間中もう少し静かにして人に迷惑をかけないように」「家庭が裕福なためか，物に対するありがたみがうすい」その他の指摘があり，

事後には，「少数のグループがかたまっている様子ですが，もっと大ぜいとつき合えるように」「定期券をいたずらで，かくされたらしいことがありました。いたずらでしょうがないほうがよい」などと指導上の問題点を指摘してくれている。

なお，全体を見渡して，事前に比して事後においては，「自分の立場と人の立場とを置きかえて，よく考えることができるようになった」「グループがよいことをしてほめられると，自分がほめられたように自慢して家で話をします。これは団体生活にいちばん大事なことだと思い，喜んでいます」「グループに分かれて，それぞぞ責任のあるお仕事を楽しそうに責任をもってしているらしく，帰宅後，学校の話題がとても楽しそうで，やはりクラスのふんい気がよいのでしょうと喜んでおります」そして，

「グループを作り行動をするのは非常に良いと思います。男女の別なく親切にしてくれます。学校は学問はたいせつですが，長くおつきあいのできる友人をつくることも大事なことだと思います」など，

児童の友人関係の広がりや深まりの様子を側面からよく見守っていてく

れて，親でなければできない「はっ」とするような証言や，喜ばしい証言も，いくつか見受けられる。

しかし，ここで留意しておかなければならないことは，たとえば，

問題５，さまざまな対人関係で，事前ではあるが，「近隣友人等の対人関係は非常によいのですが，家庭ではワンマンです。」「近隣のお友だちでもある一定の人としか遊びません。わがままなのでしょうが，だれとでも遊べるようなこどもにしたいと思います。」など，今後のより広い対人関係における残された問題の多いことである。

なお，この父母による対人関係，特に友人関係に関する質問紙法は，匿名による回答も学級によっていくつかは見られるが，記名したもののほうが大半を占めている。それで，この記名されたものの場合には，ひとりひとりの児童を評価するのに貴重な資料となることは言をまたないであろう。この点の活用については，Ⅳ事例研究の項にゆずりたいと思う。

(3) ま と め

父母による対人関係に関する質問紙法は，総じて，学校外，特に家庭内における児童の反応をみるためには，どうしてもこの方法による評価に多くの期待をかけざるを得ない。

そしてまた，問題の焦点を決め，回答しやすく，整理しやすい質問紙を作成し，父母の正直な回答が得られたとしたら，まことに貴重な資料になると考える。

全体的にこの評価の結果をまとめてみると，学級における友人関係に関する一つの傾向をよくうかがうことができるし，また何を問題にしているかについての一般的なふんい気をとらえるのにきわめて有効である。

しかし，この評価の方法は，児童に対する調査の場合と違って，完全な回収を期待することがむずかしいことが難点であるといえよう。特に本研

究で事前の回収率よりも事後の回収率が悪かった。これは，事後の調査の時に事前とまったく同様の質問紙を配布したので，すでに回答ずみといった錯覚を父母にもたせてしまったと推定される。なお，このような形式の調査はいずれにしても，よく調査の目的を理解してもらい，何よりも父母に安心感と率直な協力への意欲をもたせることが先決であるといえよう。

最後に，前述したようにひとりひとりの児童の評価には全面的に役だつとはいえないが，問題の端緒を，この質問紙法によってつかみ，必要によって，父母に手紙などを通して報告を求めたり，さらに面接を求めたりして，よりいっそうたしかな評価のための資料にするということは，きわめてよい着眼であるといってよいであろう。

Ⅳ　事例研究を通して

前章では道徳の具体的な評価の方法を，おもに教育実験の結果を通して，個々の評価法に焦点づけ，それぞれの方法の功罪を論じ，その方法の独立性を吟味してきた。

ここでは，道徳の具体的な評価の方法を，ひとりひとりの児童に焦点づけ，いわゆる事例研究としてさまざまな評価の方法をここに統合するといった立場から述べてみたい。

これは一つには道徳の評価はもともと，ひとりひとりの児童の評価に大きく貢献しなければならないと信じたからであり，もう一つは，この考察によって，現場における道徳の評価の活用のしかたを示唆することができると考えられたからである。

それではまず，低学年における事例を通して，考察を加えてみよう。

1　2年生K子の事例研究を通して

——グループの評価を背景にして——

(1)　この子のもつ問題として

K子はひとりっ子にありがちな，内気な娘である。家では近所のこどもとあまり遊ばない。うちでお人形などとおとなしく遊んでいる。いわゆる小児ぜん息をもち，がん健ではない。

学校では教師のところへ，ひとりできては小さい声でいろいろ話をしてくれるが，友だちとはごく限られた一，二のこどもとしか遊ぼうとしない。

それでいて，人がまちがったことをすると許さなかったり，自己主張も強いほうである。学習活動ではあまり手をあげないほうである。

全体として，この子はやさしい内気ないい子であるが，友だちが少なくて寂しそうである。

(2) 指導の見通し

はじめに，指導の見通しを述べておきたい。K子を含む学級全体の児童の友人関係の調整と好ましい方向への発展を目ざし，友人関係における道徳性の伸長を期待するために，道徳の時間の指導はいうまでもないが，まずソシオメトリーの結果による確かな資料に基づいて4人ないし6人程度のグループをつくり，(後述参照）そのグループを，学習の場にも，さまざまな係り活動にも，お楽しみ会や学芸会等の参加にも，日々の給食やそうじ，そして遊びなどにも，あらゆる学校生活における活動の単位と考え，それぞれのグループの団結と，児童の対人関係の広がりと深まりの場ないし機会とした。

そしてグループ内では，それぞれよいグループの名をつけ，常に交代で日記を書き，どの児童もなんらかの役割をもち，責任ある仕事をもって，順にリーダーになるようにしくみ，どの児童も人に認められるように考えた。

Kでは後に述べるように，7グループに属し，グループの名を「さくら」とつけた。

(3) ソシオメトリーによって

ところで，K子の属するグループのまとまりや，集団の構造，または個々の児童，特にK子の集団における地位はどうであろうか。それをソシオメトリーによってまずみてみよう。

このソシオメトリーは指導効果を吟味するために実験前と実験後の2回にわたって行なわれた。問題は次のように四つの具体的な生活場面を提起

し，それぞれについて学級内の友人を選択範囲とし，人数に制限を加えることなく記入させた。

問い　これはしけんではありません。ただみなさんのかんがえをしりたいだけです。しょうじきにこたえましょう。

Ⅰ　1. こんどせきかえをしたいとおもいます。あなたはだれとならびたいとおもいますか。じゅんにかいてください。なん人でもよいです。かけたらそのわけもかいてください。

2. せきかえをするとき，あなたはいっしょにすわりたくないともだちがいますか。いればじゅんになんにんでもかいてください。わけもかいてください。

Ⅱ　1. こんどこのくみをいくつかのグループにわけて，たいいくをしたいとおもいます。あなたはだれとおなじグループになりたいですか。じゅんになん人でもかいてください。

2. たいいくのじかん，グループをつくるとき，おなじグループになりたくないひとがいますか。いればじゅんになん人でもかいてください。

Ⅲ　1. こんどこのくみをいくつかのグループにわけて，ずがや，こうさくをしたいとおもいます。あなたはだれとおなじグループになりたいですか。

2. ずがや，こうさくのじかんにグループをつくるとき，おなじグループになりたくない人がいますか。

Ⅳ　1. ひるやすみやほうかごのあそびじかんに，いっしょになってあそびたい，このくみのおともだちのなまえをじゅんにすきなだけかいてください。

2. ひるやすみやほうかごのあそびじかんに，このくみの中で，いっしょにあそびたくないおともだちがいますか。

ところで，以上の問題にK子は次表のように答えている。（第24表参照）

この表は，机，体育，図画工作，遊びの四つの領域別に指名した児童名を，事前と事後に分類して記入したものである。そして重複度というのは机，体育，図画工作，遊びに同一の児童が何回重複して指名選択させるかをあらわしたもので，これによって，ある程度，対人関係の深まり，学年による発達の傾向がおさえられると思われた。

（第24表）

ソシオメトリー　　　K　子

	選択		排斥	
	前（10月30日）	後（3月4日）	前（10月30日）	後（3月4日）
Ⅰ 机で	田島さん 伊井さん たか山さん 北山くん	田島さん 竹田さん 常野くん	広井くん 常野くん ふじ山くん あじ野さん きく田さん 山野さん 岡田くん	うえのくん 岡田くん
Ⅱ 体育で	田島さん 安井さん たに田さん 伊井さん 北山くん	田島さん 竹田さん 常野くん 山本くん	山内くん 常野くん あじのさん いとうさん 広井くん ふじ山くん	（ない）
Ⅲ 図画工作で	田島さん 安井さん 伊井さん たか山さん 山岡さん 北山くん	田島さん 竹田さん 常野くん 山内くん	山内くん ふじ山さん 常野くん いとうさん あじ野さん 西山さん しの田さん 山野さん 岡田くん きく田さん	（ない）
Ⅳ 遊びで	田島さん 伊井さん たか山さん 北山くん	田島さん 竹田さん		（ない）

重複の度	4回	田島，北山，伊井	田島，竹田		
	3回	高山	常野	常野，藤山，味野	
	2回	安井	山内	山内，広井，山野 伊藤，岡田，菊田	
	1回	谷田		篠田，西山	上野，岡田

ところでK子のソシオメトリーの答えから一見して認められることは，事前には延べ23人の友人を排斥しているのに，事後にはわずかふたりの排斥にとどまり，しかもその排斥の重複度は1回のみで，深い意味の排斥ではないということである。

また，事前に排斥していたふたりの男の子を事後には選択し，総じて，K子の学級社会における好ましい方向への発展がうかがわれる。

さらにこれを第1の領域である「机」に焦点づけて，K子の選択，排斥と，それぞれの理由，およびK子に対する他のグループからの選択および排斥，つまりK子の被選択と被排斥をそれぞれの理由をカードにまとめると次のようになる。（第25表参照）

表の中で，□は相互に選択し，あるいは，相互に排斥していることを，（　）はその理由を示している。このカードは後のグループ構成の際にたいへん役だった資料である。

このカードからは，ソシオメトリーで，表わされていなかった，被選択と被排斥，および選択や排斥に関する理由が読みとれる。

事前には5人の友人から選択されているものが，事後にはそれが8人にふえ，しかも相互選択も2から3へふえている。

K子の選択と排斥の傾向については前述したところであるが，ここではK子の選択する友人はほんとうに相互に理解し合う友人のみ指摘するといった深く人を見ようとする傾向がうかがえると思う。

なお述べられている選択の理由はいずれも，「しんせつ」「なかよし」

（第25表）

ソシオメトリー　　K　子

□ は相互に，（　）内の文章はその理由。

	選　択	排　斥	被 選 択	被 排 斥	備　考
前（10月30日）	1. 田島 （仲よし） 2. 伊　井 （しんせつ） 3. 高　山 （おとうさんとおじさんと仲よし） 4. 北山 （なし）	1. 広　井 （ない） 2. 常　野 （しっこい） 3. 藤　山 （ない） 4. 味　野 （ない） 5. 山　野 （ない） 菊田（ない） 片岡	2. 河村(すき) 2. 北山 （なんとなしに） 2. 常　野 （なかなおりしたい） 2. 田島 （仲よし） 2. 山　野 （わたしが岡田君に泣かされるとなぐさめてくれる）	4. 片岡 （きらい）	
後（3月4日）	1. 田島 （ない） 2. 竹田 （ない） 3. 常野 （ない）	1. 上　野 （ない） 2. 岡　田 （ない）	3. 竹田 （いつも遊ぶ） 谷田（ない） 3. 常野 （えびす方面だから） 2. 大木(ない) 3. 山　内 （遊ぶから） 3. 味野(ない) 江　本 （しんせつ） 1. 田島 （それは親切で仲よし）	3. 中　山 （ない） 上　野 （きらい）	被排斥で，女子全部きらいというものは除いた。

「同じ方面」「おとうさんどうしがなかよし」などであり「ない」もあって深く説明されていない。排斥の理由も，「きらい」「しつこい」程度で同様である。

なお，ここでの場合，同じグループの男子との相互排斥が一つの問題を残しているように思われる。

ところでここでどのようにグループを構成したか述べておくことが便であろう。

第1次のソシオメトリーが，机，体育，図画工作，遊びの各領域で，どの領域が最もグループを構成するための要因として強調されるかをまずみることにした。

そこで全学年の選択に関する重複の傾向を示したのが，第26表「選択の重複度について」である。これによると重複度3回の組み合わせ項目によっても，重複度が2回の組み合わせによっても，机の領域は他の体育，図画工作，遊びの領域より，より多く強調されている。この傾向を端的に示すものが，第2次の事後調査ではあるが，1回重複の組み合わせ項目における机の領域であるとみられる。

もっともこれは，これからだれと並ぶかといった児童にとって最も切実な場に追い込んでの試問であったからかもしれない。

なお，ここで興味深いのは今指摘した1回重複度の低学年では著しく机が強調されているが，中学年で漸減し，高学年で，机，体育，図画工作，遊びの各領域にその強調の度がほぼ等しく分散するといった傾向の認められるところである。

以上の考察によって，ソシオメトリーの机における回答を基礎にグループを構成する段取りになったわけである。ここで前述した第25表に示したカードが作られたのである。

次にグループを構成している観点であるが，前述したがあらためて述べ

（第26表）

ソシオメトリー　　選択の重複度について

		1年 1組	1年 2組	1年 3組	2年 1組	2年 2組	2年 3組	3年 1組	3年 2組	3年 3組	4年 1組	4年 2組	4年 3組	5年 1組	5年 2組	5年 3組	6年 1組	6年 2組	6年 3組
4回	前	19.6	10.7	13.6	21.5	19.1	26.1	14.4	10.5	21.0	25.3	21.0	6.5	14.7	16.6	15.2	17.5	18.7	24.7
	後	17.0	21.0	16.7	33.8	14.2	25.5	15.7	15.7	13.4	19.0	20.2	7.5	15.5	21.8	20.7	20.8	26.6	17.7
3回	前	17.2	16.6	13.8	17.6	14.1	13.8	11.3	15.3	14.9	17.4	11.9	12.1	16.2	16.6	17.9	18.9	21.1	11.1
	後	13.5	15.0	14.6	11.6	13.4	14.9	9.7	8.8	16.1	17.1	17.3	17.9	16.4	10.6	14.3	15.1	18.8	17.2
机体図遊	前	36.4	31.0	30.3	25.0	30.7	31.1	22.7	18.8	45.1	12.5	27.7	24.0	27.3	8.8	19.4	26.3	5.1	26.3
	後	64.0	46.9	37.6	40.4	33.9	40.3	19.5	24.4	10.4	39.1	46.8	22.6	24.6	18.4	21.2	10.0	22.4	32.4
机体遊	前	18.2	12.6	33.3	16.2	32.3	24.4	31.8	25.0	3.9	40.6	29.8	44.0	35.2	41.2	51.4	30.0	24.4	36.8
	後	10.9	22.8	23.2	11.9	30.4	26.9	19.5	10.8	35.4	29.7	29.8	45.1	43.5	34.2	44.2	48.0	34.3	23.9
机図遊	前	14.8	19.5	16.7	26.5	14.5	11.1	31.8	25.0	23.5	37.5	27.7	16.0	20.5	20.6	18.1	26.3	52.6	13.2
	後	17.2	22.8	24.6	31.0	19.6	20.9	26.8	27.0	25.0	20.3	8.5	12.9	23.1	30.4	14.1	16.0	25.4	23.9
体図遊	前	30.7	36.8	19.7	32.4	22.6	33.3	13.6	31.3	27.5	9.4	14.9	16.0	17.1	29.4	11.1	17.5	18.0	23.7
	後	9.4	7.6	14.5	16.7	16.1	11.9	34.2	37.8	29.2	10.9	14.9	19.4	8.7	18.4	19.2	26.0	17.8	19.7
2回	前	24.1	25.5	23.6	17.1	21.4	19.0	19.8	24.3	19.0	17.7	22.0	24.1	20.3	20.0	21.4	20.8	23.0	18.6
	後	22.5	20.0	24.3	18.0	19.7	21.7	21.4	21.7	21.8	24.6	27.6	19.0	18.1	20.1	17.1	21.4	17.7	23.0
机体	前	15.5	20.9	13.3	25.8	19.2	14.5	19.5	6.9	16.9	9.2	14.9	22.0	19.1	8.5	41.9	6.8	16.5	20.3
	後	39.3	43.2	33.9	26.2	26.8	32.7	21.1	22.0	21.5	26.1	25.3	9.1	23.7	12.5	31.0	12.7	42.8	21.0
机図	前	22.8	23.9	29.2	19.7	30.9	27.4	33.8	12.8	33.9	23.1	17.2	19.0	14.6	12.2	9.3	18.2	17.7	25.0
	後	11.2	19.3	17.4	13.9	12.2	7.2	12.2	12.1	16.9	17.4	20.0	13.6	11.8	15.6	13.2	5.6	6.4	9.5
机遊	前	23.6	4.5	15.9	12.1	18.1	19.4	19.5	34.3	12.3	23.1	20.7	13.0	23.6	19.5	9.3	14.8	28.2	20.3
	後	10.3	18.2	25.3	12.3	25.6	8.2	21.1	19.8	23.1	14.1	24.0	30.3	28.2	15.6	20.6	26.8	14.3	20.2
体図	前	8.9	23.9	19.5	16.7	11.7	6.5	9.1	11.8	10.8	13.9	6.9	7.0	10.9	11.0	14.0	17.1	8.2	15.6
	後	22.4	5.7	12.2	15,4	8.5	22.4	11.5	11.0	7.7	5.5	13.3	13.6	2.6	13.8	5.9	18.3	11.1	7.3
体遊	前	22.0	17.2	9.7	21.2	8.5	16.1	7.8	11.8	6.2	16.9	10.3	8.0	6.4	15.9	20.9	18.2	17.7	9.4
	後	5.6	6.8	6.9	24.6	14.6	9.2	21.1	19.8	23.1	31.5	6.7	17.7	25.0	30.6	20.6	25.2	17.5	22.4
図遊	前	7.3	9.7	12.4	4.6	11.7	16.1	10.4	22.6	20.0	13.9	29.9	31.0	25.5	32.6	4.7	25.0	11.8	9.4
	後	11.2	6.8	4.3	7.7	13.4	20.2	13.3	15.4	7.7	5.5	10.7	17.7	7.9	12.5	8.8	11.3	7.9	20.0
1回	前	39.1	47.2	49.0	43.8	45.3	41.1	54.5	49.9	45.2	39.7	45.1	57.4	48.8	47.0	45.5	42.8	37.3	45.6
	後	47.4	44.0	42.3	36.6	52.7	37.9	53.2	53.2	48.6	39.1	71.6	55.6	50.0	47.5	47.9	42.3	37.2	42.2
机	前																		
	後	53.1	56.4	40.9	58.4	45.9	36.3	44.6	45.2	40.7	32.9	33.8	33.2	27.6	28.2	36.8	22.6	31.0	26.4
体	前																		
	後	24.1	16.6	19.7	20.5	17.7	23.4	20.9	21.2	24.8	25.4	29.8	25.9	25.6	30.6	30.0	25.4	27.3	26.4
図画工作	前																		
	後	12.5	12.9	14.3	7.5	17.7	21.0	18.2	17.5	15.2	21.8	20.5	23.8	28.0	17.6	16.6	28.2	18.4	23.0
遊び	前																		
	後	10.3	14.0	25.1	13.6	18.7	19.3	15.9	16.4	19.3	19.9	15.9	17.1	18.6	23.5	16.8	24.9	23.5	24.1

てみると，まず，われわれは教育的な立場から，

①被選択数の少ない子

②被排斥数の多い子

③選択数の少ない子

④排斥数の多い子

⑤教師の立場からみて問題のある子

などの条件を優先的に考慮して，それぞれの児童のグループの所属を決定していくことにした。なお，この場合，相互に選択し合っている関係も，その希望がかなえられるように考慮した。同様に相互排斥の対は同グループに属さないよう努めた。このグループ構成を単位として学級における各種の活動が行なわれたわけである。

それではK子の属した7グループ（さくら）はこの実験でどのように児童の対人関係を発展させ，相互理解と相互容認を深めることができたのであろうか。それにまず答えてくれるものはこの7グループのまとまり，つまり集団の凝集度であるといえよう。

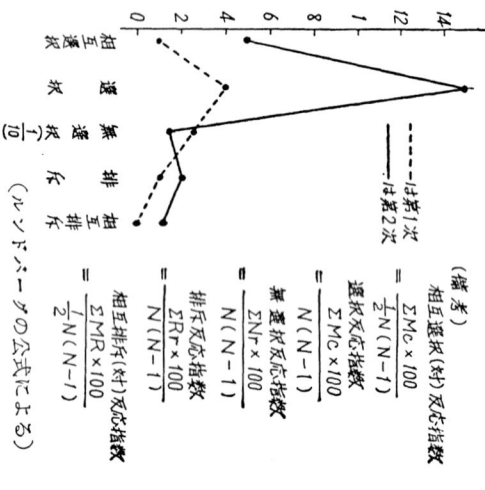

その事前，事後の相互選択，選択，無選択（表に入れるために十分の一にした）排斥，相互排斥における反応指数をグラフに表示したものが第8図である。

第2次は第1次に比べ

（第8図）

グループの凝集度

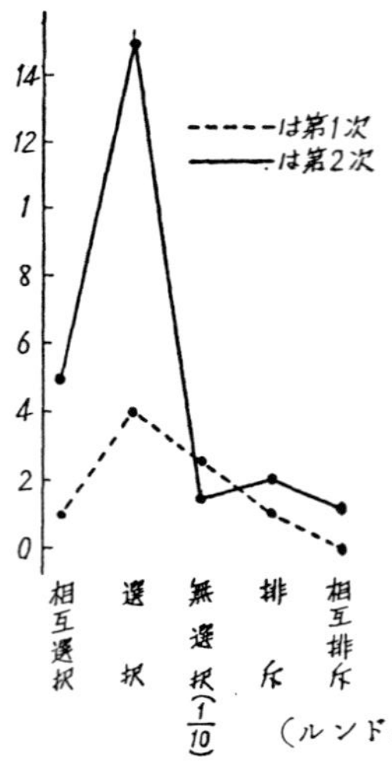

（備考）

相互選択(対)反応指数 $= \dfrac{\Sigma Mc \times 100}{\frac{1}{2}N(N-1)}$

選択反応指数 $= \dfrac{\Sigma Mc \times 100}{N(N-1)}$

無選択反応指数 $= \dfrac{\Sigma Nr \times 100}{N(N-1)}$

排斥反応指数 $= \dfrac{\Sigma Rr \times 100}{N(N-1)}$

相互排斥(対)反応指数 $= \dfrac{\Sigma MR \times 100}{\frac{1}{2}N(N-1)}$

（ルンドバーグの公式による）

て，相互選択においても，選択においても，著しい成長を示していることが読みとれる。

なおここで無選択，つまりだれをも好きともきらいとも指名しないものが約二分の一になっていることは，どういうことであろうか考えておきたい。これは次に示す第27表でも同様であるが，第1次に多量に無選択であったものが，グループの生活を通して，児童相互の理解が深まり，一方には相互選択や選択へ転向し，一方にはよく理解できたがゆえに排斥や相互排斥へ移行していくことを物語っているわけである。

これは無選択に関する一つの考察であるけれども，同様な考察は，相互選択，選択，排斥，相互排斥などの領域についても事前の調査結果から事後の調査結果へどのような変化がみられたかを，明らかにしなければならないであろう。

その変化を示すものが第27表その1，7グループの「同群内の反応の移行」である。これによるとまず第1次において相互選択であったものの100%が第2次の調査結果にそのまま残っているが，選択の100%は無選択に変化している。

次に第1次に無選択であったもの（ひん度数25を示す）の32%は相互選択へ，16%は選択へ，44%は無選択にとどまり，8%は相互排斥に第2次では移行している。そして第1次に排斥であったものの100%が選択へ，好転しているのが目だっている。

ここでみられることは無選択の反応がそのままそこにとどまるものが多いが，7グループの場合，約半数のものが相互選択と選択に移行し，その移行は排斥や相互排斥への移行に比して圧倒的に多い。

また，選択から無選択への移行はみられたが，相互選択から，排斥や相互排斥への移行は考えられないように思われる。

以上は7グループの同群内でのまとまりの傾向を示すものであるが，そ

（第27表）

（その１）　同群内の反応の移行　（７のグループ）

第1次＼第2次		相互選択	選択	無選択	排除	相互排除	計
相互選択	数値	2	0	0	0	0	2
	%	100.00	0	0	0	0	
選択	数値	0	0	2	0	0	2
	%	0	0	100.00	0	0	
無選択	数値	8	4	11	0	2	25
	%	32.00	16.00	44.00	0	8.00	
排斥	数値	0	1	0	0	0	1
	%	0	100.00	0	0	0	
相互排斥	数値	0	0	0	0	0	0
	%	0	0	0	0	0	
計		10	5	13	0	2	30

（その２）　他群への反応の移行　（７のグループ）

相互選択	数値	2	0	2	0	0	4
	%	50.00	0	50.00	0	0	
選択	数値	1	5	6	0	0	12
	%	8.33	41.67	50.00	0	0	
無選択	数値	2	14	173	14	0	203
	%	0.99	6.90	85.22	6.90	0	
排斥	数値	1	0	13	4	0	18
	%	5.56	0	72.22	22.22	0	
相互排斥	数値	0	0	4	0	0	4
	%	0	0	100.00	0	0	

（その３）　他群からの反応の移行　（７のグループ）

相互選択	数値	2	1	1	0	0	4
	%	50.00	25.00	25.00	0	0	
選択	数値	1	0	3	0	0	4
	%	25.00	0	75.00	0	0	
無選択	数値	3	8	184	14	0	209
	%	1.44	3.83	88.04	6.70	0	
排斥	数値	0	3	11	8	0	22
	%	0	1.36	50.00	3.64	0	
相互排斥	数値	0	1	1	1	0	3
	%	0	33.33	33.33	33.33	0	

れでは学級での他のグループとの選択や，被選択の変化はどうであろうか。この傾向を示すものが第27表その１およびその２である。

まず『他群への反応への移行』では，相互選択であった50%はそのままだが，あとの50%は無選択に移行しており，同様に選択の反応も約40%はとどまっているが50%は無選択へ移行し，８%が相互選択になっている。

そして無選択反応はその85%はそのまま残留し，わずかずつが相互選択，選択，排斥へ移行している。相互排斥は100%無選択へ好転している。総じて７グループの他群への選択の変化は，相互排斥をなくし，相互選択を加えて，よい反応を示しているが，同群内の反応に比しては無選択反応の残留状況を見てもわずかであることが指摘できよう。

次に，７グループの『他群からの反応の移行』であるが，相互選択反応はその50%はそのままで，25%ずつ選択，無選択へ移行し，選択はその25%が相互選択へ，75%が無選択へ移行している。

無選択反応はその88%はそのまま残留し，わずかがそれぞれ排斥，選択，相互選択へ移行し，相互排斥はなくなって，選択，無選択，排斥にそれぞれ三分の一に分かれて移行している。７グループの被選択の変化はやはり相互選択や，選択の増加，相互排斥の消えたことから，好ましい反応を認めることができるが，前者と同様に同群内の反応に比べると，無選択反応の残留状況からも一見して，わずかの好転であるといってよいであろう。

つまり，ここでは次の二つのことがいえる。その一つは意図的に構成された同群内の変化は，他群との関係における変化に比してきわめて活発であり，好い反応がより多く認められること。それはとりもなおさず，K子の属するグループ活動による対人関係の相互理解や，相互容認がうまく進められ，友人関係における道徳性の向上が認められたといってよいであろう。

もう一つは，同群内の変化はただ同群内にとどまらないで，他群との関係を好転させ，より広い対人関係における，相互理解や相互容認，つまり多くの友人関係における道徳性の向上に役だったと見ることができるであろう。

(4) 絵による事態完成テストによって

このテストを児童たちはまんがというのであるが，この絵による事態完成テストにK子はどのように答えたであろうか。その答えの全部を表示したものが第28表である。

次にこのテストの評価の観点であるが，大きく児童の反応を，①自分の要求を取り消して，相手に妥協する型，②強い自己主張によって，相手の要求を消し，従わせようとする型，③妥協し折衷案を出す型（ここには双方の要求をまとめるものと，こわしてしまうものとあろう。)の大きく三つのタイプに考え，この評価の観点から，全部の問題を通して採点でき，その結果から，ひとりひとりの児童の評価が可能であるようにくふうしたものである。

前にも述べたが，あらためて次にその評価の観点を示しておこう。

絵による事態完成テストの評価の観点

1．自己（自分たち）の要求の取り消し
　A　いやいやの取り消し（消極的）
　A′ 自分（たち）の非を認めての取り消し（率直な態度）
2．妥協的態度
　B　消極的態度での妥協
　B′ 積極的態度での妥協
3．双方の要求を認めての折衷案
　C　決定的な態度で折衷案を出し，相手に強引に承服を求める態度
　C′ 相手の同意が得られるかどうかうかがいながら折衷案を出す態度

4．相手の要求の否認
　D　有無を言わせぬ態度での否認
　D′ 相手が要求を取り消すことを期待しながら否認
5．自分（たち）の要求の主張
　E　強引な自己主張（絶対にこの要求がいい）
　E′ 同調を求めつつ自己主張（ね，いいだろう）
6．怒りの表現（攻撃的態度）
　F　怒りの表現
7．そ　の　他
　X　①意味不明，②無記

およそ以上であるが，この評価の態度に照らして，K子の回答を評価すると，次のようになる。（第29表参照）

（なお，この評価基準は，この結果からさらに考察を加え後に，前述——絵による事態反応テストの項参照——のように，さらに改訂された。）

さて，K子の所見はどのようにとらえたらよいであろう。

今一応ここで，K子の回答を各問題ごとに評価してみたのであるが，実施してみて，やはりこの評価は一つ一つの問題のねらい，ないし価値と，反応する態度とを相互に具体的に照合し，考えていかなければならないと思われた。たとえば，K子の10番の回答である評価の観点のDは「有無を言わせぬ態度で否認」で一般にはきわめて非協力であり，関係断絶を示唆するといったものであろうが，この問題は友人関係における公正に関するものである。（第9図参照）

（第28表）

2ねん1くみ　園部和子

問題	その I 前（11月2日）	その I 後（3月1日）	その II 前（11月5日）	その II 後（3月2日）	備考
1. かくれんぼ，かるた	じゃ一かいしてから，かるたとりしょう。	それなら，かくれんぼしたら，かるたしようね。	じゃさきにかるたとりするから，おわったら，かくれんぼしよう。	じゃあ，かるたとりするから，あとからかくれんぼ。	低，協調
2. 本みせて，あった	じゃ，一かいみてからみせてあげるから，まっててね。	じゃあ，みせてあげるよ。	じゃあ，よんだらかして。	じゃあ，みたらみせてね。	低，友情 勇気
3. ちょうどの人数に	じゃあ，もうひとりつれてきてよ。	じゃあ，もうひとりだれでもいいからつれてきて。	じゃあ，もうひとりつれてこよう。	じゃあだれか，ひとりつれてくるよ。	低，親切
4. なくしたぼうし	ねえ，きみおちてたよ。さっきはごめんね。	あ，さっきはごめんね。これ，おちていたよ。	どうもありがとう。さっきはごめんね。	ありがとう。さっきごめんね。	低，感謝
5. お楽しみ会，席とり	そうだ，すこしすわらせてて，たのめばいいじゃないか。	じゃあ，つめてもらおうよ。	じゃあ，すわれよ。	じゃあ，くるまですわっていいよ。	低，公共心
6. まご，ガチヤン	きみもわるいしどうしようか。そうだべんしょうしようよ。	せんせいにいって，あやまろうよ。	そうだ，せんせいにいってあやまろう。	どうしようか。せんせいにあやまろうよ。	低，責任
7. 帰り道，虫とり	おそくなるからだめだよ。	よりみちするのいやだなおかあさんにあしたきいて，いいっていったら。	ああ，そうだったね。むしだっていきものだもの。	じゃあ，いこう。	低，自主 自律
8. こわい，はなとり	うん，でも，じゃ，おもいきってとめようか。	あしたせんせいにいってもらえばいいよ。	じゃあ，あしたせんせいにいえばいいじゃないか。	じゃあ，あしたせんせいにいってもらおおよ。	低，勇気
9. けんか，入れて	うん，もうけんかはよそうね。	いいよ，もうけんかはやめようね。	いれてくれない。	いれてよ。さっきごめんね。	低，寛容
10. 仲よし わるいこと	それじゃあ，ごめんなさいいったら。	そんなことしちゃだめだね。	あんまり，そんなことをいうと，かわいそうじゃないか。ごめんいえばいいじゃないか。	ごめんね。やるつもりじゃなかったんだよ。	低，公正
11. よごした本	ごめんね，あのほんね，よごしたの。	よごしちゃったんだよ。ごめんね。	こまったな，まあいいや。こんどからよごさないでね。	どうしようかな，まあいいや。	中，誠実 寛容
12. 勉強と遊ぼう	うん，まってて，これすんでからね。	いまべんきょうしているから，あとからきてよ。	じゃああとでね。やったらあそぼう。	じゃああとでまたくるね。	中，責任 友情
13. 皆で仕事，いっちやった	だめだよ，はやくしあげなければ。	みんな，だめじゃないか。	みんなしごとしてからみよう。	いまいくよ。	中，責任
14. 約束，劇のけいこ	うん，じゃああしたね。	うん，じゃあしたきっと，げきのけいこしてね。	あしたにして，もしだめだったら，きみ，うちへおいでよ。	あしたにしてね。	中，責任
15. つまらない仕事	うん，やるわ。	みんなでそうだんしてやろう。	こんどから，なかよしになろうね。	じゃあ，すきなしごとしていいよ。	中，自治
16. 遊ぼう，きたない本だな	ぼくこの本ばこかたづけてからいくからあそんでていいよ。	この本ばこかたづけてから，いくからまってて。	うんいまいくよ。ちょっとこの本ばこきれいにしてからね。	この本ばこかたづけてから。	中，公共心
17. 当らない，当った	あたんないよ，うそついたらいけないよ。	うそいったらだめだよ。	うそついちゃいけないよ。	あたったからでるよ。	中，公正
18. そうじの道具を隣から	あいたらね，そのかわりかえさなきゃだめだよ。	すんだら，かえさなきゃだめだよ。	じゃあ，せんせいにきいてかりてくるよ。	じゃあきいてくるよ。	中，思慮 反省
19. わすれた，見せて	だめだよ，じぶんでやらなければ。じゃいいよ，じぶんでやるよ。	だめだよ。そんならいいよ。	いやだよ，じぶんでやれよ。やるよ。	だめだよ，じぶんでやらなければ。じゃあいいよ。	高，友情
20. 劇の役きめ	じゃあ，じゃんけんよ。	じゃんけんでかったら，ことしでて，まけたら，らいねんにしたら。	じゃあ，じゃんけんかくじびきだ。	じゃあ，こんどでる人と，そのつぎでる人ときめよう。	高，自治 指導性

（第29表）

問 題	そ の Ⅰ		そ の Ⅱ	
	前（11月2日）	後（3月1日）	前（11月5日）	後（3月2日）
1	B	C	C	B C
2	E′	A′	B	B
3	C′	C′	C	C
4	A′	A′	A′	A′
5	E′	E′	A	B
6	C′	E	E′	E′
7	E	D E	A′	A
8	B	E′	E	B′
9	A′	B′	E′	E′
10	D	D	B C	A′
11	A′	A′	B	B
12	E′	D′ E′	A B	B
13	E	D	E′	B′
14	B	B	E	E′
15	B′	C	E′	A
16	E	E	E	E
17	E	D	D	A′
18	B E	C	C	C
19	D～A	D～A	D～A	D～A
20	C	C′	C	C
所 見				

第9図　　ま　ん　が

（その Ⅰ）　（その Ⅱ）

したがって，この場合K子がリーダーの立ち場にたつとすれば，だれにも公平に断を下すということはたいせつな一つの態度でなければならないだろう。だから，一つ一つ問題に即して，具体的な思考を加えて評価していく必要があるわけである。

このようにして，K子の所見を述べてみると，普通は友人との対人関係におけるさまざまな事態に対しては，自分の要求はあまり出さずに妥協しようとし，こみいった問題にも同調を求めながら折衷案を出そうとする。そして，⑪本をよごしたりした場合では率直に自己否定して「ごめん」と言える。

しかし，⑬グループの仕事をほうっていく友だちに対しては，はっきり「いけない」と言えるし，自分はよく責任を果たそうとする。民主的なグループにおける，やさしいがしっかりした，リーダーとしての性格をそなえてきているとみられる。

また，個性的にも友の身になってよく同情でき，人に善をすすめることができ，また，⑧こわい子が花をとっているときには，けんかをさけて，

「あしたせんせいにいってもらえばいい」と答える先生にたよる弱さもある。

およそ以上であるが，この評価では前述のように評価の観点にたって具体的に考察を加える必要と，もう一つはその評価の観点を照合するときにかなりその回答を，K子の人間像を一方にえがき，いわば児童をよく理解した立場から見ていく必要があると思われた。

最後に一つ一つの問題を断片的に評価するのでは，ふじゅうぶんであって，やはり全部の問題について具体的な思考を加え，まとめるところに，K子の人間像がうきぼりされてくるように見られた。

以上のような意味から「まんが」のテストはきわめて低学年にも有効なのだが，評価の観点にしても，その照合のしかたにしても一歩客観的に容易にできる方法をくふうしなければならないと考える。

(5) 集団的行動についての観察法によって

はじめに，K子の属する7グループについての観察記録を抽出してみることにしよう。（第30表参照）

それぞれ，グループ活動の場を与えて4回にわたって観察を試みたものである。

この観察から理解されたことは，まず第1にK子の7グループは構成員の協力と，しだいに身につけてきたK子のリーダーとしての力がよくとけあって，だんだんによいグループになってきているということである。評点が第1回は32点であったものが，第4回には満点の35点になってきている。

この場合，これはまったくの前項までに述べたソシオメトリーや，絵による事態完成テストなどにおける評価の結果とよく一致しているところである。

（第30表）

観点のチエックリスト（2の1）7のグループについて

記 録 者 山崎幸一郎

観点＼回	1（12月15日）	2（1月22日）	3（2月24日）	4（3月4日）
1．集団活動の一般的印象	⑤ 4 3 2 1 他のグループは図書館にいったが，いかないでがんばる。	5 ④ 3 2 1 園部リーダーになる。	⑤ 4 3 2 1 大きな机に移り，紙をはってよく仕事をする。	⑤ 4 3 2 1
2．成員の相互関係	⑤ 4 3 2 1	5 ④ 3 2 1 みんなよく相談しているが，上野水のみにいく。	⑤ 4 3 2 1	⑤ 4 3 2 1
3．組織的活動	5 ④ 3 2 1 木村鉛筆をいたずら。山内他のグループへ。	⑤ 4 3 2 1 上野てもちぶさた相談にあまりのらない。	⑤ 4 3 2 1 よく話し合いをすすめる。園部リーダーになる。	⑤ 4 3 2 1
4．責任者の活動	⑤ 4 3 2 1 園部，田島仕事をすすめる。	⑤ 4 3 2 1 園部が中心になる。	⑤ 4 3 2 1	⑤ 4 3 2 1 園部よく仕事をすすめる。
5．集団のまとまり	⑤ 4 3 2 1	5 ④ 3 2 1 天野，山内あきる。	⑤ 4 3 2 1	⑤ 4 3 2 1 ◎集団のまとまりが目だってよい。
6．成員の教師への態度	⑤ 4 3 2 1	⑤ 4 3 2 1	⑤ 4 3 2 1	⑤ 4 3 2 1
7．他集団への態度	5 4 ③ 2 1	5 ④ 3 2 1	5 ④ 3 2 1	⑤ 4 3 2 1 （他集団へ働きかける場がない）
備　考	「描画の協同製作」 11:35〜12:20 得点 32	「文集づくり」 1:50〜2:30 男子いすで遊ぶ。女子よくする。 得点 31	「描画の協同製作」 11:20〜12:20 得点 34	「紙しばいづくり」 11:20〜12:00 得点 35

そこで，ソシオメトリーをはじめ，きわめて操作のわずらわしい，かついろいろなむずかしさの伴う評価の方法に比して，この観察法は，よい観察の観点と，場とをすえ，先入感や主観を除き，熟練した観察技術をもつ教師によって，うまく累積される厚みのある評価がもしなされるならば容易で，現場にふさわしい最も効果的な評価の方法であると思われるが，これは言いすぎであろうか。

第２には，何回かにわたって重ねられた，観察記録をソシオメトリーその他と比較検討するときは，その集団の動きや発展，また，ひとりひとりの児童の態度の変化などがいきいきと，とらえられてくると思われる。

K子は７グループの中で，常に安定した，しかもよくグループの構成員のためを考え，民主的なリーダーシップをもって，いきいきと伸びてきていると信じられる。

(6) 友人関係に関する作文によって

まず，K子の作文を実験前と実験後と比較しながら見てみよう。

くみの友だち（事前に）　　園部　和子

わたしは田島さんがだいすきです。ですがみんなも田島さんがすきらしいです。

だからすぐ，田島さんがとられてしまいます。でも田島さんをこういうと「たっちん」てよぶとんできます。けさもわたしが学校にきて，あそぼうかなとおもって，そとをみてみたら，田島さんがます山さんと，おにごっごをしていたので，わたしはこころのなかで，「あっ，田島さんがいた。あそぼう。」っておもいました。そして，「たっちんあそぼう。」とよんだら，「え，いいわ。ます山さんまたね。」わたしたちは，いつもいつもなかよし，あっ，「たっちん」ていうのは田島さんのあだなです。

わたしのいちばんなかのわるいともだちは，おんなのこでは，にし山さ

ん，いとうさんとそれから，あじのさんと，ます山さんに，やまのさんに，きくたさん，いくのさん，そのくらいです。

おとこのこは，なか山くん，おか田くん，つねのくん，ふじ山くん，や田くん，かたおかくん，ひろいくん，よこ山くん，これでおわりですがこれにかいてないこはふつうです。　（11月４日）

くみの友だち（事後に）　　園部　和子

わたしのくみでいちばんなかのいい友だちは田島さんです。そのつぎは竹田さんです。

でもいちばんなかのいい田島さんがおおさかへいってしまうので，とてもかなしいです。

それでこんど田島さんがいったら，竹田さんにたのんで，なかよくしてもらおうとしています。田島さんがいくまえに田島さんと，たくさんなかよくしとこうおもいます。

それから，こないだ，つねのくんの おたん じょうび なので よばれました。いったら，高部さんと，伊井さんと，ふじ山くんと，山内くんと，よこ山くんと，つねのくんちのちかくの，たかおちゃんというおとこのこがきました。

おやつと，おひるごはんをごちそうしていただきました。わたしのおくりものは，はちにうわった，すみれのはなでした。とても，たのしかった一日でした。　（２月29日）

次に，K子と，特に仲よしの子の作文を参考までにあげて，合わせて考えてみよう。

くみの友だち（事前に）　　田島　由紀

わたしはくみの中で園部さんが一ばんすきです。わたしはいつも園部さ

んとけんかをしたことがありません。ときどき園部さんのうちにいったりしてえをかいたり，おうちごっこをしたりします。園部さんが，うちにきたとき，わたしはトランプをしてあそびました。でもわたしはトランプのやりかたがまだおぼえていません。わたしは，トランプの「しんけいすいじゃく」というのをしっていたから，かるたのようにうらがえして，じゃんけんをして，わたしのほうからやりました。そしてKがでたので，もう一つとったら，8なのでもらえませんでした。

園部さんが二つとったら，KとKでした。そして，だんだん，わたしのほうがかってきたけど，トランプがだんだんすくなくなってくると，わたしのほうが，すくなくなって，とうとう園部さんのほうがかちました。

くみの友だち（事後に）　　田島　由紀

わたしは組の中で一ばんすきな人は園部さんと竹田さんです。でも園部さんはときどきいばるからきらいな時があります。

わたしはほんとうにすきなのは竹田さんです。それはおとなしくて，しんせつだからです。男の子の中では，木村くんと，山内くんです。いつもあそんでいる子は園部さんと，竹田さんです。わたしはたいていの日は竹田さんたちと石けりをしたりします。

ここで作文についての考察を加えてみたい。

K子は事前の作文では好きな友だちをきわめて独占したい心情を赤裸にのべ，次に仲のわるい友だちを16人もあげている。

それが，事後の作文では大好きな友だちは変わらない上に，もうひとりふえ，近く別れなければならない友だちを惜しんでいる。それから，もう一つ重要なことは，事前に排斥した男の子と仲よくなって，その子の家のおたんじょう会によばれた日のことを「とてもたのしかった一日でした」と述べている。

一方，やがてわかれなければならない，K子の親友は，事前においても事後においても，K子は好きだといっているが，特に注意したいことは，事後において，K子のことを「K子さんはときどきいばるからきらいなときがあります。」と批判していることである。しかしこれは，いっそう，友人の理解の深まったことを意味していると信じられる。

前にも述べたように，われわれはすべての児童の作文について，それを読み，分析する余裕はなかったので，各種のテストを通じて問題とされた児童についてのみ，作文の分析を試みた。そして，多くの場合，この作文の分析は，われわれに各種のテストの結果の，より確かな裏づけを与えてくれるものであったと思う。そして，作文による評価は量的にいうよりは質的な吟味という点で，価値があると考えられる。

(7)　グループ日記によって

K子はグループの仲よしノート「さくらちょう」に次のようにしるしている。

12月3日（木よう）

きょう学校でみんなできのうのつづきの，ずがこうさくをやりました。木村くんや，やまうちくんと，うえのくんがさぼったから，「こまるわねえ。」といいました。

でも，いちばんこまるのはあじのさんです。

すんでから，そのべさんと，たじまさんがねんどをつくりにいきました。それがすんで，たじまさんがかえってきました。

ぐるーぷになってから，二日めですが，とてもたのしかったです。

12月11日（金よう）

きょう，5じかんめ，ずこうをつくりました。わたしたちは，ゆうえんちをかきました。

園部さんはひこうきをかき，やまうちくんは，こーひーのあそびどうぐをつくりました。

みんなでなかよくつくりました。そして，先生にほめられました。わたしたちはとても，うれしかったです。

12月17日（木よう）

きょう，きのうのつづきのげきをれんしゅうしました。山内くんはリヤ王をやりました。あまりできないのでやめました。

そして，おもしろいものがないので，「なんでもいい。」と園部さんがいうので，ことばはおんなしじゃありません。

1月14日（木よう）

きょうは金しょうをもらえないので，つまらないと，みんなおもっている。あしたはしっかりやろうとおもいます。

もう，すっかりなかよくなりました。

2月9日（火よう）

きょう，学校へ「おしくらごんべい」につかうどうぐをもっていったけど，げきはやりませんでした。

わたしはきのう，やすんだから，きのうやってしまったのかな，とおもいました。

でも，はやくなおってよかったとおもいます。だって，7のグループの田島さんや，山内くんにあえるんですもの，きのうはとてもつまらなかった。先生もしんぱいしてくださってとてもうれしかったです。

およそ以上であるが，K子はこの「仲よしグループ」の生活に常に喜びを感じ，いきいきと積極的に参加していることがよみとれる。

たとえば，「ぐるーぷになってから二日めですが，とてもたのしかったです。」「みんなでなかよくつくりました。そして先生にほめられました。

わたしたちはとてもうれしかったです。」「もうすっかり，なかよくなりました。」

そして，「はやくなおってよかったとおもいます。だって7のグループの田島さんや，山内くんにあえるんですもの。」などとのべている。

なお，このような記述の中から，このグループ全体の明るく，あたたかいふんい気もうかがえるように思われる。このようなよいグループのふんい気の中で，K子は元気に生活し，また，よいグループのふんい気をつくっているのであると思われる。

(8)　父母による対人関係，特に友人関係に関する質問紙法によって

はじめに，端的にK子の父母の回答を見てみよう。

2年1組　　回答父兄氏名　　園部　敏子　　父(母)

1．お子様の学級の友人関係をごらんになって，良いと思われる点についてご記入ください。

事前に，（11月10日）	事後に，（3月5日）
気の合ったお友だちを選んで今まで一度もけんかをしたこともなくいっしょに喜びを分ち合うなど，交友関係がいろいろの点で進んできた。	グループができて，前には家へ帰って寂しそうだったが，何かそれが楽しそうに，生活にはりあいがあるように見える。

2．学級の友人関係について，改めたいと思われる点についてご記入ください。

ある特定の人とあまりに仲よく交際しすぎると，他の人たちより多少しっとされやすいので特定の人と仲よく交際するのは結構ですが，その他の方々ともなるべく広くだれとでも仲よく友だちとして交際するようにしたい。	こどもが特定の友だちと親しくなったことはよいと思うが，何か友だちを独占しようという独占欲が強くでてきているのではないかと思う。

3. お子様の学級のふんい気で好ましい点がありましたら，ご記入ください。

(記入なし)	こどもがぜんそくをもっていて，調子が悪いので，学校に遅参するようにすすめても，グループで約束してあるからどうしてもと学校にいきたがる。

4. 学級のふんい気で改めたいとか，好ましくないと思われるところがありましたら，ご記入ください。

(記入なし)	(記入なし)

5. お子さまの，さまざまな対人関係（たとえば親子関係，近隣との関係，友人関係など）で気になる点がありましたら，ご記入ください。

(記入なし)	近所の子と短時間ならよいが，長くなると話がくいちがってくる。 同じ学校の友だちならゆずり合うこともできるが，違う学校の子だとだんだんに個性を出し，主張し合い友だちは帰ってしまう。

6. 友人関係に対する学級担任の指導について，ご希望があればご記入ください。

(記入なし)	(記入なし)

次にいくつかの考察を加えてみよう。

K子の母親は事前においても，事後においても，一貫して友人関係の深まりはいいとして，もっと広がりがほしいと述べている。

しかし，さらに細く見るならば，事前にはなかったが，事後にはグループ活動から学校生活への「はりあいがある」様子や，責任感をもって仕事にたちむかうようになったことを指摘している。

そして，ここで最も問題としたいことは，K子は7グループないし，学

級での友人関係の道徳的な成長はめざましいものであったのであるが，近所の違う学校の友だちとの対人関係は，「長くなると話がくいちがって」「ゆずり合う」ことができないという問題が残っていることの指摘である。

今後，友人関係の広がりと深まりを，今後学校生活の場のみでなく，いっそうある意味では身近に近所の生活の場における対人関係の改善と伸長にも，直接役だつような指導をこの次の段階として，用意にしなければならないと考える。

(9) 面接によって

これはK子の母親に面接を求めて得たものである。（昭和36年3月9日午後3時学校において）

K子は，グループでいちばん仲よしの田島さんが大阪に立った夜は夕ごはんがのどを一つぶも通らなかったという。

そのわけを聞いてみると，3学期を終わって，田島さんが東京をいよいよ立つとき，K子はおかあさんと東京駅へ見送りに行ったが，行きちがって田島さんに会うことができなかった。汽車が出てしまうと，K子は大つぶの涙をこぼして泣いてしまった。おかあさんはなだめて，ネックレスを買ってやったが泣くばかり，とうとうその夜は何もたべたがらなかった（少し口に食べものをおしこむようにして食べさせたという）というのである。

その後，K子が田舎へいく時に大阪で途中下車して，出迎えてくれた田島さんに会い，田島さんの家に泊まって，とてもうれしかったと言っている。そして，今度は田島さんが東京に遊びにくる約束であるという。なお，母親は，K子の傾向で，友だちを独占しようとする傾向や，自分の思うようにならないと何でもやめてしまうといったことを心配だと述べた同時にグループの中におかれると，ひとりではとてもやらないことを，責任をも

ってやるようになり，仕事にはりをもってやっていることを強調した。

さらに，もうひとりの同じ7グループの山内君の母親は同様の面接において，次のように述べた。

グループをつくって生活をしてみて，それがこどもの性格の改善にたいへん役だつように思われた。よい友だちの性格に影響されて，今までのこどもにないものが，できてくることがよく認められた。そして，それはきわめて敏感なものだというのである。

⑽ 反省とまとめ

K子は冒頭に述べたように，事前の調査では内気な寂しがりやのどちらかというと，目だたない子であったと思う。

それがソシオメトリーの結果と教師の考察によって意図的なグループを構成し，さまざまな共同作業の場や，おたのしみ会などの友だちがよく協力する場を設け，常にK子に責任のある仕事を与え，さらに，進んでリーダーとしての役割を与え，さまざまな指導を加えることによって，事後の調査においてはこの子はグループの友人をしだいに広く深く理解し，よいリーダーとしての力を身につけて，もうはじめのような寂しがりやではなくなって，しんの通ったしっかりした，リーダーシップを身につけた児童になったといってよいだろう。

以上のかぎりにおいては，意図的なさまざまな指導は確かに有効であったと認められる。しかし，他にもさまざまなよい指導法があると思われる。今後，さらにその面の指導法の吟味を行ないたいと思う。

2　5年生H男の事例研究を通して

K子の事例を通して，評価の方法をおもにソシオメトリー，絵による事

態完成テスト，観察法，作文などについて述べてきた。

ここでは友人関係の実態はあくのための質問紙法，事態反応テスト，道徳的判断に関する標準テスト，ゲス・フー・テストを中心に，5年生H男の事例を取り上げながら述べてみよう。

⑴ H男の問題点

まず，H男について，そのアウトラインを述べてみる。

指導前におけるかれの姿は，責任感が薄く，特にグループ学習の際なども，最後までやり遂げることが少なく，仕事ぶりはルーズであった。

しかも，我が強く，自分の主張することはあくまも押し通そうとし他人のことばを決して聞こうとはしなかった。

また，たいへん感情的になりやすく，ちょっとしたことでも，すぐけんかを始めた。

これには，多分に，家庭の環境によるところがある。

かれが，3年生の時，父親が転勤したため，関西に行っていたが，4年生になって復帰し，兄（当時小学校6年生）とふたり，一軒の家を借りて下宿，食事，そうじはもとより，一切兄弟ふたりできりまわしていた。

母親は，2週間に1度上京して来てはいたが，H男は愛情を求め，満たされることがなかったようであった。

その影響か，担任教師にしたいよるふうも見えたが，積極的な行動とはならず，すなおに寄ってこられなかった。

はにかみやだったかれは，関西から帰ってからは，非常にひがみっぽくなってしまった。

さらに，クラスの友だちからは，ことばが乱暴なことや，粗暴なふるまいについて非難され，ますます意固地になり，友人も少なかった。特に，女子に対しては非常に反発的であった。

さて，そのころ，ソシオメトリーを基礎にした新しいグルーピングがなされた。

H男は，やはり，初めのうちはグループの成員とはなじめなかったが，O男という友人を得，また，グループ成員の友情とによって，日に日に好転していった。

O男は，学力がクラスで最もよく，指導性もあり，クラスの仲間からは好かれていた。その上，それらのことについて，少しも自慢することなくむしろ，他の友人をひきたてる役にまわっていた。

H男は，O男とともに問題を考え，共同作業をしていた。そして，学習に対する自信もでて来て，成績もぐんとあがり，グループ学習においてもかれは，自分の役割を責任をもって果たすようにもなった。このようにグループ内において安定感を持ったH男は，他グループの友人に対しても協調的となり，けんかも少なくなった。

これらの変化が見られたのは，そのグループの成員が，H男を特別な目で見たり，個人攻撃をすることがなかったからである。グループの凝集度も高く，よくまとまって，進んで仕事をするグループでもあった。

これらのことが，H男の緊張をほぐし，友人関係をはじめ，道徳性を高めることに役だったのである。

すなわち，意図的なグループ指導によって，問題のある児童の障害を取り除き，道徳的心情を高めることが可能であると考えられる。

(2) ソシオメトリーにあらわれたH男と，そのグループの姿

まず，H男個人のソシオメトリーをながめてみよう。（第31表参照）

かれは，第1回の調査においては，被選択数は0であり，被排斥数は，男—8，女—6，計—14となっており，はっきりと，問題を示している。

それが第2回においては，被選択数，男—7，女—1と増加し，被排斥

は，相互排斥，男—2だけになっている。

（第31表）

H男のソシオメトリー
（被選択および被排斥）

○印　相互選択　　△印　相互排斥

	前		後	
	男	女	男	女
被選択	（なし）	（なし）	○萩生田 関根 ○吉本 佐野 大川 ○星野 ○井東	○柴田
被排斥	中本 大泉 △宮崎 萩生田 佐山 関根 松野 辻村	宮田 大沢 相田 近見 柴田 瀬戸	△片瀬 △松村	（なし）

（第32表）

H男のソシオメトリー（選択および排斥）

	選択 前	選択 後	排斥 前	排斥 後
机	辻村くん（おかしくてやさしいから） 荻生田くん（しずかですきだから） 折戸くん（すきだから） 塚田くん（前一組だったから）	星野くん（仲よしだから） 吉本くん（同上） 井東くん（同上） 辻村くん（おもしろいから） 間宮くん（仲よしだから） 荻生田くん（同上）	松田くん（らんぼうでうるさい） 宮崎くん（ふだんいじめるから）	松村くん（らんぼうだから） 松田くん（ずるがしこいから） 片瀬くん（ずるがしこいから）
体育	吉本くん（人気者だから） 辻村くん（席が近くだから） 折戸くん（ならぶとき同じだから） 間宮くん（運動神経が発達しているから） 井東くん（よくしっているから） 塚田くん（いい人だから）	塚田くん（となりにすわっているから） 折戸くん（スポーツがじょうずだから） 星野くん（仲よしだから） 吉本くん（仕事をまとめるのがじょうずだから） 辻村くん（おもしろいから） 井東くん（仲よしだから）	（記入なし）	松田くん（ずるをしたり，すぐけんかをするから） 松村くん（らんぼうだから） 片瀬くん（ひとが失敗すると，すぐ悪口をいうから）
図工	折戸くん（工作がじょうずでやさしいから） 辻村くん（理由無記入）	井東くん（仕事が熱心） 田中くん（同上） 折戸くん（同上） 荻生田くん（同上） 塚田くん（同上） 吉本くん（同上）	（記入なし）	松田くん（自分かってな行動をとるから） 片瀬くん（同上） 後東くん（同上）
遊び	辻村くん（ふだんよくあそぶから） 吉本くん（同上） 岡沢くん（同上） 間宮くん（体がちいさくておもしろいから） 折戸くん（仲よしだから）	塚田くん（いつも遊んでいる） 吉本くん（同上） 間宮くん（同上） 岡沢くん（同上） 井東くん（仲よしだから） 星野くん（同上） 辻村くん（同上） 折戸くん（同上） 松村くん（運動がじょうずだから）	後東くん（すぐけんかをおこすから）	片瀬くん（すぐずるをするから） 松田くん（ずるをしてけんかをおこすから）
重複度 4回	折戸くん 辻村くん	井東くん 吉本くん		松田くん 片瀬くん
重複度 3回		辻村くん　星野くん 折戸くん 塚田くん		
重複度 2回	間宮くん　塚田くん 吉本くん	間宮くん 荻生田くん		松村くん

これは，いうまでもなく，かれの友人関係の好転を示すものである。

また，H男のソシオメトリー第32表を見ると，選択数は各項において増加し，安定性を示している。一方，排斥数は増加しているが，これは，友人関係において，深く理解した結果と解釈することができよう。つまり「らんぼう」「ずるがしこい」「人の悪口をいう」ということは，反社会的な行為であり，忌むべきことであることを理解したことにほかならない。かれは，それらの姿を鏡として，みずからの行為をふりかえったことであろう。

さて，同群内における選択，排斥の傾向はどうかわってきたろうか。これは，H男を理解する上にたいせつなことと思われる。

（第33表）

同群内の反応の移行（H男のグループ）

第1次＼第2次	相互選択	選択	無選択	排斥	相互排斥	計
相互選択	0	0	0	0	0	0
選択	1 50.00	1 50.00	0	0	0	2 100%
無選択	3 11.11	5 18.52	16 59.26	3 11.11	0 0	27 100%
排斥	0	0	1 100.00	0	0	1 100%
相互排斥	0	0	0	0	0	0
計	4 13.33	6 20.00	17 56.67	3 10.00	0 0	30 100%

第33表の見方については，すでにT子の事例研究の際ふれているので割愛するが，第1回目選択であったものから50%が，第2回目には相互選択へ移行し，無選択であったもののうち11.11%がやはり相互選択へと移行している。

また，無選択であったものが，18.52%だけ選択に移行し全体のおよそ33.33%が，相互選択ないしは選択へと移行したことになる。

第1回目と比べて同群内における友人関係の深まりが理解されると思う。ただ，無選択のうち11.11%が排斥に移行したことについては，原因の究明，それに基づく，適切な指導が考えなければならないと思う。

(3) 友人関係の実態をはあくするための質問紙法からとらえたH男について

この調査は，安心して，正直に書かせることが，たいせつであることは前に述べたが，H男は，日常のようすと対比してみて，比較的正直に回答していると見てよいであろう。また，1回目，2回目とも，同一の回答をしている場合でも，その質的な変化があることも観察によって認められるところである。

では，異性に対する態度と，反集団的な行動に対する態度に，スポットをあててみよう。

前にも述べたように，H男は女子に対する反発的な態度が見られたが，グルーピングの指導によって，女子からも選択されるほどに，女子に対する理解が深まってきた。（ソシオメトリー参照）粗点からいうと，7→6（基準13）と，点はさがっていても，質的な変化からみれば，1回目には，ややいい加減な考え方で「はい」と回答していても，2回目には慎重に考え，その結果かえって「？」の回答になってしまったものもあるようである。

また，「あなたは，おんなの子がみんなから，からかわれているとき，すすんで，たすけてあげることができますか。」という問に対して，1回目は不安定な回答をしたものが，2回目には，「はい」と答えて，正しいことに対する強い意志を見せている。はじめかれは，異常に異性を意識していた様子が見られたが，指導後には，それもなくなり，好ましい対人関係を作り出していることが認められると思う。

次に，反集団的な行動についての態度を見てみよう。これは，表を見てもわかるように，顕著な変化がみられる。

（第34表）

H男の質問紙法の回答表 （望ましい答えと合致した回答には○印をつけた）

質問	前	後	基準
Ⅰ 集団内における安定感			
(1) あなたのクラスでは，けんかをする友だちが，たくさんいて，いやだなとおもうことがよくありますか。……(1)	はい	はい	いいえ
(2) あなたは，ともだちと，べんきょうや，しごとをするのが，たのしいですか。……(2)	(はい)	(はい)	は い
(3) あなたは，ふだんあまり口をきかない友だちとも，すぐおはなしができますか。……(3)	(はい)	(はい)	は い
(4) あなたは，おおぜいの，友だちのまえでも，へいきで，おはなしができますか。……(4)	(はい)	(はい)	は い
(5) あなたは，みんなにすかれているとおもいますか。……(5)	いいえ	いいえ	は い
(6) あなたは，うれしいことでも，かなしいことでも，友だちになんでも，はなしますか。……(6)	いいえ	いいえ	は い
Ⅱ 反集団的な行動に対する態度			
(7) あなたは，友だちから，からかわれたり，いたずらされたりすると，すぐ，おこったり，らんぼうしたりするほうですか。……(7)	はい	はい	いいえ
(8) あなたは，友だちのためなら，いやなことでも，がまんしてあげることが多いですか。……(8)	いいえ	いいえ	は い
(9) あなたは，友だちが，わるいことをしたとき，すぐおこるほうですか。……(9)	回答なし	はい	いいえ
(10) あなたは，げんきを，なくした友だちを，なぐさめたり，ちからづけたりすることが，よくありますか。……(10)	(はい)	(はい)	は い
(11) あなたは，いやなことをする友だちでも，がまんして，いっしょに，あそんだり，しごとをすることが，できるほうですか。……(11)	(はい)	(はい)	は い

	前	後	基準
⑿ 友だちから，悪いことだと思うのにさそわれたとき，ことわれないほうですか。……⑿	(いいえ)	(いいえ)	いいえ
⒀ あなたが，何かしようとしたとき，友だちから，はんたいされると，すぐおこってしまいますか。…⒀	はい	?	いいえ
⒁ あなたは，ゲームなどをしてまけると，すぐおこるほうですか。……⒁	はい	?	いいえ
⒂ あなたは，うっかり友だちとやくそくをして，まもれないことがよくありますか。……⒂	?	(いいえ)	いいえ
⒃ あなたが，よくないあそびをしていて，友だちからとめられたとき，すぐやめられるほうですか。…⒃	(はい)	(はい)	はい
⒄ あなたは，友だちの本をうっかりよごしてしまったとき，ともだちに，すぐあやまれるほうですか。……⒄	(はい)	(はい)	はい
⒅ 友だちから，わらわれるのがいやなので，うそをつくことが，よくありますか。……⒅	?	(いいえ)	いいえ
⒆ みんなのしらないところで，わるいことをしたとき，みんながしらないことだから，しらんかおをしているほうですか。……⒆	?	(いいえ)	いいえ

Ⅲ 自他を尊重する態度・集団内における自分の地位や役割への認識

	前	後	基準
⒇ あなたにくらべて，友だちのほうが，しあわせだとおもいますか。……⒇	(いいえ)	(いいえ)	いいえ
(21) あなたのいうことは，友だちから，いつもただしいとみとめられているほうですか。……(21)	いいえ	いいえ	はい
(22) あなたは，友だちから，あなたのいやだとおもうあだなを，つけられていますか。……(22)	(いいえ)	回答なし	いいえ
(23) あなたは，友だちから，かわっているとか，いじわるだとか，よくいわれますか。……(23)	はい	はい	いいえ
(24) あなたは，友だちから，かんしんされたり，ほめられたりすることがよくありますか。……(24)	?	回答なし	はい

	前	後	基準
(25) あなたは，友だちから，わるくちを，よくいわれますか。(25)	はい	はい	いいえ
(26) あなたは，友だちから，ふこうへいなことをされることが，おおいとおもいますか。……(26)	はい	はい	いいえ
(27) あなたは，何か，しっぱいをして，友だちにわらわれたことが，よく，ありますか。……(27)	はい	はい	いいえ
(28) あなたは，友だちより，おとっているとか，おくれていると，おもうことが，ありますか。……(28)	(いいえ)	(いいえ)	いいえ

Ⅵ 集団におけるリーダー性

	前	後	基準
(29) あなたは，みんなと，しごとをしているとき，そのしごとをじゃまするひとに，どんどんちゅういをすることができますか。……(29)	(はい)	(はい)	はい
(30) あなたは，みんなで，しごとをするとき，さしずをすることが，おおいほうですか。……(30)	いいえ	いいえ	はい
(31) あなたの，いけんやかんがえは，友だちからよくさんせいされるほうですか。……(31)	いいえ	いいえ	はい
(32) あなたは，友だちと，おもしろくあそぶために，いろいろくふうするほうですか。……(32)	?	?	はい
(33) あなたは，友だちが，いやがるようなことを，ときどき，いったり，したりしますか。……(33)	はい	はい	いいえ
(34) あなたは，みんなとしごとをしているとちゅうで，友だちが，やめてしまっても，じぶんのしごとは，ちゃんとするほうですか。……(34)	(はい)	(はい)	はい
(35) あなたの，友だちは，あなたのいうことを，よくききますか。……(35)	いいえ	いいえ	はい
(36) あなたは，友だちに，はんたいされても，みんなのために，いいとおもったことは，やりぬきますか。……(36)	?	?	はい

	前	後	基準
(37) あなたは，友だちが，あなたとおなじに，よいせいせきをとったとき，いっしょによろこんで，あげられますか。……(37)	(はい)	(はい)	はい

V　異性に対する態度

	前	後	基準
(38) あなは，おとこの子(おんなの子)が，あつまっているところへ，へいきではいっていけますか。…(38)	(はい)	?	はい
(39) あなたは，おとこの子（おんなの子）と，あそんだり，はなしたりすることができますか。……(39)	(はい)	?	はい
(40) あなたは，おとこの子（おんなの子）がいると，どうもしごとがしにくいとおもうことがありますか。……(40)	?	(いいえ)	いいえ
(41) あなたは，おとこの子（おんなの子）が，きそくをまもらないとき，すすんで，ちゅういすることができますか。……(41)	(はい)	(はい)	はい
(42) あなたは，おとこの子（おんなの子）が，みんなから，からかわれているとき，すすんで，たすけて，あげることが，できますか。……(42)	?	(はい)	はい
(43) あなたは，じぶんのしっぱいを，おとこの子（おんなの子）のまえでも，あやまることが，できますか。……(43)	?	?	はい
(44) おとこの子（おんなの子）は，あなたをしんせつなひとだとおもっているようですか。……(44)	いいえ	いいえ	はい
(45) あなたは，おとこの子（おんなの子）にたいして，しんせつなほうだとおもっていますか。……(45)	?	いいえ	はい
(46) あなたは，おとこの子（おんなの子）よりも，よくできないで，はずかしいとおもっていますか。……(46)	(いいえ)	(いいえ)	いいえ
(47) おとこの子（おんなの子）は，あなたを，ばかにしているようですか。……(47)	(いいえ)	(いいえ)	いいえ

	前	後	基準
(48) あなたは，おたのしみかいをやるとき，じぶんのなかまに，おとこの子（おんなの子）がいたほうが，よいとおもいますか。……(48)	(はい)	?	はい
(49) あなたは，みんなのまえで，おとこの子（おんなの子）からちゅういされるのが，とてもいやだと，おもいますか。……(49)	はい	?	いいえ
(50) あなたは，おとこの子だからとか，おんなの子だからとか，ということをかんがえて，しごとの，ぶんたん（やくわり）をきめますか。……(50)	(いいえ)	(いいえ)	いいえ

（第35表）

H 男 の 得 点 表

	Ⅰ	Ⅱ	Ⅲ	Ⅵ	Ⅴ	計
前	3	5	3	3	7	21
後	3	8	2	3	6	22
基準	6	13	9	9	13	50

（第36表）

H男のクラスの平均得点表

	Ⅰ	Ⅱ	Ⅲ	Ⅵ	Ⅴ	計
前	3.0	8.0	4.3	4.4	6.7	26.4
後	3.0	7.4	4.1	4.3	7.4	26.4

粗点においては，5→8（基準13）と向上しているし，さらに，質的に見ると，基準とは違う回答をしているものでも，自分の反集団的な行動を戒めるとともに，友人の行為に対しても，それをきびしく追求しようとする積極的な態度が現われている。

しかし，H男の回答は，クラスの平均にほとんどの項目が満たされておらず，そのような意味からは，今後の指導が必要と思われる。

この評価方法については，前述のように，パーセンタイル・ランクとかTスコアによる整理方式によれば，なお明確にはあくすることができると思う。

また，この評価方法は，はい，いいえ，？ではっきり弁別し，数量化することが容易であるが，立ち入った解釈をするには，まだふじゅうぶんである。そこで，次には，事態反応テストによって，さらに，問題を解明していきたいと思う。

(5) 事態反応テストから見たH男

事態反応テストは，ある特定の問題を含んだ場面を提示し，それについて，児童がどう考えるか，どう判断するかをとらえようとするものであることは前にも述べた。

さて，H男の事態反応テストの結果を第1表によってながめてみよう。

そのⅠを見ると，第1回と第2回とで行動は同一であっても，その理由は，単なる感情的であったものから，友人の立場をも考え，さらに合理性をもった解答に変わってきている。

たとえば，⑽の問題（わたしは，としょがかりです。学級会のたいせつな本を，ともだちにかしてあげました。ところが，ともだちが，なかなかかえしてくれません。そんなとき，あなたはどうしますか。）に対する行動は，「直接本人に注意する」ことは変わりない，1回目は「そうしないといくらたってもかえさないから」であったが，2回目には「学級文庫の本は，学級全体の人が読むのだから」と全体的な視野にたって考えるようになってきている。

これは，そのⅡの回答にも関連をもってきている。自分に係りの友人は注意するだろうと予想し，「それは，学級の本だから，みんなのよむ本だ

から」というだろうと考えて，ゲス・フー・テスト（後記）にも見るように，自分自身，公共物を大事にする態度が身につくと同時に，他の友人もそうであろうと予想しているわけである。

一般に，集団の成員に安心感をもち，自分に好意的であると予想する児童は，自分も，他の成員に対して，好意的な処し方をすることが多いことが認められている。

また，他の成員のきびしい態度を予想する児童は，自分も，きびしい態度で友人に望もうとする傾向もみられるのである。

⑿の問題（そうじのとき，おとこのこと，おんなの子といっしょにくんでやったほうがいいとある子がさかんにいいました。みんなも，いろいろなことをいいました。あなたはどう思いますか。）に対して，はじめ，そのⅠ，そのⅡ，ともに，どっちでもよいと，自分も思い，他の成員も思うだろうと消極的な回答をしているが，第2回において，男女の協力を積極的に主張する態度に変化してきている。

最後に，⑶の問題にふれてみよう。

「ドッジボールで，だいじなときに，ボールをとりそこないました。あなたは（みんなは）なんというか」に対して，そのⅠの2回目は許容しているにもかかわらず，みんなは，「だいじなときだから何か言う」だろうと予想している。これは，クラス成員が，たいへん攻撃的になったと見るよりもむしろH男のグループ，あるいは，クラスに対する責任感の強さから，相手の気持ちを考えての結果とみてよいと思う。これについては，他のテストからも見ても，うなずけるのである。

以上のように，事態反応テストは，たんねんに吟味することによって，それぞれの児童の心理的なかっとうや，集団理解の程度をおしはかることができるが，その行間をよむという点に多少の困難もあり，それが今後に残された問題でもあると思う。

（第37表）　　H男の事態反応テスト

	その1				その2			
	前		後		前		後	
	こたえ	わけ	こたえ	わけ	こたえ	わけ	こたえ	わけ
(1) ドッジボールで，にんずうが，ちょどいいとき。	いれてあげる。	うん，いれてあげるよ。さあみんなはんぱとりをしてあげよう。	いれてあげます。	それはいれてあげないとかわいそうだから。	いれてくれると思う。	いつもはんぱとりで，入れているから。	いれてくれると思う。	友だちだから。
(2) ドッジボールで，へた……	いれてあげる。	それはみんな友だちだから。	いれてあげます。	へたでもやっていればうまくなり入れてあげないとなおへたになってしまうから	いれてくれると思う。	いつもやっているから。	いれてくれないと思う	それは私がへただから。
(3) ドッジボールで，だいじなとき，とりそこないました。	きみ，あたったよ。	正じきに。	いいよ，いいよ，しかたがないもの。	とりそこねたのも，そのときの運だから	しかたがないさ，その時の運さとおこらないと思う。	おとしたのだからしかたがない。	何かいうと思う。	それはだいじなときだから
(4) みんなとあそんでいるとき，とてもずるいことを…	きみ，ずるしただろう	友だちがわるいことをしたから。	注意する。	そういうことを注意しないとまたやるから。	はっきりと，きみ今ずるをしたろうというと思う。	しょうじきだから。	ぼくに注意すると思う	それは悪いことはしてはいけないと。
(5) いっしょにあそんでいた…きょうしつのガラスを…	いいよ，いいよ，いっしょにあやまりにいこう。	みんなであそんでいたのだからその人だけのつみではない。	いっしょにあやまりにいってあげる。	いっしょにあそんでいたのだからみんなのせきにんです。	いっしょにあやまらないと思う。	おこられるのがいやだから	いっしょにあやまってくれると思う。	いっしょにあそんでいたのだから。
(6) わるいことをしている。とめると…	それをとめる。	どうせ悪い人をこらしめなければ，後々悪くなっていくから。	それをとめる。	悪いことは注意しなければならないから	やはりとめると思う。	しょうじきだから。	やはり注意すると思う。	それはいくら友だちでも悪いことは悪いから。
(7) しゅくだいをわすれてみせてと…	見せてあげる。	友だちだからそして「こんどからわすれるなよ」と注意してあげる	みせてあげる。	みせてあげて「これからわすれるなよ」と注意してあげる。	見せてくれないと思う。	けちだから。	みせてくれて注意すると思う。	それはその時間勉強ができなくなるから。
(8) げきをやる…じぶんもともだちも同じ役を…	その時ほかの役をやる	あまりあらそっていると，けんかになるから。	ほかの人にもその役をやらせる。	それは，げきの役がなかなかきまらないから。	やはりその役をやりたがると思う。	やはりみんなもやりたいから。	やはりその役をやると思う。	その役をとてもやりたがっているから
(9) がっきゅうかいで，わがままかって…	注意する。	これからさきたいへんだから。	その人は，これからは学級会の時どこかへいってもらう	そういう人がいると，せっかくの学級会が，だめになるから。	やはり前のとおりいうと思う。	それは前からいっていたから。	ぼくを仲間はずれにする。	それは，ぼくがいてはじゃまだから。
(10) がっきゅうのたいせつな本を…かえさない。	「きみ早く本をかえしてくれ」とさいそくする。	そうしないといくらたってもかえさないから。	友だちに，本をもってきてくれとさいそくする。	学級文庫の本は学級全体の人がよむのだから。	ぼくに注意すると思う。	それはあとよみたい人がよめないから。	ぼくは，注意する。	それは，学級の本だから，みんなのよむ本だからといって注意する
(11) そうじのとき，となりの組のほうきをだまってもってきて。	「ほかの組のだから，とってくるならことわってこい」と注意する	あどで「どうしてだまってとっていった」とけんかがおこるから。	「そのほうき，となりの組にことわってこいよ」	となりの組の人が，つかおうとして，ほうきがないとさわぐから。ことわっておけばわかる。	きみ，それどこからもってきたの。	ほうきがちうから。	ぼくにそのほうきをかえしてこいという。	それは，となりの組の人がこまるから。

⑿ そうじのとき，女の子と男の子といっしょに…	どちらでもいい。	それは，みんな同じ教室で勉強している人たちだから。	女と男のほうがいい。	おとこだけだとそうじがうまくいかないから。	どっちでもいいと思う。	それは同じ教室で勉強しているのだから。	やはり，ぼくと同じ考えだと思う。	それは，男と女でも，同じ人間だから。
⒀ ほうかご，おたのしみ会のげき…わすれてどこかへいくやくそく	きみ，げきのれんしゅをしていけよ。	そのことをやらせると，後また，なにかやるとき，そんなことをするから。	どうしてげきのれんしゅうをしないの？という。	それは，みんなでやるげきだから。	ぼくに，れんしゅうをやっていけという。	それは，不公平だから。	ぼくに，げきのれんしゅうをやれという。	それは，みんなが，たのしむ会だからです。
⒁ だいじなべんきょうをしている…あそびに…	「今，勉強中だからあとでね」	勉強をしているから。	そのともだちをことわる。	やはり，勉強のほうが，たいせつだから。	あそばないと思う。	だいじな勉強中だから。	ぼくをことわると思う。	だいじな勉強をしているから。

（第38表）　　H男の事態反応テスト

	その I				その II			
	前		後		前		後	
(1) ドッジボールに「いれて」	A_1	いれる（集団成員との……）	A_2	いれる（情緒的同情）	C	条件付つきでいれてくれる	A_1	いれてくれる（集団成員との……）
(2) ドッジボールでへたな子が	A	いれる（集団成員との……）	A_2	いれる（友情）	A_3	いれてくれる（規範）	B_1	いれてくれない
(3) ドッジボールでとりそこなう	D_1	結果の判定（客観的）	A_1	許容	A_3	許容元気づけ（だれもが……）	C_1	攻撃的言動（大事なときだから）
(4) ずるいことを…	A_1	注意する（悪いことだから）	A_1	左と同じ	A_2	注意する（友人の善意……）	A_2	左に同じ
(5) きょうしつのガラスを…	A_1	同行して（共に遊んでいた…）	A_1	左と同じ	F_1	責任問題	A_1	共同で責任を……（共に遊んでいた…）
(6) わるいことをとめると…	A_4	注意する（組をよくする……）	A_1	注意する（悪いことをしたの……）	A_1	とめるだろう	A_1	とめるだろう（悪いことをして…）
(7) しゅくだいわすれて…	B_4	条件つきでみせる（こんどから忘れるな）	B_4	左と同じ	B_3	みせてくれない（利害・打算）	A_1	みせてくれる（注意して）（親切）
(8) げきやりたい役	F_4	ゆずって他の……（きりがない）	F_4	左と同じ	H	その他（解決がつかない）	H	その他（友だちがその役をやる）
(9) 学級会でわがまま…	A_1	直接の干渉（みんなに迷惑）	A_1	直接の干渉（こらしめ）	A_2	直接の干渉（単にわるい……）	C_1	仲まはずれ（会の進行に……）
⑽ 学級の本をかえさない	A_4	直接本人に注意（注意すれば……）	A_1	直接本人に注意（公共物の重視）	A_1	直接本人に……（公共物の重視）	A_1	左に同じ
⑾ そうじとなりの道具	B_5	その友人に注意（さわがれては……）	B_1	その友人に注意（他のクラスに迷惑）	B	当人の注意を喚起	B_1	当人の注意を喚起（他のクラスに迷惑）
⑿ そうじ男女いっしょ	C	どっちでもいい（同じクラスの人）	A_3	ともにやる（男女の長所を……）	E	その他（どっちでもいい）	A_1	共にやることに賛成（同じ人間）
⒀ げきのれんしゅう，他の約束	A_1	責任ある行為の要請（自分かってはゆるせ…）	A_1	責任ある行為の要請（組での約束を……）	A_1	責任ある行為の要請	A_1	左に同じ
⒁ 勉強している時，遊び	C_1	勉強後を約束（義務の優先）	A_1	ことわる（義務感）	A_1	断わる（義務感）	A_1	左に同じ

（H男の事態反応テスト第37表，および問題，類型表と照合せられたい。）

(6) 道徳的判断に関する標準テストからみたH男

グラフを見てはっきりわかることであるが，H男の個性の伸長，創造的な生活態度のパーセンタイルが，急激に低下している。

参考までに，その領域における具体的な問題について見てみよう。

（第39表）

問　　題	粗点 前	粗点 後
林君は，図画が得意なので，よく写生に出かけます。ある時，大下君が「図画より算数のほうがだいじだよ。」といいました。それで林君は，写生に出かけるのをやめてしまいました。林君のしたことは，—— （回答「ややまちがっている」）	10	10
大下さんは，わずかなお金で，つまらないものを買うよりも，よいもの買おうと思って，すこしずつお金をためています。川上君は，それをけちんぼうのすることだといいました。大下さんのすることは。 （回答「ひじょうに正しい」）	10	10
川上君はおなかがいたいとき，となりのおばあさんが親切に，「お宮の手洗水を飲むとなおるよ。」といいました。川上君はそれはまちがっているといって飲みませんでした。 川上君のしたことは。 （回答「どちらともきめにくい」）	0	0
山田君は，夏休みにちりばこを自分で作ろうと苦心していました。そこへ，にいさんがきて，「お前はへただから，ぼくが作ってやろう。」といいました。それで，にいさんに作ってもらうことにしました。 山田くんのしたことは。 （回答　1回目　「ひじょうにまちがっている」 2回目　「ややまちがっている」	10	7
※川田君は，ベルを組み立てましたが，なかなか鳴りません。もう一度本を見て，正しく組み立てれば鳴ると思いましたが，やりませんでした。川田君のしたことは， （回答　1回目　「ややまちがっている」 2回目　「ひじょうに正しい」	8	0
木下さんが，ひとりで教室のそうじをしていますと，大村さんが，「あなたが，ひとりで努力してもむだよ。」といいました。木下さんは，「やはりひとりひとりが努力しなければいけない。」と，いいました。木下さんのいったことは， （回答「ひじょうに正しい」）	10	10
換　算　点	48	37
パーセンタイル	90	40

すでにお気づきのように，※の問題の回答が，8から0になっている点については，いろいろな疑問がある。一つは，読みまちがいである（誤読自身も，H男の問題にはなるが）二つは，感違い。三つは，実際に，その通りに考えた。という点であろう。

まず，第3の点は考えられない。なぜならば，他の問いに対する回答はたいへん安定しているのに，この問題だけに，まったく誤った回答をするわけがないと考えるからである。また，その裏づけとして，他の調査と関連づけてみれば，明らかである。したがって，おそらく，1か2によって生じた誤答であると考えられる。

このことから，道徳性の評価というものは，ただ一つだけのペーパーテストによることは困難であることを意味している。調査者は，単に数字のみによって児童あるいはグループを評価してはならないこと，内容をじゅうぶんに吟味し，変化の理由を研究しなければならないことを強く感じたのである。

○道徳的判断に関する標準テスト

（第40表）　　H男のグループの場合

氏　名		段階評点	パーセンタイル 基本的行動	心情判断	個性創造	社会国家
H　男	前	4	80	60	90	80
	後	4	90	60	40	90
O　男	前	4	90	90	95	50
	後	3	80	50	50	70
I　男	前	3	60	40	80	90
	後	3	60	80	70	50
T　男	前	2	70	20	20	95
	後	3	60	80	90	20
M　子	前	5	90	95	70	90
	後	4	95	70	70	80
K　子	前	4	70	80	40	95
	後	4	90	80	40	90
グループの平均値	前	4	77	64	66	83
	後	3	79	70	60	67
クラスの平均値	前	4	80	70	72	72
	後	4	82	67	75	73

（第10図）

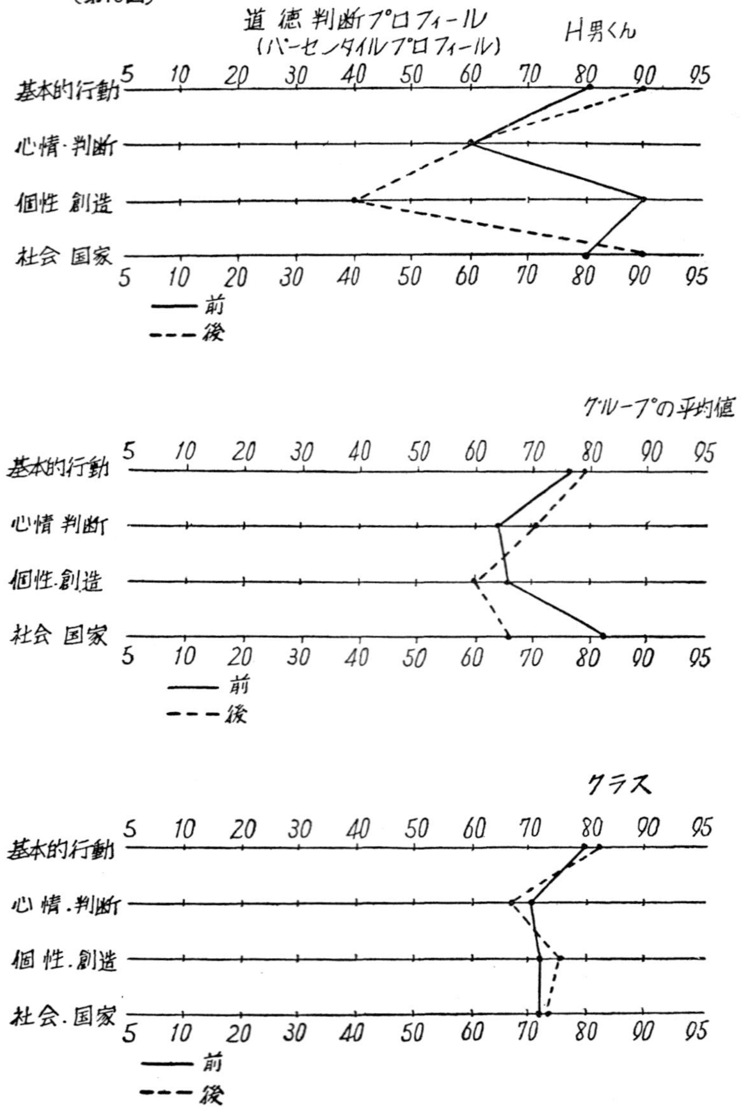

(7) H男の作文「学級の友だち」から

次に，今までの調査の裏づけという意味から，作文を通してH男を見つめてみよう。

第1回目

ぼくの友だちは，少しいます。それは，O男くん，T男くん，Y男くん，S男くんなどです。そのわけは，みんな親切だからです。

どうして，ほかの人はきらいだというと，（そりゃあ，少しはすきですよ。）らんぼうで，ぼくの悪口をいったりするのです。

G男くんは，いつも，ぼくのことをへんなにいうから，大きらいでしょうがありません。

すきな人は，さっきいったようなわけです。女の人は，どうも，おしゃれで，すきになれません。

第2回目

ぼくの友だちは，学級に7～8人いる。その中でも，一番の友だちは，O男くんです。あとの友だちもすきですけれど，O男くんはぼくが何か失敗したときでもなぐさめてくれます。先日の学芸会に出る時も，きょうは，しっかりやってこいよと，応援してくれます。

あとの友だちは，A君，M君，S君，I君，Y君，G君（第1回目大きらいだと言っていることも一筆者注一），などです。

このごろは，よく休み時間に，石けりをやっています。そういう時でも友だちどうしあまり好かない人を入れなかったり，反則をしたぞと，からかったりしています。ぼくは，そういうことはいけないと思います。もっと学級の人全部が，友だちとして仲よくやらなければいけないのではないでしょうか。ぼくはそう思います。

ぼくが4年の時，この学校へ帰ってきた時は，あまり友だちもいなかっ

たけれど，今では，さっき書いたように，友だちもふえてきました。いつも遊んでいるのは16人ぐらいで，クラスの33％ぐらいです。

卒業するまでには，もっともっと友だちをたくさんつくりたいと思います。

ぼくが，関西から4年の時帰ってきた時は，ずいぶん友だちとけんかをしました。そのころは，1日平均3回ぐらいはけんかをやりました。その中でも大きいのは2回ぐらいです。でも，このごろは，5日に1度ぐらいしかしません。

この学級で，いちばんけんかのおこる時間は，休み時間で，何かゲームか，ほかの遊びをしている時がだいたいです。でも，あまりけんかをすると先生におこられるので，やらなかったのですが，今は，それとは別に，ほんとうにけんかをしなくなりました。友だちが多いと，やはり，何かといいです。でも，その友だちと，けんかをする時がありますが，そういうふうに友だちとけんかをすると，友だちがなくなってしまいます。あまりやらないように気をつけていきたいと思います。

二つの作文を読んでもわかるとおり，H男の対人意識は非常に成長し，みずからその改善に努力しているけなげな姿が目に浮ぶようである。

作文は，このように児童の内的世界に立ち入ることができ，その分析は各種のテストの結果をより確かに裏づけるものとして有効である。

けんかも，「先生にしかられるから」ではなく，よりよい友人関係を作り出していく上にたいせつであるという理解にたって「やめよう」と考えるようになり，G男というはじめに「大きらいでしょうがない」といっていた友人とも親しく遊ぶようになっている。どうしてかについては述べていないので不明ではあるが，H男の態度，行動が好転していったので，G男のH男に対する態度も変化し，G男も他グループでの友人関係の理解か

ら，相互に緊張をほぐしていったものと考えられよう。

(8) ゲス・フー・テストから見たH男

最後に，他の友人が，H男をどうとらえているかを，ゲス・フー・テストによって見てみたいと思う。

H男のゲス・フー・テスト・プロフィールを見てもわかるとおり，かれの変化は著しい。

「責任感」（クラスの委員や当番になったとき，自分のなすべきつとめは責任をもってやり遂げる。）「健康安全の習慣」(いつも自分のからだや，ひとのからだのことに注意し，自分の手足を清潔にし，教室や運動場などをよごさない。）「公共心」(机，そうじ道具，ボールなど，学校のものや，公園の樹木など，公のものをたいせつに扱って，やたらにいためない。）「判断の合理性」(ものごとを考えるときに正しく，りくつや道理に合わせて考え，決していいかげんな考え方をしない。）安定してきている様子がうかがわれる。

○ゲス・フー・テスト・プロフィール

第11図

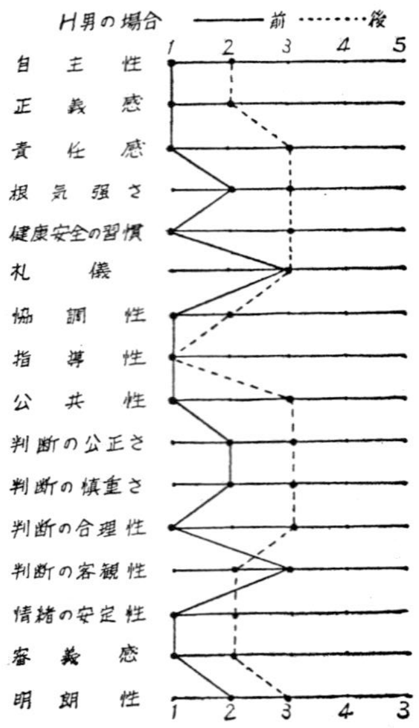

このことは，前にも述べたとおり，H男が，グループの中で安心感をもち，自信をもって行動するようになり，他からも信頼をうるようになったことを示すものである。

これを，作文，ソシオメトリーなどと関連づけ吟味することによって，H

男の道徳性の変化を理解することができよう。

ただ，領域が各方面にわたっているため，焦点の定まらぬおそれもあるが，関連のある項目を抽出し，検討すれば有効であると思う。

以上，H男を中心にいろいろなテストの吟味をしてきたわけであるが，道徳性の評価はほぼ，教師の観察に合致するというものの，広く，多角的に吟味することによって，正しい結果が得られるものと考えられるのである。

(9) 反省とまとめ

H男は事前調査では，たいへん責任感が薄く，仕事がルーズでそのくせ自己主張が強く，ひがみっぽく，乱暴で，いわゆる社会性のない児童であった。

ところが，ソシオメトリーの結果と教師の観察による意図的なグループを構成し，さまざまな共同作業や共同研究の場を与え，常にH男に責任あるやりがいのある仕事を与えて，かつできるだけほめてやるように，みんなに認められるように絶えずくふうした。

事後の調査によると，H男は最も尊敬するO男との交友関係が深まることによって，まず，学力が伸び，同時に，グループ成員との友情がはっきりと深まっていった。そして，グループ学習の場においても，H男はグループの仕事についての自分の責任はりっぱに果たすようになり，目だって落ち着き，多くの友人に協調的になっていった。

以上の事前と事後の調査を比較するかぎりにおいては，本研究で行なった意図的な小集団を構成し，いろいろな児童の集団意識を広げ，深める指導を加えたことが，予想どおり有効であったと，評価してよいであろう。

しかし，このような指導法の他にもいろいろなよい指導法があるはずである。今後さらに，よい指導法の吟味を継続して研究しなければならないと考える。

V 全体的な考察と今後の課題

1. 評価の方法を概観する

われわれはここで本研究の全体的な考察とまとめを行なおうとするときに，まずわれわれが一つ一つ吟味してきた具体的な評価の方法を概観することが便利であろう。

そして，特にここでは，それぞれの評価の方法の功罪ないしは長所と短所をなるべく明確にし，やがてそこからそれぞれの評価の方法の独立性をつかむことができ，現場でその評価の方法を生かしやすいものにしようと思う。

① ソシオメトリー

長　　所　（∘で示す）	短　　所　（•で示す）
∘集団の凝集度や集団の構造，また個々の児童の集団的における地位について評価するため有効であり，かつこの面に関して基本的に必要な方法である。 ∘この評価の方法によって，意図的に構成された集団での生活の児童の対人関係を発展させ，相互理解と相互容認を深めるということが明確におさえられた。つまりこの評価方法は対人関係の実態や，指導効果を吟味する上に効果的な方法である。	•この方法には整理方法が種々あって，幾分煩雑である。しかし，よく見ると種々な整理方法の中には簡単なものもあるし，複雑なものもあることに気づくが，一般にいっそう簡潔な整理方式が考案されれば現場に益するところが大であろう。

② 友人関係の実態をはあくするための質問紙法

∘一般的な友人関係の実態や，発達的な変化を比較的に，容易にとらえることができる。 ∘学級での問題児の発見がこれによって容易にできる。つまり，一方に学級全体の傾向をとらえ，それを比較して個人をうきぼりにしているのである。 ∘はい，いいえ，？で明確に弁別し，比較的容易に数量化できる。	•読解力の発達からおよそ3年以上に利用範囲が限定される。 •立ち入った解釈を求め，質的な吟味を加えるためには，この質問紙法ではふじゅうぶんになる傾向がある。 •児童はほんとうにできなくても，いいほうの答えを選択する傾向がある。 •児童の実態はあくの上に適切な問題がつくりにくい。 •時に安心して，正直に答えを書かせることがむずかしい。指導としては，何を書いてもいい自由なふんい気を作ることがたいせつである。 •一定の時間内に大多数の児童が回答を書き終えるためには問題を制限しなければならない。

③ 事態反応テスト

∘たんねんに吟味することによって，個々の児童の個性的な行動の様式と集団理解の態度を評価することができる。 ∘前者の質問紙法と比較すると，児童のよりすなおな答えを得やすい。	•各問題の回答を類型化し，それによって学校全体の傾向をとらえるようにしたが，すべて問題に共通な類型を出すことが困難である。 •整理方式が容易でないという難点がある。

④ 絵による事態完成テスト

∘このプロジェクティブな方法は児童の内面的な世界をとらえるために有効である。 ∘綿密に検討することによって児童理解	•分析の観点，整理方式などに問題が認められる。 たとえば，基準を作っても，判定基準が多岐であって，客観性が乏しくなる

に独得な役割を演ずるだろう。	傾向があり，またどう察法による場面が多かったりするのである。

⑤　道徳的判断に関する標準テスト（神大式道徳判断テストによる）

○児童の道徳的判断の一般的傾向をとらえるためには有効だろう。しかし，このようなテストは評価段階からみるよりも，一般にそれぞれのパーセンタイルを結ぶプロフィールによって，児童を評価することのほうが効果的である ○過度に道徳的判断の悪い子を発見することは可能である。	•一般に弁別範囲が狭いように考えられる。 •問題が一般に，抽象的で，すべてをこのようなテストによってつくそうとするのは無理である。 （この場合，いきいきとした具体的な問題で——側面ごとにとらえていくほうがよさそうである。）

⑥　集団行動についての観察法

○各グループが高い道徳的なよいふんい気に包まれて，より生産的に動いているか，また，各成員がところを得て活動しているかを吟味する方法として有効である。 ○得られた結果は貴重で，何回かにわたって重ねられた観察記録をソシオメトリー，その他と比較検討するとき，集団の動きや発展，また個々の児童の態度の変化などがいきいきととらえられる ○他の煩雑な操作を経たテストの結果とよい観察評価の得点とよく一致する。	•各グループのすべてを，すべての項目にわたって一時に評価することは困難である。（一定の時間に，どの項目とどのグループを評価するかをあらかじめ決めて観察することがよい。） •観察者が教師であるために，授業の運営と観察とを一時に行なうことはやや困難である。 •観察者が学級担任であり，被観察者が学級の児童である場合，教師の先入観や主観がはいりやすい。 •現在の状態の資料しか得られない。

⑦　友人関係に関する作文

○児童の内的世界を立ち入って知るための方法として有効である。	•全般的な傾向を量的に表現することは困難である。

○この作文の分析は各種のテストの結果のより確かな裏づけを与えるものである。 ○質的な吟味に有効である。	•中にはとおり一ぺんの単なる記述にすぎないものもうっかりすると出る。 •作文の分析は行間を読むということが強調されるが，より科学的な分析法を樹立することは今後の課題である。

⑧　ゲス・フー・テスト（教研式ゲス・フー・テストによる）

○個々の児童の特質や，友人関係や，その学級構造を理解するのによい。 ○平板にこのテストを見るよりは，研究と関連ある項目を抽出し，検討すれば有効であり，また他の評価の方法と関係づけて吟味すればよい。	•その領域で万般にわたっているために，焦点の定まらない懸念もある。

⑨　グループ日記による評価の方法

○児童の日常の観察や反省を通して，グループの道徳性の高まりや，全体のふんい気を知るためには現場として有効な評価の方法である。 ○数量的には不可能だが，質的な面でグループの評価によく役だつと思われるソシオメトリーその他のテストの評価資料と合わせ，用いると効果的である。 ○ひとりひとりの児童の記録を通してみることによって，個々の児童を評価することができる。 ○この記録法は，同時に児童の指導にも結びつく方法であるといえる。	•表現の能力から，およそ中学年以上に適用の範囲を限定しなければならないだろう。 さがっても２年まででであろう。 •グループ日記の全部について常に目を通したい。 数量的に評価したりすることはむずかしい。（今後，グループ日記を順に日時を決めて見るとか，あるグループに焦点づけて見るとか，そして基本的にはより科学的な分析法をくふうすることが望まれる。）

⑩ 父母による対人関係，特に友人関係に関する質問紙法

- 学校外，特に家庭内における児童の反応をみるためには，父兄の評価をどうしても期待しなければならない。その意味で，児童の評価のために貴重な資料が得られる。
- 匿名の回答の際には，ひとりひとりの児童についての切実な問題点を知ることができる。
- 全体的に総括してみると，一つの傾向がうかがえ，また何を問題にしているかについて一般的なふんい気を知る上に有効である。

- 児童に対する調査の場合と違って，完全な回収をすることがむずかしい。特に事前調査に比して事後調査の場合は回収状況に注意を要する。
- 父母に自由なふんい気で回答してもらうために匿名をみとめたが，やはり，匿名の回答者があり，個々の児童の評価に直接役だたないものがある。

2 まとめにかえて

(1) 評価法のまとめかた

前項で，個々の評価法を概観し，現場にふさわしい評価法や，その生かしかたを学んできた。ここではそれらをどうまとめ，どう生かすかということを考察しなければならない。

ところが，正直にいって，このような児童の友人関係の道徳性の伸長を期待して行なわれる評価の方法の構造化した方式といったものは，科学的にはまだじゅうぶんにおさえられていないといっていいであろう。

しかし，われわれは児童の評価を行なうために有効であると思われる種々な評価法を適宜に用い，それをひとりひとりの児童の友人関係における道徳性の伸長の度を評価するために，確かにまとめ得たという実感をもっ

ている。そして，それを現場の立場なりに構造化してみると以下のように考えられる。

たとえば，個々の児童の評価に焦点を合わせて考えてみると，まず第1にソシオメトリーを見ることによって，その児童の友人関係で，選択，排除，無選択，被選択，被排除の傾向や，また全体をまとめてとらえられるグループの評価を通して，その児童のおよその学級ないしグループにおける社会生活への姿勢なり，いわゆる社会性といわれるものの一般的な傾向をおさえることができたし，また，児童の生活の場やそのふんい気がある程度つかめたように思われる。(「評価のまとまりを示す構造図」の①参照)

第2に友人関係の実態をはあくするための質問紙法や，道徳的判断に関する標準テストによる評価によって，われわれはおもに個々の児童の友人関係における道徳的な知識や判断力を概観することができた。(「評価の構造図」の②参照)

第3に，さらに事態反応テストや，絵による事態完成テストによって，前記の質問紙法ではおさえきれなかったいっそう内面的な道徳知識ないし判断の傾向や，それに結びつくある程度の道徳的心情や態度を評価することができた。(「評価の構造図」の③参照)

第4に，友人関係に関する作文や，日記などを通して，われわれは個々の児童の心情や態度の内面にせまることができたと思う。(「評価の構造図」の④参照)

そして，第5に集団行動についての観察法や，ゲス・フー・テストや，父母による対人関係に関する質問紙などによって，児童のおもに道徳的習慣や行動といった面の評価が浮きぼりにされたと感じられた。(「評価の構造図」の⑤参照)

以上のように，多角的に，さまざまな評価が，しかも長い目で，重なり重なって，われわれのいう厚い評価が行なわれて，われわれは個々の児童

の友人関係における道徳性の広がりや深まりが確かに評価できたと思われる。そして，われわれの実感としては，たとえば，前の評価法で評価した結果が実は次の評価法で行なわれた評価を考察するときに，生かされて，さらにそこに総合され，しだいに厚みを加えながらその評価のまとまりが形成されていくように思われた。

以上の考察を構造的に図示すると以下のようになると考えられる。

（第12図）　（評価のまとまりを示す構造図）

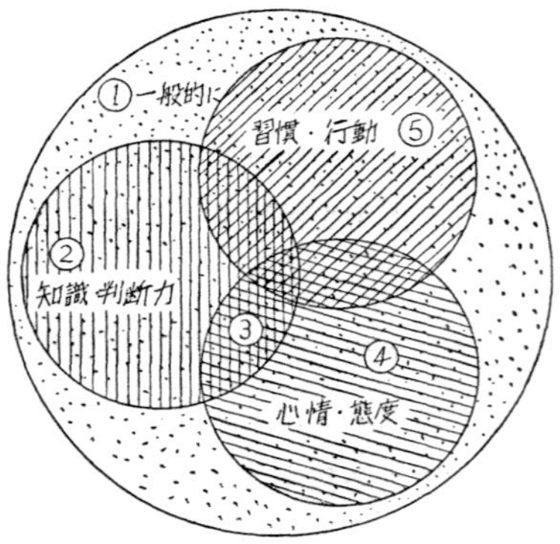

なお，ここで述べておきたいことは，今後，いっそうこのようなまとめ方について，どの評価法をいつどこにどの程度にといった科学的な技術的な根拠が明確に求められていかなければならないということである。

(2) 評価法をまとめる教師のありかた

児童の友人関係における道徳性の伸長の度を評価するために種々の評価の方法を実施したが，その中でソシオメトリーをはじめとして，おもに，いわゆる教師による評価法が多かったし，また，たとえ児童による評価

や，友人による評価や，父母による評価にしても，最後に解釈し意味づけるのは教師であり，そして全体をまとめて評価するのも教師である。

そこで，評価者としての教師がどう見，どうまとめて評価するかということは，きわめて重要な基本的な問題であると思われる。

しかし，われわれはこの場合まず道徳の評価はどこまでも客観的なものでなければならないと考える。ことに評価する対象が熟知している間柄の児童であり，さらに評価の実施者もその利用者も共に教師であるから，特に主観的な，あるいは先入観をもってみようとする傾向はできるかぎり排除し客観的なものにし，科学化し，技術化しなければならないと考える。

ところで，しみじみ感じられることは，よく作文の評価で，「行間を読む」といわれるように，一応，評価の方法が科学化され，技術化され，客観的に評価しやすいものにしたとしも，児童の回答をどう見，どう解釈するかでかなり違った評価になってしまうという事実である。

そこで，道徳の評価とは絶えず科学化された評価のしかたを総合的ないわゆる，どう察法が用いられ，さらに体認とか，共感的理解といわれる評価のしかたをうまく調和させていくことが，きわめて重要であると切実に考えられた。

このためにも，われわれは道徳の評価を正しく行なうためには多角的に長い目で，統合的な，評価でなければならないと思われた。

(3) 道徳性の評価は人格全面との関連において

最後に，本研究では評価の観点を児童の友人関係にしぼり，その必要なかぎりの評価の方法を用いたが，ひるがえって考えてみると，道徳性は人格全面に関連した一つの側面であろうから，児童の全人格内でのいわゆる力動的な考察が加えられてこそはじめて道徳性の深い評価ができるのであろうと思われる。

その意味で，本研究に用いたテストや調査の他にも必要によって，児童の要求調査，児童の情緒性・適応性の検査・児童の生活実態調査・家庭や近隣社会の環境調査・知能テスト・学力テストなどとの関連をはかり，さらにスケールの大きい総合的な考察を加えることが重要であろう。

(4) よい指導法について

いうまでもなく道徳の評価と指導とは車の両輪とも言われるものであって，現場としては指導を前面に出し，評価をその確かな裏づけとして位置づけなければならないだろう。

そこで，理想としては最も高まった評価の研究は，また同時に最も高まった指導法の研究でなければならないと考えられた。しかし，一方具体的に評価のしかたを抽出しようとするときに，まず第1の段階として評価しやすい指導の場を選ぶことも必要条件であった。

そこで，われわれは以上の両者の要因をふまえて，前述のようにまず学級にソシオメトリーの結果と教師の観察から，意図的な小集団を構成し，児童の友人関係における道徳性を伸長するにふさわしい指導の場として，たとえば有効な共同製作や作業，学芸会やいわゆるおたのしみ会，さまざまな係りや活動，給食やそうじ，いろいろなグループの遊びの場などを設け，さらに，グループ日記を責任をもって交互に記録し，グループ構成員のひとりひとりが順にリーダーになり，みんなが互いに認め合えるような広い意味での指導法をとった。

ところで，よい指導法として指摘できるものは概括して，まず意図的なグループを作っての友人関係における道徳性の伸長を期する指導は，きわめて意味があり，有効であったと了解される。これはことに，ソシオメトリーにおける凝集度特にグループ同群内の変化と，他群との関係における変化を検討することによって，容易に理解されるであろう。

また，われわれが指導の場を与え，くふうして行なったさまざまな指導も，数量化してその一つ一つについてはいえないが，意図的なグループを作っての指導が有効であったことと同様に，グループの行なった学習活動であって，それは共に友人関係における道徳性の伸長に有効であったと言うことができるであろう。しかし，今後，さらにこのよい指導法に関する評価の研究が進められなければならないと考える。

3 今後の課題として

以上，われわれは本研究において用いた個々の評価法について，われわれはみずからの実践的な立場から，その長短を概括的に述べ，総括したのであるが，共通的にいえることは，道徳性の評価という問題は，なお，数々の課題を残していると言うことである。

最後に，そのいくつかの課題を指摘しておきたいと思う。

(1) 道徳性の評価のための具体的な一つ一つの目標に応じた全一な組み合わせたといったもの(テスト・バッテリー)のできることが期待される。

つまり，道徳性といっても種々の側面があるわけで，どのような点をどのように評価すれば一応道徳性の評価として，満足すべきであるかということを吟味することが必要であるし，それらについて一定のいわゆる組み合わせ（テスト・バッテリー）があれば，現場における評価はより容易になると考えられる。

(2) 在来，多くのテストは，一般に数量的に処理することに重点がおかれてきているが，量的処理は時にはその評価が表面的になって，深層にまで及ばぬことがある。

この意味で，今後一段と児童の内面に立ち入った評価が可能な方法については，検討されることが必要と考えられる。そのためには，プロジェクティブ・メソッドとよばれている方法をこの領域にさらに適用することが必要であり，しかも，その方法がより科学化された形で現場に提供されることが望ましい。

(3)　また，平常教師は常に教室の内外において児童と接しているのであるから，その機会を通じて観察し，評価することは容易なはずである。

したがって，この観察法はどのような場面で，どのような行動をとらえて評価するかという観点が，よく整理されたものとして，さらにまたより簡易な記録方法の考案が現場では特に期待される。

(4)　各種の評価は，普通中学年以上においてはじゅうぶんに可能であっても，低学年の場合にはそれが可能でない場合もある。

そこで，低学年における評価法の確立は重要な一つの課題であるといえよう。

(5)　各種の評価法を用いて得られた結果を，どのように総合して個人の道徳性を全体的にはあくするか，ということは特に困難な問題であるが，道徳の評価は常に総合的な立場からなされなければならないものであり，この点についての今後の研究が特に期待されるのである。

(6)　これらの課題を解決していくためには今後いっそう，研究者と実践者との協調的な研究が要請されるし，それを一に教育の現場に結集することによって，やがて実践的な効果的な評価法は確立されるものと考える。

(7)　本研究における，指導法の吟味はもっぱら，ソシオメトリックな方法に重点がおかれて進められた。

しかし，友人関係における道徳性の伸長を期待するための指導法にはまださまざまなものが考えられる。たとえば，児童の能力別による編成や，興味による編成，または従来の単に机を並べた方式による指導法や，さらに教師の説得，視聴覚教材その他による指導法など，さまざまな指導法で考えられるが，それらの一つ一つの長短を今後検討し，評価しなければな

らないと考える。

ここでは前述のように，ソシオメトリックな方法のみの吟味に終わっている。本研究はこの面の研究の第一歩であって，さらに効果的な指導法を科学的に吟味して，導き出していきたいと思う。

以上，本研究の今後に残された問題を述べたのであるが，ここで最後に述べておきたいことがある。

それは，本書では道徳の評価法の吟味を中心としたので，本書におさめた資料は，本研究によってえられた資料のうち，おもなもののみを示したにすぎない。

今日，われわれが整理した資料の中にはさまざまな児童の心理学的な実態を示すものが数多くあると考えられるので，これらについてはあらためて，その詳細を報告したいと思う。

またさらに，われわれは今後も実験学級を重点的において，継続的に教育実験を実施して，一歩でも残された課題の研究にせまりたいと念じている。

おもな参考文献

- 牛島義友著「教育標準検査精義」　金子書房
- 川合章・大畑佳司・坂本光男編著「道徳価値形成と評価」　明治図書
- 倉沢剛編「小学校の道徳教育」　学芸図書株式会社
- 小見山栄一編「教育標準検査ハンドブック」　東洋館出版社
- 阪本一郎・波多野完治・中野佐三・依田新編集・教育心理学講座「道徳教育の心理」「教育評価と測定」　金子書房
- 全国教育調査研究協会編「指導のための教育調査」　教育広報社
- 戸川行男・長島貞夫・正木正・本明寛・依田新編集「性格心理学講座　全5巻」　金子書房

道徳の評価

- 橋本重治著「教育評価法総説」　金子書房
- 波多野完治・依田新編「児童心理学ハンドブック」　金子書房
- 真仁田昭著「読書会活動が高校生の友人関係ならびに社会意識に及ぼす効果についての一研究」　35年度　東京教育大学教養学部紀要
- 三好稔・酒井行雄著「道徳教育と評価」　光風出版
- 「現代教育心理学大系」（測定・評価（理論編））　中山書店
- 田中熊次郎著「児童集団心理学」　明治図書
- 文部省「小学校道徳指導書」　明治図書
- 牛島・野村著「集団ＴＡＴ検査」（５年～大学２年）　金子書房
- 阪本一郎著「中学年・高学年用阪本式道徳検査」　金子書房
- 佐野勝男・槇田仁共著「ＴＡＴ児童生徒用主題構成検査」　金子書房
- 「ＳＣＴ精研式文章完成法・小学年用」　金子書房
- 田研式「診断的適応性検査」　日本文化科学社
- 戸川・本明・松村・小島共著「ＣＡＴ日本版幼児児童絵画統覚検査（５才～10才）」　金子書房
- 長島貞夫・その他著「適応性診断テスト」　金子書房
- 「教研式テスト」　東京教育大学　日本図書文化協会
- 「教研式ゲス・フー・テスト（３～６年用・中学校用）　日本図書文化協会
- 「学年別道徳性診断テスト」　日本図書文化協会
- 本間寛著「個人用人格診断検査（ロールシアッハ改訂）（３才～成人）」　金子書房
- 増田幸一・その他著「神大式診断的道徳判断テスト」　岡崎書店
- 臨床心理学研究会「ＴＡＴ日本版絵画統覚検査（４年～成人）」　金子書店
- 「新田中Ｂ式知能検査」　金子書店
- 「神大式知能テスト」　岡崎書店

あ と が き

ある時だった，３階の１室の床においてあったいっぱいの評価資料が，水びたしになった。昼間出ない水道が夜になって水圧がまし，せんのゆるみから漏水して，部屋中こう水になったわけだ。驚いたわれわれは，水中から資料を取り上げ，長い間かかって干したものだ。わら半紙の中までしみこんだ水はなかなかかわかなくて困った。もしこのとき，回答がインクでかかれていたらと思うと，今でもぞっとする。色の変わった資料をみると，いろいろなことを思い出すものだ。

石の上にも３年というが，本校がこの研究に取り組んだのは昭和33年４月からで，当時学校の１階の廊下でよくあった１年生は，今ではもう４年生になって２階の廊下をのし歩いている。われわれはまず，このまる３年間に育ってきた児童たちの顔をのぞかずにはいられない。この児童たちのそれぞれの学級における友人関係はあれからさらに，広がり深まってくれたであろうか。われわれはまったくひとりひとりの児童の幸福を願い，かれらの道徳性の伸長を念じて，この研究に取り組んだことを思う。そして，取り組んでみると，いよいよこの現場における道徳の評価の問題の重要性を学びとっていった。

ところが，いざ研究に取り組んでみると，われわれにとってはその一歩一歩が開拓であり，その一歩一歩が創造であつた。ずいぶん苦しい勉強をしたものだと思う。

われわれがここで言っておきたいことは，われわれの本研究は現場の生きた研究であるということである。

一つには本研究の目的そのものが，われわれ現場から生れた重要な課題であり，二つには，評価の場や，種々の評価法に用いたさまざまな問題もすべて日常，児童たちが当面するであろうなまの問題を現場から分析して生まれたものである。

三つには，十指におよぶ，種々な評価の方法を，しかも長い期間にわたって，じゅうぶんな時間をかけて資料を集め，教育実験に取り組むことのできたことは，われわれ自身の現場でなくてはできないことであったろう。

四つには，資料のまとめ方であるが，われわれは一方に指導を進めながら，できるかぎりの労力と時間と，そして予算とから，弾力的な態度でこれに臨み，現場に即してまとめることができたといってよいであろう。

五つには，現場としてこの道徳の評価の研究をどこまでも，よい指導と一体のすがたとしてとらえ，しかもこどもたちを常に暖く全体としてみつめ，本質的な評価を加えようとする基本的な態度で貫いたことである。

われわれは，本研究を今後もさらに現場に生きるように心がけていかなければならないと思う。同人のある教官はこの道徳の評価研究を進めながら，次のようなことを言った。

「この研究はおもしろくてしようがない。現場の学級担任はどの先生も自分の学級についてこの道徳の評価を試みてくれたらいいな。」

そしてさらに，

「わたしの学級は，今後も継続的にこの評価を続けて，こどもの発達をぜひ見てみたい。」と。われわれ同人もこれにまったく同感した。

本研究が，今後のわが国における小学校の道徳教育の推進になんらかの役に立つとしたら，誠に幸甚であると思う。また本研究に関して，おおかたのご批判とご指導を切にお願いしたい。

最後に，ぜひここにしるさせていただきたいことがある。それは本研究の目的は「友人関係における道徳性の伸長を期して」行なわれた道徳の評価の実験研究であるが，実は，本研究がここまでの結実を見たのはまったくわれわれを常にあたたかく，あるいはきびしく，心からの励げましと協力を惜しみなくしてくださった多くの方々の，友情の賜ものであると，切

実に思われるということである。

たとえば，文部省教科調査官青木孝頼先生は常に巨視的な立場から，われわれが危機的な場面に当面すると，実に適切な助言指導をしてくださった。

本校前校長，東京学芸大学教授倉沢剛先生には，評価の問題をひっさげて夜分門をたたいては，われわれは随時あたたかいご指導をいただいた。

ことにわれわれの忘れられないことは，東京教育大学心理学研究室真仁田昭先生の言語に絶したわれわれへの友情である。先生は本校の旧職員であるが，休暇であろうと何であろうと教官室にとびこんできては，常にわれわれと研究を共にしてくださった。もし，先生がこの研究にえられないとしたら，おそらくこの道標を立てることはできなかったろう。

それから，本校校長，辻本芳郎先生をはじめ，本校の教官はだれもがわれわれ同人が1室にとじこもって作業を進めていると，いつも変わらないで「ごくろうさん」と心からなぐさめてくださった。また，本校P・T・Aの父母たちも本研究に心からの理解をもち協力してくださった。これでわれわれは勇気百倍したのだ。

最後に，本研究の委員会のメンバーである。夏休みも，春休みも何度か返上して「めんかぶり」を続けた。これはわれわれのあいことばで水中をもぐって泳ぐあのがんばりを本研究に再現しようというのである。なお，十数名の教育実習生であった学芸大学の学生諸君や，何名かの心ある本研究への心からの協力者にもここで感謝しなければならない。

以上に述べたように本研究はあたたかい対人関係のいわば，大きな友情の所産であったことをここに銘記して，多くのおせわになった方々に深甚の謝意を表して，筆をおきたい。

昭和36月5月15日

東京学芸大学付属世田谷小学校教諭
山崎幸一郎

MEJ 2849

初等教育実験学校報告書 1

小 学 校 道 徳 の 評 価

昭和36年7月20日　初版発行
昭和38年5月20日　3版発行

著作権所有　文　部　省

東京都千代田区神田淡路町2の13
発 行 者　株式会社 東洋館出版社
代表 錦 織 登 美 夫

新潟県新津市本町3
印 刷 者　株式会社 東洋館印刷所
代表 錦 織 豊 松

東京都千代田区神田淡路町2の13
発行所　株式会社 東 洋 館 出 版 社
電話・(251) 3442. 8822
振替口座　東京 96823

定 価 110円

株式会社 東 洋 館 出 版 社 発行　　定 価 110円

初等教育実験学校報告書 2

特別教育活動指導計画のあり方

小学校

1962

文部省

初等教育実験学校報告書 2

特別教育活動指導計画のあり方

小学校

1962

文部省

ま え が き

従来，教科以外の活動として実施されてきた特別教育活動は，昨年４月から教育課程の一つの領域として，すべての学校で実施されているのである。しかしその指導，運営についてはなお研究すべき問題が多く，各学校ではそれぞれ特別教育活動についての研究が進められていることと思われる。

本書は，文部省が昭和35，36年度の２か年にわたって，「特別教育活動指導計画のあり方」という主題で，東京都豊島区立雑司谷小学校に実験研究を委嘱して得た成果をまとめたものである。本書を一つの手がかりとして，今後この方面に関する研究をいっそう進められることを期待してやまない。

本実験研究に心からの協力をいただいた雑司谷小学校の竹内安子校長はじめ全職員のかたがたに深く感謝する次第である。

昭和37年５月10日

文部省初等中等教育局

初等教育課長　　上 野 芳 太 郎

は じ め に

昭和35年４月，文部省実験校として，“特別教育活動指導計画のあり方”という主題のもとに特に児童会と学級会を取り上げて，研究に取り組み，以来満２か年，今回ここに，一応のまとめをすることができました。新しい教育課程の中に，明確に位置づけられた特別教育活動ではありますが，まだなかなかにこれは未開拓の領域ではなかろうかと考えます。したがってわたくしどものささやかな研究も，今後の実際運営にあたっては，さまざまな問題をうみ出すことも考えられますので，ここに広く諸先生方の御批判，御指導をいただき今後の教育活動に努力して参りたいと存じます。

一つの学校で，一つの研究に取り組もうとするとき，最もたいせつなことは，限られたある一部の人々のみの研究であってはならないということだと思います。また，全員がこぞって，同じような理解のもとに，同じような熱意と努力をもって，協力し助けあってなされることがたいせつだと思います。そこでまずわたくしどもは，この研究に取り組む前に，じっくりと，徹底的な話し合いをいたしました。そうしたことによって，共通な理解を得られ，“みんなでやろう”という意欲も盛り上ったことでありました。

まず初年度は，その研究組織を，個人と集団の二つのグループにわけてみました。個人グループでは，児童のひとりひとりを正しく理解して指導することは，すべての教育活動の中で最も必要なことでありますが，特に特別教育活動においては，たいせつにしなければならないという考え方から，それぞれの学級で，さまざまなくふうのもとに，個人個人を理解し，指導する方法を研究していきました。教師の児童観察記録，児童自身の生活記録，学級だより，家庭連絡帳，学習の記録，交友関係調査等，その方法のおもなものであります。ついでこのこどもたちは，集団について，どのような願いや考えをもち，そしてどのように集団を構成していくかについて，実態調査を通して探ってみました。

集団グループでは児童の学級会活動についての意識調査を，あらゆる角度から行ない学級会活動の問題点を追求しました。

そして第１年度末にいたって，従来取り上げてきた議題からながめた指導計画のあらましを検討し，今後のあるべき姿をまとめてみました。

第２年度になって，これらの組織を解体して，新たに学級会活動と，児童会活動の２グループに編成がえをいたしました。文字どおりのこの両グループは，互いの連けいを保ちながら，それぞれの指導計画について，あるべき姿の研究を続け，いよいよこの集録のまとめにこぎつけたわけです。

その間，文部省の青木孝頼先生の明快な御指導と，東京都指導部の鈴木指導主事先生のあたたかいお導きのあったこと，そして仲間として常にかげになりひなたになって，後援してくださった“特活を語る会”の先生方に厚く感謝申し上げる次第であります。

なお，最後にこの集録の原稿執筆を担当された次の方々に心から敬意をささげます。

石田岬，犬井進，遠藤敏子，奥山操，恩田菊雄，小林美登里，小林ひろ子，島田泰介，竜野節子，戸沢操，永井栄一，原尾芳延，深沢幸子，福知保雄，山崎寿美江，鷲津喜三，渡辺喜久子（敬称略）

昭和37年５月10日

東京都豊島区立雑司谷小学校

校　長　竹　内　安　子

目　次

Ⅵ　児童会活動と児童の意識

Ⅰ　研究のあしあと

本校は，去る昭和31年度に，豊島区の生活指導研究校としての指定を受け，同32年２月には，「児童理解に立脚した生活指導の基礎的研究」という主題による研究発表をした。当時の発表は，思いもかけず各方面からの反響を得，このことによって，われわれは，次の研究への意欲と自信とをもつことができた。

そして昭和32年度には，前年度の基礎的研究に基づいて，実践的学級経営を中心とした効果的な生活指導の研究を目標にした。その研究組織として，環境設定委員会と，学級経営委員会を設け，全職員がこの両委員会に分かれて研究にあたった。前者は，指導計画にそった望ましい環境を作っていくこと，すなわち，校舎改築の年でもあるので，児童の生活環境を積極的に整えることに努力した。後者は，児童の自主性につながる調査を行ない，自主的な生活態度をはばんでいるものは何かをつかもうと努力した。「廊下をなぜ走るのか」「大ずもうを中心としたテレビ視聴調査」などの調査により，その一面を探ることができた。

次に，前年度から，全職員が，それぞれのノートに克明に記録している日常生活指導記録を整理して，「どんな注意や指導がなされているか」をまとめ，教師自体の実体をつかむための資料とした。これによって，われわれ自身の「気がかり」のかたよりや，着眼点の狭さなどが反省させられて，大きな参考になった。

さらに，各担任が，家庭におくる「学級だより」を分析して，その取材内容について検討し，研究を深めた。

ついで，学級(児童)会のあり方を検討しながら，生活指導の反省をし，そのセンターとしての，学級(児童)会を考えるようになった。

委員会活動(部活動)と，クラブ活動の一体化についての問題や，集団指導の計画などについても，次年度の実施について検討を加えた。

昭和33年度になってからは，前述のクラブ活動と委員会活動(部活動)の一本化を実施して，教科以外の活動の組織を改めた。

この年に東京都から出された道徳教育の手びき書の指導計画と本校の生活指導カリキュラムを分析して，比較検討した。これは，本校の考えている生活指導実践と，道徳教育のねらっているものとは，どんな関係にあるのか，同じなのか，違うものか，矛盾するところはないか，というような点を明確にしたかったからである。そして，本校生活指導のあゆみを反省するとともに，道徳の時間特設との関連を明確にした。すなわち，基本的な行動様式に関するものについては，ほとんど道徳教育で目ざすものと一致するが，第2，第3の領域，つまり，道徳的心情，判断，個性の伸長，創造的な生活態度確立に関するもの，国家社会の成員としての道徳的態度と実践的意欲については，生活指導カリキュラムとしては欠ける点が多いことなどに気づくことができたのである。

そこで，特設道徳の研究授業などを通して，実際運営および指導技術の研究を活発に行なった。そして特設道徳の指導計画の基礎的な調整をしたわけである。

昭和34年度になってからは，道徳の時間の指導計画案を作製し，実際指導の手がかりとした。そして，前年度に引き続き，道徳の研究授業を実施し，効果的な形態，資料の生かし方を中心に，研究を深めた。

なお，「一日のくらし」の実態調査を，3回にわたって実施し，テレビの普及によって，児童の生活のリズムが，どのように変化したかを中心に，分析し考察を加え，生活指導の生きた資料とした。

さらに，4年と5年の児童に対して，次年度のクラブ組織の参考資料にするため，「好きなこと，やってみたいこと」の調査を実施した。

I　研究のあしあと

われわれのこれまでの研究は，昭和31年度の発表以来，対外的な発表を意識して進めてきたわけではない。したがって，系統性にも関連性にも欠ける粗雑さが目につく。しかし，過去の実態や研究の上に前向きの姿があり，将来の発展が約束されるのだという確信から，ここにその研究のあとを整理しておくことによって現在の立場を確認するために，集録を作成することに意見が一致した。しかし時あたかも年度末の多忙に際していたので，この集録の作成は，35年度に実行しようということになった。おりもおり，文部省から，教育課程に明確に位置づけられた特別教育活動の実験校になるように勧めをいただいたのである。

われわれが，従来考えてきた生活指導とは一つの領域的なとらえ方ではなく，むしろ全教育活動の中に働く機能的なものとして理解してきた。そこで，昭和35年度にわれわれの研究を，特別教育活動にしぼることのぜひについて深く検討を加え，共通の理解を深めた。

以上のような経過をたどった後，昭和35年度，文部省特別教育活動実験学校として指定を受け，「特別教育活動の指導計画のあり方」の研究主題のもとに，2年間，ささやかな研究を続けてきたわけである。

第1年目には，過去の研究を確認する意味から，特別教育活動の一基盤とも考えられる面，すなわち，児童の理解と自主性を高めることに努力を重ねた。また一方では，学級会活動の議題を窓口として，特別教育活動を理解し，指導計画のあり方をはあくする基礎的な段階の研究にあたった。

以上2点を柱として，小規模ながら中間発表会を持ち，貴重な指導を受けた。

第2年目は，研究の領域その他の条件をじゆうぶん検討した上で，児童会活動および学級会活動の両内容におさえ，クラブ活動指導計画についての研究は，次の機会にゆずることに決定した。

すなわち学級会活動では，議題を中心とした指導計画のあり方について，じゅうぶん深めるとともに，その作成にあたった。

児童会活動では，まず，児童週番活動の廃止から出発し，代表委員会を中心とした指導計画のあり方に研究の重点をおき，今日に至ったのである。

Ⅱ　特別教育活動についての立場

1　特別教育活動指導計画の基盤

特別教育活動のあり方が学習指導要領に明示されたことによって，その指導計画が立てられるわけであるが，だからといって，安直に指導計画立案と取り組むことは軽卒であろう。すなわち，特別教育活動の性格について理解を深めることはもちろんであるが，指導計画以前のもの（本校では指導計画の一環と考えている），換言すれば，指導計画をささえる基盤とも考えられる面について，しっかりと確認することを忘れてはならない。

本校では，この点を重要視して児童ひとりひとりの尊重，理解に努めるとともに，学級集団のもつ機能を生かしながら，学級づくりに重点をおいて指導にあたってきた。以下，特に考慮した数項について述べることにする。

1　集団と実践的人格の形成

特別教育活動のねらいを要約すれば，実践的人格の形成にあるといえよう。しかし，このねらいは，単に特別教育活動においてのみ要求されるべき性質のものではなく，小学校における教育活動のすべてによって，達成されるものであるから，むしろ，教育活動に共通する一般目標であると考えることが，適切であると思う。

ここでいう実践的人格の形成とは，具体的には何を意味するものであるかについて，当然考察されなければならない。

まず，児童は入学以来，特別の理由もなく，また，自分の望むと望まざるとに関係なく，ある学級の一員として編成され，集団生活を営むわけである。したがって，集団への所属感もなければ，集団への同一化も期待されない状態から，有機的な集団の機能を発揮する高次な生活へと，いろいろな経験を重ねながら成長していくのである。

このように，児童は一日として集団を離れることなく，学校生活を送るわけである。集団の中の一員であるという自覚を母体として共同生活を営みながら，自他の間で批判を加えたり，反響を聞いたりすることによって，自己のあり方を自覚し，他人の存在を意識するという相互関係の中で，やがて，児童の人格は形成されるわけである。

しかし，単に集団生活であれば，望ましい人格が形成されるとは考えられない。すなわち，児童集団は，意図的に編成されたものではなく，ましてや，不当な支配，服従の人間関係が生まれやすい傾向をもっているから，児童はその集団の中で，自己の欲求をほしいままにしたり，やむなく忍従の態度をくり返したり，極力問題に関係しないという傍観的な態度をとるなど，望ましくない行動が予想されるのである。したがって，集団生活の中で正しいものの見方や，望ましい社会性が身につくのでなくては，集団生活の意義は認められないであろう。

このように，集団生活の真意にかなった活動が児童に期待されるわけであるが，それには，児童が自発的に集団の中から当面する問題を取り上げ，自治的に自己の所属する集団を，一歩一歩向上発展させる努力が必要である。ひとりひとりの児童が，自分の個性と能力の伸長を図りながら，積極的に活動し，創造性に富んだ営みが計画されることによって，着実に現実の問題と取り組んでいくという実践的人格の形成が期待されるのである。

2　集団の発達

入学当初の児童たちは，単に個人としての学校生活をおくっているのであるが，学年を追うに従って，相互的結合を生み，共通の目標を発見していくことなどから，自我欲求の抑制が相互に行なわれるであろう。また一方

では，集団の規範ともいうべき行動の規定が発生する。これらは，強い拘束力をもつものであるから，集団の成員として当然の制約を受けることになる。しかし，その反面においては，かえって誇りとか愛級心のような感情が芽ばえていくと思われる。

また，高学年に近づくと，自然発生的な集団が形成され，最少限必要とする役割分担等の組織が作り出されてくる。しかし，この場合の役割分担は，民主的な運営によって組織されるものではなく，集団内の勢力関係が条件となって決定されることが少なくない。このような集団においては，話し合いが常に一方にかたより，形式的になりやすい傾向をもっている。

以上は，ごく一般的にもっている児童の諸条件の一面を，集団の中からとらえ，それらが常に変化し発展していくものであることを述べたのであるが，だからといって，おもむくままの状態に放任しておくことは，きわめて望ましくないことである。児童の条件としての集団のあり方は，教師の態度や，指導のための計画的な配慮，組織等によって，大きく左右されるものであることを，じゅうぶん認識すべきである。

3　特別教育活動と学級経営

およそ，教育活動のすべてが児童の実践的人格の形成をねらいとして行なわれ，しかも，集団を通して実践されるとすれば，最も適切で，その成果に期待できる教育の場は，特別教育活動を除いて他には考えられないであろう。しかし，特別教育活動の指導計画を考える場合，単に，学級会とか児童会などについて，明日の活動の計画を考えるというように，当面する問題の処理解決の指導だけに傾倒することは，あまりにも現象的であり適切な指導者のあり方であるとは考えられない。

のみならず，従来の特別教育活動については，組織的にも難点があり，その上に，児童の問題意識が低調であるとか，建設的で意欲的な活動に欠けるとか，傍観的で熱意が不足するなどというように，およそ，学級集団

の向上発展に逆行するような話題を多く耳にすることを考えても，なんらの指導もなくて，集団形成が望ましい方向に進むとは考えられない。このような現状を打開するみちは，特別教育活動であるとして，学級会などの形式をとらえ，回数も多く話し合われたとしても，容易にその効果は期待できないであろう。そこで，つい教師の計画を児童に強要し，具体的な活動まで指示するというように，教師の指導意識過剰がますます度を加える結果となる。

また，児童に関する問題であれば，特別教育活動（その中でも特に学級会活動）にすべての解決を依存したり，期待をかけすぎたりすることは，特別教育活動を過大に評価することであるとともに，かえって，これらの活動の健全なあり方を阻害することになる。

いうまでもなく，特別教育活動は，自発的，自治的な活動を促進し，自主的な態度の育成に役だつものとして，実践的人格の形成を意図することは当然である。しかし，その反面には，特別教育活動の基礎的な条件として，ひとりひとりの児童が集団生活の中から，正しい物の見方を身につけ，自他の相互関係を通して自主性を確認し，進んで問題を意識しながら，自分たちで解決するための実践力を育てるような指導が，計画的に意図されていなければならない。

これらの指導は，教育活動全般に関連するものであるが，このような児童の育成を目ざして，教師の計画として種々の方策が考慮される必要がある。しかもこれらの心組みは，主として教師の学級経営の中に包含されるものであるが，長期にわたる細かな配慮のもとに，問題意識を高め，共同の問題と取り組んでいこうとする，自主性の強い児童を育てることに向かって，努力されることが肝要である。

本校では，以上の立場からこれらの重要性を認識し，長い間，児童の理解，共同の問題をもって集団と取り組んでいかせることに努力を重ねてき

たのである。その例としては，生活の中から目を開く「生活記録」，教師の意図から出発した「学級だより」「連絡帳」などがある。

このようにして，自分を含む生活に対する関心度を高め，学級集団を通して計画的に深めていくように指導してきたことは，特別教育活動の基盤として考えても，一応成功であったと考えている。

特別教育活動の指導計画を考えるとき，直接関係するものはもちろんのこと，一方ではみんなで話し合って自分たちの生活を豊かなものにしていこうという，意識の基盤を育てる指導の計画がたてられるということは，これを指導計画の一環と考えるかどうかに関係なく，きわめて重要なことであると思われる。

教師と児童の一体となったこれらの諸活動は，特別教育活動をささえる柱であり実践的人格の形成につながるとともに，ここでつちかわれた実践性が，また特別教育活動を高めていくという相互関係にあるといえよう。

4　特別教育活動の指導の観点

特別教育活動が，教育課程の中に位置づけられたということによって，われわれは，何をねらい何を児童に求めたらよいのであろうか。これらは，特別教育活動の指導計画をはじめ，それぞれに属する実践活動に至るまでの，一連の教育活動に通じる，基本的，本質的な問題であって，指導者の態度としては，常々，特別教育活動の本質を理解して，その方向を誤ってはならない。

そのためには，まず第一に，特別教育活動の性格を確認し，その性格に合った児童の活動を期待することが必要であり，おのずから，特別教育活動の目標達成にも連なるであろう。

ア　特別教育活動の性格

①　児童の自発的，自治的な実践活動を，その本質とする。

②　児童の要求や興味，関心を積極的に取り上げ，個性の伸長を図る

活動である。

③ 生活の展開に即して目標が達成される。したがって，最少限必要とする基準がない。特別教育活動の性格を要約すれば，以上のように考えることができると思う。

およそ，学校教育が知的な内容のものを教授するという形では，全人的人間形成は望めそうもない。そこには児童のほうからの積極的な参加や活動がないかぎり，児童の成長は，本質的な意味で期待することはできないであろう。

このように，教師の指導をじゅうぶん考慮しながらも，一方においては，児童の要求や興味，関心を積極的に取り上げ，自主的に自己の所属する集団に貢献する実践的な人間を育成する教育活動が考慮されることが，きわめて重要なことである。

この実践的な教育活動が特別教育活動であり，児童の自発的，自治的な活動を生命としながら推進していくものである。指導者としては，この際，特別教育活動の性格をじゅうぶん再認識することが肝要である。

また，特別教育活動には，教科の教材に相当するようなものがない。したがって，一定の基準ともいうべき到達点が，明確に示されにくい性格をもっている。それぞれの活動には，目標があり，そのねらいを達成するために，児童が自発的，自治的な活動を展開していくわけであるが，どの程度の活動ができればよいのかとか，この段階の活動ができなければならない，というような，最少限の基準が示されていない。

これは，特別教育活動そのもののあり方から考えれば，きわめて当然のことである。しかし，往々にして，この不明確さが生む結果として，指導の強化を求めるあまり，「児童の自発的，自治的な活動」を後退させたり，活動や結果が能率的でしかも優秀なものであることを期待することによって，特別教育活動の本質を失うことがある。

イ 指導者の役割

およそ特別教育活動は，前述の性格でも理解されるように，自発的，自治的な活動であることを本質としてている。この本質がいつのまにか二次的なものになったり，見失われてしまったりすることがある。これらは強く戒められなければならない。ここに問題と考えられるいくつかの例をあげてみることにする。

○児童がみずからの活動の実施計画を立てる場合，教師が高度な実践活動を期待しすぎることから，整然とした計画や，能率的な活動にほど遠いとして，つい教師が直接手を出してしまう。

○係りや部の活動およびクラブ活動などにおいて，話し合いや実施計画を無視して，すぐれた作品を作ることや，すぐれた研究結果が得られることに，活動の重点がおかれている。学級新聞を作成する場合，新聞係全員の活動を通して作るよりも，2～3名の児童がすぐれた能力を発揮して，能率的でしかもりっぱな学級新聞を発行した。

○学級会や代表委員会などの「話し合いの活動」では，議長および代表委員の技術的な能力の優劣が，会議の進行能率に影響する場合がひじょうに多い。

そのため，会議の途中から議長を交代させたり，児童の発言能力の最大の条件として，選出された委員で代表委員会を構成したりする。その結果，討議も深まり，むだのない会議に終始した。

これらの事例に類似する活動は，特別教育活動全般として，しばしば当面することである。いずれの場合にでも，これらの活動のねらいは，特別教育活動の本質である「自発的，自治的な活動をする」ことではなく，活動の手ぎわのよさと，すぐれた結果を期待することに，おかれている点が共通している。

このように，その場主義的な活動を続けるとすれば，特別教育活動は特定児童のものであると考えたり，児童みずからが，主体的に問題を解決するという，本質を見失うことになるであろう。

もちろん，すぐれた結果を生み出したことは，それだけの価値からながめれば好ましいことである。しかし，特別教育活動は，いわゆる競技会や作品コンクールのように，最終の結果だけで，目標が達成されたとは考えられない。活動の成果は当然尊重されなければならないが，それ以上に，それにたどりつくまでの過程が重要視されるのである。

われわれ教師は，よりすぐれた指導者として，外面的な形式にとらわれることなく，「たとえ計画立案に不手ぎわがあっても，また，活動の進展状態が非能率的で，気をもむようなことがあっても，ひとりひとりの児童が，未熟ながらも自分の能力をじゅうぶんに生かしつつ，積極的，意欲的に活動を続けるとすれば，特別教育活動の成果として，じゅうぶん期待できる」ものであることを，もう一度ここで再確認すべきである。

2 特別教育活動の指導計画に関する問題

特別教育活動が，教育課程の中に重要な1領域として位置づけられたことによって，その指導計画のあり方は，重要な方向を示すものであり，その作成にあたっては，慎重な考慮がはらわれなくてはならない。

そこで，当然特別教育活動そのものについて，理解を深める必要があることはもちろんであるが，それと深い関係にある他の領域の教育活動との関連と相違点について，明確にしておくことがきわめて重要なことである。これによって，特別教育活動それ自体のあり方が確立されるであろうし，指導計画そのものを支える役割を果たすことになるであろう。

すなわち，特別教育活動を教育課程に位置づけて編成する場合，まず第1に，その領域をめいりょうにすること，次に，最も関連深い存在であることから，ややもすると特別教育活動との相違について，明確さを欠くおそれ

のある学校行事等，道徳，校外指導，清掃当番等について，また，指導計画作成上から考えて，切り離すことのできない運営上の問題としての指導の観点とか，助言のあり方などの点について，指導者として共通理解の上に立つことは，指導計画作成にあたって，最も必要な条件と考えられる。また，これらの問題点を解明することは，指導計画のあり方を大きく左右するものであることが予想されるので，以下数項の重要点をあげながら，本校の立場を明らかにしたいと思う。

1 特別教育活動の内容の性格とそれぞれの関連

特別教育活動の指導計画を考える場合，その内容とする児童会活動，学級会活動，およびクラブ活動（以下3活動と記述する）の，それぞれの内容について，深く検討することは当然であるが，同時に，特別教育活動の内容と決定した3活動の，特質，関連などの点もじゅうぶん究明して，それぞれの立場を明確にすることが肝要である。

(1) 3活動の特質

○児童会活動では，その活動が，

学校生活に関する諸問題を話し合い，解決し，学校内の仕事を分担処理して，楽しい充実した学校生活ができるようにする。

○学級会活動では，

学級生活に関する諸問題を話し合い，解決し，学級内の仕事を分担処理して，みんな仲よく，いきいきとした学級生活ができるようにする。

○クラブ活動では，

共通の興味・関心を追求し，同好の者が手をとりあって，自己の生活を楽しい豊かなものにする。

というように，指導書では示している。しかし，これは3活動を比較したときにめいりょうになることであって，必ずしもそれだけに限られた性格ではない。というのは，クラブ活動も社会性の育成にはじゅうぶん役だ

つであろうし，児童会活動や学級会活動にでも，個性の伸長は期待されるからである。

また，3活動は，それぞれが一応特質をもっているのであるが，なおその上に，活動の組織という点から考えてみれば，主として中学年以上に集中されていると考えてよいであろう。すなわち，学級会活動は，全学年が実施するとしても，児童会，クラブの活動は，主として中学年ないし高学年の児童を，直接組織の対象として考えるところに，注目しなければならない。

このように，小学校における特別教育活動は，全校児童が組織的に活動するといっても，特に高学年に集中される傾向をもっている。だから，高学年児童の活動領域は，きわめて広範にわたるという組織上の特質も見のがしてはならない。したがってこの実情を無視して，特別教育活動の指導計画を，それぞれの内容ごとに作成し，そして組織づくりをするとすれば，児童は一応参加した形を取るとしても，形式的な活動に終始し，自主的態度の育成を期待するなどとは，およそほど遠い結果に終わるであろう。

(2)　3活動の関連性とその問題点

まず，関連について考えてみると，児童会活動が効果的に運営されるためには，その背景にある学級会活動が，尊重されなければならない。また，学級会活動の成果を期待し，活動の効果を高めるためには，その発展としての児童会活動が用意されている必要がある。

このように，3活動は互いに密接な関連の中で実施されなければならない。これが，関連の意義であり働きである。

次に，それぞれの活動の関連よりも，まずその独自性が尊重されなければならない点について，述べることにする。

前述のように3者の関連性を考えていくと，関連を図ることがすべてのものに優先して尊重されなければならないというようにも感じられるが，

それは，あくまでも関連であって，そのもの自体の活動の方向を左右するという性格のものではない。したがって指導者としては，むしろそれぞれの活動がもつ特性を，じゅうぶん発揮するように計画し考慮することが，やがてそれぞれの活動の関連に結びつくものであることを，深く認識すべきである。

関連といえば，すぐに「結びつけること」だと考えるのは，早計ではないだろうか。かりにこれが妥当だとして，学級会の話し合いを予想した場合，指導者はもちろん，活動の主体である児童までが，問題についてじゅうぶん討議を重ねないうちに，または，解決点にたどりつかない途中において，簡単に代表委員会へ提出することを決議したりするであろう。しかし，この問題はまだ未消化であり，解決されたわけではない。

だから，最初から代表委員会へ提起することを意識するのではなく，話し合い，討議を深めていく過程においてより高次な解決点を見つけていくために，代表委員会に提案することを，児童みずからが気づいていくように指導することが望ましい。

したがって，各活動が，それぞれの活動の具体的なねらいを達成するための活動がじゅうぶん行なわれ，その結果として，発展的・自動的に，次の段階への考慮が生み出されることが，最も望ましいと考える。

また，学級会の係りの活動と，児童会の部の活動との関連などは，最も関心の深い計画上，運営上の問題である。これについては，学級会活動の指導計画「係りの活動」の項で詳細に述べるとして，ここでは要約して考えることにする。

この両者の関連をじゅうぶんにすることをねらって，部の活動をそのまま係りの活動に名称はもちろん，構成員までも，直結する（同じにする）ことはどうかということである。この方法は，一面には利点をもっているが，これで両者の関連を最大限に考慮したと考えるのは，大きな誤りでは

なかろうか。

学級会の係りの活動と，児童会の部の活動は，前者は，学級生活の向上発展を図ることをねらいとして，学級生活上の仕事を分担処理する必要から組織される活動であり，後者は，学校生活の向上発展を図ることをねらいとして，学校生活上の仕事を分担処理する必要から組織される活動である。このように，両者は，基本的な性格を異にしているわけであり，両者の特質はあくまでも尊重されなければならない。

したがって，係りの活動を部の活動に，または，部の活動を係りの活動に直結して，どちらかに統一するとすれば，一方の活動の基本的な性格が阻害されたり，埋没してしまったりする。その上，両者の特質がじゅうぶん発揮されないばかりか，それぞれの活動上大きな束縛を受ける結果となるであろう。

特に，係りが部の下部組織のような活動になったりすることは，児童の自発活動を消極化させ，やがて，自己の主体性をも放棄する結果になるとすれば，きわめて重大な問題であるといわなければならない。

以上述べてきたとおり，特別教育活動の内容である3活動は，その活動自体の特質を発揮しながら，ねらいを達成することに最大の努力をはらうことが，やがて関連にも結びつくことを意味するのである。それには3活動の関連を過大に意識しすぎてはならない。

2　指導計画と実施計画

指導計画と実施計画に関することで，多くの解明しなければならない問題がある。

一つには，特別教育活動の指導計画は立てられないのではないか，という問題である。それは，教師の指導計画が表面に出れば出るほど，児童の自発性は後退していくし，また，児童の活動はきわめて偶発的なものであるから，事前に予想することは困難であり，したがって，指導計画はたて

られないとともに，むしろ無いほうが望ましい，だから無計画の計画を最良とするという説である。

また一方では，指導計画が必要だとすればどのような構想をもとにして立てたらよいのだろうか，という問題がある。特別教育活動の指導計画は，教科の指導計画と比較して，まったく性格を異にするものであることはだいたい予想されるとしても，どのような性格や内容を考えたらよいのであろうか。

次の問題は，指導計画と実施計画との関係についてである。

特別教育活動のどの内容の指導計画を考えても，そのあり方を理解したようで理解しにくいというのが実情であろう。

指導計画が，そのまま明日の学級会の実施計画として実践されたり，時には児童の自治の名にかくれて，一方的に活動が展開されていくことが，かえって望ましいことのように考えられている場合もあるようである。

これらの諸問題は，特別教育活動を真に理解し，指導計画と実施計画とを明確にすることによって，おのずから解明されることであろう。次に本校の指導計画についての基本的な考え方を述べることにする。

(1)　指導計画の構想

指導計画を考える場合，最も重要なことは学習指導要領に明示されているように，「児童の自主的活動を基本とするものであるから，その計画は，固定的なものでなく，児童とともにいっそう具体的な実施計画を立てることができるような」性格のものであることだと考えられる。

ア　指導計画の種類

指導計画をいろいろと構想する場合，それぞれの指導計画について考えるべきであるから，まずその種類をあげてみることにする。

① 特別教育活動の全体にわたる指導計画

これは広範な特別教育活動の全内容にわたって立てられるものであっ

て，学校としての全体を一貫する指導方針を示すと同時に，児童会活動，学級会活動およびクラブ活動のそれぞれについて，年間を通じた指導計画を含めたものである。

ここでいう年間を通じた指導計画とは，その年度のそれぞれの活動について，最も基本的で統一的な方針を明らかにしたものである。

したがって，それに含める内容には，児童の活動として取り上げるべき種類，時間，組織などについて，あらかじめおおよそのわくぐみを定めたものが考えられる。

② 活動別年間指導計画

児童会活動，学級会活動，クラブ活動のそれぞれに属する内容別の年間指導計画である。

つまり，この段階の指導計画では，それぞれの活動に属する部門の一つ一つに，指導にあたる教師が配置され，指導の体制も整ってくるわけであるから，各活動についての年間を通ずる指導のための計画が考えられなければならない。しかもこれは，指導計画の中心ともなるものであって，それぞれの実情に即しながら，かなり具体性をもつ内容のものとなる。

③ 実施直前の指導計画

前述の年間指導計画をもとにしながら，さらに個々の活動別・内容別の実施直前に立てる指導計画がある。

この指導計画は教科の指導案に相当するものとも考えられるが，特別教育活動の指導として，当然質的にも異なるものであることはいうまでもない。指導計画として，一定の形式の有無をとわず，なんらかの形で指導者としてもつことは自然であり，特に学級会の話し合いの活動では重要な役割を果たすことになるであろう。

④ 児童とともに立てる実施計画

この計画は①～③までの指導計画と質的に相違するものであるが，児童

がみずから作る活動の計画であるからといって，教師の指導を離れて存在しないという条件から考えて，指導計画と対立するものではない。

以上は，一応，指導計画を類別して考えてみたのであるが，それぞれは決して単独に存在するものではなく，また，いずれが欠けてもじゅうぶんとはいえないものである。実際には一体となって立てられるべきものであるから，区別すること自体に問題があろう。たとえば「学級会活動指導計画」と「学級会活動年間指導計画」とは別個のものではなく，両者はまったく同じものと考えてよいのである。

イ 自主的活動を基本とする

指導計画として最も重要なことは「児童の自主的活動を基本とする」ものであり，その計画は「固定的なものでなく，児童とともにいっそう具体的な実施計画を立てる」ことができるような，指導計画であることが必要である。

特別教育活動は自主的活動を尊重するものであるといっても，児童の活動は教師の適切な指導のもとに行なわれる活動である。特に小学校の児童にとっては，自分たちだけで実施計画を作成するということは，かなり困難なことであって，時には教師が活動の内容について，具体的な示唆を与えることも考えられる。したがって，自主的活動にまかせることではなく，自主的活動をじゅうぶんに実践しうるような指導計画であることが要求される。

ウ 指導計画がもつ内容

自主的活動を基本的な性格とする指導計画は，具体的にはどのような内容を含むべきであるのか。これは指導計画を具体的に構想する場合，最も重要なことだと思われる。

しかし指導計画の種類によって当然内容も異なってくるものであるから，本校が考えるごく一般的な内容として予想するものにとどめることに

する。

① 各種活動の指導のねらいが，明確に具体的に示されていること。

② 児童の参加，活動の組織が確立されていること。

③ 活動の種類が明らかであるとともに互いの関係が有機的であることを示していること。

④ 活動の時間や方法について，児童が活動しやすいように基本的なわくぐみを定められていること。

⑤ 他領域との関連を明確にしていること。

⑥ 実施計画を作り，活発な活動を展開するための指導をするのに必要な諸資料を含めること。

⑦ 教師が年度当初に予想する最少限の活動内容。

エ 指導計画に含める資料

指導計画には，児童が自分たちのおかれた学年や場に応じて，自主的に活動の計画を立て，それによって生き生きとした活動が展開されていくための指導に必要な，種々の資料を含んでいることが有効であろう。

① それぞれの活動を奨励し，援助するために，学年の発達段階を考慮して，具体的な指導の手がかりとなるような活動の類型や，注意事項，指導の観点に類似することなどを含める。

② 昨年度の活動や議題の具体例を綿密に記録し，資料の一つとする。

③ 学校行事・児童会行事等の実施予定を年間を通じて記録しておく。

これらの諸資料は，指導計画の種類によっておのずから内容を異にするものであるが，主として年間指導計画の中に含められるものである。

また，これらのものは数も多く種類もさまざまであるが，あくまでも資料であって，その中のどれにするというわけではない。児童とともに立てる実施計画の段階で，児童が参考にし，時には選択する性格のものである。

一部には，指導計画に含める諸資料があまりにも広範にわたることは，教師の指導意識過剰を刺激するものであるともいわれている。あくまでも問題を解決し処理するための示唆であり，指導の手がかりとして含めるものである。

オ 実施計画の構想

指導計画と実施計画は不離一体であることによってそれぞれの機能が発揮され，価値づけられるものであるから，当然実施計画についても構想する必要がある。もちろん活動内容の相違や学年の段階によっても違ってくるものであるが，一般的な仕事の範囲として考えれば次のようになろう。

① 年間活動の予定表の作成

② 年間活動および不時に生ずる活動の実施直前の具体的な計画

③ 活動中およびその直後の記録と反省

①は単に行事的な集会の活動だけでなく，おもな活動予定についておおよそ計画を立てるわけであるが，活動についての見通しをもつことによって，自分たちの活動であるという意識が高まるものと思う。

②は①の計画を実践化するために，具体的な細案が立てられるものであり，③は各活動の実施とともに常に記録されるもので，以後の活動および次年度の計画の資料として役だつものである。

(2) 指導計画と実施計画との関係

この両者の関係は前項の構想でも述べたように，前者は児童の自主的な活動を基本として，教師があらかじめ児童の自発的な要求を可能なかぎり受け入れて，活動についてのおおよそのわくぐみを作成したものである。後者はその実施にあたって，児童と教師が一体となっていっそう具体的な活動の計画を立てたものである。

指導書では両者の関係について「指導計画と実施計画は，前者が教師によって作成され，後者が児童の手によってたてられるというような，相対立するものでなく，本来この両者は一つのものと考えるのが妥当であろう。」と述べている。これは両者の基本的な関係を示すもので，次に両者を対比しながら具体的なつながりを述べることにする。

ア　活動の計画性から実践性へ

児童の自発的，自治的な活動を促進するための指導計画は，具体的で実践的な児童の自主的な活動の計画に結びつくことによって，両者の意義がいっそう確立されるものである。このような関係が成り立つとすれば，指導計画は，児童のもつ実情に即しながら，活動を予想して立てられたものであるから，児童とともに立てた実施計画と，大きくかけはなれたものであってはならないと同時に，とっぴな活動が展開されることもないはずである。

このように指導計画が実施計画へと発展し，計画性がより具体的な実践性へと一体的な関連を持つことによって，児童の生活の向上発展が期待できることになる。

イ　指導性から活動性へ

指導計画と実施計画との関係の一面として指導計画の指導性と実施計画の活動性が考えられる。

指導計画は，児童の具体的実践活動として自発的，自治的であることを援助するための計画であり，その計画が年度当初であろうと活動の直前に立てられるものであろうと，その種類の差に関係なく，実施計画にそのまま直結するものではない。

実施計画は，活動の具体的な計画であるといえよう。この活動の計画は児童が主体となりながら，教師の指導のもとに立てられるものであるから，指導計画とは質的に相違するものである。

指導計画も実施計画も教師の立場に立って考えれば，ともに一貫した指導方針のもとに計画され指導されるものであるから，おのずから一連のも

のとして考えることが当然であろう。しかし，前者はあくまで活動そのものでなく，望ましい活動の計画としての実施計画を生みだすための指導的役割を果たすことにあるといえる。

ウ　資料性から具体性へ

指導計画は活動そのものに対して直接的な働きをもつものではなく，あくまでも間接的であり，資料的であるといえよう。

活動の計画として立てられた実施計画は，教師の指導計画の中に含まれる諸資料が時には適切な示唆となり，選択のための具体例となり，または活動意欲の刺激ともなるのである。このようにして生かされ援助された結果として，活動の最も具体的な実践計画が立てられることになるのである。

指導計画と実施計画との関係は，前者は一般的，普遍的であるのに対して，後者は個別的であり，特殊性をもったものであるという性格的な相違の上でのつながりを考えなければならない。

すなわち，指導計画では児童の要求や活動がいかに偶発的，突発的なものであってもいつでもそれに対処し，適切な指導がなされる弾力性と広い視野の上に立ったものであるといえよう。

エ　実際指導上の関連

特別教育活動は，児童が自発的，自治的な活動を展開することに生命があることは，再三述べたとおりである。しかし活動の主体が児童であるにしても，教師の指導を離れては存在しない。児童の実施計画は，自治の名にかくれて放任された一方的なものではなく，当然学校として基本的に決定したわく内での自発的，自治的な活動でなくてはならない。

このように，児童の計画は節度のないものであってはならない。したがって活動の範囲はあらかじめ定められているわけである。この活動のわくが指導計画とも考えられ，当然教師が決定すべき性質のものである。

たとえば，学級会の話し合いを臨時にもつとした場合，特別に時間割りの中で時間を設定するかどうかは児童の熱意を尊重するとしても，あくまで，教師が決定すべき領域である。次に定められた時間内でどのような内容で活動プランを立てるかは，実施計画の問題であり，教師の一方的な押しつけになることは望ましくない。

指導計画と実施計画とに関することで本校の立場を述べたわけであるが，完全に諸問題を究明しているとは考えていない。

3　特別教育活動以外の諸活動との関係

(1)　校外指導と教育課程

校外指導は，ただ単に，校外における児童の生活の安全や，不良化防止の対策としてだけでなく，校外での生活をいっそう有意義に楽しいものにするため，すべての児童を指導するねらいをもっている。

しかも，児童の生活の中には，個々の教師や学校としての努力だけでは指導の成果があがらない場合が多い。学校と家庭，学校と地域の緊密な連絡と協力が必要となってくる。そのためには，指導の具体的な手がかりが考えられなければならない。本校でも校外指導のねらいにそって，地域こども会が誕生したわけである。

さて，このような教育的意義と価値を認識して，実践されてきた校外指導が学習指導要領ではどのように考えられ，教育課程編成にあたっては，どう位置づければよいのであろうか。

小学校の教育課程は，各教科をはじめとする４領域によって編成されるが，校外指導の位置づけを示唆していると思われる内容のものは，学習指導要領の中には見当たらない。言いかえれば，全くふれられていないのである。

このことから，校外指導の必要性は認められていないのではないかという疑問が残されてくる。しかし，学習指導要領の主旨は，学校が行なわな

ければならない教育活動について規定するものであって，これ以外の教育活動の必要性や存在までを，否定するものではないと考えられる。

もし，校外指導の位置づけが明示されたとすれば，学校が行なう教育活動として，当然それぞれの学校の教育課程に位置づけて，組織され，指導されなければならないことになる。このようなことは，現在の学校教育の実情から考えて困難性があり，校外指導そのものの自主的な発展を妨げる結果となるのではないだろうか。

したがって，校外指導の位置づけは，それぞれの学校の実情に応じて，適切に考慮すればよいと考えられる。

ア　校外指導の位置づけ

校外指導の位置づけは，前述のようにそれぞれの学校の実情に即して考慮されてよいと考えるが，具体的にはどう位置づけたらよいのか。それには，次の四つの場合が考えられると思う。

①　学校の教育活動として教育課程に位置づける。

○特別教育活動の内容として実施する。

特別教育活動の中に含めるということは，当然指導の主体が学校にあるのであるから，学校としての指導体制がじゅうぶん整っていなくてはならない。指導計画作成にあたっては，参加児童の範囲や組織をどのように定めるか，活動内容を他の活動との関連においてどうするかを考えなくてはならない。すなわち，児童会，学級会，クラブの諸活動のほかに，校外活動を加えるわけであるから，じゅうぶんな創意とくふうが必要であろう。

○学校行事等として実施する。

特別教育活動に位置づけた場合には，教師の指導のもとに，児童が自発的に計画し実践する活動であるのに対して，学校行事等に位置づけた場合は，学校が計画し実施する教育活動として，校外活動を考えるところに，

両者の性格的な差異が生じてくる。

このように，学校の計画によって実施することになると，年間を通しての活動として一定の指導計画のもとに指導されることが予想される。いずれにしても，じゅうぶん児童の実態や地域の実情に即した活動であることが要求されよう。

② 教育課程外に位置づける。

○教育課程外の教育活動と考える。

児童が自分たちの生活の向上を考え，教師が豊かな児童の生活をねがうとすれば，教育課程の位置づけがどうであろうと，校外活動は教育活動としての営みである。校外活動を教育課程外の教育活動として位置づけることは，校外活動そのものを軽視することではない。ただ学校として実施を迫られるものではなく，ＰＴＡ活動などと同じように，父母や地域の協力を得ながら活動することになる。

○地域社会の教育活動とする。

学校の教育活動としてではなく，地域社会の教育活動の一環として位置づける。

校外指導はその性格から考えて，学校と地域が一本となった組織であることが望ましいのであるが，それぞれの学校や地域の実情などから，現在は学校の教育活動として位置づけている場合でも，指導の主体を年次的，発展的に学校から地域社会へ移行していく方策が考えられる。

地域社会が，校外指導の主体的役割を果たすことができるように，学校は地域社会の指導力に応じた適切な計画，運営を図りながら，徐々に学校の教育活動から切り離した位置づけにしようとすることは，校外指導のあり方としては，むしろ望ましい配慮といえよう。

イ 本校の校外指導のあり方

本校は昭和31年以来，特に校外指導の重要性を認識して，学区域を21の

班に分割，ＰＴＡの組織活動の基盤とした。また，それぞれの班には，班こども会を組織し，その指導はＰＴＡの補導部が担当することによって，その指導効果は高く評価され，今日に至っているわけである。

ここに，本校の校外指導のあり方を回顧して，まずその位置づけはどうであったかを考えてみたいと思う。

最初の組織当時は，児童はもちろん，地区の父母を中心として，校外指導の重要性を啓発することに注がれた。児童の活動は，地区のこども会でも活発であったが，学校としても計画を立て，児童会の代表者会で種々の問題を取り上げたり，決議したりして，校外活動の向上に努力してきた。

この活動の位置づけは，今日の段階で考えれば，児童会活動の内容とも，あるいは，特別教育活動の４番目の内容である，「など」に該当する活動であったと思われる。

その後数年を経過してくると，一種の啓発期が終わり，一昨年来（昭和35年）校内において，組織づくりをしたり，代表委員会で地区での生活に関する問題を取り上げたことがなく，こども会中心として班ごとの活動に発展していった。しかも，校外活動の指導は，主として，ＰＴＡ補導部および父母が当たり，教師の手から徐々に地域の人たちの手に移行していったわけである。

この段階での位置づけは，前述の「教育課程外の教育活動」に該当し，班の父母およびこども会の自主性を尊重しながら，自治活動を展開してきたことになる。

今後の希望および見通しとして考えられることは，できるだけ地域の組織活動として，社会教育の一環とする校外活動に発展することを願いとしている。

(2) そうじ当番など

毎日くり返されているそうじ当番は，特別教育活動との関係において，

どう考えたらよいのであろうか。

そうじの仕事は，古くは寺小屋の時代から実施され，今日までさまざまに考えられてきた。すなわち，たいせつな学習の場と考え，不言実行の精神を養うなどのように，人間教育に役だつものと考えたり，学校管理のための一方法と考えたり，教師の補助的な役割として考えたりした。

ア　そうじの位置づけ

①　特別教育活動として考えたらどうか。

部の活動や学級会の係りの活動としてとらえたらどうだろうか。すなわち,「学校内の仕事の分担処理をするための活動」に含めるわけであるが，一応考えられないことはない。

ところが，部の活動や係りの活動の本質から考えて，そうじの仕事をながめてみることを忘れてはならない。

部や係りは，児童が自分たちの学校生活や学級生活を営んでいく上で，その必要を感じて生み出されたものであるところに，その特色がある。

これに比較して，そうじの仕事はどうか。これを，「そうじ部」または「そうじ係」として誕生させることは，児童が必要とするかどうかを話し合う前に，教師としての必要感が優先しているのである。すなわち，児童が学級の係りとして考えるかどうかに関係なく，そうじの仕事は存在し，処理する必要があるわけである。

このように考えてくると，そうじを部や係りの仕事として，児童の自治的な処理にまかせるには，やや無理があると思われる。なおここで，もう一面からもながめて，この問題を深めてみることにする。

部や係りの活動は，ある程度，児童の希望や特性などが考慮されるとともに，少なくとも1学期とか半年の間，その仕事を受け持って活動を続けるのが普通である。

これと同じように，そうじの仕事を部や係りだからということで，1学

期ないし半年以上も，特定の児童だけに担当させておくということが，はたして考えられるであろうか。

そうじの仕事は，好むと好まないとにかかわらず，教師の指導によって全員が平等に交代してあたり，長くても1週間ごとに受けつがれていく性格のものであろう。

②　学校行事等に位置づけてはどうか。

学校が計画し実施する活動として，学校行事等に位置づけることは，大そうじが学校行事等に含められているので，当然考えられることである。

しかし，毎日のそうじがはたして，「学校行事等の目標」に合致するかどうかが問題である。学校行事等の目標は，「児童の心身の健全な発達を図る」ことであり，「学校生活の充実と発展に資する」ことであると示されている。しかも，大そうじを単なる学校管理上の作業として児童に課している場合には，学校行事等に含めることができないのと同じように，毎日のそうじが，学校管理的な性格をもっている以上，学校行事等に位置づけることには問題がある。

③　教育課程外の教育活動とする。

4領域以外の活動にも，数多くの教育活動が存在する。しかし，毎日行なわれるそうじを教育課程外とすることが妥当であるかどうかに，問題が残るようである。また，ともすれば教育課程外の活動だとして，軽視したり，放任と同じような結果につながることも考えられる。

このような問題を含んではいるが，そうじの仕事の内容から考えて，4領域外として位置づけることが，最も自然であると考える。

イ　本校の位置づけと特別教育活動との関係

本校では，このような立場に立って，そうじを当番活動を考ええ，教育課程外として一応位置づけている。しかし，教育課程外ではあるが，児童の実践活動上の問題は，むしろ，特別教育活動の中に引き入れている。す

なわち，それらの問題を学級会の話し合い活動や代表委員会などの議題として提出し，討議することによって，自治的に解決するように指導している。

したがって，そうじ分担の区域，清掃時間，清掃用具の調達等の作業に関するいっさいの計画は，学校管理上の立場から教師が立案し，指導にあたっている。

しかし，前述のように，そうじの方法や実践上の問題などについては，児童の話し合いによって，自治的に処理解決している。能率的で協力的な作業のやり方について，いろいろと創意くふうしたり，お互いの行動について話題を提供しあって，集団の生活を高めることは適切な指導のあり方だと考える。

(3) 朝の相談，帰りの反省の時間

教育課程を四つの領域によって編成することが明示されたことによって，それぞれの学校では時間配当の点でも，種々と論議が加えられたことは事実である。中でも，特別教育活動の時間が明確に規定されていないために，ややもすると，今まで実践してきたものを，そのまま移行した形でもよいとする安易な考え方がもとになって，時間配当および特別教育活動の内容に対する決定に，慎重さが欠けていたと考えられる。

たとえば，学級会の時間を朝や帰りの相談の時間に分割し，それを合計して，週単位時間という形が生まれてきた。

教育課程編成にあたっては，当然，朝の相談，帰りの反省の時間の位置づけを考えなければならない。すなわち特別教育活動の内容を決定する場合，児童会，学級会，クラブの3活動におさえるか，それとも他の内容をも考えるかということ，また，それぞれの活動を拡大して，活動の内容に含めて実施するか，などの点が明らかにされなくてはならない。

ここでまず問題になることは，朝や帰りの相談の時間が，特別教育活動

の内容として示されている「学級会活動・児童会活動・クラブ活動などを行う」の「など」に該当するかどうか。

問題の第2は，朝や帰りの相談の時間を今まで実施してきたからという理由だけでなく，その時間が，学級会活動の時間として考えることができるかどうかについて，じゅうぶんな検討が加えられたかどうかということである。

指導書では，「などとあるのは，特別教育活動の目標を達成するために行なわれる教育活動を，それら三者にだけ限ることができないからである。しかし，それら三者のほかの活動を特別教育活動として行なうような場合には，児童の自発的な要求，学校の実情，地域社会の特殊性などをじゅうぶん考慮し，特別教育活動の目標達成に有効であると判断されるものだけについて行なうべきである。」と明確に示している。

これを基準にして，朝や帰りの相談の時間が，児童の自発性に基づくものであり，特別教育活動の目標達成に有効であるかを検討する必要がある。

およそ，朝の相談という時間は，古くから担任教師にはもちろん，児童にもいろいろと利用されてきた。その内容は，1日の予定，児童の健康観察，集金など学級管理上の必要から主として教師が利用している。また，児童からは，学級会や児童会からの報告，発表など学級会的な要素を含んでいる。

このように，朝の相談の時間には，教師の管理的な面からと，児童の自治的な活動の面との両面をもちながら，有効に利用され価値づけられてきた。このの両面をもつ朝の相談の時間が学級会活動の時間として運営されるとすれば，その内容から教師の管理的な面を取り除き，単なる形式ではなく，内容も活動も学級会活動となっていなくてはならない。そしてまた，時間割りにも学級会の時間として明記する必要がある。

このように朝の相談の時間を学級会とした場合，常に学級会として活動できるかどうか，また，教師の学級経営の必要から，つい管理的な運営が生じてくるのではないか，などの問題が考えられる。

この困難な条件の中で，学級会活動の時間とするよりは，自由なそして拘束されない時間として位置づけるほうが望ましいと考えられる。ということは，学級会として実施することがあったり，単なる相談の時間とすることがあってよいということで，前もって，何曜日は学級会と定めても，それは事実上困難なことである。

本校では，このような話し合いを進めた結果，朝の相談，帰りの反省，昼休みの話し合いなどの時間は特別教育活動とか，学級会活動の時間として設けるのではなく，きわめて自由で，どの領域にも含めない時間として運営している。

しかし，低学年（1年・2年）では，学級会の時間として1単位時間そのままを設けることは，運営上きわめて困難であるから，1単位時間を1週2～3回に分割して実施している。したがって，朝の相談から引き続いて学級会が行なわれるように，時間割りの上でも「朝の相談」ではなく，「学級会」と明記している。

(4)　学校行事等の指導

特別教育活動の指導計画を構想する場合には，当然学校行事等の領域との関係を明確にし，関係すべきところは密接な関連を図るようにするとともに，区別するところは，はっきり区別するように，両者のあり方が確立されていることが肝要である。

この点が，指導者の立場からめいりょうにされていない場合には，特別教育活動の中で学校行事等の指導がなされたり，学校行事等の指導が，特別教育活動とまったく区別できないものと考えたりするのではないか。

本校では，特別教育活動のあり方を，いっそう確かなものにする必要か

ら，じゅうぶん検討を加えたわけである。

ア　類似点と相違点

特別教育活動は，本来「児童の自発的，自治的な活動」を基本とするものであり，児童が主体となって活動するものである。これに対して，学校行事等は，「学校が計画し，実施する教育活動」である。この点で，この両者の性格上の相違点が明らかである。

すなわち，この両者は，活動および内容からながめれば，きわめて類似した点をもっている。しかし，計画立案の点では，前者が児童を主体とするのに対して，後者は学校が計画し実施するというように，めいりょうな違いが発見できるわけである。

このように，特別教育活動と学校行事等の間には，内容的に類似し，性格的に相違するという両面の関係をもっている。これを児童会活動の集会の活動について考えてみると，同じ学芸的，保健体育的行事であっても，性格が違っているわけであるから，その指導の観点が異なってくる。しかし，内容的には，その実施計画の主体が児童であっても，学校がわであっても，きわめて類似しているとともに，その活動で得られるねらいにも共通点が考えられる。

また，クラブ活動においても，それぞれのクラブは，実施計画を立てる場合，活動の過程において，または，その結果として，発表会とか展示会などのような，成果発表の機会を計画するであろう。このクラブ活動における行事的な活動と，学校行事等との関連もまた，前述の場合と同様に考えてよいであろう。学級会活動においても，いわば学級行事とも考えられる集会の活動がある。この活動と，学校行事等の学芸的，保健的行事との関連についても，上に述べたような指導と注意が必要である。

一般的には，学校行事はなんとなく固苦しく，児童会の行事は楽しいというような，受け取り方をしている児童があるようである。その理由とし

て，児童会の行事は活動の主体が自分たちにある点をあげている。しかし，この場合でも，集団行動における規律的な態度は要求されるであろうし，また育てられる必要がある。

このように，特別教育活動を通して得られた自主的な生活態度，伸長された個性，高められた能力などは，そのまま学校行事等の活動に有効に発揮され，その成果をより効果あるものにするであろう。また，これと逆の場合も同様に考えられ，両者は互いに関連しあって教育的効果が高められているといえるのである。

特別教育活動における学校行事等の指導，類似点と相違点の項で述べたように，両者はきわめて深い関連をもつものであるが，ここでは，明確に区別されなければならない指導上の諸問題について，考えることにする。まず，第１の問題は，主として代表委員会の指導計画を作成する場合，どうかすると，学校行事や季節などに，引きずられやすい傾向がある点を指摘することができる。

すなわち，年間指導計画の「予想される議題」と「学校行事等」の欄との関係に問題がある。この場合の学校行事等の欄は，どこまでも，資料的な役割をもつものでなくてはならない。

たとえば，５月に「遠足」があるから，当然「遠足について」の議題が予想されるというわけで，指導計画に折り込むとすれば，11月の「読書週間」には，「図書館の使い方について」を，12月には「ストーブ使用」があるから，「ストーブの使い方」を予想される議題として，年間指導計画を作成することになる。

このようにしていけば，代表委員会の指導計画は，学校行事等を基準としながら立てられることになってしまう。あるいはまた，代表委員会の活動が，学校行事等に順応して実践されたり，学校行事等の指導をするために，代表委員会で討議していると思われるような結果になるのである。

年間指導計画がこのように，学校行事と密接な結びつきのもとに立案されているとしても，はたして，実施計画の段階で，「遠足」「図書館の使い方」「ストーブの使い方」などの問題が，児童の自発的，自治的な要求として提出してくるであろうか。それはまったく疑問であると思われる。

もしこの場合，児童から問題の提供がないからというので，教師の側から議題としての強要があれば，単なる形式的な討議になるばかりか，児童みずからが，問題解決の主体性を放棄するようなことが起りがちである。

いうまでもなく，特別教育活動の指導計画は，学習指導要領に明記されているように，各教科，道徳および学校行事等との関連を，じゅうぶん留意して立てられなければならない。しかし，学校行事に直接結びつけて，指導計画を考えることは，非常に問題である。あくまで指導計画は，児童の自発的，自治的な要求を，可能な限り受け入れる弾力と融通性に富むものであることに，主眼が置かれなくてはならない。

次の問題は，遠足とか，運動会のように，主として学校行事の活動に関する問題について，学級会や代表委員会で話し合いをする場合，当然教師が行なうべき学校行事等の指導の分野まで，児童の自治的な討議にまかされていることである。

運動会で守ること。

1　種目のはじめと終わりに拍手をする。
2　席をよくばったりしない。
3　席を，はなれたり，かってなことをしない。
4　家から，食べ物を持ってこない。
5　身のまわりをいつもきれいにする。
6　先生のさしずをよく聞く。
7　自分の番がきたら，すぐ集まる。

たとえば，代表委員会で「運動会について」という議題で討議を重ねた結果，ひじょうに数多くの，見方とか注意などについての「きまり」が生まれた。

以上のような決議が生み出された記録を見て，まず考えられることは，これらは児童が話し合うべき内容のものであるかどうかということである。

たとえば，「種目の始めと終わりに拍手をする」ことは，問題がないとしても，2以下の項目は，行動についての諸注意であり，運動会がりっぱに実施されるための規律である。言いかえれば，児童が運動会という学校行事に参加するについての，望ましい態度に相当するものである。

これらは，児童が自発的に話し合いを持ち，自治的に処理すべきものではなく，学校行事等の指導の一環として，当然，教師の手によって直接指導すべき性質のものである。したがって，代表委員会や学級会に，教師の代わりになって学校行事等の指導をやらせているようなことは，最も戒しめなければならない。

このような問題が起きないようにするためには，どう考え，どのような実施計画を立てたらよいであろうか。

すでに述べたように，学校行事等は「学校が計画し実施する」教育活動であるから，必ずしも，児童の自治的な処理解決にまかせる必要はないわけである。したがって，学校として計画を立て，その実施にあたってはいっそう具体化した実施計画どおり進めてよい性格のものである。

しかし，学校行事等の計画や実施にあたっては，「学校生活に変化を与え，児童の生活を楽しく豊かにする」ことに，じゅうぶん配慮する必要があることから考えても，「児童の心身の健全な発達を図り，学校生活の充実と発展に資する。」の目標を達成し，その成果を期待するためには，できるだけ，特別教育活動の発展としての，児童の活動を，生かすように計

画されることが望ましい。

そこで，児童の活動を生かすようにする計画の一つとして考えられることは，学校行事の実施計画の段階で，その内容の一部を，児童の自治的な話し合いによって決めさせるということである。これは，どこまでも実施計画の一部分であって，「学校が計画し実施する」という，学校行事の本質を失うようなことがあってはならない。

それには，学校行事のどの部面を，児童の自治的な処理解決にまかせるかを，明確にしておくことが肝要である。

たとえば，運動会において考えられることとして，

○応援のしかたをどのようにするか。

○必要な係りと，その役割分担を決める。

○リレーの選手をだれにするか。

などが，その一例である。しかし，これらの話し合いがなされるための条件としては，前にも詳しく述べたとおり，行事の実施計画として，児童の決定にまかせるということが，明確になっていることが必要である。

Ⅲ　特別教育活動の指導計画

特別教育活動が新たに教育課程の一つの領域として位置づけられ，学習指導要領にその目標や内容が明示されたことによって，その目標，内容に基づく特別教育活動の指導計画を作成することが当然考えられなければならない。

本校の特別教育活動についての認識のしかたは，前項の基盤でも述べたとおり，児童の自発的，自治的活動を推進することによって，自主的な態度などを育成する活動であることはもちろんであるが，およそ，これらのねらいは，単に特別教育活動だけで育成されたり，達成されたりするものではない。

したがって，特別教育活動をささえる諸活動の中でも，学級会活動の母体である学級づくりの中で考慮されることが肝要であるという立場に立っている。すなわち，学級，学校を豊かにするための願いは，平常の学級，学校生活の中で芽を出し，くみ取られていくようにされなければならないのであるから，これらを含めて，特別教育活動指導計画が作成されるべきである。

しかし，ここでは，以上の点をじゅうぶん考慮しながら，具体的，直接的な指導計画について述べることにする。

1　指導目標

指導要領にのべられている特別教育活動の目標にてらして，指導の方針ともいうべき具体的な目標を次のように立てた。

1　教師の適切な助言を受けながら，自発的，自治的な活動をすることによって，自分たちの生活を自分たちの力で，より豊かにしていくことに

気づかせる。

2　そのためには，進んで所属する集団の活動に参加し，自分のもつ能力をじゅうぶんに発揮することによって，建設的な生活ができるようにする。

この指導目標を要約すれば，自発的，自治的に所属する集団の活動に参加することによって，自分の能力に応じながら，積極的に，自己および自己の所属する集団の生活を，向上発展させる能力を育成することを，指導の目標としているわけである。

2　内　　　容

特別教育活動の内容として，本校では，その実情を考慮して，次の三者を行なうことに定めている。

児 童 会 活 動……………学校生活に関する諸問題を話し合い，学校内の仕事を分担処理する。（主として5・6年参加）

学 級 会 活 動……………学級生活に関する諸問題を話し合い，学級内の仕事を分担処理する。（全学級）

ク ラ ブ 活 動……………共通の興味・関心を追求し，同好の者とともに自己の生活を楽しく豊かにする。（5・6年参加）

児童会活動，学級会活動については，次に詳細に述べることにする。

3　児 童 会 活 動

1　指導のねらい

(1)　児童が自治的，自発的に学校生活に関する諸問題を取り上げ，自主的に話し合って解決できるように方向づけをする。

(2)　学校内の仕事を自分たちで分担処理していくという意識をもたせ，楽しい，充実した学校生活を目ざす活動であるようにしむける。

(3) 児童会の話し合いの結果，必要に応じて種々の集会を有機的，計画的にもつように指導する。

2 活動の内容

児童会活動の内容として，本校では次のものを実施している。

(1) 代表委員会

児童が学校生活に関する諸問題について話し合う活動で，主として３年以上の学級会および五つの部の代表者が中心となって活動をしている。

(2) 部 の 活 動

部の活動は，児童が学校生活を向上発展させていくための仕事を分担して行なう活動であり，本校では５年６年の全児童が参加して，新聞，放送，図書，保健，銀行の五つの部を組織している。

(3) 集会の活動

代表委員会の決定に基づいて行なわれる活動で，本校では次のように活動している。

ア 朝 の 集 会

朝会を必要に応じて児童集会に改め，代表委員会の決議の伝達，各部の報告，全員で協議することなどの活動を行なっている。

イ 年間計画による集会

球技大会，６年を送る会など，代表委員会の決定によって実施している。

以上の集会の活動は，学校が計画して実施する学校行事等の集会とは完全に区別して実施している。

3 組 織

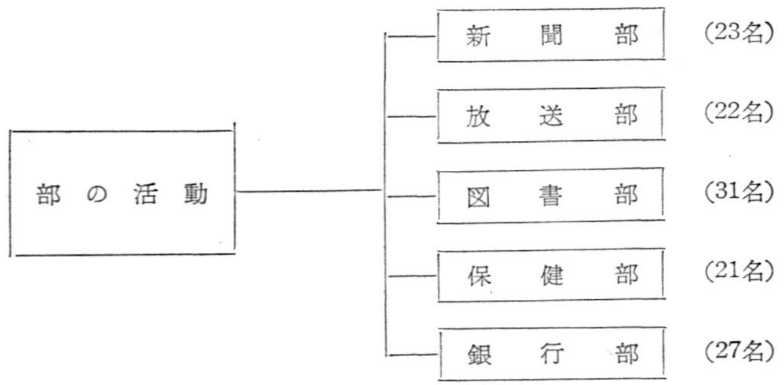

○部の代表として，正副部長，記録係を互選する。その他は，それぞれの部にまかせる。

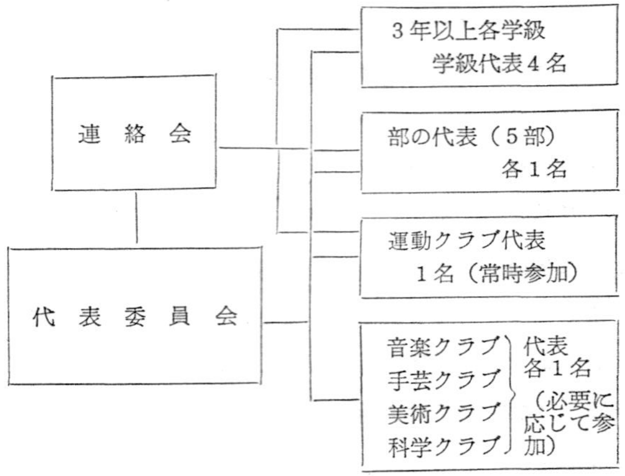

4 学級会活動

1 指導のねらい

特別教育活動に関する指導要領には，学級会活動としての目標は，特に定められていない。特別教育活動の三つの目標は，その内容としてあげられている学級会・児童会・クラブの活動に対応しているものとは考えられない。つまり，このことは，特別教育活動の目標そのものが，学級会活動の目標になることを意味していると考えてよかろう。それならば，学級会・児童会・クラブの各活動の目標は，終局的には同じであると考えられるが，これら三つの活動は，それぞれの活動の基盤や分野が違うのだから，活動の方法が異なり，指導のねらいは別々に考えられるべきものであろう。学級会・児童会・クラブの活動は，それぞれに，ねらいと様相を異にしながら，結局は，特別教育活動の目標に到達するための活動として指導されるのである。

つまり，学級会が，児童会・クラブ活動と違うところは，学級生活に関する諸問題を話し合い，解決し，学級内の仕事を分担処理して，なかよくいきいきとした学級生活ができるという性質をもっているのである。このことから，本校のねらいを要約してみると，次のとおりである。

児童たちが，よりよい学級生活を目ざして，

① 自発的，自治的に学級生活に関する諸問題を話し合い，解決するようにしむける。

② 学級内の仕事を選択して，分担処理する活動が，積極的に実践できるようにする。

③ みんなで，なかよく集会の活動ができるようにする。

2 活動の内容

学級会活動のねらいを達成するための活動内容としては，おもに，話し合う活動と，実践する活動とが考えられるが，活動の種別としては，話し合いの活動，係りの活動，集会の活動の三つに分けて実施している。

(1) 話し合いの活動

児童たちが自分の属する学級社会をより楽しく，より向上させるために，学級生活に関しての問題を取り上げ，相談したり，解決したりする活動で，学級会活動の基盤になるものである。学級のもつ事情，つまり，学級成員の能力，経験，環境など，いろいろな条件の違いから，この活動の内容，形態は，さまざまな様相を示すものである。教師が，形態にこだわりすぎたり，あらかじめ，話し合いの結果を意図することは避けなければならない。そして話し合われる議題については，じゅうぶん，精選されなければならない。

(2) 係りの活動

学級生活から生まれ，考えられる，自治的な範囲での仕事を分担処理する活動である。児童たちが，学級生活を充実し，高めたいとの意図から，主体的に進められる活動になることがたいせつである。教師や学校のための補助的な仕事ではなく，また，学級の管理上，必要な仕事を分担処理することではない。

(3) 集会の活動

豊かで楽しい健全な学級生活が過ごせるように，学級単位で（時に，学年合同のような形も考えられる。）いろいろな集会を，児童が自主的に計画し，実行する活動である。

3 活動の組織

学級会活動が，そのねらいに沿って，盛り上がっていくためには，全員により，組織だてられた集団活動がなされなければならない。組織のよしあしは，しぜん活動のよしあしにも影響を及ぼすので，重要な問題といわ

なければならない。だからといって，組織と，その組織的活動を重視するあまり，組織の形にとらわれすぎたり，児童の理解のできないものになったのでは，逆効果となろう。一般にも，集団意識さえ低調な低学年と，組織的活動の積み重なった高学年の学級とではおのずから形態の異なった組織が考案されるであろう。同時に，児童会，クラブ活動との関連において，学級会をどのように関係づけるか，学校独自の考えや，条件もあることなどで，学級会は，一定の組織があるわけでもなかろう。

本校では，児童会，クラブ活動との関係を前節に述べたように明確にし，それぞれに，学級児童の経験，能力に応じて，教師が児童とともに，学級独自の構想により，組織を設けている。組織は，その全容と機能が児童全員に理解され，全員が一体となって活動できる有機的なものにならなければいけない。また，組織は運営とともに，常に弾力性を備えているものである。

要は，学級会のねらいに沿った，むりとむだとそして，むらのない活動の組織がつくられることにある。次に，組織の一例をあげてみよう。

（1） 1年1組の例，1学期末

学級会(話し合いの活動)

教師と司会者２名

係りの活動

まど係	ドアー係	けいじ係	としょ係	えいせい係	あさがお係	くばる係	あつめる係	せいとん係	カーテン係	ボール係	こくばん係
8名	2名	2名	2名	4名	2名	4名	4名	4名	2名	2名	3名

○１学期末になり，この程度の組織がまとまったのである。

○司会者(おもに指名するだけ)は，希望者の中から男女１名ずつをそのつど決めた。

○３学期からは議長係として２名固定した。

（2） ３年２組の例（３学期）

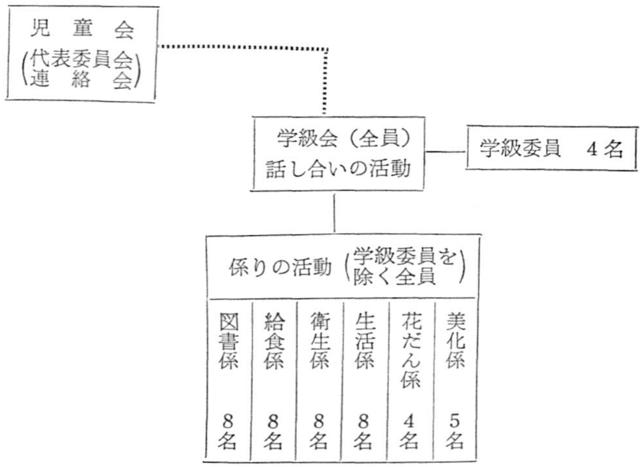

○話し合い（学級会）の議長・書記は学級委員がつとめる。

○代表委員会・連絡会に学級委員が参加する。連絡会の参加は交代する。

○学級委員・係りは学期交代

（3） 5年2組の例（3学期）

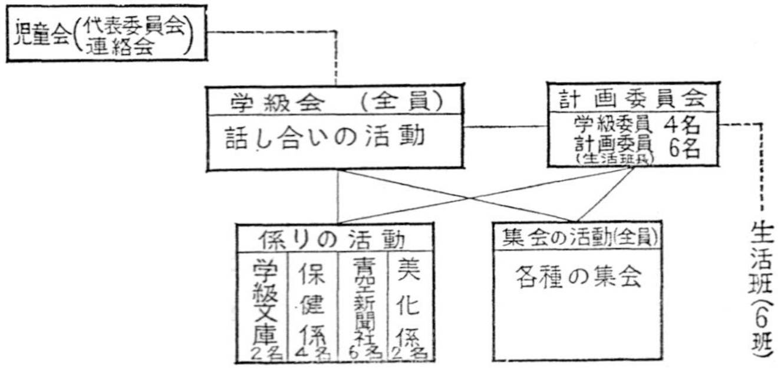

○計画委員会は学級会活動全般の計画・運営の中心になる。

○話し合いの活動では，学級委員が交代で，議長，副議長をつとめ，記録２名は計画委員が交代する。

○児童会の代表委員会には代表４名（２名は学級委員の固定，２名は別の学級委員と計画委員が交代）が参加する。

○連絡会には，原則として学級委員が交代で参加する。

○集会の計画立案は計画委員会が行ない，それ以外の役割は全員が分担する。

○係りの活動への参加は，学級委員，計画委員を除いた児童が二分され，学期を二期に分けて交代した。

5　時間配当と週時数

学習指導要領には，特別教育活動の時間の取り方について細かい規定や説明がなされていない。これは，特別教育活動のもつ特性に基づき考慮されてのことであろう。特別教育活動が，そのねらいに沿って，円滑に実施されるためには，時間をいつ，どのくらいとったらよいのかが，指導計画作成上，きわめて大きい問題であり，条件となる。

週　授　業　時　間　表

	国語	社会	算数	理科	音楽	図工	家庭	体育	道徳	特活 学級会	特活 部クとラブ	週授業時間数計	特別教育活動年間授業時間数合計
1年	7	2	3	2	3	3	・	3	1	1	・	25	34
2年	9	2	4	2	2	2	・	3	1	1	・	26	35
3年	8	3	5	3	2	2	・	3	1	1	・	28	35
4年	8	4	6	3	2	2	・	3	1	1	・	30	35
5年	7	4	6	4	2	2	2	3	1	1	1	33	70
6年	7	4	6	4	2	2.	2	3	1	1	1	33	70

特　別　教　育　活　動　の　時　間　配　置　表

	月	火	水	木	金	土
朝会	学校長の話	ラジオ体操	全校行進	音楽集会	体操	音楽集会
朝の話し合い						
1校時	1年 2年 3年			1年		
2						
3	4の2 5の2					
4	4の1 6の3				2年	
5	6の1					
6	5の1 6の2		代表委員会		クラブ，部の活動	
	連絡会					

○　児童会・クラブの活動の時間

前項に述べたように，クラブと部の活動には，５・６年児童全員が，１年間を２期交代制で，参加している。ひとりの児童についてみると，それぞれ年間を通じて，17単位時間，活動する計画になっている。クラブ，部の活動はともに，学級を解体して参加するので，金曜日の最終校時に，実施している。クラブはもちろんだが，常時活動を主にする部の活動が，週１回，固定された１単位時間をもつことは，この活動を促進する上で大いに役だっている。

○　学級会の活動の時間

学級会の活動は，学校生活の基礎となる学級生活の向上発展を，児童が，意図する活動である。だから，話し合うべき問題も多く，分担処理する仕事も毎日あると予想される。これらを計画的に継続して指導する上から，年間を通じ，各学年とも，週１単位時間（４月～10月　45分／11月～３月　40分）時間表に固定し，実施している。この時間は学級会の時間として，おもに，話し合いの活動に使われている。１・２年は集団的思考の未熟さや，関心の持続が，むりなためもあり，週２回に分けてあるが，必ずしも，このとおりに実施するとはかぎらない。また，全学年を通じて，時間表における曜日の固定には，弾力をもたせ，児童の希望と必要に応じて，使われるようにしている。

以上述べたことは，各活動とも，全児童が，同時に，活動を展開する場合の時間のとり方であって，これ以外にも随時，活動しているのである。それらについては，各章にわたり，述べられているので，ここでは省くことにする。ただ，本校も含めて，一般に時間数の不足を痛感しているが，その解消策として，休憩時，放課後を利用するため，特別教育活動は，時間的に容易ではないという声もきくが，それは特別教育活動だけに負わされる問題ではなく，全教育課程に関する問題であろう。

Ⅳ　児童会活動の指導計画

1　児童会活動と児童週番活動

1　週番活動の経過

学校生活に必要な規制がいつのまにか，一種の規範となり，学校独自のモラルのようなものになってしまっているものがある。そのモラルを守らせる一つの組織として，従来週番がおかれていた。

本校の週番は戦前のいわゆる看護当番の流れを受け継いだもので，本来は児童の安全指導を目ざしたものであったが，児童訓育の一環をになうようになって，そのままなんの掘り下げもされずに，前から実施されてきた機構だからということで，長い間週番活動がなされていたといえる。

ところが戦後，週番活動は生活指導の一場面であるとの考えから見なおされ，生活部というものが誕生することになった。生活部では毎週会合をもち，週の生活目標を設定して，自治活動の主軸となり，実践と反省を重ねて学校生活の向上に努めてきた。

その後，生活部と各部の役員，児童会の役員だけでは，人員が足りないので，６年の各学級から若干の応援を得て，週番を組織した。そして生活部では生活目標案を作成して，全校児童会（代表委員会）に提出し，そこで月の目標を決めていた。

実質的な活動は目標の設定だけに限られ，日常活動を見とどけることは単なる形式に終わったので，生活部は廃止されることになった。

ここで，週番活動をより多くの児童に経験させ，週番活動を通して児童の自覚を高めるという点から，６年全児童を各学級とも数班に分け（１班が10～13名），輪番制で週番活動に参加させるようになった。

前述のような経過をたどって，週番活動が実践されてきたが，生活目標が場あたり的になったり，重複したりして，児童の生活実態から遊離しがちであった。

したがって，週番児童自体の活動にも活気が失われ，マンネリズムにおちいるという傾向が見られてきた。

そこで，昭和30年•31年度の２か年にわたる週番引継簿•児童会記録•学級会記録に現われた具体的な生活目標の項目別ひん度数を調査し，どのような問題がどのように解決，指導されたかを，その内容によって分類し，月や季節・行事との関連を調べ，本校生活指導の具体的な実態をつかんだ。

これに基づいて，月ごとの生活指導題目とその目標を確立した。

また，３年以上の学級会記録に現われた実態を，学年相互に比較検討して児童の心理的発達段階を考え，低学年，中学年，高学年への指導の展開を意図して生活指導カリキュラムを作成し，生活指導の基本方針とした。

ここで，生活指導の計画化がなされ，生活指導の一場面である週番活動も，このカリキュラムを基点とし再出発し，その場主義で計画性を欠き，むだの多いものからのがれて，一応まとまりがついてきたわけである。

2　週番活動の問題点

(1)　週番活動内容の問題

週番の活動内容を大別すると校内秩序の維持，生活目標の徹底といった，学校生活の自発的，自主的改善をねらいとするものと，児童の看護および管理の面とが考えられる。

この校内の秩序と生活目標とは因果関係になって，秩序の維持のために，目標が立てられ，その目標の徹底によって校内の秩序が維持されていく。この過程において児童の自主的な活動がなされるのである。しかし，設定される生活目標は主として週番によって立てられておりながら，とかく観念的なものになりやすく，児童会，学級会と直接的に組織上のつながりをもたないために，生活目標は児童の学校生活の実態からは遊離し，児

童の関心の度合いが低いことから週番は児童の生活とは関係のうすいものになってしまった。

週番活動が教師の補助的な活動をするものならばいざ知らず，真に，児童の学校生活に関する諸問題を自主的，自発的に処理することをそのねらいとするものであるならば，週番によってうち出される生活目標なり，問題は，「目標」というかたちでうち出されるべきものではなく，自発的，自主的に処理する「問題解決の方法，実践」という形をとるべきではないだろうか。

また，従来の週番活動で行なってきた，児童の看護，管理面の仕事は，本来教師がそれに当たるべき性質のものである。それを，週番という名のもとに児童をその補助的役割につけることは本末転倒といわなければならない。

しかも，その教師の補助的な役割である管理的な面の任務が週番として生活目標を徹底させるという旗印にかくれて，強くうち出されてくる。したがって，週番児童はみずからの学校生活を改善向上させる本来の活動以上にきのうまでの友人より上位に立ったような錯覚にかりたてられ，行動の末しょう的なことをあれこれと取り上げて問題とする傾向におちいり，一種の権力的組織になってしまうという問題を残すことになる。

(2)　生活指導カリキュラムの問題

前述のように本校では生活指導カリキュラムをその基底として，週番活動が行なわれていたので，月または週ごとに設定される生活目標は生活指導カリキュラムに取り上げられている生活指導目標，指導項目に準じて設定される。そこで，生活指導カリキュラムそのものについての問題点にふれてみなくてはならない。

種々の経過をたどって，実践されてきた週番活動はそれなりに，価値と必要性をもっていたのではあるが，本校の場合，生活指導の立場で週番活動を実践させようとして，生活指導の計画化が考えられた。しかし，生活

指導は，その場その場の指導であり，偶発的な問題の指導であって，どこまでも具体的な生活の中で，ひとりひとりの児童の生活の場をふまえて指導されるものである。

その意味から，生活指導は多分に偶発性をもったものであり，その場その時の指導が要求されるものであるといえないだろうか。

この偶発性は，それぞれ異なった，個々の児童の生活の場から発生してくるもので，この異なった現実の中から，普遍性のあるものを計画化の名のもとにまとめ上げたものが生活指導カリキュラムであるといえる。

したがって，この生活指導カリキュラムは反復して現われる問題を，先に述べた種々の資料から一定の題目領域ともいうべきものにふり分けられたもので，いわば，計画化，系統化とは徳目的問題を予想される範囲でもれなく配置することであり，徳目的題目自体の体系にほかならない。

生活指導は一貫して生活の実践化，習慣化をねらうもので，児童のすべての行動は広く生活指導の対象になるわけであるから，教科および特別教育活動いずれの面にも働きかけるべきものである。

したがって，週番活動が生活指導カリキュラムに基づいて月や週の生活目標を設定するということは以上述べてきた点で弱さがあり，時々刻々と動く児童の行動を一定の規範に照らして律しようとすること自体が問題として残るのではないだろうか。

(3)　道徳時間特設による問題

一方道徳時間の特設により，文部省案，都案の道徳指導計画例を分析して生活指導カリキュラムとの比較検討を試みた。生活指導カリキュラムは生活指導で取り扱われる題目内容に落ちが出るのではないかということで，その計画化，系統化を図ったものである。したがって道徳の指導計画例を分析し比較してみると，その題目内容はほとんど道徳の指導計画例の中にある30数項目の徳目に含まれてしまうという結果をみた。言いかえる

ならば生活指導カリキュラムを道徳の生活指導というふるいにかけたら，おおむねが網にかかり，ふるい落とされるものは，前述のとおり多分に偶発的な性格をもったものだけである。

このような，結果から生活指導カリキュラムは道徳時間の特設によってその価値がうすれ，週番の生活目標設定のよりどころとしての価値も失われてしまった。

(4)　児童の生活に対する２本の柱の問題

週番の組織体系が児童会という組織体系と密接なつながりをもっていないことの問題点はさきに述べたが，週番活動も児童会活動も，ねらいとするところはともに児童の自主的，自発的活動を通して自主的な生活態度を養うことであり，実践活動を通して個性の伸長を図り，心身ともに健康的な生活ができるようにすることである。

ねらいを異にするものであれば，児童の生活の中に二つの系統の存在があったとしても何のふつごうもないわけである。しかし，両者ともそのねらいとするところになんら異なるものがないとすれば，児童の学校生活の中に同じものをねらった二つの柱が存在することになる。したがって，両者が互いに重なりあったり，活動が妨げられたりしてその活動を円滑に運営することは困難になってしまう。だから，週番活動の内容は当然児童会活動として考えられなくてはならないものである。

それを，週番という別の系列のものが実践しているということは，児童会活動を弱体化し，不活発化させるものである。週番が活動すればするほど，児童会の活動は後退するという悪い意味の因果関係が生じ，ここにも問題を残すことになる。

以上四点にわたって週番活動に対する問題点をあげてみたが，かなり重複する面もあり，問題点を明確にさせ得なかったが，この問題自体が多面的な要素をもっているので，個々ばらばらには考えられない問題が含まれ

ているような気がする。

3　児童実態調査（第１回）

前述のような問題点を含んだ週番活動を児童はどのようにはあくし理解しているのであろうか。そこで週番に対する価値，受けとめ方などについて，児童を対象に実態調査を試みた。

(1)　調査のねらい

・調査の結果によって，児童自体の週番に対する考え方を知る上に非常に役にたつことはいうまでもない。児童個人をつかむと同時に，児童集団の一般的な考え方の傾向を知ることもでき，これがまた大きな意味をもつことであろうし，学校集団の考え方の実態を正しくつかむことによって，週番活動がもっている問題点を明確にさせることが可能である。

・教師が考えている週番活動を，児童もそのように考えているのではないかと考えがちであるが，これは大いに慎まなくてはならないことである。この実態調査によって得た結果を正しく考察し，週番活動を児童の側からとらえ，週番の反省資料としたい。

(2)　方　　法

質問紙法により３年以上の男女を対象に実施した。

(3)　質　　問

学　年　　男女　　昭 36. 6. 30　実施

1.　あなたはなぜ週番があるのだと思いますか。
　（一つだけ○をつける）

(イ)　代表委員会できまったことをみんなに実行してもらうためにある。
(ロ)　先生の週番のおてつだいをする。
(ハ)　学校生活のきまりをまもらないから，まもるように注意するためにある。
(ニ)　前からこの学校にあるからだと思う。

(ホ)　くらしの目標をきめて，これをまもるようにするためにある。
(ヘ)　学校の中でみんながけがをしないように問題をおこさないように，世話をするためにある。
(ト)　わからない。

2.　あなたは今の週番があったほうがよいと思いますか，ない方がよいと思いますか。

(イ)　あつたほうがよい　　　そのわけ
(ロ)　ないほうがよい　　　そのわけ
(ハ)　とくべつに考えてない　　そのわけ

(4)　調査の結果とその考察

(ハ)〔学校生活のきまりをまもらないからまもるためにある。〕

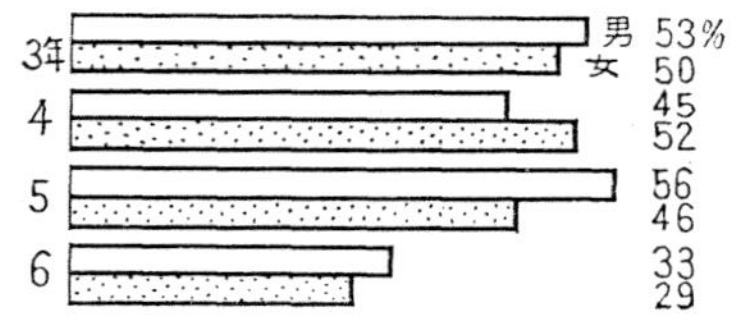

(ホ)〔くらしの目標をきめてこれをまもるようにするためにある。〕

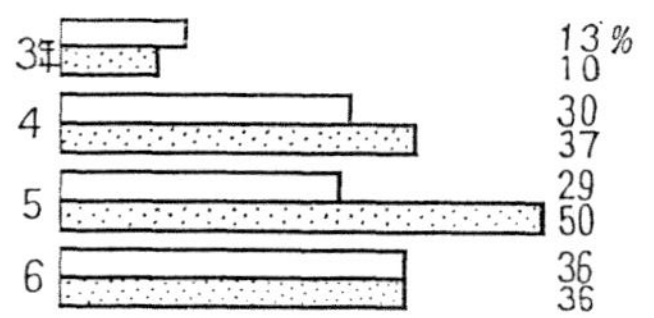

二つのグラフをみてまず目につくことは，(ハ)(ホ)の２項目に全学年が集中していることである。これは，今まで行なわれてきた週番活動の実態そのままの現われとみることができるであろう。週番児童が週の初めに朝礼台に立って，先週の目標についての反省と，その週の生活目標を発表していた。たとえば，目標として決めた「廊下階段の歩き方」の実践状態を監視し，悪ければ「やりなおし」などの方法で目標の徹底を図ってきた。したがって，週番は生活目標を実践させるために，時には権力的な態度で臨んでいたことがうかがわれる。

しかしこの２項目に集中していることは，特別教育活動のねらいである自主的，自発的な実践活動を通して学校生活の向上を図る点と比較して，大きな問題点があるのではないかと思われた。

(ヘ) 学校の中でみんながけがをしないように問題をおこさないようにある。

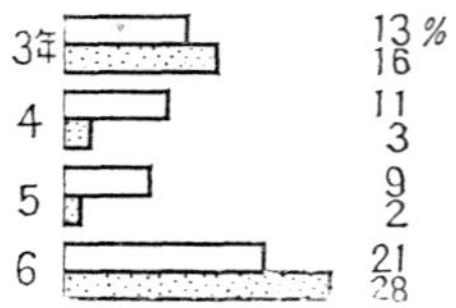

これは，学校の中でみんながけがをしないように，問題をおこさないように世話をするためにあると考えているものである。

自分たちの力で生活の安全を積極的に考えるということは，週番活動の中心になるべき内容と考えられる。それが，6年に多いのは，5月，6月の2か月間の週番の体験からの現われであろう。特に女子が多いのは，最高学年として下の学年のせわをしてやるというやさしい気持ちの現われと思われる。3年は，下の学年なので，やはり上級生をたよっている感じがする。

(イ) 児童会できまったことをみんなに実行してもらうためにある。

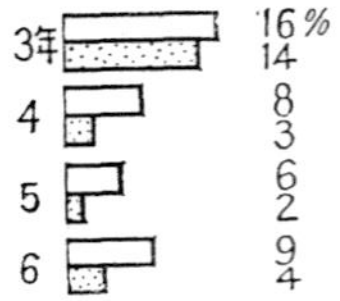

この項目で明らかにわかることは，代表委員会の活動と週番の活動とは，それぞれ独自の活動を続け，互いの関連がほとんど期待されていなかったということである。

(ロ) 先生の週番のおてつだいをするためにある。

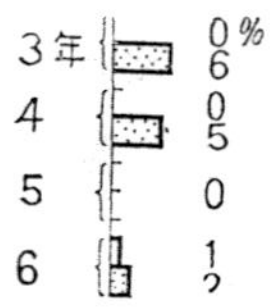

(ニ) 前からこの学校にあるからだと思う。

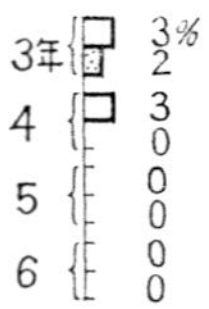

(ト) わからない

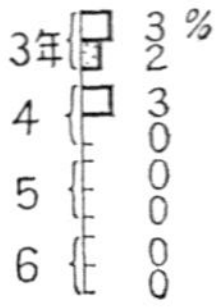

この3項目には高学年の解答が少なかった。(ロ)(ニ)のために週番があるのでないことは，大部分の児童はわかっているようである。

次に，質問 2. の結果について考察してみる。

（あなたは，今の週番があったほうがよいと思いますか，ないほうがよいと思いますか。）

(イ) あったほうがよい

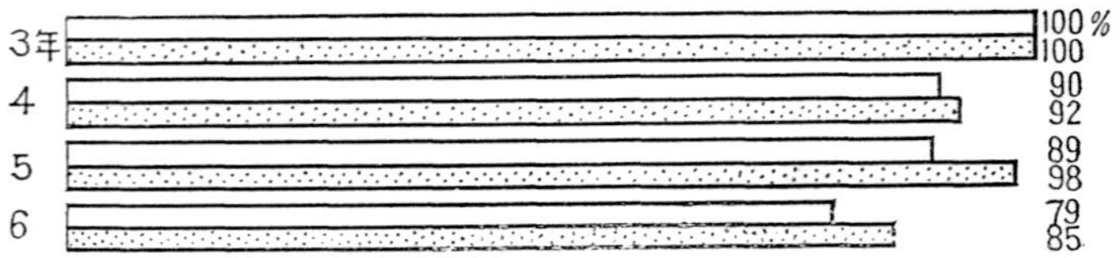

このグラフでもわかるように全体の90%児童が「あったほうがよい。」と考えており，3年は男女ともに全員である。

次に，その理由についてであるが，「あったほうがよい。」の理由を分類して前ページの「あなたはなぜ週番があるのだと思いますか。」の項目で高率を占めていた㋩㋭㋬にあてはめてみると，

○「学校のきまりをまもらせるため」のきまりに関する理由をあげているもの 47%

○「くらしの目標をたててまもるようにするため」の生活目標に関する理由のもの 20%

○「みんなの世話をしてくれるため」に関する理由をあげたもの 27%

○ その他の理由のもの 6%

以上のようにまとめることができた。

週番は「ないほうがいい。」と考えている児童は少数ではあるが比較的6年に多いのは，週番活動を体験したことによって週番に対して疑問をもった結果であると考えられる。

(ロ) ないほうがよい。

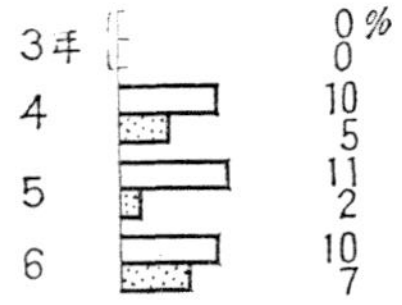

(ハ) とくべつに考えていない。

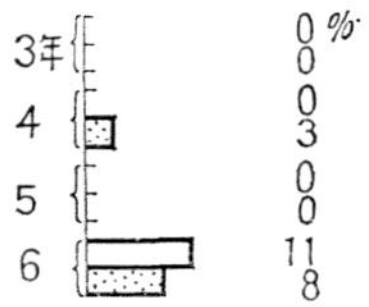

次に，この二つの項目の理由についてであるが，両方同じような理由もあったが週番活動の実態が具体的に書かれていると思われるのでそのままあげてみる。

○ないほうがいい理由

- 週番があっても週番のいうことをきかない。週番でさえ目標を守らないのだから，あったってなんにもならない。（6年男）
- 帰りがおそくなるから。（6年男女）
- いばっていて自分たちも廊下で遊んでいるから。（5年男，6年男女）
- あっても注意したときしか守らない。週番が注意すると上級生はよけいやる。（6年）
- 週番だってかけたりしているのにやりなおさない。（6年）
- 週番がいるとなんだか変な気がする。おたがいに注意をしあうほうがいい。（6年）
- やりなおしをさせてうるさいから。（5年男）

○特別に考えてない理由

- 週番は順々にくると思っているから。（6年女）
- 週番になって注意すると聞いてくれない。だが，ないと大さわぎになってけがをして困るから，どちらでもいい。（6年女）
- まわってくるときとこないときとあるから。（4年女）
- みんなが守らなければあってもなくてもかわりがないから。（6年女）
- べつにそんなに週番の世話をうけていると思わない。（6年）

二つの理由をみると「帰りがおそくなるから」の個人的なものや，「順々にまわってくるから」と思っている慣習型もあったが，ほとんどきまりや目標に関係のあるものが多かった。

(5)　ま　と　め

調査を終えて考えられたことは，今まで本校で行なってきた週番活動は改められなければならないということであった。ほとんどの児童が週番とは，学校生活のきまりを作り，生活の目標をきめて守るようにするためにある高圧的な活動をするものとうけとめている。また「週番があったほうがよい。」というのも90%の児童が望んでいるが，長い間の慣習から「なくてはならないもの。」と思いこんでいるのではないだろうか。それほど必要であるならば，決められた目標やきまりは守られなければならないという現実との矛盾が出てくる。数かぎりもない生活の目標やきまりがつぎつぎと決められていっても，児童には週番活動によって主体的に目標をうけとめた結果と思われる効果はいっこうにみられない。このように，週番の引き継ぎをやるたびにわれわれも，「これでいいものだろうか。」と疑問をもち続けてきたわけである。

このような問題の原因はどこにあるのだろうか。それはさかのぼれば学校のもっている教育観と教師側に問題があったといえないだろうか。こうしてわれわれは，週番の必要価値についてもう一度考えなおし，長い間行なってきた週番活動を改める考えに到達したわけである。

4　週番活動の廃止と児童会活動

(1)　週番の廃止に対する考え方

前述の第1回調査により，児童が週番活動をいかに理解しているかのデーターが示すものは，従来の週番活動が落ちこんで，動きのとれなくなった穴をくっきりと現わし，週番活動の性格を明らかにしたといえる。

そこでふたたびこの穴に落ちこむことのないように週番活動になんらか

の『てこ』入れの必要を感じ，廃止にふみきった。次に前項の問題点を整理し，簡単に述べてみると，

ア　生活目標より実践的問題解決

①　実態調査では「きまり」つまり生活目標を重視している。特別教育活動が学校，学級に関する諸問題を自発的，自治的に処理するものであるとすれば，そこにうち出された問題は「目標」という形ではなく，解決策としての方法を考え，実践処理がなされなくてはならない。

②　生活指導カリキュラムを基点として活動してきた週番は，道徳の特設にともない，道徳の指導計画の中に全面的に吸収され，よりどころとした生活指導カリキュラムが意味を失った現在，これによって月や週の目標がうち出されるということは考えなおさなくてはならない。

イ　自治活動組織の一本化

週番活動の内容の大部分は児童会活動として考えられなくてはならないものであり，学級会，代表委員会等の活動を通して解決されなければならないものである。

週番が外部から力を加え，これに介入することは児童会活動をゆがめることになり，マグネットの同極のように反発しあって，互いにその活動を弱め中途はんぱなものになってしまう。

ウ　児童管理を教師に返す

当然教師が行なわなくてはならない指導上管理上の仕事の一部を週番という名のもとに児童に代行させたり，補助的な役割を演じさせたりすることは，特別教育活動がねらう姿ではない。児童管理は教師に返すべきである。

エ　問題解決は組織活動を通して

週番は，組織上，どうしても少数意見，少数意志によって全体をリードするようなものになってしまう。そこで，いきおい仕事熱心のあま

り，互いに行動の末しょう的なものをついて，権力的なものとなり，問題解決の場であり，組織である児童会，学級会の自治をおかしてしまう結果になりやすい。児童の問題解決は，あくまでも自主的な児童会や学級会の組織を通すべきである。

(2)　週番廃止の手順と方法

ア　週番に対する価値，受け止め方などについて，児童対象に実態調査（第１回・実態調査参照）を試み，検討を加えて，週番廃止の足がかりとした。

イ　週番活動の内容，ねらいなどを分析し，その問題をはっきりさせた。（問題点参照）

ウ　従来の週番が多少でももっていた自発的，自治的に児童自身が問題を発見し解決していくという活動面を，各部の活動の中におし出して，学校生活に関する諸問題を，その部の特性を有効に発揮させて，自主的に処理することにし，週番の活動内容をそれぞれ各部の活動に配分した。

エ　部の活動の面で吸収され得ないものは，各学級会に吸収させて，指導管理上の面は本来の姿にして教師に返すこととし，職員の週番を各部の活動にあうように改組した。

また，児童集会の司会・進行などに属する仕事は，各部の輪番として，実質的な面で児童会活動一本にした。

オ　週番をやめて，児童会に統合した手順，方法，考え方などについて，じゅうぶんな話し合いをもち，職員相互の共通理解を深めた。

カ　連絡会，代表委員会を通じ，児童に週番廃止に伴って，どのように各自の活動を深めていけばよいかの疑問を投げかけ，討議の材料として，今後の活動に対する認識と理解を深めた。

5　現状と今後の問題点

前述の経過をたどって，週番廃止に踏み切った現在の実態はどうだろう

か。今後への問題は残っていないだろうか。これを知るために，第２回の実態調査を試みた。

(1)　調査のねらい

ア　週番廃止に踏み切った現在，児童がそれをどのように理解しているのか，部の活動に意義を認めて活動しているかなどの点を明確にしたい。

イ　第１回の児童実態調査と，今回の実態調査の結果とを比較検討することにより，児童の学校生活上の問題に対する考え方，とらえ方にどのような変化があるかを現在の時点ではあくしたい。

ウ　前項のア，イの結果をもとに，問題点を発見し，週番廃止に伴う今後の指導の資料としたい。

(2)　方　　法

質問紙による解答を集計，考察を加えたもので，その解答の対象は，代表委員会に出席している３年生以上とした。次にその質問紙を示しておくので参照されたい。

週番に対する児童実態調査（第２回）

3・4・5・6（年）
男　　女

○週番がなくなりましたがあなたはどう思いますか。

イ　もとのようにあったほうがよい。

a　週番がないので学校のきまりが乱れる。
b　くらしの目標をきめてもらわないと困るから。
c　みんなの世話をしてくれる人がいないから。
d　その他

ロ　今のままでよい。

a　週番がないともんくをいわれなくてもすむから。
b　週番でやっていることは各部でやれるから。
c　どうせ週番のいうことはきかないのだから。

d　自分たちのきまりは自分たちで守れるから。
e　くらしの目標は自分たちできめられるから。
f　週番でなくても自分たちで小さい子のめんどうはみられるから。
g　その他。

ハ　わからない

○イ，ロ，ハのいずれかに○をつける。
○イ，ロに○をつけたもので適当と思われるものに○，または意見をかく。

(3)　結　　果

○　週番がなくなりましたが，あなたはどう思いますか。

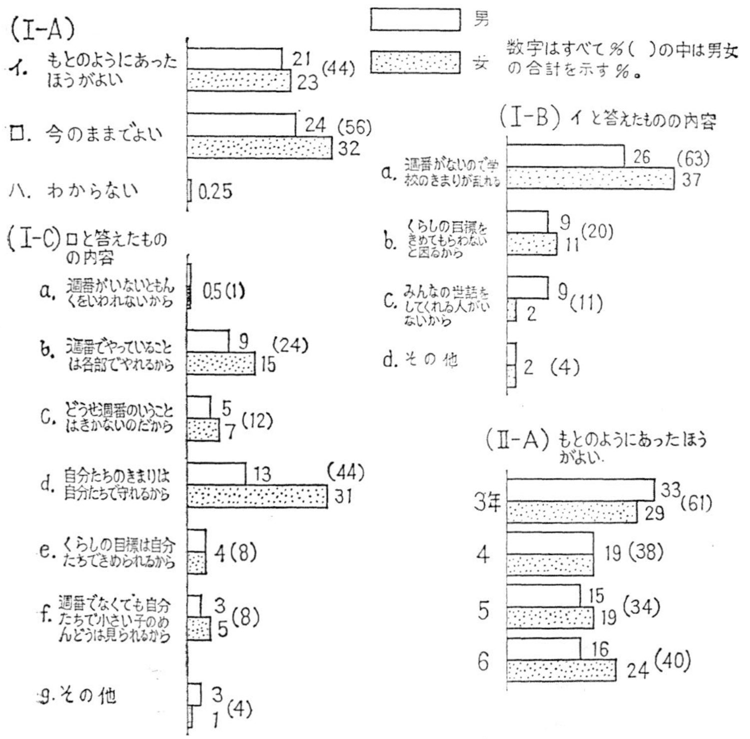

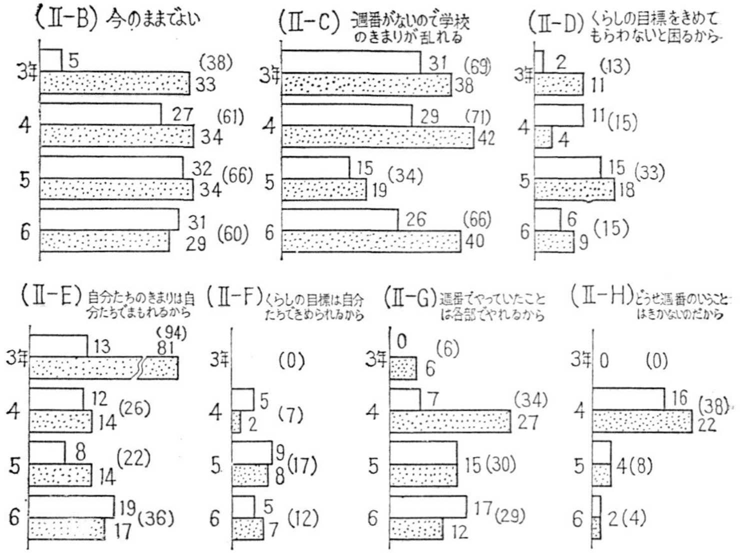

（Ｉ—Ｂ）ｄの内容・廊下や階段などで注意しあっても聞いてくれないから。

- 下校の時間がなかなかまもれないから。
- 部だけしかやらないから(児童集会の司会をさしているのか？)不公平
- 部では戸じまりやカーテンをしめたりする仕事をしないから。

（Ｉ—Ｃ）ｇの内容・５・６年みんながやれば自信がつくから。

- 代表委員会で話しあったり，きめたりしたことを分担して週番でやったしごとがみんなでやれる。
- 学校のきまりは今でもそう乱れていない。
- ふざけてやる人が少なくなった。
- 週番がいるとわざと二段あかし（階段の上り方）をするから。
- 週番はいばってだけいるから。
- 注意するとよけいやるから。
- 週番になると人を注意するくせに週番でなくなると自分たちも廊下をかけたりするから。

⑷　考察とその問題点

ア　（１—Ａ）第１回の実態調査において「週番があったほうがよいか，いなか。」の問いに対して，あったほうがよいとしたもの（90％）と今回の調査での「もとのようにあったほうがよい。」と答えたもの，とを比べると，46％というかなりの差がみられる。この差がロの「今のままでよい。」と週番廃止の現状を支持するほうに変化していると見られる。

廃止に踏み切ってまもないことでもあるし，過渡期という点でまあまあの結果といえよう。次回の調査ではもっと望ましい姿で現われることであろう。次回に期待したい。

イ（１—Ｂ）イと答えたものの内容と（１—Ｃ）ロと答えたものの内容，この二つを比較すると児童は，「きまり」つまり目標という点に焦点を合わせて，週番をおさえているといえる。（１—Ｂ）の＜ａ週番がないので学校のきまりが乱れる＞と（１—Ｃ）の＜ｄ自分たちのきまりは自分たちで守れるから＞，（１—Ｂ）のｂ＜くらしの目標をきめてもらわないと困るから＞と（１—Ｃ）のｅ＜くらしの目標は自分たちできめられるから＞をみると互いに背と腹との関係であり，それがともに高率を示している。（１—Ｂ）ａとｂでは消極的，他力的に「きまり」という点を第三者の場で受身的にはあくしており，（１—Ｃ）ｄとｅでは逆に積極的に能動的な態度でおさえている。

特別教育活動がねらう学校生活に関する諸問題を自主的に解決処理するということをふまえて考えるなら，後者のようにより積極的な態度で問題にとりくんでいくように指導しなければならない。

ウ　第１回の調査において「週番はなんのためにあるのか。」の問いに答えて＜学校のきまりを守らせるためにある＞＜くらしの目標をきめて守らせるためにある＞にも見られるように，前述同様「きまりを基点」としてともに高率となっている。この消極性をもった他力的，受身的態度が今回のものではかなり逆に，つまり積極的，能動的なものにおきかえられていることを示している。これで週番を「きまり」を基点として考えていると同時に，ここから再出発しているということがうなずける。

これは，週番廃止後，日も浅いが，浅いなりに部の活動や学級での活動でつちかわれたものであるとともに，指導の結果といえよう。

エ （1－C）のｂ＜週番でやっていることは各部でやれるから＞と部の活動によって代行できるという児童が，週番廃止の現状を支持する児童の中に現われた（24%，2番目に高率）ということも，前述のように児童が部の活動の中で経験を通してつかんだ自信の現われである。

オ （Ⅱ－A）＜もとのように週番があったほうがよい＞では，学年を追って減少しているが，3年に比較して5年がかなり高率を示している。特に6年女子が高い。これは女子のもつ一般的傾向として，比較的他力的であり，消極的である面が出ているのではないだろうか。

また，男女ともにいえることは，週番になったときの優越感への一種のあこがれをもっていると考えられることである。

カ （Ⅱ－C）でも女子が各学年を通じて，学校のきまりが乱れる原因として，週番がなくなったことをあげている率が高いのを見ても，前述の消極性を示すものとおさえることができよう。

6年女子が男子に比べて高い率を示しているのは，単に消極性を示すだけでなく週番になったときに男子をおさえることができたと考えている現われとはいえないだろうか。このように考えると，週番が一種の権力的傾向をもった組織になったことが考えられる。

キ （Ⅱ－B）＜今のままでよい＞（Ⅱ－E）＜自分たちのきまりは自分たちで守れるから＞を見ると，ともに男女差が著しく大きい。これは，男子がギャング時代の傾向を示し，きまりを守ろうとしない，週番があったときでもそれは同じであった。そこで，他の力にたよっていてもだめで

あることに気づき，学級会の活動を通して働きかける必要を感じとった結果といえる。

(5)　今後の問題点

とにかく，以前から週番というものがあったから，長い間何の疑問もさしはさまずにやってきた。それを今考えなおす必要があるということになって，さて何をどう考えなければならないのか，とまどいとともに出発した週番活動のあり方についてのささやかな研究も，どうやら一つのまとまりをみるにいたったが，まだ今後に残された問題点とその指導がある。

ア　2回にわたる実態調査が示すように，過渡期ではあり，何もかも理想どおりには運ばない。今後の指導徹底によって，部の活動の中に吸収された週番活動の内容がよりよい姿で前進するように指導努力しなければならない。

イ　学級会を基点に児童会の活動に重点をおいた指導を通じて個人を見つめ，問題の解決は組織を通して処理するようによりよく指導されなければならない。

ウ　従来の週番の実践していた活動は，部の活動を展開する中で，学校生活に関する諸問題が発見され，また部の活動を通して処理解決されるよう努めなくてはならない。

エ　児童会の活動を含めた広い学校生活の場を問題解決のための理想の場としてはあくし，きそく，きまり，目標といったかたちではなく，学校生活の場から発生した諸問題を自主的に処理することによって，学校生活の向上発展が期待されることを，児童および教師が深く理解することが必要である。

以上，週番活動の考察を終えてふり返ると，週番のほんの一部の問題だけを扱ったようなものになってしまった。

盲人が象の一部にふれて，「象とは柱のようなものである。」といったよ

うに，一部だけをなでて全体を知ったような錯覚におちいりたくない。先にもふれたように現在は耕しの時代であり，その一部に望ましい芽ばえが現われつつあるといえる。このささやかな研究の芽ばえを大きな木に，その木に甘い実を結ばせるための足がかりとして，今後に続く研究への基盤としたい。

2　代表委員会の指導計画

代表委員会は児童の代表が，学校生活を豊かにするための諸問題を，自発的，自治的に討議して，処理解決していくという，性格をもっている。それゆえ，学校内の全児童の意見，希望が出されて討議することが，基本とならなければならない。

代表委員会の指導計画は，他教科と考え方を異にして，教師が年度当初，児童会活動と関連のある学校行事等や，各教科その他の計画と種々関係づけて，あらかじめ児童の活動を考え，諸資料を参考としながら，それに応じた指導ができるよう，年間を通じて，基本的でおおまかな実践活動の予想のわくぐみを立てたものである。

なお，教師の経験豊かな，広い視野の上に立って作成された適切な指導計画と，児童が主体となって立てられた活動の具体的な実施計画とが，一つのものとなって進められていくべきである。

1　代表委員会の具体的指導の方針

(1)　代表委員会の性格を理解させる。

代表委員会とは，児童会活動の基本的なものの一環として，中学年から高学年の児童代表が，自主的に学校生活の諸問題を民主的な方法によって話し合い，処理解決するための活動であることを理解させる。

(2)　代表委員の性格を理解させる。

代表委員は，それぞれ所属する学級会，部を代表して諸問題を提起した

り，決議したりすると同時に，自己の所属をはなれて，全校的な立場から，学校生活を豊かにするための諸問題を処理，解決していくという，両面の性格をもっている。児童のひとりひとりにこの性格をじゅうぶん理解させて，その使命達成に努力させる。

(3)　自主性を尊重して，実施計画をつくらせる。

民主的な学校生活が建設されるため，適切な教師の指導計画のもとに，児童を中心にし，こどもの意見を反映した実践的な実施計画が立てられ，児童会活動のねらいの達成を期するように指導する。

(4)　実践の過程の記録を綿密にとらせる。

決定された事項の記録はもちろん，決定までにたどる過程の記録が具体的でじゅうぶんにされていることが必要である。

なお，その記録は次回の実施計画運営のための資料として，重要な役割を果たすことになる。

(5)　代表委員会のきまりは，実践的な項目に限る。

代表委員会の活動の問題の一つとして「決めたことが守られない。」ということが，しばしばあげられるが，児童の学校生活の中で，積極的な実践ができるような項目を選ぶべきである。ぜひとも守りたいことを最小限に決めて実践することが，効果的であるように指導する。

(6)　代表委員会と学級会との関連を図る。

両者の関係はきわめて密接であり，相互の関連を積極的に考慮していくことは，両者の運営上，欠くことのできない必要条件である。

この両者は，上下に位置づけられるものでなく，また，代表委員会は学級の自治まで侵害してはならないことを，じゅうぶんに配慮する。

(7)　適切な教師の指導助言をする。

ア　代表委員会で話し合われる問題は，直接，間接に学校経営の問題につながるものが多いので，教師はできるだけ参加する機会を多くする。

また，全校というひろがりをもつ問題であるから，学級会等と比較して，特に教師の適切な助言が必要である。

イ　教師の助言のいきすぎから，児童の話し合いに高度なものを要求したり，また，手ぎわのよい結果や運営を期待するなどによって，児童の自主的解決の主体性を放棄するようなことがないように留意する。

2　代表委員会の組織

児童会活動の組織は，指導書にもあるとおり，施設，設備，教師や児童の数など学校の実状に基づき，児童の希望を考慮して，学校ごとに異なるものが考えられなければならない。

本校は，前述にもあるように，学級数13，児童数575，教職員数校長以下 18名のいわゆる小規模学校で，施設，設備も特別なものは何一つない普通の学校である。その上，都会地学校の例にもれず，学校が狭く鉄筋校舎の屋上も運動場に利用しているので，遊び場に関する問題なども児童の強い関心事となっている。

(1)　参 加 児 童

児童会は，当然児童全員をもって組織されなければならないが，代表委員会には，３年以上の代表が参加することとし，１・２年は児童の発達段階を考慮して担任教師がその意向や希望を代弁することによって間接的に参加させることにしている。

(2)　代表委員会の構成員と任期

ア　代 表 委 員

代表委員会の構成員は，３年以上の学級代表男女各２名，計36名と，部の代表５名，クラブの代表５名，合計46名で組織されている。しかし，運動クラブ以外のクラブ代表は，必要に応じて参加することにしている。

代表委員の任期は，学級代表が年間３期の学期交代制，部とクラブの代表は前期・後期の年間２交代制をたてまえとしている。しかし，今後はその任期中であっても，出席する代表委員としては必ずしも固定することなく，学年の発達段階を考慮して徐々に交代制をとることにしている。

イ　役　　員

役員には，議長，副議長各１名と，記録２名があり，代表委員の互選で学級代表の中から選出している。したがって役員の任期はそれぞれ１学期間となっている。

役員は代表委員会の中心となってその運営にあたり，毎週月曜日の第７校時に連絡会（後述）を開いて，各学級・各部から出される問題の中から代表委員会の議題を設定し，そこで代表委員会の実施計画を立て代表委員会に臨むしくみになっている。

代表委員会は，議長が招集し，開会日は一定していないが，だいたい，水曜日の第６校時を充てることにしている。

3　年間指導計画

代表委員会の年間指導計画は，教師が年度当初に，学校行事，前年度の記録，学校の施設設備，指導者の数，地域的条件，時期，季節等の諸資料を参考にして，１年間のおおまかな活動の予想を組み立てたものである。

(1)　年間指導計画のあり方

年間指導計画は，教師が年度当初に，児童の活動を予想して立てる計画であるから，昨年はこうしたから，ああもしたからと，細かく計画すればするほど，一見それは，密に計画され，指導の万全を期しているようではあるが，その計画のとおりに実施されていくとすれば，それでは教師の計画を押しつけていくことになって，児童が自主的に計画を立てて実施したことにはならないであろう。

特別教育活動は，児童の自発的，自治的な活動を主体とするものである以上，代表委員会の年間指導計画も，児童の自主的な活動を阻害するものであってはならない。

いっさいが教師の計画で進められる教師のカリキュラムと，児童が自発的，自治的に活動する特別教育活動の年間指導計画とは，本質的に異なったものである。しかし，特別教育活動も，教育活動であるからには，教師の指導を欠くことのできないものであることは論をまたない。

すなわち，特別教育活動の年間指導計画は，児童の自主的な活動を助長するための，きわめて弾力性に富んだものでなければならない。

(2) 実施計画を兼ねた年間指導計画

代表委員会の年間指導計画は，計画のためのものではない。代表委員会の活動を指導していくために，常時，活用できるものでなくてはならない。それは，児童が全校的な視野に立って，みずからの学校生活をより豊かにしようとする活動を指導し，助長することのできる，幅の広い，きわめて弾力性に富んだものでなくてはならない。だから，それだけでは，いつ，何を指導する計画になっているのか判然としないくらいおおまかなものかもしれない。しかし，それだからこそ，児童の希望や自主的な計画を無理なく円滑に受け入れて指導にあたることができるのである。

教師は，この弾力性のある年間指導計画に基づいて，児童が連絡会で教師とともに，代表委員会の議題を決定すると同時に，代表委員会の実施計画を立てる。すなわち，一応教師の指導計画に基づいて，児童を自主的に活動させ，児童の活動に応じて，年間の見通しの上に臨機の指導をしていくためには，年間指導計画と実施計画とを兼ねていたほうが，活用しやすく実用的なので，次のような「代表委員会および集会活動の実施計画をかねた年間指導計画」の形式を考案実施している。

(3) 年間指導計画立案の手順

年間指導計画には，教師提案の予定議題と学校行事，前年度の児童会行事，代表委員会の記録を主とした参考資料を記入しておく。次に，代表委員の連絡会（実施計画の項参照）で議題が設定されてから，議題，提案

者，提案の理由，実施計画，指導上の留意点についてそれぞれ記入し，代表委員会に臨んで，その記録と評価，次年度の指導計画立案に資するための反省等を記入する。

(4) 教師提案の予定議題と参考資料

教師提案予定の議題は，前述したとおり，特別教育活動の特質にかんがみて，必要最少限のものだけにとどめることにした。

たとえば，「代表委員会の役員を選ぶ」「運動会で児童会がする仕事の分担をきめる」「卒業生を送る会をどのようにやるか」等といった，当然予想される議題，つまり，教師としてぜひ提案したい議題だけに限定した。これは，児童の希望や，自主的な話し合いによって，随時出てくる議題を，教師提案予定の議題によって停滞させることのないように配慮したからである。

参考資料は，児童の自主性だけにまっていたのでは，必要な諸問題が提出されてこない場合や，代表委員会の討議を進めていく上で，適切な指導助言をするために，主として教師が参考にする資料である。だから，児童会活動に関連のある学校行事，児童会行事，集会の活動，代表委員会の前年度の議題または，それに関連する運営上の問題，その他反省事項等の諸記録を詳細に記入しておく。

(5) 年間指導計画表と実施計画（次ページ以下）

代表委員会および集会の活動の実施計画をかねた年間指導計画

雑司谷小学校

月日		議題・活動	提案者	提案の理由	実施計画	指導上の留意点	記録・評価	教師提案予定議題	参考資料 行事	参考資料 前年度記録
4								○代表委員会の役員を選ぶ	○入学式 ○始業式 ○1年生歓迎こども会 ○春の遠足	○1年生歓迎こども会 ○代表委員会の役員を選ぶ。 ○清掃用具の配分（保健部） ○クラブ部はどんなものをおくか ○児童会の行事計画をきめる。 ○雑司谷タイムス発行（新聞部） ○子ども銀行の預金を始める。 ○各部の年間活動計画を決めて発表する。 ○小運動会の計画を考える。
5									○開校記念日 ○こどもの日 ○小運動会	○小運動会の原案（運動部）をもとに細かい計画をたてる。 ○小運動会の仕事の分担をきめる ○小運動会の反省会を開く。 ○運動場の割当てをしよう。 ○場所をとる遊びは困る。対策を考えよう。
6									○地区対抗球技大会 ○避難訓練 ○梅雨時の衛生講話	○地区球技大会の計画をたてる。 ○同上，原案をもとに細案をたてる（男・ソフトボール，女・ドッジボール） ○屋上の危い遊びを止めるにはどうするとよいか ○少年消防隊を作る（5年中心に） ○梅雨時の保健について雑司谷タイムスに発表（保健部）
7									○短縮授業開始 ○たなばたこども会 ○プール開き ○終業式 ○夏休み ○ラジオ体操会 ○巡回文	○図書館の利用状況について図書部の発表 ○銀行部より各組の預金状況と全校預金高について発表 ○各部第1学期の反省会 ○夏休み中の学習と遊びの時間について話し合っ

									庫	て申し合わせを作る。
9								○代表委員会の役員を改選する ○運動会の各部でできる仕事の分担を話し合う	○始業式 ○夏休み作品展 ○校内水泳大会 ○短縮終了	○代表委員会の役員を選ぶ。 ○校庭の選び方，やってよい遊びとやめてほしい遊びは何かそれはなぜか，どうするとよいか。 ○そうじ道具の再配分をする。 ○運動会の仕事の分担を決める。 ○屋上での遊び方運動の種類を話し合う。
10									○秋季大運動会 ○部とクラブの交代をする ○遠足 ○読書週間始まる	○運動会の係りごとの仕事の計画を報告して話し合う。 ○運動会の反省分担した仕事を中心に話し合う ○週番でやっていた仕事を分担する部などを決める。 ○図書利用の状況を報告する。（図書部）
										○学校をもっと静

11									○地区対抗球技大会 ○防火週間	かな学校にするにはどうするとよいか（実態調査をもとに） ○地区球技大会の原案（運動部提案）をもとに話し合う。 ○地区対抗球技大会の反省会を開く。
12									○避難訓練 ○ストーブ開始 ○クリスマスこども会 ○終業式 ○冬休み	○各部の活動の反省と希望 ○避難訓練 ○週番がなくなったが週番のやっていた仕事はどの部で分担するとよいか。 ○「歳末助け合い」の運動に協力したらどうか。 ○冬休みにはあまり遠くへ遊びに行かないようにしよう。
1	17	・役員を選ぶ ・３学期の児童会行事を決める。	・教師 ・児童連絡会	・役員を早く決めて活動できるようにしてほしい。 ・やりたい行事を決めておいた方が	・代表委員全員自己紹介をする。 ・仮議長１名と仮記録１名を決めて，会議を進める。 ・選ぶ方法を決める。	・役員が全代表の意向で選ばれるようにする。 ・選出方	・議長松岡副議長河合記録清水，吉田 ・仮議長がふなれのため進行が悪かった。 ・役員が６年の各組に平均し，女	○代表委員会の役員を選ぶ。	○始業式 ○冬休み作品展書き初め展 ○区展都展	○代表委員会の役員を選ぶ。 ○清掃用具の再配分する（保健部） ○廊下の手洗場のまわりがひどくよごれるがどうしてか。

				早く計画がたつ。	・議長1副議長1記録2の役員を選ぶ。 ・役員の決意表明	法が全員に徹底してから選ばせる ・学年や男女の別は考えさせない。	子も出てよかった。 ・役員の決意表明がよくできた。			○そうじ道具はなぜこんなにいたむか，その対策を考えよう。
2	14	・6年生を送る会の計画をたてる。	・5年代表	・在校生一同で長い間生活をともにした6年生を楽しく送ってあげたい。	・実施の日時をきめる。 ・目標と内容をきめる。 ・具体的な計画は誰がたてるか話し合う。	・日時は学校のつごうも考えさせる ・無理な計画にならないようにさせる。	・連絡会で話し合ったことが各組に徹底していない。 ・会の主旨を誤解しているものがあって，討議が長くなってしまった。 ・日時は20日前後の学校のつごうのよい日にやる ・5年が中心で計画する。	○送別球技大会 ○6年生を送る会の計画をたてる。	○都内見学 ○避難訓練	○そうじ道具再配分(保健部) ○卒業生を送る会の計画を話し合ってきめる。 ○送別球技大会の細案を決める。 ○運動場の使い方(学年割当)を再確認しよう。
	28	・6年生を送る会の原案をもとに話し合う	・5年代表	・5年の全代表と運動クラブでたてた原案で話し合って早く送る会の計画をたててほしい。	・原案送別球技大会(運動クラブ)送別学芸会(5年)をもとに話し合う	・計画に無理のないように指導する ・運営についても決めさせておく。	・原案どおり決定 ・細部までよく計画していた。 ・運営上の細部については，ひき続いて5年が中心できめて連絡会に報告する。			

	7	・運動場の使い方を考えよう	・4年	・最近危い遊びや場所をとる遊びがふえて困る考えてほしい。	・実態(資料)を発表する。 ・どうしたらよいか対策を話し合う。 ・徹底の方法をきめる。	・実施可能かどうかをよく考えてきめる。 ・後の結果のたしかめも考えさせておく。	・なわとびは校庭の隅でやる。 ・騎馬戦やエスはやめる。 ・場所は先にやっている者に優先させる。各学級でよく伝える。	○1年間の反省	○ひな祭こども会 ○卒業生を送る会，球技大会小学芸会 ○卒業式 ○終業式	○卒業生を送る会の係りを決める ○代表委員会年間の反省（1学期からの役員と部長も出席） ○保健部図書部の活動結果の発表 ○卒業記念雑司谷タイムス発行
3	14 19 20	・1年間の反省をしよう。 ・送別球技大会 ・送別学芸会	・教師	・年間の歩みを反省して次年度への参考にさせたい。	・1学期からの役員も全員出席してもらう。 ・週番廃止についての反省 ・各部の活動はよいか。 ・改善することは何か。	・全員が気軽に発表するようにさせたい。 ・次年度へのたいせつな資料になることを理解させたい	・たいへん建設的な意見が多く有意義だった。 ・1・2学期の役員も加わったのはよかった。			

4　代表委員会の議題

代表委員会の議題は，学校集団の成員である個々の児童が，学校生活上にもつ具体的な問題，学校，部等の集団としての要望などの中から，多数の児童が積極的に解決の必要を感じる問題を議題として，取り上げることになる。

議題が，児童の生活に直結しなかったり，具体的解決の実践性に欠けるような場合には，当然の結果として，熱意の不足した論議の空転という形式的な討議を生むことになろう。

また一方，問題が不足し，低調不活発な話し合いを打開するための教師の意図から，主体である児童の意志を無視して，教師提出の議題を強要する場合が考えられる。

このように議題の適否，および議題決定までの過程のあり方は，代表委員会を左右するかぎともなろう。

(1)　児童会活動のねらいと議題

ア　代表委員会の指導に当面した場合，「学校生活に関する諸問題」とは何か，ということについて案外，無関心でいることがあるのではないか。

児童会活動のねらいは，「児童が自分たちの学校生活を向上発展させようという意図のもとに，自発的，自治的に学校生活に関する諸問題を話し合い（以下略)」とされている。これによって明らかなとおり，学校生活に関する諸問題を話し合うことを，内容の一つとしているわけである。

イ　代表委員会の議題として，多く見られるものを類別すると，学校内の純粋な生活上の問題，地域生活および社会的問題とに分けられるであろう。

学校生活の問題は異論はないとして，地域および社会問題が，代表委員会の議題と考えることができるかどうかを検討してみる必要がある。

本校では，児童会活動のねらいから推して，地域および社会問題を，代表委員会の議題として取り上げることは，問題があると考えている。

(2)　議題の適否具体例。

ア　「昇降口の使い方」「流し場の使い方」等は，代表委員会の議題として，自主的に解決すべき問題ではない。

これらは学校として，教師の立場から，安全教育，学校生活における児童の管理などの面で，直接指導すべきであると考えている。

イ　「運動会の計画」などの議題も，運動会は学校行事として，当然，学校が計画し指導すべきであるから，これは望ましくない。

しかし，この中で児童の自治に任せると考えられるものは，「運動会の係りの分担」程度であろう。

ウ　「夏休みについて」等のように，休暇中の家庭や地域社会での学習や，遊びを中心とした問題については，学校生活以外の問題であるという立場から，児童会活動のねらいとその内容を異にするので，本校では代表委員会の議題としては，取り上げないことにしている。

しかし，休暇にはいる前，教師として当然その指導はなされるべきであり，また，班のこども会，班長会の話題としては，適切であろう。

(3)　議題の取り上げ方。

ア　学校生活上の現実的な諸問題を全児童の意見，希望として，各学級，各部から出し合い，民主的な方法によって，議題として取り上げられるべきである。

「ろうか，かいだんの歩き方」などは，純粋な学校生活上の問題として，だれも考えているので，その討議にも真剣さが現われてくる。

イ　議題は問題の所在をはっきりおさえ，「学校をきれいに」のような概念的な題目でなく，「きれいな学校にするには，どうしたらよいか。」また，「そうじどうぐについて」というばく然とした問題でなく，「そうじどうぐはどうしてなくなるか。」のような，わかりやすく問題の所在を明確にしたことばで，実践的活動に結びつく形でとらえることが必要である。

ウ　豊かな学校生活建設のために，教師側提案や，学校新聞（雑司谷タイムス）等の中から，また，投書箱の中から，議題として取り上げられるものもある。

(4)　議題決定の手順

議題の基本的なあり方として，学校生活の諸問題を全児童の意志の反映によって決定されることが望ましいことはもちろんである。議題決定の手順としては，全児童で話し合ったり，また，代表委員会を通じ，時間をかけて，議題決定の手順を経ながら，問題討議に移ることなどは，最も望ましいが，時間的な制約や種々の条件から困難と考えるので，児童連絡会（運営委員会，また，企画委員会にあたるもの）で計画を立てて実施している。

ア　各学級，各部の児童から出された現実的な諸問題が，各学級代表，各部代表を通して，児童連絡会に提出される。

イ　各代表は提出された問題について

①　今解決をせまられている問題か。（緊急性）

②　それは，他の問題に比べて，よりだいじな問題であるか。（重要性）

③　解決可能の見通しのもてる問題か。（現実性）

などの点から，深く検討を加えることによって，どの問題を代表委員会の議題とするかを決定する。

(5)　議 題 一 覧　　　　　　　　　　　　（昭和36年度）

月	議　　　　題
4	○　児童会の組織について。 （議長，副議長，記録係の選出）
	（どんな部が必要か）
	○　小運動会の係りと分担を決める。
	○　球技大会の種目と，必要な係りを決める。
	○　屋上の遊び方はどのようにしたらよいか。
9	○　児童会の組織について。 （議長，副議長，記録係の選出）
10	○　秋の大運動会にどんな係りが必要か。
	○　なぜ，そうじどうぐはなくなるか。
12	○　各部の仕事の確認と問題について。
	○　週番がなくなって，どんな点で困っているか。
1	○　児童会の組織について。 （議長，副議長，記録係の選出）
2	○　6年生を送る会の計画。
	○　送別球技大会の計画。
3	○　運動場の使い方は，どのようにしたらよいか。
	○　児童会活動の反省。

(6)　議題についての考察

これらの議題を通して，次のように考えられる。

ア　本年度の議題は，一応児童の学校生活に直結した，具体的で，現実的な問題が取り上げられていると思う。

イ　議長，副議長，記録係の選出，児童会活動の反省等の議題は，毎学期，児童会の運営上，当然と考えられる。

ウ　「屋上の遊び方はどのようにしたらよいか。」「なぜ，そうじどうぐはなくなるか。」「各部の仕事の確認と問題点について」「週番がなくなって，どんな点に困っているか」「6年生を送る会の計画」「送別球技大会の計画」「運動場の使い方はどのようにしたらよいか」等は，代表委員会の性格からみて，議題として妥当なものである。

また，全体的な比率からみても，学校生活の諸問題を重点的にとらえているように思う。

エ　学校行事に関係した議題については，児童会活動が往々にしておちいりやすい，学校行事等にひきまわされるという欠陥に特に注意し，「運動会にどんな係りが必要か」の点にしぼった。

オ　代表委員会の回数と議題の少ないのは，毎週定例の児童連絡会において，学級や部から提出された諸問題を一つ一つ討議して，適当な処理をし，どうしても処置のできない問題だけを，代表委員会の議題としてもちこむようになっているからである。

カ　しかし，部提案の議題の少ないのは，昨年10月に，児童週番を廃止して，各部，各学級の窓から，児童の学校生活の実践の確かめを進めていくことになったのであるが，各部における，じゅうぶんなたがやしや，その共通の意識の深まりが，やや，不足しているものと考えられる。

今後，その点の指導に配慮すべきである。

5　実施計画

実施計画とは，教師の年間指導計画に基づき，学校生活を豊かにする諸問題を，児童連絡会で処理方法について討議し，代表委員会へ提出する議題についての具体的計画である。

(1)　児童連絡会

ア　児童連絡会の性格

①　代表委員会の原案作成機関（運営委員会また，企画委員会）で児童を中心にして，具体的な実施計画を立て，代表委員会へ提出する議題を決定する。この準備段階の話し合いが，じゅうぶんされて，代表委員会の討議の深まりが期待される。

②　参加代表は，提出問題の直接の提案者か，または，そうでないときは，担当者が臨時に出席して，提出した問題について，積極的に働きかけをし，また内容についての補足的説明をじゅうぶんにして，議題決定に運ぶことが必要である。

イ　組織と時間

①　組　　織

本校は３年以上，各学級代表１名（計９名），各部代表１名（計５名），運動クラブ１名，（クラブではあるが部活動の面もある）それに代表委員会の役員を加えて，計19名で構成されている。なお，各学級，各部代表は，できるだけ多くの児童に多くの機会を与えることが，特別教育活動のねらいにもそうので，交代して出席するようにしている。

②　時　　間

毎週月曜の７校時に実施している。なお，所要時間は40分を原則とするが，提起される問題の多少，審議の内容等によっていくらか延長されることもある。

(2)　実施計画のあり方

児童連絡会へ各学級，各部から提出された学校生活の諸問題について，参加代表がその内容，性格，時間的な点などについて，じゅうぶん討議をする。その結果，学級，部の処理に任すか，または，学校全体の問題であるから，代表委員会の議題として提出するかを決め，代表委員会での具体的な計画を立てるわけである。

本校の具体例を示すと，代表委員会の計画（実施計画）と代表委員会の記録の二面をつくり，児童連絡会，代表委員会の記録係がこれを記入することにしている。

なお，この実施計画は毎週１回の児童連絡会から，議題が代表委員会にすいあげられて討議を進められる経路をめいりょうにしたものであり，教師は年間指導計画とともに，実施計画を兼ねたものを用意して代表委員会に臨み，各自記録をとることにしている。

ア　後述の表にあるとおり，実施計画に取り上げた項目は次のようなものである。

① 代表委員会の計画（実施計画）

○ いろいろな問題

各学級，各部から提出された問題とその出所を記入する。

○ 議　題

「いろいろな問題」の中から，代表委員会の議題として決定したもの。

○ 議題を出したわけ。

○ 代表委員会の進め方。

代表委員会の話し合いの順序。

○ 必要なもの，用意するもの。

代表委員会での討議が深められるための参考資料として，直前に準備したり，整備したりしておくものを記入する。

② 代表委員会の記録

○ 話し合った記録。

代表委員会における討議の内容について，おおまかに記録する。

○ 反省。

○ 先生のことば。

会の終了時などに，教師から出された話の内容を書く。（指導評価）

代表委員会の実施計画および記録は，活動の過程を明確に示したもので，将来の活動のための生きた資料として，きわめて貴重なものである。

イ 最近の具体例

2月5日（月）の児童連絡会では，表のように，各学年や各部から提出された問題として，7項目あったが，その一つ一つについて，じゅうぶんな説明を聞いた後，その中の6項目は下記のように学年や部に処理を任せた。

① 図書館のスリッパのならべ方が悪いので困る。（3年提出）

図書館のそうじ当番，使用学級にきちんと整理することと，その実践の

確かめも，各学級や部でするように連絡した。

② マッチの遊びはやめさせたい。（5年提出）

全校集会で議長から，その危険であることを，全児童に伝えるとともに，先生のほうからもじゅうぶん注意するよう話してもらう。

③ 5の2の子がかたをくんでろうかを歩く。

④ 給食当番が物をはこんでいる時，じゃまをするので困る。

⑤ 6年の子が3だんあかしをしているからいけない。

（以上3項目は5年提出）

⑥ 図書館の本を返す日は必ず守ってほしい。　（図書部提出）

以上は，児童連絡会で所属の学年，部の代表が話し合って，表の中に記入してあるようにその処理の徹底を図るようにした。

しかし，「6年を送る会をやりたい」については，学校全体の問題となるので，2月14日（水）の代表委員会の議題として取り上げ，それで学級，部でじゅうぶんの話し合いをもつよう手順を決めた。

また，19，26日の児童連絡会に，部，学年からこれの実施についての原案が示され，28日の代表委員会で表のように活発な討議が行なわれ，一応具体的計画が決定した。

これを各学級，各部代表を通じて，所属学級，部に連絡すると同時に，児童会告知板に記録係が要項をできるだけわかりやすく記入し，また議長から全校集会時に口頭で発表し，すみやかにその周知徹底を期した。

2月5日（月）代表委員会の計画　議長 かわい　記録 吉田

	出た問題	出た所
	○ としょかんのスリッパをよくならべてほしい。 （としょかんのそうじ当番や使用学級に連絡する。）	3年
	○ 6年生を送る会をやりたい。	

いろいろな問題	（来週の水曜まで，学級，部で話し合ってくる。） ○　マッチに火をつけて遊んでいた。 やめてほしい。（全校集会へ出す。） ○　としょを返す日は必ず守ってほしい。 （各学級に学級代表から連絡する。） ○　給食当番が物をはこんでいるとき，じゃまをしない。 （5年の代表から関係学級に連絡する。） ○　5年2組の人がかたをくんでろうかを歩くのをやめてほしい。 ○　6年の子が3だんあかしをして注意してもにげてしまうので，やめてほしい。	5年 図書部 5年
議題	6年生を送る会の計画	
議題を出したわけ	在校生一同が，長い間学校生活をともにしてきた6年生の卒業の時にたのしく送る会をもちたい。	
代表委員会のすすめ方	○各学級，各部の代表から，話し合ってきたことの発表。 ○話し合い。 ○きめる。	
必要なもの用意するもの	○各学級で話し合ってくる。　学芸会　送別球技大会 ○日時，種目，計画と係り。	

2月14日（水）代表委員会の記録　議長 松岡　記録 吉田		
話し合	6年生を送る会について。 （各学級，部代表より話し合ってきたことの発表，話し合い。） (決)やったほうがよい。（6年ののぞみどおりやったほうがよい。） ○　日時・3月中，学校のつごうがあるので，先生に日をきめてもらう。 ○　計画と係り。（5年の代表があつまって相談する。）（6年ののぞみどおりたのしくやる。）	

った記録	○　やるもの　6年生を送る会（学芸会）（1～6年）と送別球技大会（5・6年）運動部 ○　原案は児童連絡会にだして，代表委員会で話し合う。（6年代表の意見をきいてたのしい会にしたい。）	
	出席した先生のことば。	
	○　かっぱつな意見が出た。6年生を送る会を理解してやる。	

2月19日（月）代表委員会の計画　議長 松岡　記録 吉田		
	出　た　問　題	出た所
いろいろな問題	○　6年生を送る会の原案発表 ・送別球技大会 種目　ポートボール（男子）8試合 ドッジボール（女子） 6年　24人　　前半　4分 5〃　16　　　後半　4分 4〃　8 ・やる時間　午後1時30分～3時30分 ・係りの分担はどうするか。 ・学芸会の原案も5年代表から来週（月）の児童連絡会で発表し，代表委員でじゅうぶん話し合う。	運動部
	○　6年生が相談室のおもちゃで遊んでいるのでやめてほしい。 ○　としょかんのえんぴつをだいじに使ってほしい。	5　年 図書部
	○　6の1，2の2の人が，びょうをかべにぶっつけるのでやめてほしい。 ○　遊んでいる時，じゃまをしてばしょをとるのをやめてほしい。	4　年
議　題	6年生を送る会の計画	
議題を出したわけ	前のつづき	

代表委員会のすすめ方	26日（月）の児童連絡会で５年代表から計画原案が発表され，６年代表の意見をとりいれて，28日（水）の代表委員会に発表，話し合い，決めるの順序をとる。	
必要なもの用意するもの		

2月23日（水）代表委員会の記録　議長　松岡　記録　吉田		
話し合った記録	６年生を送る会 ○　学芸会 ・出る人，１～６年 ・種目，劇，合唱，紙しばい等 ・種目しめきり日，15日（早くだす） ・見る人，５・６年（合唱のつごう） ・プログラム，原案のとおり ○　送別球技大会 種目　2月19日のとおり 係り，司会(放送部２人)　道具(運動部４人)　審判(運動部員) ラインひき(運動部全員) 開会，閉会のことば（新聞部） 準備，整理体操（運動部２人） 得点（美術クラブ） 告知板全校集会等で知らせる。	
	出席した先生のことば みんな集まるのがたいへんおそかった。	

(3)　事後処理

代表委員会で学校生活の諸問題について，真剣に討議され，解決のための方法が考えられても，実践において放置されることがあってはならない。その実践結果の確認をする部を決めておく。

告知板に決議事項を板書したり，かべ新聞，印刷物を配布してその徹底

を期するが，板書や印刷物は具体的な状況報告に，やや欠ける難点がある。

全校集会（朝礼）時等各部代表が口頭で状況をわかりやすく報告し，適切な質疑応答により，なおいっそうの徹底を図る。

どの方法が最もすぐれているというのではなく，前述のような種々な方法を併用して，くり返し実践結果の確認をし，ふたたび同じ議題で代表委員会を開くことによって検討を加え，深まった解決点を発見していく。

それは新しいより高次な代表委員会の望ましい姿である。われわれは，こうしてどこまでも，児童の自発的な意志に基づき，実践活動を通して，民主的な豊かな学校生活が営なまれるよう期待するものである。

6　代表委員会のあり方

代表委員会は，委員構成の上から，

- それぞれの所属する学級・部・クラブを代表して所属集団の意向を伝え，問題を提起したり，議決したりする場である。
- 所属集団を離れた全校的な立場から，児童の学校生活を豊かにするための活動をする場である。

このように，代表委員は，所属集団と全校という集団を代表して，学校生活に関する諸問題を処理解決していくという両面の性格をもっていることを自覚して，代表委員会の運営にあたらなくてはならない。

(1)　代表委員のあり方

上述のように，代表委員の二面的な性格から所属集団の意向を強調しすぎると，単なる利益代表になってしまって全児童の学校生活の向上をはばむことになり，反対に全校的な立場を重視しすぎた行動をすれば，自己集団からは所属集団を犠牲にしたと攻撃される結果になってしまうだろう。いずれにしても代表委員は両者を立てることが不可能であるかぎり，まことに困難な立場にあるものといわなければならない。だが代表委員は特にその必要のある場合以外は，問題が提起されるたびごとに所属する集団ま

で問題をもち帰っていちいちその意向をまとめて出直すようなことは許されないであろう。それでは，代表委員会の討議は進まず所属集団自体も，自己集団の問題をかかえた上に代表委員会からの問題の処理に追われることになって学級なり部なりの自治活動は全面的に麻痺することになってしまうからである。代表委員は，ためらうことなく常に確乎たる自信と信念をもって問題の処理解決にあたらなければならない。そうして所属集団は，みずからの代表として選出し問題の処理解決を一任した以上，代表委員が責任をもって対処した言動には無条件で拍手を送るという態度を醸成しておかなくてはならない。むしろ母体集団には，自分たちの代表委員が真に後顧の憂いなく活動できるようにする義務のあることをじゅうぶんに自覚させるべきである。

(2) 代表委員の交代制

学級や部を代表する代表委員は，学級委員とか部長とかに固定されている場合と，問題によって最も適当な児童が交代して出席する場合とがある。

本校も，1昨年までは代表委員は固定制で，学級委員，部長に限られていた。このように代表委員が固定している場合は，代表委員会の運営は円滑に進み結果的にはすぐれた方法のように思われていた。それは，学級や部等の多数の中から選出された特定の児童であるだけに，質的にも優秀な児童である場合が多いことにもよるのだろう。しかし固定制では代表となりうる人数は限定され，改選ごとに交代するとしても年間を通じて代表となりうるのは少数の限られた児童になってしまい，年々同じことがくり返されて，3年から6年卒業までの4か年の間に代表委員を1回以上経験することのできる児童はせいぜい学級在籍の3分の1以下にすぎなかった。

ところで，全校的な立場から問題に取り組んで，学校生活をより楽しく，より充実させたいということは全児童の願いであり代表委員会の意義もまたこの点にあると考えられる。そこで，より多くの児童が，より多く

の機会を通じて代表委員としての経験を重ねるためには，固定制よりも交代制のほうが適切であり，より教育的でもあると考えて，昨年度から代表委員の交代制を実験的に試みてきた。

すなわち，はじめて代表委員会に参加する3年は，半数交代制をとり学級委員が代表になる回数を多くはするが，問題によっては，直接その問題を提起した児童とか，強い関心をもっている学級委員以外の児童を代表委員にする。こうして，学年が進むに従って問題別の代表を増すようにし，6年では学級委員が代表になる数を減じて，必ず2名以上の学級委員以外の議題と関係のある係りから代表委員として出席させるようにした。各部の代表も部長に限定せず，なるべく交代して代表委員会に出席するように配慮した。およそ，特別教育活動においては，結果よりもその過程を重んじ，児童全員が学校集団の一員としての自覚を高め，自主的な生活態度を身につけることを最終の目標とするであろう。193ページ以降に述べられている児童会活動の意識調査の結果にも明らかなとおり，代表委員会を1回以上経験している児童は一般児童に比べて，問題を処理解決する方法についての考え方が適確であり，全校的な視野から解決しようとする能力などの点ですぐれていることを示している。このことからも，われわれの試みが，より多くの児童に，代表委員として自分たちの問題を主体的に解決したいという成功感を経験させたことは，教育的であったといえるだろう。

代表委員の固定制か，交代制かの問題は，われわれの短期間の実験だけで即断することはできないかもしれないが，一つの議題が解決するまでは交代しないという一議題固定の交代制が最も教育的であり，特別教育活動の多くの場面でこの交代制がとられるべきものであると思う。

(3) 討議か討論か

代表委員会での話し合いの活動は討議であるべきか，討論であるべきか。

代表委員は所属集団の全幅的支持に立っているとはいえ，その主張なり

行動なりは常にみずからの意のままでよいということにはならないであろう。前述のとおり，代表委員会には，所属集団の代表と，学校集団の代表という二面的の性格があるからである。そして，そのいずれの立場をとったにしても，その主張をいたずらに固執したとすれば，話し合いは平行線をたどってしまって一歩も前進しないであろう。話し合いは，あくまでお互いの意見，主張を発表しあって，全員がより妥当な考え方に帰一するためのものであって，自分の意見を強く主張して相手の主張を捨てさせるためのものではない。前者は討議であって，後者は討論である。特別教育活動での話し合いはすべて討議でありたい。

代表委員は所属集団の利益代表として所属集団の意向を代弁するが，それを固執してはならないことは前述したとおりである。すなわち，他の意見にじゅうぶん耳を貸して，最終的には，学校集団の一員として対処するように指導しなくてはならない。

たとえば，「屋上でのボール遊びはあぶないからやめようではないか。」ということの話し合いで，Aは学級会の意向がボール遊びを禁止されては困るということだったからというので，「この寒空でボール遊びでもしなかったら寒くてたまらない。ボール遊びは運動量もありたいへんにおもしろく遊べるからどうしてもやりたい。」という主旨を強く主張する。一方Bは，「狭い屋上で，ひとの迷惑も考えずにボールを追ってかけ回られたのではあぶなくて困る。」と主張して一歩も譲ろうとしない。遂にはボール遊びの功罪を論じあう討論になってしまって，互いに相手の言い分には耳を貸そうともしない。これでは，いつまでたっても結論の出ようはずがない。そこで，教師の助言もあって，屋上でのボール遊びはほんとうにあぶないのか，またあぶなくないのか，実態を調べようということになって，討議が次回に持ち越されてしまった。こうして，各学級から持ち出された調査の結果，屋上でのボール遊びによる被害例は意外に多く，その上C学

級では，屋上の金網を越えて下の道路に落ちたボールが通行人の頭上に落ちて恐縮してわびたとか，D学級では，道路を隔てた家の庭に落ちておこられたなどの実例が述べられたりして，Aの学級の意向は大局的見地から引っこめられ，ボール遊びにかわる種々の遊びが提案されて円満な解決をみた。

こうした討議の進め方によってこそ，代表委員会が，民主的，社会的な経験を積むための場ともなりうるのであり，特別教育活動のねらいもまたそこにあるのであろう。

(4) 代表委員会と学級の自治

前項に述べた「屋上でのボール遊び」に関する討議で，結果的に，Aが自己集団の強い要求をまげて，多数の意見に従ったことは，代表委員会がAの学級の自治を侵害したことにはならないのだろうか。

特別教育活動指導書に「児童会活動のねらい」「学級会活動のねらい」がそれぞれはっきり述べられている。これによると，児童会活動で扱う問題は学校生活に関する諸問題であり，学級会活動で扱われる問題は学級生活に関する諸問題であることが明示されている。

すなわち，屋上でのボール遊びは，Aの学級だけに限られた問題ではなく，Aの学級も含めた全校児童の学校生活に関する問題であるから，代表委員会の議題として取り上げられ，代表委員は全校的な視野から全校児童の学校生活の向上のために，前項のような結論を出したわけで，それはAの学級の自治を侵害したものではなく，当然の議決と言わなければならない。

また昨年度の代表委員会で，「給食の配食時間を静かに待つにはどうするとよいか。」という議題で討議したことがあった。

児童が配食時間中に，廊下を歩き回ったり，教室を駆けたりしていたのでは，配食当番も困るであろうし，衛生的にもよくないことはめいりょう

であろう。そこで代表委員会が配食時間中は教室で静かに待とうと考えるのは当然である。だが，その静かに待つための方法についてどうするかを考えるというのはいきすぎであって，学級内生活のあり方に立ち入ることになってしまう。学級には学級独自の対策があるはずである。それを代表委員会で討議のとおりに統制しようということになると，それは学級自治の侵害であり，仮にどんなに決議したとしてもそれは決議したというだけで守り得ない結果を招くのは当然といわなければならないだろう。

はたせるかな討議はすらすらと運んで「給食の配食時間中は，席について学級文庫の本を読むか，時事ニュースについて話し合って静かに待っていること。」という至極結構な決議をしたものの，守られたのはほんの１～２週間だけでほうぼうの学級でこの決定事項が破られていってしまった。

決議された「本を読む。」とか,「時事ニュースについて話し合う。」とかは，完全に学級内の問題ではないか。まして学級差学年差ということも無視したこの決議が守られるはずがない。B学級の学級会では，配食時は，「配食当番のじゃまをしないために教室内であばれたりしないように全員屋上に出て遊んで待とう。」「配食がすみそうになったら，日直が屋上へ連絡するから，全員手を洗って静かに着席して食事をとろう。」という合理的な独自の対策を考えて実施するようになってしまった。

この二つの例にもみられるように，学校生活に関する問題は代表委員会で取り上げるべきものであるし，学級内の生活に関する問題は学級会にまかせるべきであろう。

それを，代表委員会が限界をこえて，学級生活に関する問題にまで立ち入ってくると，それこそ学級自治の侵害であり，後者のように決議はしたが実践されないということになってしまうだろう。

学校生活上の自治機関は代表委員会，学級生活上の自治機関は学級会という原則的な当然のことをしっかりつかんでいなくてはならないと思う。

3.　部の活動の指導計画

部の活動は児童会活動の一分野として，主として学校内の仕事を分担処理するため，いくつかの部に分かれて，学校生活を向上発展させていく実際の活動を行なうものである。

ところが，ややもすると，部の活動で学校管理上の補助的な仕事の役割を分担させられたり，教師の便宜のために利用されたりしがちであるが，それは部の活動のねらいから考えて，このようなことはあってはならないと考える。

部の活動は，児童が自分たちの学校生活を向上発展させようとする意図のもとに，自発的，自治的に学校内の仕事を分担処理するための活動を行なうことによって，自主的な生活態度を身につけさせようとするものである。したがってそのためには，部の活動が円滑に行なわれるように，教師の指導助言のもとに適切な計画が立てられる必要がある。

そこで，本校においても，児童とともに実施計画などを作成して活動してきたが，主として児童が主体となって立てる活動だといっても，児童だけにまかせきりで実施計画を立てさせることは，児童の能力からいってもかなりの困難が考えられる。

したがって，教師は，施設，設備，児童数，部の担当者，指導時間，季節など，いろいろな条件を考慮して，実施計画の作成には指導と助言を与える必要がある。

以下，部の活動の指導計画に関する問題について述べることとする。

1　部の活動の指導方針

児童が自分たちの学校生活を向上発展させようとする意図のもとに，自発的，自治的に学校内の仕事を分担処理するための活動を行なうことによって，学校集団の一員としての自覚を高め，自主的な生活態度を身につけさせることをねらいとし，このねらいを達成するため次のような具体的指導方針を考えた。

(1)　学校内において，各部が独自の実践活動ができるように指導する。

(2)　児童が，自主的，自発的に学校内の仕事を受けもって，積極的に，創意くふうしながら分担処理できるように指導する。

(3)　部員全員の協力によって，部の活動のねらいが達成されるように活動させ，各部が有機的な関連をもった活動ができるように指導する。

(4)　児童が，学校内の仕事を分担処理するだけでなく，自分たちの仕事を通して，全校的な立場に立って生活上の問題を拾い上げ処理解決するように指導する。

2　部の活動の組織

(1)　部の組織の手順

部の活動は，児童が学校内の諸問題を自主的に解決していくためにある。とすると，部を設置するときにも，そのような活動が意欲的に行なわれるような手順を踏んで設けられなければならない。

クラブを設けるときには，児童の希望をとり，できるかぎり児童の希望を尊重するように配慮するが，部の設置の場合には，とかく忘れられがちである。すなわち，学校側であらかじめわくぎめをしてしまって，何々の部で活動させるとしている学校が多いのではないだろうか。これは好ましい部の設置とは思われない。というわけは，児童の自主的，自発的な活動を重んじるならば，そのような活動が行なわれやすいような配慮の上に部の設置が考えられなければならないからである。すなわち，教師の一方的な押しつけによる部であってはいけないと思う。

部を設ける場合，最も大事なことは，学校生活全般を見通して，自分た

ちの学校生活を円滑に進めていく上に，どうしてもその部が必要であるということを，児童が認めたものでなければならない。自分たちの諸問題を解決していくという立場に立ってものを考えるならば，代表委員会等で話し合いをさせて児童の希望，要望を受け入れてやるということでなければならない。

もちろん，部を決める場合，学校の地域性・施設・設備・教師の指導体制・児童数などさまざまな条件を考慮に入れて，その学校に適切な部が決められなければならないことはいうまでもない。

本校では，このような考えに基づいて，次のような手順で部が決められている。

- 前年度の諸資料を参考にして指導計画が立てられ，おおまかな部の組織を予想した。
- 児童に，学校生活上，どんな係りが必要であるかを学級会で相談させる。そこで，全児童が，話し合いによって，自分たちの学校の生活にほんとうに必要な係りはなんであるかを考える。
- 各学級で話し合ったことをもとにして，さらに，代表委員会で話し合い，まとめる。まず児童自体が，自主的に処理解決する仕事にはどんなものがあるかを考えさせ，それらの仕事をうけもつ部を決め，部の名称を決めさせる。このようにして，銀行部，新聞部，保健部，図書部，放送部の5部が考え出された。
- その結果を職員会議で検討し，はっきりと決定した。すなわち，できるかぎり，児童の意見を尊重する立場に立って話し合い，また，施設・設備・その他の条件でもふつごうがなかったので，代表委員会の決定のとおり5部を正式に決定した。
- 5年・6年の全児童の希望をとり，5部と5クラブに，できるだけ児童の希望を尊重しながら調整して，所属する部を決めた。

(2) 参加児童と組織

ア 組織

部の組織については，学習指導要領にも「児童会に所属するいくつかの部の種別や数は，児童の希望，学校の事情などを考慮し，各部の活動が有機的関連をもって学校生活全体を向上できるような配慮のもとに決められなければならない。」と示されているが，本校においては，前述のような配慮のもとに，児童会に所属する部として，

銀行部，新聞部，保健部，図書部，放送部の五つの部が組織されている。

イ 参加児童

部の活動に参加する児童は5・6年の全児童で，おのおの五つの部に分かれて仕事を分担し，実際の活動を行なっている。参加児童は，各自の希望を尊重しながら，学年，学級のわくをはずして，前期と後期に分かれて活動を行なっている。すなわち，前期に5・6年児童のだいたい半数が部の活動に参加し，残りの半数が後期の部の活動に参加している。

ウ 組織する方法

前述のように，

① 指導計画を立て，おおまかな部の組織を予想する。

② 学級会で学校の係りについて話し合う。

③ 代表委員会で部の数，部の名称を話し合う。

④ 職員会議で，児童の意見を尊重しながら部を決定し，部の指導教師担当を決定する。

⑤ 各学級で児童の希望を調査し，部員とクラブ員が半数ぐらいになるうにする。

⑥ 学校全体で調整して，前期の部員を決定し，部の組織をする。

エ 部の役割

部の活動は，児童会活動の一分野であり，代表委員会の下部組織として運営されていくのであるが，各部には部の代表として，部長，副部長，記録係など部の役員を互選している。その他，必要な部内での係りは，それぞれの部にまかせている。部長は，部を代表して代表委員会に参加することをたてまえとしているが，時には，部員が代わって出席することもある。

(3) 活動の時間

部の活動は，主として学校内の仕事を分担処理するための活動であるが，その活動の時間としては，放課後や休憩時間中などの常時活動と時間割りに組まれている固定時の活動とがある。

すなわち，部の活動には，図書館の運営にあたる図書部，学校内における保健衛生の仕事をする保健部とか，校内放送を担当する放送部などの部のように，日常の校内生活と切りはなすことのできない使命をもちながら，常時活動を続けている部がある。したがって，部の活動は，原則として常時活動に重点があるべきで，固定時だけに活動すればよいというものではない。

特に，常時活動として比較的盛んに活動される部としては，本校では，放送部，保健部，図書部などがあり，常時活動が比較的なされにくい部としては，銀行部，新聞部などがある。

次に，常時活動の時間としては，朝会前の時間，朝会時，休憩時，昼休みの時間，放課後などがある。

朝会前…放送部による時報，その他のおしらせ。

朝会時…毎日，放送部による放送器械の操作，音楽放送。マイクの準備。

各部輪番による朝会の司会。

休憩時…特に必要な場合放送。

　　　保健部による傷病児童のせわ。
昼休み…放送部による校内放送。
　　　図書部による図書の貸し出し返却。
　　　保健部による傷病児童のせわ。
放課後…下校の音楽放送。
　　　図書の貸し出し，返却，閲覧。
　　　保健部その他各部の活動。

固定時の活動としては，毎週，金曜日の第６校時を，部の活動，クラブ活動の時間とし，１時間を特設して実施している。部の活動は，常時活動が本体であるので，このように固定された時間は，主として計画や仕事の割り当てなど話し合いの活動に使われることが多い。

部の活動が，比較的学校や教師の補助的機関になりやすいのは，部の活動としての「話し合い」の場が，じゅうぶんもたれないのにも原因があるのではないか。すなわち，話し合いが，ふじゅうぶんなまま直接的な仕事にすぐ取り組ませてしまったりするからではないだろうか。そのためにこの固定時の時間を利用して，それらの指導が，じゅうぶん行なわれねばならない。

(4)　クラブ活動との関連

部の活動は，主として学校内の仕事を分担処理して楽しい充実した学校生活ができるようにすることであり，クラブ活動は，共通の興味，関心を追求し，同好の者が手を取りあって，自己の生活を楽しく豊かなものにすることである。

このように両者は，それぞれ，異なった性格上の特質をもっているものであることは，指導書に示されているとおりである。この両者の関係については，さまざまな考え方もあるが，本校では，五つの部と，五つのクラブを組織し実施している。

その実施については前述のように，部の活動に参加する児童とクラブ活動に参加する児童を，前期と後期に半数ずつに分け，10月を契機として前期，後期の交代をしている。すなわち，前期に部の活動をやった半数の児童は，後期はクラブ活動，前期にクラブ活動をやった半数の児童は，後期は部の活動を行なう。

部の活動，クラブ活動とも同一の固定時，金曜日の第６校時にいっせいに実施している。完全な両者の一本化でもなく，また完全な２本だてでもない。このような前期，後期の２期の交代制をとるようになった理由は次のとおりである。

ア　クラブ活動と部活動は，児童の内面的な欲求実践の面から考えて相反するものではないと考えた。すなわち，クラブ活動の興味と関心を追求する実践活動は，仕事を分担処理する実践活動に相通ずるものであるから，児童の問題としてとらえた。児童の活動を両面から，趣味活動，委員会活動（部の活動）というように分けて考えることは，小学校の段階では無理ではないか。したがって，研究活動をのばしながら，奉仕活動（部の活動）へと進んでいき，児童の一連の活動としてとらえることがいいのではないかと考えたのである。

しかし，両者を一連の活動として実践するとき，その中には，興味と関心を追求する面を主とするものと，仕事を分担処理する面を主とするものの両極端が存在することが認められる。そこで両極端はそのままクラブ活動・部の活動とし，中間的，一体的な性格のクラブはそのまま残し，部の活動とクラブ活動を交互に実施する交互活動を行なっている。

イ　教師の指導体制，時間の点など運営上の問題点からもこのような組織にした。

①　時間数の問題

学習指導要領では，各教科の時間数も内容も従前より著しく増加しており，特別教育活動の時間を２～３時間特設することは容易なことではない。学級会，クラブ活動と１時間ずつとると，部の活動の固定時間はどうしても７校時とならないわけにいかない。これは児童の健康上から考えても問題であろう。

部の活動は，たてまえは常時活動としても，やはり話し合いの時間はどうしても必要であるし，週に１度は会合しなくてはならない。こうした時間的な制約からも，指導体制ともからんで，半期交代制をとるようにしたのである。

② 指導者の問題

部の活動，クラブ活動は，全員参加が望ましく，本校では，５・６年生が全員参加をしている。校長以下全職員が18名という少人数なので，１部１クラブ１名ずつの担当教師では運営上支障があるので，２名ずつ配当するとすれば，いきおいクラブの数，部の数が小規模になってしまう。

過去には，クラブと部の活動を別の組織だてにし，週２日にわたって指導者が重複して指導した。しかし，出張，休暇，会議などで欠ける回数が多く，運営上支障をきたし，ひいては児童の意欲を低下させる原因にもなった。そこで，指導体制からいっても，能率的であり，時間的なむだも少ない本校の実態に即した半期交代制がとられるようになった。

以上のような理由で交代制をとっているが，児童が，その生活の中でクラブ的なものと部活動的なものとをやりたいとしている欲求や，本校の指導体制などの現状を照らし合わせて，現在の組織は，本校の実態に即したものであると考えている。

すなわち，もしクラブと部の２本立てにして，部の活動を放課後だけにした場合，指導者も児童も負担過重となることから，その活動は必然的に消極的となり，形だけは整っているようであっても，実質的にはほとんど効果が期待できないであろうことは，過去の例にもみられるとおりである。

しかし，この組織にしてから児童たちも，自分たちの部として感じとり活動するようになってきた。

だが，運動クラブに例をとると，前期は春の小運動会秋の大運動会などがあって仕事面が重くなり，後期にはクラブ活動的な研究面が割合多くなるので，運動クラブを希望してくるこどもの欲求と合致しない面などが出てくる。この点今後運営面でも研究しなければならない問題であろう。

また，児童が希望するクラブや部にうまくはいれないという問題もある。これは第２第３の希望で調整することにしているが，実際にはこうした点についてはむずかしい問題をはらんでいよう。

3 年間指導計画と実施計画

指導書によると「特別教育活動における指導計画は，児童の活動についてのおおよそのわくぐみといったものであるから，その実施にあたっては，児童とともにいっそう具体的な実施計画を立てる必要がある。」と述べられている。特別教育活動が新しく学校教育の一領域を占めて，教育課程に明確に位置づけられた以上，部の活動も当然指導計画が用意されなければならないであろう。

しかし，各教科の指導計画が，教材という媒介によって，教師の意図的な指導による教育活動を行なうのに対し，部の活動の指導計画は，教師の意図を児童に押しつけず，あくまでも児童を主体とした自発的，自治的活動を行なうようなものでなければならない。

したがって，部の活動の指導計画では，月別や週別のそれぞれに綿密な題材配当をし，指導要項などに至るまで立案され規制されているのは好ましくない。なぜならば，児童の自発的活動は前もって予測できないし，また予測することによって児童の自主性を制約する結果ともなるからである。

部の活動の計画には，教師が中心として立てられる指導計画と，児童が主体となって立てられる実施計画とがある。

次に，具体的な各部の指導計画と実施計画について述べることとする。

(1) 各部の指導計画

部の活動を指導していく場合に，教師が前もって中心となって立てる計画であり，おおよそのわくぐみをもった総括的に年間を見通した計画である。

部の実際指導にあたって，教師は各部の特質を生かし指導目的を明確にした上で児童とともにさらに具体的な実施計画が考えられなければならない。そこで本校では，次のような形式で指導計画を立てた。

ア 指導のねらい

その部独自の指導のねらいであり，年間を通して何をねらいとして指導していくかをはっきりさせる。

イ 活動内容

年間を通してのその部のおもな活動であり，教師として予想できる活動内容の骨ぐみである。

ウ 部の構成

部の構成がどのようになっているか。部をどのように組織づけるかを現わしている。

エ 部の運営

部の運営について大まかにそのあらましを述べている。

◉銀行部指導計画

① 指導のねらい。

○金銭の使い方を理解させ，貯蓄心を高める。

○預金事務を通して銀行の仕事を理解させる。

② 活動内容

○親銀行の話を聞く。　○銀行の見学。

○子ども銀行の仕事。　○そろばんの練習。

③ 部の構成

○部長１名　副部長２名

○５年11名　６年16名　計27名

○部員を２組に分け，おのおの支店長代理，窓口係，会計係，原簿係，営業係をおく。

④ 部の運営

○開行日は毎週金曜日。

○開行日の翌日，結果の発表を行なう。

○毎月１回雑司谷タイムスに現況を発表する。

◉新聞部指導計画

① 指導のねらい

○編集の仕事を理解する。

○学校のようすをみんなに知らせる。

② 活動内容

○雑司谷タイムスを発行する。

○壁新聞をつくる。

○校内に掲示物をはる。

③ 部の構成

○部長１名　副部長１名　書記２名

○５年生11名　６年生12名　計23名

④ 部の運営

○雑司谷タイムスおよび壁新聞を月１回発行する。

○部員全員で記事を集め，編集委員が編集する。

◉保健部指導計画

① 指導のねらい

○みんなの健康と安全を図る。

○衛生的な習慣を身につけさせる。

② 活動内容

○校内の清潔美化を図る。

○保健のための調査と計画を立てる。

○安全な生活のくふうをする。

③ 部の構成

○部長１名　副部長２名

○５年生７名　６年生14名　計21名

○美化班，衛生班，統計班をおく。

④ 部の運営

○毎週火曜日に美化班が花をかざる。

○衛生班が石けんを配る。

○統計班が毎月けがの集計をする。

◉図書部指導計画

① 指導のねらい

○図書館の仕事に進んで参加することによって整理，装備のしかたなど運営に必要なことを習得する。

○活動を通して全校児童が進んで図書に親しむように努力する。

○公共物をたいせつにする習慣を身につけさせる。

② 活動内容

○学校図書館の利用に関すること。

○図書の貸し出し，整理，返却に関すること。

○図書の装備，簡単な修理など。

③ 部の構成

○部長１名　副部長１名

○５年生９名　６年生22名　計31名

○部員を６班に分け，各曜日，当番に当たる。

④ 部の運営

○開閉館の時間（始業時より下校時まで）

○貸し出し日数（３日間）

土	金	木	水	火	月
・貸し出し	・整理	・閲覧・返却	・閲覧	・貸し出し	・閲覧・返却

◉放送部指導計画

① 指導のねらい

○校内放送の果たす役割を知らせる。

○放送器械の操作技術を身につける。

② 活動内容

○校内放送

○放送器械の操作

③ 部の構成

○部長１名　副部長２名

○５年生10名　６年生12名　計22名

○全部員を６班に分け月曜日から土曜日までの仕事を分担する。

④ 部の運営

○朝会時の放送（毎日10分）

○給食時の放送（土曜以外毎日20分）

（おもに全学級，部クラブが輪番で出演放送する。）

○下校時の合図　（毎日10分）

○その他の連絡放送

(2)　各部の実施計画

各部の活動の指導計画は，指導書にも述べられているように，たとえ，指導者が前もって児童の自発的な要求をじゅうぶん予想して作成したものであっても，その実施にあたっては，さらに児童とともに，いっそう具体的な計画を立てる必要が生じてくる。

そこで，各部の実施計画は，毎週金曜日の６校時を中心にして，部員の話し合いと，教師の適切な助言によって立てられるわけである。まず，学期当初において，おおまかな学期間の計画について話し合い，学期の実施計画を立て，次に月間の見通しをもちながら必ず，次週の金曜日の活動について話し合い，何をするかの計画を立てることにしている。

一方，部の担当教師は，部の年間指導計画を用意し，それに，児童とともに立てた実施計画を順次記入していくことによって，実施計画を兼ねた指導計画が作成されていくのである。

実施計画は，以上述べたもののほかに，活動の記録および個人カードを含めて考えている。すなわち，明日の活動の計画であり，実践の記録であり，そのことが次の資料的役割を果たすことを考えれば，そこまで考慮した計画が望ましいし，より細密なプランとなるのである。

また，実施計画立案に関連する行事や，注意事項などについては，資料にあたる欄に記入し，児童にも，教師にも参考となるように配慮している。

以上のようにして，実施計画をより実践的，具体的に，児童の自発的な意図によって立てているが，いざ当日となると，他の活動に変更されたりすることもあるので，ゆとりのあるものにしている。すなわち，常時活動

を続けている間に，別の問題が生まれることもあるからである。しかし，あくまでもその計画は，児童の意向によって立てられるものである。

○図書部年間指導計画（部の担当教師側がもっているもの）

月	おもな活動内容	資料	
		行事	その他
10	○部長・副部長を選ぶ。 ○仕事の分担を決める。 ○年間実施計画の話し合い。 貸し出し，返却の仕事に慣れる。 図書の整理，装備，修理，忘れた人への注意 新刊図書を知らせる。 返却のしかたについて話し合う。	・新聞週間 ・運動会 ・全校遠足 ・国連デー24日 ・読書週間（27日～９日）	・去年は月曜金曜が，貸し出し日 ・仕事を理解し，はやくなれるようにさせたい。
11	読書調査をする。（調査のやり方，結果のまとめ） 図書の整理，装備，忘れた人への注意。 11月の館外貸し出しの集計をする。	・文化の日（３日） ・学芸会	・読書調査はあまり複雑にならないよう注意する
12	○図書の整理，装備，貸し出し，返却，忘れた人へ注意。 ○２学期の貸し出しのまとめと活動の反省をする。 図書館だよりを発行する。	・ノーベル賞記念日 ・クリスマスこども会 ・終業式・冬休み	・貸し出しは20日ごろで終わらせたい。
1	○係りの配置がえをする。 図書館のせいとん，美化。 図書の貸し出し，返却，整理，装備，忘れた人への注意 １月の貸し出しの集計。	・始業式	・スリッパの補充
2	どんな本がよく読まれているか調査する（調査のやり方，結果のまとめ） 図書の貸し出し，返却，整理装備，忘れた人への注意。 ２月の貸し出しの集計。	・社会科見学 ・つくしんぼ第八集発行	・読書意欲を高めるような調査にしたい。
3	図書の貸し出し，返却，整理，装備，忘れた人への注意 ○３学期の貸し出しのまとめと活動の反省をする。 図書館だよりを発行する。	・ひな祭りこども会 ・６年生を送る会 ・大そうじ ・終業式・卒業式	・最後の週は図書の整理，修理にあてたい
4	○部長，副部長を選ぶ。年間実施計画の話し合い。 ○仕事の分担を決める。 ○図書の整理，貸し出しなどの仕事に慣れる。	・始業式 ・遠足	・図書館内のせいとん美化

5		・小運動会	・貸し出しの集計をした。
6			・購入図書の計画を立てるため希望調査をした。
7	○１学期の貸し出しのまとめをする。	・短縮授業開始 ・お誕生こども会 ・終業式	・最後の週は整理にあてたい。
9	○活動の反省をする。	・始業式 ・短縮授業終了	・活動の総反省をし新部員と交代する。

〔注〕 おもな活動内容の欄の，○印のものは，教師があらかじめ予想した活動で，その他は実施計画として児童と教師が話し合って立てたものである。以下各部おなじ。

○保健部年間指導計画

月	おもな活動内容	資料 行事	資料 その他
10	○部長，副部長を選ぶ。 ○名簿作成，年間実施計画（後期分）の話し合いをする。 仕事の分担を話し合って決める。 「目の衛生」（10月10日）校内放送をする	・寄生虫検査 ・結核検診 ・目の衛生週間 ・運動会 ・校外教授	・衛生関係ポスターをかいた ・校舎内の美化
11	けがの統計をまとめて発表する。 衛生検査をする。 保健だよりを雑司谷タイムスに発表する。	・寄生虫駆除 ・健康優良児表 ・第３期予防注射 ・結核精密検査 ・心電図検査	・校舎内の美化
12	手洗い調べをする。 ２学期のけがの統計を雑司谷タイムスに発表する。 校舎内の花びんを集める。	・避難訓練 ・冬休み ・大そうじ ・終業式	・手洗い状況調べをした。 ・校舎内の美化 校舎内の花びんを集める。
1	○清掃用具の点検補充をする。 外遊びをすすめる。 けがの統計をまとめる。	・始業式 ・６年生の健康診断 ・新１年生健康診断	・清掃用具の補充点検をした。 ・校舎内の美化
2	けがの統計をまとめる。		・けがの統計をまとめた。 ・校舎内の美化

3	○保健部の活動を反省する。 ○清掃用具を集める。 けがの統計をまとめて発表する。	・耳の日 ・大そうじ ・終業式 ・卒業式	・保健部の活動の反省をした。 ・校舎内の美化 ・花びんを集める
4	○部長副部長を選ぶ。 ○名簿の作成，年間実施計画（前期分）の話し合いをする。 ○仕事の分担を話し合って決める。 ○清掃用具の点検，補充配分をする。	・始業式 ・入学式 ・定期健康診断	・保健室の整理，整とん ・けがの統計をまとめる。(4月分) ・花びんを集める ・校舎内の美化
5		・結核検診 ・寄生虫検査 ・小運動会 ・校外教授	・けがの統計をまとめて発表した。 ・校舎内の美化
6	○口こう衛生に関するポスターを書く。	・結核の精密検査 ・寄生虫の駆除 ・むし歯の充てん ・口こう衛生優良者表彰	・けがの統計をまとめる。 ・校舎内の美化
7		・腸チフスパラチフス予防注射 ・日本脳炎予防注射 ・夏期施設参加者の健康診断	・１学期の保健だよりを雑司谷タイムスに発表する。 ・花びんを集める ・校舎内の美化
9	○清掃用具の点検，補充をする。 ○保健部の活動を反省する。	・第２学期始業式	・清掃用具の補充点検をした。 ・校舎内の美化

○新聞部年間指導計画

月	おもな活動内容	資料 行事	資料 その他
10	○部長副部長を選ぶ 年間実施計画について話し合う。 仕事の分担の話し合い。 編集委員を決める。 雑司谷タイムスの原稿を集め，編集発行する。 壁新聞を校内に掲示する。	・新聞週間 ・運動会 ・鬼子母神お会式 ・交通安全週間 ・全校遠足	・編集の仕事を理解する。 ・運動会の記録，得点係として活動する。
11	雑司谷タイムスの原稿を集め，編集発行する。 壁新聞を校内に掲示する。	・地区対抗球技大会 ・学芸会	

12	雑司谷タイムスの原稿を集め，編集発行する。 壁新聞を校内に掲示する。 学期のまとめと反省をする。	・区連会音楽会 ・クリスマスこども会 ・冬休み	・冬休みに関する記事を中心に編集する。
1	雑司谷タイムスの原稿を集め，編集発行する。 壁新聞を校内に掲示する。	・書きぞめ展 ・区芸能会	
2	雑司谷タイムスの原稿を集め，編集発行する。 壁新聞を校内に掲示する。	・区展 ・社会科見学	
3	雑司谷タイムスの原稿を集め，編集発行する 。 壁新聞を校内に掲示する。 ３学期のまとめと反省をする。	・ひなまつりこども会 ・６年生を送る会 ・卒業式・終業式	
4	○部長副部長を選ぶ。 年間実施計画の話し合いをする。 仕事の分担について話し合い編集委員を決める。 雑司谷タイムスの原稿を集め編集発行する。 壁新聞を校内に掲示する。	・始業式 ・校外教授	・編集の仕事を理解する。
5	雑司谷タイムスの原稿を集め，編集発行する。 壁新聞を校内に掲示する。	・小運動会	
6	雑司谷タイムスの原稿を集め，編集発行する。 壁新聞を校内に掲示する。	・球技大会	
7	雑司谷タイムスの原稿を集め，編集発行する。 壁新聞を校内に掲示する。 １学期のまとめと反省をする。	・七夕まつりこども会 ・終業式 ・夏休み	・夏休み特集号とする。
9	雑司谷タイムスの原稿を集め，編集発行する。 壁新聞を校内に掲示する。 前半期の活動の反省をする。	・始業式 ・大鳥神社の祭り	・前半期の活動の反省をし，新部員と交代する。

○放送部年間指導計画

月	おもな活動内容	資料	
		行事	その他
	○部長副部長を選ぶ。 ○年間実施計画（後期分）の作成。	・運動会	・器械，器具の扱いについては，

10	○仕事の分担を決める。 器械操作の研究をする。 プログラムを作って放送する。		計画的に研究させたい。 ・プログラムの作成は研究的試みとする。
11	プログラムを作って放送する。	・球技大会	・プログラムは，各学年からの意見，要望を聞いて作る。
12	校内放送についての希望調査をする。 プログラムを作って放送する。 ○活動上の反省をする。	・終業式	・全学級を対象にして校内放送についての関心，要望調査をして，プログラム編成に生かす。
1	プログラムを作って放送する。	・新年のつどい ・始業式	・班編成を改める。
2	プログラムを作って放送する。 放送部で放送劇を放送する。	・卒業生を送る球技大会	・放送出演のあり方についての関心を高めたい。
4	プログラムを作って放送する。 ○活動上の反省をする。	・卒業生を送る学芸会 ・卒業式 ・終業式	・活動上の総反省をする。
4	○部長，副部長を選ぶ ○年間（前期分）の実施計画を作る。 ○仕事の分担を決める。（班編成を作る） 器械操作の研究をする。プログラムを作って放送する。	・始業式 ・新１年生入学式 同対面式 同歓迎会	・部員の構想を生かして活動計画をたてさせたい ・器械操作を計画的に研究させる ・校内放送の計画は，代表委員会の討議を経てたてる。
5	○放送局か，他校の放送部の活動を見学する。	・小運動会	・校内放送の関心を高めるように創意くふうする （例）放送コンクール
6		・球技大会	・仕事分担の班編成を改める。
7		・終業式	・夏休み中のラジオ体操の会の放送計画を立てる。

9	○活動上の反省をする。	・始業式。	・校内放送は運動会の練習が忙がしくなった時は臨機にくふうする。

○銀行部年間指導計画

月	おもな活動内容	資料 行事	資料 その他
10	○部長副部長を選ぶ。 仕事の分担を決める。 ○こども銀行の意義について話す。 預金事務のけいこをする。	・運動会 ・鬼子母神お会式	・審判係として活動 ・部の組織を作る ・仕事の順序・やり方を指導してもらう。
11	4・5・6年の預金。 開行日の翌日に預金額を発表する。 そろばんの練習	・七五三 ・こども銀行の表彰式	・各学級・月2回預金できるようにする。 ・大蔵大臣賞受賞 (昭.29.11.25) (昭.35.11.17)
12	4・5・6年の預金。 預金額の発表。 各クラスごとの原簿の集計。 雑司谷タイムスを通して預金をすすめる。	・クリスマス ・冬休み	・預金の仕事をする。 ・各組の預金原簿の集計をして通帳と比べる。 ・全校の預金額をタイムスに発表する。
1	4・5・6年の預金。 雑司谷タイムスに預金発表	・お正月	・お年玉を貯金する。
2	4・5・6年の預金 銀行の見学 そろばんの練習	・節分	・区長賞受賞 (昭.35.2.20) ・6年生の利子を記入してもらう ・6年生の各自の通帳に利子を記入してもらった
3	4・5・6年の預金。 ○6年払いもどしの事務。 4・5年原簿の集計。	・ひな祭り ・卒業式，終業式	・区長賞受賞 (昭.30.3.17) (昭.34.3.24) ・6年生の払戻しをする。 ・各組の集計をする。

4	○部長・副部長を選ぶ。 仕事の分担 ○子ども銀行の意義について話す。 預金事務のけいこをする。 利子の記入4・5・6年の預金。	・始業式 ・入学式	・部の組織を作る ・部の計画をたてる。 ・銀行部で利子の計算。 ・通帳に利子の記入。 ・預金の仕事を指導してもらう。 ・預金の仕事を始める。
5	4・5・6年の預金。開行日の翌日預金発表 そろばんの練習	・こどもの日	・各組，毎月2回預金できるようにする。 ・小運動会で審判係になる。
6	4・5・6年の預金		
7	4・5・6年の預金 原簿の集計	・たなばた	・原簿の集計と親通帳とを比べる
9	4・5・6・年の預金 そろばんの練習	・大鳥神社の祭り	

○図書部年間実施計画（児童側がもっているもの）

月	おもな活動内容	資料 行事	資料 そのほか
10	部長と副部長をえらぶ。 めいめいのしごとの受けもちをきめる。 じっさいの活動について話し合う。 本を貸し出すことや，かえすことのしごとになれる。 図書の整理，そうび，修理。わすれた人への注意。 あたらしい図書を知らせる。 かえしかたについて話し合う。	・運動会 ・全校えんそく。 ・読書週間 (27日から9日)	・きょねんは月曜と金曜が貸し出し日だった。 ・しごとにはやくなれるようにする。
11	読書調査をする。（調査のやり方について話し合う。結果のまとめをする。） 図書の整理，そうび，わすれた人への注意をする。 11月の館外貸し出しの集計をする。	・学芸会	

12	図書の整理，そうび，貸し出し，わすれた人への注意をする。 ２学期の貸し出しのまとめと，やったことについての反省をする。 図書館だよりを発行する。	• 修業式 • 冬休み	• 貸し出しは20日ごろでおわらせる。
1	しごとの受けもちをかえる。 図書館を整とんし，きれいにかざる。 図書の貸し出し，かえすこと，整理，そうび，わすれた人への注意。 １月の貸し出しの集計をする。	• 始業式	
2	どんな本がよく読まれているかの調査をする。（調査のやり方とまとめ方について話し合う。） 図書の貸し出し，かえすこと，整理，そうび，わすれた人への注意。 ２月の貸し出しの集計をする。		
3	図書の貸し出し，かえすこと，整理，そうび，わすれた人への注意。 ３学期の貸し出しのまとめと，やったことの反省をする。 図書館だよりを発行する。	• ６年生を送る会 • 修業式・卒業式	• 最後の週は，図書の整理をする

〔注〕 2期交代になっているので，10月から３月まで実施された分をのせた。

(3) 各部の実践記録

ア 各部の活動日誌

以上のようにして立てた実施計画に基づいて，各部の活動が，いつどんなふうにして実践されたか，それにはどんな問題があったかなどについて記録を残していくことは，実施計画の一環として重要なことである。

しかも，これらの活動日誌や，個人カードは，以後の活動の参考資料となることはもちろんであり，実践状態を確認する手がかりとなったり，反省の基準ともなるのであるから，これらの記録によって，児童の意識や活動がいっそう向上発展することが期待できるのである。

記入は，児童の手によってなされ，教師の適切な指導助言が加えられる。また，部の活動日誌では，その活動を通して，全児童の生活上の問題を指摘した事項が記録された場合には，部の代表が，代表委員会や連絡会にもちこまれ，部からの提案とか要望事項として討議されるのである。次

にその表と記入例を示してみよう。

図書部活動日誌			
11月10日 金曜日	記録した人	石井以津子	
きょうのよてい	1. 読書調査について話し合い。 2. 図書の整理		
したこと	1. 読書調査について話し合った。 イ．調査する日 ·11月15日（水） ロ．調査の方法をきめた （印刷 150枚） ハ．調査のうけもちをきめた（印刷係，用紙係，各学級の責任者） 2. 図書の整理をした。		
気のついたこと（感想）	話し合いの時，なにかきいても発言する人が少なかった。		
問題になったこと	図書館日誌をかいてから，かりにくる人がいる。		
反省（指導者記入）	話し合う目あてをはっきりさせたので，円滑とまではいかなかったが，時間一ぱいできめることができた。 話し合いをすませてから図書の整理をしたのはよかった。	来週の予定	1. 読書調査の結果をまとめる 2. 図書の整理

保健部活動日誌		
3月2日 金曜日	記録した人	矢沢由美子
きょうのよてい	美化班は花のくきを切る。 衛生班は衛生材料を作る。 石けんを配る。	
したこと	美化班は花のくきを切った。 衛生班は衛生材料作り。 石けん配り。	
気のついたこと（感想）	石けんが古く，かたくてきたないので，石けんの係りの人がやりにくかった。	

問題になったこと	6年生を送る会について 5年生が6年生を送る会をしてくれるというので，その話し合いがあったが，日にちのつごうで，まとまらなかった。		
反省（指導者記入）	各班の仕事を1時間取って実施させた。 初めて実施させたが，必要なことだと思う。統計は毎回継続しなくてはならないことなので児童も根気が必要でたいへんなことである。	来週の予定	けがの統計，2月までの全部の仕上げ

イ　個人カード

各部の活動状態は，それぞれの活動日誌を見れば詳細に理解されるわけであるが，その活動は，集団を通して実践されるため，ややもすると，ひとりひとりの存在や意志が忘れられがちである。したがって，個人に対する適切な指導や評価は，それなりの方法が必要である。そこで考え出したものが個人カードである。

この個人カードは，児童の自主的態度の育成の上からも，担任教師への密接な連絡や，活動の評価などの諸点から考えて，かなり有効なものであると考えている。

また，このカードは，クラブ活動の個人カードとして，実施計画や個人の実践記録としても利用している。したがって，前期後期で交代をした場合でも，同一カードを利用できることになっている。このように個人カードは，児童とともにあって，個人の活動のささえともなっているのである。

図書部の計画と記録　　氏名　6年3組　瀬尾房子

月	日	予定	活動の記録	反省	先生のことば
	12	図書の整理	1. 図書の整理 2. ラベルはり	仕事がわりあいはやくおわった。	

月	日	予定	活動の記録	反省	先生のことば
			3. 部長副部長を決めなおした 4. 3学期の予定について話をきいた。		
1	19	図書の整理 ラベルはり	映画教室のため休み		
	26	同　じ	1. 図書の整理 2. ラベルはり 3. 記録をかいた。 4. 先生のお話をきいた。 5. 司会当番を決めた。	仕事がいつもより早くおわった。	能率的に仕事を進めるようにしたことはたいへんよかった。
2	2	図書の整理 ラベルはり 1月のかし出しのまとめをする。	1. 図書の整理 2. 話し合い 3. 1月のかし出しのまとめ	話し合いの時あまり意見がでなかった。 仕事がいつもより少しおそかった。	いつもまじめに自分のしごとをよくやっていますね。
	9	図書の整理 ラベルはり 話し合い	かぜで学校が休み		
	15	図書の整理 ラベルはり 話し合い	1. 図書の整理 2. ラベルはり 3. 話し合い	きょうは話し合いの時意見をいわなかったのでこれからはもっと発表しようと思います。	
	23	どんな本がよく読まれているか調べる。	1. どんな本がよくよまれているか調べた。 2. 話し合い	きょうはおそくまでいっしょうけんめい仕事をやったと思います。	
	2	2月のかし出しのまとめをする	1. 図書の整理 2. ラベルはり 3. 2月のかし出しのまとめ 4. どんな本がよくよまれているかのまとめ 5. 司会当番を決めた。	きょうは仕事がはやくおわったがおしゃべりが多かった。	

3	9				
	16	活動の反省をする。			

保健部の計画と記録　　6年3組　氏名　矢沢由美子

月	日	予定	活動の記録	反省	先生のことば
1	12	清掃用具の点けんと配ふ	理科準備室と家庭科室の清掃用具の点けん	4の1のバケツがきていた。はたきが1本もなかった。	仕事がていねいでおちついてよくやっている。仕事に対して責任感が強く非常によろしい。
	19	清掃用具の補充	なし（映画教室のため）	先生が出ちょうしたので点けんだけしかできなかった。	
	26	清掃用具の補充	理科準備室と家庭科室の清掃用具の補充と他の組の名まえを書いた。	ほうきのえがたくさんとれていた。	
2	2	けがの統計	調べたことを，まとめた。	いっしょうけんめいしごとを，したとおもった。	統計のグラフ作成にも計算にも根気よく実施し，非常にていねいである。仕事が少しのろいようであるが，他は良好，たいへんけっこうです。美化班の仕事はたいへんよろしい。
	9	かぜのため全校休校	なし	なし	
	15	グラフ作り	学年別のけがの統計を月別にまとめてグラフに記入した。	東京都内からいらっしゃった先生方が見学された。みんな静かだった。	
	23	グラフ作り。	15日にやった残りをしあげた。	少しさわがしかったので，これから注意するようにする。	

3	2	花のくきを切る。花の水がえ	花のくきを切って，水をとりかえた。	もうすこし，ていねいにやればよかったと思う。	保健部の美化班の仕事の外保健部に関するすべてを，積極的に活動できたと思います。
	9	けがの考さつ	グラフ作りを終わり，けがの考さつをした。7こう目を3人で2つずつうけもち，14日(水)に全校向けに発表することになった。	毎週水曜日はお花をかえる日にしている。美化班は毎週かかさずよくやったと思っている	
	16	保健部の反省	反省会をもつことの話し合いにいろいろのいけんがでた。わたしもせいいっぱい活動したと思う。	14日(水)にけがの統計の総まとめをして全校向けに発表した。	

新聞部の計画と記録　　6年2組　氏名　加藤勇夫

月	日	予定	活動の記録	反省	先生のことば
1	12	1月号タイムスの計画 壁新聞の編集	かべ新聞の編集をした。(みみずく1月号)		かべ新聞の作成にあたっては，中心となって活動した。よいかべ新聞がつくれたと思います。
	19	1月号の雑司谷タイムスの編集 かべ新聞の掲示	映画教室に行ったため雑司谷タイムスの編集ができなかった。		
	26	1月号　タイムスの編集発行 かべ新聞の掲示	雑司谷タイムスの編集をした。「鉄道のこと」を書いて出した。	もっといい記事をだしたいと思う。	

月	日	予定	活動の記録	反省	先生のことば
2	2	2月号の雑司谷タイムスの計画。かべ新聞の計画。	雑司谷タイムスで「鉄道のこと」を書くことになった。	かべ新聞の記事があまりでなかった。もっとだそう。	これからの鉄道はよい記事です。次号にもぜひ，つづきをのせるとよいと思います。
	9	かべ新聞の記事あつめ 2月号のタイムスの編集	流感のため休校した。		
	15	かべ新聞の記事あつめ 2月号タイムスの編集と3月号タイムスの計画	「これからの鉄道」を書いて出した。	きょうは都内の先生がたがきた。てきぱきやった。	
	23	3月号タイムスの計画 2月号タイムスの反省 かべ新聞の掲示	かべ新聞の記事あつめをした。 3月号のタイムスにのせる記事を決めた。	新聞部の先生がいなかったが，自分たちだけでしごとができてよかった。	
3	2	かべ新聞の計画 タイムスの記事あつめ	かべ新聞の記事こんどの部会に出す。タイムスの計画をして，わりあてをきめた。「これからの鉄道」を出す。	2日に出すかべ新聞の記事があつまらなかった。	責任をもって，よく自分の分担する仕事をはたしてきたようです。
	9	かべ新聞の記事あつめ タイムスの編集	3月のタイムスの編集をした。 かべ新聞の記事あつめ	かべ新聞の記事があまりあつまらないのでその編集ができないでこまった。	
	16	かべ新聞の編集 タイムスの発行と反省	かべ新聞の記事がでないので，土曜日までに出す。 3月のタイムスの整理をした。	6年最後の新聞部会だった。いろいろ反省がみんなからでた。	

放送部の計画と記録　　5年1組　氏名　村上妙子

月	日	予定	活動の記録	反省	先生のことば
1	12	3学期校内放送のプログラムの編成について	どんなプログラムにするか調査を参考にする。 プログラムを作る（1月）	2学期に調査をしたがその結果をプログラム作りに生かすことができてたいへんよかった	プログラム作成に建設的意見をたくさんだしたことは感心です。
	19		えいがで休み		
	26(金)	校内放送プログラム作成		ちかごろはみんながよくきいてくれるのでプログラム作りがたのしみになってきた。	
2	2(金)	校内放送の方法について	器械の扱い方と音量・音質の調整の方法	電気の器械はこわい気もしたがなれてきたり正しい扱いをおぼえてくるとおもしろくなってくる。	器械の扱いにすっかりなれ正しい操作をしています。
	9	人気のある番組とよい放送とはどんなものか話し合う。	かぜのため全校休み		
	15(木)	アナウンスのしかた	活動の反省	きょうは意見がよく出て，うまくいった。	
	23(金)	アナウンスのしかた 3月のプログラムを作る。	マイクの位置としせい よいアナウンスのしかた（本を参考にして日ごろの反省を主にした。）	きょうはあまり話し合いをやらないでおもしろくなかった。	
	2(金)	アナウンスのしかた実さいにやって見る。	送別きゅぎ大会の司会者をきめた。（村上　山田） ふだん気のついたこと	と中おしゃべりをしたから気をつけよう。	放送部の仕事を興味をもって進んで役目

3	9（金）	アナウンスのしかたニュースを作ってくる。	かわりばんこにニュースのアナウンスをして点をつけたり，よい点，わるい点を話し合った。	ことばづかいがたいへんはっきりしているとほめられる。これからアナウンスすることがたのしみになってきた。	をはたしました。特に時間を正しくしたことはたいへんよかったと思います。
	16（金）	仕事のまとめ反省			

銀行部の計画と記録　　6年3組　氏名　五十嵐真知子

月	日	予　　定	活動の記録	反　　省	先生のことば
1	12	全部の預金	4の2の預金 5の2 6の3（営業日誌の集計）	おしゃべりがおおかった。	日誌の字がたいへんていねいに書けている。計算も正確でよい。
	19	6年の預金（中止）	（映画教室）		
	26	6年の預金	6の3の預金（営業日誌の集計）今後の予定話し合い		自分の学級の預金を預かってお金の袋に記名がないので苦労したがよくやった。
2	2	4・5年の預金	5の2の預金 2の4 〃 （営業日誌の集計）	おしゃべりがおおかった。 お客さんが少なかった。	仕事が早く正確にできた。話す時も小声で静かに仕事ができた。
	9	6年の預金（6年利子記入）	かぜのため休み		
	15	4・5年預金	6の3の預金（営業日誌の集計）ほかの学校の先生がいらっしゃった		研究会でたくさんの先生が見ておられる中で平常どおりおちついて仕事ができた

	23	そろばんの練習	4の2の預金 5の2 〃 （営業日誌の集計）	お客さんが少なかった。	
3	2	4・5年預金	5の2の預金 6344 （営業日誌の集計）	4年預金がぜんぜんなかった。	部長さんの連絡がふじゅうぶんでお客さんが5年だけになってしまったがまじめにやった。
	9	集計 6年通帳利子記入	親銀行（東京信用金庫本店）見学	機械化された事務の能率化に驚いた	
	16	反省会			

(4)　各部の実施計画作成上の留意点

部の活動に参加する児童は，主として高学年であるとはいえ，いまだ発達段階の途中にあるこうした児童たちだけに，その計画を，児童にまかせきりであってはならない。たとえば，学校生活全体からながめなければならない大きな問題などもあるからである。

また，部の担当教師も，児童の実施計画作成にあたっては，もちろんこれに参画はするが，決していきすぎない程度の指導助言を与えるべきであって，これがいきすぎた場合には，かれらの自主性の芽を摘む結果になるおそれが多分にあることに，じゅうぶん留意すべきである。

なお，前にも述べたように，教師と児童の話し合いの上で立てられた実施計画であっても，なお途中でかなり修正されることもやむをえないので，本校の実施計画は，ある程度の弾力性をもたせてある。

(5)　各部の実施計画作成後の問題点

本校において，各部の実施計画作成後，その実験を試みた結果，問題と思われる点を二，三あげてみよう。

ア　例を新聞部にるとと，話し合いの時間が少ないため，能力差が著しい。そのため常時活動がかたより，活発な活動が思うようにできない。

イ　銀行部の例では，児童の学校生活に直接関係する活動がない上に，他に活動の場がないので，常時活動をするには不向きのように思われた。これなどは，部の組織などにも問題があったものと思われる。

ウ　教科の面で遅れがちの児童こそ，それぞれの所を得て，むしろ部の活動に楽しんで加わるようしむけるべきで，それには話し合いの時間を多くもって，さらに常時活動の活発化を図らなければならないと思われた。

4 部の活動と学級会活動との関係

部の活動は，全児童の学校の共同生活に役だつ活動をするものであり，学級会活動は，学級の共同生活を向上発展させることを目ざす活動であることは，前述（部の活動・係り活動の項参照）したとおりである。

では部の活動と，学級会の活動とは，まったく独自な立場に立って，まったく無関係な活動をすればよいか，また，相互に関連をもたなくてはいけないものなのか，もつとすれば，どのような関連性をもっているかについて考えてみたい。

(1)　部の活動のあり方

部の活動は，児童が全校的な視野から，全児童の学校生活をよりよくするために，自発的・自治的に行なう活動である。すなわち，活動の場は全校であって，個々の学級ではない。もちろん，部の活動を推進していくために，学級会活動の側面からの協力はたいせつであるが，必要不可欠のものではない。それだからといって部はかってに思うままの活動をしてよいというものではない。全児童が，何を望みどうしてほしいと願っているかを判断して活動しなければ部の存在の意義がないからである。

この全児童の要望を，代表委員会という組織を通して確認し，はじめて意欲的に有意義な活動に移ることができるわけである。つまり，代表委員会に直結して活動するものであり，部の活動を進めるためには，学級会活

動のあり方が条件となるものではない。

ここで，本校での事例をみることにしよう。代表委員会の連絡会で，廊下の手洗場わきにある学級の代表から，「給食の手洗いの時，手洗場のまわりがびしょぬれになって困る。すべるので，学級の日直や当番がせっせとふくが，すぐよごされてしまう。なんとか考えてほしい。」という問題が提起されて，代表委員会から保健部へ，その実態を調査して報告するように要望された。そこで，保健部では，部会で話し合って決めた実態調査の方針に基いて，それぞれ持ち場を決めて，「どのようによごれるか」どうしてよごれるのか，ということについて１週間にわたって調査し，次回の連絡会にその実態を報告した。代表委員会では，この保健部の報告資料をもとに討議し，各学級にも注意して使うようにしてもらうが，保健部が中心となって事後対策を立てるように，重ねて保健部へ問題の処理が要望された。保健部はふたたび部会で話し合い，各手洗場の清潔保持に努める一方，部員の指導で，手洗い後ぬれた手を振らないように，また，すぐ手をふくように注意しあうことにした。この保健部の活動で，一応問題は，解決したわけである。

この例にみるように，部の活動自体については，学級会の協力はもちろん必要ではあるが，不可欠な条件ではない。部は代表委員会の決定に従って，全部員が話し合い自主的に活動して問題の処理解決にあたっていくわけである。そこには，直接学級会の係りの活動にまつものは何もないわけである。また，それでなければ，学級会の係りは部の下うけ的になってしまって，本来の学級内の問題処理はあるし，それこそ動きのとれないものになってしまうであろう。

(2)　部の活動の独走

部の活動は，部独自の判断によって動くこと，換言すれば，部の自主性は尊重されなくてはならない。だが，部が何から何まで独自の判断の上に

立つ部単独の活動であってはならない。部は，前述のように，全校児童の要望にこたえて全校の共同生活に役だつような活動をするものであるから，全児童の単位集団である学級会の要望を無視した活動はあり得ないことは当然であろう。そうして，部の活動の上で学級会の係りの活動に協力を求めて，よりよい結果を願ったり，部の活動をより有効にしたりすることは別の問題である。前項の例でみれば，保健部の活動は，手洗い場わきの学級から要望があったからこそ，代表委員会がその対策として，保健部の活動を求め，問題の処理がなされたわけで，これは保健部が自主的に単独で乗り出していったわけではない。また，仮に，部が自主的に動こうとする場合であっても，代表委員会に報告され，その了解の上に活動が進められることになるべきものであろう。そうすることによって，全児童が部の活動の実態を知ることにもなり，部の活動によって，時には，学級会の係りの活動によい刺激を与え，全児童の協力によって，部の活動をより効果的にすることもできるからである。

(3) 部の活動と学級会の係りとの関連

前述のように，部の活動は学校生活上の必要性から出るものであり，学級会の係りは学級生活上の必要からおかれるものである。

このように両者は，本質的にはまったく別の必要性からおかれるものではあるが，両者の活動が円滑に行なわれることによって，相互に向上しあい，学校生活もより楽しいものとなっていく性質のものである。

ところで，部と係りが仕事の上で，また人員構成の上で，同一であればさらに協力しあうことができて，なお，いっそう相互の向上発展が望めるだろうという意見があるのではなかろうか。

前述のように，部の活動と係りの活動は，それぞれ活動する場を異にし，おかれる理由も本質的にまったく異なったものである。それなのに，ただ単に便宜上から，学級にも部と同じ名称の係をおいたり，部の活動の経験

を通して，他の児童より仕事になれているからという便宜から，部と学級の係りを同一人に割りふったりすると，どういうことになるだろうか。それは，学級会の係りの項にも詳述されているとおり，部としての必要性が必ずしも学級の必要性と一致しないこともあろうし，その児童は部と学級の両者の仕事で負担過重にもなるだろう。その上全員が当たるという特別教育活動本来の趣旨にも反することになってしまうのである。

部の活動と学級会の係りの活動は，それが活発になることによって，互いにその活動が効果的になり，より活発円滑になっていくものではあるが，名称や，人員の構成上での直接的な関連はまったくないものであり，またその必要もないものであろう。

5 部の活動と学校管理

部の活動は，「児童が学校内の仕事を分担処理することによって，学校集団の一員としての自覚を高め，自主的な態度を身につけさせるために行なわれるものである。」と指導書に述べられているように，その活動は，児童が自発的，自治的に計画し実践していくものである。

(1) 部の活動と学校管理

「廊下を走らない」「高鉄棒には登るな」「朝，飛び箱を校庭に出しておく」「下校の合図で全児童を下校させる」などの問題は，学校管理上，児童管理上の必要から当然教師が指導すべき問題であって，児童が，みずからの学校生活をより楽しく，より豊かにするために常に自主的にこのように行動するとはかぎらないものであろう。しかしこのように，児童の自主性にまつだけでは，児童の安全指導や，学習指導の万全を期することができない場合は当然教師の直接指導が行なわれなければならない性質のものである。学校管理上の問題も本校では，しばしば代表委員会の問題として討議に上ることがある。

指導書に，「児童会活動に学校管理上の補助的な役割を期待してはなら

ない。」と，指導にあたる教師の基本的な態度として強調している点と矛盾するではないかという疑問が起こってくるであろう。

学校の管理上，必要な秩序を保ち，児童の心身の安全を確保するためとはいえ，教師の便宜のためで，上記のような問題に取り組ませることは，教師としての責務にももとることであり，おおいに自戒しなければならないことである。

だが，児童が，自発的に，「廊下を走らない」「高鉄棒に登らない」「下校の合図で全員帰宅しよう」など，教師の日ごろの指導を守らない児童があって，児童自身が，廊下を走るお友だちがいるために，「校内が騒がしくて困る」「廊下の角で衝突してけがをした」「高鉄棒から落ちて手を骨折した」下校時間を守らなかったばかりに「家人に無用の心配をかけた」等々といった経験から，お互いに，こうした問題に関する意識が高まって，自主的に代表委員会の問題にして話し合い対策をねって，問題の解決を図っていくことは，教師の指導をより徹底させ，こうした問題に関する児童の自覚を高めることにもなるので，必ずしも忌避することではないであろう。ただ，児童が自主的に活動するから，教師の指導は不要になったということであってはならないのは当然である。

(2)　部の活動と教師の指導

「毎朝，飛び箱を校庭に出しておく」という問題はよく考えてみなくてはならないであろう。

なるほど，飛び箱が外に出ておれば，教師は，体育の授業で飛び箱を使う場合至極便利であろうが，それは，教師の責任において行なわれなければならないことであろう。児童は，教師の助手ではないはずである。このような単なる教師の便宜のために，児童会の活動を利用することは，児童会活動のねらいとするものでもなく，そこに，児童の自主性を高めていく効果を望むことはできないであろう。このような仕事を，児童会活動に求

める場合は必然的な結果として，三日坊主に終わり，長く続かない現実をみても，その誤っていることはめいりょうであろう。

もっとも，この問題も，児童が，自主的に校庭へ，常時飛び箱を配置して，自由時間に自由に飛び箱の練習がしたいという要求から，代表委員会で話し合って，運動部の活動として「毎朝，校庭に飛び箱を出しておく」ということであれば，教師の判断において，それが認められた場合は，児童会活動のねらいに合った活動として是認されてもよいであろう。もちろん，そこには適切な児童の安全指導という教師に与えられた問題が残るのは当然である。

以上のほか，児童には，学校の仕事を自分たちで分担しているのだという意識をもたせる必要がある場合であっても，教師の立場からは，常に児童会活動のねらいを達成するための指導であることを忘れてはならない。

たとえば，学校行事である運動会で，何年何組は入場門，何年何組は赤退場門，何年何組は白退場門，運動クラブは校庭のライン引き，新聞部は得点表，何年は会場作り等々と，教師の考えた仕事の割り当てであっては，児童会活動のねらいに当った指導であるとは言えないであろう。教師は，あくまで，児童の自主性を伸ばし，学校生活をより楽しくさせるために，学校の仕事を児童に分担させることを念頭において，児童会の組織をとおして自発的に討議され，自治的に仕事が分担されていくように指導しなければならない。

V　学級会活動の指導計画

Ⅲ章では，本校における特別教育活動の全般にわたって，その指導計画の概略を述べてきた。その中で，学級会活動は，児童が学校生活における生活単位である学級社会を向上発展させる意図をもつ活動であるから，児童にとっては最も身近なものであり，活動の機会と場が他の二つの活動に比較してはるかに多く，特別教育活動の中で重要な位置を占める活動であることを明らかにしてきたのである。

ここでは先に述べられた，ねらい，内容，組織，時間などに基づき，われわれがどのような考えのもとに計画を具体化し，指導の手がかりを得たのかを述べてみたい。

学級会活動の指導計画は，学校，学級独自のものが立てられるべきであり，その内容や取り上げ方も一定されているわけではない。

1　学級会活動の指導方針

特別教育活動の指導書には学級会活動のねらいとして「児童が，自分たちの学級生活を向上発展させようという意図のもとに，自発的，自治的に学級生活に関する諸問題を話し合い，解決し，さらに学級内の仕事を分担処理するための活動を行なうことによって，学級集団の一員としての自覚を高め，自主的な生活態度を身につける。」と書かれている。

しかし，現場にあってはなんとなくつかみにくい表現である。現実の問題として，児童に接するとき，教師は具体的にどのようなねらいをもってその役割を果たしたらよいのだろうか。児童の発達段階や学級のもつ事情を考慮して具体的に追求してみると，いろいろの問題につきあたってしまう。

話し合いや集会の活動では形式面が気にかかる。係りの活動では仕事の成果に期待をかける傾向になる。話し合いがスムーズに進められた。議事の運び方がうまい。記録がよくとれていた。集会においては，出しものが整い，出る人，見る人の態度がりっぱであったなど，形式やその結果だけにとらわれすぎて評価しようとするなどである。

この場合，教師の学級会活動に対するねらいはあやまっていることに気づかなければならない。つまり，学級内の問題を話し合ったり，仕事を分担処理したり，楽しく集会を開いたりする児童の自発的，自治的な活動を積極的にすること自体にねらいを求めなければならない。形式や結果のよしあしは二次的なものであることに理解を深めたい。

学級会活動においては，各学年の指導のねらいは同じであるが，そこには低・中・高程度の学年を目安にした発達段階の相違を考えておくことがだいじである。しかし，あまりそれにとらわれると前に述べたような形式面，技術面を重視する結果になりがちだから注意すべきである。

本校では，発達段階に応じたふさわしい指導のあり方を考えて，次のような方針を立ててみた。

低学年　教師を中心に，友だちどうしがなかよく交わり，進んで学級生活に参加し，楽しく生活（仕事）ができるようにさせる。

中学年　学級生活を楽しくし，向上させるための問題によく気づき，教師とともに自分たちの手で処理解決できるように協力して生活（仕事）ができるようにさせる。

高学年　教師の助言を得て，よりよい学級生活を目ざす活動を主体的に進め，生活に即し，計画的な集団生活を営むことができるようにさせる。

2　年間指導計画

1　学年別年間指導計画

本校では，学級会活動を指導する手がかりの一つとして，学年別に年間にわたる活動の計画表を用意している。もちろんこれは指導計画そのもので，名称は必ずしもふさわしいとはいえないが，指導計画の他の面と見わけがつくように便宜的に呼んでいるのである。

この計画表は，年間計画一般にみられがちな，年間にわたっての議題（題材）や指導上の留意点を細かくもりこんだものではない。なぜなら年間にわたって議題を配列しておくことは，それがどのような根拠やねらいをもつとしても，この活動の本質に反すると考えられるからである。扱いやすい，便利なものを作成し弾力的に扱ったとしても，年間の全議題を用意した計画のもとでは児童の自主的な活動を後退させる結果になりやすいのである。

端的にいうなら，学級会活動の特質から考えて，議題を年間にわたって細かく配列しておく必要はないといえるだろう。

本校ではこの点を慎重に検討した上で考案してみたのである。つまり，児童が１年間活動を展開する上で，最低これだけの活動は必要だし，予想できるものだけを表にのせたのにすぎない。したがって学年当初は空白の部分が多いが，その後活動の展開にともなって随時記載されることになるが，記載の要領や注意は活用のしかたとともに次項に述べることにする。

年間指導計画表　　（1年）

学期	活動内容	指導上の留意点	資料
	○学級会の時間のすごし方 ○名まえの発表	○教師が具体的に説明する。 ○車座になって氏名を発表し合い親しむ機会を作る。	
	○学校での遊びの種類を話し合う。	○遊びについてはほかでも扱うので，おもしろかったことこまったことなどを話し合う。	

I	○こまったことを発表する。	○こまったことをみんなで考えさせる解決は教師が別に考える。	
	○自分たちのできる仕事をみつける。	○能力にふさわしいものを気づかせる。 ○かんたんな仕事をうけもつ役をもつ。 ○１学期中に全員があたるようにする。	
	○集会活動 こどもの日にちなんだもの 誕生会 七夕にちなんだもの ○学級会の話し合いや集会・係りでしたことを思い出してみる。	○各活動で実際にあったことを思い出すことが中心	
II	○係りの分担を交代する ○集会活動 ・誕生会　２回 ・クリスマスにちなんだもの ○学級会活動の思い出を話し合う。	○活動事例を思い出し，反省も加味させたい	
III	○係りの分担の交代 ○集会活動 ・誕生会 ・ひな祭りにちなんだもの ○学級会活動の思い出を話し合う。	○よかったこと，こまったこと，あらためたいことなどを話し合う。	

年間指導計画表　　（２年）

学期	活動内容	指導上の留意点	資料
I	○学級会の係りを作る。時間のすごし方 ○集会活動 ・こどもの日にちなんだもの ・誕生会 ・七夕にちなんだもの ○学級会の反省	○１年生で活動したことをまとめ，教師が補足する。 ○よかったこと，こまったこと，なおしたいこと	
II	○係りの分担の交代をする ○集会活動		

II	・誕生会　２回 ・クリスマスにちなんだもの ○学級会の反省		
III	○各係りの分担の交代をする。 ○集会活動 ・誕生会 ・ひな祭りにちなんだもの ○学級会の反省		

年間指導計画表　　（３年）

学期	活動内容	指導上の留意点	資料
I	○学級委員を決めたり，係りを決めたりして学級会の組織を作る。 ○集会活動（２回ぐらい） ○学級会活動の反省	○予想される学級委員の仕事について紹介し，ひととおり役割を決めさせてから，選出の方法を考え，だれにするか決める。 ○係りは当番とのちがいを区別する。 ○組織的活動ができるように考えさせる ○活動別によかったことなおしたいことなど	
II	○学級委員や係りを交代する ○集会活動（１～２回ぐらい） ○学級会活動の反省	○１学期の反省を参考にする。	
III	○学級委員や係りを交代する。 ○集会活動（１～２回ぐらい） ○学級会活動の反省	○いままでの反省を参考にさせる。 ○１年間にわたる反省もできるとよい。	

年間指導計画表（４年）（５，６年はほぼ４年と同じため表はのせない。）

学期	活動内容	指導上の留意点	資料
I	○学級会の組織を作る。分担者を選出する。 ○活動の計画を立てる。 ○集会活動（１～２回）	○わかりやすく活動しやすい組織を考えさせる ○計画は分担し，みんなで決める。	

I	○学級会の反省をする。	○生活全般ではなく学習面などはぶく。 ○活動したことを中心に話し合う	
II	○組織を検討する。 ○係りの仕事を確認して分担の交代，引き継ぎをする。 ○集会活動（１～２回） ○学級会の反省をする。	○１学期の反省を生かすようにする。 ○係りが同じ人にならないようにする。	
III	○各係りの仕事を確認し分担の交代，引き継ぎをする。 ○集会活動（１～２回） ○仕事をまとめる。 ○学級会の反省をする。	○記録を利用して１年間にわたって話し合われるようにする。	

(1)　活動内容について

前記計画表の活動内容を見ると，各学年とも，学級会の組織づくりをしたり，係りを決めたり，集会の活動をしたりなど，年間を通して予想される児童の活動のごく一部に限られている。

これは，活動内容の具体的選定の主体があくまで児童にあり，児童の課題意識や活動意欲と結びついてはじめて望ましい活動が行なわれることを重視したためである。

計画表に予定するものは，学級会活動上，最低これだけの活動は予想でき，指導したいと考えたものだけであって，児童が気づかなかった場合，教師が児童に代わって提案する議題となる可能性をもっているものである。

しかし，教師があまりそれらにとらわれすぎて，指導意識が過剰になったり，活動を強要したりすることになると，かえって児童の自発性を後退させたり，自主性の芽をつむ結果となる。

低学年の場合は，学級会活動にはまったく未経験であったり，また多少の経験はあっても，熟練しているとはいえない。その意味からは準備的段階にあるとも考えられるので，この時期の児童の学級生活を教師が予想して，上学年とはやや異なった計画と扱いを考えたものである。

(2)　指導上の留意点について

ア　留意点の考え方

ここでいう留意点とは，ある一つの活動内容に対応して，その活動がなされるにあたっての指導上の留意点をいうのである。

話し合いの活動に例をとると，何について話し合えばいいのか，そのためにはどのように話を進めていけばいいのかなどが，その活動に対する留意点となる。

また，集会の活動についての話し合いであれば，グループの人数，その編成のしかたについてまで考慮しておく必要がある。なお，その話し合いについては，そのたびにまったく同じ比重で，その全部を話し合うのではなく，第1回は，特に，進行について重点的に取り上げ，2回目は，種目について多くの時間を費やすなどの配慮も必要である。

学級会活動全体に対する一般的な留意事項は，ここでは取り上げていない。あくまで，活動内容に対応する留意点である。したがって，ここにあげられた活動内容以外のものについては，そのたびに，その内容に対する留意点が実施計画の中に記入されていくのである。

イ　記載上の注意点

留意点を記載するにあたっては，特に次の諸点に注意しなければならない。

①学級会活動に必要な技術面についての諸事項はここに取り上げないこと。

学級会活動，特に，話し合いの活動においては，議長（司会者）の手腕力量が，議事を進める上に大きな影響力をもっていることはいうまでもな

い。また，人の意見をよく聞き，なるべく多くの者に発言させたいとか，少数意見も尊重したいなどのことも，学級会運営上，重要なことである。したがって，これらのことがらを，およそいつごろから，どのような段階を経て，どのような方法で，指導養成していけばよいのかというようなことは，非常にたいせつなことである。しかし，ここでいう留意点では，これらのことがらとはっきり区別して，あくまでも，活動内容に即した留意点をあげてみた。

②学年の発達段階を考慮すること。

学級会活動は活動そのものにねらいをもとめるべきであって，その結果だけで評価するべきではない。したがって何年生だからこのくらいの活動ができるということは厳密にはあり得ないことかもしれない。しかし，集団の中で問題を発見し解決していく以上，最大公約数としての児童の発達段階は，指導上の留意点を記入するにあたって，見のがせない要素である。

ここに，1年から6年まで，学年相応の留意事項が考えられよう。活動内容について，その関係する範囲，理解できる度合い，解決できる能力などは，当然教師がつかんでいるべきものであろう。それは，その学年に応じた指導がなされなければならないからである。

③全般的なねらいとの関係を考えること。

全般的な学級会活動のねらいは，第3章4節において述べられているとおり，学級会活動全体を一貫して流れるものである。したがって，一つ一つの活動が行なわれるにあたっても，このねらいが達成されるように配慮されなければならない。そこで，具体的にどうしたいのか，そうするためにはどのような方法をとればいいのか。そして，何を決め，どう実行していくのか。これらのことをねらいにてらして，具体的に，しかも活動を予

想しての留意事項が記入されなければならない。

(3)　資料について

この資料欄は，学年当初は空欄になっている。各担任が新年度になって，その学級の前年度の議題などを書きこむようにする。これはあくまで参考にするだけで，前年同期にはこんな議題でやっていたのに，ことしは出ないからぜひ教師提案をしなければならないなどと，とらわれる必要はない。

しかし，ただ単に並べておくだけではなく，同様な議題が提出された場合，その議題について，昨年はどの程度まで話し合われているかを，資料をもとに昨年度の実施計画をひもとく手がかりとすることができる。すなわち，昨年の発展として，今年度の実施計画を立てていくに利用するものである。

以上のようにして，作り上げた指導計画を，教師はどのように扱い，どう生かしていくのか。この扱い方によって指導計画の価値だけでなく，学級会活動そのものの価値が違ってくるのである。

2　学年別資料について

(1)　ねらいとの違い

ねらいを達成するために形式面・技術面・活動の結果にとらわれすぎてはならないことを述べた。しかし，学級会活動を進めていく上で，形式的なもの技術的なことも，ねらいを達成するためにはやはり大きな役割を果たすものである。したがって，形式的・技術的に上達することは，学級会そのものを発展させる一つの条件であるから，これについても考える必要がある。そこでこれらを学年別資料としてまとめ，これを手がかりにすることにした。

(2)　作成についての考え方

学級会活動では，活動すること自体がたいせつなことではあるが，教師

が児童と接する場合，やはり技術面はどの程度までできるものなのか，学年によってどのくらいの差があるかを知りたいのである。しかし，はっきりいって，これを完全につかみ表示することはできない問題である。1年生はここまで，4年生はこのぐらいと決定づけることはできないことであり，学校によっても違い，または同じ学校内においても学級によって違うものであり，正確な段階はつかみにくい問題であろう。

そこで，われわれは児童の精神的な発達・集団意識の発達・国語の学習程度などをもとにして，それに教師の経験を加えながら，この資料の作成にあたった。

(3)　この表の使い方

ここにあげた学年別の資料は，教師の単なる目安であり，ここまで指導し到達させなければならないという性質のものではなく，内容もこれだけに限られたものではない。これはあくまでも資料なのである。話し合いの活動，3年において「簡単な記録ができる。」とあるが，ここでは3年生に記録係をおき，記録ができるということばそのままである。話し合いの場に，記録係をおくことを目安にするのであって，記録のじょうずへたは問題とされない。

この表の使用にあたっては，いつも学級会活動のねらいを確かめ，この表だけに左右されないように注意しなければならない。ここにあげた項目は，学級会活動を行なうための手段であって，学級会活動のねらいではないからである。

学級会における学年別資料（めやす）

	話し合い	係り	集会
1年	○司会・記録ともに，教師が行なう。 ○教師が実施計画を立てる。	○ひとりが役につく。 ○教師の活動の手伝い的なものも含まれる。 ○係り名は具体的にし，	○回数，種類，内容とも教師の計画による。 ○みんなで，なかよく楽しくできる。

1年	○全員が発言できる。 ○大きな声ではっきり話す。 ○他人の発言をわらわない。	児童が必要とするものはすべておく。	○人の前で，はずかしがらず，発表できる。 ○いろいろな役割があることに気づく。
2年	○児童の司会をたてる。 ○教師も司会をする。 ○思ったことをわかるように話す。 ○だまって注意して聞く。 ○人の話のじゃまをしない。	○全員が何かの係りにつく。 ○幾人かで一つの係りを受け持つ。 ○仕事のくふうをする。 ○係りの仕事が組の役にたっていることがわかる。 ○児童の気づいた係りはふやす。	○回数・種類は教師の計画による。 ○静かに最後まで見たり，聞いたりする。 ○集会に必要な係りをおくことができる。 ○内容は児童と教師が相談して決める。
3年	○教師の助言を得て，司会ができる。 ○簡単な記録ができる。 ○前もって，議題を決めることができる。 ○クラス内の問題が発見できる。 ○わからないことは，聞きかえして確かめることができる。 ○順序にしたがって話すことができる。	○係りの必要性を知り，仕事によって係りをまとめられる。 ○係り以外の児童の意見も聞き，学級生活とのつながりを知る。 ○仕事の見通しをたて，継続して活動できる。	○回数は教師の計画による。 ○種類，内容は，児童と教師の相談できめる。 ○集会に必要な役割を決め，それを分担することができる。 ○全員が楽しく参加できるように，とりのこされた児童がないか，考えることができる。
4年	○司会（議長）・記録・計画（実施計画）が，児童の手によってできる。 ○学校内の問題を取り上げることができる。 ○要点をまとめて発表できる。 ○他人の話も考えあわせて，自分の意見が言える。	○係りの種類，内容について，よく話し合い，生活上必要な係りを取り上げることができる。 ○仕事の分担がうまくでき，責任をもって，活動できる。 ○計画的，組織的に仕事を進めることができる。	○原案をつくり全員の協議によって，学期または年間の計画を立案することができる。 ○自分たちで計画し，実行できる。 ○集会の形式をいろいろ考えて楽しい会ができる。
5年	○協議の簡単なきまりや形式を決めることができる。 ○少数意見も尊重する。 ○児童会と学級会の関係が理解できる。 ○話題からそれないように話すことができる。 ○原稿をもとにして，説明することができる。 ○聞いたことをメモにとることができる。	○必要な係りの選定ができる。 ○活動内容の計画を児童だけで立てることができる。 ○話し合いの活動と，係りの活動と関連させて，効果的な活動ができる。	○全員の協議によって，できるだけ年間計画を立案することができる。 ○自主的に計画し，運営することができる。 ○反省をもとに，集会をよりよくすることができる。
	○議長を中心に会議のす	○仕事についての評価が	○全員の協議により年間

6年	すめ方も考えて参加できる。 ○高学年としての立場から，話し合いができる。 ○相手や，その場にふさわしい話し方ができる。 ○人の意見を尊重して聞くことができる。 ○結論に対しては責任がもてる。	できる。 ○合理的，能率的に仕事をすすめることができる。	計画を立案することができる。 ○内容について評価し，さらに高めようとする意識がもてる。

3　評価についての考え方

学級会活動における評価の観点は，ねらいが達成されたかどうかをみることにある。このことは当然のように思われるが，実際の場合，具体的なものを求めるあまり，ねらいとは別なものを考えてしまうおそれがある。学級会活動は，活動そのもの，または活動にはいるまでの過程が重要であり，技術面は二次的なものであるということは，これまでにもくり返し述べてきたが，評価を考える場合もやはりこの点を注意しなければならない。

児童の考え方はどうなっているのかをつかむことが評価であり，話し合いの活動においては，議題に対する関心の度合い，また，その議題についてどうしようと考えたのか。係りの活動においては，学級のことを考えての活動であったか，改善しようとする努力はみられたかなど，児童の意識の成長をみることである。

その方法として，①組織内での観察，②質問による方法，③話し合いによる方法，④活動の記録による方法などが考えられる。組織内での観察を例にとると，学年に応じて，またはその時間のねらいによって，観察の観点が変わってくる。活動そのものをみる場合，発言の内容をみる場合，関心の度合いをみる場合など，学年に応じて，それぞれ用意されるべきである。

学級会活動の評価は，これらの方法が学年にあったものとして，しかも教師の確とした計画のもとに行なわれなければならない。

4 話し合いの活動の計画

話し合いの活動が学級会活動の基盤となって実施され，その目標に到達させるためには先に述べた指導計画に基づき，さらに具体化された計画となり，適切な指導が加えられることが必要である。

話し合う活動は児童のあらゆる生活場面にみられる事実だが，学級会における話し合いの活動は生活一般の話し合う活動と違い，どんな特質をもつものなのか。またその指導がどうあるべきか。この点をめいりょうにし，話し合いの活動を指導するについての，正しい，明確な構えを計画の中にもつことはきわめて重要である。

従来ややもすると話し合いの活動が低調で特定の児童に依存していたり，むやみに生活を規制するだけで実行が伴わなかったりした例がみられた。これは指導の目標が明らかにされず，ふさわしい計画が立てられていなかったことに起因していた。このため児童にとってたいくつな，教師にとってはむずかしい，指導しにくい活動になっていたのである。

話し合いの活動とは・・・

児童が自分の所属する学級の生活を維持し，向上発展させるためにはどうしたらよいのか，つまり，どんな問題があり，どんな方法で，どのように解決するのかを全員が民主的に話し合って処理する活動なのである。その自主的な活動を通じて学級会の目標に到達するのである。

1 指導の基本的態度

○ 発達段階や学級の事情に応じた計画や指導が必要であるが，学年段階や外見にとらわれた活動になってはいけない。

「学年別資料」は参考として利用する。

○ 議題は学級生活上児童が解決を必要とする問題から精選される。

○ 話し合う問題の扱いが道徳の時間のそれとは根本的に異なるものである。教師が結論を予想し，意図的にその方向に導かないようにする。

○ 話し合いのもち方，運び方のうまい，まずいは活動上重要な役割を果たすものであるが目標ではない。自分たちの問題を自分たちで解決処理しているとの実感を積み重ねさせることがだいじである。

○ 教師はおもに，低学年ではまとめ役，高学年では助言者の立場から指導する。

○ 自主的，自発的な活動をたてまえとし，活動の主体は児童にあるのだから，たとえ低学年においても小さな発意と意欲を尊重し，生かすようにする。

○ 安直にきまりを作り，約束することに追われてはいけない。話し合ったことの結果がその後の学級生活にどう役だっているのかを注視し，適切な指導を継続する。

2 教師の役割

次に上記の基本的態度に基づき，具体的にどんな指導がなされたらよいのかが問題になるが，運営面にわたることは研究課題外でもあるのでここでは述べないことにする。しかし指導の計画に関係した教師の役割についてふれてみる。

学級担任である教師は話し合いの指導にどんな役割をもつものなのだろうか。これは話し合いの活動にかぎったことではないが，まずこの活動は何をねらうのか，その目標を確認することであろう。つまり自主的活動を促し，自主性を育成する，そのためにはどうしたらよいのかの計画を立て，指導の態勢を整えることにあろう。この指導計画は教科の場合におけるそれとは違い，自発的，自治的に学級生活に取り組ませ，主体的活動に導くことを基本とすることはくり返し述べてきたとおりである。

この計画を実際に展開する上で三つの指導が考えられる。

(1) 事前指導

児童が学級生活の中から種々の問題に気づき，それが議題として吸いあげられるようにくふうし，指導する。問題の所在を示唆したり，誘いだしたりすることがだいじな事前指導となる。この段階の指導がじゅうぶんに行なわれ，生きてはたらく場合には話し合いの活動が半分以上成功したことになるといっても過言ではない。議題の選定から始まる実施計画も事前指導の重要な一面である。

(2) 直接指導（当日）

教師の意図する結論に導くよう指導することは厳しくいましめたい。結論を急ぐことなく，多数の児童によってじゅうぶん討議され，自然に結論が出るように導くことがだいじである。低学年では教師が司会をつとめるので，この点特に注意したい。高学年では教師は助言者の立場に立つことが多いが直接教えることと助言することがはっきりすることが重要である。

(3) 事後指導

話し合いの内容や過程をよく理解し，決定事項がどのように実践に移されているのか見守らなければならない。実践化されないから，あるいは成果があがらないからといって教師はあせることなく，むしろそれらの原因を児童とともに考え，障害を除去し，あくまで自主的に実践できるように助言することこそ特別教育活動にふさわしい指導といえよう。

教師のもつ役割は以上のように考えているが，指導計画に現わせない，あるいは指導計画以前の指導ともいうべき役割もあると思う。

すなわち，学級生活において児童が緊張からときほぐされ，自由にそし

て自由な意志が表明できるようにふだんから学級経営の中で考えておくことである。児童の意欲をひきおこし，自主性を育てる指導の構えが教育課程の全領域にわたってみられるとき，はじめてこの活動もより望ましい進歩をとげるのである。この点本校では数年前から生活指導の立場から研究を重ねてきたのである。

3 話し合いの活動と議題

本校が学級会活動の指導計画のあり方を解明するにあたり，この活動の基盤となる話し合いの活動に関係した議題の検討を研究の糸口にしたことは先に述べたとおりである。

およそ学級生活のいかなる場合でも，児童が意図的，集団的に活動するには，成員による意志表示がなされなければならない。よりよい学級社会を建設するためには，共同の問題が発見され，それを解決するには話し合う必要がある。この意味において話し合いの活動は学級会活動のすべてに先行するものであり，基盤となるものといえよう。学級会の活動の種別に話し合いの活動が取り上げられた根拠がここにあると考えられる。

さて話し合いの活動では何について話し合うのか，つまり議題が選定されなければならない。議題のよしあしは，議題選定の手順も含めて話し合い活動を活発に進め，成果を期待する上で重要な問題である。学級会の活動にふさわしい議題となりうる要件は何か，本校では次の２点に分けて検討してみた。

○ 議題の質と範囲に関する問題（ふさわしい議題）

○ 議題が選定される手順の問題

(1) 学級会にふさわしい議題

ふさわしい議題としての条件を次のように決めている。

ア 学級生活に直接つながるもので，みんなが解決を必要とする問題

イ 自治的に解決するもの

ウ　児童の能力で解決可能なもの

①アについて

学級生活の向上発展に直接つながり，学級の生活そのものに生起する問題である。関係があるからといってあれこれと議題に取り入れることは身動きのできない状態におちいりやすい。

ふさわしくない事例

○　夏休み，冬休みの暮らし方，こづかい，祭りや地域での遊び，校外の募金や寄付．家庭での学習，子ども会に関することなど。

②イについて

学校もしくは教師が認める範囲内で，児童がその生活を充実し，改善しようとする活動で，それが児童のやりたい，やらなければならないという自発性を根拠にもつものである。学校や教師がその責任において解決し，処理しなければいけないことがらや問題を議題にすることはふさわしくない。

しかしその場合，ある一部を児童に解決させたほうが効果があるとじゅうぶん予想され，自治的に許容できる範囲内で提供できる場合やことがらについてはこのかぎりではない。

たとえば遠足についての場合を考えてみよう。遠足は学校行事の領域にはいるわけで，その目的，方法，注意事項，などについては学校行事として指導すべきであるが（指導の時間は時間表に固定されていない。） その一部が学級会の議題としてなりうる可能性も含んでいるのである。一例を図示すると次頁のようになる。

ふさわしくない事例

○　給食のミルクがきらいな人は飲まなくてもよいかどうか。

○　体育の時間に野球やピンポンをしたい。

○　清掃当番をなまける人の処罰について。など

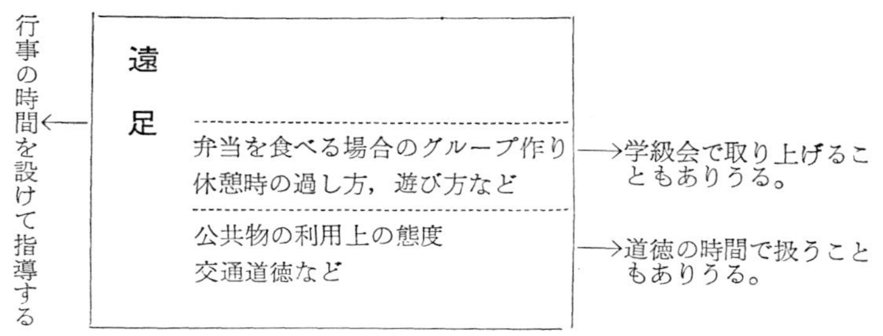

○　お金を出し合って新刊雑誌を学級文庫に入れたい。

③ウについて

上記の２点を満足させるものであっても，話し合い，処理され，実践する上で，あらかじめ児童のの知識や経験など，能力上むりと考えられることがらについては議題として取り上げないことがよい。失敗や成果のないことを予想しながら，他のねらいから時には議題として取り上げさせたこともあったが，慎重を要すべきである。

ふさわしくない事例

○　低学年の場合，小鳥を飼いたい。

以上いろいろと細かく述べてみたが実際には３条件について明確に扱うことはなかなかむずかしいことであった。一年ほど前までは研究途上にあったため，これらの条件を無視した議題によって話し合われることも多かった。その場合には，発言者が少なかったり，実践化されない結果になるなど指導の悩みが多かった。現在では３条件にあったふさわしい議題を選定するため（精選）話し合いが前よりも活発に進められるようになり，結論に応じた実践がなされるようになった。また教師の助言も，論議の途上３条件にはずれる方向にあるとき必要になることもわかり，助言のむずかしさも少し解消したようである。

（注）議題名のつけ方

できるかぎり具体的につける。

たとえば「遠足について」でははっきりしない。提案の真意や意図を確めた上で，「遠足の休み時間の過ごし方」「遠足のこづかいを決めたい」などのようにしている。

では前記の３条件を満足させる議題にはどんなものがあるのか，実際に扱われたものを分類してみよう。（研究途上のためふさわしくないものも相当あったのでそれは除いた。）

- 学級会の各種委員・役員の選出
- 係りの設置，改廃とその分担
- 係りの活動の実践に関係したもの
- 集会の計画，運営など
- 学校行事の中での，一部の役割の分担
- 連絡会，代表委員会に関連したもの
- 学級生活を充実，改善する上での自治的な取り決め
- 学級会活動の反省
- 同級生へのお見舞い，励ましなど

次に昨年度における議題例をあげてみよう。

２年２組

月	議題名	提出者	議題発表の時期
4	○学級会はどんなことをしたらよいか。 ○係りをきめよう。（どんな仕事があるか） ○えんそくの時のグループを作ろう。 ○グループのそうだん（やくそくをきめる） ○昼食の時のグループが作りたい。	教師 〃 教師・児童 〃 児童	当 前 〃 〃 〃
	○階段の手すりをすべる人がいる。	〃	当

月	議題名	提出者	議題発表の時期
5	○おさないようにしてほしい。（玄関，階段） ○校内放送で何をやるか。 ○校内放送に出る人をえらぶ。 ○ボールの使い方をきめる。	〃 教師 〃 児童	〃 前 〃 当
6	○おたんじょう会をしたい。 ・どんな係りがあるとよいか。 ・係りをきめる。 ○（おたんじょう会） ○おたんじょう会の反省。 ○こまっていること，やりたいこと ○たなばた祭りの計画をたてよう。 ・何をやるか，どんな係りを作るとよいか。	教師 〃 教師・児童 教師 連絡会・児童 教師	当 〃 前 当 前 〃
7	○たなばたのかざりつけをしよう。 ○（たなばた祭おたんじょう会） ○係りの仕事はうまくできたか。 ○ボールをかしてくれない。 ○やってほしいこと，やりたいこと。	児童・教師 教師 児童 教師	前 当 前 当
9	○どんな係りがあるとよいか。 ・何の係りになりたいか。 ○係りは何をするか，そうだんして発表する。 ○学級園のせわのしかた。 ○給食のあとかたづけがうまくできない。（忘れる人がいる） ○大運動会のおうえんのしかた。	教師 〃 〃 〃 児童・教師 連絡会	当 前 〃 当 前 〃
10	○えんそくでお弁当の時などのグループをきめたい。 ○係りからのおねがい。 （はさみ係，図書係，学級園係，衛生係） ○遊びのじゃまをするのでこまる。 ・組のボールを使う時のやくそく。 ○給食のあとかたづけはこれでよいか。	児童 〃 〃 教師	前 〃 当 〃
11	○図書館の本を返すときのやくそく（係りのこまること） ○おたんじょう会をしよう。（やるもの，グループ係り） ○（おたんじょう会） ○おたんじょう会のはんせい（係りの仕事）	児童 〃 教師	〃 〃 〃
12	○教室で遊んでいて外へ出ないのでこまる。 ○あだ名をつけられた。 ○おたんじょう会のけいかく ○（おたんじょう会） ○いろいろな係りの仕事はよくできたか。	児童 〃 〃 教師	〃 〃 前 当
1	○第３学期の係りをきめる。 ・どんな係りがあるといいか。 ・どんな係りになりたいか。 ○係りごとに仕事をそうだんする。 ○あぶない遊びをしている。	〃 児童 教師	〃 前 当

2	○お花の係りからたのみたいこと。 ・係りにもっとやってもらいたいこと。 ○おたんじょう会はいつやるか。 ・係りをきめる。 ○（おたんじょう会） ・計画したようにできたか。	児　童 〃 教　師	前 当 当
3	○みんなのこまること。 ○おもしろい遊び（遊びのきまりを発表） ○おたんじょう会の係りをきめる。 ○（おたんじょう会） ○学級会の仕事 （よくできたこと，やってほしいこと，やりたいこと。	〃 〃 児　童 教　師	前 〃 〃 当

4年2組

月	議　題　名	提出者	議題発表の時期
4	○学級委員係りを決める。 ○4月の誕生会の計画をそうだんする。 ○遠足の時の班を作る，班ごとに約束を決める。	教　師 児童（係） 児　童	前 〃 〃
5	○そうじ当番の仕事の分担を相談する。 ○5月の誕生会の計画をたてる。 ○ハンカチ，鼻紙調べのしかたをどうするか。 ○図書の返し方，どうするとよいか。	〃 児童（係） 〃 〃	〃 〃 〃 〃
6	○えんぴつけずりの使い方（順番）とまわりをよごさないようにする方法は， ○係りの話し合いを毎週開きたい。 ○係りの相談，きまったことの発表と話し合い。	〃（学級委員） 教　師 児　童	〃 〃 〃
7	○杉の子新聞を続けるか。 ○計画会を土曜日以外にやったらどうか。 ○夏休み中の学級園のせわをどうするとよいか。	〃 児童（係） 〃	〃 〃 〃
9	○学級会の役員，係りをきめよう。 ○9月の誕生会の計画を立てる。 ○誕生会係りを作りたい。 ○ぞうきんがなくなる，印をつけたらどうか。	教　師 児童（学級委員） 児　童 〃	〃 〃 〃 〃
10	○給食用のエプロン，テーブル掛けをしまう場所を作りたい。 ○反省ノートを続けたい。 ○杉の子新聞を続けたい。 ・小鳥当番からのお願い。	〃（係） 児　童 〃 〃	〃 〃 〃 〃
11	○配食当番はマスクをかけてほしい。 ○係りからのお願い。 ○新聞係を作りたい。	〃 児童(係) 児　童	〃 前 〃

12	○図書係の人数をふやしてほしい。 ○教室に造花を飾りたい。 ○学級園の霜よけを作ろう。（方法・人員割当） ○係りの仕事の反省。	児童(係) 〃 児　童 〃	〃 〃 〃 〃
1	○学級会の役員，係りを決める。 ○給食当番の仕事を決めたい。 ○誕生会の計画をたてる。 ○また入れ遊びのルールを決めよう。	〃 児童（係） 〃 〃	〃 〃 〃 〃
2	○各係りの反省。 ○卒業生を送る会では何をするとよいか。	教　師 連　絡　会	〃 〃
3	○卒業生を送る会に出る人を決める。 ○運動場での遊び方で困ること。 ○クラス会の計画を決める。 ○（クラス会） ○学級会活動の反省。	代表委員会 児童（係） 連　絡　会 児童（係） 〃	〃 〃 〃 〃

6年2組

月	議　題　名	提出者	議題発表の時期
4	○学級会の役員，係りを決める。 ・どんな係りが必要か選出の方法，選出。 ○係りで，仕事の計画を話し合って発表する。 ○転校する「上原さん」を送る会をやろう。（計画役割） ○楽しい遠足にするために話し合おう。（班を作る班の約束）	児童(教師) 児　童 〃 〃	前 〃 〃 〃
5	○小運動会の応援のしかた。児童会でやりたい仕事は。 ○給食前の過ごし方をどうするとよいか。 ○新聞の記事はどうすると集まるか。 ・係りの仕事に関する報告とお願い。 ○学級競技会をやろう。係りの原案をもとに話し合おう。（計画，役割，実施方法を決める）	〃（係） 〃（委員） 〃（係） 〃 〃	〃 〃 〃 〃 〃
6	○学級競技会の反省。 ・地区対抗球技大会では何をやりたいか。 ○各部の活動について話し合い，希望を出す。 ○廊下や階段がとてもさわがしい。もっと静かに歩くようにするにはどうするとよいか。	〃 代表委員会 児童（朝の話し合い）	〃 〃 〃
7	○日光林間の班の分け方をどうするか，レクリエーションで何をするか，班ごとの申し合わせをする ○学級会の反省（運営，係りの活動）	児童(委員) 〃（班長会）	〃 〃
	○学級会の役員，係りを決める。 ・係り活動の反省（記録発表）どんな係りがほしいか。	児　童	〃

9	○係りごとの計画・発表，係りからのお願い。 ○給食時間中の放送はどうしたらよく聞けるか。 ○児童会で学級に割り当った運動会の仕事の分担を決める。	〃 児童(部員) 代表委員会	〃 〃
10	○学級分担の運動会準備の仕事をする。 ○屋上での遊びの種類をもっとふやしてほしい。 ○校内放送はやめたらどうか，続けるならしっかり聞くようにしてほしいが。 ○手洗い場がよごれて困る，どうするとよいか。 ・係り，部への希望すること。	代表委員会 児童 児童(部員) 連絡会 代表委員会	前 〃 〃 〃
11	○係りの仕事はこれでよいか（お願いと，注文） ○屋上の遊びの約束が守られなくなったが。 ○遊びのルールが守れない。ルールを決めよう。 ○学級図書の取り扱いが乱れた。返すのがおそい。	児童 〃 〃 〃（係り）	〃 〃 〃 〃
12	○学級文庫にまんがの本をおくのはよいか。 ○屋上でメチャぶつけ，ボール遊びがふえて困る。 ・係りからの連絡・お願い。 ○週番がなくなって特に学級で困ることはないか。また，それはどうするとよいか。 ○各係りの反省，全員の話し合い。	児童 〃 連絡会 児童	〃 〃 〃 〃
1	○学級会の役員，係りを決める。 ○係りの計画を発表し，係りへの希望を出す。 ○校内放送の当番になった，何をするか。 ○卒業前に楽しい会をやろう。（計画）	〃 〃 〃（係） 児童	〃 〃 〃 〃
2	○クラス会の原案について相談する。 ○沖縄のお友だちと文通しよう（手紙を出す） ○学級競技会の実施について相談する。 ○送別球技大会への希望。学芸会で何をやるか。	〃 〃 〃（係） 〃	〃 〃 〃 〃
3	○クラス会の計画を立てる。 日，時，種目，方法（案内する人）係り。 ○１年間の反省。 ○（クラス会） ○卒業後のクラス会をどうするか。 ・幹事を選ぶ。やりたいこと。	児童 〃 代表委員会 児童	前 〃 〃

(2)　議題選定の手順

ア　問題の取りあげ方

前項に述べたとおり，学級会の議題は児童の学級生活に関する問題の中から三つの条件を満足させて出てくるわけである。議題がどんな手順や手続きを経て決められるのか，議題にもたされる特質と選定される手順の技術的な点においても発達段階をじゅうぶん考慮してその学級にふさわしい

あり方が試みられなくてはいけない。問題の取りあげ方の方法として次のようなものが試みられた。

○学級会当日，その場のみんなの話し合いで決める。

○みんなが当日までに話し合ってほしい問題を考え，メモしておく，それを学級会で発表し，その中から選ぶ。

○毎日の，朝，帰りの話し合いや反省の中から未解決のたいせつな問題を選ぶ。

○学級ポスト，投書箱を利用する。

○学級日誌の記事から選ぶ。

○係りごとの話し合いから出された問題を選ぶ。

○個人生活ノート，個人日記，反省録などから吸い上げる。（教師が介在して）

○学級だよりの中から選ぶ。

○連絡会，代表委員会，部の活動など児童会関係の問題から選ぶ。

○教師の提案から選ぶ。

○学級委員，運営委員等に前もって申し出ておいたものから選ぶ。

○生活班の話し合いから選ぶ。

○その他

このほかにもいろいろ考えられるが，各学級ではその学級にふさわしいいくつかの方法を選んで計画的に議題を決めている。しかしどんな方法をあみ出したところで必ずしもふさわしい議題が得られるとはかぎらない。そのためには先に述べた計画以前の指導についてじゅうぶん配慮されていることがだいじである。

イ　議題選定の方法

学級生活の中で，児童が当面する問題を取り上げる方法にはいろいろあることは前に述べたが，さまざまな問題が児童たちによって自主的に，共

同の問題として選定されるにはどのような手続きがあるか実例を示したい。

4年2組の事例

個人または生活班から　｜教師｜　各係りから（月曜日ごとに打ち合わせ）

→問題を背面黒板に書く←

↓

（木）　計　画　会
（学級委員・各係り代表）教師
ここで議題案を選定する。　……実施計画を立てる。

↓

（金）　朝の話し合いの時間に議題案発表・決定
議題は背面黒板に掲示

↓

（月）　学　級　会

5年2組の事例

曜	朝の話し合いの時間 10分	正規の時間 45分	教科終了後の時間	備　考
木	生活班ごとに議題をなににするか話し合う		計画委員会を開き議題案を決める。	○委員会の構成 学級委員　4名 生活班長　6名 （計画委員） 随時係りから参加 ○委員会での議題選定 ・生活班からの問題 ・朝の話し合いから ・児童会関係 ・教師提案 ・学級日誌 ・係りから （以上　議題案）
金	議題案を発表・決定する。		計画委員会を開く。	○計画委員では実施計画用紙にもられた内容の記入を中心に学級会に備えて話し合う。 ○議題は背面黒板に掲示する。
月		学　級　会	連　絡　会	○学級会終了後暇をみて実施計画用紙に記録を記入する。 ○学級会での決定事項は1週間背面黒板に掲示する。

6年3組の事例

（木）　朝の話し合い・帰りの話し合いでの問題から議題にふさわしいようなものを学級委員がまとめておく。
係りからの問題を各係りごとにまとめておく。
生活班からの問題を生活班長がまとめておく。

（金）　班　長　会（教師も加わる）
構成（学級委員　4名／係りの代表随時参加／生活班の班長　4名）
放課後集まり，問題を出し合って議題案を決める。
班長会で実施計画を立てる。

↓

（土）　全員に提案・決定
朝の話し合いに議題案を提案する。
このほかに緊急な問題はないか，ふさわしい問題はないか全員にはかって議題を決める。

↓

議題は黒板に掲示しておく。

（月）　学　級　会

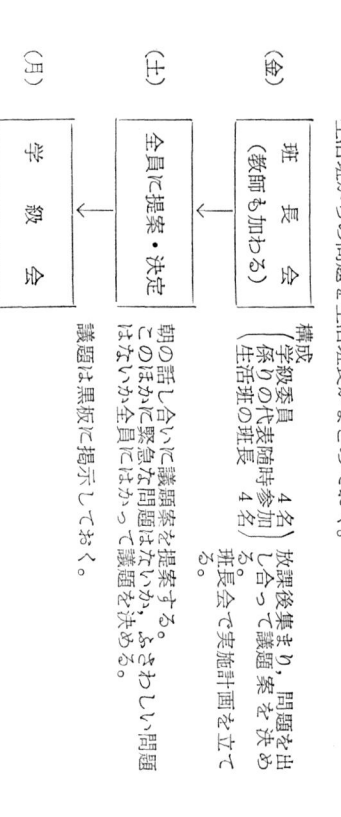

議題を選定し，児童全員に予告する方法はそれぞれに異なっていてその学級にふさわしいものが児童と教師によって考えられている。

(3)　教師からの提出

学級会は児童が自発的，自治的に，主体となって活動を展開するわけであるが，教師としても話し合われる議題について提案することも起きてくる。低学年の指導の場合は特にその必要が多い。提案に際してはこの活動の特質を尊重し，仮りにも教師の必要とする結論を出させるためのものであってはならない。児童が問題の所在に気づかない場合，あるいは学級会活動を進める上での必要要件だけに限られるべきである。その場合教師は児童に代わって提案するのであり，児童の賛成を得て初めて議題として成立する手続きを考慮しておくことである。

教師からの提案は随時可能性をもつものである。年間，学期あるいは月の初めに用意できるであろうが，用意されるべきものとはいえない。本校では各学年にわたり別表（136ページ）のような内容のものを用意している。教師が提出したい議題は活動内容としてあるがこれは先に述べたように，児童から提出されない場合にのみ提案する予定になっている。

この計画を作った考え方や使い方などについてはすでに述べてあることなので，ここでは省略したい。

⑷ 事前決定の必要性

特別教育活動指導書，第2節「学級会活動」のイ「中学年における話し合い」の項に，「問題点をあらかじめ整理し，重要性，緊急性，時間の配分などを考慮した上で，学級会の議題として前日までに学級の全児童に予告しておくことがよいであろう。」とある。

本校では次のような利点から事前決定と予告の必要性を感じ実施している。

○議題が事前に精選でき，実施計画を立案することによって，児童が話し合いの展開や議事の進行に見通しをもち，資料の準備も可能となる。

○議長が計画にたずさわることによって心のゆとりができ，議事の進行により多くの自信がもてる。このことは議長指導の一方法でもある。

○議題を予知することによって，児童が問題の所在をはあくし，関心が高まり，話し合いが活発になることが多い。

○以上の3点から限られた時間が有効に活用される。

問題点としては，議題選定機関の構成，運営のあり方，日取り，時間の取り方などわずらわしさ，むずかしさにある。また，普通どの学年ぐらいから可能なのか，議題によっては，議題についての関心が高まり，深い話し合いになるという効果が望めない場合もある。

一般に低学年で集団意識が低い上，集団的思考もきわめてふじゅうぶんだし，関心の持続も短かい，議題にもつ問題意識も浅いなどいろいろの事情から，本校の低学年では議題の当日決定が多くなっている。高学年の場合はほとんど事前に決定されてはいるが，形式的，機械的にならないように配慮している。一般に議題が事前に決定をみることはすぐれた利点をもつので，いくつかの欠点をじゅうぶんに補うことができ，したがって，事前決定の必要性は否定できないであろう。もちろん高学年においても当日，その時間に議題が決められることも当然考えられることである。

4　実施計画

指導書第2節，特別教育活動の指導計画2指導計画の作成には，「あらかじめ基本的なおおよそのわくぐみを定めた指導計画が，児童とともにいっそう具体的な実施計画とされる場合に，その具体的な計画を実施計画と呼ぶことができよう。」とある。

本校では数年前から記録を主にした実施の計画を児童とともに立ててきたが，2年前から本格的に学級会活動と取り組んだ際，現在の考え方と方法が生み出されたのである。

つまり議題をとらえ，議題設定に関係した計画性を明確にすることにより，実施計画を究明したのである。指導の計画として計画表にじゅうぶん表現できない面も多い，またこの計画内容の特色としては学級会の時間以前の指導のあり方を重視していることにある。

指導計画と実施計画の関係については第Ⅲ章に記されているので省きたい。

話し合い活動の実施計画は，どの学年から，だれが（あるいは学級会組織のどこで），どのように立案するのだろうか。

この点について本校では，どの学年から立てるべきものとは考えていない。つまり，話し合いの実施計画とは，話し合いをいつ，どんな議題で，だれが司会や記録係になって，どのように展開するかの計画だから，当然どの学年でも立てられるのである。ただ低学年と高学年の場合とでは，計画にたずさわる児童の姿がたいへん異なっているのである。１年生だからといって教師が独自に立てるべきものではなく，６年生だからといって児童にまかせてしまう性質のものでもないのである。あくまでも教師が自主性を育成する指導計画に基づいて児童とともに可能な範囲内で立てるものなのである。

このあとに示してある，学級会の計画（児童用），学級会活動指導計画（教師用）は，実施計画を立てる上でその計画をわかりやすくまとめるために考案されたものである。

児童自身がこの用紙を利用して計画を立てるのは，４年生からを目安にしている。４年生以上の各学級では，実施の計画の中心になる機関を組織においている。

学級会活動指導計画　6月17日（土曜日）第３時間目　　５年２組

きょうまでの問題・または活動	教師の予定
計画委員会に出された問題（議題案として） １班…席をかえてほしい ２班…給食のおかずが少ないので弁当を持ってきたい （注）教師の問題として別な時間に話し合うことを約束した ４班…図書部と学級文庫係の仕事がはっきりしない（学級文庫係より）一部員と係りで話し合うようにした。 放送部より…24日（金）まで校内放送の出演種目を決めて提出してください。 ４班…学級文集を作りたい。 ６班…便所へいったあと手を洗わない人がいる一注意することにする。	○学級文庫の利用をもっとさかんにする方法はないだろうか。
議題（活動）	１　校内放送の出演をどうするか。 ２　学級文集を作りたい。

提出者	１………放送部員 ２………４班	司会・議長	伊勢良一・山田政憲
		記録	相川知代・（黒板）潮見由紀子
提出の理由	１　放送部から出演をたのまれたので，順番をきめて報告したい。 ２　４年生のとき文集を作ったが，記念になるのでまた作りたい。	実施計画	１提案理由の説明………伊勢 ２話しあい　（20分） ・出る人 ３まとめ ４提案理由の説明………相川 ５話しあい　（20分） 作るかどうかをじゅうぶんに話しあう ６まとめ
指導のねらい	１　ふさわしい種目を決めさせたい。 ２　文集は作ったほうがよいのかどうかじゅうぶん話し合わせてから決定させる。		
資料		教師の資料	文集は４年生のとき教師の計画で１回，学級会の決定で１回作った経験がある。
留意事項	１　○種目の選定は放送部員の意見も参考にさせたい。 ○練習量が多くその他準備が大がかりなものになりそうなら再考させる。 ２　○文集を作ることになっても思いつきの構想をすぐ決めないよう助言したい。		
活動記録（話し合い・係り・集会など）	１　校内放送の出演について ○提案理由説明…伊勢 ○どんな種目にするか…（クイズ／つぎたし話──（決）／物語を読む／合奏／社会科クイズ） ○出る人 希望者が出たらよいが圧倒的 （決）希望者は昼休み屋上に集まってジャンケンで５人選ぶことになる。（放送部員は入らない） 決まった５人は名まえを放送部の宮城に報告する。 つぎたし話のしかたは５人でよく相談してほしいと議長より注意された。…助言 （約25分） ２　文集を作りたい ○提案理由説明…相川 ○作ったほうがよいのおもな意見 ・おもしろい ・記念になる。 ・家の人もみられる。 ○作らないほうがよい。作りたくないような意見 ・作りたい人は自分たちで作ればよい。 ・国語で作文を書いている。 ・めんどうだ…（男子たちのかげの声） ・５年の終わりに作ればよい…今は作らない。 ○結局作るかどうかの決定は時間切れのため来週にもちこす。 ○議長よりめいめいや班で考えておくようにと注意。 （約25分）		

	反省・感想	備考
事後指導	○出たい一心でつぎたし話がかんたんに決まった。人選の方法は希望者が出るが圧倒的な意見だったがそのあとが混乱した。何人選出するかを忘れてジャンケンだ，すいせんだとさわがしくなった。 ○出演希望は男女ともに多くよい傾向だと思う。 ○種目選定の際，放送を聞く立場にたっての意見は皆無である。 ○いつもつい助言しがちなのでさしひかえた。	7／12　校内放送に出演はりきってやったようだがスピーカーが悪くききとれないところがあった。 サルが探険に行くような話だが，おもしろくない，よくわからないとの級友の意見

学級会の計画　6月17日（土曜日）3時間目　（この記録者　相川・潮見）

いろいろな問題	1班・席をかえてほしい 2班・給食のおかずが少ないのでべんとうを持ってきたい 4班・図書部と学級文庫係の仕事がはっきりしない。 （決）・学級文集を作りたい。		6班・べんじょへ行ったあと手を洗わない人がいる。 （決）放送部・23日まで校内放送に出す種目をきめてほしい 先生・学級文庫の利用をもっとさかんにする方法はないか
議題	1　校内放送の出演をどうするか 2　学級文集を作りたい。	出した人 出したところ	1　放送部の宮城君から 2　4班の全員
議題を出したわけ	1　校内放送の種目を決めてほしいといわれたので相談してほしい。23日まで 2　4年のとき文集を作ったらおもしろかったし，記念にもなるのでまた作りたいから，		
進め方	⊙1の議題を出したわけをいってもらう…宮城君 ・出演種目をなににするか ・だれが出演するか。 ・練習はいつするか ⊙2の議題を出したわけをいってもらう…松中さん ・文集を作るかどうか決める。 ・作るとすればどんなものを作るか。	議長	伊勢君 山田君
必要な用意すること	なし		
記	1・出る種目はつぎたし話 ・希望者が集まってジャンケンする。 ・5人決める。放送部の人ははいらない。 ・決まったら宮城君に知らせる。	記録し	ノート 相川さん

録	・よく練習する。 2・文集を作るかどうかをこのつぎの学級会まで考えておくこと。	た人	黒板 潮見さん
反省	・時間がたりなくなって，2の議題が決められなかった。 ・出演の希望者からどうして5人選ぶかを決めるとき，男の人たちがさわいだ。 ・やたらにさんせいとか反対とかさわぐのでやりにくかった。		
先生のことば	・放送に出たい人がたくさんいたのはよかった。 ・思いつきの発言が多かったようだ。 ・議長になっている人が，自分の意見を何回も発表するのはどうだろうか。		

5　係りの活動のあり方

児童の学級内における生活上の諸活動を児童の自主性という観点から考えなおしてみることは，特別教育活動の本質を学級会指導に生かすために，必要なことである。

そこで，従来学級内で，児童が分担して行なう仕事のすべてをばく然と係りの仕事としてきたこと，また学級委員の位置づけに不明確な点のあることについて，上記の観点から検討を加え，次のように整理してみた。

1　係りの活動の本質

児童の自主性を育成するという特別教育活動の目標から考えて，児童が自発的自主的な意志に基づいて，学級の生活をよりよくする意図のもとに，学級内の仕事を分担処理するために設けたものを，特別教育活動における「係りの活動」とするのが望ましい。

「係りの活動」は，児童の必要性から発生し，児童の中で育てられ，児童の成長と共に発展しながら，分割されたり，統合されたりして，児童の発達段階に適応した活発な活動がなされることが必要である。

以上のことを項目的に述べる。

ア　係りは，教師やその他から与えられるものではなく，学級の児童が必要としたものから，また，それぞれの学級の事情を考慮したうえで組織されるものである。

イ　活動の成果が，すぐに学級の利益となって反映するものでなければならない。

ウ　係りの活動をすることによって，児童の個性や特質が伸ばされ，ひとりひとりの存在が認め合われるものである。

エ　なるべく児童の希望が生かされて，仕事の分担がなされ，全員が，いずれかの活動を経験するようにすべきである。

オ　一つの活動は，同一児童により，一定期間行なわれるものである。

カ　仕事が単調なくり返しにならないように常に創意くふうをし，積極的な活動ができるようにする。

キ　係りは，年度はじめにできた組織が，年間を通して固定的に運営されるものではなく，学級の実情に応じて，途中でも新設されたり，統合されたり，分化されたりして，流動的に運営されるものである。

これらの点を生かすように指導され，児童の発達段階に応じて，順次自主性の高まった活動がなされることが望ましい。

2　係りの活動と当番活動

係りの活動の本質で述べたように，学級会活動の性格から考えて，広く実践してきた係りの活動の中から，当番的要素をもつもの，および，学習に関するものなど，いわば教師の補助的役割を果たしていると思われる係りは，ともに特別教育活動の領域からはみ出るものとして，取り扱うべきであろう。

当番の活動というと，そうじ，給食，日直等があげられるが，これらの活動は長くても一週間内に交代がなされ，仕事は義務的に負わされる面が強い。しかし，「係りの活動」では，児童の希望，興味，特性が重んじられ，ある程度の永続性が要求される。以上のことから，当番活動を，学級会の係りの活動と混同して取り扱うことは望ましくない。これは学校，ま

たは学級の必要とする仕事を行なう活動として，教師の立てる計画（学校または学級の）の中に取り入れるのが適当であろう。

学習に関するものは，教師の補助的な仕事が主になるため，児童の自主的自発的活動ということはできないので，原則的には学級会活動ではない。つまり，教科によっては，下準備，整理の仕事で，相当手数のいるものがある。このような場合については，便宜上，手伝わせることもある。しかし，これは学級会活動の係りの仕事ではなく，教科学習の延長として，当番制をとり，全員が交代で手伝うことによって，学習にいっそうの興味をもち，学習の能率を高めるのに効果的であろう。また，教科的な色彩をもってはいるが，直接学習に関係なく，また当番制でもない係りのような（気象係，学習係等）活動がある。これらは係りでも当番の活動でもない性格のもので，学級内のクラブ的活動と解釈することができるであろう。

3　本校の係りの活動

前述のような趣旨で，学級会活動本来の係りの活動と当番活動とは，はっきり区別して考えている。たとえば，3年から給食時に，高学年の手伝いがなくなる。そこで，給食係を必要とする場合，食器の運搬，配膳，あとかたづけなど，学級としてやらねばならない当然の仕事が毎日くり返えされる。しかも，係りの児童だけは，昼休みの時間の一部を，いつもつぶされることになると，当番制がよいということに，自然気づくことであろう。このように，学級会活動の目的に照らして，じゅうぶん検討を加え，望ましい係りの活動だけを学級会活動の内容として考えることにした。以下，低中高学年の発達段階からみた係りの活動について述べることにする。

(1)　組織づくり

ア　係りのつくり方

低学年の初期においては，教師の手伝いとして，プリントを配ることから，くばりがかりが生まれ，あつめるかかり，こくばんをけすかかりができてくる。また，朝の話し合いで，天気のよい日は窓を開けようということから，窓の一つ一つにまどがかりを設けるなど，教師がヒントを与えて，身のまわりから自分たちのできる仕事を見つけだすようにしむける。そして，気づいたことを話し合い，よいと思われるものから，順次に係りをつくっていく。

中学年では，全員が低学年において係りを体験しているから，学級でどんな係りを必要とするかの話し合いをすることができる。そこで，次に，係りを組織する手順の一例をあげてみる。

①学級にどんな係りが必要か，できるだけたくさんあげさせる。

②仕事の内容を考えさせる。当番活動としての係りの活動との区別を話し合う。

③仕事の内容によって，類似の係りをまとめる。

④係りの内容が，わかりやすいような名称をつける。

⑤児童の希望も入れながら，人員の配置をする。

⑥係りごとに，リーダーを互選する。

⑦係りごとに，仕事の内容を細かくわけ，その分担を話し合いできめる。

児童の希望する係りは，できるだけ取り上げて，話し合いながら当番活動と区別して，組織だてていくが，まだ，発達段階からみて，完全な形をとれない場合が考えられるので，一応，児童の希望を生かし，暫時，係りの活動をやらせながら，学級会活動としての係りと，当番活動との違いに気づかせるようにする。また，係りの仕事は，長時間にわたって興味をもち，創意くふうしていく常時活動であるので，一時的なものは（誕生会など）その場で，臨時の係りを設けて処理することもくふうされてよいであ

ろう。

高学年の組織の手順は，中学年とかわらないが，今までの係りの活動について，さらに反省し，検討を加え，よりよい係りを設けていく。高学年になると，全校的な部の活動やクラブ活動に参加することになるが，係りの活動は，それぞれの学級の事情を考慮しながら，独自につくられるものであるから，係りの活動とを直接結びつけないことにしている。このことについては，後に詳しく述べることにするが，ただ，仕事が部やクラブと重複した場合，児童に負担が大きくかからぬように，くふうすることが必要であろう。

イ　係りの人数

全員に係りの活動の場を与えることを原則とした。

低学年では，個人活動から始まる。ひとりに１役をつけ，係りの数が増していくごとに，活動の場が広げられる。したがって，後半では，一つの係りを，２・３人で分担できるようにし，順次全員が活動の場につくことになる。

中学年では，係りがまとまってきて，組織だてられるようになり，小集団で一つの係りの活動を行なうようになる。そして，係りの中で話し合い，その仕事の内容を細かく分担し，協力して活動するようにする。

高学年では，仕事の内容によって，係りがますます整理され，その数は統合されて少なくなる場合がある。そして，一つの係りに多人数がつくような形になるが，しかし，係りの中で仕事の内容が細かくわけられて分担されることは，中学年と同じである。

例をあげると

生活係（机や備品の整とんをする　衛生検査をする　とけいをあわせる　掲示の管理）

運動係（ボールの管理，遊びのくふう　競技の計画　運動のルールをき

める

また，係りの中で交代制をとることも考えられる。

ウ　係りの名称

低学年では，具体物の名，または具体的な仕事の呼び名とし，仕事の内容が名称からわかりやすいようにする。たとえば，

花に水をあげるかかり。窓をあけるかかり。くばるかかり。あつめるかかり，など。

中学年では，係りの仕事が統合されてくると，その係りの仕事の内容が，できるだけわかりやすいようにつけることが望ましい。したがって，一般化された名称にこだわらず，また，学校や学級で統一することなく，名称をつけることにした。

高学年では，名称が抽象化されてくると，教科または，当番の活動とまぎらわしくなって，誤解されることがある。しかし内容において学級会活動としての説明がつけば，名称にはこだわらない。たとえば，給食係といっても，交代制の当番の活動の名称である場合と，同じ名称でも学級会活動の係りとして，給食時をいかにおいしく味わい，楽しく過ごすかを計画し，運営していく係りである場合とがある。

エ　リーダー

低学年では，初期においては1人1役であるから，リーダーの必要を感じないし，また発達段階からみても，リーダーとなり得ないので，係りの役割，仕事の進め方は，主として教師がリーダー的存在となって適切に指導する。

中・高学年では，個々の活動から小集団活動となるので，各係りにはリーダーをおく。リーダーの適性，良否によっては，その活動に大きな差を生じやすい，したがって，教師はリーダーの養成に心がけるようにしなければならない。個人指導は，時間的余裕も少ないので，じゅうぶん行なつ

こともできない。そこで，係りの話し合いをするようなときはできるだけ教師も出席し，当初は，仕事の進め方，会の進行のしかたについて，ヒントを与えたり，助言をして，全員がリーダーと共に，リーダーの立場や，会の進行を理解できるような助言をする。そして，順次自分たちで相談し，計画を立て，協力して活動できるようにする。

(2)　活動の時間

係りの活動ができる時間としては，朝礼前，朝の相談の時間，昼の休憩時，放課後の時間と週1時間の学級会の時間がある。このうち始業前，休憩時，放課後の時間は，各係りの計画によって，自由に活動が行なわれている。朝の相談の時間（10分）では，至急を要する報告事項，その日の予定などを簡単に全員に報告することができる。学級会活動の時間（週1単位時間）のうち，月に1単位時間ぐらいの予定で，係りの活動をすることも考えられる。本校としては，学級会の時間に，低学年では，係りの活動を実際にやらせてみて，教師が指導助言することもあるが，高学年では，係りの活動はあまりされていない。それでは，係りの活動をする時間は，じゅうぶんあるかというと，実際には，高学年になると，部活動や当番活動がからみあって，係りの活動や打ち合わせをする時間が少ない。また，教師としても，放課後は，1日の整理，あすの準備，その他の雑務に追われ，児童とともに活動して話し合う時間的余裕がないことが悩みである。このわずかな活動の時間を有効に使う一つの方法として，学級全員の理解と協力を得ることが考えられる。たとえば，低学年では，学級会の時間に，係りからの要求をださせ，全員の前で話しをさせることにより，個人の問題を全体の問題として取り上げるように教師がしむけたり，中学年および，高学年では，学級会の時間に，常に係りの仕事の内容と進行の様子を明確にして，全員に理解させ，協力支援してもらうようにする。また，仕事を計画的にし，ますます発展させるために，毎週1回，日を定め

て，係りごとの打ち合わせ会をもち，反省したり，創意くふうしたりして，次の計画をたてるようにする。そして，リーダーは，互いに連絡をしあって，それぞれの仕事を理解するために，リーダーの打ち合わせ会を週１回もつようにすることなどである。

「係りの活動」の組織づくり　（注）学年の中から一つの組を選ぶ

学年	名称	仕事の内容	人員	当番・その他	備考
1年	あさがおのかかり	朝顔の植木ばちに水をやる	2	きゅうしょく	○１年～６年まで級全員が係りにつく ○給食の運搬・盛り付けは５年がするので，配膳の手伝いをさせる ○日直のしごと 朝，帰りのあいさつ あとかたずけの手伝い 朝礼時の教室留守番
	まどがかり	天気のよい朝，窓をあける	8		
	ドア　〃	教室の二つの入口を授業時しめる	2		
	けいじ　〃	掲示する時の手伝い・管理	2	にっちょく	
	としょ　〃	学級図書のせいり	2		
	えいせい　〃	自分の列のえいせいけんさをする	4		
	くばる　〃	プリント教材，金銭袋などをくばる	4		
	あつめる　〃	同上　あつめる	4		
	せいとん　〃	机をまっすぐにする	4		
	カーテン　〃	晴天曇天によって調節する	2		
	ボール　〃	男女用二つのボールの管理	2		
	こくばん　〃	教室前後にある黒板を事後消すこと	2		
2年	はさみがかり	はさみを使う際配ったり，集めたり，あと始末をする	4	にっちょく	５年の児童が運搬，盛り付けをする。
	くばる　〃	成績物をくばる	6		
	けいじ　〃	展示物をはる	3	給食	
	としょ　〃	学級図書，学校図書のカードの整理をする	4	おぼんくばり	
	あつめる　〃	テスト，その他成績物を集める	4	後かたづけ	
	えいせい　〃	えいせいけんさ	5		
	まど　〃	窓開閉	2		

学年	名称	仕事の内容	人員	当番・その他	備考
2年	のり　〃	のりを使う際に配ったり，集めたり管理をする	4		
	たいいく　〃	体育道具の出し入れ，ボールの管理	5		
	がっきゅうえん　〃	学級園の世話と観察	5		
3年	図書係	カードの整理	8	給食	３年からそうじ当番をする。
	おたん生係	おたん生会の司会，進行計画	7		
	えい生　〃	ハンカチ，つめ，はながみ，検査	8	清掃	
	教室　〃	教室内の整理，美化，カーテン窓の開閉	8		
	ポストカレンダー〃	手紙を配り，カレンダーめくり	2	日直	
	いきもの　〃	小鳥，虫，魚の世話	4		
	植物　〃	花壇，花びんの世話	3		
	体育　〃	ボール，なわとびの管理，貸し出し	5		
4年	学級委員	計画会の召集，代表委員会出席	4	給食	
	新聞係	学級新聞の発行	8	清掃	
	給食　〃	給食時のすごし方計画と実践	8	日直	
	図書　〃	図書カードの整理，貸し出し	10	小鳥	
	集会　〃	集会の計画と実施	9	体育準備 実験準備	
5年	学級委員	計画係とともに学級会の企画，学級会の司会記録代表委員会出席	4	給食	
	計画係	学級会の企画	6	清掃	
	学級図書係	学級の図書の貸し出しと管理	2	日直	
	保健　〃	衛生検査	4	学習	
	美化　〃	学級園の管理，花を飾ったり室内を美しくする創意くふう	2		
	新聞　〃	学級新聞の発行	6		
6年	学級委員	５年と同じ	4	給食	学習
	新聞係	学級新聞を発行する	6	学習	地理，歴史を調べる
	図書　〃	本の整理貸し出しの名簿つくり	6	清掃	
	掲示　〃	係りのお知らせをはる	4	日直	気象係 興味をもった児童

6 年	 生活 〃 小鳥 〃	生活上に役だちそうなものをはる 教室内の整とん，衛生しらべ，時計を合わせる 小鳥の世話	6 8	気象(4)	が長期にわたって観測している。資料は科学クラブまたは気象を扱う学級に貸し出すことがある。

4　学級委員の位置づけについて

(1)　学級委員の意義

ここに，学級委員とは学級の代表という考え方をしているが，従前は学級の代表として，級長，副級長がおかれていた。これは，教師の任命によって生まれ，学級管理の補助的な役割を果たすのがおもな仕事であった。たとえば，担任が学級を留守にする場合，児童たちがかってな行動をしないように指導したり，当番をなまけないように担任にかわって監督するなど，他の児童より一段と高い位置にあって，担任を手助けする存在であった。おなじく学級の代表であっても，本校での特別教育活動の立場から考えられる学級委員は，そのような性格のものであってはならない。すなわち，学級委員は担任教師の補助的な役割ではなく，文字どおり学級全体の意向を代表するものでなければならない。学級会活動の世話役であり，役員的存在と考えられる。

(2)　学級委員の仕事の内容としては，学級会活動の全般にわたって，滞りなく仕事ができるための潤滑油の役目をする。具体的には，

ア　話し合いの活動の場合，主として議長や司会をする。

イ　学級会活動の企画に参加する。（話し合いの活動の議題を選んだり，学級会活動の運営を図るなど。）

ウ　連絡会や代表委員会に主として学級の代表として参加する。

(3)　学級委員の活動と，係りの活動の関係。

上記の仕事の内容からみると，学級委員は，広い視野に立って学級を見

わたすことが必要と考えられる。それゆえ，学級委員をしながら，さらに他の係りの活動の仕事を兼ねるのは，不適当である。したがって，学級委員は学級会の役員であるとともに，他の係りと同じように仕事の分担を明確にしておく必要がある。このように，学級委員は権力的な立場にあるものではなく，学級会の仕事を分担しながら，各活動を調節する役割と考える。

(4)　学級委員の選び方

この係りは，広い視野に立って学級会全体を見渡さないと仕事ができないわけであるから，一応学級の代表として能力だけでなく熱意と積極性をもつ人物が選出される必要がある。したがって，その選出する方法としては，

○児童が立候補し，その中から選出する。

○推薦をする。

○無記名投票。

などいろいろあるが，要するに教師の任命によることなく，児童自身の意志によって全員の衆望にこたえられる人物を選ばせることが望ましいと考えられる。

(5)　学級委員の学級代表としての性格

学級委員は，学級の代表として，代表委員会の構成メンバーになることは前述のとおりである。しかし，単にそれが所属する学級会などを代表して代表委員会に問題を提起したり，決議したりするだけでなく，同時に，自己の所属を離れた全校の代表であるという立場からも活動をしなくてはならない。すなわち，学級委員は，学級という集団と，学校という集団とを代表して，学校生活に関する諸問題の処理解決をしていくという両面の性格をもっている。

ともすれば，代表が自分たちの学級の意向を尊重しすぎるのあまり，学

校全体の立場を考えないことがままあるが注意する必要がある。

(6) 学級代表は固定制より交代制を，

ところで，学級の代表として，代表委員会に出席するものが，常に学級委員ばかりに固定されることは望ましくない。

なぜならば，われわれは学校生活に関する諸問題を，全校的な立場から処理解決する代表委員会の様子を，少しでも多くの児童に経験させる必要があると考えられるからである。そこで，代表委員会に提出したい問題が，学級のある係りからもちだされた場合には，その係りの児童が学級の代表のひとりとして，代表委員会に出席するようにさせた。

たとえば，ある学級で，「屋上での遊び方についての問題」を代表委員会に提出したい場合は，出席する学級の代表の４名のうち１名はその学級の「遊び係」の児童が代表となって出席するという方法である。

「遊び係」が，学級委員のように，意見をうまく発表できなくても，問題の処理解決にはおおいに役だつと考えるからである。

また，ある学級においては，特に提出する議題に関係なくても，４名のうち２名は学級委員以外から交代で出席させるようにしている。代表委員会が技術的にうまく運ぶことより，ひとりでも多くの理解者がいることのほうがたいせつであり，やがて，これらの児童が学級会活動の向上発展にも大きな役割を果たすことになるであろうと考えたからである。

以上のように，代表委員会に出席するメンバーの交代制は，学級会および代表委員会の運営上，問題点を持つものではあろうが，（たとえば，討議の能率が悪く，議題を次回に持ち越してしまうとか，学級の代表としてじゅうぶんに意見が発表できないなどの点）ひとりでも多く，代表委員会とつながりをもつという，特別教育活動のねらいから考えれば，より効果的な方法であると考える。

したがって，その実践にあたって画一的ではなく，学級学年の実情および発達段階を考慮して，低学年より高学年へと徐徐に交代制をとるなど，じゅうぶんな配慮を加えている。

5　部と係の活動の関係

高学年児童は，学級会の１員であると同時に，児童会活動のメンバーとして重要な役割をしている。すなわち，児童会の活動と学級会の活動の二つをそれぞれ分担することになるので，この両者の性格をよく考え，児童がこの二つの活動においてじゅうぶん仕事をしていけるように配慮することが必要である。同時に，負担過重にならないように考慮してやることもたいせつなことになってくる。

では，部の活動と係りの活動の関係はどのようにあるべきであろうか。

(1) 部と係りの違い

部の活動は，学校生活を向上発展させていくための実際の活動を分担して行なうものであり，係りの活動は，学級生活上に必要な仕事を分担処理するためにおかれるものである。部，係りの活動ともに，実際の活動を分担して行なうものであるが，前者の背景は学校生活であり，後者の背景は学級生活である。このように，部と係りの活動は仕事の内容が同じような場合でも背景が相違している。

(2) 部と係りの活動のつながりのしかた

ここに，部と係りのつながりについて，三つの型を示すことができる。

ア　A型

これは部の組織をそのまま学級の係りの組織に結びつけたものである。

例

(部)		(係り)
保健部	……→	保健係
新聞部	……→	新聞係
体育部	……→	体育係
放送部	……→	放送係
銀行部	……→	銀行係
図書部	……→	図書係

イ　B型

これは係りを学級の必要に応じて組織し，部と係りの関連についてはまったく別に考えたものである。実際の場合たまたま部と係りの名称が一致する場合もある。

例

(部)	(係り)
保健部	衛生係
新聞部	小鳥係
体育部	遊び係
放送部	学級新聞係
銀行部	美化係
図書部	掲示係

ウ　C型

これは係りを学級の必要に応じて組織するが，部の活動に関連するものはなるべく関連づけていこうとするものである。

例

(部)		(係り)
保健部	……→	保健係
新聞部	……→	新聞係
体育部	……→	運動係
図書部	……→	図書係
放送部		整美係
銀行部		小鳥係

上記の三つの型についての考察

A型の例では，児童会の部の組織が優先するため，係りが形式的に決められてほんとうに学級児童の必要感から生まれたものでなくなる。したがって，組織は整然とするが，学級としての個性が失われ，児童に活動の意欲を失わせるおそれがある。A型でいけば係りを生みだす苦労はないし，組織づくりに時間がかからないという点はあるが，特別教育活動の本質から考えるとあまり望ましくない。

また，部の活動として取り上げられているからといって，そのまま学級におろした場合，児童が活動する仕事があるかどうかも問題である。

たとえば，放送部に属している児童と学級の放送係の児童が仕事のうばいあいをするというおもしろい現象を起こすことも当然である。また，名称は同じであっても，図書部と学級の図書係においては仕事の内容が異なるはずのものである。「図書館の本の貸し出し」「本の返還」「カードの

整理」は図書部で消化できる仕事であり，学級の図書係はその必要はない。ただ，学級文庫でもあれば，学級独自の必要から学級の図書係が生まれてくるべきである。したがって，学級の係りは学級の必要に応じて組織づけられる型が最も適当と考えた。

「学級生活を豊かにし，向上発展させるためにはどんな係りが必要だろうか」ということを児童に検討させ，ほんとうに必要な係りを必要に応じて順に生みだしていくような指導がほしいものである。

児童の創造性がじゅうぶん生かされ，働く仕事が現実になくてはならない。

それゆえに，部の活動とは関係なく，学級生活を中心にした考え方のもとに係りは生まれるべきである。すなわち，B型のような部と係りの関係が妥当である。ここに具体例を示してみよう。

例1

新聞部にはいっている児童は，新聞の作り方については，たしかに他の児童よりすぐれた技術を身につけるようになる。そこで，学級における新聞係もやるとしたら，その児童は負担過重となる。また，学校新聞のつくり方と学級新聞のつくり方の傾向は異なるはずのものである。

例2

体育部は，本校においては運動クラブになっているが，学校内の仕事として分担処理する部としての性格ももっている。

体育部の児童は，運動器具のあり場所や扱い方について熟知している。しかし，この児童が学級の体育係となって何をするのであろうか。もし，体育の授業の準備万端をすることがおもな仕事の内容で，それをよく行なったから活動が活発に行なわれていると考えたら大きなあやまりである。体育の授業の準備をすることは，自分たちの生活を豊かにするものと考えてしているのではなく，教師の補助的な仕事をすることになるのである。

教師の補助的な仕事は係りの活動として，望ましくないのは前述のとおりである。

同じ体育係という名称であっても，内容上では係りと部の活動は違ってくるのではなかろうか。

係りとして適当な活動内容は下記のようなものとなろう。

たとえば，

○学級のボールの管理をする。

○新しい遊びの計画を立てる。

○遊びのきまりを決める。

○遊びの（たとえば，ポートボール，サッカー，じんとり……など）メンバーの組分けをする。

6　「集会の活動」の指導計画

学級会活動の一分野である集会の活動は，学級の全児童が集まって，児童の誕生日を祝ったり，または，転退学する児童を送るなどのために，児童が主体となって計画，運営される活動である。そして，その実施計画は，学級会活動の他の内容と密接な関連をもつものである。また，他の学級会活動に比べて，この活動は児童が非常に興味と関心をよせていることは，次の表Aを見ても明らかである。

児童の興味と関心の高い活動を重ねることによって，積極的に児童の自主的な生活態度が養われ，児童の学校生活を，より楽しく，より豊かにすることができるものである。したがって集会の活動は，その結果やできばえより，児童が自主的に計画し，運営していく過程に価値があると考える。

特に，低学年においては，この活動を実施するための話し合いや，実施後の反省についての話し合いは，非常に活発に行なわれ，いろいろの役割

（表A）　「集会の活動は好きか嫌いか」の意識調査

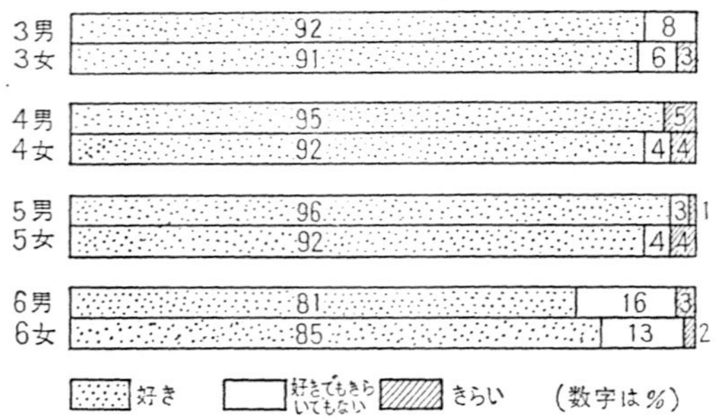

もよく理解し，進んでそれらの役割を受け持とうとする意欲的な態度も見受けられる。そこで，低学年の学級会活動は，まず集会の活動から出発して，そこに共通の場を発見し，一つの目標に向かって話し合う活動へ，または係りの活動へと発展させることも，発達段階に応じた一つのいきかたのようにも思われる。この意味でも集会の活動がもつ役割は大きいといわねばならない。

そこで，集会の活動の指導計画作成にあたっては，学級集団の発達段階を見きわめた上，それぞれの学年に即した計画が立てられなければならない。

1　集会の活動の指導方針

(1)低学年では，教師が中心となって計画をたて，児童が楽しんで参加し，発表することによって，なかま意識を育て，力を合わせて集会をする態度を養う。

(2)中学年では，教師の助言を得ながら，自分たちで計画を立て，集会に必要な細かな仕事の分担を決め，児童が創意を生かして運営し，学級全員が楽しく参加できるようにする。

⑶高学年では，年間を見通して，教師の指導と助言によって計画を立て，集会の活動の意義を知るとともに，その改善を図り，全員の話し合いによって，自主的に効果的な集会ができるようにする。

2　時間・回数

(1)　時間と回数

①集会の活動に要する時間は，一概には決められないが，集会の種類やこどもの疲労度を考えた上で，適切に決められなければならない。いたずらに時間を延ばしたり，他の領域の時間を侵すことは望ましくない。一つの集会に要する時間としては，表Bに示されたものがその限度であろう。

（表B）

	低学年	中学年	高学年
時　間	1～1.5	2	2.5

②集会の活動の回数は，指導計画の中で教師があらかじめおよそのわくぐみとして，年間の回数を定めておくべきである。

低学年では，楽しい学級のふんい気をつくり，集会の活動を通して自主的な態度を養い，友だち関係をよくすることから，なるべく回数は多くとったほうがよい。高学年になると，教育活動が広範にわたるうえに，計画も高度になるので，回数を多くすることは集会の活動のねらいが見失われる結果になるであろう。

したがって，回数は毎学期1回ぐらいが適当と考える。

およそ年間の回数は表Cのようである。

（表C）

	低学年	中学年	高学年
回　数	6～9	4～6	3～5

(2)　種類と種目

集会の種類には，行事にちなんだもの，発表会，誕生会，競技会などがある。低学年から，集会の活動にはさまざまな種類のあることに気づかせておくと，高学年になるにしたがって，種類も多く種目もくふうし改善していくような計画を立てることができる。ただし教科の中でやったほうがよりよく効果の上がるものは望ましい集会の活動とはいえない。たとえば体力測定会などは体育の時間にやり，夏休後の理科発表会は理科の教科として取り扱ったほうがよいのではないか。集会の種目は，あくまで児童の自主性を生かし，創造性に富んだものが望ましい。また，活動の種類によって種目を選べるようにすることも必要であろう。誕生会は誕生会らしく，クリスマスの会はクリスマスの会らしい種目を選ぶこともたいせつであろう。

(3)　費用

集会の活動に要する費用についても，教師は計画の中で，その立場を明確にしておくべきである。

クリスマスなどの集会の活動になると，話し合いの結果，プレゼントしようということになったり，会場の装飾などのために花を飾ったり，テープをはったりしたいということになる。それらの費用は，どのようなところから，どの程度支出するかが問題となろう。本校では，そうしたものは学年費から支出しているが，費用は多額にならないような指導と配慮をしなければならないことは，教育的に考えても当然のことであろう。

(4)　実施計画

①低学年では，生活のすべてが基礎づくりの時代で，経験も浅く，きわめてせまい視野の中にあるので，自主的な活動を望むことはどうしても無理である。そこで，立案計画もともに教師が中心になって立てる。

実践の場においては，教師が司会者になったり，助言者になったりして，会の進行を図るのである。

②中学年では，誕生会係，集会係，計画係など，その名称は違うが，なんらかの形で集会を計画するための係りを設け，そこで原案を作り，全員の協議によって決定するのである。原案作成にあたっては，児童だけでは無理なので，教師の助言が必要となる。

③高学年の場合，集会をもつ回数が年間を通して少なくなることは，前述のとおりである。したがって，集会の活動に関する企画，立案や運営の中心になる係り，たとえば，集会係のような係りを学期初めから常設することは，学級会組織の上から考えても，あまり望ましくないであろう。つまり，回数が少ないため，継続的な活動がなされない仕事のために，独立した係りを置くことは，その係りの児童の自発的な意欲を阻害したり，係りの活動全体の調和を乱すことになる。だから，他の係りの分担ないしは組織活動に含めて考えることのほうが望まれるわけである。

本校では，この点を児童とともに考慮して，あらかじめ設置することなく，必要に応じて設けたり，他の係りの活動の中に含めたり（たとえば，球技会の計画は運動係）学級によっては，学級会の実施計画を立てる代表者会とか，運営委員会が集会の計画もあわせて立案するようにしている。

(5) 資料（クラス会の計画の一例と集会の活動例）

（表1）　　（6の1）

クラス会の原案

○日時　3月16日（金曜日）　計画委員会 午前9時半から12時まで（2時間半）

○係

準備係	生活係
司会	欠席係
幕引き	図書係
プログラム作成	気象係

あとかたづけ	運動係・新聞係・気象係・小鳥係・掲示係 6人　6人　4人　4人　6人

○テーブルスピーチ　（給食の時にやる）

○初めのことば　（高橋康二郎）

○終わりのことば　（増村落子）

（表2）

学級全員で決定した計画案

○日時　3月16日（金曜日）午前9時半～12時

○場所　視聴覚室

○題　思いで会（三吉君の全快祝いも含める）

○先生がたを全部招待する。

○プログラム

1	はじめのことば		
2	岩尾	合唱合奏	10分
3	城取	劇	15分
4	発師	独奏	5分
5	塚越	人形劇	30分
6	五島		20分
			休み5分
7	増村	歌とパントマイム	20分
8	富崎	ゲーム遊び	20分
9	西田		20分
10	高原	劇	30分
11	終わりのことば		

○休けい　5分間（1回）

○かかる時間　2時間半

○案内状　学級委員が書く

○プログラム　めくるような大きいほうだけ作る

（表3）　集会活動の年間活動例

学年	種類	種目	時間	回数
1	こどもの日	歌をうたう	0.5	1
〃	七夕祭	個人ゲーム　団体ゲーム　歌	1	1
〃	クリスマス	全員一種目出る，なぞなぞ紙しばいわたしはだれでしょう歌，おどり，オルガン，バイオリン	1	1
〃	誕生会	クリスマスと同じ	1	2
2の1	誕生会	お誕生おめでとうののあいさつ　歌　なぞなぞ紙しばい　クイズ　ハーモニカ　劇　紙しばい	1	6
〃	七夕祭	歌　なぞなぞ　クイズ　すきですかきらいですか	1.5	1
〃	クリスマス	歌　なぞなぞ　クイズ　ジェスチュア　すきですかきらいですか　合奏　ハーモニカ	2	1
〃	ひなまつり	歌　なぞなぞ　クイズ　春のファッションモデル　ハーモニカ　すきですかきらいですか	2	1
2の2	誕生会	ゆうぎ　紙しばい　クイズ　手品　合奏　朗読　音あて　劇	1	6
3の1	誕生会	クイズ　紙しばい　すきですかきらいですか　福笑い　朗読　おどり　合奏	4	3
3の2	七夕祭	紙しばい　なぞなぞ　こどものファッションショウ　こよみクイズ　朗読	2	1
〃	誕生会	クイズ　二十のとびら　紙しばい　朗読　おどり　福笑い　合奏	2	2
〃	クリスマス	なぞなぞ　ゼスチャーあそび　朗読　手品　紙しばい　劇　しりとり歌	2	1
〃	ひなまつり	せい唱　合奏　すきですかきらいですか　劇　クイズ　ジェスチャー　紙しばい	2	1
4の1	誕生会	劇　合唱　合奏	2	1
〃	クラス会	班対抗ゲーム	2	1

学年	種類	種目	時間	回数
〃	学級ベースボール会	フットベースボール　班対抗	2	1
4の2	誕生会	小学芸会的なもの　人形劇　クイズ　劇　紙しばい　ゲーム　合奏	1.5	12
5の1	クラス会	手品　おしゃべりコント　劇　クイズ　なぞなぞ　ファッションショウ　ジェスチュアー　合奏	2	3
5の2	誕生会	グループを中心に各種の催し物を出し合う	2	2
〃	クラス会	クリスマスの行事を兼ねた。内容的には誕生会に同じ	2	1
〃	さよならクラス会	会場に年間の思い出となる作品を展示し各種の催し物をする	2	1
6の1	学級球技大会	班別　ドッジボール　ポートボール	2	1
〃	歓送迎会	劇　歌合奏　おどり　あやつり人形　プレゼント	2	1
〃	体力測定会	100メートル　棒高とび　けんすい　幅とび　ボール投げ	2	1
〃	思い出会	人形劇　合唱　合奏　ゲーム遊び　歌とパントマイム独奏	2.5	1
6の2	学級競技会	ソフトボール　走り高とび　ドッジボール　リレー	2	1
〃	クラス会	クイズ　すきですかきらいですか　ジェスチャー　手品　落語　劇　合唱　合奏	2	3
6の3	クラス会	紙しばい　劇　喜劇　クイズ　合唱　合奏　手品　あやつり人形	2	3

Ⅵ　児童会活動と児童の意識

1　児童の願いと自主性

児童は毎日学校という集団において，民主的で社会的な経験を重ねているのであるが，児童のひとりひとりは，学校の一員であるという自覚をもち，自分の学校生活を楽しく充実したものにしたいという要求をもっている。この自覚をさらに高め，要求をさらに深めるためには，児童の，自発的・自治的な活動に訴えることがたいせつであり，ここに児童会活動の意義があると考えられると指導書に述べられている。

ここで問題になることは，児童のひとりひとりが，「学校の一員であるという自覚を持ちながら，学校生活を楽しく充実したものにしたいという要求」をもっているかどうか。もっているとすれば，どの程度の自覚であり要求であるかという，児童の実態をつかむことは，自発的・自治的な活動を助長し，適切な指導を図るための，きわめてたいせつな条件である。と考えられる。

もちろん，児童の学校生活を向上発展させようとする意図や，願いは，自発的・自治的な活動に，訴えることの積み重ねによって，根強く深まるものであろう。

しかし，今の指導計画を立てる場合，今の児童の実態を，おおよそつかむということは，それだけに意義深いと考えたのである。そこで，次のような児童の意識調査を試みた。

2　実態調査と考察

1　**第1回実態調査**（36. 5. 施行）

設　問

まい朝，二鈴がなると，あそびをやめて，その場にとまることになっていますが，それをまもらない人がいます。

その人を見たとき気になりますか。一つだけ○をつけなさい。

イ．気にならない。

ロ．ちょっと気になる。

ハ．どうして守らないのだろうと思う。

また上の問題は，どうするとよくなると思いますか。かんたんに書いてください。

集計の結果

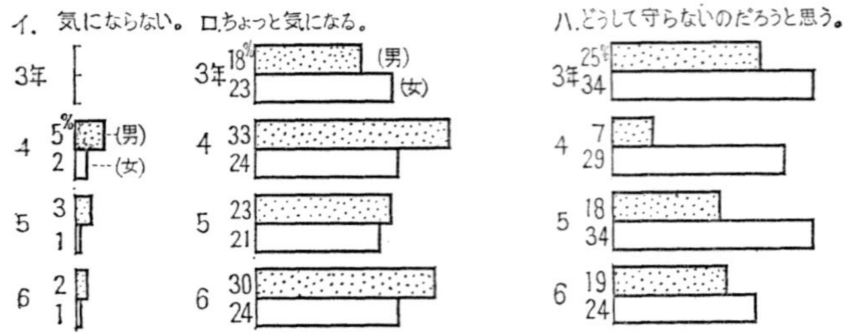

この結果「イ．気にならない」の項では，3年生は教師の指導に従っていると考えられ，4年生は3年生の逆の型が出ている。

尚5年6年は，自分たちの問題だという意識の現われといえよう。

また「気にならない」の項は，全体として男子のほうが多いのは，問題意識が女子よりやや低いとも考えられる。

男子は「ちょっと気になる」程度が，女子に至っては「どうして守らないのだろう」と，深く考える項目に集まったのであろう。この年ごろの男女差の現われともいえるのではないだろうか。

以上の設問で，

「どうするとよくなると思いますか」の問いに答えた児童について調査した結果は，次のとおりに現われた。

		気にならない	ちょっと気になる	どうして守らないのかと思う	%
1	学級会計議		3人	5人	2
2	児童会計議		1	7	2
3	相互に注意	5	106	106	56
4	週番に注意してもらう	2	24	15	10
5	先生に指導	1	5	5	3
6	その他	4	55	43	27

以上のような結果をながめて，解答数の少ないなかでも，「相互に注意する。」の項に集まったのは，問題を具体的に処理する方法や，考え方についての未熟さと無関心の，現われとも思われる。

「めいめいで考えればよい。」ということは，まことにりっぱな解答であるが，現実の問題として，そのままの形ではたして，問題解決に結びつくかどうかは疑問であり，問題に対する考え方の深まりに，欠けているといえよう。

設問

> 月1回ほど代表委員会がひらかれていますが，あとでどんなことがそうだんされたか，しりたいとおもいますか。
> ㋑ 代表委員会がひらかれていることをしらなかった。
> ㋺ あまりしりたいとおもわない。
> ㋩ 自分の組から議題が出たときはしりたい。
> ㊁ かならず組の代表委員に発表してもらいたい。

以上の設問の解答から次のように集計した。

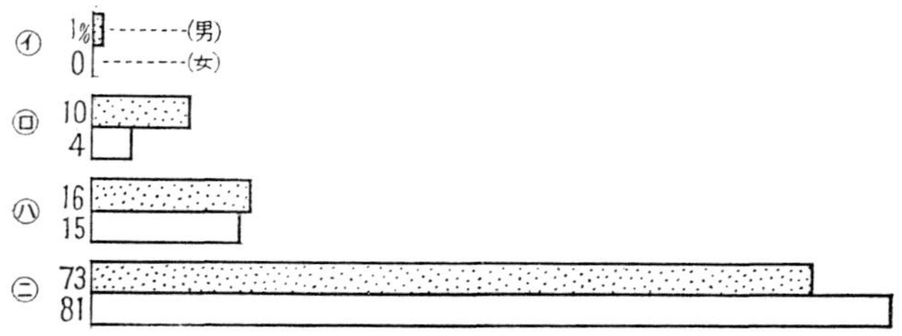

㋑の結果を見ると，代表委員会がひらかれていることをしらなかった児童は，わずかに1％だけで，代表委員会がひらかれているという意識においては良好といえる。

㋺の「あまり知りたくない。」の項でも，低率を示し，㋩の「自分の組から出た議題が出された時は知りたい。」の項で，やっと15～16％を示しているが，㊁の項に至っては「かならず組の代表委員に発表してもらいたい。」と，高率を示しているように，代表委員会についての意識ははっきりと出ているといえよう。

> 代表委員会はどんなことをするところか。
> ア．学校のきまりをつくるところ。
> イ．ぼくたちの学校生活の中にある問題について話し合ってどうしたらよいかを，きめるところ。
> ウ．先生のおてつだいとして，先生がきめるかわりに，ぼくたちで話し合うところ。
> エ．学級から出された問題について，相談するところ。

以上の設問を集計して見ると次のようである。

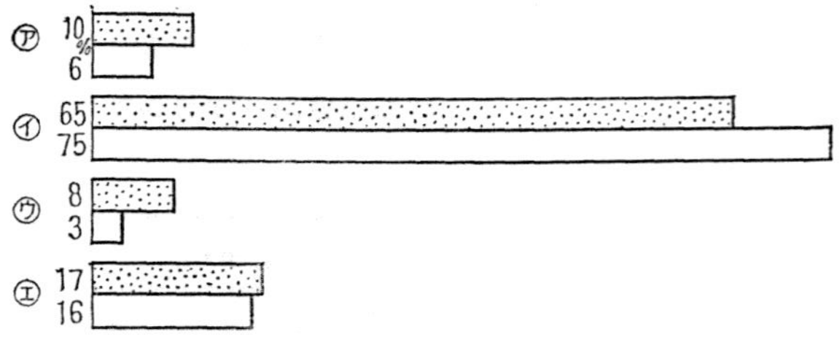

上の結果を見て，「ぼくたちの学校生活の中にある問題について，話し合ってどうしたらよいかを，きめるところ。」という項が高率を示し，先生のおてつだいとしての項が低率であるということは，代表委員会の意義についての認識が適確であるといえよう。

2　**第2回意識調査**（37. 3. 施行）

前述のような，第1回の意識調査によって児童が自分たちの学校生活を楽しく，より豊かにしたいという要求を，どの程度にもっているか。また，それを解決するための具体的方策として，どのような方法を考えているかの実態を知ることができた。

ここで，われわれは，児童の学校における日常生活の具体的な問題の処理方法について児童がどのように考えているかを調査して，実態に即した指導の資料とするために，3月6日次のような第2回の意識調査を試みた。

設問

> つぎのようなときあなたはどうすると，よくなると思いますか。
> 給食の手あらいの時，どこの手あらい場もまわりがびしょぬれになってすべる。まわりの組の当番がふいているがすぐよごれてしまう。どうしたらよいか。

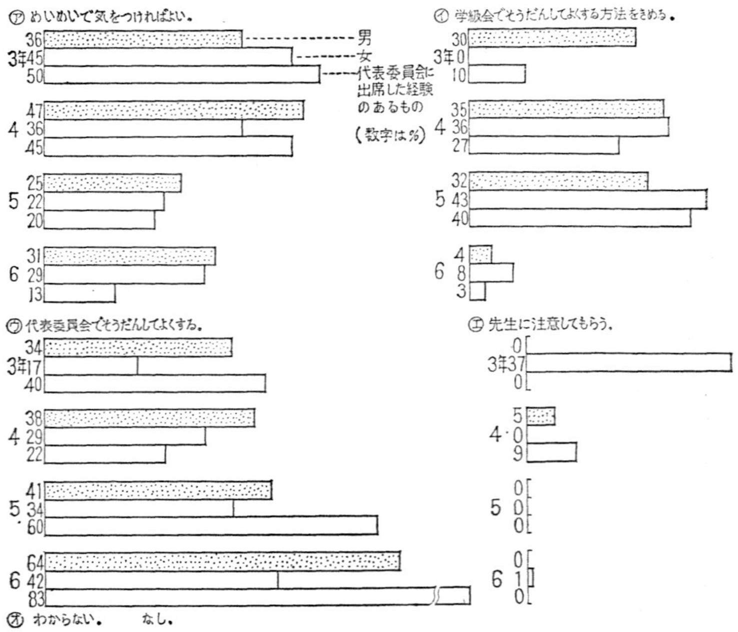

㋐の個別指導が必要なことは忘れてはならない一つであること。

児童の意識が学級会で相談してから，代表委員会に持ち込むという，二段がまえの考えがあったので，予想していたより代表委員会の項に集中しなかったのではないだろうか。全体的に見ると，学年を追って，代表委員会で相談するというのが，多くなっていることは，代表委員会で扱う問題であると，はあくしているとみられる。

㋒の項目で，代表委員会に出席した児童が，各学年とも高率を示しているのは，代表委員会の機能を，代表として参加した経験によって，よりよく理解したものといえる。

㋓の先生に注意してもらうの項目で，3年の女子が37%あるのは，一般的な傾向として，女子に多く見られる他力本願的な面が，このような結果として出てきたのではないだろうか。男女差の問題として，女子のよりつよいものに依存しようという態度の現われでもあると思われる。

> 勉強中におしゃべりしたり，いたずらをしてあそんでいる人がいる。どうしたらよいか。

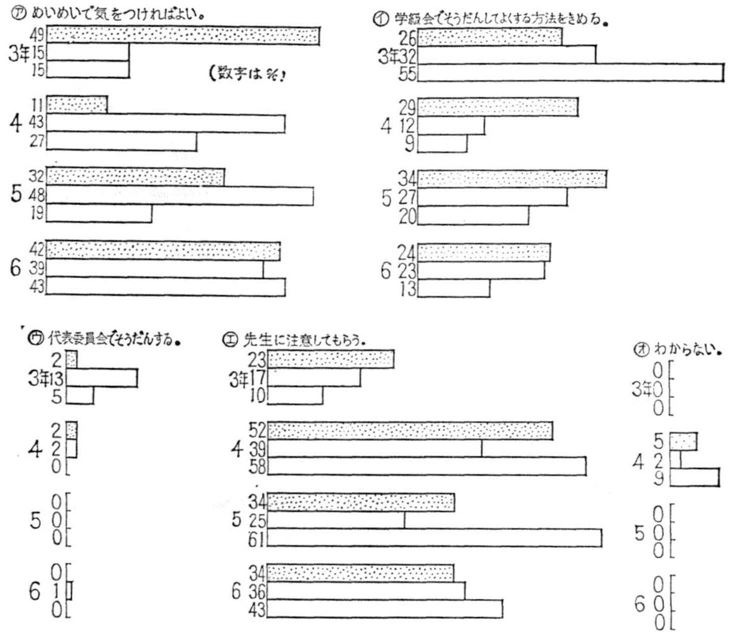

㋑の比率は，われわれもとかく今まで，このような問題を学級会で扱っていたので，そのなごりの現われではなかろうか。してみると，われわれの自己反省の資料にもなるのである。㋒全体をながめて少なくなっている。

これは，問題処理の意識が学年を追って確立してきているといえる。

これは授業中の問題なので，われわれの予想として㋐または㋓に集まるものと予想していたが，意外な結果として，学級会で相談するところにも解答があったこと，設問の解答欄を，「まわりの人に注意してやる。」「先生に注意してもらう。」のようにまとめればはっきりした意識の方向がつかめたのではないか。また設問が不明確であったことも反省される。

> クラスのボールをいつも，5・6人だけでつかって，ほかの人はなかまに入れてくれない。どうしたらよいか。

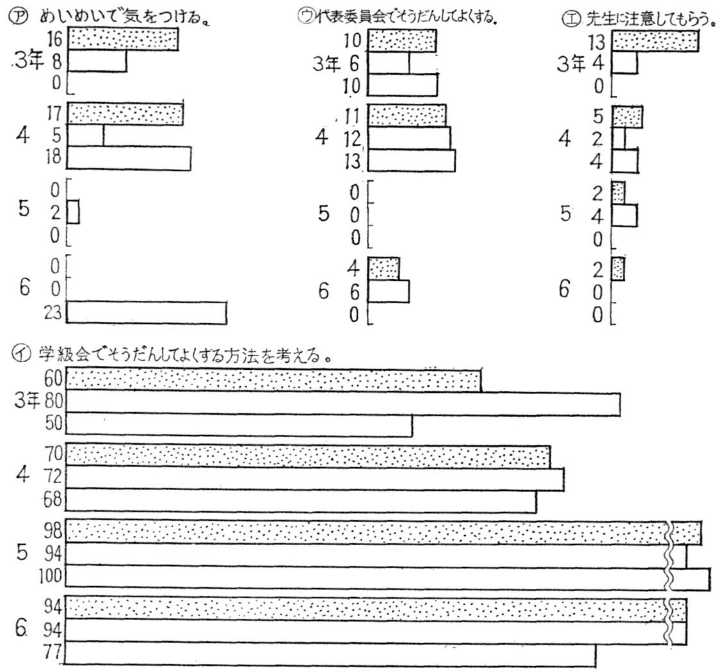

㋔ わからない。　なし。

この問題については，遊びの問題で，学級会でたびたび取り扱った経験があるので，たがやしができているものと思われる。

図書館の本をかえす時，本だなにいれないで，かってに机の上に置いていってしまうので，係りの人がせいりするのにたいへんこまっている。どうしたらよいと思いますか。

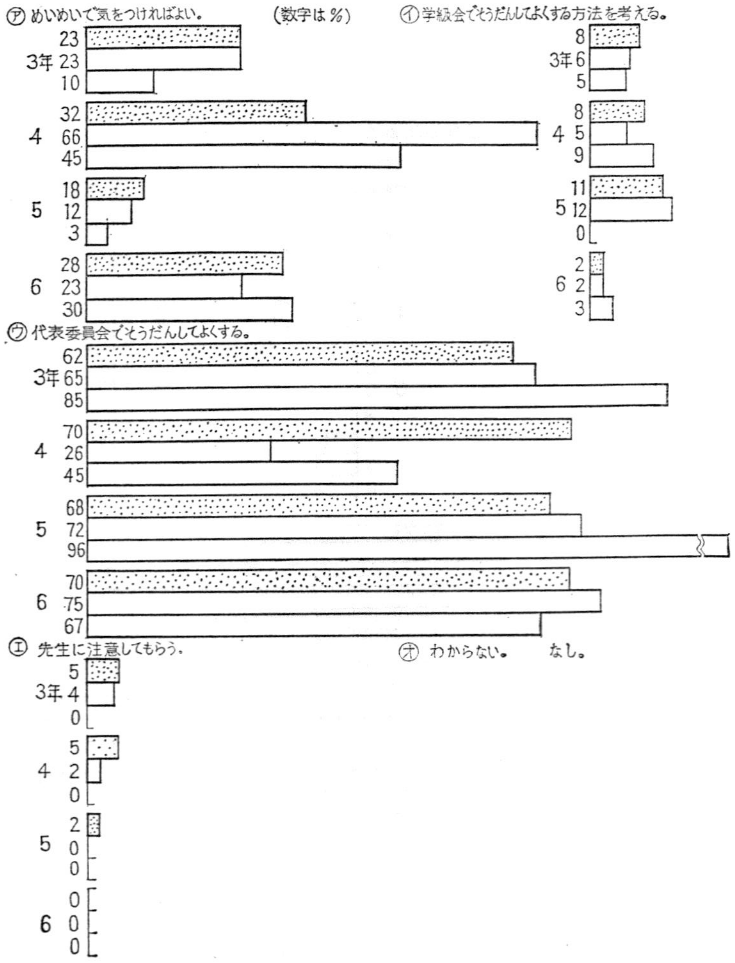

この問題は，部の活動から出たもので，大部分が代表委員会の問題として受けとめているのは，妥当といえよう。

わたしのクラスは給食の時，放送をきかないでおしゃべりをする人が多いので，放送がきこえません。どうしたらよいか。

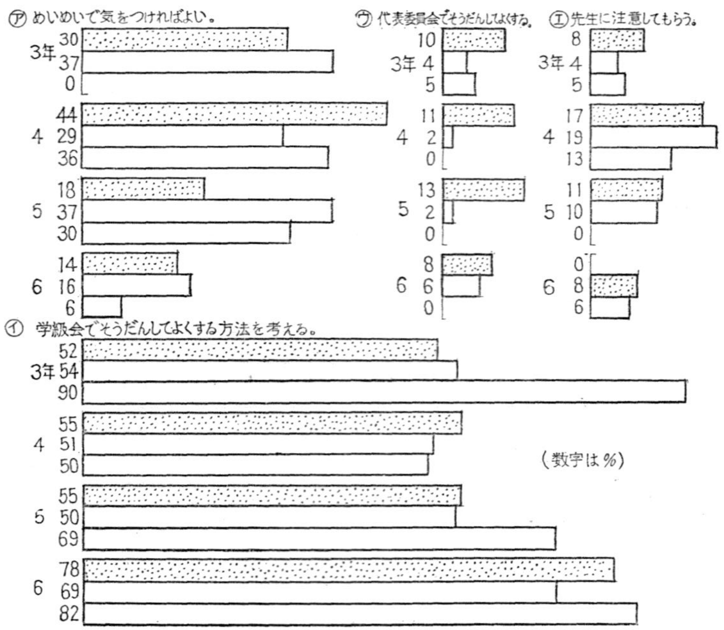

㋑の項で，３年生は，児童会の機能をはっきりつかんでいないが，代表委員会に参加した児童は，その機能をはあくしているので，学年全体との差が大きくあらわれたといえよう。また，学年を追うに従って，学級の問題として受け止めている比率がのびているのは，望ましい姿ともいえよう。

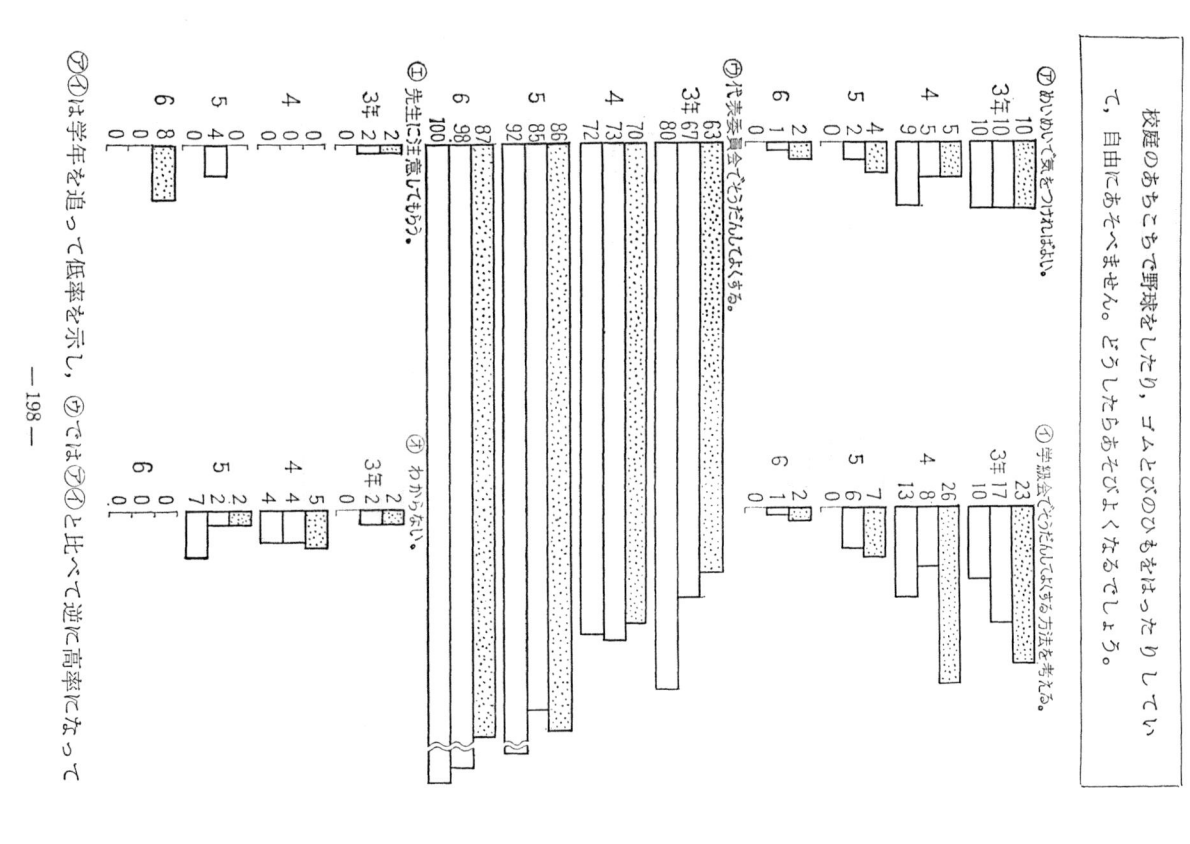

校庭のあちこちで野球をしたり，ゴムとびのひもをはったりしていて，自由にあそべません。どうしたらあそびよくなるでしょう。

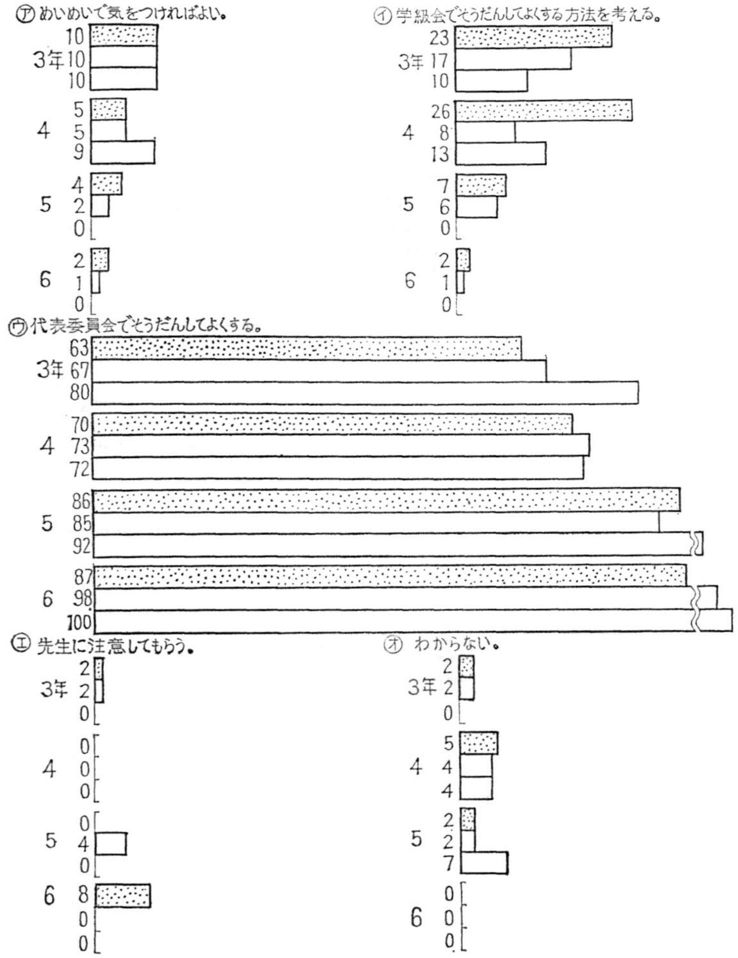

㋐㋑は学年を追って低率を示し，㋒では㋐㋑と比べて逆に高率になって

いることは，正常な意識の発達を示している。ということは，校庭の遊びを学校生活の問題として，はあくしているといえよう。

当番の時，男子は女子にばかりやらせて，あそんでいるのでこまる。どうするとよいか。

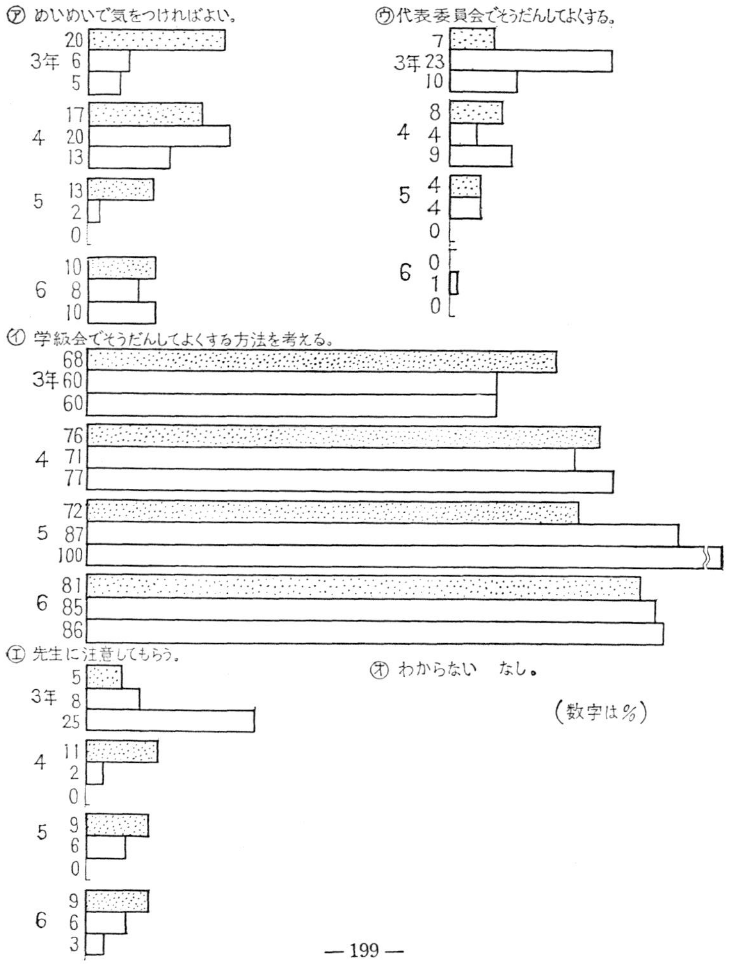

これは，遊びに関した学級会の問題としてはっきりしている。また，これを全体がすなおに受け止めている。この種の問題は各学年とも討議が重ねられているので，学年を追うに従って，学級会の性格をはっきりはあくしているといえる。

以上２回の調査をして，児童会活動と児童の意識は日ごとに伸び，確実性がそなわってきたこと，すなおに受けとめてきたことを，如実に現わしている。

意識調査をするにあたって，発問に難点を見うけたけれども，この点はわれわれ教師の反省資料としたい。

実態調査の結果として，活発な学級会活動の経験をしっかりと身につけ，児童会の，自分たちの学校生活をよくしようというそれぞれの分野で，諸問題をじょうずに話し合い，児童会活動の意識も高まり，学校生活上の問題を処理解決していく態度ができるようになってきている。

特に，代表委員会に参加した児童の意識が，一般児童に比して，はるかに望ましい傾向を示していることで，代表委員の交代制が固定制よりもはるかに教育的であることがわかった。

MEJ 3541

初等教育実験学校報告書２

小学校

特別教育活動指導計画のあり方

昭和39年６月１日５版発行

著作権所有　文部省

発行者　東京都新宿区市ケ谷船河原町６
教育図書株式会社
代表者　久本彌吉

印刷者　東京都千代田区神田神保町1の69
株式会社　真珠社
代表者　田村要

発行所　東京都新宿区市ケ谷船河原町６
教育図書株式会社
電話（268）5141—5
振替口座　東京12565

定価　130円

教育図書株式会社 発行　定価 130 円

初等教育実験学校報告書　3

小　学　校

音楽の指導法に関する二つの実験研究

○音楽科における統合的指導法

○音楽の基本的要素を身につけ
させるための効果的な指導法

1963

文　部　省

初等教育実験学校報告書　3

小　学　校

音楽の指導法に関する二つの実験研究

○ 音楽科における統合的指導法

○ 音楽の基本的要素を身につけ
させるための効果的指導法

1963

まえがき

文部省では，昭和34，35年度に「音楽科における統合的指導法」についての実験研究を東京学芸大学付属世田谷小学校に，また，昭和35，36年度は「音楽の基本的要素を身につけさせるための効果的な指導法」についての実験研究を横浜国立大学学芸学部付属鎌倉小学校にそれぞれ委嘱したが，本書は以上２校の研究成果をまとめたものである。

小学校学習指導要領には，音楽科指導の一般的留意事項として，各経験領域を有機的，統合的に取り扱うこと，音楽性を育成する基礎として，まず音楽的感覚を伸ばすことに重点を置くこと，技術的な向上をねらうと同時に音楽の美しさに感動させる学習を重視することなどが強調されているが，本書の内容はこれらを具体的に展開した実験研究であるから，本書を一つの手がかりとして，今後この方面に関する研究をいっそう進められることを期待してやまない。

おわりに，本実験研究に心からの協力をいただいた前記２校の職員のかたがたに対して，深く感謝する次第である。

昭和38年４月８日

文部省初等中等教育局

初等教育課長　西　村　勝　巳

（第１部）　音楽科における統合的指導法

目　次

（第２部）音楽の基本的要素を身につけさせるための効果的指導法

目　次

(第1部)

音楽科における統合的指導法

東京学芸大学
付属世田谷小学校

Ⅰ 研 究 主 題

「音楽科における統合的指導法」

Ⅱ 研 究 の 基 礎

1 主題の受け止め方

「音楽科における統合的指導法」という研究主題に対して，第1に当面した問題は，この統合的指導法という内容を正しくとらえること，そしてその理解の上に立って研究の糸口を見いだすことであった。

一般的にいわれる統合学習とは，生活経験を基礎とした問題解決学習の一形態として，カリキュラム研究の分野において研究され，かつその実践によって多くの研究成果も生み出されている。

これらの研究はもちろん，一教科の立場を離れた学校教育全般の教育計画についての統合であって，一教科というわく内での統合を中心課題として研究されたものではない。

また，それらの統合学習の場合には必然的にその長所も短所も実証されたわけであるが，音楽科という特定の教科のわく内においては，その考え方の長所を取り入れた学習形態を研究する余地が残されている。

このような，従来広い意味で考えられてきた統合学習の考え方から出発しているところに統合〝的〟ということばが生まれ，その統合学習が児童の生活のあらゆる経験を基礎に考えているのに対して，音楽科の統合的指導では，児童の音楽経験ということに統合すべき対象を求めるべきであると思われる。

児童の音楽経験は，鑑賞と表現とに分けられ，表現はさらに経験のための活動様式として，歌唱・器楽・創作の三つに分けられている。

これらの経験活動様式からいう領域で学習するものを身につけていく際に，一つ一つの学習内容を個々別々に取り扱うのでなく，お互いが有機的に関連して，まとまりのある音楽経験に高めていくことが大きなねらいといえる。

そのためには，統合的に考慮された指導計画と実践形態（学習の実際）が考えられなくてはならない。

以上の考えを基礎においてこの研究主題を理解し，研究方法の手がかりを求めようとした。

(1) この主題が設定された背景

まず，この「音楽科における統合的指導法」という主題が設定された背景の主たるものに，学習指導要領「一般的留意事項」に示されている次の記述がある。

〔児童の音楽性をいっそう発展させるためには，一つの領域に片寄ることなく鑑賞，表現（歌唱，器楽および創作）のあらゆる活動を経験させる必要がある。特にこれらの領域は互いに有機的な関連のもとに経験されるものであるから，指導計画を立てたり，学習指導をする場合には，これが有機的，統合的に配慮されなければならない。〕

つまりこのことは，

・児童の音楽性の発達を図るためには
・あらゆる経験の活動が必要であり，
・指導計画の立案，指導の実際にあたっては，
・あらゆる活動の有機的，統合的な配慮が必要である。

という意味にほかならない。

次に，このような記述が学習指導要領に現われてきた根拠としては，以下に述べるような観点が考えられる。

a　音楽科の歴史的背景
b　音楽自体の性格
c　効果的，能率的な指導
d　個性に応じた指導

（文部省刊　初等教育資料 No 125）

a　音楽科の歴史的背景

教科の歴史からみて，現在の音楽科は，唱歌科——芸能科音楽——→音楽科という過程を経過してきたし，その学習領域も変遷を追って拡大されてきた。ところが指導の実態は歌唱，あるいは器楽というような一つの方向に偏していないかどうか。

歴史的変遷の中でも，特に戦後の教科内容は，学習指導の新しい理念によって設定されたものであるから，指導の実際もそれに応じて再考されなくてはならない。

b　音楽自体の性格

音楽的な活動である鑑賞と表現との相関性は，音楽それ自体が必然的にもっている本来的なものであるから，その指導にあたっても，この本来の姿から離れて一つの断面にだけ固執することは不自然である。

鑑賞と表現というはたらきがもともと表裏一体のものであって，分離して考えられるものではない。

したがってその指導も，各領域を有機的，統合的に扱うのが望ましいことである。

c　効果的，能率的な指導

領域が分化され，教材や内容が豊富にはなったが，限られた時間内でそれを実現するためには，効果的，能率的な方法の研究が必要である。そこで中心的な教材，または指導すべき要素（目標）を設定し，それをあらゆる面から統合的に扱い，学習指導要領の各領域の目標を

同時に達成していくような方法が望ましい。

d　個性に応じた指導

児童は音楽に対して潜在的な適応性をもっているが，その適応性には個人差がある。

したがってこのような適応性や，個性を伸ばすためにはそれらの適応性や個性に応じたいろいろな活動が用意されなければならない。

このような意味からも当然いろいろな領域を網らした統合的な指導法が強調されてくる。

以上が，音楽科において統合的指導が強調される根拠と考えられ，同時に実験学校の研究主題として設定されるに至った理由と考えられる。

(2)　現代の教育研究としてみた主題の意味

今まで統合的指導について音楽科という教科の立場からその意義に触れてきたが，この研究自体が音楽科として重要であることはもちろん，それの属する教育全般の立場からみても現代的な意味をもったものでなくてはならない。

つまり学習指導法の研究としての価値があり，当校のささやかな研究が少なくとも教育研究のための一助となるところがあると確信をもつことが，当事者にとっては必要な条件である。

現在は教育方法についての研究がめざましい速度で進歩している時代である。音楽科としても，その教育研究の圏外ではあり得ない時代である。音楽という教科の特性から，その表現活動が中核になってくることは当然であるが，それを高める過程を対象とする指導法研究として，統合的指導法の研究が位置づけられる。ただその研究を普遍的な類形として整理し客観化していくということは，非常に困難な問題である。

しかし，組織的教育活動としての学校教育ではやはりその点も解決に

向かって努力しなくてはならない問題であり，そこに当校としての問題の意義をはあくしている。

2　主 題 の 分 析

さきに述べた主題設定の背景となるａ～ｄの四つの考えは，それぞれ歴史的な背景，教科としての本質，指導の効果，能率，児童の個性に適応するという角度からみたものである。

そして，これらのものは音楽教育の本質と従来の音楽教育の経験の上に立った反省と，より教育的な方法を求めるという立場で考えられている。その結果として，統合的指導が効果的で望ましいという結論が生み出されている。

この四つの点について，強調する根拠は，逆説的には，統合的指導法の効果を肯定したものとして，一応の仮説とみなすことができる。ただ，これらのことは非常に広い視野，高い立場に立って判断したもので，この段階での考え方自体については，異論をさしはさむ余地もない当然の推論である。

したがって，具体的に問題解決の糸口を見いだすためには，統合的指導そのものを分析してみなくてはならない。

つまり，前に述べた統合的指導の効果を肯定する裏づけとなる四つの仮説も，ある姿の統合的指導を規定した上で成立したものであるから，その，ある姿の実態をとらえた上で論議されなくてはならない。

(1)　授業研究による指導過程の分析

まず，統合的指導について，それがどのような考えによってささえられているかという理論的な背景と，もう一つは，授業の実際の場面において，どのような目標のもとに，どのような機会に，どのような形で行

なわれているか，授業過程の分析という問題解決コースの必要を感じた。

その授業研究を進める順序としては，

○　統合的指導法ということ自体に研究部として共通の理解をもつこと。

a　単位時間の指導過程を中心とした授業研究

b　題材に要する総時数を総括した指導過程を中心とした授業研究

このようにa，bの二つについて逐次研究を進めることにした。

(2)　統合的指導をいっそう効果的にするために，年間計画の構成についての研究

統合的指導についてある程度の認識が得られたならば，その指導がいっそう円滑に，また効果的に展開していくことのできる年間計画の試案を作成してみること。

一般の教育研究の順序としていうならば，まず，年間計画を組んでみて，その中に位置づけられた個々の教材について研究をおろしてくるのが普通のコースであるが，当校の研究の順序としては，個々の教材研究（特に指導過程）によって，その間につちかわれていく統合的指導についての見解を固めていくこと，そのことが研究の出発点になると考えた。

そのため，意図的に〔単位時間──→題材──→年間計画の作成〕という経過をたどっていくことに決めた。

したがって，厳密な意味ではその年間計画試案によって年間を通しての実践をしてみることが必要で，それまではまだ試みにすぎないことはいうまでもない。

3　研究の計画とその方法

(1)　研究の計画

統合的指導といえるためには，その研究の順序として次の３点について究明されなくてはならないという前提を立てた。

a　単位時間において考えられる統合的指導法とはどんなことか。（統合的指導と考えられる１時間の学習の展開法）

b　題材に要する総時数を総括した場合に考えられる統合的指導法とはどのようなことか。（学年にふさわしい題材の展開方法，できればその類型化）

c　統合的指導を予想した年間計画のあり方。（題材の選定とその配列）

○　**第１年度（昭和34年度）の研究課題**

「単位時間において考えられる統合的指導法とはどのようなものか。」

以上のことと並行して，発展的に題材の統合的指導法について部分的な研究にはいる。

○　**第２年度（昭和35年度）の研究課題**

「題材に要する総時数を総括した場合に考えられる統合的指導法とはどのようなものか。」

ならびに

「統合的指導を予想した年間計画のあり方」

以上のような研究計画を立てた。

(2)　研究の方法

両年度ともに，研究部員２名という人的構成と能力の限界とをにらみ合わせ，多くの学年，学級にわたる比較研究の方法を断念し，実験学級１学級について２名の総力をあげての集中的な共同研究という形をとった。

第２年度も，第１年度と同様に，その研究部員を中心に数人の教官，また全体の教官の研究会，大学，現場の教師で構成される研究会を行ない，討議し合うという意見一致法の形で進めてきた。

研究対象としては，以上の理由もあり，中学年をその対象として指定し，

第１年度　　３年２組（昭和34年度）

第２年度　　３年２組（昭和35年度）

をその実験学級とした。

Ⅲ　実験研究の経過

1　授業研究の全般的な経過

授業研究の全般的な経過としては，次の表によって示してあるように17回の実験経過をたどり，それらを通して実践と理論の両面から研究を深めていくという方針をとった。その17回の授業研究も，研究の推移に従ってそのねらいや着眼に変化がみられる。そこで発展の段階としては，その17回を五つの段階に分けてみることができる。

この段階は研究の過程において，自然発生的に出てきたものもあるし，意識的に研究の主題として取り上げたものもある。いずれにしても，その過程を貫いているものは，実際の授業を通してその実践から生まれた結果を尊重し，それを昇華させながら，一般的な傾向といえるようなもの，普遍的なものを形成していこうという考えである。

○　**授業研究の経過一覧**

段階	回	題材	領域	小主題
Ⅰ	1 2 3	小ぎつね 小ぎつね 小ぎつね	歌唱 歌唱 歌唱	○統合的指導についての部員の共通概念形成
Ⅱ	4 5 6	小ぎつね 小ぎつね おもちゃシンフォニー	器楽 器楽 鑑賞	○一般的指導形式による授業
Ⅲ	7 8 9	おもちゃシンフォニー ふしのかたち 金婚式	鑑賞 鑑賞と創作 鑑賞	○新指導案形式による授業 ○指導性強化
Ⅳ	10 11 12	ふじ山 ふじ山 ふじ山	歌唱 歌唱 歌唱	○児童の反応重視 興味度調査
Ⅴ	13 14 15 16 17	とけいのうた とけいのうた 山のうた 山のうた 山のうた	歌唱 歌唱 歌唱 歌唱 歌唱	○目標の精選 ○効果測定 ○目標値の設定

なお，この全体的な経過と関連して，われわれの研究の全容を図示すると次のようになる。

研　究　計　画　の　概　要

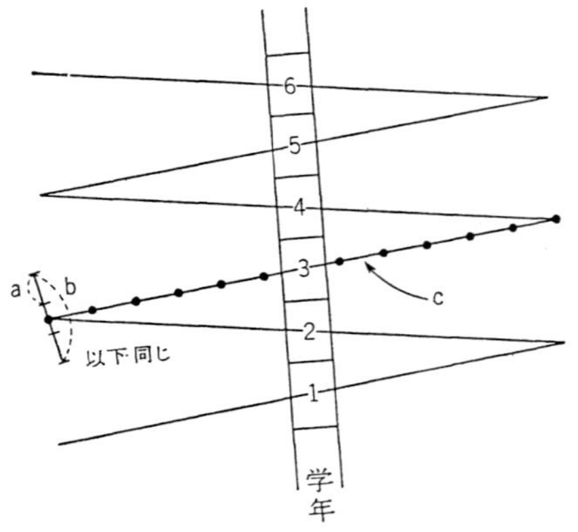

a＝単位時間の統合的指導法 ─ 初年度
b＝題材総扱い時の統合的指導法 ─ 初年度・2年度
c＝統合的指導法を予想した年間計画 ─ 2年度

研究対象＝中学年　主として第3学年

2　単位時間についての授業研究（初年度）

(1)　第1段階（実験 1〜3）

a　問題点の設定と準備

この段階での問題点というものは，まず研究の当事者が統合的指導について共通の概念をもつということを目的として，そのための素材作りをするということにおかれた。

2人の担当者であっても，この基礎的な問題を出発点の段階において，共通的な理解をもっていないとあとの研究過程の論議において，しばしば振り出しにもどっての話し合いになってしまうということを，未然に解決しておくためである。

この際にはその時点までに論議されていたことを中心にしての話し合いから始められた。たまたま文部省教材等調査研究会において指導書の編集に際し，この統合的指導の意味内容については数回にわたって論議されていたので，その経過を大和教諭より高田教諭に伝達し，その結論を本研究の出発点にすることに決定した。

また，研究の方法としては授業を通して，統合的指導の何ものかを抽出していくことを主たる方法にすることに決めた。その理由としては，音楽教科の研究としては新しい面の開拓であり，しかるべき文献も少なくその方面での理論研究がほとんど皆無の状態にあったためと，現場の研究としてあくまで児童，教師，教材という要素の触れ合いから生きた成果を生んでいこうという立場，この両面からである。

具体的な方法としては，まず手初めに，日常の授業を展開し，それを観察記録を中心に話し合いしていこうということ――日常われわれが経験するよい授業であったと考えるようなある断面，そのように感じることはめったにないことであるが，そのような断面をとらえて分析してみると，そこには統合的指導の要素が必ず含まれているのではないか――このような想定を立てて授業研究にはいることにした。

準備としては，次のようなものがある。

○　観察記録カードの作成

そのカードの主要部は次の表のように，小学校音楽指導書（昭和35年文部省刊行）に示されている表示を参考にした。

領域＼学習計画		第1次				第2次		
鑑賞		①	○	○			⑥	○	⑧
表現	歌唱		②	○	④	○	○	⑦	
	器楽		○	③		○	○		
	創作				○	⑤			

○　第1次，第2次は学習の区分をさす。

○　①②など数字の○は，学習活動の中心となる領域を示し，○は関連する領域を現わす。

また，記録のために，次のような点を申し合わせた。

○　記録は授業者が行なうのでなく，記録者だけが行なう。授業者自身では，実際上，不可能であるばかりでなく，微細なことで重要な問題点が脱落するおそれがあるため。

○　授業者は，最初の申し合わせどおり，日常の自然の授業を行なってみればよいのであって，決して身構えた模範授業を行なおうなどという意識をもたないこと。

○　別の性質の問題として，記録者の担任している学級の処理が問題となるが，第1年度はこれに対して積極的な対策はとられず，多少の犠牲は避けられなかった。

b　実験の記録

実験 1　　授業記録の一例

音楽科統合学習の記録カード

12月2日	3年2組	場所	音楽教室　A.V.　その他
題材	小ぎつね（歌唱）	扱い時第1時	指導者　高田　記録　大和

領域＼時間	0–5	5–10	10–15	15–20	20–25	25–30	30–35	35–40	40–45
鑑賞			○		⑥	⑦			
歌唱	①	○	○	④	○	○	⑨	⑩	⑫
器楽		②	③	⑤	○	○	⑧		⑪
創作			○	○					
観察評価	⊕	⊕	⊕	⊕	⊕	⊕	⊕	⊕	⊕
特記事項	既習曲　せい唱　二部合唱	ハーモニカで「小ぎつね」自由に練習（教科書による楽譜の示し方は無理）	ハーモニカ・笛　速度　吹き方の指導　自由練習（各個練習）から指名個人奏	アルトパートの旋律楽器練習　歌詞唱　階名唱	ハーモニカ・笛個人演奏　理解 ﾀ ～	笛　ハーモニカによる二重奏	階名合唱　○アルトパート階名唱　全員の合奏	二組に分かれて歌詞　階名の合唱	笛・ハーモニカを加えた合唱奏

備考

a　二部合唱の2段譜の見方についてよい方法は？
b　④の歌詞唱，階名唱がスムーズに進みすぎる。
c　二重奏，鑑賞として聞かせる場合のこどもの選び方。
d　笛の二重奏技能不足。
e　⑨⑩ごろから発声荒れ気味。

実験　2

音楽科統合学習の記録カードNo.

	12月3日	3年1組	場所	音楽教室　A.V.　その他	
題材	小ぎつね(歌唱)		扱い時第1時	指導者 高田	記録 大和

時間／領域	0–5	5–10	10–15	15–20	20–25	25–30	30–35	35–40	40–45
鑑賞		○	○	○	○	○	○		
歌唱	①	○―③	④	⑤	⑥		⑧	○	○
器楽			○	○		⑦	○	⑨- - -	⑩
創作		②		○					
観察評価 (5–1)	⊕4	⊖5	⊕4	⊕4	⊕4	⊖5	⊕4	⊕4	⊕4
特記事項	四丁目の犬	小ぎつね範唱 四丁目の犬身体表現	フレーズごと階名交互唱 （教―児）	二小節ごとの階名交互唱 （児―児）	ひとりで歌う。	歌詞唱と笛 ソソソソ笛ドリル		ソプラノせい唱 ハーモニカアルト	ハーモニカ・笛合奏

備考
- a　霖雨のため気分が落ち着かず，よい学習条件とはいえない。
- b　②～③の転換が急で極端に教師中心，小ぎつねのための導入がほしい。
- c　⑤の2小節ごとの交互唱はフレージングから考えても不自然。
- d　階名唱と旋律楽器の利用をもう少し考える要あり。
- e　全体として学習内容が多すぎる。

実験　3

音楽科統合学習の記録カード

	12月4日	3年3組	場所	音楽教室　A.V.　その他	
題材	小ぎつね(歌唱)		扱い時第1時	指導者 大和	記録 高田

時間／領域	0–5	5–10	10–15	15–20	20–25	25–30	30–35	35–40	40–45
鑑賞			○	◎	◎	◎	○		
歌唱	①	②	○	④	○		○	⑧	
器楽	①			○		⑥	⑦	○	
創作			③		⑤	○	○		
観察評価 (5–1)	⊕2	◎5 ⊕4	⊖5	⊖5 ○	◎5	⊖5	⊖5		
特記事項	既習曲のきく	小ぎつね歌詞の理解と歌詞唱	歌詞唱 ♪♪ ♩♩ 区別身体表現 ミレレミ ミレミレの混同		片手 両手 身体表現二拍子 ○o｜○o	どうして違ったか。 (えちご)二度目によくなった。 二拍子強弱 大太鼓・小太鼓 個別指導	指揮 太鼓・笛 速度 リズムを変える。		

備考
- a　二拍子の指導を中心にする。
- b　次の予想を考えながら指導する。

c　結果の考察

実験記録に示したように，この段階は「小ぎつね」の第１次の展開を三様のプランにより，同学年の３学級を対象にして行なったものである。

前にも述べたとおりここではまったく授業研究として開き直った形のものではなく，平素のごく自然な形で行なった授業を観察記録によって検討し，その上で何か研究の糸口を見いだそうという意図のもとに行なったものである。

それでも，その結果としては次のようなことをあげることができる。

(a)　統合的指導法による展開が必要なのは，具体的な目標を達成するために最も効果的で能率的な方法を求める過程にあるのではないか。

(b)　したがって，目標の示し方があいまいだと統合の様相についての決定線が出しにくい。

さらに，授業研究であるためには，当然その授業の評価を考えなくてはならないが，目標の具体性がないとこの点でも問題を含んでいることに気づく。

そこで，この段階では目標について次のように考えた。「実験的な研究のための授業としては，目標に照らして，その過程やその効果を検討する必要が，一般の授業に比べて特にたいせつである。したがって，目標設定についても，学習の流れに従い，その順を追って考えたほうがよい。」

一般的には，まずその題材や本時の全体的な目標を掲げ，次に内容的，価値的にみて高次の目標を掲げ，しだいに低次の目標に下がってくるという形式を踏んでいる。つまり授業の展開過程に沿っての目標設定ではなく，音楽的内容の次元から割り出された目標なのである。その題材の目標は教育上，音楽上の価値的な序列に提示されているが，実際の学習指導の順序はそれとは無関係に展開される。最終段階においては，目標

到達ということがいえるかもしれないが，その途中にあっては，目標と学習活動というものが上下に交錯しているという結果になる。

以上の点から，従来の考え方，指導案の形式的な表記方式というものに痛切な矛盾を感じてきた。

ところが，この点をどう改善していくかという具体的な解決の方法についいては成案がなく，問題点を毎回持ち越しながら経過している。

問題解決の具体策をもち得たのは第２年度にはいって，実験10～以降に解決の糸口を見いだしている。従来の固定された考え方や形式から脱して前進するということの困難なことを感じる。

次にここで，**実験３**に例を取り，

○　授業研究で，その授業の評価のために目標が明確でなくてはならない理由。

○　前述の目標についての考えを導き出した根拠を学習活動と対照して分析してみる。

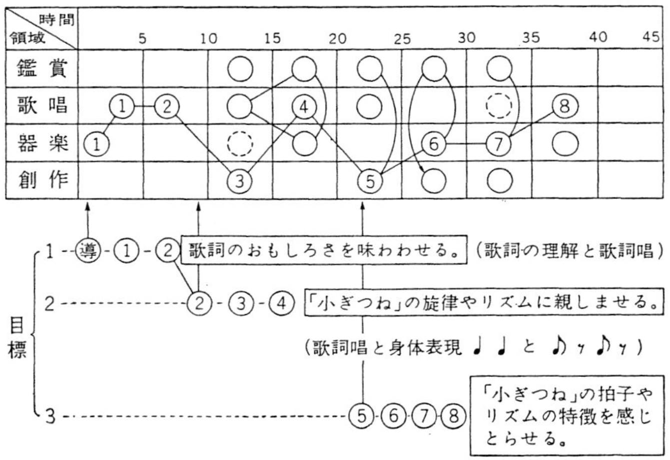
時間
領域
5
10
15
20
25
30
35
40
45
鑑賞
歌唱
器楽
創作
目標
1 - 導 - ① - ② 歌詞のおもしろさを味わわせる。（歌詞の理解と歌詞唱）
2 - ② - ③ - ④ 「小ぎつね」の旋律やリズムに親しませる。
（歌詞唱と身体表現 ♩ ♩ と ♪𝄾 ♪𝄾）
3 - ⑤ ⑥ ⑦ ⑧ 「小ぎつね」の拍子やリズムの特徴を感じとらせる。

以上の目標と展開との関係において，検討の中心となるものは次のとおりである。

目標２に対して 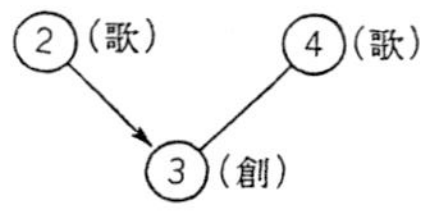 の流れが適切であるか。

目標３に対して 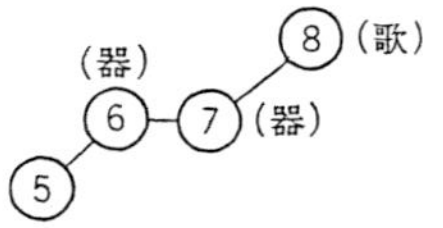 の流れが適切であるか。

また，その当時（1960・1・19）領域間の統合と目標の分析ということについて次のような記録を残していることも，最終段階の目標値の設定と結んで考えるとおもしろい。基本的な考えの芽生えともいえる。

○　統合の様相は精密で具体的な目標の確立に伴って考えられる問題である。

○　現在の段階の確認から出発して，具体的な目標を達成するための最も効果的な方法を探求する過程に統合的な学習展開が必要である。

と前置きして次の図を用いている。

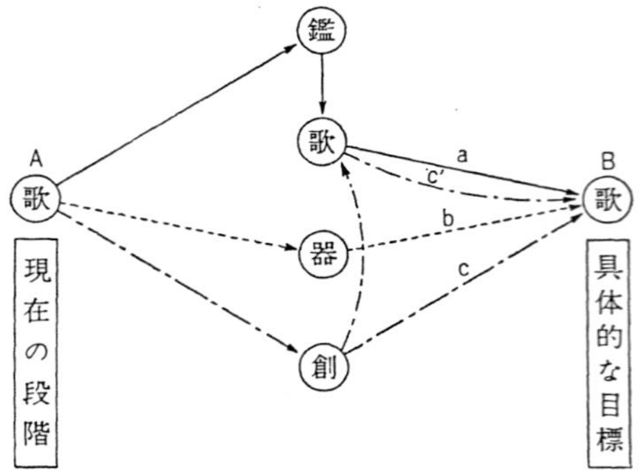

A，Bは１時間の学習の流れの中に設けられている小主題とも考えられる。Aという現在の段階から，ごく具体的な目標Bを達成するためには，a，bあるいはc,c′というような方法が予想され，それらの方法の中で，どの方法を選ぶことが最も効果的で能率的であるかが問題になる。

授業研究においては，その選んだ方法が，確かに効果的，能率的であるということが実証されなくてはならない。

この場合，目標Bの提示があいまいであれば，統合の様相も多種にわたり，決定線は出しにくい。

そこで，目標ということに焦点がしぼられてくる。

これは，第１段階ですでに目標について問題に当面していることを示すものである。

ここでいう具体的目標というものが，本研究の後半において主要な分野になるが，その出発点をここに見いだすことができよう。

(2)　第２段階（実験4～6）

a　問題点の設定

第１段階における日常のありのままの授業の観察とその検討，という方法に次いで，この第２段階の特徴は，一口に言うと研究授業スタイルの授業の検討といえる。

この移行についての理由は，次のような点によるものである。

(a)　第１段階で話し合ったことを土台にして，統合的指導とはこんな場面に考えられるのではないかという予想を立てたこと。

(b)　その予想を一般的形式によって立案された指導案の中に織り込むようになったこと。

したがって事後の記録中心の授業研究よりも，事前の計画段階に重点が置かれてきたわけである。そして以上の２点が同時に問題点ともなるわけ

である。つまり

○　統合場面の予想（あくまで予想の段階）

○　題材の本時指導の計画段階の重視

という方向へ進むわけである。

b　実験の記録

実　験　4

1　**題　　材**　「小ぎつね」

2　**指導目標**

(1)　こっけいな童話ふうの歌に親しませながら，擬音伴唱のおもしろさ，楽しさを味わわせる。

(2)　ハーモニカ・笛の演奏技能を伸ばす。

(3)　リズム譜を見ながら，リズム楽器により，拍子，リズムを正しく表現できる技能を養う。

(4)　楽譜を見ていろいろな旋律楽器を正しく演奏する技能を身につけさせる。

3　**指導計画**〔約135分（45分×3)〕

第1次　・歌詞の表わす情景を感じとらせる。ハ長調の視唱練習

・擬音伴唱を入れて，はぎれよく歌う。

・ハーモニカ・笛の演奏技能を伸ばす。

第2次（本　　時）

・和音の美しさを味わう。

・リズム譜を見て，リズム楽器により，拍子，リズムを正しく表現する。

・リズムの変化を感じとり，分担奏のおもしろさを体験する。

第3次　・楽譜を見て，いろいろな楽器を正しく演奏し，合奏の楽し

さを味わう。

・個人指導により個々の演奏技能を高める。

4　**学習の展開**（本時）

領域からみた学習活動

		5	10	15	20	25	30	35	40	45
鑑　賞			○	○		○	○	○	○	○
表現	歌　唱	①	○				○	○	○	○
	器　楽	○		③	④	⑤	⑥	○	○	⑨
	創　作		②		○	○		⑦	⑧	

(1)　教師の伴奏に合わせて二部合唱をする。

ア　第1次に指導した二部合唱をして，発声の調子を整える。

イ　ハーモニカ・笛の合奏を入れて，本時の導入とする。

(2)　児童の作った歌詞や旋律の発表をする。

ア　児童の作詞を歌う。

イ　4小節の作詞と後半2小節の作曲を発表する。

(3)　オルガンパートの和音練習をする。

ア　ハーモニカの和音奏を鑑賞する。

イ　オルガンで和音の美しさを味わう。

(4)，(5)　リズム譜に慣れる。

ア　リズム形の同形を見いだす。

イ　小太鼓のリズムの6小節目と16小節目の相違を理解する。

ウ　他の二つのリズム形の練習をする。

(6)　二部合唱とリズム合奏に慣れる。

ア　教師の伴奏に合わせて，リズム楽器を打ち，そのおもしろさを味わう。

イ　リズム合奏の伴奏で二部合唱を歌う。

(7) 小ぎつねの歌詞を生かした身体表現をする。

ア　リズムに合った即興的身体表現をする。

イ　歌詞を生かした身体表現をする。

ウ　身体表現を模倣する。

5　指導上の留意点

(1) 音楽語いが豊富でないにもかかわらず，自作の曲を発表したがる児童を生かしてやる。

(2) 和音指導の導入に抵抗を感じさせない方法をくふうする。

(3) リズムは感覚的にじゅうぶん育てられていると考えられるが，リズム譜による演奏があまり過去においてできなかったので，本時の重点として取り上げる。

(4) 即興的身体表現をさせて，本時のねらいを無理なく達成させる。

(5) 特に統合的指導に留意したところは②⑥⑦⑧と考える。

実験　5

音楽科統合学習の記録カード

2月3日	3年2組	場所	(音楽教室)　A.V.　その他
題材	小ぎつね(器楽)	扱い時第3時	指導者 高田　記録 大和

時間／領域	0–5	5–10	10–15	15–20	20–25	25–30	30–35	35–40	40–45
鑑賞	②		○			○	○	○	
歌唱	①								
器楽	③	④	⑤⑥	⑦	⑧	⑨	⑩	○	
創作				○	○				
観察評価 (5～1)	⊕	⊕	⊕	⊕	⊕	⊕	⊕	⊕	
特記事項	小ぎつね ハーモニカ 歌唱	笛の吹き方歌口のくわえ方に要指導	リズム打ち 笛の合奏	リズム形の表現 まりつきによる基本	よいボールを使うこと まりつきボールおくれがちのリズム	器楽合奏	トライアングルの持ち方と消音 グループ別の合奏		
備考	a　○—○—○ (目標)　学習の部分が並列形でまとまりのない感じがする。 b　⑤ ⑨ ⑩の 鑑賞←→表現 の場合，友だちの批評が行なわれたが，そのことが形式的に演奏者に理解されたかどうか問題。								

実　験　6

1　題　材「おもちゃシンフォニー」（ハイドン作曲）

2　**指導目標**

(1)　児童と親しみのあるおもちゃの楽器を使用した楽曲のおもしろさを味わわせる。

(2)　第2楽章の主題を中心にした器楽合奏をさせ，楽譜を見ながら演奏する技能を高める。

3　**指導計画**

(1)　楽器の種類や演奏形態について理解する。

(2)　おもな旋律を口ずさませ，この音楽に親しみをもつ。

4　**学習の展開**（およそ2時間）

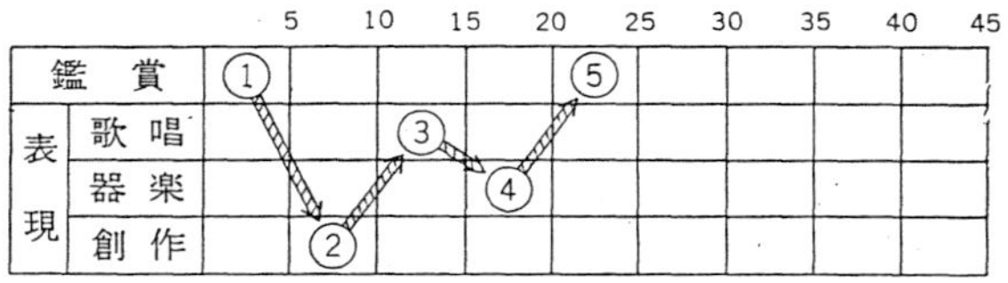

(1)　題材への興味と期待をもたせるために，曲について解説する。

　㋑　児童向きの本を指名読み。…（聞く）

　㋺　どんな楽器が出てくるか予想する。…（話し合い）

　㋩　オーケストラに使われる楽器には……（発表）

(2)　いろいろな，おもちゃの楽器の音を楽しむ。…（聞く）

　㋑　第1楽章を聞く。

　㋺　使われていたおもちゃの楽器を発表する。

　㋩　おもちゃの楽器のしぐさを考える。

　㋥　それを表現する。出てきたとき，合図する。…（表現）

(3)　テーマを口ずさむ。……（歌唱）

　㋑　ラ，ラララララで歌う。

　㋺　ドレミにほんやくしてみる。

　㋩　できれば記譜をする。……（創作）

(4)　ハーモニカや笛で吹いてみる。……（器楽）

(5)　鑑賞を高め，深めるための自然の流れとして考えられるコースは，

研　究　題　目

> 鑑賞を中心とした題材の中で，効果的な統合学習指導が予想される手がかりにはどんなものがあげられるか。

主題について（やや中学年向き）

鑑賞活動をより高く，より深くするために，他の領域の活動を有機的に取り扱ったほうが効果的である。

次に，その領域における取り扱いやすいコースをあげてみた。

鑑賞

- 歌唱
  1　主題を口ずさめる曲
  2　主題を階名にほんやくできる曲
- 器楽
  1　個人もちのハーモニカや笛で主題が吹ける曲
  2　簡単な編曲で合奏できる曲
- 創作
  1　模擬演奏する（聞こえてくる楽器を持って演奏してるかのように身体表現する）（強弱，レガート，スタカート，速度……）
  2　拍子やリズムに合わせて身体表現する。
  3　主題を記譜する。
  4　主題の節に好きな歌詞をつける。

◎実験授業の記録

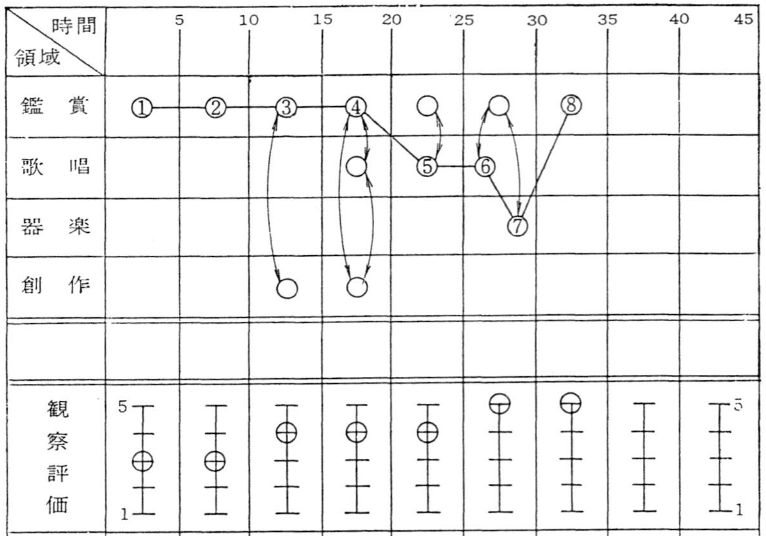

時間／領域	5	10	15	20	25	30	35	40	45
鑑賞	①	②	③	④	○	○	⑧		
歌唱				○	⑤	⑥			
器楽						⑦			
創作			○	○					
観察評価（5〜1）	⊕ (3)	⊕ (3)	⊕ (4)	⊕ (4)	⊕ (4)	⊕ (5)	⊕ (5)		
特記事項	音の出るおもちゃを言わせる。伝記を読ませる（ハイドン）。おもちゃシンフォニー板書		ラッパ かっこう笛 ｝音をさがす。	主題を口ずさませる。（ララで）グループごとに身体表現をして聞く。	（ハ長調では低い）階名唱をして記譜させる。	階名を確認して｛ハーモニカ 歌う。	鑑賞第一楽章		
備考	①の学習で「シンフォニーとは」という解説はこの場合あまり意味がない。もっと次の学習に期待をもたせるもののほうがたいせつ。 ○ 鑑賞そのものから導入していくことは，方法的に意欲を盛り上げるように考える。 ○ 階名唱は旋律を聞いただけでほとんど全員が確実にとらえている。								

c　結果の考察

ここでは，実験４〜６によって，器楽・鑑賞を中心活動とした実験授業を試みたのであるが，結果としては，特に次の点に問題が残された。

(a)　第１の段階に引き続いて，学習活動とその領域の受け取り方が問題になる。（授業者と観察記録者）

一つの学習活動には，必ず中心活動以外の領域にわたる学習が複合されているが，記録カードに記録していく場合，その分離や拡大の範囲の限度を決めることがむずかしい。少し拡大して考えれば，すべての領域に○がつけられてしまう。実験４では，このような混乱が確かにみられる。

また実験６になると大きく変化しているのがわかる。これはなんとかこの混乱から脱皮しようとする過渡的な形であって，次の段階に移行していく準備期とも考えられる。

(b)　実験５の形はやや特殊なものであるが（40分間を通してほとんど器楽中心の単線形また並列形の学習）ここでは器楽中心であるから，記録のほうも器楽にしぼり，他の関係領域の記録をできるだけ省略した。

ドリルに重点を置く場合の学習の形として，題材全体の指導計画の部分的な扱いとして成り立つものであろう。毎時間，すべてどの時間も統合統合と形式的な統合にとらわれずに，このような形もあるという例として認めることができる。

◎ (a)で述べたような混乱がなぜ起こったかその原因についての探究。

第1段階のところで述べたように，ここでも，目標と実際の指導過程の関係からこの混乱が発生しているように思われる。

だいたい，学習指導の指針である目標が具体的にめいりょうでないものでよいものか大いに疑問がある。

目標と学習過程との関係

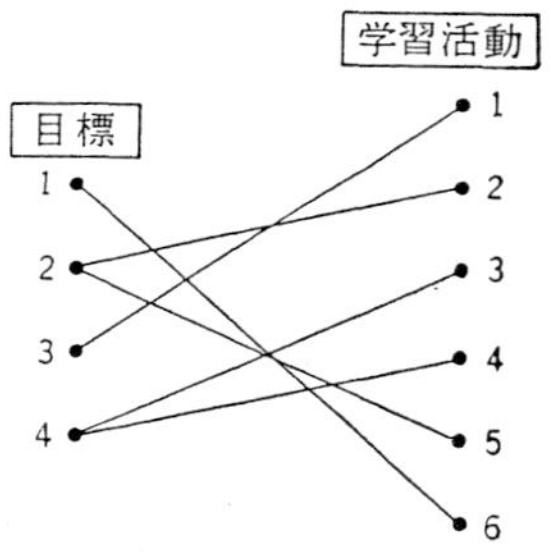

教育上，音楽上の価値体系から配列された左側の目標1～4は，右の学習過程としての児童の活動と無関係であり，図に示されるように混線状態がみられること。そこに混乱の起こる原因があると考えられる。たとえ観察者が授業を見ていたとしても目標は目標，活動は活動と脈絡が不めいりようであり，目標←→活動の関係が端的に鮮明に現われない。このため指導者と観察者との間に見解の相違が現われ，授業分析が複雑になる。目標は指導者の頭の中だけに隠伏してしまう。

もう一つは目標の表現であるが，「養う」とか「伸ばす」とか「高める」というような表現のしかたにも問題がある。

10年1日のごとくこのような漠然とした表現を用いているが，これでよいのであろうか。目標だから大所高所からみて押えてあればよいというなら別である。その意味からいえばまことに便利なことで，非常に幅の広い寛容なことばである。だが，教育の目標としては，実際に照らして考えるとき，いささか竜頭蛇尾の感じがする。立案のとき

はりっぱで，あとは不問にされるというところに問題がある。不問にする気はなくても，養うとか伸ばすではまったくつかみようがない。養われたと思えば養われたともいえるし，伸びたといえば伸びたともいえるという程度で終わってしまうとしたら，これがはたして目標といえるだろうか。

なんとか改善したい問題の一つである。

(3) 第3段階（実験7～9）

a 問題点の設定と準備

前段階で残された問題を受けて，この段階での研究課題は綿密な指導案による授業を試みることにある。

今日になって反省するならば，その綿密さが目標の検討に向かっていくべきであったが，当時，その方向が主として学習活動の綿密性というところに向いていった。

結局は次の段階でその方向に向かい，当然の道にもどったのであるが，この段階はそこに至る過渡的なう回の道であったといえる。

学習活動の領域別の図式化と児童の活動様式の記入は前記で詳述したように，指導者と観察者の混乱を解決するための試みであり，学習活動の事

前計画もかなり具体的にした。その結果，指導者の意図は誤りなく理解できるようになったが，その反面別な問題が発生してきたのである。

それは，事前計画が綿密であるために，実際の学習指導にあたって，児童の現実の反応を優先することよりも，計画によってある程度拘束されてしまった結果，指導性の強化という問題が起きたのである。

このことは，統合的指導をうんぬんするよりも，もっと以前の教育の基本原理として最優先に尊重されなくてはならないことである。けっきょく考えすぎ，統合指導について一方的に考えあぐねた結果は，ここで最も平凡な失敗に陥ってしまったのである。

実験9に至って，統合の図式化を統合の相ということで考えることにした。そして3時扱いの全体から題材の展開を考えてみることにした。その点からみると本時だけで細分化した実験8のほうが1時間の流れとしては詳細に計画されている。

主として，この図式化と活動様式，学習活動について精細に立案してみることがこの段階での中心課題になった。

次には，目標であるがまだ依然として手をつけられずにいる。その反動として指導計画のほうに，あとでいう学習の区分，目標の細分化，具体目標という考えの伏線が現われてくる。

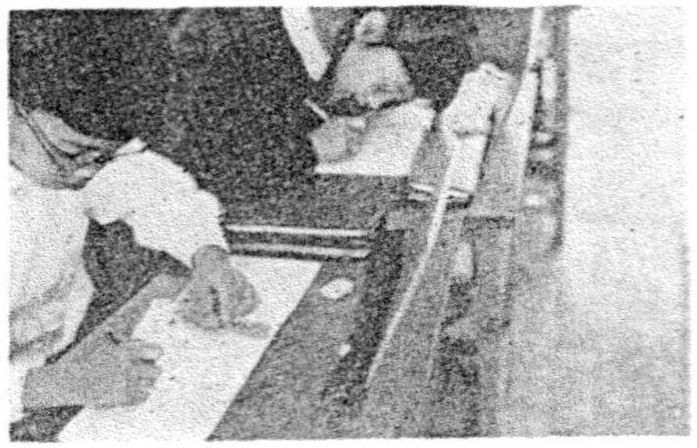

b　実験の記録

実験　7　〔学習の展開〕

題材　おもちゃシンフォニー　(ハイドン作曲)（第2楽章　鑑賞）

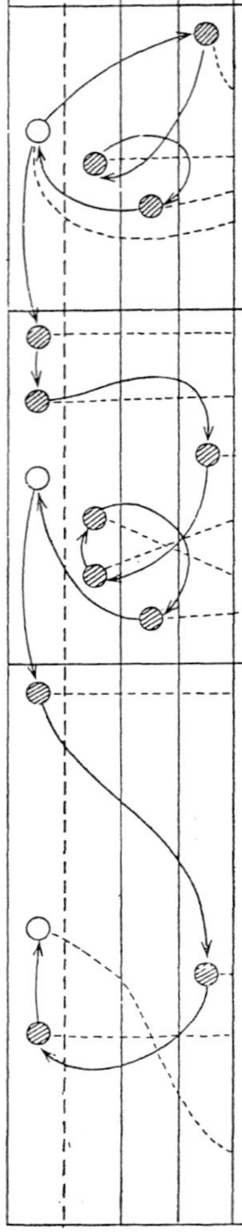

鑑賞	表現			児童の活動様式	学習活動	留意点 {各領域が相互に Interactされながら発展していく意図
	歌唱	器楽	創作			
			◍	・先生の注意を聞く	・レコードの聞き方について話す。	○第1楽章を聞き，その主題が覚えられた前時の学習を思い出させながら2楽章の理解への素地をつくる。（導入と考えない）
○				・レコードを聞く	・第1楽章を聞く。（自由表現を入れる）	
	◍			・歌う	・階名で歌う。	
		◍		・吹く	・ハーモニカで吹く。	
				・聞く	・速度，拍子の相違に注意しながら，レコードを聞く。	○2楽章を聞かせたときに速度,拍子などの相違を理解できるよう1，2楽章を続けて聞かせる。
◍				・聞く（静）（総）	・第2楽章を静かに聞く。	○全体の感じをとらえて聞く聞き方で感想を書かせ個人個人の関心の度合いをみる。
◍				・書く	・感想を書く。	
○			◍	・聞く（自由）	・自由表現をしながら主題を聞く。	○自由表現させて鑑賞の程度を観察させる。（本時の目標が達成されたときの自由表現との比較）
	◍			・歌う	・ラララで主題を歌う。	
	◍			・歌う	・階名で歌う。	○歌ったり，吹いたりしながら主題に親しませ，曲の構成理解のもとにする。
		◍		・吹く	・ハーモニカで吹く。	
◍				・聞く（静）	・第2楽章（全曲）を通じて主題が何回出てくるか，板書の線を見ながら聞く。 A—B—A 〔{ドラヤキ / サンドイッチ}形〕 （省略するかもしれない）	○歌ったり，吹いたりした主題が何回ぐらい出てくるか関心をもたせながら色チョークで線を書きⒶ—B—Ⓐの形に気づかせる。（児童の能力を観察して省略するかもしれない。）
○			◍	・聞く（自由）	・自由表現しながら聞く。	○自由表現させながら感覚的知的に深められたかを観察する。
◍				・聞く（総）	・おもちゃの楽器と弦楽器を聞き分ける。（節やリズムのおもしろさを味わう）	○総合的な聞き方によって個人個人がそれぞれに心ゆくまで味わうようにする。
				・書く	・感想を書く。	○感想を書かせ，次時への研究材料とする。

実験　8　〔学習の展開〕

題材	目標	指導計画		鑑賞／表現（歌唱・器楽・創作）	児童の活動様式
ふしのかたち ○中学年にふさわしい扱いで ○前時学習の補充教材として	三部形式を理解させる。	①三部形式の曲を聞かせる。（15分） ②三部形式のピアノ曲に親しませる。（10分）	15分 10分	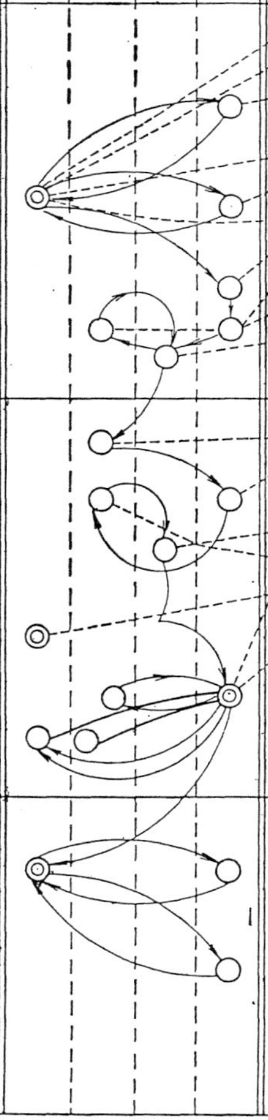	①話を聞く。 ②静かに聞く。 ②自由表現しながら聞く。 ③静かに ③自由に表現 ④静かに ④自由に表現 ⑤の㋑ ⑤の㋺ ⑤の㋩
		③小三部形式の歌の曲を味わわせる。（15分） ④小三部形式Ⓑの部分を作らせる。（30分）	15分 30分		⑥楽しく歌う。 ⑦A．Bをみつける。 ⑦'吹く。 ⑦歌う。 ⑧Aを聞く。 ⑧Aを歌う。 ⑧Bを作る。
		⑤軍隊行進曲とメヌエットを連弾によって聞かせる。（2回ずつ2曲）	20分		⑨静かに聞く。 ⑨'自由表現しながら聞く。 ⑩静かに聞く。 ⑩'自由表現しながら聞く。

○　創作を中心とした統合的学習指導をめざして教材を選んだが，適当なものがなく，あっても既習曲が多く新鮮味がないのでやめた。

○　鑑賞と創作を中心と考えて案を立てた。前時の補充ということで，創作中心にできなかった。（児童の発達，理解程度を考えて）

学　習　活　動	（Integrationの意図）
①前時の学習の話をして，A．B．A（サンドイッチ）の形を思い出させる。	○前時の学習でハイドン作曲「おもちゃシンフォニー」の２楽章を聞いた感想（ペーパー）の評価により，ほぼ全員が大きな三つのかたまりのあることを知ったようであるが，さらに補充教材を取り上げて創作と関連させ理解を深めさせようと考えた。
②バイエルNo.89を聞く。 ③バイエルNo.80を聞く。 ④バイエルNo.60を聞く。	○大楽節３個のものより，小楽節３個のものへと，しだいに単純化しながら理解をめいりようにさせ，創作への意欲を徐々にもたせる。
⑤バイエルNo.10を聞く。 ㋑身体表現をする。 ㋺ドレミ（メロディー聴音）で歌う。 ㋩ハーモニカで吹く。	○単純化された，すっきりした曲を与え，表現活動を通してA・B・Aの形をわからせ，次の歌曲へ抵抗なく導入できるよう配慮した。
⑥歌「かすみかくもか」を歌う。（ABの区別考えて）（歌集たのしいふえP.16） ⑦「きらきら星の楽譜を調べる。（P.34教） ⑦ハーモニカと笛でA．Bを吹く。 ⑦ラララで男女分かれて歌う。 ⑧節を作る。（B）（Aの部分は指導者）作詞，作曲（即興でよいものを選ぶ）	○歌曲にもあることをさとらせ自分たちでも簡単な小三部形式が作れるという意欲をもたせる。 ○指導計画の③と④だけで１時限とるつもりなら，少なくとも各自１曲ずつ作らせる。 ○国語で劇をグループごとに練習しているので，初めの歌として作らせる。この歌を歌わせることにより，練習から本番へのけじめをつけさせたい。 ○友だちの作詞を聞き，節を考えて歌う。 ○友だちの作曲（歌っている）を聞き，自分ならどういう節を作るか考えながら聞く。
9　シューベルトの軍隊行進曲を聞く。（先生と児童の連弾） 10　モーツァルトのメヌエットを聞く。（先生と児童の連弾）	○三部形式（サンドイッチ形式）がピアノ練習曲にあり，歌にあり，連弾曲にもあり，前時鑑賞したオーケストラの曲などにあることを知らせ，あらゆる角度から曲を聞かせて親しませ，理解させようと試みた案である。

○　指導計画によると90分で約２時限だが，１時限にしぼることは困難。③④を中心とすれば約３時限になる。

実験　9

題材	指導目標	指導計画	
金婚式（鑑賞用）	1　楽曲が三つの部分からできていることを感じとらせる。	①バイエルNo. 91を聞かせ，A. B. Aの形を理解させる。	45分
	2　演奏形態と楽器の音色に関心をもたせる。	②「金婚式」の曲を聞かせA.B.Aの形を感じとらせる。 ③オーケストラ演奏とクラリネット独奏を聞かせ，クラリネットの音色に親しませる。	30分
	3　主題を覚えさせる。	①主題を口ずさませて暗唱させる。 ②旋律のまとまりと終止感をつかませる。 ③(ハーモニカによる)短調の読譜に慣れさせる。	45分 （本時）

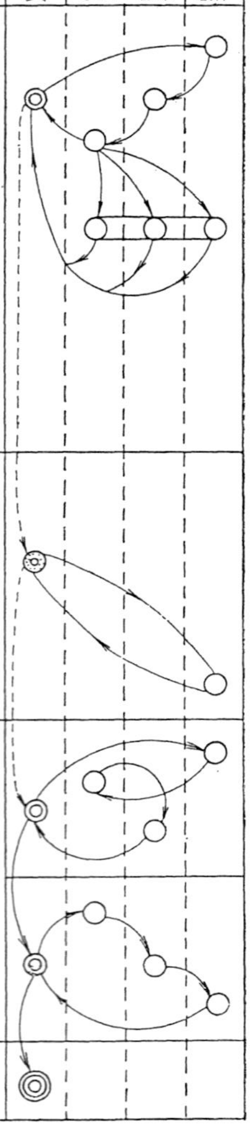

学習活動	児童の活動様式	(Integrationの意図)
○バイエルNo. 91を聞き，A・Bの違いを知る。 ○板書された旋律を写譜する。 ○笛やハーモニカで旋律を吹く。 ○階名とラララで歌う。 ○ピアノ・ハーモニカ・笛・歌の伴奏，伴唱に合わせて全員が踊る。	○聞く ○書く ○吹く ○歌う ○歌う {吹く 踊る 聞く}	○前時に学習した三部形式に対し，興味をもちはじめている。本題材もA・B・Aであるので，その発展としてまた長，短両調理解のための導入として好材料であるので旋律だけを一部単純化してみた。 ○（Aの部は笛で吹けないが，ハーモニカで吹ける。Bの部は笛で吹ける。オルガンは1，2，5，6小節ならだれでもひけることを児童がみいだした。） ㊟主題の楽譜が初めから用意された場合，よく扱われた相
○演奏形態の違う2種類のレコードを聞き自由な線画をかきながらA．Bの違いをみいだす。 ○A．Bについて話し合いをする。 ○クラリネットについて話を聞く。 ○楽しく自由表現をする。	○{聞く 書く} ○話し合い ○聞く ○自由表現	○〔調子の変化を感じとらせる〕 ○オーケストラ演奏曲2回，クラリネット2回聞きながら線画をかかせA．Bの違いがどうしてわかったか発表させ，次時への指導の手がかりとする。 ○感想を書かせる。(次の指導の手がかり)
○楽しく自由表現をする。 ○ラララで歌う。(A) ○ハーモニカで主題をさぐり吹きする。(A)	○自由表現 ○歌う ○吹く	○指導計画の③は目標の1と2を兼ねる。 ○A．Bを意識して自由表現するかいなかによって(区別して)，本時指導のテンポを決めていきたい。
○ラララで歌う。(B) ○ハーモニカで吹く。(B) ○楽しくフレーズごとの自由表現をする。	○歌う ○吹く ○自由表現	㊟鑑賞指導のときよく扱われたと考えられる相
○ゆったりした気持ちで聞く。 ○感想を書く。	○聞く ○書く	○1回目に聞いた直後の感想と比較するために

c　結果の考察

第3段階までを経過したとき，第1年度の実験研究も時間的にその終末を迎えてしまった。

今ここに，第1段階から第3段階にわたっての経過について，その反省を加えてみることにしよう。

この初年度の全般的な経過を通じて，授業から出発し，その授業から理論を昇華させ，再びその理論を授業に還元させるという研究方式をとってきたこと，このことは，研究主題が統合的指導法という実際上の問題であり，現場での研究として当然のことと考えている。

しかし，この第1年度を振り返ってみるとき，その研究が進むにつれて拡大していった一つの問題点を指摘することができる。

しかも，それは前にも述べたとおり，学習指導の一般的な大原則であるだけに，ことさら重大な問題点ともいうことができよう。

一つの研究問題に焦点を集中すればするほど視野が狭くなり，視界外の問題に不注意であったというそしりは免れない。そのことを，的確に指摘したものは，実験9（1960.3.3）の研究会の批評の中にもある。

「統合的指導法という研究主題を意識して行なったきょうの授業よりも，そのことを意識していない，以前の授業のほうが音楽の授業としては，はるかによい授業であった。

統合という問題はさておいて，いかなる場合でも授業はまず〝よい授業〟ということが先決である。そのいわゆるよい授業といわれるものの中にこそ真の意味の統合が潜んでいるのではないか。よい授業を前提として，そこから統合的指導の意味や方法を掘り起こす必要がある。とにかく統合を意識しての授業は，その意識の拘束を受けて，やや不自然なことが目につく。」

以上は，当時の校長であった倉沢教授（東京学芸大教育学講座主任）の

批評であるが，統合についての意識過剰，問題解決の圧迫感に多少押されがちのところを深く反省しなくてはならないと痛感した。

われわれは，研究発足の当初から，われわれの求める統合的指導とは，「こどもの音楽経験を統合することである」という考えを基礎にもって進めてきた。であるから，研究の焦点はあくまで児童であり，その児童の内面に受け入れられる音楽的な経験が，個々バラバラの断片的なもの，相互に無関係の経験として終わってしまわないように，

・互いに有機的に関連し合い

・均勢のとれた音楽経験

としてつちかわれていくように，という考えで一貫して進まなければならなかったはずである。

この考えにより，授業研究の場合は常に，授業者も，その記録者も，児童の反応，児童の外面的，内面的な動きを最も重視しなくてはならなかったはずである。

そのように考えながらも，その経過を反省するならば，授業者はどのように展開していくことがより統合的であるかを考え，記録者は授業者の展開の過程はどうかということを主にして観察してきたということが言える。もちろんそれも，眼前の児童に対しての授業であるから，児童を無視して教師が独走したというほど極端ではないが，どちらかといえば，指導者の意識が自分自身に向いていて，児童は従の形になってはいなかったかということが反省される。

また，研究の初期，つまり第1段階においては，記録カードを見ても，ごく自然のこととして児童の反応を重点的に記録し観察評価も加えていた。次の第2段階においても同様である。

いよいよ研究も軌道に乗り出したころ，第3段階ではその点についての配慮が弱まり，逆に教師の計画がぐっと前面に押し出されてきている。な

ぜそうなっていったか，その理由は前にも触れたが，次のようないきさつがあったことを忘れてはならない。

第１段階では

なるべく，平素のありのままの，さりげない授業から，統合的な場面を昇華させるという意図が主であった。そこで暗中模索ではあるが，ここでは指導者も，記録者も児童の反応にじゅうぶん注意を払いながら進めていくゆとりをもっていた。

第２段階では

統合的指導とは，こんな場面ではないかという予想を立てその場面を意識的に指導案の中に織り込むようになった。こうなると，指導者はよい意味で研究のためということをたてにとって，指導案に忠実に授業を展開し，自分の研究を実施してみたくなるのは当然である。ところが指導案はあくまで案であって，熟知している学級の児童を対象にしているとはいいながら，100 パーセント案のとおりに実際の授業が進行するとはかぎらない。

その場合に指導案と，児童のどちらが，優先されるかによってその授業の生命が決定されるが，この当時は案のほうが優先された傾向が強い。

第３段階では

さらに指導案を強化していく方向に進んでしまった。その結果，この段階になると，いっそう綿密に強化された案のとおりに授業は外見上よどみなく流れるようになった。

この場合，同じ強化されるにしても，目標を尊重するという方向に進めばよかったが，方法の面にその努力が傾いていたため，児童の活動を規定してしまうことになり，児童の自由な表現や自発的な創造性を伸ばす代わりに，教師の指導性が目だち，前記の批評そのままの結果を招いてしまったのである。

(4)　初年度の終末にあたっての結論

a　統合的指導の全体構造と初年度の研究の範囲

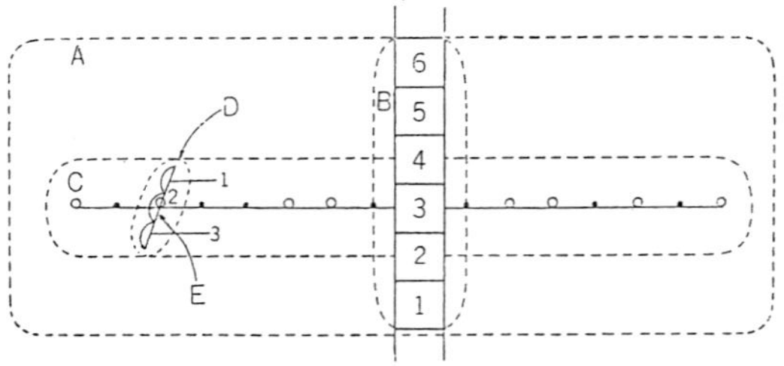

A………Integration の全体構造

B………連続発展（経験の系統性）

C………相互作用（配列された題材の経験内容と連続性の相互関係）

○印＝統合的指導にふさわしい題材

D・E…題材内部と単位時間の Integration

全体構造については，この図表のように考えるが，初年度の研究範囲は図のＥに当たる部分，つまり単位時間における統合的指導法に中心を置いた。

b　統合的指導の理解

前図の全体構造の基礎になるもの，つまりわれわれが考える統合とは，音楽経験の統合をさす。

鑑賞・表現（歌唱・器楽・創作）の領域とは，同類の経験内容を一括した経験の組織体系である。

したがって，われわれが考える児童の音楽経験の統合は，この経験の組織体系としてまとめられた鑑賞・表現の領域とは密接な関係をもつが，外面的な活動としての領域の統合だけを目的とするものではない。

たとえば次の図で1から2，2から3という過程に必然的な関係がなくて，それらが個々の断片的な活動であるならば，それを統合とは考えない。これが形式的な領域統合と誤解して考えてはならない点である。

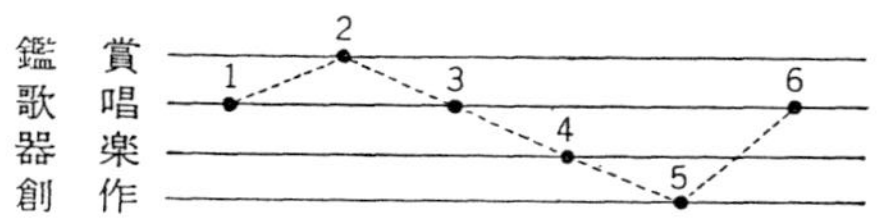

c　結果の概括……指導形態について

統合的指導とは，単に表に現われた学習形態だけをさすものではないが，その学習形態だけを取り上げて，その面から統合的指導を論議される場合がしばしば見受けられる。そこで，われわれが1年間の実験結果をもとにして生み出した結論から，われわれが目ざしている統合的指導といえる学習形態と，形態上類似しているために誤解されやすいけれども，本質的には異なるものについて述べ，結論に代える。

(a)　統合的指導の過程

学習の展開にあたって，新しい活動が過去の経験と連続しているものであるかどうか，既有経験が新しい経験の場に活用されているかどうか。そこに，経験の統合という立場の根拠がおかれなくてはならない。だから，表面上の方法だけを見て，いろいろと活動を変化していくということではない。

鑑賞から歌唱へ，鑑賞から創作へ，また歌唱から器楽へと，その活動様式が変化していく動機として，児童の興味や欲求と同時に，経験の連続という面の必然性をもっていなくてはならない。もし，この裏付けをもっていないとしたならば，単に目先の変化だけを考えている不安定な学習とみられるであろう。われわれは活動様式だけが目まぐるしくあれこれと変化する学習――しかもそうすることの根拠が薄弱な学習を，統合学習とは考えていない。

その段階の学習で，いったい何をねらっているのか。目標が明確にされていることと同時に，どんな活動に展開したとしても，それが意味のない回り道にならないように，常に目標が一貫していること，および経験が連続的に発展していること，そのような根拠にささえられていなくてはならない。その目標に対して，いろいろな活動（四つの領域）のどの方向が，最も効果的であるか，という立場で定められなくてはならないし，また，いつどんな状態のときに，その定まった方向に展開していくのがよいか（経験として身についたとき）その契機の判断もたいせつなことである。次に，以上述べたことを図表によって説明してみよう。

（報告要項1の3ページより）

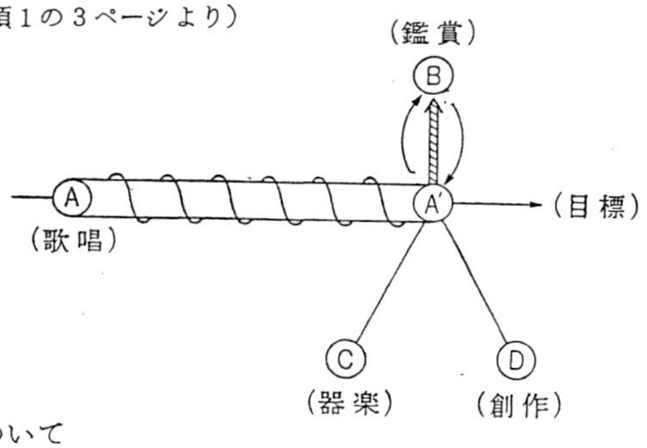

上の図について

「歌唱を中心とした学習Ⓐは，しだいに高められてⒶ'に進んだとき，教師はⒷの鑑賞の活動に進めていく。

この際Ⓐの活動をいっそう高めていくために，Ⓑ，Ⓒ，Ⓓ，のどの方向にいくことが最も効果的であるかを見定めることが大きな意味をもつ。

Ⓐ⟹Ⓑ　という自然なつながりが有機的な関係であり，ⒶとⒷが内容的に全く切り離された学習ではなく，一つのまとまりとして展開されるのが統合学習の姿と考えられる。」

第1年度の報告要項には上のような図と説明がなされているが，第2年度が経過した段階でこれを考えると，当時としての苦悩と同時に，矛盾点も指摘することができる。

それは目標の位置づけについてである。

まず，目標の位置づけが不明確であること。ⒶからⒶ'に至る学習過程が，あとにいう学習の区分に相当するものである。

学習の区分とは，具体的な小目標によってまとめられた学習の段落をいう。したがって，ⒶからⒶ'にいく途中にⒷ，Ⓒ，Ⓓの方向が自然に，能率と効果から生まれるもので，Aに達したときにⒷにいくものではないということがいえる。

Ⓐの時点で有効な方法を考えたり，実践したりするのではなく，Ⓐ'に到達するためにはどうするかが問題なのである。

たとえば教材「みなと」によって視唱力を養うということがⒶのねらいである場合，そこにいくまでに，ただ楽譜を見て苦労しているというだけではなく，ハーモニカを吹いて，自分で楽譜の音を出し，それを聞きながら正しい旋律になじんでいくこと。半既知の曲ならば誤唱の部分を自分で見つけ出し，訂正していくというような学習活動が展開される。

つまり目標に対して，その途中をどうするかの問題であって

やはり

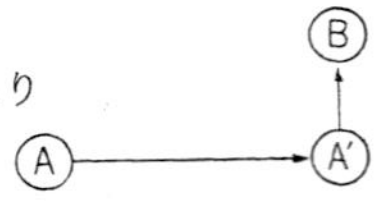

という形よりも

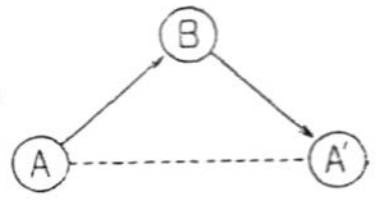

という学習過程が妥当である。

もう一つは，そこでいわんとしていることについての説明が，前にあげた「」内のものではふじゅうぶんなので，補説する必要があることである。それは，Ⓑの活動はⒶ'のねらいのために行なうもので，必ずⒶ'にもどらなければならないということが必要である。ただ漫然とⒷに向かい，それがまたどこかへ行くというのでは本質的に統合の意味に反するものである 。

つまり一つは，必ず合目的な活動であること。二つには経験は目標の

ために用意され，その先行経験が一つの目標に対して活用されるものであることを強調している。

以上，現在から過去の実態をながめて言えることを反省としてしるしておく。

次に，統合的指導法として誤解されやすい指導過程について触れてみる。

(b) 転換型の指導過程

これはある学習活動が児童の興味の低下によって，他の活動に転換しないとまとまらない。そこでやむを得ず転換していくという形のものである。たとえば，歌唱や器楽をほどほどに，頃合いを見計らって創作へというように，どちらかといえば教師にはっきりした指導の主体性が乏しく，児童の興味に押し流されているような感じの授業である。

それでも形式的には一見統合的指導法のようにみられるものである。ところが，この形は必ずしも能率的，効果的ということはできない。経験の系列からいっても関連性が表面的であり，最も誤解されやすい形であるが，これを統合的指導という考えの中に入れるならば，統合的指導

でない音楽の学習指導はなく，すべて統合的指導であるとさえ言えるであろう。

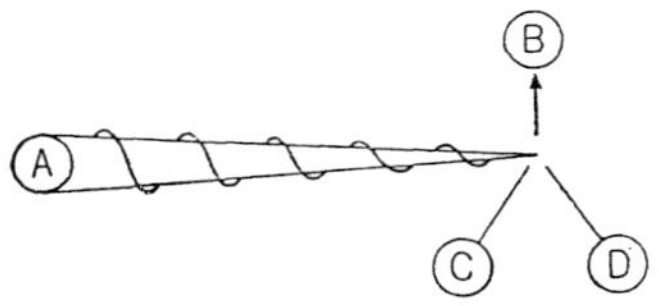

左図の上は，しだいに興味の低下により，Ⓑになんとなく活動を転換させるもの。

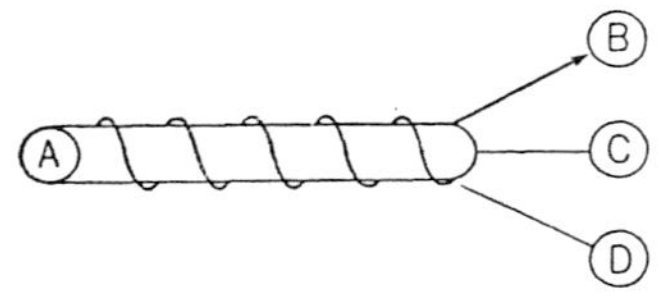

下は，児童のほうは興味をもっているが，ぷつんと中断して，Ⓑに転換していくもので，ともに転換型である。

(C) 並列型の指導過程

主として，教材の変化によって興味の低下を盛り上げていくというもので，方法的には変化の少ない学習である。たとえば，「山のうた」を歌って，次は「汽車」次は「みなと」というように，教材の変化だけで児童を引きつけておくという形である。

このような学習は，その途中にいくつかの中断があり，発展的で継続的な学習とはいえない。これも統合的指導とは遠い隔たりをもつものである。

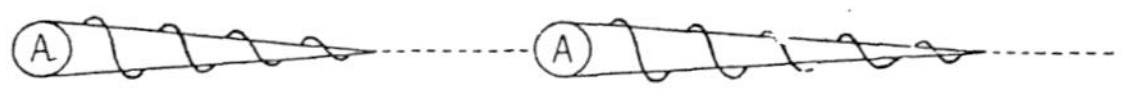

次から次と教材を並列的に扱って，1時間は終了という上の図のようなものである。

転換型にしても並列型にしても，それ自体を否定するものではない。時にはそのような形も必要であり意味もあるはずである。

逆に統合型のものがいつもよいというのでもない。1時間だけの学習をみれば，いろいろな形もあろうし，時にはドリルだけみっちりやるという時間も必要である。ただ，統合的指導の解釈については，はっきり

しておく必要があるので，以上述べたまでである。誤解されやすいものとは，はっきり区別だけはつけておかなければならない。

3 題材統合についての授業研究（第2年度）

(1) 第4段階（実験10～12）

a 問題点の設定と準備

Ⅲの2まで，つまり単位時間についての授業研究の第3段階で第1年度の研究を終了し，第2年目の昭和35年度を迎えた。ここでは，最初に設計された計画に従い，題材の指導総時数での統合的指導について検討してみることを第1のねらいとしている。

第2のねらいとしては，統合的指導をふまえた年間計画の作成という問題もある。

第2年度の研究計画としては，前に引き続き，第4，5という二つの段階を経た。その詳細は後述のとおりであるが，この段階では特に前からの反省として，児童の反応ならびに個別指導が行きわたるということに留意しながら実験を進めた。つまり，

1　教師の指導性の強く出すぎることを警戒し，児童の自主性を尊重する。

2　目標到達という線を明確にして，個別指導を深く考慮する。

以上の2点が大きなねらいなのである。

(a)　準備——学習指導案の改善

○　授業研究の能率化の見地から

次の観点から指導案の改善を考えた。

従来との大きな変化はまず授業研究の能率化ということである。

すなわち必要な項目を簡明にしるし，必要でない形式上のものを削除することである。（実際例参照……実験10）

○特別な形式として児童の興味度についての調査を加味した。

前述のとおり，児童を見つめての授業という根本的な態度を，できるだけ資料的にもはあくする意味で，「児童の興味度」という欄を設けてみた。教師の研究という名目にかくれて児童の自主的な活動が二次的にならないように研究意識の過剰を調節するという意味ももたせている。これは前段階の結果の重要な反省点でもあった。

児童の興味度調査というのは，時間内の学習の区分に応じて，その楽しさ，おもしろさを，◎，○，△という3段階を現わしたカードに自分でチェックしていくという方法によった。

そのカードの集計を指導案に事後の記録として残し，その授業の反省に役だてようという性質のものである。

このカードの活用のしかたは，授業の初めに個々の児童に1枚ずつカードを配付しておく。カードの様式は次のようなものである。

教師は学習の区分ごとに，記録させたいものについて，「○番の下にしるしをつけなさい」と指示する。

学習の区分とは，具体的な目標に対する活動の終止したときの状態

1	2	3	4	5	6	7	8	9	10	年組
◎	◎	◎	◎	◎	◎	◎	◎	◎	◎	（
○	○	○	○	○	○	○	○	○	○	
△	△	△	△	△	△	△	△	△	△	）

……たとえば，笛の旋律奏ということが目標であった場合，その活動が一段落した状態のときをさす。

教師の側には，指示した番号が，たとえば1は歌詞唱とリズム打ち，2が笛の旋律奏というように明らかにされているわけである。

児童は示された番号の，◎，○，△の3段階の中から自分の感想に応じてチェックをしていく。

内容の性質上その学習の直後にその印象をとらえておくことが必要なので，学習が中断されないで，しかも短時間のうちに処理されることが望ましい。

結果として，このような作業は方法的に多少の訓練を必要とするが，慣れてくると教師の簡単なサイン一つで児童は即座にチェックして，すぐ次の学習主題にはいれるということを経験した。そのしるし方についても，質的に変わってくることが現われてきた。

当初は，単純な意味でのおもしろさ，つまらなさという印象で◎や○に分かれたようであるが，しだいにおもしろいということも，歌えた，ひけたという喜びを伴った楽しさ，また反対に，歌えない，ひけないという不満を伴ったつまらなさに変わってきたように認めることもできる。

次に，この児童の興味度の右の欄に「効果測定」というものを設けてみた。これは児童の興味度と，指導の目標達成の度合い，活動の内容などの相関性を総合的にとらえ，教師の判定でA，B，Cの段階に分け，簡単なメモと合わせて授業研究の資料にするものである。

当初はあまりこの欄を設けた意味も強く反映されなかったが，のちにこの欄が考え方を発展させて，目標値の効果判定に進んだところに大きな意味があった。

(b) 目標の考え方とその表記について

前年度からの懸案で，この点をなんとか具体性のあるはっきりしたものにしたいという考えが，この段階に至ってやっとまとまってきたという感じである。

指導目標はそのままその指導の到達目標でなければならないということを確立したものである。

したがって，表記の形式も学習活動と一致させるように考慮した。

これは，目標と内容，および活動との関係を明らかにし，指導効果を検討する授業研究の条件として不可決のものである。

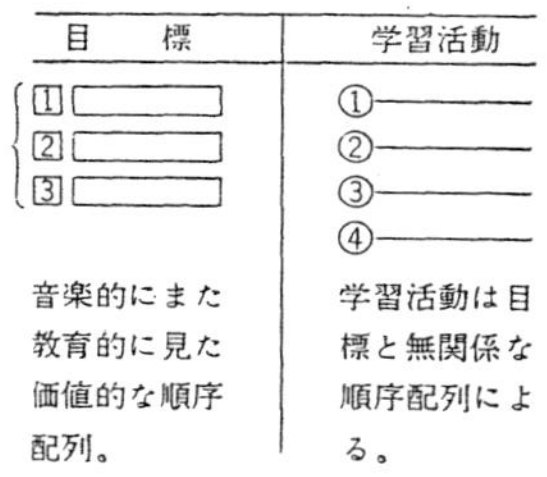

目　標
学習活動
1
2
3
①
②
③
④
音楽的にまた教育的に見た価値的な順序配列。
学習活動は目標と無関係な順序配列による。

次に表記上のもので変わっている点について比較してみよう。従来の形式は右図のようなものであった。

この表記の形式からいうと，その時間なりその題材の完結時において，目標と関係づけてその効果を判定し，また授業の評価ということはできるかもしれないが，その途中における学習の中の部分の活動について，その効果を確認することは困難である。すなわち[1]の目標に対して，どのような方法がとられ，どんな効果があったかという具体性のある評価ができないわけである。

そこで新しい形式として次ページのように改めた。

つまり目標に対しては必ずその目標を達成するための学習活動が用意され，その活動を通して目標に到達するというコースを通る。した

がって目標が非常に具体的であり，学習活動と目標は直接的に関係づけられることになる。

次の「ふじ山」の教材では，〔本時の具体目標〕という欄を設けているが，その欄がこれに当たるものである。

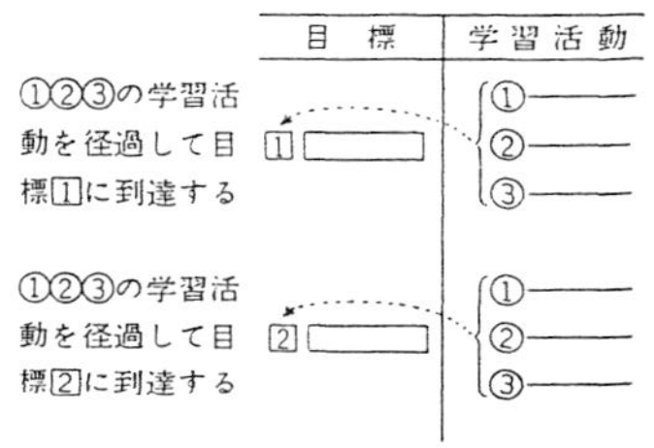

〔題材の目標〕については，

その題材特有のねらいを優先的に扱い，その表わし方もできるだけその教材特有のものということを考えなければならない。

この目標は本時の具体目標と異なり，価値的な順序配列ということが主になる感じがするが，これは題材のねらいとして当然であろう。

b 実験の記録と研究会記録

実験 10

No.	題材名 ふ じ 山	扱い時 第１時	中心活動 鑑 ㊖ 器 創

題材の目標	本時の具体目標	学習活動 内容	分
1 「ふじ山」を歌わせて明朗快活な心情を養う。 2 おおらかな旋律を感じとらせ，レガートな歌い方に慣れさせる。 3 ハ長調の視唱や視奏に慣れさせる。 4 本歌曲を通して学年末における指導（リズムや視奏）の補充調整をする。	1 四拍子の拍子感を既習曲を通して慣れさせる。 （導入）	・既習曲を楽しく歌う。 （春の小川，ピクニック，サイクリング，ひなまつり） ・拍子感の出る身体表現をくふうする。	5
		・ハーモニカの旋律奏をする。	
	2 ハ長調の視唱（視奏）に慣れさせる。	・階名視唱する。 ・ハーモニカの旋律奏をささえにして合わせる。（自由に練習をする） ・先生や友だちの演奏を聞く。 ・むずかしいところを練習して合わせる。	15
指 導 計 画		・曲想をくふうする。 ・範唱を聞く。 ・グループ別に発表する。	
1 ヘ長調の視唱と歌唱。 2 新曲の視唱とリズム形の練習。 3 リズム楽器による即興演奏曲想表現のくふう。		・親しい友だちとともに，よい歌い方をくふうして聞いてもらう。	
	3 レガートな歌い方に慣れさせる。	・歌詞唱と旋律楽器の分担奏をする。	25

動（鑑賞・歌唱・器楽・創作）

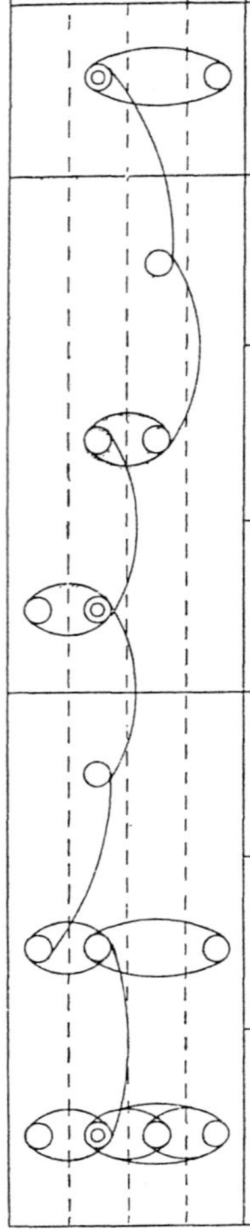

児童の興味度 ◎	○	△	効果判定 A	B	C	備考
24	15	0	親しい友して歌わなってき	○ だちとグせたら楽た。	ループにしそうに	○○○● こちらに立ったりすわったりグループにさせると表情も豊かに歌うようである。いつもすわって歌わせないで，時には野原で親しい友だちと歌っているつもりにさせ，教室のあちらハーモニカの好きでない児童7名（4名も含む）後半はグループ奏で活躍した。学習態度 どの教科でも悪く，特に注意される児童4名，自由練習のときはこの4名が遊んでいた。在籍 43（男25 女18） 欠 4
32	7	0	○ リズム打旋律奏のたいへん	ちを数人ささえによくなっ	にさせてしてからた。	
22	16	1	視唱にはるようだよくやるきりする	○ かなりの。自由な子と遊ぶ。	抵抗があ練習では子とはっ	
27	12	0	○ いいかげ児童も，聞き練習ってきた	んに練習うまい人の意欲が。	していたの演奏を盛り上が	
30	9	0	○ 13小節目ートで出いた。（と出る）	の初めのせない男地声で張	音がレガ子が5人り上げる	
35	4	0	○ 感想発表よう，よて話すよたのでよ	が悪口にいところうに初めかった。	ならないもさがしに注意し	
37	2	0	○			

実験　11

（校内合同研究会）

No.	題材名　ふじ山	扱い時　第２時	中心活動　鑑　㊌　㊍　創

題材の目標	本時の具体目標	学習内容
省 略	1　歌詞唱と旋律奏をさせ，大らかな曲想を味わわせる。	・歌詞暗唱を中心に歌う。 ・旋律奏と交互唱によって練習する。 ・ふじ山の旋律に合わせ，自作の歌詞を発表する。 ・友だちの発表を聞く。
	2　ふじ山のリズムによる新曲を視奏させ，ハ長調の視奏力をつける。	・新曲のハーモニカによる旋律奏，独奏，部分奏，せい奏。 ・新曲の歌詞唱をする。
指導計画	3　リズム楽器により，リズム形の打ち方に慣れさせる。	・手拍子や楽器でリズム形の練習をする。 ・リズム楽器の伴奏による歌詞唱と旋律奏。 ・グループ別によい演奏をくふうして発表する。
省 略		

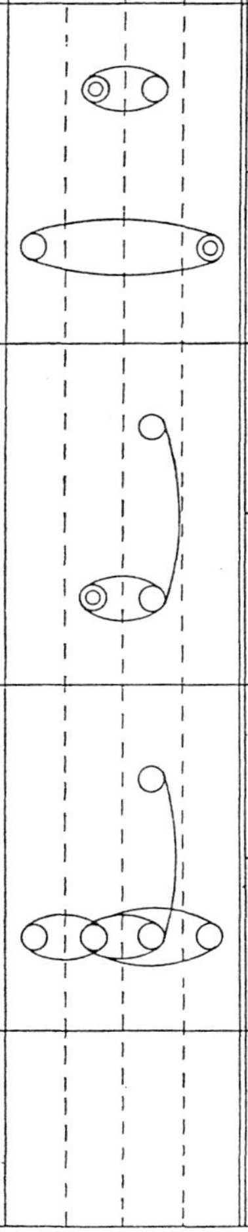

分	活動（鑑賞・歌唱・器楽・創作）	児童の趣味度 ◎	○	△	効果測定 A	B	C	備考
		34	7	0	○ 児童の興味度はこの場合，正しく暗唱できたり吹けたりした子が◎をつけている。			○校内研究授業のため，研究会の記録は別紙（56ページ参照）
15						○		
		23	18	0		○		
15		29	11	1	○			
		36	5	0	○			
20		33	8	0				

実験 12

No.	題材名　ふ じ 山	扱い時　第３時	中心活動　鑑 ㊍ ㊫ 創

題材の目標	本時の具体目標	学習内容
省略	1 曲想をくふうさせる。	・歌詞の暗唱をする。 ・速度，強弱をくふうする。 ・範唱を聞く。独唱する。みんなで聞く。歌い方をくふうする。
	2 リズム楽器の使い方のくふうをさせて即興演奏に慣れさせる。	・四拍子のリズムカードを組み合わせ，リズムフレーズを作って打つ。（3種類） ・どこでどんな楽器を使うとよいかグループ別にくふうして発表する。
指導計画	3 歌詞唱と合奏の発表により，曲の感じをつかませる。	・グループを四つに分けて，歌詞唱と合奏に分かれて演奏する。（歌と合わせるため打楽器の音のバランスに注意する。）
省略		

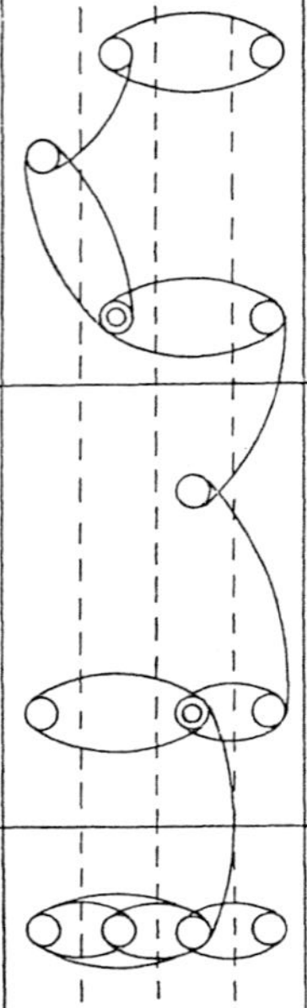

分	活動（鑑賞・歌唱・器楽・創作）	児童の興味度 ◎	○	△	効果測定 A	B	C	備考
10		28	14	0				
		33	9	0				
20		26	16	0				
		35	7	0				
15								
		37	5	0				

この題材「ふじ山」の３時間扱いの授業を終わって，校内の研究会を開いた。次にその批評をしるして反省を加えてみることにする。

「校内研究会の記録」から

○　特別な指導の形

統合的な指導というものを目ざしていても，その指導形態は外見的に特別な指導ということは考えられない。うっかりするとしんのない，中心を貫くものの欠けた指導に陥るのではないか。この点はじゅうぶんに注意する必要がある。

○　つまらない授業

きょうの授業に対してつまらない授業という評も出たけれども，計画上の位置づけによるわけで，第３次の計画によればおもしろい授業が期待できるのではないか。

○　グループ指導のくふう

個別指導についてはかなりくふうされていたが，グループ指導については一段とくふうする必要があると思われる。

○　多角的な展開

非常に多くの内容に触れたように思うが，あれだけのことをやらなければ本時の目標が達成されないものであろうか。目標の取り方を題材全体の時間配分の中で，また学期や年間の計画の中であん配する必要があろう。多角的に展開することによって，かえって興味を分散させ，経験を定着させることができなくなるのではないか。

○　目標の表記について

だらだらの長文がその意味をとらえにくいのと同じで，簡潔すぎる表現も，その意味をとらえにくいものである。

個性のある目標であること，目標１にしるされている「本歌曲を歌わせて明朗快活な心情を養う。」というようなことは，何もこの曲だけに

限って必要なものでなく，他の教材をもってきてもこの目標を満足させることができる。つまり，この教材だけがもつ重要な意味をねらったものではない。

だが，この教材のもっている重要な意味の一つであることもまちがいではない。

ただ，目標（主として題材の目標をさす）には，その教材だけがもつ重要な部分を出すべきで，一般的なものはことさらにしるす必要はないのではないか。

○　児童の興味を高めること

音楽と児童の触れ合いはまず第１に感覚的なものであるから，音楽に対して前向きの姿勢を保持していくために，いつも興味を優先に考える必要がある。

○　音楽は法則性の上に成り立つ芸術である。楽しい学習，自発的活動と創造性を高める学習である。と同時に，それらの内面的な活動と並行して，基礎技術をしっかり押える必要が大きい。

学級担任として，ラジオ，テレビの利用のしかた，音楽指導にとっての位置づけを明らかにしてほしい。

○　日常の生活に音楽を取り入れた学級経営のよさ，きょうの発言の中には生き生きとした授業がよいといわれているが，その点形式上のことだけを考えすぎたのではないか。

時には指導性の強い授業も必要である。

○　やさしい授業であること

一般の教師のために，だれにもできるやさしい授業であることがたいせつではないか。きょうの場合，多少統合ということにこだわりすぎているようにみえる。

○　統合的指導は，構造的な指導という立場から他教科でも必要なことである。

○　目標の統合

ある時間は歌唱と鑑賞の活動を通してその両者を統合させる。学習活動はその類形を要素的にまとめて徹底させていったほうがよい。

学習活動の図式化と興味度について（指導案の）図式化には時間の長短も考えてほしい。

児童の興味度は３段階にしてあるが，興味というものの内容も，児童の受け取り方によって問題があるし，３段階ということと合わせて，客観化という点では甘くないか。

○　よい授業であるためには

少ない目標をシャープに出せ，児童の自発性と教師の目標の相関がよい授業のために必要である。

○　統合的指導であったかどうか

ということはどこで判断するのか，興味度や効果測定にしても教師の必要であって，児童にはその必要感はない。

○　児童の目標に

教師の目標を児童の目標に置き換えていく操作が見られない。教師の指導性が強く，こどもの自発性が乏しいのではないか。

○　指導の山が必要

１時間が平板的に流れていた感じがする。もう少し学習に変化をもたせるほうがよいのではないか。児童の側に評価を取り入れたことは一段の進歩である。

(2)　第５段階（実験13～17）

a～1　問題点の設定と準備

「ふじ山」の３時間扱いの題材によって，題材としての統合的指導のあり方を求めてみたが，この指導形態の問題点をさらに改善するために次の点に歩みを進めた。

(a)　児童の興味度を自己評価へ

児童の興味度というものを設けた意味については前に詳細に述べたが，これは本来，単純に楽しい，おもしろいという意味の興味ではなく，歌えた楽しさ，ひけた楽しさ，というような意味の興味度の考えであるから，内容的には，あくまで児童自身の内面的な判断によるものである。

その意味からいうと，研究会の発言にもあったように，確かに自己評価というほうが正しいと考えられる。

そして，実験の結果言えることは，その結果の処理を授業研究の資料として活用するというような大上段のねらいはともかくとして，教師が絶えず，児童の状態に深く注意しながら授業を展開していくという面では非帯に効果があったと考える。

(b)　具体目標と効果測定

確実に，客観的に評価のできることという前提から，まず表現技能の中から具体目標を取り上げてみた。そのことによって一段と目標の具体性が強化された。

さらに，効果測定ということも，前の段階ではＡＢＣの段階に分け，総合的に教師の判断を記録するという意味のものであったが，ここでは，さらに具体性を強化し内容的にも目標との関係を密接にして客観性を加味した。

つまり，予定した学習活動を経過して具体目標に到達したと思われるとき，はたしてどれだけの児童がその点まで到達できたか，その実数を記録するもので，未到達の児童を（－）マイナスとして表わすことにする。

それは教育効果を確実にはあくしていこうとする方向がうち出されたものといえよう。

(c)　効果測定の方法

この効果測定は，そのこと自体に児童が過度の抵抗を感じないように，自然なふんい気の中で学習に溶け込んでいることが最も望ましいことである。

そのように児童の気分的な抵抗感を除去すると同時に，そのことが学習の足踏みや停滞にならず，進行過程としての必然性をもつということ，言い換えれば測定のための測定でなく指導過程としての意味をもたせるということが必要である。

上のような理由から，方法的によほど考えてから行なわないといけないということがいえる。

もう一つには能率的ということも重要な要素になってくるので，次のような座席表によるチェック方式を決めた。

音楽科の特性として，いつも担任学級のように児童をよく知っているというわけにはいかないので，氏名よりも座席番号のほうが能率的で実

際的であるということがいえる。

41	42	43	44	45	46	47	48
33	34	35	36	37	38	39	40
25	26	27	28	29	30	31	32
17	18	19	20	21	22	23	24
9	10	11	12	13	14	15	16
1	2	3	4	5	6	7	8

○　47 48 の太線で囲んだものは空席または欠席

○　16　21 のように斜線を引いたものはマイナスの児童

○　無記号のものはプラスの児童

以上のことを表記上の約束として，指導の効果を確実に押さえていくことにした。

次の実験記録にはこの記録表も指導案の中に組み込んで実験授業が行なわれている。

a～2　実験の記録

実験　13

No. 4	題材名　とけいの歌	扱い時　第1時	中心活動　鑑　㊙歌　器　創

題材の目標	本時の具体目標	学習活動 内容	分
1　ハ長調の階名視唱力を高める。 2　音符,休符の理解を深めさせる。 3　ドミソの和音合唱をさせることによって和音感を養い，合唱への基礎をつちかう。 4　身体表現をくふうさせて，輪唱の歌唱形態に親しませる。	1　輪唱曲を鑑賞させ，輪唱に親しませる。	・輪唱曲のレコード鑑賞をする。 （説明であまり時間をとりたくない。関心をもたせるのが主眼。）	5 （5）
	②　階名視唱できる。	・電気点滅五線により曲あて（3曲） （視唱の喜びを味わわせ，視唱力をみる。） ・ドミソドを歌う。 ・「とけいの歌」の階名視唱をする。ハーモニカ視奏。 ・トライアングルやカスタネットで拍子打ちやリズム打ちをして視唱のささえにする。リズム唱をして音符の長さを確かめる。 ・4小節ずつ歌う。 1回目 1～4小節まで 2回目 5～8小節まで 3回目 9～12小節まで　4人ずつ回わると12回歌える。	15 （20）
指導計画　2 1　階名視唱と音符，休符の理解　1 2　和音合唱とオルガンの分担奏 3　身体表現を伴った輪唱　1	③　音符，休符の長短が正しく理解できる。	・階名で輪唱する。 （うまく合わないことを予想して，原因の一つは音符，休符の長短の表現にあることを理解させ，次の導入とする。） ・板書の楽譜にV Vやタンタンタタを書く。 ・音符，休符をノートに書く。〔 〕の5種類	15 （15）
	4　二部輪唱させる。	・歌詞唱する。 ・ハーモニカで輪唱する。 ・二部輪唱する。（ハーモニカのささえで） ・二部輪唱する。 ・友だちの演奏を聞く。（2人または4人）	10 （5）

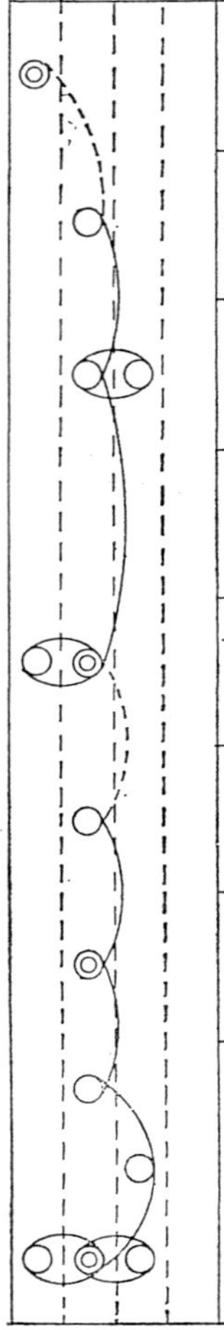

動（鑑賞・器楽・歌唱・創作）	児童の自己評価 ◎	○	△	効果測定
	41	3	0	
	35	8	1	
				・リズム打ちで ♪♪（チクタク）を ♪♪♪♪（チクタク）と打つ児童が約半数いた。
	39	4	1	③ 記録A（—3） 同じ4小節をくり返し歌わせないで，分担唱のつもりで歌わせてよかった。
				・音符の長短よりつりこまれての失敗が多い。
	35	9	0	④ 記録B（—6） ♪♪のまちがいが多い。
	41	3	0	

記録用座席表　在籍 45　出 44　欠 1…ヤ　▨ 空席

A

41	42	43	44	45	46	47	48
33	34	35	36	37	38	39	40
25	26	27	28	29	30	31	32
17	18	19	20	21	22	23	24
9	10	11	12	ヤ 13	14	15	16
1	2	3	4	5	6	7	8

B

41	42	43	44	45	46	47	48
33	34	35	36	37	38	39	40
25	26	27	28	29	30	31	32
17	18	19	20	21	22	23	24
9	10	11	12	ヤ 13	14	15	16
1	2	3	4	5	6	7	8

実験 14

No.	題材名　とけいの歌	扱い時　第２時	中心活動　鑑　歌　(器)　(創)

題材の目標	本時の具体目標	学習活動 内容	分
省 略		・二部輪唱を親しい友だちとする。 ・和音のけいこ１を歌う。 ・オルガンで分担奏する。	
	① オルガンで旋律奏ができる。	・和音の合奏をしてその響きを聞く。	
	2　和音合唱やオルガンの合奏を聞き，輪唱のよさを味わう。	・ オルガンで４小節ひく。 ・歌とオルガンを３組ずつに分けて輪唱(奏)し，他のパートの音も聞く。ハーモニカで吹く。	20
指導計画	③ 身体表現のくふうができる。	・歌いながら３種類の身体表現をくふうし，よいものを決める。 ・グループを４組に分け(つくえの列)，身体表現をしながら３組が輪唱し，１組は鑑賞する。	
省 略		・ 4小節ずつ歌いながら身体表現する。 ・親しい友とグループを作り，身体表現をしながら，よい輪唱ができるようにくふうする。	
	4　輪唱を楽しみ，いつどこでもできるようなグループを作る。	・グループごとに発表する。どのグループがよいか話し合う。 みんなで輪唱する。	25

動（鑑賞・歌唱・器楽・創作）	児童の自己評価 ◎	○	△	効果測定
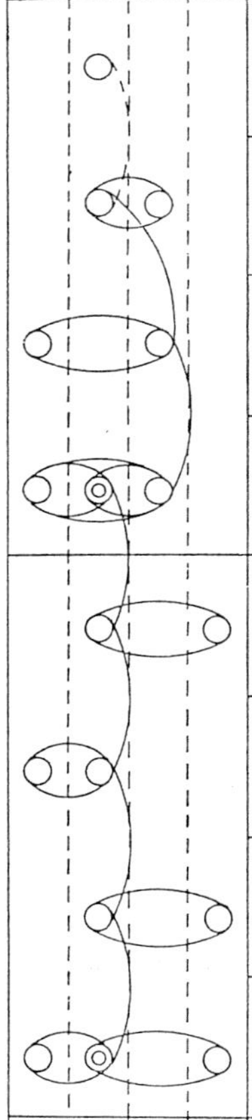	36	7	1	
				記録A（—4）
	37	7	0	
				記録B（—5）
	39	5	0	

在籍45
出　44
欠　1
▨空席

A

41	42	43	44	45	46	47	48
33	34	35	36	37	38	39	40
25	26	27	28	29	30	31	32
17	18	19	20	21	22	23	24
9	10	11	12	ヤ 13	14	15	16
1	2	3	4	5	6	7	8

B

41	42	43	44	45	46	47	48
33	34	35	36	37	38	39	40
25	26	27	28	29	30	31	32
17	18	19	20	21	22	23	24
9	10	11	12	ヤ 13	14	15	16
1	2	3	4	5	6	7	8

a〜3　結果の考察

この実験段階で最も中心的な課題となったものは「本時の具体目標」と効果測定の問題である。

その点について考察してみると次のようになる。

本時の具体目標	効果測定
1　輪唱曲も鑑賞させ，輪唱に親しませる。	
②　階名唱ができる。	（－3）
②　音符，休符の長短が正しく理解されている。	（－5）
4　二部輪唱させる。	
①　オルガンの旋律奏ができる。	
3　輪唱の楽しさを味わわせる。	（－4）
③　身体表現のくふうができる。	（－5）
4　輪唱の楽しめるグループを作る。	

以上のように，「本時の具体目標」の中にも二つの種類があることがわかる。

一つは，鑑賞的なもの，楽しさを味わうというような性質のもの，感覚的なものなどであり，もう一つは，○印のついたもので，階名唱，知的理解，演奏技能を主とする表現技能などである。そして，これらについては，効果測定をして（－）がしるされている。

逆にいうならば，効果測定を予定しているものは，その目標の記述法も一般的な記述と異なり，「できる。」というような記述法を用い，かなり具体的に評価が可能であるように表現をしているところに特徴がある。

このようなところに到達したのは自然の必要……この段階に至る過去のいきさつを経過してここまできたものであるが，次に進んでいく方向も多分に示唆している。そこで，このような形態をここで一応まとめてみることにしよう。

それは同時に次の段階の準備ともなるからである。

b〜1　問題点の設定と準備

具体目標の中に目標値を設定したこと。前述のように具体目標は，期せずして二つの種類に分かれていることを指摘したが，その点をもっと明確にするために○印のものつまり効果測定を伴うものについては，なぜそうするかの根拠を立てることにした。

そして，その項目については，目標値という名称をつけて一般の具体目標と区別することにした。

この研究の最中にたまたま学習オートメーションの理論が紹介され，その理論の中に目標値というものが用いられていたがその考え方が，われわれが積み重ねてきた研究の結果としての具体目標に合致したので，このことばを適用したものである。

目標値ということばは，本来は学習オートメーションの理論の中で次のような意味をもったものである。

すなわち構造的に，体系を重んじて配列されるもので，細かく分析された目標という意味をもっている，学習オートメーションの理論的背景となるプログラム学習でいう細かい学習のステップは，また細かい学習の区分と，その区分の目標によって，連続的に発展されなければいけないというのである。

このいき方には，まったくわれわれの考えてきた内容と合致する点を発見することができる。

ただ，その目標到達の判定に際して言語を用いるか，言語の代わりに音楽を用いるかの違いがあるだけである。

プログラム学習では，その反応の形式を最終段階において児童に明せきな言語によって反応させることが重要なことになっている。

この背景には，認識論でいうところの第一信号系から第二信号系に進んで定着するという考え方が潜在していると思われる。

完全な理解の定着のためには，それがことばによって表現されなければならないということである。

音楽科では，この言語による表現を，音楽そのものによる表現に代えるだけで，この理論は適用されるはずであると考えることができる。

以上しるした理由から，われわれは，この目標値ということばを取り上げてみた。

もちろん音楽科の目標のすべてをこの目標値で割り切ることは無理であるし，またそれは音楽科にとって本質的に正しいとはいえない。そこで当然，具体目標に２種類のものが生まれるわけである。

以上の目標値の発生についての理論的根拠のほかに，次のような理由も考えられる。

○　統合的指導の展開のためには，特に現実の児童の音楽的な発達段階を教師が明確にはあくしている必要がある。

それも抽象的にだいたいこのくらいという程度でなく，個々の児童に

ついて，このこどもは前時の指導でここまできているというように的確に知っていることが必要である。

そこでその方法の解決が考えられなければならない。

以上のことは，その学級の児童の音楽的な能力により，その統合的な展開方法にも差ができるからである。

連続発展的な学習，先行経験と後続経験の一貫した流れの上に進めていく学習は，教師が正しく学習活動の出発点を押えているということが最も基本的な条件となる。

○　目標値の内容は客観的評価のできるものを精選し，それを目標値とする。そして教師は，この目標値を基準にして，絶えず児童の目標に対しての到達段階を測定しながら学習を進めるという形式をとる。

この目標値に関しては，いわゆる従来の目標形式の ○……感を養う。○……能力を高める。○……を深める。

というような表記は，どこまでいったならば高められたことになるのか，養われたといえるのか，深められたといえるのか，その出発点が確認されていないし，最終の基準もこのような表現は結果としてすべてをあいまいにし，目標というものに対しての感覚を，きわめて鈍くしてしまっているのではないかと考える。

そこでその表記法は次のようにする。

・１～４小節の視唱ができる。

（その曲の中で，むずかしい部分，または，はじめの４小節という意味）

・９～12小節の旋律がハーモニカで吹ける。というように……できる。

というような形のはっきりした具体性をもたせる。そして指導の直後その目標のどこまで到達し得たか確認できるようにする。

題材の目標は，単位時間の目標によって分担され，単位時間の目標は，

その時間の指導の開展に応じて，学習の区分ごとに設定された具体目標によって分担され，必要なものは目標値によって確認されるという構造である。

○　目標値に取り上げられるものとその問題点

この目標値は，客観的に確実に評価できるという原則を立てたので，そのためには，次のようなものを考えている。

・主として歌唱・器楽の演奏技能

つまり基礎的な表現技能

・理解事項

（なるべく演奏によって表わす）

次に，このように表現技能と理解事項に目標値をしぼってきた場合について，

「感覚的な面を強調する目標や，客観的な評価が困難なために，目標値の中に含まれない目標はどうなるのか」

という問題が予想される。

この点については次のように考えている。

○　感覚的な面についての目標は，総合的な目標として，「題材の目標」の中に必ず位置づける。

○　本時の目標には，それらの目標と，目標値の両面を尊重し，技術偏向に傾くことを注意する。

○　また，感覚面の目標というものはいつも実質的には表現技能と密接な表裏関係で存在するものと考える。

次に，目標値が目標（題材，本時，具体目標）相互の中でどのような関係に位置づけられるかを図示してみる。

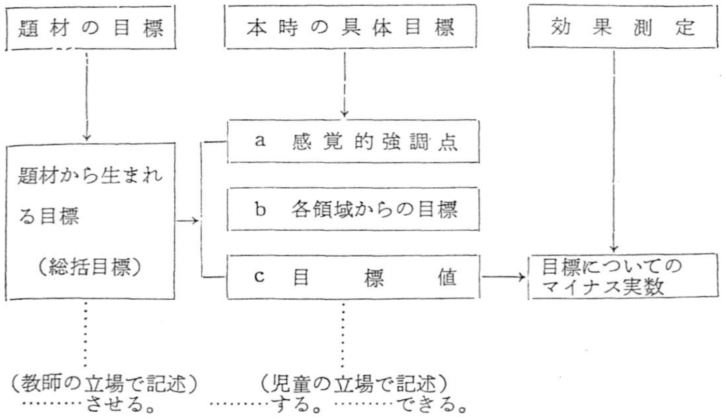

b～2 実験の記録

実験 15

No.	題材名 山の歌	扱い時 第２時	中心活動 鑑 ㊌ 器 創
題材の目標	**本時の具体目標**	**学習 内容**	
1 おおらかな三拍子の曲の気分を感じとらせる。		・みんな知っている山に関係のある三拍子の歌を，レコードで聞いたり歌ったりする。（導入）	
2 合唱（部分二部）を歌う楽しさを味わわせる。		・「山の歌」を階名視唱する。（自由に） ・どこがむずかしいだろう。	
3 ハ長調の階名視唱に慣れさせ，またフレーズ感を養う。		・トライアングル・カスタネットの拍子打ちにささえられて歌う。 ・二部の楽譜を理解する。	
4 歌詞の内容にふさわしい曲想表現（速度，強弱）をくふうさせる。	① 階名視唱ができる。	・むずかしい音程やリズムをみつけて，ハーモニカで吹いたりリズム打ちをする。ハーモニカに合わせて歌う。 ・先生の歌を聞き，注意を守って自由に歌う。（聴唱的視唱による）（４小節ずつ）	
指導計画 3	② 低音部の階名視唱ができる。	・低音部を階名視唱する。（ハーモニカの低音部奏，拍子打ちのささえ） ・８小節を歌う。（４人ずつ）	
1 両声部の階名視唱と歌詞唱。 1			
2 合唱と器楽合奏。 1	3 階名視唱で合唱する。	・２組に分かれてハーモニカを吹く。 ・４組のグループ（歌二部，ハーモニカ二部）で合唱（奏）。	
3 合唱や器楽の曲想表現のくふう。 1		・親しい友だちと合唱する。 ・友だちの合唱を聞く。	

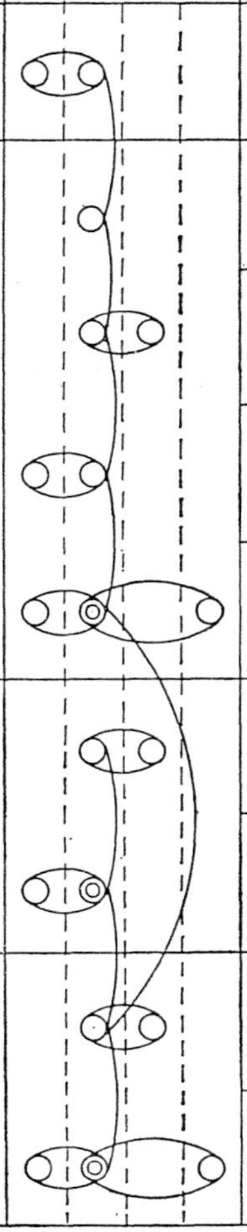

活動 分	活動（鑑賞・歌唱・器楽・創作）	児童の自己評価 ◎	○	△	効果測定
5		43	0	0	A
20		37	5	1	記録A(−12)
10		35	7	1	記録B(−9)
10		31	12	0	

在籍 45 出 43 欠 2

A

41	42	43	44	45	46	47	48
33	34	35	36	37	38	39	40
25	26	27	28	29	30	31	32
17	18	19	20	21	22	23	24
9	10	11	12	13	14	15	16
1	2	3	4	5	6	7	8

B

41	42	43	44	45	46	47	48
33	34	35	36	37	38	39	40
25	26	27	28	29	30	31	32
17	18	19	20	21	22	23	24
9	10	11	12	13	14	15	16
1	2	3	4	5	6	7	8

実験 16

No.	題材名　山の歌	扱い時　第2時	中心活動　鑑 ㊗歌 ㊗器 創
題材の目標	本時の具体目標	学習　内容	分
省略	1 合唱して，みんなで合わせて歌う楽しさを味わう。	・階名で合唱したり，ハーモニカで合奏したりする。 ・歌詞唱する。 ①口の形㋐㋔㋓に注意する。 ②強弱に注意する。"㋚のぼれ" ・先生や友だちの歌を聞いたり，合唱したりする。	20
	2 ハーモニカの合奏ができる。	・ハーモニカで合奏する。 ・リズム楽器の奏法を確かめる。 ・フレーズごとに楽器の組み合わせをくふうし，奏法に注意しながら打つ。 二部に分かれて後半8小節をハーモニカで吹く。 ・リズム楽器で伴奏する。友だちの演奏を聞く。	25
指導計画			
省略			

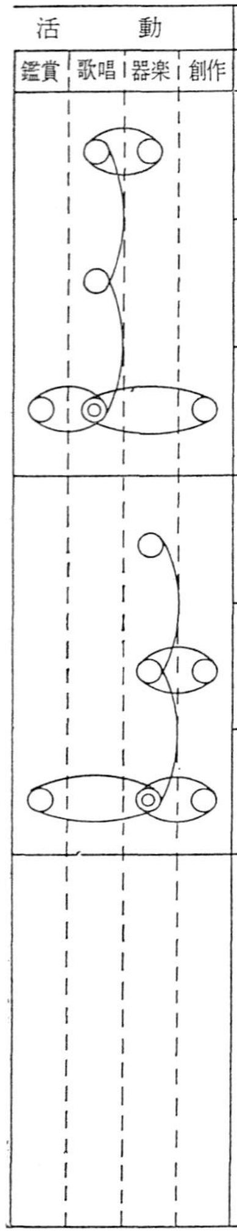

児童の自己評価 ◎	○	△	効果測定
32	10	1	
35	8	0	記録A(−8)

A　在籍 43　出 43　欠 2

41	42	43	44	45	46	47	48
33	34	35	36	37	38	39	40
25	26	27	28	29	30	31	32
17	18	19	ヤ 20	21	22	23	24
9	10	11	12	ヤ 13	14	15	16
1	2	3	4	5	6	7	ヤ 8

B

41	42	43	44	45	46	47	48
33	34	35	36	37	38	39	40
25	26	27	28	29	30	31	32
17	18	19	20	21	22	23	24
9	10	11	12	13	14	15	16
1	2	3	4	5	6	7	8

実験　17

No.	題材名　山の歌	扱い時　第3時	中心活動　鑑　㊗歌　㊗器　創
題材の目標	本時の具体目標	学習活動　内容	分
省略	① 曲想表現をくふうして合唱できる。	・歌詞で合唱する。 ・友だちの合唱を聞いて感想を話し合う。 ・山の歌の気分をとらえ、曲想(速度,強弱)をくふうする。 ・親しい友だちと合唱し，友だちに聞いてもらう。	20 (25)
	2　曲想表現をくふうして合奏する。	・曲想をくふうする。 (リズム楽器でも拍子感の強弱，フレーズ感の強弱のできることをねらう。) ・グループごとに演奏し，また鑑賞する。	20 (15)
指導計画	3　好きなパートに分かれて，合唱，合奏を楽しむ。	・合唱(二部)する。 合奏する（ハーモニカ・オルガン・トライアングル・カスタネット・大太鼓・小太鼓）に分かれて演奏する。	5 (5)
省略			

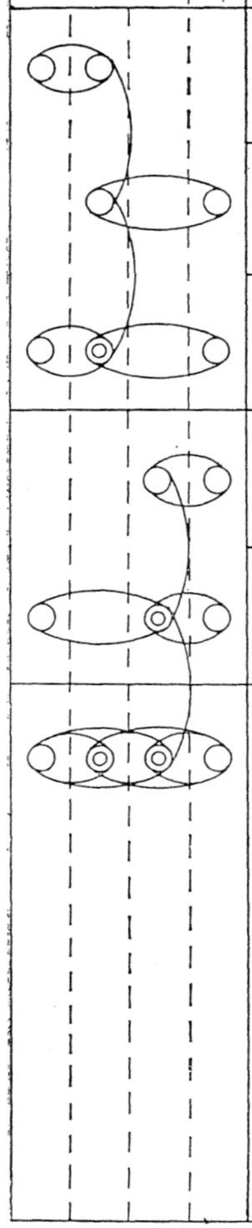

動（鑑賞・歌唱・器楽・創作）	児童の自己評価 ◎	○	△	効果測定
1	38	5	0	記録A (—8)
2	35	8	0	
3	42	1	0	・そうだった。 ・少しそうぞうしいが，ほんとうに楽し子もいたが自主的に解決させた。 ・時間が少なく，好きな楽器ができない

A　在籍 45　出 43　欠 2

41	42	43	44	45	46	47	48
33	34	35	36	37	38	39	40
25	26	27	28	29	30	31	32
17	18	19	20	21	22	23	24
9	10	11	12	13	14	15	16
1	2	3	4	5	6	7	8

B

41	42	43	44	45	46	47	48
33	34	35	36	37	38	39	40
25	26	27	28	29	30	31	32
17	18	19	20	21	22	23	24
9	10	11	12	13	14	15	16
1	2	3	4	5	6	7	8

公開学習指導案

No.	題材名　　みなと	扱い時　第２時	中心活動　鑑　歌　㊋　創

題材の目標	本時の具体目標	学習 内容
1　ハ長調の視唱力を伸ばす。		・友だちと楽しく歌ったり吹いたりする。 ・グループで合奏する。
2　楽器の演奏技能を伸ばし合奏の楽しさを味わわせる。	1　合奏譜を正しく読みとることができる。 2　三拍子の強拍部が打てる。（大太鼓）	・合奏譜を見ながら合奏を聞く。 ・歌いながら手拍子を打つ。
3　三拍子の歌のリズムとワルツのリズムに親しませる。		・リズム遊びをして，三拍子のいろいろなリズムをくふうする。 ・打ったリズムを，リズム譜にする。歌いながら打つ。 ・リズム譜を見て打つ。（小太鼓のリズム）

指導計画	3時	本時の具体目標
1　視唱と器楽合奏 ……基礎的な表現技能	1	3　三拍子のリズムを感じとる。（小太鼓）
2　三拍子のリズム遊びと演奏技能（小太鼓） ……自発的な表現活動	1	④　リズム譜を見て，三拍子のリズムを打つことができる。
3　暗唱と器楽合奏 「金と銀」の鑑賞 ……楽しく深める。	1	

6月22日　木曜	3年2組	指導者　高田早穂見	TAPE No.〔　〕

活動					児童の自己評価			効果測定
鑑賞	歌唱	器楽	創作	時間（分）	◎	○	△	

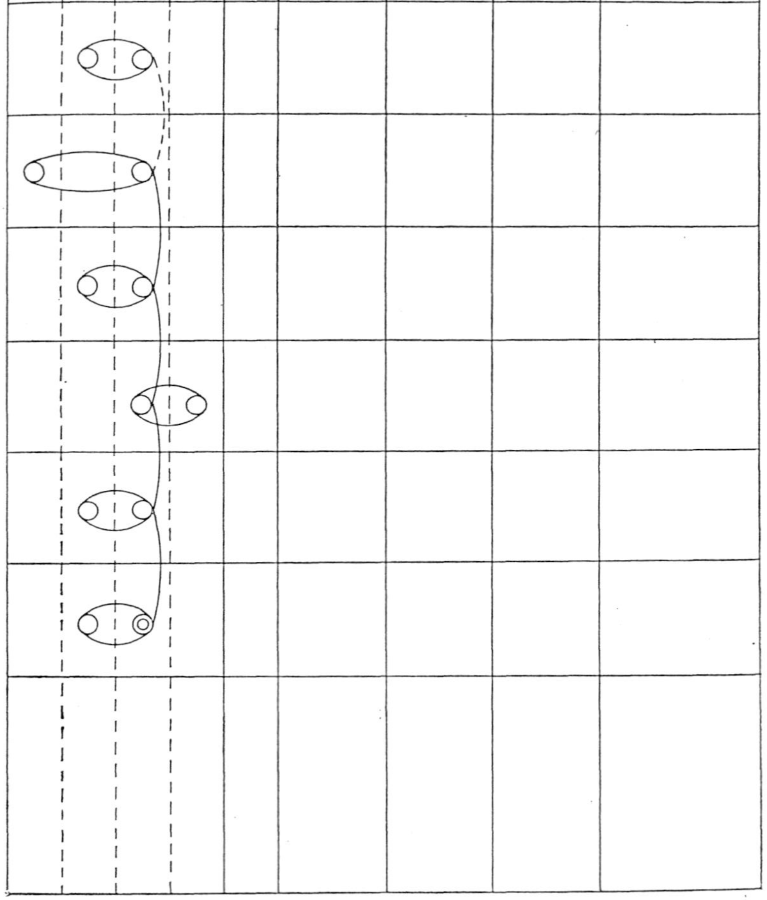

b〜3　結果の考察

この段階――第５段階――で最も重点を置いた目標値，ならびにその効果測定は，確かに指導すべき技能，理解の定着の上に大きな効果をもつことを確認し，このような考え方が音楽指導の面で非常に重要なことを痛感した。

そこで，この方法をいっそう能率化するために，指導案の中に組み入れていた測定の記録表を，別にカード形式に作成した。

そして，次の段階での年間計画とも関連づけることにした。

○　［　　］

年	組	月	日	曜	題材		時	目標値	No	1	2	3	4	5	6

（−　　）

41	42	43	44	45	46	47	48
33	34	35	36	37	38	39	40
25	26	27	28	29	30	31	32
17	18	19	20	21	22	23	24
9	10	11	12	13	14	15	16
1	2	3	4	5	6	7	8

（−　　）

41	42	43	44	45	46	47	48
33	34	35	36	37	38	39	40
25	26	27	28	29	30	31	32
17	18	19	20	21	22	23	24
9	10	11	12	13	14	15	16
1	2	3	4	5	6	7	8

（−　　）

41	42	43	44	45	46	47	48
33	34	35	36	37	38	39	40
25	26	27	28	29	30	31	32
17	18	19	20	21	22	23	24
9	10	11	12	13	14	15	16
1	2	3	4	5	6	7	8

○

また指導案の形式についても，ここで決定的な形式を出そうと努力してみた。

けっきょく，過去において実験してきた結果に基づき，最終的には次の形のものに落ち着き現在に至っている。

学　習　活　動	前時測定値	予想される指導の留意点	本時測定値

○　前時測定値

これは目標値に対して前時までの測定値を記入する。つまり本時に持ち越された分の確認のためのものである。

○　予想される指導の留意点

これは，具体目標についての学習活動の展開に必要な留意点，および前時測定値のマイナスを改めていくため，特にたいせつなことを記入する。

○　本時測定値は次時に持ち越されるもので，次の時間の重要な資料となる。

最終段階における指導案の一例

No.	題材名　秋の空	扱い時　第3時	中心活動　㊤歌 器 創

題材の目標	本時の具体目標	学習内容
1　歌唱・器楽の基礎技能を高め，正しい表現を通して曲の気分を感じとらせる。	1　「秋の空」を歌い本時の学習意欲を高める。	1　・歌詞や階名で歌う。 ・各楽器のパート演奏と合わせて歌う。
2　旋律楽器のアンサンブルにより合奏の楽しさを味わわせる。	②　自分のパートの演奏が確実にできる。	2　各楽器のパート演奏 ・笛（2部） ・ハーモニカ（2部） ・鉄琴・アコーディオン ・オルガン 適時個人奏を含む。
3　「魔弾の射手」序曲のレコード鑑賞をさせ，曲の理解をいっそう深め，表現に反映させる。	3　鑑賞を通して，演奏をいっそう高める。	3　自分たちの合奏をよく鑑賞する。 ・演奏（合奏） ・演奏についての話し合い ・問題点の確認と改善のための練習（奏法，曲想表現，フレージング） ・演奏（合奏）
指導計画　3時 第1次 歌唱曲「秋の空」の歌詞唱 ⊙階名唱⊙旋律奏 笛（ハーモニカ）　45分 第2次 合奏のパート練習　45分 第3次 合奏と鑑賞　45分	4　曲について正しい理解を深める。	4　レコードで「魔弾の射手」序曲を聞き，感じや気のついた点を話し合う。 ・楽器の音色について ・速度について ・リズム・旋律について ・フレージングについて
	5　演奏の楽しさを深める。	5　器楽合奏と歌唱

〔備考〕　1　この学級は本時指導者が学級担任をしているクラスである。
男児　27名　　女児　18名　　計　45名
2　本時のおもなねらいとしては，感覚的に音楽の美しさを感じとる感性的な鑑賞と同時に，知的理解をも加味した鑑賞の態度も養おうとする

11月28日　火曜	6年2組	指導者　　大和淳二	TAPE No.〔　　〕

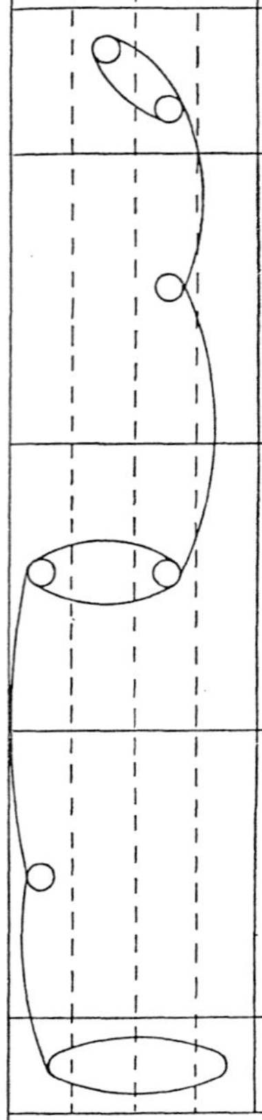

活動（鑑賞・歌唱・器楽・創作）	分	前時測定値	目標到達のための留意点	本時測定値
	5			
	10	（　） （　） （　） （　） （　）	・笛 ・ハーモニカ ・鉄琴 ・アコーディオン ・オルガン	
	10		・自分たちの合奏を鑑賞しながら演奏させる。話し合いによる結果どこが問題点なのかを確実に理解させ，練習のめあてをはっきりさせる。 ・状況に応じて，奏法，曲想表現，フレージングなど，話し合いの方向を示唆する。	
	15		・原曲の美しさを感じとらせる。 ・上の感覚的な味わいに次いで，曲についての理解を深めるために，原曲と歌唱曲にした場合とではどのように違うかを聞きとらせる。ことばのフレージング，歌いやすいことなど。 ・理解（知的）に基づいた鑑賞の態度を育てる。	
	5		・内面的な意欲のこもった演奏を楽しませる。	

ものである。
3　指導計画第1次にしるされている⊙印のものは本題材としての目標値である。
したがって笛の旋律奏は合奏の分担に関係なく全員に課されるものである。

No.	題材名　村のかじや	扱い時　第３時	中心活動　鑑　歌　器　創

題材の目標	本時の具体目標	学習
1　ヘ長調の階名視唱に慣れさせる。 2　曲を生かした歌い方（マルカート唱法）に慣れさせる。 3　「かじや」に関係のある曲を鑑賞させ，その美しさや気分を味わわせる。 4　フレーズごとに楽器の組み合わせをくふうして合奏する能力を養う。	1　「村のかじや」を歌わせたり吹かせたりして，学習のふんい気をつくる。(前時の目標値の復習を兼ねる。)	○歌詞で歌ったり，笛で吹いたりする。 ○独唱やせい唱をする。
	2　鑑賞を通して，合奏の問題点を確認させる。	○合奏を聞いておかしいところをさがす。 ・拍子とテンポはどうか。 ・楽器の組み合わせ方はどうか。 ・曲を生かす強弱はどうか。
	3　曲の気分を生かしたグループの合奏を発表させる。	○グループ別に話し合いをする。 ・問題点があったかどうか。 ・どこをどのようにすればよいか。 ○グループ別合奏を発表する。 ・友だちの演奏(合奏)をよく聞く。 ・感想をノートにまとめる。
指導計画　3時 第１次⊙階名唱⊙笛の旋律奏，二拍子と四拍子，速度感，〔家庭学習　⊙写譜〕　45分 第２次⊙歌詞唱（二部形式）レコード鑑賞，合奏練習〔放課後自主的に練習〕　45分 第３次　グループ合奏の発表　45分	4　曲の気分を味わい，楽しく演奏させる。	○笛と歌に分かれて演奏する。

〔備考〕　1　この学級は本時指導者が学級担任をしているクラスである。
男児　26名　　女児　19名　　計　45名
2　題材の目標値は　①階名唱　②笛の旋律奏　③歌詞唱　④写譜であり指導計画の⊙印はそれである。本時は特に目標値はない。

11月28日　火曜	4年2組	指導者　　高田早穂見	TAPE No.〔　　〕

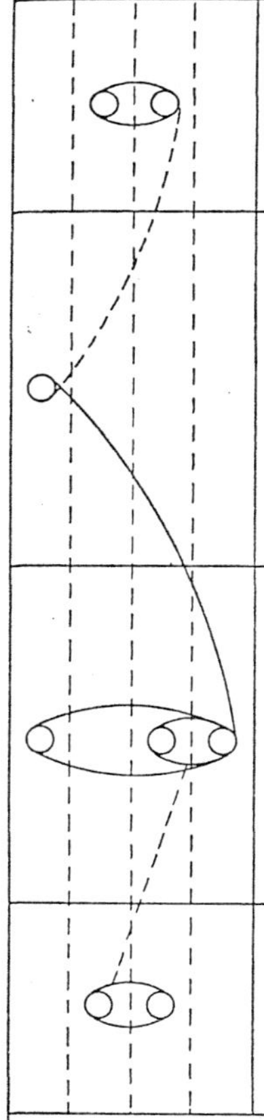

活動（鑑賞・歌唱・器楽・創作）	分	前時測定値	目標到達のための留意点	本時測定値
	10		・第１次，第２次で目標値の測定ができなかった児童の独唱やせい奏をさせ，練習の努力をほめたい。	
	10		・指導者が選んで編成したグループに合奏させ，各グループが練習のとき，つまずくと予想される問題点３点を確認させる。 ・拍子とテンポ‥‥指揮者は四拍子，演奏者の身体のリズム四拍子。（「村のかじや」は二拍子だが四拍子でやってまちがいに気づかせる） ・楽器の組み合わせ‥‥全楽器で初めから終わりまで通す。 ・曲の強弱‥‥二部形式のよさを考えない演奏をする。	
	20		・グループの編成は種々な理由から問題児と優秀児を平均にして（４，５名ずつ）あとの30数名は自由にどのグループへいってもよいようにした。 ・問題点に気付き練習を要するグループは１回練習をさせる。	
	5		○ノートを集め，感想を見て各自の問題点の理由ならびに鑑賞能力を調べる。	

3　学級，今学期のねらいの一つに「チームワーク」がある。体育，清掃，下校，それぞれに編成の異なったグループがあり，互いにグループを意識して，よくなろうと努力している。

(3) 題材統合についての結論

題材の扱い時数には関係なく，一般的には次のように3段階に考えられる。

その各段階はそれぞれ次のような性格をもつ。

第1次

この段階は，

{題材への導入
基礎技能の安定

題材への導入は，主として興味の喚起という面に重点が置かれ，直接その教材に指向させる場合もあるし，既習教材の復習ということもある。

基礎技能の安定は，第2次の自発的活動の準備ともなるもので，視唱，リズムの習熟，楽器での演奏などが主であって，その教材に親しむことと同時に技術的な面が強調される。

したがって，正しく身につけるべきものは，そのスタート時において正確に覚えてしまうという考えで，指導ということが比較的強く作用する。そして目標値も多く用意される段階である。

自発的にとか，楽しくとかいうことも最初からそこに重点を置くことは迂遠なことで，かえってその教材の正しい理解を遅らせることがある。

最初は正しくある程度身につけて，その次の段階で，その身についたものを生かしながら，創造性の豊かな活動に持ち込むという考えである。

第2次

この段階は，

自発的な表現活動を豊かにさせる。

基礎的な技能を第1次で身につけ，それを活用して音楽経験を拡大するところにこの段階のねらいがある。

したがって，ここでは教師の指導は控え目となり，児童の自発的な活動を推進させる役割に回る。

この段階にも目標値は置かれ，第1次の継続的な指導も行なわれる。

最も活動的な，ダイナミックな学習活動の展開される段階といえよう。

第3次

この段階は，

鑑賞活動などを通して音楽の内面化を深め，技能の定着をめざす段階。

ここでは正しい演奏，美しい演奏という表現活動を自分で行ない，また互いに聞き合うことによって，音楽に対しての感覚を高め，理解して聞くというような内容のある楽しさを味わわせようという段階である。

音楽の楽しさをじゅうぶんに味わわせるところに真のねらいはあるが，あくまで1次，2次の累積の上に，内容のある楽しさを味わわせようというものである。

このようなねらいを含んだ三つの指導過程を通していくところに，われわれの考える経験の連続と累積があると思われる。

なお先行経験が次の経験のために役だつこと。

先行経験は後続経験のために用意されたものであること。この点も児童の音楽経験の統合的な指導法という立場からたいせつなことであり，以上の2点を結論としてうち出すことができる。

4　年間計画の改善

(1)　年間計画の新しい意味

まず，その第1の意味は計画のための計画でなく，常時活用される年間計画という性格をもたせたいということである。

そのためには，形と内容について大きな特徴をもたせなければならない。

まず，第1の特徴として，

従来よく見られるような1枚の大きな壁かけ用のような形をとらず，かといって，厚い本のような形もとらない。

1学級ごとに1学期1枚のカード形式の形をとる。つまり年間計画を1学期ごとに分けて，年間3枚のものにする。

第2の特徴としては，ただ見るだけのものでなく，簡単な記入欄を設けることである。

つまり目標値のマイナスを記入する欄を設け，目標値未到達の児童の実数を記入できるようにする。このためには学級別のものが必要となる。

方法的には前に示した効果測定のカードと併用し，その集計を記入する。

このような形にするのは次の理由があるためである。

○　その学級の指導の経過と結果を確認するために。

○　本時の指導の計画を予想するために。

○　前時の指導の終末時の児童の実態を知るために。

○　次時の指導の出発点を明らかにするために。

○　個別指導，グループ指導の効果的な資料とするために。

これらの必要のために，最も単純で，効果的である実際に活用される年間計画であることを念頭においたわけである。

(2)　題材の選定と配列

題材の選定については，その基本的なわくを，基本教材と参考教材に大別した。

これは音楽科の教材の特徴として系統的な発展と，生活教材（季節・行事）との間にどうしても一貫性がもてないので，その点を少しでも解決しようとする配慮からである。

a　基本教材

基本教材は，学習指導要領の学年目標および，各領域（鑑賞・表現）の目標にしたがって各学年として欠くことのできない内容を含み，他面

には目標の系統的な発展，経験としての連続性をできるかぎり考慮していくべきである。

その指導法についても，統合的に展開し，段階的な目標値を確認しながら綿密な指導を行なおうというもので，いわば音楽科における最も基本的で，中心的な系列である。

b　参考教材

参考教材は，その性格により次の三つの形を想定して配列してみた。

(a)　基本教材と相互に関連するもの

基本教材と，音楽的な内容（要素的なものリズム・速度・曲想など）に関連があり，相互に作用して音楽経験を深めるために役だつものである。

(b)　再経験的なもの

たとえば，テレビやラジオの音楽番組の視聴によるようなもので，基本教材での既習経験を再経験できるようなものである。

また，これは放送利用の性質上，その視聴の時期によっては，基本教材以前になる場合もある。

(c)　季節，行事，レパートリーをふやすねらいのもの

これは多分に生活的なもので，児童の生活を豊かに，楽しくするために，歌唱や鑑賞のレパートリーをふやすというねらいのものである。

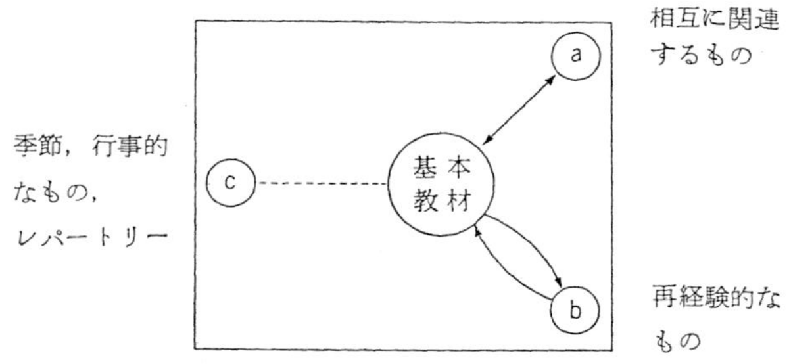

(3)　年間計画の例　第3学年　〔第　1　学期〕　（放送欄の数字は日付を表わす。目標値欄のⅠⅡⅢⅣは歌唱・旋律楽器・リズム楽器・理解を表わす）

3年　組	音楽科年間計画 1													
月	基本教科	参考資料	時間	放送	題材の目標	具体目標の目標値 Ⅰ	(一)	Ⅱ	(一)	Ⅲ	(一)	Ⅳ	(一)	備考
4	春の小川・春の歌		3	・春の小川Ⓡ18 春の歌Ⓣ21 ・小鳥のセレナードⓇ25 茶つみⓉ26	○曲や歌詞の気分にふさわしい曲想や速度を感じとらせる。 ○ハ長調の視唱の基礎能力を養う。 ○春の歌を味わわせる。（バイオリン・ピアノの曲）	1　階名暗唱ができる。 2　歌詞暗唱ができる。		3　ハーモニカで吹ける。		4 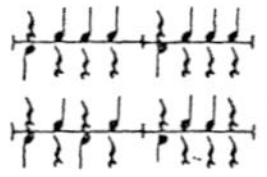 のリズムが打てる。		5　楽譜を見て書ける。		
(6)		ひばり・小鳥のセレナード	3		○リズミカルで軽快な曲想を楽しませる。 ○描写音楽を楽しく聞かせる。（ピコロ）	1　歌詞暗唱ができる。								
5		茶つみ	2	・小牧神の入場　Ⓣ12	○日本調の旋律の感じを味わわせる ○リズムの特長，1拍目の休符をとらえさせその歌い方に慣れさせる	2　せっせっせをしながら歌うことができる。				2 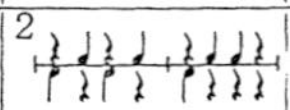 のリズムが打てる。				
	ハ長調の歌		3		○ハ長調の階名視唱に慣れさせる。 ○旋律楽器に慣れさせる。	1　階名視唱ができる。		2　木琴か鉄琴かオルガンでひける。（1～8小節）				3　ト音記号が書ける。 4　音符を見て書ける。		
(8)	とけいの歌		3	・おもちゃシンフォニー　Ⓣ26	○ハ長調の階名視唱に慣れさせる。 ○輪唱に親しませ和音の響きを感得させる。	1　階名視唱ができる。 2　歌いながら身体表現ができる		3　オルガンでひける。（1～4）				2　音符・休符が書ける。		
6	おどりましょう・軽騎兵序曲		2	ふしあそび　Ⓡ7	○輪唱の歌い方に慣れさせる。 ○輪奏の楽しさを味わわせる。 ○曲の感じの変化を味わって聞かせる。（トランペット）	1　階名視唱ができる。 2　友だちと輪唱ができる。		3　木琴でひける 4　ハーモニカで吹ける。				2　音符が書ける 5　楽譜を見て書ける。		
	山の歌		3	山の歌　Ⓣ9	○ハ長調の階名視唱に慣れさせる。 ○拍子・強弱・ふさわしい速度を感じとらせる。 ○合唱のおもしろさを味わわせる。	1　階名視唱ができる。 2　低音部8小節が視唱できる。 3　合唱ができる		4　ハーモニカで吹ける。		5　タンブリンのわく打ちができる。				
(8)	みなと・金と銀		3	みなと　Ⓡ28	○ハ長調の視唱力を伸ばす。 ○楽器合奏の楽しさを味わわせる。 ○ワルツの曲に親しませる。	1　階名視唱ができる。 2　歌詞暗唱ができる。		3　ハーモニカで吹ける。		4　大太鼓・小太鼓のリズム譜を見て打つことができる		5　ワルツの一拍どりができる。		
7	かもめ・波とうを越えて		2	・波とうを越えて　Ⓡ4 ・金と銀　Ⓣ7	○輪唱を楽しみながら六拍子の拍子感を養う。 ○しりとりあそびをさせ，表現力を高める。 ○ワルツの曲想に親しませる。	1　輪唱ができる。		2　オルガンでひける。（1～4）				3　リズムにのってむりのないドレミのしりとりができる。 4　音符が書ける		
(4)		夏の歌	2		○遊びや日常の中で歌う楽しさを味わわせる。 ○独創的な歌い方をくふうさせる。									

〔第 2 学 期〕

3年 組		音楽科年			
月	基本教材	参考資料	時間	放送	題材の目標
9	汽車・軍隊行進曲		3		○正しいリズムでリズミカルに歌う技能を高める。 ○拍子感・速度感を伸ばす。 ○旋律のまとまりをとらえさせ，その気分を味わわせる。
(5)		秋の散歩 ・旧友 ・ラデッキー行進曲	2	村まつり ®13 ・軍隊行進曲 Ⓣ29	○自主的な視唱で合唱にまとめる態度を養う。 ○リズムの特徴を感じとらせる。 ○曲の気分，旋律のまとまりを感じとらせる。
10	そこぬけバス		2		○歌う楽しさを味わわせる。 ○身体表現のくふうをしながら六拍子の拍子感を伸ばす。
		村まつり	2		○リズミカルな歌い方と合奏に慣れさせる。 ○自由にリズム合奏をくふうさせる ○階名視唱に慣れさせる。
	野ぎく・メヌエット		2	ふしあそび ®18	○やわらかな発声でレガートな歌い方に慣れさせる。 ○レガートな感じを身体表現でもくふうさせる。 ○フルートによる静かな曲の感じを味わわせる。
(8)	バスりょこう		2	もみじ T27	○合唱する喜びを味わわせる。 ○拍子と速度の変化を対照的に感じとらせる。 ○特にアルトの節の動きに注意させる。
11	もみじ		3	野ぎく ®8	○情景や曲の気分を感じながら歌わせる。 ○フレーズのまとまりやリズムの動きに関心をもたせる。
		秋	2		○二声のハーモニーを味わいながら歌う態度を養う。 ○視唱の能力をいっそう伸ばす。 ○レガートな歌い方に慣れさせる。
(8)	・おもちゃシンフォニー おもちゃシンフォニー		3	おちばのおどり ®28 メヌエット ®28	○編成のおもしろさや効果を感じとらせる。 ○曲のまとまりと拍子や速度の変化を感じとらせる。 ○合奏の演奏技能を高める。
12	おちばの歌・金婚式		3	小ぎつね ®13	○短調の気分を感じとらせる。 ○短調・長調の感じの相違を聞きとらせる。（クラリネット） ○形式を感覚的に理解させる。
(6)	小ぎつね		3	金婚式 Ⓣ15	○ハ長調の視唱力をいっそう伸ばす ○マルカートな歌い方に慣れさせる ○合奏の演奏技能を伸ばす。

間計画 2								
具体目標の目標値								備考
Ⅰ	(一)	Ⅱ	(一)	Ⅲ	(一)	Ⅳ	(一)	
1 歌詞暗唱ができる。				2 二拍子のリズム譜を見てリズム楽器で打つことができる。（リズムフレーズ）		3 二拍子のタクトが振れる。		
2 歌詞で二部合唱ができる。		2 ハーモニカで二部合奏ができる。				4 六拍子の楽譜を見て書ける。		
1 階名視唱ができる。 2 階名暗唱ができる。		3 ハーモニカで吹ける。						
1 歌詞暗唱ができる。				2 リズム譜を見てリズム楽器を打つことができる。				
1 歌詞暗唱ができる。								
1 階名視唱ができる。 2 友だちと合唱ができる。		3 友だちとハーモニカで二部合奏ができる。		4 二拍子のリズムが打てる。		2 節作りができる。		
1 歌詞暗唱ができる。						3 虫の歌を作って歌うことができる。		
1 階名視唱で二部合唱ができる。		2 ハーモニカで二部合奏ができる。				3 メヌエットを聞いて拍子打ちができる。 4 ラッパに合わせて身体表現ができる。		
		1 ハーモニカで12小節吹ける。		2 総譜を見ることができる。		2 長調と短調の聞き分けができる。		
1 主題を口ずさむことができる。								
1 階名視唱ができる。 2 合唱ができる		3 ハーモニカで合奏ができる。						

〔第　3　学　期〕

3年　組		音　楽　科　年　間　計　画　3											
月	基本教材	参考教材	時間	放送	題材の目標	具体目標の目標値 Ⅰ	(一)	Ⅱ	(一)	Ⅲ	(一)	Ⅳ	(一) 備考
1	ふじ山		3	かねがなる ®17	○リズムや速度の感じからくる，ゆったりとした大らかな気分を味わわる。 ○曲想表現を通して美しい歌い方をくふうさせる。	1　階名暗唱ができる。		2　オルガンでひける。(9～12) 3　ハーモニカで吹ける。					
(6)		音あてごっこ ・びっくりシンフォニー	3	わらべ歌 ®30	○遊びの歌として伸び伸びと歌わせる。 ○遊びの歌を自由な気分で自作させる。 ○独得な演奏効果を味わわせる。					1　歌に合わせて楽器を打つ。		2　びっくりシンフォニーに合わせて身体表現ができる(16小節)	
2	あそびの歌 ・かごめかごめ ・花いちもんめ		5	・メヌエット ®13	○わらべ歌の気分を感覚的につかませる。 ○歌いながら遊び，楽しさを味わわせる。	1　暗唱歌をもつ。							
(8)		かねがなる うれしいひなまつり	4		○輪唱を美しく歌う表現技能を高める。 ○階名唱をさせ旋律を正しい音程で表現させる。	1　4人で輪唱ができる。 2　階名暗唱ができる。							
3 (4)	ビーマーチ		4	・ガボット ®6 音楽劇 Ⓣ9	○ハ長調の階名視唱をさせる。 ○合奏の演奏技能をいっそう伸ばす。	1　階名暗唱ができる。		2　ハーモニカで吹ける。 3　オルガンでひける。(5～8)		4 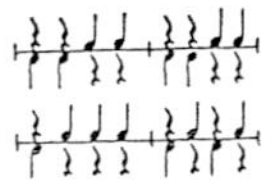 が打てる。			

Ⅳ　実験学校を終了して

わが校が受け持った実験学校としての研究主題である「音楽科における統合的指導法」は，その時代（昭和34～36年）にとってはとにかく音楽教育の分野において大きな問題となり，さまざまな反響を呼んだ。

その研究の基本的態度と方法においても，いろいろな見解と方向に分かれた。

客観的な教育研究として，そこにいくつかの方法があるのは当然で，たった一つの道しかないと考えることは科学的研究の法則から遠ざかるものである。したがって冷静に，純粋に考えていくことがこの場合の重要な条件である。

統合的な指導法についての研究の方法も，目的はみな音楽教育の向上ということを目ざし，その一点を見つめてのひたむきな努力と考えたい。

わが校としては，その一つの道を歩んだつもりであるが，これだけが統合的指導のすべてであるという考えはいささかももっていない。

教育科学の研究においては，歴史的に振り返ってもそんなもののありうるはずがないからである。

ただ一つ言えることは，児童というものに向かって，事実というものだけは厳然として存在するということである。わが校の研究では，何よりもこの児童と正対して，何かを生み出していくということに研究の主体を置いてきた。時には失敗もあり，その事実についても，この報告書には卒直にしるしてある。

本研究は内容としてささやかなものであるが，児童と教師と教材と，音楽と教育とが有機的な関係を深めながら続けられたものといえる。学者の研究室の研究でもないし，音楽の専門家いわゆる音楽家の研究でもなく，音楽教育の現場の研究としてそれは当然のことである。

統合的指導法が最終的にねらっているもの，それは，児童に無理がなく学習でき，音楽のほんとうの楽しさを知って，音楽学習に喜びをもつようになるための教育方法の研究であると考える。

その教育方法には，指導過程の研究が主になり，その結果である児童の反応がその研究の評価をしてくれる。研究の評価は，児童の表情の上に現われてくると思う。

研究期間を終えて，今後に残された問題は毎日の平凡な授業の中に，いかにして指導の個別化を考え，ひとりでも楽しい学習から落ごするものがないように，見落としてしまうものがないようにして，一定のレベルまでは全員を常に引き上げていくことである。そして，そこから，音楽に対して自立していけるこどもを育てること，自分の力で音楽の楽しさを味わう喜びを感じとれるようにすることであり，そんなこどもを育てていきたいという願いを深めたのであるが，その実践的方法を求めていくことが今後の課題である。

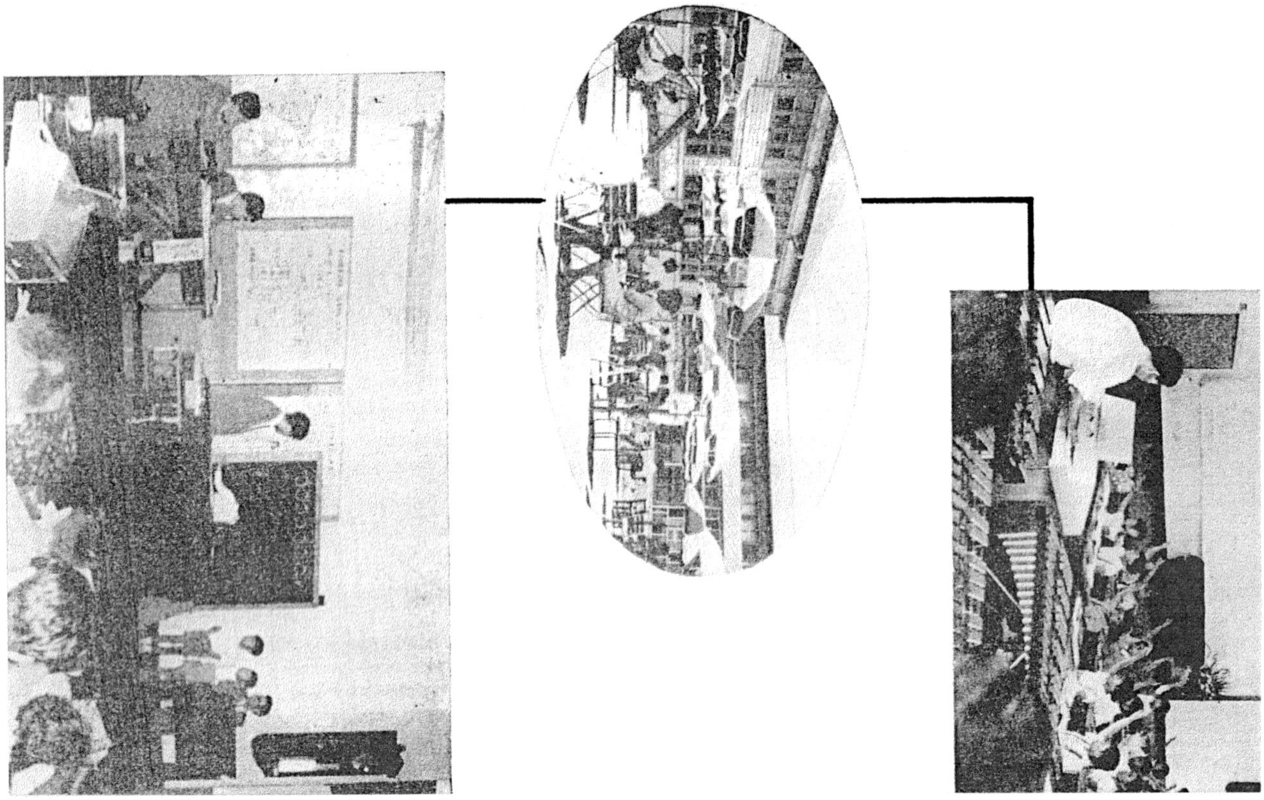

（第2部）

音楽の基本的要素を身につけさせるための効果的な指導法

横浜国立大学学芸学部
付属鎌倉小学校

まえがき

この研究報告は，文部省実験学校として与えられた年間の研究内容をまとめたものであるが，研究方法までできるだけ詳細に報告したいという考え方や，この報告文の構成のつごうで，そのときどきにおける考え方や処置などについてまで記している。したがって研究期間の終了間近の考え方と，研究当初の考え方との間に差異をもっているものも少なくない。

これらの点については，断片だけによって誤解のないようじゅうぶんな了解によって解釈してほしいと思います。

I　研究の課題

「音楽の基本的要素を身につけさせるための効果的な指導法」

II　課題についての考え方

1　課題の解釈

与えられた課題は長く綴られた課題であるが，この研究内容について，わたくしたちは二つに大きく分けて考えてみた。その1は，「基本的要素とは何か，それらをどのようにとらえ，それを教育計画に位置づけるためにどうしたらよいか」ということ。その2は，それを身につけさせるための「効果的な指導法」についてのくふうである。前者は基本的要素について理論的な面の研究，後者は実践的な面での研究としてだいたい分けられる。

2　課題の性格

ここ数年来の文部省実験学校の研究主題を見ていくと，東京の品川区立旗の台小学校で「鑑賞の指導」が取り上げられたのち，領域の問題から離れて，お茶の水女子大学付属小学校で「低学年の指導」が取り上げられている。その次は東京学芸大学付属世田谷小学校で「統合的な指導法」となっている。

低学年の指導は合科教育的に進められる面もあるし，音楽科のわくの中においても領域がはっきりと分かれた指導というものより，自然統合的に扱われることになる。この統合的に進められる効果を音楽科として高学年におし進めた場合に，領域の統合的な指導法が考えられてくる。そしてこのような統合的な指導は，単に学習の形態上の問題や方法的な問題だけにとどめることなく，その内容や目的とするところを考えていくと，そこにわたくしたちの問題が生じてくる。わたくしたちは与えられた研究課題をこのように実験学校の研究課題の移り変わりの流れの中に，位置づけたのである。もちろんこれは文部省当局に聞いたわけではなく，わたくしたちのかってな解釈であるが，これらを通して問題の重要性を考え，これからの音楽教育の方向を示す大問題であるという解釈と気構えで問題に取り組むことにした。

Ⅲ 研究の計画

以上のような点をもとにして，研究を進めるための計画としては，実験学校の期間を２年間として考えて，およその計画を次のようにまとめた。

	研究内容	昭和35年度	昭和36年度
基本的要素について	理論的研究（共通理解）	◎	○
	分類・整理	○	◎
	教師の研修	◎	◎
効果的な指導について	教育課程の作製	◎	◎
	教材研究	◎	○
	授業研究	○	◎

なお研究を進める対象学年としては，問題の性格上，実験学級を特に設けるということはせず学年の指導の系列を考える立場から，また指導の積み重なりの必要から初年度は主として低学年に重点を置き，しだいに高学年にひろげるように考えた。

Ⅳ　理論的な研究

1　取り上げた基本的要素

与えられた課題の中で用いられている「基本的要素」という語の出どころを調べてみると，小学校音楽指導書（昭35年文部省刊行）に見ることができる。ここでは次のような文章の中で用いている。

18ページ第3章第1節「小学校音楽科学習指導の方針」

音楽を構成する基本的要素，たとえば，リズム・旋律(フレーズ)・和声・速度・強弱・音色・形式などに対する感覚を伸ばし，知的理解を得させることは，音楽の美しさをじゅうぶんはあくさせるためには欠くことのできない要件である。…以下略

ここでは具体的な例として，リズム・旋律（フレーズ）・和声・速度・強弱・音色・形式の七つをあげている。

また音楽教育は「知的理解に先だち，まずリズム・フレーズ・和声などについての感覚的訓練に重点を置いて指導することが必要である」（学習指導要領第2章第5節第3の1～2）という原則に照らしてみると，これら基本的要素はすべて，リズム感，フレーズ感，速度感というように，感覚指導の要点としてもとらえることができる。

このような観点から，学習指導要領の「各学年の目標および内容」についてながめていくと，基本的要素を概括的ではあるが，抽出しとらえることができる。

例として〔第1学年〕の項に示された文章を引用すると，次のようになる。

・リズム楽器を演奏する基礎技能を身につけさせる。（リズム）
・二拍子および三拍子を感じとる。（拍子）

・リズムや音程を正しく歌う。（旋律）
・音楽を聞いて，和声の美しさを感覚的につかむ。（和声）
・愛唱歌を身につけさせる。(イ)調は長調・短調および日本旋法のもの（調性）
・身体反応を通して，フレーズを感じとる。（フレーズ・形式）
・その歌を最も美しく表現できる速さと強さで歌う。（速度・強弱）
・楽器の特徴を理解させ，その楽器のもつ特有の音色を聞き分ける能力を養う。（音色）
・聞いた歌や音楽の主題を口ずさむ。（形式 など）

ここに引用した例は，第1学年の文章であるが，高学年に進むに従って「フレーズごとに楽器の組み合わせをくふうして……」「旋律の反復・模倣・段落ならびにそれらの対照・統一の美しさを感じとる」などというように，いっそう顕著な形に表記され，第1学年からしだいに積み重ねられていくことを示している。

以上のような観点でみていくと，

リズム・拍子・旋律・和声・調性・
フレーズ・速度・強弱・音色・形式

を一応基本的要素として掲げることができる。

ところで音楽に関してこの「要素」という語は，実は一般的にはいろいろに使われていて，音楽辞典などを数多く調べてみても一定していない。

試みに「音楽の三要素」について調べてみても，「作品・演奏・聴衆」をあげているものもあるし，「リズム・メロディー・ハーモニー」をあげているものもある。また「三要素」というまとめ方をしないで，「音楽の要素」という項によって記述してあるものも多くみられる。

そこで教育としては，具体的な内容として何を取り上げるかを明確にし

なければならないし，そのためには音楽そのものについての研究と，教育としての立場からの研究とによって，結論を導き出さなければならないと考えたわけである。

(1) 音楽の構成要素

前述のとおり，参考文献として掲げられるものには，ある定まった内容は見られない。けっきょくは「わたくしたちはこう考える」という立場になるわけで，本校では，大学の音楽研究室の協力を得て，下に示す表にまとめてみた。

音楽の構成要素表（案）

<時間性>			音楽構成					音楽表情	
			1次構成		2次構成		3次構成		
一般リズム			音リズム	長短 アクセント	拍子	リズム メロディー	フレーズ } 形式	速度	演奏解釈
音素材	物理的三属性	高低（振動数）	音程	継時音程 同時音程（和音）	音階 調性	ハーモニー（和声）			
		強弱（振幅）		→				強弱	
		音色（波形）	楽器・人声（音色の芸術化）	→				音色	

(2) 教育として取り上げる要素

音楽を広い立場からとらえさせるためには，ここに示された表の中からどれを取り上げても無意味ということはあり得ない。しかし児童たちに音楽の美に触れさせ，それを鑑賞したり表現したりさせるためには，児童の経験の単位や発達段階を考慮していかなければならない。また学習指導要領の表記に従っていけば，「知的理解の前に感覚として身につ

ける」という原則が成り立つわけであるから，この点をもじゅうぶんに考慮して，指導の系統ということから，あるいは統合し，あるものは分化させ独立させて考えてみた。その結果，構成表の中の第2次構成に示されたリズム・メロディー・ハーモニー，それに加えて，それらの経験の単位であり学習の前提となるフレーズを取り上げて，四つの要素をまず考えた。

しかし音楽は表現されてこそはじめて生命があるわけで，表現されなければ成立しない。そこで音楽が表現されるための不可欠な要素として，速度・強弱・音色の三つの要素を取り上げ，けっきょく次の七つの基本的要素と考えて進めることにした。

リズム・メロディー・ハーモニー

フレーズ

速度・強弱・音色

2 基本的要素の７項目についての申し合わせ

本校では一応，以上に示した七つの要素を，研究課題でいわれる「基本的要素」として考えたわけであるが，ここに至るまでの話し合いで，また教育の実際に移した場合に重複されるものが出てきたり，統合された形のままのものがあって，分類整理が困難となった点が少なくない。それらについての共通理解として態度を明らかにした点を，ここに補足してしるしておきたい。

(1) 「メロディー」として取り上げる内容

一般に三要素といわれるリズム・メロディー・ハーモニーの三つの要素は，考え方によってはメロディーに代表される。リズムを伴っていない旋律は考えられないし，また旋律は，和声機能によって基礎づ

けられていることが多い。旋律の段落や終止もけっきょくは，和声によって基礎づけられていることが多いため，たとえ単音で奏したとしてもその機能を感ずることができる。このようにして考えていくと，基本的要素として取り上げる旋律は狭義に解釈する立場になり，その旋律のもつ独自のもの，すなわち経時的な音程の連続によって示されるところの，㋐旋律の方向性（旋律線），㋑および，和声的な基礎との関係において考えられる進行の形，たとえば跳躍進行であるか順次進行であるかということ，あるいは和音を分散した形の分散和音進行のことなどである。

基本的要素のメロディーについては，ここではこのように狭義に解釈していくことにする。

(2) ハーモニーと調性

調性感については，絶対音的な指導（固定ド唱法，音名唱法）による場合は，絶対音をもとにした調性感が必然的に生じ，またそのような調性感が要求されるのが当然であるが，移動ド唱法を原則とする立場からは，このような調性感は望めない。しかし長調と短調のような相対的な調性感は，ぜひ伸ばしていきたいと考えられる。

このように考えていくと，調性についての指導とハーモニーについての指導は，同じ系列として考えていったほうが実際的であり，指導計画の上からは系統性がはっきり示されてよいとの結論で，「ハーモニー（調性）」とすることにした。

(3) フレーズと旋律

フレーズについては，さきに小学校音楽指導書の例を引用して示した中で「旋律（フレーズ）」として書かれている。

フレーズについては，だいたい旋律のまとまり，単位，小楽節などと考えられ，旋律の範囲に含めるのが常識であるかもしれないし，旋律についての指導の段階として，フレーズをまず取り上げ，しだいに旋律についての本格的指導に進むという形も，小学校音楽指導書に示されている。

しかし，フレーズは，音楽の時間的経過の中における一まとまりであるから，たとえば旋律の段落・楽節・リズムの一まとまり（リズムフレーズ）というように，音楽の一まとまりとしての単位と考えていくと，必ずしも旋律の範囲にとどめておくことが妥当か否かが問題となる。方法論的な存在として，このフレーズをおさえていく考えをおし進めると，ハーモニーフレーズということも存在しそうに思われる。

そこで実際問題（教育課程作製の立場）として考えた場合，旋律の動きについても，歌唱のブレスもフレーズ単位にとられることがあり，また，*mf*——*mp*——*f* のように強弱発想のくふうも，大略，フレーズごとに要求されるので，すべての音楽学習の前提として，また，リズム・メロディー・ハーモニーとは異なった観点から取り上げ，低学年からじゅうぶんに積み重ねていくことがたいせつであると考えた。たとえ既刊の音楽事典では，基本要素としてフレーズを取り上げていないとしても，音楽教育の場では基本的な要素として，それも指導書の例のように「旋律」のわく内でなく独立させて強調していくことにした。

（注）調性については，次年度においてさらに検討し，修正している。
（Ⅶ 初年度の研究内容についての再検討参照）

(4) リズムと拍子

拍子については従来，$\frac{2}{4}$ ○ ○ | ○ ○ |，$\frac{3}{4}$ ○ ○ ○ | ○ ○ ○ | とい

う形で指導する方法が多くとられてきたが，小学校音楽指導書30ページに示された，拍子のとらえ方についての留意を述べた文章に反省させられ，これをヒントとして研究してみることにした。指導書には次のように示されている。

「………またその捕え方も，その楽曲の性格によって独特の特徴があり，いつの場合でも二拍子が，強弱|強弱|，三拍子が強弱弱|強弱弱|という感じのはっきりしたものとは限らない。したがってどんな曲の場合でも 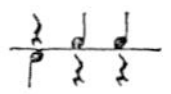 の1拍目の大太鼓が強大に響くという性質のものではない。」

たしかにここに示されているように，1拍目は強，2拍目からあとが弱となるとは限らない。この強弱を強調しなければ拍子がつかめないかというとそうでもない。たとえば，ブルグミューラーのアベマリアの曲では，拍子を書き示さなくても，また小節の縦線を入れなくても，まして|強弱弱|強弱弱|としなくても三拍子であることが感じられる。

わらべ歌で知られている「あんたがたどこさ」では，歌を口ずさんだだけで，途中で二拍子から三拍子になることが感じられる。

あんたがたどこさ　ひごさ
ひごどこさ　くまもとさ
くまもとどこさ………

拍子は音がリズムとして動いている場合の音群の整理であり，不安定な動きと，落ち着いた安定の一定の反復によって無理なく自然に決定される。また音群の連続がわたくしたちに拍子を感じさせる。したがって拍子感を伸ばす指導としては，タクトをとらせてみたり，手を打たせたり，ステップを踏ませたりする活動が考えられる。またリズムフレーズについての指導として，その基本形をとらせることによっ

て，そこから拍子感を伸ばしていく方法も考えられる。

たとえば二拍子のリズムフレーズの基本形としては，次の曲例が示すように，三つの形を指導し，応用形へ進めていく方法をとっている。

（二拍子のリズムフレーズの基本形）

1の形
2の形
3の形

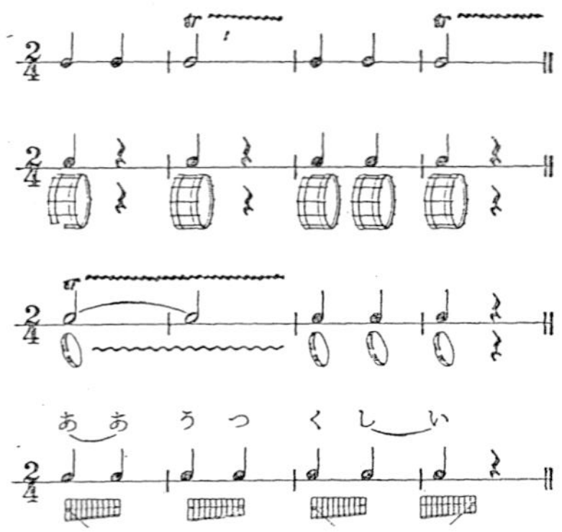

三拍子・四拍子・六拍子についても，それぞれ基本形が考えられ，旋律や器楽のリズム譜では応用形がさまざまな形となって表現される。

以上のようなことから，拍子についての指導は，リズムフレーズやリズム形の指導と統合されることが多いので，拍子とリズムをまとめて，リズムの中に拍子を含めて考えることにした。

(5)　リズムと速度

ある楽典の本によると，速度はリズムの中に含めてある。リズムがあれば必ず速度を伴うし，速度を表現するためには，リズムによって，ということである。

本校では，ある楽曲（リズムを既にもっている）を演奏する場合，

速度の違いや変化によって表現されたものが，その感じや美しさに影響すると考えて別にした。そのもとをたずねると，リズムは楽曲構成の要素で，速度は表現上の要素であるという意識があるからである。

(6)　フレーズと形式

形式については，ある楽曲の中のいくつかのまとまり（小楽節・大楽節・動機等）を感じとるなり記憶をしなければ，理解することも感じとることもできない。そこで学習としては，このまとまり，すなわちフレーズの指導が基盤になると考えて，フレーズと形式は一つにまとめて「フレーズ」とした。

V　教育課程作製上の基本的な立場

前述の＜Ⅳの１＞のとおり基本的要素は主として感覚指導の要約としてとらえることができる。そこで，教育課程作製においては「目標を立てる場合の一つの観点（柱）」として一応位置づけることとし，目標を次のような観点から設定することにした。

目標	○音楽の楽しさ，喜び ○態度・習慣 ○感覚（基本的要素） ○表現技能 ○知的理解

このようにして基本的要素は，主として音楽的感覚を伸ばすということに置き換えて位置づけてみたが，この感覚は音楽学習として，鑑賞や表現に生きてこなければならない。この意味では単に目標の中の１項目ということではないという考え方が出てくる。感覚は鑑賞力として，また表現技能と結びついて音楽の美しさに触れていってこそはじめて音楽教育としての価値があるのであって，感覚が感覚（たとえば判別力）として終わってしまってはならない。

このように考えていくと，目標の１項目ということだけでなく「全体にかぶさる指導の要点」という考え方が強くなる。

たとえば表現技能として，歌唱の発声を例にあげると，「よい発声」は音色的な美しさをもつと同時に，*f* や *p* また ＜ ＞ に生かされねばならないし，*f* と *p* の対照の美しさや，旋律の成り立ち方から感じられる *f* や *p* への自然な表現によってこの発声が生きてくる。

音楽的態度に例をあげて，愛好曲を身につけるということも，歌詞を覚え旋律が歌えて…ということだけではなく，たとえばこの曲の美しさを味わいながら歌うこと（無意識であるかもしれないが……）がたいせつである。美しい曲を愛好することによってこそ，心情を高めることができるのではないだろうか。

基本的要素は，目標を立てる際の一つの柱であると同時に，全体を通して常に触れさせていかなければならない全体的な位置に存在することになる。

さて教育課程の様式を作り，そこに記載していこうとする場合，どういう様式で示したらよいかが大きな問題となる。「目標を立てる場合の一つの観点」と同時に，習慣・態度・技能等すべての目標におおいかぶさる大目標的存在と考えて，教育課程の様式について検討した。次に示す第１次案は「日本音楽の伝統的な内容の感じを表現したり，鑑賞したりする（調性）」という基本的要素を打ち出したもので，「全領域にわたる指導の要項」という標示の欄を設け，歌唱や鑑賞その他すべての領域活動を通して，「要するにこの日本的な感じをつかませたいのだ。」というねらいを書く欄に充てたものである。

教育課程様式　第１次案

第1学期(7月)	No. 14 子もり歌	日本古謡	指導計画	第１時	第２時	第３時	第４時
				歌唱	器楽	鑑賞	歌唱

教材	歌唱教材　子もり歌　日本旋法（陽旋法）・$\frac{2}{4}$拍子・テンポ　♩＝76 形　　式　a(4)b(4)の一部形式 器楽教材　子もり歌（たて笛） 鑑賞教材　子もり歌（日本古謡）・中国地方の子もり歌（山田耕筰作曲）
全領域にわたる指導の要項	日本古来の音楽の伝統的な内容の感じを，表現したり鑑賞したりする。

学習活動の領域	目　標	指　導　要　項	指導上の留意点および資料	反省記録メモ欄
歌　唱	気持ちを込めて歌う。	視唱法（半知教材） あかちゃんのお守りをするように歌う。		
	暗唱して愛唱歌の一つにする。	歌詞の内容はしりとりのように１番から２番，３番と受けつがれていることを知って暗唱する。	1　ぼうやはよいこだねんねしな 2　ぼうやのおもりは…… ……さとへいった 3　さとのみやげになにもらった	
	よい歌い方をくふうする。	♩＝76のテンポをもとにして速さをいろいろ変えて歌ってみる。 旋律線をたどって自然な発想で歌う。		
	二部合唱の力をいっそう伸ばす。	西洋音階による和声とは違う感じの響きであることを感じとる。		
器　楽	日本旋法の曲のたて笛の奏法に慣れる。	楽譜をよく見て吹く。 終止がレの音になっていることに注意を向ける。	二つの日本旋法 陽旋法 陰旋法 	
歌　唱	写譜する力をいっそう伸ばす。	楽譜を見ながらノートに写譜する。		
鑑　賞 （歌唱）	日本古来の歌の特性に関心を持って，聞いたり歌ったりする。	実際には「子もり歌」が，この楽譜どおりに歌われていないところを，自分の実生活と比較して感じとる。 1　リズムの違い 2　旋律の違い	ヘテロフォニー（拍節のずれ）に触れてよい。 日本古来の歌の多くは，伴奏の拍節と歌の拍節とが，わずかにずれている。ここに日本古来の音楽の特性の一つがある。 口伝え音楽であることのほかに，ミラが低くなることの特徴について触れておきたい（厳密にいえば，半音までは下がらない）。	
鑑　賞	レコード「子もり歌」を聞く。	小声で口ずさみながら聞く。 幼いころの思い出をたどりながら聞く。	この曲は１年２学期 14「かくれんぼ」の学習で聞いている。 14　「かくれんぼ」の歌参照	
	レコード「中国地方の子もり歌」を聞く。	「子もり歌」と比較しながら聞く。共通点や違いを話し合う。口ずさみながら聞く。		

この反省として出されたことは，「学習活動のどこで，どのようにしてこれをはあくさせるか」「指導に具体性がない」等の反省が出された。その結果，第２次案の様式に改めることにした。

教育課程様式　第２次案

あとに示す第３次案とだいたい同じであるが，目標欄は下記のような形になっている。

時　間	題材のねらい	基　本　的　要　素		
			1	リズム
			2	メロディー
			3	ハーモニー
			4	フレーズ
			5	速　度
			6	強　弱
			7	音　色

ここでは基本的要素に直接関係のある目標と，直接的には関係のうすい目標，たとえば視唱力を伸ばすこと，歌詞に関すること，表現技能に関することなどを並列させて述べることとした。その上，どの学年でいつどの基本的要素に重点を置くかという，教育課程案の評価をする便宜を計って，右端に集計欄を設けて○印をつけることにした。

この第２次案として進めた仕事も，その後の理論研究や実施によって，さらに改めねばならない必要に迫られた。それは第２次案で，基本的要素に直接関係する目標と，直接的には縁のうすい目標とに分けたことが無理であるという反省によるもので，左右二つの欄に重複される文章が非常に多く，重複をさけようとして片方だけをしるすと両者の関係があいまいになるという結果になる。また「曲の形を生かした表現をくふうさせる」という目標は「形式（フレーズ）」として基本的要素の欄にするか，「表現」として題材のねらいの欄にするか迷ってしまい，このように二つに分けることの無理を痛感させられた。第三者の人たちからは，「題材の目標という範囲には基本的要素が当然含まれるわけで，基本的要素は題材の目標か

ら決して遊離したものではない。」という批評も受けた。

このような過程を経て，第３次案では，あたかも逆行した感じをもつが，基本的要素に直接関係のあるなしにかかわらず，目標にしるしていくことにした。そして，基本的要素に直接関係する目標については，その文末にNo. をつけ，基本的要素を No. で書き添えることとし，「目標の中の１項目に生かす」という原則を打ち出した。それに加えて，他の観点から考えられる目標のうち，特に関係あるものについても，基本的要素の分類とつながりをもたせ，No. を明記することとした。たとえば「順次進行による旋律を創作させる」「短調の終止形合唱に慣れさせる」という目標が，その例である。「目標と基本的要素との関係」以外の点では，領域との関係が次の大きな問題となった。

教育課程の様式の中に，「指導内容と学習活動の例」に並べて,「領域」について明示する欄を設け，統合的な指導を進めるための便宜を計った。

ただしこの欄の中に記される鑑賞ということは，レコードによる鑑賞，またはそれに類する鑑賞をさしている。わたくしたちの気持ちとしてはこのような鑑賞は，鑑賞活動の一部であって，鑑賞の本体は，自分で歌ったり楽器を奏したりすることであり，それを自分で聞くこと「演奏即鑑賞」と考えている。しかしそれらについては一つ一つ書いていくとかえって繁雑になるので，ここでは特にレコードによる鑑賞，またはそれに類するテープ，テレビ，ラジオ，演奏会などだけをしるすことにした。以下，この例にならって第３次案を実際の中からのせてみたい。

例として掲げたのは，各学年各学期一部ずつであるが，このうち，２年「こいのぼり」の例は，昭和35年度作製のもので，右端の基本的要素の整理表欄が，他の二つの例と若干の違いがある。「調性」の問題で，これは昭和36年度の改訂にあたって変更されたもので，これについては「Ⅶ　初年度の研究内容についての再検討」の項を参照していただきたい。

1年―6

6月	No. 6	題材（曲名） かたつむり	作詞 作曲	文部省唱歌

調	拍子	速度	音域	曲態	形式	旋律のはじめ
C	2/4	♩=92		単	A〔a(4)a′(4)〕結尾(4)の一部形式	

時間	目標
5	○はぎれのよいリズムを感じながら歌わせる。 ○曲の山を意識して，発想や歌い方をくふうさせる。……② ○愛好曲として，暗唱し，いつでも歌えるようにさせる。 ○基本リズムフレーズのささえをもって歌わせる……④ ○タンブリン・鈴・カスタネットなどのリズム楽器に慣れさせ，合奏の力を伸ばす。

基本的要素		
1	リズム	
②	メロディー	調性
3	ハーモニー	
④	フレーズ	
5	速度	
6	強弱	
7	音色	

指導内容および学習活動の例	領域	指導上の留意点
○はぎれのよいリズムを感じながら歌う。 ・先生の範唱やレコードを聞く。 ・♫のリズムを生かして歌う。	鑑賞 歌唱	・半知教材であるから，聴唱法で歌わせる。特に♫のスキップリズムは，先生がわざと♫で歌って，違いに気づかせたりして歌わせるとよい。
○曲の山を意識して，発想や歌い方をくふうする。 ・先生の範唱を聞いたり，手の動きを見たりして発想に気をつけて歌う。	歌唱	・第3フレーズのところをマルカートに歌って，曲の山を自然につかませる。
○手拍子を打ったりして基本リズムフレーズを正しくとる。 ○○○○○○○𝄽を打つ。	歌唱 器楽	・手の動きで曲の山を感じとらせる。 ○（でん）○（でん）○（むし）○（むし）○（かた）○（つむ）○（り）𝄽 のように歌わせる。
○歌詞をよく覚えて，いつでも歌えるようにする。 ・1番と2番の歌詞の違いを調べる。 ・歌詞をよく覚えて歌う。	歌唱	・1番 あたま……あたまだせ 2番 めだま……めだまだせ のようにすると，覚えやすい。
○いろいろなリズム楽器を使って合奏する。 ・手拍子でリズムフレーズの基本形を打つ。 ・手拍子の代わりにタンブリンで打つ。 ・カスタネットで打つ。 ・鈴で打つ。 ・全部合わせて合奏する。	器楽	・タンブリンの指導（みんないいこ）のときのように，カスタネットや鈴も，名称，音のまね，構え方，奏法の順で指導するとよい。 特に楽器は，最初に，くばり方，打ってよいときと，置いておくときなど，約束を作ってきちんとやらせることがよい。

1年―16

11月	No. 16	題材（曲名） 日の丸	作詞 作曲	文部省唱歌

調	拍子	速度	音域	曲態	形式	旋律のはじめ
C	2/4	♩=104		単	a(8)a′(8)の拡大一部形式	

時間	目標
5	○日の丸の旗がするすると上がって，ひらひら力強くはためいている気持ちを表現させる。 ○リズム書き取りをして，基本リズムフレーズのフレーズ感を感じとらせる。……④ ○曲の山をおさえて強弱発想を考えて歌わせる。……②⑥ ○歌詞や階名で覚えて，いつでもどこでも歌えるようにさせる。 ○ハーモニカ・木琴の旋律奏に慣れさせる。

基本的要素		
1	リズム	
②	メロディー	調性
3	ハーモニー	
④	フレーズ	
5	速度	
⑥	強弱	
7	音色	

指導内容および学習活動の例	領域	指導上の留意点
○日の丸の旗がするする上がって，ひらひらとはためいている気持ちで表現する。 ・ハーモニカ問答をする。 ・旋律を空間にかきながら歌う。 ・旋律線の山から強弱発想をくふうして歌う。 ・手拍子を打ちながら歌う。 ○（し）○（ろ）○（じ）○（に）○（あ）○（か）○（く）𝄽　のように打つ。 ・歌に合わせながら，ノートにリズムフレーズの基本形を○でかく。	歌唱 器楽 歌唱 器楽	・ハーモニカ問答で，ドドレレミミレにはいり，そこから「日の丸」の歌にはいっていくとよい。 半知教材であるからすぐ歌える。 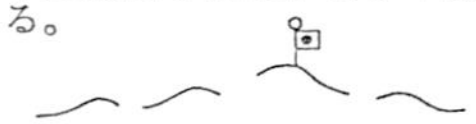 のように板書し，いちばん高いところを強く歌わせる。 ・○○○○○○○𝄽の基本リズムフレーズを正しくとらえて歌わせる。 ・○○○○○○○𝄽とノートに書かせてリズム書き取りをさせる。
○歌詞や階名を覚えるように練習する。 ・歌詞を暗唱する。 ・階名も，覚えて歌う。	歌唱	・1番と2番の歌詞の違いを調べさせると覚えやすい。
○ハーモニカや木琴の旋律奏をする。 ・ハーモニカの旋律奏をする。 ・木琴でさぐりびきする。	器楽	・口を小さくとがらせてTuTuというような気持ちで吹き吸いさせ，さぐり吹きさせる。 ・階名唱しながら，木琴でさぐりびきする。
○旋律楽器を主として，合奏する。 ・教科書の絵譜を見ながら合奏する。	器楽	・1フレーズごとに分担奏させて，つなぎ合わせてもよいから，旋律奏で合奏させてみる。

1年—19

1　月	No. 19	題材（曲名）　あ　ら　れ	作詞　葛原しげる 作曲　梁田　貞

調	拍子	速度	音域	曲態	形式	旋律のはじめ
F	2/4	♩＝108	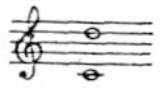	単	a(8)a′(8)の拡大一部形式	

時間	目標
5	○パラパラ，こんこんと降るあられの様子をスタカート唱法で表現させる。 ○よく似た節，同じ節などを感覚的にとらえさせる。……④ ○リズム書き取りに慣れさせる。 ○ことばに簡単な節をつけることに慣れさせる。

基本的要素		
1	リズム	
2	メロディー	調性
3	ハーモニー	
④	フレーズ	
5	速度	
6	強弱	
7	音色	

指導内容および学習活動の例	領域	指導上の留意点
○パラパラ，こんこんと降るあられの様子をスタカート唱法で表現する。 ・先生のピアノを聞いたり，範唱を聞いたりして歌う。	歌唱	・前時「たこのうた」と同じように，絵譜，図譜に気をつけさせながら聴唱法で歌わせる。
・パラパラ，こんこんの感じがでるように，いろいろの歌い方をくふうする。	歌唱 創作	・「こんこんこんこん」や「ぱらり，ぱらり」のところをいろいろな歌い方で歌わせて，どんな歌い方がいちばんよいか考えさせる。 ・スタカート唱法へと導く。
・タクトを振りながら歌う。 ・スタカート，レガートなどを区別してタクトを振る。	歌唱	・歌い方に合うようにタクトを振らせる。 スタカートは↑↓切るように，レガートは⌒のように。
・あられの歌に合う身体表現をくふうして作る。	創作	・唱法を生かした身体反応がよい。
○似た節，同じ節を感じとる。 ・先生のピアノを聞いて，四つのフレーズをつかむ。 ・同じ節，似た節をみつける。	鑑賞	・前時「たこのうた」の復習をし，それと同じように考えさせる。
○リズム書き取りをする。		・○○○○◐◐○○のように♫のはいったリズム書き取りに慣れさせる。
○ことばに簡単な節づけをして歌う。 ・教科書のことばを読み，節をつけて自由に歌う。	創作	・「ぱらぱらぱらぱら，こんこんこん」を自由に節づけさせ，よいのを先生が取り上げてピアノでひいて全員に歌わせる。

2年—2

4　月	No. 2	題材（曲名）　こいのぼり	作詞 作曲　文部省唱歌

調	拍子	速度	音域	曲態	形式	旋律のはじめ
C	2/4	♩＝104		単	a(8)a′(8)の拡大一部形式	

時間	目標
4	○基本リズムフレーズによる安定したリズムを感じとらせながら，ゆったりとした気持ちを表現させる。……① ○旋律の反復（三度下，五度上）を感じとらせ，曲のできかたに関心を持たせる。……② ○リズム楽器に旋律楽器の部分奏を加えた合奏演奏の力を伸ばす。 ○身体反応により階名唱と音の高低を結びつけて，意識にのせ視唱の力を伸ばす。

基本的要素	
①	リズム
②	メロディー
3	ハーモニー（調性）
4	フレーズ
5	速度
6	強弱
7	音色

指導内容および学習活動の例	領域	指導上の留意点
○聴唱法で歌詞で歌えるようにする。 ・階名唱を取り入れながら視唱法的聴唱法で練習する。 ・旋律の線を感じとりながら歌う。 ・階名暗唱歌にする。	歌唱	・教師は範唱の際に，音の高低を手の上下で示しながら歌うとよい。 ・音階を示す図を板書。
○手の上下によって，音の高低を示し，階名と音程を結びつける。	歌唱	・ソは正面水平 ドは手を下 上のドは手を上 上のレはせのび 
○手を打ちながら歌ってフレーズを感じとり，同形反復に気づく。 ・四つのフレーズのそれぞれの旋律線を手で空間に描く。 ・フレーズごとにまとめて対比する。 ・*mf, mp, p* をフレーズごとにいろいろにおき換えて，歌ってよい発想表現のくふうをする。	歌唱	・フレーズごとに旋律線をまとめた例 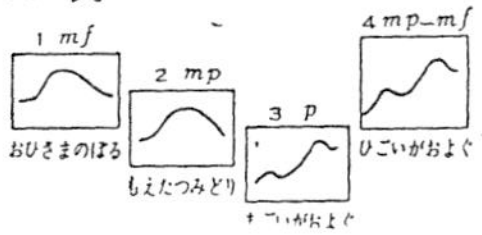 感覚的に指導するためには，階名唱を用いず歌詞で取り扱ったほうがよい。
○フレーズを生かして，旋律楽器をフレーズごとに分担して合奏する。 ・ハーモニカでフレーズごとに交互奏する。 ・オルガンでも交互奏する。	器楽	
○リズム楽器に旋律楽器の部分奏を加えて合奏する。 ・絵譜に示されたリズムフレーズは，基本形をもとにした応用形であることを意識にのせて合奏する。	器楽	・基本リズムフレーズと応用形 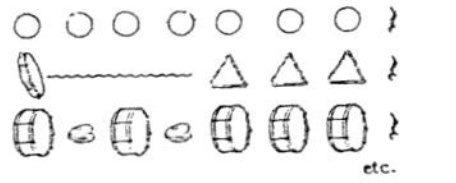

2年—12

10 月	No. 12	題材（曲名） なかよしこよし	作詞 岩佐東一郎 作曲 イギリス民謡

調	拍子	速度	音域	曲態	形式	旋律のはじめ
C	2/4	♩=104		単	a(4)a′(4)の一部形式	

時間	目標
4	○行進曲風な二拍子にのって快活に表現する。① ○曲の重点や形を感じとらせ，強弱発想をくふうさせる。……⑥ ○教師と合唱したり参考レコードによりT．Dの和音の響きに慣れさせ，ハーモニカに関心をもたせる。……③ ○音程を伴ったリズム奏に慣れさせ，器楽奏法の技能を伸ばす。……③ ○階名暗唱歌にする。

基本的要素	
①	リズム
2	メロディー（調性）
③	ハーモニー（調性）
4	フレーズ
5	速度
⑥	強弱
7	音色

指導内容および学習活動の例	領域	指導上の留意点
○階名唱を生かした聴唱法で歌えるようにする。	歌唱	・（半知教材）
○曲の形(aa′)を感じとらせる。 ・手を打ちながら歌って，基本リズムフレーズにささえられていることを感じとる。 ・同じ旋律やリズムに気づかせる。	鑑賞	・教師は基本リズムフレーズをもとにして，リズムを2段に板書するとよい。 
○曲の重点（いちばん強く歌いたいところ）をみつける。 ・参考レコードを用いてもよい。 ・リズムの形に注意を向ける。 ・二つの異なった終止になおし，その感じの違いを味わわせる。  ・曲の重点（7，8小節目）を *f* ではぎれよく表現する。	歌唱	
○和音（合唱）に関心をもたせ，ハーモニーを味わう。 ・参考レコードやオルガンとの合奏によるハーモニーに注意を向ける。	鑑賞	・実際にみんなで合唱させてもよい。
○音程を伴ったリズム奏に慣れる。 ・絵譜を見ながらオルガン・ハーモニカで，リズム奏する。 ・8小節目をはぎれよく奏する。	器楽	
○階名暗唱歌にする。	歌唱	

2年—17

2 月	No. 17	題材（曲名） はごろも	作詞 林 柳波 作曲 橋本国彦

調	拍子	速度	音域	曲態	形式	旋律のはじめ
G	3/4	♩=96		単	a(4)a′(4)の一部形式	

時間	目標
4	○表情をくふうして優美に歌唱表現させる。 ○三拍子の基本リズムフレーズを意識にのせ，同形リズムを感じとらせる。……① ○リズム楽器による伴奏を創作させる。 ○リズムフレーズ（4小節）の創作をさせる。

基本的要素	
①	リズム
2	メロディー（調性）
3	ハーモニー（調性）
4	フレーズ
5	速度
6	強弱
7	音色

指導内容および学習活動の例	領域	指導上の留意点
○はごろもの話をして，その感じをつかむ。 ○ゆったりとした感じに表現する。 ・軽い頭声的発声によって，優美に表現する。 ・踊りの曲のように「強弱弱」を強調しないで，旋律の美しさを表現するように気をつける。	歌唱	
○三拍子の基本リズムフレーズを感じとる。 ・手を打ちながら歌う。 ・基本リズムフレーズを手でとりながらリズム唱する。	歌唱	・三拍子の基本リズムフレーズ 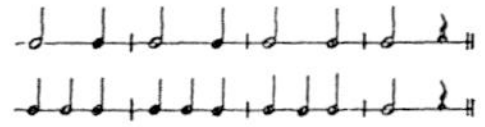
○同形リズムを感じとって曲のでき方について関心を深める。 ・リズム書き取りをする。	鑑賞	・1小節が三つずつの○になることを意識にのせる。 ・𝅗𝅥.は○○（タイを用いる）にして理解させる。
○リズム楽器による伴奏を創作する。 ・基本リズムフレーズの変化をくふうする。 ・変化されたリズム形に従って楽器を打たせて合奏する。	創作器楽	・1小節単位にみていくと教科書に示された基本リズム形としてみることができる。
○リズムフレーズの創作をする。 ・リズム唱してまとめる。 ・一つにまとまった感じを味わう。 ・二拍子，三拍子で試みる。	創作	・休符の位置や，リズム形の反復によるまとまりの感じを味わわせる。 例 

3年―6

6　月	No. 6	題材（曲名）池の雨	作詞 勝 承夫 作曲 ドイツ民謡

調	拍子	速度	音域	曲態	形式	旋律のはじめ
C	2/4	♩=96		二合	A(4)B(4)A(4)の小三部形式	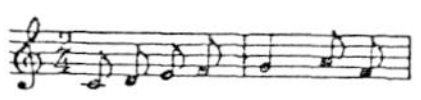

時間	目標
3	○いろいろな声の出し方を意識させ，よい声の出し方に気をつけさせる。 ○ハ長調の階名視唱に慣れさせ，A・B・Aの形式を生かした歌い方をくふうさせる。…………④ ○Tフレーズ，Dフレーズを生かした二部合唱を経験させる。

基本的要素		
1	リズム	
2	メロディー	調性
③	ハーモニー	
④	フレーズ	
5	速度	
6	強弱	
7	音色	

指導内容および学習活動の例	領域	指導上の留意点
○視唱により旋律を覚える。 ○旋律のでき方を調べて歌い方をくふうする。 ・おもな節(A)を歌うグループ，なかの節(B)を歌うグループに分かれてリズム打ちをしたり歌ったりする。 ・旋律を調べてサンドイッチの形であることに気づく。 ・既習のサンドイッチの形の歌をさがして歌う。 「ぶんぶんぶん」「おほしさま」 ・低音部の旋律を聞いてフレーズごとにまとまっていることを確認する。 音程　リズムの形 ・A・B・Aの形を考えて発想をくふうする。	歌唱	・完全な二部合唱は，はじめてであるのでじゅうぶん徹底させて学習を進める。 ・A・B・Aの形を感じとらせる 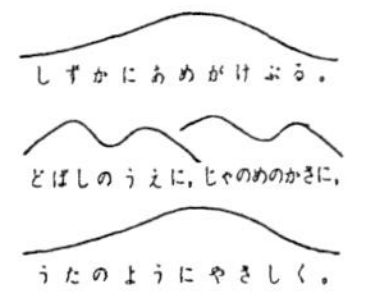 ・Bのフレーズが，こだまになっているのでその発想も話し合わせる。
○合唱をする。 ・低音部の旋律を，A・B・Aを意識しながら階名唱をして覚える。 ・二部合唱をする。 ・オルガンで即興的に伴奏してみる。 ・オルガンで低音部を練習し，旋律の伴奏をする。	歌唱器楽	・低音部のリズム（Bフレーズ）は  のように歌わせると覚えやすい。
○声の出し方について話し合う。 ・どんな声の出し方があるか話し合って考える。 ・どんな声の出し方があるか実際にやってみる。 ・教科書の説明を読んで，よい声の出し方を実際にやってみる。 ・どなり声などで叫んだりしないで，いつも美しい話し声をするように約束をする。	歌唱	・いろいろな声の出し方として歌声，話し声，どなり声，わめく声，ひめい，ひびく声，ないしょ話の声，人を呼ぶ声，電話をするときの声，本を読む声，などをあげる。 ・この機会に教室でも，休み時間でもお互いに注意させる。

3年―9

9　月	No. 9	題材（曲名）十五夜お月さん	作詞 野口雨情 作曲 本居長世

調	拍子	速度	音域	曲態	形式	旋律のはじめ
a	4/4	♩=96		単	a(4)a′(4)の一部形式	

時間	目標
4	○十五夜お月さんの様子を思い浮かべながら歌わせる。 ○短調（陰旋風）の感じをつかませる。……②③ ○いろいろの速度について実験し，速度について経験を深めさせる。………………………⑤ ○ 1.2. :‖ 3. ‖ の記号を理解させる。

基本的要素		
1	リズム	
②	メロディー	調性
③	ハーモニー	
4	フレーズ	
⑤	速度	
6	強弱	
7	音色	

指導内容および学習活動の例	領域	指導上の留意点
○階名視唱をして旋律を覚える。 ・むずかしい音程をピアノや先生の歌について歌い覚える。 ・よく歌えるようになったら♩=96に近づけて歌う。 ・歌詞を読んでむずかしいところを考え，感じを込めて歌う。	歌唱	・短調の階名視唱ははじめてなので，慣れていない音程（シラファミ等）が出てきて，歌いにくいところがあるので，範唱しながら補助する。 ・ばあや――子もりのおばさん もられて――もらわれて かかさん――おかあさん
○記号を覚える。 ・曲の最後の記号の 1.2. :‖ 3. ‖ で 1.2. :‖ だけで終わってみて，終わりの感じはどうか考える。 ・記号のとおりに歌って終わりの感じをつかむ。 ・歌の終わりを少し rit. させて，より安定した終わり方に慣れさせる。	歌唱	
○陰旋風な感じをつかむ。 ・「手まり歌」，「うさぎ」を歌い，陰旋法の感じに慣れる。 ・階名を習い十五夜お月さんと比べる。 ・オルガンで旋律を静かに聞いてみる。	歌唱 鑑賞	・「手まり歌」「うさぎ」「十五夜お月さん」と似た感じの歌を調べさせてもよい。「さくらさくら」「夜まわり」
○速度について経験し歌唱に生かす。 ・ふりこ作りをする。（教科書33） ・♩=96　の速さを考えて「十五夜お月さん」を歌う。 ・♩=60　1秒間と同じ｝中間のあたりと考える ・♩=120　その倍 ・作ったふりこでいろいろな歌を，いろいろな速さで歌い比べて，感じの違いを味わう。	歌唱	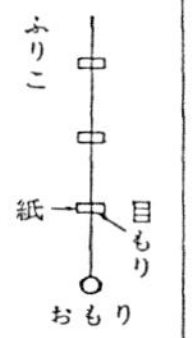 ・準備 ものさし，糸，紙，のり，おもり

3年—16

1 月	No. 16	題材（曲名）手まり歌（かごめかごめ）	作詞 武内俊子 作曲 松島つね

調	拍子	速 度	音 域	曲態	形 式	旋律のはじめ
日（陰）	4/4	♩＝100		単	序(1) a (4)a′(4)反復(1)の一部形式	

時間	目 標
4	○暗唱歌として遊びの中に取り入れさせるようにする。 ○陰旋法の感じに慣れる。……………………………② ○序について関心をもたせ，理解させる。……④ ○オルガン・ハーモニカ・鉄琴の奏法に慣れさせる。 ○「かごめかごめ」を鑑賞し，いっしょに踊って楽しむ。 ○五線や間などの名称を覚える。

基本的要素		
1	リ ズ ム	
②	メロディー	調性
3	ハーモニー	
④	フ レ ー ズ	
5	速 度	
6	強 弱	
7	音 色	

指導内容および学習活動の例	領 域	指導上の留意点
○旋律を覚える。 ・板書の階名を見て聴唱法で歌う。（視唱法的聴唱法） ・まりつきの手まねをしながら歌う。 ・手を打って歌ったり友だちのまりつきを見ながら歌う。	歌 唱	・歌詞を生かすように，てん，てん，てん，をはっきりと歌わせる。
○日本旋法の感じをつかむ。 ・「手まり歌」と似ている歌を思い出し，歌ってみる。 ・「おにごっこ(e)」や「小ぎつね(C)」を歌って，感じの違いに気づく。	歌 唱	・日本旋法の歌 「ずいずい ずっころばし」「とおりゃんせ」「さくら」「子もり歌」「うさぎ」「お江戸日本橋」など ・長調・短調と感じが違うことに気づかせる。
○序のフレーズに関心をもたせ，理解させる。 ・てん，てん，てんと歌い出すのと似ている他の歌をみつける。 ・「さくら」，「とおりゃんせ」，などを歌って，日本旋法の歌には，序のつく歌が多いことを理解させる。	歌 唱	
○旋律楽器で旋律奏に慣れさせ，フレーズ単位に分担奏させる。 ・鉄琴・ハーモニカ・オルガンなど	器 楽	・日本的な習慣，風俗の名称をあげるとよい。 はねつき，ちょんまげ，こけし人形，高島田など
○「かごめかごめ」を鑑賞する。 ・レコードで「かごめかごめ」を聞きいっしょに歌う。 ・「手まり歌」と比べて少し明るい感じに気づく。 ・いっしょに踊る。	鑑 賞	・「かごめかごめ」は陽旋法
○五線や間などの名称を覚える。	歌 唱	・教科書55ページ参照

4年—2

4 月	No. 2	題材（曲名）アマリリス	作詞 岩佐東一郎 作曲 フランス民謡

調	拍子	速 度	音 域	曲態	形 式	旋律のはじめ
C	4/4	♩＝100		単	a(4)a′(4)の一部形式	

時間	目 標
4	○ハ長調の視唱力をいっそう伸ばし，スタカートとレガートの歌い方に慣れ，かわいらしい曲の感じを表現させる。 ○ガボット「アマリリス」を聞かせ，ガボットリズムの特徴をつかみ，かわいらしい旋律に親しませる。……………………………① ○aa′の形を感じとらせ教科書の続きを創作させる。……………………………④ ○たて笛の奏法の導入を計る。

基本的要素		
①	リ ズ ム	
2	メロディー	調性
3	ハーモニー	
④	フ レ ー ズ	
5	速 度	
6	強 弱	
7	音 色	

指導内容および学習活動の例	領 域	指導上の留意点
○階名視唱をする。 ・スタカートの記号を知り，スタカートの歌い方を練習する。 ・全曲をレガートで歌ったり，スタカートで歌ったりして感じの違いをつかむ。 ・スタカートのところとレガートのところを意識し発想をくふうして表現する。	歌 唱	・ 上記の板書からスタカートへ導入するとよい。 ・リズムの指導をする。 
○「アマリリス」のレコードを聞く。 ・○□で記入しながら，節のまとまりや繰り返しを感じとる。 ・短調の旋律に親しみ口ずさんで聞く。 ・ガボットのリズム♩♩|𝅗𝅥♩♩|𝅗𝅥を手拍子したり指揮したりしながら聞く。	鑑 賞	・「アマリリス」はルイ13世の旋律をもとに作曲したといわれるが，詳しくはわからない。 ・ガボットはフランスに起こった2/2拍子の比較的おそい舞曲で，17世紀ごろ盛んになり，古典組曲によく用いられる。
○aa′の形を感じとらせ教科書の旋律の続きを作る。	創 作	
○たて笛の練習をする。 ・タンギング奏を練習する。（tu tu という発音で） ・タンギングでソの音を明確に出す。（下の楽譜で練習） 	器 楽	たて笛の奏法 ・吹き口を浅くくわえて息を軽く吹き入れる。くちびるに力を入れたり，ほおをふくらませない。 ・タンギング（舌端を上の前歯の裏側に当てて，tu-tu-の発音をする要領）で吹く。 ・ブレスは笛をくわえたままくちびるの両端で行なう。 ・左の旋律をピアノでひき，タンギング奏をするとよい。なお移調すれば，ラやファの音の練習にもなる。

4年―16

11　月	No. 16	題材（曲名）赤い郵便箱	作詞　吉川一夫 作曲　外国曲

調	拍子	速度	音域	曲態	形式	旋律のはじめ
d	$\frac{6}{8}$	♩＝60		単	a(4)b(4)の一部形式	

時間	目標
2	○なだらかな$\frac{6}{8}$拍子を美しく表現させ，短調の歌に親しませる。……………………①②③ ○♩＝60の速度を正しくとり，歌詞の内容や，旋律の対照を意識させて，美しい歌唱表現をくふうさせる。 ○たて笛の旋律奏に慣れさせる。

基本的要素		
①	リズム	
②	メロディー	調性
③	ハーモニー	
4	フレーズ	
5	速度	
6	強弱	
7	音色	

指導内容および学習活動の例	領域	指導上の留意点
○調あて遊びをする。 ・長調（山の音楽家）　短調（おにごっこ） 日旋（夜まわり）など	鑑賞	
○階名唱する。 ・リズム唱して ♩♪♩♪ のリズムを正しくとる。 ♫ ♫ と対照する。 ・階名唱をし，終止の音しらべをする。（短調）	歌唱	・二拍子風に手拍子をとって歌う。 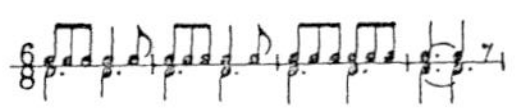
○歌詞で歌う。 ・歌詞の内容を生かして歌う。 ・♩＝60の速度を正しく保って歌う。	歌唱	・第1フレーズ2小節目のブレスは，旋律の流れがとだえないよう注意させる。
○楽曲の構成を調べる。 ・動機の反復 ・波状旋律と下向旋律，順次進行と跳躍進行 ・a bの形など	歌唱 鑑賞	・ab や a a′ の既習曲と対照させて学習する。
○曲の構成や歌詞の内容を意識して表現のくふうをする。 ・第2フレーズの頂点をじゅうぶんに表現する。 ・a bの対照や，ブレスに注意し，表情豊かに歌う。	歌唱	・a a′……「アマリリス」「流れ星」「春がきた」 a b……「ゆりかごの歌」
○たて笛の旋律奏を練習する。	器楽	

4年―20

2　月	No. 20	題材（曲名）ねむれよ（子もり歌）	作詞　岩佐東一郎 作曲　外国曲

調	拍子	速度	音域	曲態	形式	旋律のはじめ
F	$\frac{6}{8}$	♩＝56～60		単	a(4)b(4)結尾(4)の一部形式	

時間	目標
4	○ゆるやかな$\frac{6}{8}$拍子の流れにのって，やさしい気分を味わわせ，静かな感じを表現させる。…① ○やわらかな響きのある発声で歌えるようにさせる。 ○♩＝56～60のゆったりした速度で表現させる。 ○$\frac{6}{8}$拍子の記号の意味や名称を理解させる。 ○3人の大作曲家（モーツァルト，シューベルト，ブラームス）の子もり歌を聞かせ，その美しさに触れさせる。…………………………② ○しりとりを生かした続きの節を作らせる。

基本的要素		
①	リズム	
②	メロディー	調性
3	ハーモニー	
4	フレーズ	
5	速度	
6	強弱	
7	音色	

指導内容および学習活動の例	領域	指導上の留意点
○参考レコードを聞く。 ・教科書の楽譜や歌唱を見ながら，静かに聞き曲の感じを話し合う。 ・静かなやさしい感じの曲・六拍子のゆったりしたテンポ，歌詞と旋律がよくとけ込んでいるなど ・レコードに合わせてハミングする。	鑑賞	
○階名唱する。 ・テンポに気をつけて歌う。 ・終止音（♩.　♩.　♪）はよくテヌートし，消えるように表現する。 ・旋律が2小節ずつとてもよく似ていることに気づかせ，なだらかな表現をくふうさせる。 ○6/8拍子の記号を理解する。 ・名称や意味 ・速い六拍子とおそい六拍子 ・いろいろな六拍子の曲を聞く。（「タランテラ」「舟歌」など）	歌唱	・速度はブレスさえゆるせば ♩＝56よりおそく表現したほうがよい。 ・♩♪♩♪が鋭いリズムにならないように表現したい。 ・のリズム書き取りや2/8から6/8拍子の理解へと進ませる。
○たて笛の旋律奏とオルガン伴奏をする。 ○旋律の続きを作る。 ・教科書の節をしりとりして，一部形式の曲にまとめる。 ・階名で発表し合い，よくできたものは，みんなで写譜する。	器楽 創作	・たて笛におけるホ音の指導に重点をおく。 のような吹き方をさせるとよい。
○子もり歌（モーツァルト，シューベルト，ブラームス）を鑑賞する。 ・3人の作曲家の曲を静かに聞いて，それぞれの美しさを感じとる。 ・旋律を口ずさむ。 ○教科書70ページを読んでモーツァルトの伝記を調べたりする。	鑑賞	・初めは$\frac{3}{8}$拍子に拍子を変えて創作させると，たやすくできる。それをもとにして$\frac{6}{8}$拍子にするとよい。

5年—3

5　月	No. 3	題材（曲名）海　（セレナード）	作詞 作曲　文部省唱歌

調	拍子	速度	音域	曲態	形式	旋律のはじめ
F	3/4	♩＝84		部三	A(8)B(8)結尾(6)の二部形式	

時間	目標
4	○美しい海の様子を思い浮かべて，楽しく合唱し暗唱をさせる。 ○ヘ長調の階名視唱に慣れさせる。 ○ ♫♩♩ のリズムに親しませる。……① ○なだらかな順次進行について理解し，表現に生かす。……② ○結尾について理解する。……④ ○オルガンの旋律奏に慣れさせる。 「セレナード」（ドリゴ）を聞かせて，節の切れ目をさがさせたり，三拍子を感じとらせたりし，バイオリンの音色を味わわせる。……①⑦

基本的要素		
①	リズム	
②	メロディー	調性
3	ハーモニー	
④	フレーズ	
5	速度	
6	強弱	
⑦	音色	

指導内容および学習活動の例	領域	指導上の留意点
○階名視唱で旋律を覚える。 ○リズムを研究して歌唱に生かす。 ・どんなリズム群があるか調べる。（続くリズム群，まとまるリズム群） ・既習曲で ♫♩♩ のリズムの多く使われている歌を歌う。 ・♫♩♩ の歌い方をくふうする。	歌唱	・♫♩♩ の多く使われている既習曲。「みなと」,「こいのぼり（やねよりたかい）」,「せいくらべ」など。 ・♫♩♩ のリズムをできるだけなめらかに歌わせる。
○合唱をする。 ・いろいろなグループに分かれて合唱し鑑賞し合う。	歌唱	
○順次進行のなめらかさをつかむ。 ・順次進行している部分をさがす。 ・歌い方をくふうする。	歌唱	・順次進行が非常に多い歌であることに気づかせる。 順次進行の例
○結尾について理解する。 ・曲の形式を調べてみる。 ・終わりの6小節はなんだろうか，まとめの節として考える。 A(8)B(8)で歌はまとまっている。終わりの部分はA，Bを比べるとやや異質的で，リズムや音程（分散和音が多くなる）が違ってくる。	歌唱	 ・結尾は，A，Bとの対照，異質性としてとらえさせたい。 ・結尾が3小節1フレーズになっていることにも気づかせる。
○オルガンで旋律奏をする。 ○セレナード（ドリゴ）を鑑賞する。 ・節の切れ目をさがす。 ・三拍子をとりながら聞く。 ・バイオリンの音色を味わう。	器楽 鑑賞	

— 132 —

5年—15

12　月	No. 15	題材（曲名）くるみ割り人形	作曲　チャイコフスキー

調	拍子	速度	音域	曲態	形式	旋律のはじめ

時間	目標
3	○「くるみ割り人形」の音楽を聞かせ，物語のあらすじを知らせて，バレー音楽や組曲に親しませる。 ○管弦楽の色彩豊かな音色に親しませ，リズム・調性・速度の変化を感じとらせ味わわせる。……①④⑤⑦ ○各曲の特徴や曲想の違いを味わわせる。

基本的要素		
①	リズム	
2	メロディー	調性
3	ハーモニー	
④	フレーズ	
⑤	速度	
6	強弱	
⑦	音色	

指導内容および学習活動の例	領域	指導上の留意点
○「くるみ割り人形」の物語を知る。 ・バレー音楽を組曲に編曲したものであることを知る。 ○「くるみ割り人形」の曲を聞く。 ・曲の段落を聞きとり題名を知る。 1　小さい序曲 2　特徴のある舞曲 a　行進曲 b　こんぺい糖の踊り c　ロシア舞曲 d　アラビアの踊り e　中国の踊り f　あし笛の踊り 3　花のワルツ ・それぞれの曲の感じの違いや，拍子おもに使われている楽器などに関心をもって聞く。 ○「行進曲」について曲の構成を理解しながら聞く。 ・曲の形式を1フレーズずつ○△の記号で書きながら聞く。 ・フレーズごとの音色の変化，リズムの変化を聞き取り味わう。 A B A　（トリオ）　A B A ○□◎◎○□……△△……○□◎◎○□ 金管 弦　　　木管と弦 （歯ぎれよいリズム）—（細かいリズム）—（歯ぎれよいリズム） ・行進曲の形式を理解する。	鑑賞	・「くるみ割り人形」は，ドイツ・ロマン派の作家で音楽の素養があった，E.T.Aホフマンの童話「くるみ割り人形とねずみの王様」のフランス語版であるアレクサンドル・デュマの「くるみ割り人形の物語」をマリウス・プティパが2幕3場のバレエ用台本に脚色したものに，チャイコフスキーが，曲をつけたものである。 ・それぞれの曲について，同じ扱いをするのでなく，重点的に扱うとよい。 例　a 行進曲 3「花のワルツ」など ・「行進曲」の扱いのあと，時間がゆるせば「ロシア舞曲」「花のワルツ」なども重点的に取り上げたい。 ・「こんぺい糖の踊り」ではチェレスタのかわいらしい音色をじゅうぶん味わわせたい。 ・各曲の曲想を情景など想像させながら味わわせるとよい。

— 133 —

5年―21

3　月	No. 21	題材（曲名）メヌエット	作曲　バッハ 編曲　全日本器楽教育研究会

調	拍子	速　度	音　域	曲態	形　式	旋律のはじめ
C	$\frac{3}{4}$	♩＝96		器	a (8)a′(8)の拡大一部形式	

時間	目　標
4	○優雅な感じを表現させる。 ○♩＝96　の速度を正しく保って演奏させる。……⑤ ○動機(Motiv) とその発展を感じとらせ，創作もさせる。……④ ○バランスのとれた美しい合奏演奏の力を伸ばす。 ○「メヌエット」を鑑賞し，優雅な感じを味わわせ，形式美を感じとらせる。……④

基本的要素	
1	リ　ズ　ム
2	メロディー（調性）
3	ハーモニー（調性）
④	フ　レ　ー　ズ
⑤	速　　度
6	強　　弱
7	音　　色

指導内容および学習活動の例	領　域	指導上の留意点
○参考レコードや教師のエレクトーンの演奏を聞く。 ・優雅な感じをじゅうぶんに味わう。 ・何回も繰り返される特徴ある旋律(動機とその変形反復)を感じとる。 ・楽譜（スコア）を見て，主旋律がどこにしるされているかを読みとる。	鑑　賞	・低音部にも反映されていることに注意させる。 
○合奏として美しく表現する。 ・どのパートもおだやかな旋律線の起伏に従って極端な強弱発想をさけ，流れるように表現する。 ・バランスをよく考えて演奏する。	器　楽	・15人程度の小編成で室内楽的な感じを出すと，より美しく表現できる。
○「メヌエット」の優雅な感じを味わわせ鑑賞する。 ・ゆるやかな速度にのった旋律の美しさを口ずさみながら味わう。 ・合奏練習をした他の部分の旋律を味わい，曲の形を感じとる。	鑑　賞	
○動機をもとにして旋律を創作する。 ・与えられた1小節の節をもとにして，続きの節を作る。 ・リズムや旋律の形の繰り返しを意識して創作する。	創　作	・例 

―134―

V　教育課程作製上の基本的な立場

6年―2

5　月	No. 2	題材（曲名）平和をわれらに	作詞　岡本敏明 作曲　外国曲（ミサ曲より）

調	拍子	速　度	音　域	曲態	形　式	旋律のはじめ
F	$\frac{3}{4}$	♩＝88		三輪	A〔a (4) b (4)〕B〔b (4)b′(4)〕結尾(8)の二部形式	

時間	目　標
4	○聴唱法的視唱法により階名唱しながら，跳躍音程や三拍子の持続する音の音程を正しく表現させる。 ○輪唱奏して，対位法的な旋律のおりなしの美しさを味わわせる。……② ○階名暗唱させて，記譜できるようにさせる。 ○終止形合唱をもとにして三部輪唱の曲を創作させる。……③

基本的要素	
1	リ　ズ　ム
②	メロディー（調性）
③	ハーモニー（調性）
4	フ　レ　ー　ズ
5	速　　度
6	強　　弱
7	音　　色

指導内容および学習活動の例	領　域	指導上の留意点
○聴唱的視唱により旋律を正しく覚える。 ・跳躍音程を正しく歌う。 ・母音で伸ばす三拍子の♩. を正しく保続するようにする。 ・低い声部も響きのある声で，歌えるようにする。	歌　唱	・16世紀に作られた古典的な本格輪唱である。 ・ア　カペラ（教会無伴奏）の曲である。
○輪唱により旋律のおりなしの美しさを味わう。 ・旋律線を感じながら歌う。 ・対位法的な線のおりなしを板書する。  ・強弱発想をくふうして歌う。	歌　唱	・歌詞は祈りのことばを繰り返しているだけであり，お祈りするような気持ちで歌唱させたい。
○旋律楽器で輪奏する。 ・ハーモニカ・オルガン・アコーディオンで旋律奏の練習をする。 ・発想をつけて旋律のおりなしを味わいながら輪奏する。 ・旋律楽器のボリュウムを考えて輪唱奏する。	器　楽	
○階名を口ずさみながら正しく記譜する。 ○三部輪唱の曲の創作をする。 ・終止形合唱の音を三つのフレーズに分けて，それをもとにしてリズムの変化で対照的な旋律を作る。 ・分散和音進行や順次進行を適宜用いて，美しい旋律にする。 ・歌ったり，オルガンをひいたりして鑑賞する。	歌　唱 創　作	・和音記号T.S.D.を復習し，確かめる。 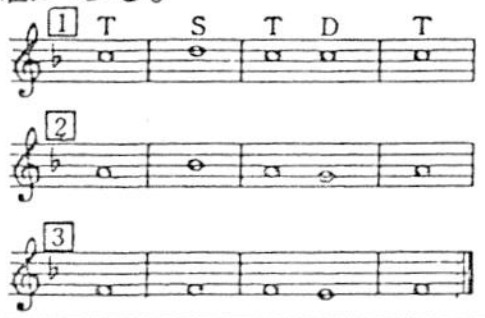

―135―

6年—10

10　月	No. 10	題材（曲名）ドナウ川のさざなみ	作詞 千葉徳二 作曲 イバノビッチ 全日本器楽教育研究会：編

調	拍子	速　度	音　域	曲態	形　式	旋律のはじめ
e	$\frac{3}{4}$	♩＝60		部二 器	a (8)a′(8)の拡大一部形式	

時間	目　標
6	○視唱法により1小節を1拍にとってワルツの感じを生かして表現させる。……………………① ○旋律楽器やリズム楽器で速度を正しくとり，楽しく合奏できるように練習させる。 ○短調の感じをつかませる。 ○レコード「ドナウ川のさざなみ」を聞かせて，ワルツ独特のリズムの流れを感じとり，速度や調の変化や組ワルツをつかませる。

基本的要素		
①	リ　ズ　ム	
2	メロディー	調性
3	ハーモニー	
4	フ　レ　ー　ズ	
5	速　　　度	
6	強　　　弱	
7	音　　　色	

指導内容および学習活動の例	領　域	指導上の留意点
○参考レコードを聞く。 ・1小節を1拍にとって身体反応しながら聞く。 ・短調の曲であることを感じとる。 ・ラ音のハミングで旋律を口ずさみながら聞く。	鑑　賞	
○階名視唱する。 ・♩＝60の速度を正しく保って，ワルツリズムにのって流れるように歌う ・第2フレーズの曲の山を感じとり，発想のくふうをする。 ・低音部の旋律を練習して二部合唱を美しく表現させる。	歌　唱	・フレーズ感覚を意識させ，ブレスのしかたをくふうする。
○歌詞で歌う。 ・ドナウ川の話を聞く。 ・情景を思い浮かべながらワルツリズムにのって，優美な二部合唱をする	歌　唱	・ハーモニカ・アコーディオンの低音部第6音第7音の♯については，「自然的」「和声的」「旋律的」の三つの短音階を聞かせ，旋律的な美しさを感じとらせてから，かるく触れる。
○器楽合奏を練習し，楽しく合奏できるようにする。 ・旋律をハーモニカで吹く。 ・アコーディオンやオルガンの伴奏を練習し，短調のハーモニーを味わう。 ・大太鼓・小太鼓の練習をし，小太鼓のトレモロ奏に慣れる。	器　楽	・鉄琴のオブリガートは，アクセントを強く奏するようにさせ，効果を上げさせる。 ・ワルツについては，次のことをつけ加える。
○レコード「ドナウ川のさざなみ」を聞く。 ・ワルツリズムや二拍子，四拍子の部分の違いを感じとる。 ・速度や調の変化の美しさを味わう。 ・身体反応しながらワルツの流れを味わう。	鑑　賞	・ワルツは，野外で開放的に踊られた。（メヌエットは屋内） ・ウインナワルツは組ワルツの形がとられている。（序，ＡＢＣＤ……主要部分の再現……結尾）

6年—14

1　月	No. 14	題材（曲名）お江戸日本橋（六段）	作詞 作曲 日本古謡

調	拍子	速　度	音　域	曲態	形　式	旋律のはじめ
日(陰)	$\frac{4}{4}$	♩＝120（♩＝60）		二合	序(4)延長(2)a (4) b (5)結尾(2)の一部形式	

時間	目　標
4	○陰旋法のもつ，優雅な気分を味わいながら歌わせる。 ○旋律のしりとりしている部分をみつけさせ，他の曲のしりとりの旋律をみつけさせる。……④ ○陰旋法の慣用句を感じとらせる。……………④ ○陰旋法の階名唱に慣れさせ二部合唱をさせる。 ○「六段」を鑑賞し，節の変化に関心をもたせる。 ○日本旋法による旋律の創作をさせる。

基本的要素		
1	リ　ズ　ム	
2	メロディー	調性
3	ハーモニー	
④	フ　レ　ー　ズ	
5	速　　　度	
6	強　　　弱	
7	音　　　色	

指導内容および学習活動の例	領　域	指導上の留意点
○階名視唱で旋律を正しく歌う。 ・「さくらさくら」を歌い陰旋法の感じを思い出す。 ・階名で歌い，誤って覚えているところを，ピアノを聞いて正しく歌う。 ・歌詞の内容を話してもらい，のどかな感じで歌う。	歌　唱	
○旋律の特徴を調べる。 ・「夜まわり」（4年生の歌）を歌い，似た節をさがす。 ・その節を歌う。 ・「さくらさくら」の旋律と比べて，似た節をみつける。 ・「小馬」「日の丸」の旋律のしりとりの部分をさがし復習する。 ・「お江戸日本橋」の旋律のしりとりの部分をさがす。	歌　唱	・慣用句を意識させて歌わせる  ・旋律のしりとりの部分 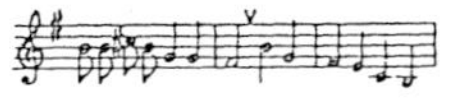
○旋律奏をする。 ・鉄琴・アコーディオンで旋律の練習をする。 ・オルガンで低音部を練習し合奏する	器　楽	・オルガンで低音部の旋律奏は放課後なども使ってやらせたい。
○二部合唱をする。 ・オルガンで低音部を補助しながら覚え，合唱する。	歌　唱	
○「六段」を鑑賞する。 ・琴の音色を覚える。 ・似た節が何回も出てきて，だんだん変わっていく様子を聞きとる。	鑑　賞	・「六段」（八橋検校）江戸時代の曲
・日本旋法による旋律を創作させる。	創　作	・5年 No.10「ずいずいずっころばし」参照

教育課程と基本的要素との関係については，以上のように考え，教育課程の様式も決定し教材研究を重ねて実際の作製にあたった。この際，特に考慮した点をあげると次のようである。

（その1）

基本的要素の七つは一つ一つの学年に配当するのではなく，全体について広く触れて，深さにおいて学年相応の取り扱いをすることを原則とした。その理由は，音楽の美は基本的要素の統合体であるからである。ただしフレーズについては他の要素についての学習の前提となるものであるから，その意味において，低学年に重点を置くことにした。

（その2）

基本的要素を取り扱う場合の深め方としては，経験させたり，それを意識にのせたり，理解させたりする段階があると考えて，この点をできるだけ系統的に整理し，深めていくよう考慮した。

（その3）

教材に対する考え方としては，単純なものから複合的なものへ，未分化から分化へ，大まかなつかみ方から細かいつかみ方へなどのコースを前提とすることにした。

このようにしてできた教育課程（年間計画）は，次年度の研究として，実践してみた結果の評価によって改訂することを約束して実践研究にはいったわけである。

VI　指導案における位置づけ

教育課程作製の場合と同様に，学習指導案の様式においても，基本的要素の位置づけが問題になり，どのような形式で記述するのが最も望ましいかを数多く試みてみた。以下おもなものを例として掲載する。

1960. 12. 9.（金）　　第1学年1組　　音楽科学習指導案

指導者　小原　昭

第3校時

題材	たこのうた	基本的要素	同形反復

本題材の基本的要素について，今までしてきたこと
○同形反復 「かくれんぼ」「おもちゃのマーチ」「おほしさま」などで扱い，だいたいわかってきている。

→

	ねらい
一時（本時）	○フレーズの切れ目や，似ている節を感じさせながら歌わせる。 ○終わった感じをつかませる。
二時（次時）	○小太鼓の奏法を練習させながら器楽合奏させる。 ○レコード「もりのかじや」を鑑賞させる。

→

これからの学習
○同形反復 「あられ」，「げんきにあるこう」などにも出てくるので，発想表現や，フレーズ感ともじゅうぶん結びつけていきたい。 ○小太鼓の奏法 「大きな太鼓」「元気に歩こう」で扱う。

↓

学習の展開

学習活動	ねらい	指導上の留意点
○「きらきら星」，「おもちゃのマーチ」，「たのしいオルガン」を歌う。		・習った歌を歌い，発声練習とする。
○お正月の遊びについて話し合う。		・学習のふんい気を作る。
○「たこのうた」を歌う。 ・フレーズの切れ目をさがす。	フレーズの切れ目を感じとらせる	・本を見させながら，聴唱法で歌わせる。 ・ほかの曲(「おもちゃのマーチ」，「ももたろう」，「たのしいオルガン」)で練習させて，「たこのうた」の四つのフレーズに気づかせる。 （指の散歩）
・似た節さがしをする。	同形反復を感じとらせる。	・四つの線を板書する。 ・四つの線を色チョークでかき表わすようにする。
・列に分かれて歌う。		・四つの列に分かれて，二つの列はお客さんになって，歌わせる。 ・ことばの1番と2番の違いに気をつけさせて早く覚えさせるようにする。
・終わりさがしをする。	終止感をつかませる。	・ほかの曲で，終わりさがしをさせる。 ・「たこのうた」で終わった感じのするのはどこか。 ・四つの列のうち，3列目を，終わりに加えて歌わせる。
○「たのしいオルガン」の合奏をする。 ○「おもちゃのマーチ」の合奏に合わせて教室へかえる。		・オルガン・ハーモニカで合奏をさせる。 この次の時間は，「たこのうた」の合奏をすることを約束して終わる。

問題点　　低学年で，終止感をつかませるためにはどうしたらよいか。

音楽科学習指導案　　　　　指導者　島森岑夫

学年　3年1組
場所　音楽ホール
時間　第4校時　11時35分〜12時20分
題材　「小ぎつね」　作詞　勝承夫　　作曲　外国曲

調	拍子	速度	音域	曲態	形式	旋律のはじめ
C	$\frac{2}{4}$	♩＝100		単器	a(6)a′(8)の一部形式	

時間	本時の目標 題材のねらい	本時の基本的要素		
第四時間扱い次の	○こぎつねの様子を思い浮かべて歌う。 ○♪𝄾♪𝄾の部分をはっきりと歌う。 ○ハーモニカで下の部分を正しく吹く。♪𝄾♪𝄾 	○エコーフレーズを感覚的にみつけ出す。 ○エコーフレーズの強弱をくふうして歌う。 ○拡大されたフレーズをみつけ出す。	1 2 3 ④ 5 ⑥ 7	リズム メロディー ハーモニー フレーズ 速度 強弱 音色

次時への↓つながり

○「小ぎつね」の合奏を，バランスを考えて楽しく合奏する。 ○合奏の編曲をくふうする。 ○フルートの音色の美しさを味わう。	○順次進行と分散和音の二つの旋律のできかたを意識にのせる。

指導内容および学習活動	領域	指導上の留意点および資料
○階名視唱と，フレーズさがし。 ・板書された音符を見て階名で歌う。 ・自分の知っている「小ぎつね」と，どこが違うかを考える。 エコーフレーズの部分。 拡大された部分。 ♪𝄾♪𝄾の部分をみつけ出す。 ・完全な歌にして，階名で歌う。	歌唱	児童は旋律をだいたい知っているのですぐ歌える。 板書の旋律は基本部分のみ。 
○強弱のつけ方と，歌い方をくふうする。 ・エコーフレーズの部分，拡大された部分の発想を考える。 ・♪𝄾♪𝄾の歌い方を学習する。	歌唱	・エコーフレーズのある既習曲と対照させる。 「めだかの学校」
歌詞唱 ・歌詞を読み，むずかしいことばについて教師の説明を聞く。 ・小ぎつねの様子を考えながら歌詞で歌う。 ・発想をつけて歌う。 ・レコードを聞き，自分たちの考えた発想と比べる。 ・レコードに合わせて歌う。	歌唱 鑑賞	・エコーフレーズ，拡大された部分，♪𝄾♪𝄾のみつからない場合は，教科書を参考にして考えさせる。
○器楽の練習 ・ハーモニカで旋律を練習する。 ・発想，♪𝄾♪𝄾の部分に気をつけて吹く。	器楽	 の部分がむずかしい場合には，この部分だけ取り出して練習する。

音楽科研究授業　指導案　　　　3年2組（川田学級）　指導者　浅井昇

1　日時　11月21日（月）午前10：45〜11：35（第3校時）
2　題材　「もみじ」（文部省唱歌）
3　目標と指導計画
第1時　(1)　秋の様子を思い浮かべながら歌唱させる。（全）
　　　　(2)　旋律のしりとりを理解し意識にのせて歌唱させる。(4)フレーズ
第2時（本時）　(3)　基本リズムフレーズにささえられたリズム構成を感じとらせて，記譜したり，読譜する能力を伸ばす。(1)リズム
第3時　(4)　部分二部合唱を含んだ歌唱表現の能力を高める。
　　　　(5)　まとめ（全）
4　指導の段階から見た児童の発達の様子。（本時に特に関係あると思われる基本的要素）
④フレーズ　基本的なリズムフレーズとして三つの形を記憶している。
(1)　♩♩♩𝄽♩♩♩𝄽　（切れる形）
(2)　♩♩♩♩♩♩♩𝄽　（繰り返される形，中心になる形）
(3)　♩♩♩♩♩♩♩♩　（つながる形）
①リズム　従来，読譜・記譜の指導は♩♪𝄽𝄾によるリズムに限定して指導した。
5　本時の学習の展開

ねらい	学習活動	指導上の留意点
発声練習とおさらい	「こだま」　二部輪唱 「野ぎく」　せい唱 「もみじ」　せい唱	・響きのとりやすい声域に移調する。 ・結尾のフレーズでまとめの感じを表現させる。 ・旋律のしりとりを復習させ，フレーズのつなぎを意識させて表現させる。
リズムフレーズのおさらい	既習の基本的リズムフレーズ(1)〜(3)を整理して確認する。（上記の4の項の④に示した形） 合奏を通して復習する。	・○○○𝄽から♩♩♩𝄽へ移行する。
「もみじ」の歌のリズムが基本リズムにささえられていることを感じとらせる。	手拍子をとりながら聞いたり歌ったりして，(1)〜(3)のどのリズムフレーズによっているかを感じとる。 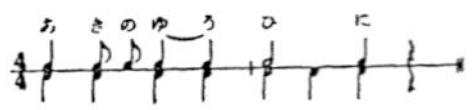	・$\frac{2}{4}$拍子であるから(2)のリズムフレーズを二つ合わせた形であることを理解させる。
基本リズムフレーズをもとにして「もみじ」のリズム構成を感じとらせる。	基本リズムフレーズを生かして合奏風にリズム楽器を打ちながら歌唱する。 基本リズムフレーズがどのように変化しているかを比較対照によって感じとる。 ・カスタネットとタンブリンを重ねて打ち聞き分ける。 ・手拍子をとりながらタンタタで歌って感じとる。	
リズムを記譜する力を伸ばす。 ♩について理解させる。	「もみじ」のリズムを各人ノートに記譜する。 ♩について理解する。 書けたリズム譜を友だちと検討し合う。	・符尾のつけ方は，上下両方に慣れさせる。
まとめ	手を打ちながら歌い，ノートに書かれたリズム譜を確認する。	

6　問題点　この授業は，基本的要素と知的理解やそのドリルとをどのように結びつけて学習を進めたらよいか，という一つの試みとして展開する。これは音楽の美を構成する基本的要素と授業の中心的なねらい（※）との関連を，どのように考えたらよいかという問題を解決したいために考えたものである。

※授業としての中心的なねらいの例
・視唱法で歌えるようにする。
・読譜や記譜に対する知的理解やそのドリル。
・発声，器楽演奏の技能を伸ばす。

音楽科学習指導案　　　指導者　対木末男

1　学　年・組　　2年2組（男19，女19　計38）
2　日時・場所　　12月9日（金）第4校時（11：35～12：20）音楽ホールにて
3　題　　材　　「たのしいよる」
4　題材のねらいと基本的要素
　○静かな楽しい夜が目に浮かぶように，美しく歌わせる。
　○階名模唱や，暗唱ができるようにさせる。
　○ＡＢＡの小三部形式（サンドイッチの形）をつかませる。
　○擬音伴唱や擬音伴奏に慣れさせ，合唱への導入を図る。
　○「たのしいよる」のレコードを聞かせたり，擬音伴唱をして，ハーモニーの美しさを感得させる。
5　指導計画
　第1時
　○「たのしいよる」の歌唱（階名模唱と歌詞唱）をする。
　○ＡＢＡのサンドイッチ形式をつかむ。
　第2時
　○「たのしいよる」の擬音伴唱や擬音伴奏をする。（本時）
　第3時
　○「たのしいよる」のまとめと，「ぶんぶんぶん」の合唱導入をする。
6　本時の目標
　擬音伴唱や擬音伴奏に慣れさせ，ハーモニーの美しさを感得させ，合唱の導入を図る。
7　学習の展開

学習活動	指導上の留意点
○発声練習とおさらい。 ・「たのしいよる」を歌う。 ・小三部形式のおさらい	既習の小三部形式の歌を思い出させ,「たのしいよる」と比べてみる。中間部の反復にも注意を向けさせる。 〔例〕「ぶんぶんぶん」「おほしさま」「かっこう」
○リンコンの擬音伴唱を練習する。 ・好きな節で伴唱してみる。 ・みんなで音をそろえて歌ってみる。 ○擬音伴奏をくふうする。 ・どんな楽器がよいか。 ・楽器の組み合わせをどうするか。 ・鉄琴で打つ場所について話し合い，演奏する。	リンコンの音程がずれると思われるので，オルガンの助奏を入れてじゅうぶん練習させる。 ハ長調との違い軽く触れる。 トライアングル・シンバル・鈴などで試み，鉄琴へと導く。
○「たのしいよる」のレコードを聞く。 ・リンコンの低音や，鉄琴の和音奏を注意して聞く。	全曲二分音符の長さで，リズム奏や，和音奏をさせる。

8　問題点　　和音奏などで，今まで学習していない調の場合は，どのような指導をしたらよいか。

Ⅶ　初年度の研究内容についての再検討

以上第6節までが主として初年度において得られた考え方であるが，昭和36年6月の中間報告の会で討議された問題や，その後に指導をいただいた点などをもとにして，昨年度の内容や考え方などについて検討し，次年度の基本的な考え方を固めた。そのおもな内容の中から，ここでは特に「調性」と「フレーズ」等についてしるしてみたい。

1　ハーモニーと旋法と調性

本校ではこの三つを「ハーモニー（調性）」として1項目にまとめ，主として「長調・短調・日本旋法」についての感覚の指導に重点をかけることにしてみたが，「調と旋法」「ハーモニーと日本旋法」などを考え，さらに「対位法的な旋律と旋律のおりなしの美しさを感じとらせたい」ということなどを考えると，一つにまとめたことについて無理を生ずる結果になる。そこで，この問題の解決として，文献を主として参考にいろいろ調べてみた。それで調性についての定義その他について文献から抜粋したものを若干載せてみたいと思う。

〔調性についての参考文献抜粋〕

㋐　属音（ドミナント）から主音（トニック）への指向性を調性という。（故　下総皖一氏）

㋑　調性という概念は，近代において発展したもので，特に長調，短調和声におもに適用される。（平凡社　音楽事典）

㋒　確定的な定義はまだ成立していないが，ほぼある楽曲が何の音を主音とする長調または短調であるかということだといってよいであろう。（音楽の友社　音楽辞典楽語篇）

㋓　調と旋法が合体したものが調性である。（シャイエ・シャラン著　音楽の総理論）

㋔　実際には調（ton）と調性（tonalite）の両用語に同一の意味を賦与されている。（シャイエ・シャラン著　音楽の総理論）

㋕ 音や和音の連続を音楽の作品の中で，その調の中心，すなわち「その調の主音と呼ばれる中心点へ関係づける過程」の結果をいう。
（グローブ　音楽事典）

㋖ ……長音階・短音階がしだいに確定し，長音階が支配的であるような一つの新しい組織体系が今や現われる。理論的には「長音階旋法組織」と呼ぶべきなのであろうが〝調性組織〟という名称が優勢になった。（ジャン・エティエンヌ・マリー著　生きている音楽）
——以上原文のとおり——

以上のような文献を参考にして，「調性という概念の中に，これらを代表させる考え方」や「調性の語を用いないで処理していく考え方」などいろいろ検討し，また旧師や講師の先生方の意見もいただいて，本校としては次のような共通理解で進めることにした。

・調性はハーモニーと旋律の両方にかかるものである。指導の系列としては，初歩的な扱いとして，まずハーモニーに重点をかけて指導を進め，しだいにメロディーの要素にも重点をかけていく。

・日本旋法については「旋法」の語が示すように，メロディーの系列に重点がかけられるが，まず調性の指導の考え方を生かして，「日本旋法の曲の感じ」，「陰旋法と陽旋法の感じの違い」などを感覚的にとらえさせ，しだいに特徴ある節まわし（慣用句の名称をつけている）や，リズムと関連づけて，日本旋法の歌に多く聞かれる拍節のずれ（ヘテロフォニーの名称をつけている）などについて触れていく。

（旧）

1	リズム
2	メロディー
3	ハーモニー(調性)
4	フレーズ
5	速度
6	強弱
7	音色

（新）

1	リズム	
2	メロディー	調性
3	ハーモニー	
4	フレーズ	
5	速度	
6	強弱	
7	音色	

・調性の概念の中に「対位法的な旋律」についての指導も含めて扱うことにする。

以上のことから初年度の研究でまとめられた教育課程の様式のうち，

整理表欄では，この点を改めて，前頁のように修正した。

2　フレーズについての考え方

フレーズについての指導は，初年度においてはリズムフレーズの基本形を主に扱い，4小節の小楽節の基本リズムフレーズを中心に，拡大一部形式の場合の8小節や4小節をもとにして5小節，2小節などのフレーズについて指導することをおもな指導としてきた。しかしフレーズ本来の意味からいえば，フレーズは大小さまざまにとらえることができるわけであるから，次年度においては，もっと意識を広めて考えることにした。すなわち

㋐ 表現の学習に直接関係し，その必要によるとらえさせ方

㋑ 形式の学習に発展させる，その第1段階としてのとらえさせ方

の二つの態度である。

前者の㋐では，1小節や2小節単位のとらえ方も含め，小さな同形反復も感じとらせるよう留意した。またこれをリズムの面からもとらえさせようと考えて「リズム群」という呼び名による指導も考えてみた。これは小節の数には限定されずに1小節または2小節単位の小さなリズムフレーズをとらえさせ，それを「続く形のリズム，まとまる形のリズム」に分けていくと，楽曲のリズムの面からの「統一と対照」，動機とその反復や発展などが非常にとらえやすくなる。

後者㋑の立場では，基本リズムフレーズの指導から始め，しだいに形式の理解やその形式を生かした鑑賞・表現に発展させるようにしていく。基本リズムフレーズは原則的には4小節単位で小楽節を構成する。

音楽の「統一と対照」による美しさは，フレーズを単位としているわけであるから，以上述べた二つの立場を共通の理解事項として，いっそう強調していきたいと考えた。

Ⅷ　授業研究と基本的要素

初年度は，基本的要素と目標との関係について理論的な研究を重ねてきたが，教育課程の作製の仕事からは，別の観点で基本的要素をながめるようになり，性格をしだいにはっきりとらえることができるようになった。

基本的要素は，まず教師の教材研究の観点としての意義がある。その教材研究された内容の中から，児童にもとらえさせたいと考えられ，それが児童の成長発達と考え合わせられたとき，教材研究から目標に移されていく。目標の中ではさらに「理解させる」とするか「感じとらせる」とするか，あるいは「表現」の中にとけ込ませるなどの位置づけが考えられなければならない。この基本的要素に対する教師の態度があいまいであったり，「感覚を伸ばす」という目標に置き換えての積み重ねがじゅうぶんでないと，理屈っぽい悪い意味での教師中心主義の授業に終わる結果になる。

そこでこれらについて，次のように「四つの質問」として整理して教師の研修に役だてた。

（その1）

「教師はこの教材楽曲のどこに美しさを感じて授業にのぞんだか」

まず，指導者である教師自身が，音楽の美しさを感じることがたいせつである。教師のこの意識は基本的要素と結びついて，教育するという意識でなくても，授業にのぞんだ場合に自然に指導の背景に現われてくる。指導法はもちろんのこと，指揮法や伴奏法も変わってくる。

（その2）

「記号や解説に対して，真に納得することができたか」

たとえば指定された速度・強弱の記号，さらには合唱として編曲された低音部パートの進行，転調されたところの伴奏和音，偽終止の和声などに疑問をいだくことがある。よく調べてみたら「やはりそのと

おり」という場合もあるし，場合によっては改めたいときもある。もし改めたいときはそれ相当の理由をもって処置しなければならない。ここでは教師の音楽についての力が，ある程度要求される。

（その3）

「基本的要素をどのような形で目標に消化させたか」

目標については，「理解させる」という目標の前には，必ず「感じとらせる」「耳慣れさせる」「親しませる」ことと，それらを積み重ねる段階をもたなければならない。どのような目標を立てるかは，児童の状態をじゅうぶんに知ってそれとの調整にかかっている。授業の失敗は，せのびさせた目標を設定したとき多くみられる。

（その4）

「この目標を達成させるために，どのような学習活動を用意したか」

目標はしだいに具体化され，目標の必要によって学習活動が展開されるわけであるが，ここでは統合的な学習の展開が当然計画されてくるわけである。

IX　基本的要素の内容の整理

分析的な立場に立って基本的要素をとらえたとしても，音楽の実際ではこれは決して単独に存在しているわけではない。そこで教育として取り上げるためには，児童たちに感じとらせたり味わわせたりさせる一つのかたまりとしての基本的要素，言い換えれば，「複合された基本的要素」として，また一面，指導の積み重ねという意味で「指導の系列」を明らかにする必要から，さらに加えれば，音楽に対する高い統合的はあくを可能にするための過渡的方法として基本的要素を指導する上での内容を明示したいと考えた。これは初年度における中間発表の際に，残された問題の一つとして，予定されていた問題であったわけである。

これを表記する方法としては，いくつかの案が考えられたが，けっきょく次の表にまとめられた。これは，複合されたもの，単独な存在ではないということにヒントを得て作製されたもので，縦と横に七つの要素を項目としておいて，特に関係のある要素と交わる欄に，指導したいと考える基本的要素の内容を置いたものである。なお指導の系列としては，縦に置いた項目を主にして表記してみた。

〔基本的要素の内容〕

基本的要素	リズム	メロディー 調	ハーモニー 性	フレーズ	速度	強弱	音色
リズム	リズム型 リズム型 （小さなリズムフレーズ） 拍子 （二，三，四，六拍子） シンコペーション	変奏 （主としてリズム） 日旋の歌の拍のずれ （ヘテロフォニー）		終止 （男性終止 女性終止） リズム群 （リズム形とその合成による） 舞曲のリズムパターン			
メロディー 調	変奏 （主として旋律）	旋律線 順次進行 日本旋法 （陰・陽） オブリガート 対位法的旋律	分散和音進行 和声音と非和声音	終止 （半終止・完全終止）		旋律の山	
ハーモニー 性		長調・短調 転調 和音 和声（Ⅰ，Ⅳ，Ⅴ） （Ⅰ，Ⅳ，Ⅴ）		終止 （終止形合唱）			
フレーズ	反復 主としてリズム 変化・対照	動機 反復 （主として旋律） ・エコーフレーズ ・しりとり	トニックフレーズ ドミナントフレーズ	基本リズムフレーズ （二，三，四，六各拍子）基本形以外のフレーズ （序，結尾，歪み） 形式 （一部，二部，三部形式）			
速度					基本的速度 速度の変化		
強弱				フレーズごとの変化		強弱 クレシェンド デクレシェンド	
音色							楽器の音色（人声を含む）・組み合わせ

X　指導の系統案

縦と横に基本的要素をおいて，その交点にあげられた基本的要素の内容のそれぞれについて，具体的に指導内容，指導方法および適した教材を参考曲として整理して記録し，系統表をまとめた。そしていっしょにしたほうがよいもの，逆に細分したほうがよいものなどについて検討した。ここでは紙面のつごうでその中から三部を例として載せる。

なお表の初めに書かれた見出しは，IXで述べられた基本的要素の縦軸と横軸の見出しを書いたもので，「形式」の例では，フレーズとフレーズの交点におかれた「形式」の意味を表わしている。

この系統表の作製と修正には非常に多くの時間を費やしたが，教育課程の基礎となるものであるから教育課程案の評価によって，さらに修正されるべきものであろう。

	フレーズ
フレーズ	

形　　式

学年	指導内容	指導方法	参考曲
1	歌ったり聞いたりしてフレーズの切れ目や，いくつのフレーズかを感じとらせる。 レコードの鑑賞曲を用いて，節の切れ目を感じとらせる。	（リズムフレーズの基本形　参照） 問答唱をさせる。（歌問答，リズム問答）	ごあいさつ う　み かたつむり こいのぼり 森のかじや ガボット （ゴッセク）
2	「同じ節」，「似た節」，「違う節」を感覚的にとらえて判断させる。 「似た節」，「違う節」などを意識にのせて，楽器の組み合わせをくふうさせる。	「同じ節似た節さがし」をして聞きとらせる。 旋律線を描いたり，リズムをとったりして感じとらせる。 リズム楽器，旋律楽器をフレーズごとに組み合わせて合奏の編曲をくうさせる。	春がきた がっきあそび かっこう
3	「終わる節」，「続く節」を感覚的にとらえさせて意識にのせる。 複合三部形式，組ワルツなどの旋律のまとまりをとらえさせる。	「終わる節」，「続く節」を聞いたり歌ったりして区別させる。 フレーズの末尾の数音を変えて，終止の違いを感じとらせる。 「短いことばの節づけ」をさせて，「終わる節」「続く節」を感じとらせる。	春の小川 小ぎつね 村まつり しりとり 金と銀 金婚式
4	音楽は，問いと答えの組み合わせがもとになっていることを理解させる。 フレーズ(小楽節)ごとにa，a′，bなどの記号を用いて曲の形をとらえさせる。(レコード鑑賞のABCなども含む) 曲の形を生かして一部形式の旋律を創作させる。	フレーズの「終わりの音調べ」をして，問いと答えの終止の形を，階名で意識にのせて理解させる。 「似ている節」をいろいろの形に分けて意識にのせる。 大づかみにした感じ，旋律線，リズム，異度の同形反復，フレーズの前半または後半が同じ，など 反復を生かした形，対照的な節などを生かした旋律創作をさせる。	アマリリス 村のかじや アマリリス スケーターズワルツ メヌエット (ベートーベン)
5	一部，二部，三部形式の基本の形を理解させる。 フレーズには，形式を構成するものと，形式の決定には関係のないものとがあることを理解させる。 形式を生かして，合奏に編曲させる。	名称を，内容と結びつけて覚えさせる。 形式を決める場合には，序，結尾，そう入，付加，はみ出したエコーなどは，除いて考える約束であることを説明する。序や結尾などをもった曲が，何部形式であるかを考えさせる。 統一感や対照的な感じを，楽器の組み合わせに生かして合奏させる。強弱発想もくふうさせる。	春 フォスター・メロディー集 きぼうの歌 いなかの冬 海 まきばの朝
6	曲の形を生かし，二部形式，三部形式の旋律を創作させる。	aを与えて，a′やbを創作させる。 創作活動でできた作品を，形式の上から批判したり鑑賞したりさせる。	

メロディー　メロディー

日本旋法

学年	指導内容	指導方法	参考曲
1	「わらべ歌」に親しませる。 生活の中のことばを使って即興的に問答唱をさせる。	「わらべ歌」を歌ったり，遊戯したりして経験させる。 遊びことばを使って歌問答をさせる。	かごめ　かごめ ひらいた　ひらいた
2	長調，短調，日本旋法の用語を理解させる。 長調，短調，日旋の聞き分けができる。	調あて遊びをさせる。（長調，短調の聞き分け遊びに，日旋を加える）	とおりゃんせ あんたがたどこさ ゆうびんやさん ほたるこい さくらさくら うさぎ
3	日旋の階名唱に慣れさせる。		十五夜お月さん 手まり歌
4	陽旋と陰旋の感じの違いを味わわせる。 特徴ある旋律形（慣用句）を感じとり意識にのせる。 日本古来の歌の特徴をとらえさせる。 日本古来の楽器による曲に親しませる。	「子もり歌」を陽旋や陰旋で歌わせる。 日本旋法の感じをよく表わしている節を歌ったり，抜き出したりさせる。 伝承音楽，歌い方の違い（リズム・旋律・歌詞），ヘテロフォニーなどを感じとらせ，日本古来の音楽の特徴を理解させる。 琴の音楽を鑑賞させる。	子もり歌 夜まわり 数え歌変奏曲
5	陽旋，陰旋の音列や慣用句を理解させる。 日本旋法による旋律の創作をさせる。	日本旋法の歌集めをして共通点を抜き出させる。 ・終止の形 ・慣用句 ・音列との関係 慣用句を用いて旋律の創作をさせる。 琴・三味線・尺八などの音楽を鑑賞させる。	ずいずいずっころばし 砂山 春の海
6		日本旋法の歌の合唱・合奏に慣れさせる。	お江戸日本橋 六段

フレーズ　ハーモニー

終　止

学年	指導内容	指導方法	参考曲
1	フレーズの切れ目に気づかせる。 前奏・間奏・後奏に注意して，歌わせる。	「指の散歩」やフレーズごとの行進などの身体反応を通して，フレーズの切れ目を感覚的にとらえさせる。 歌唱や器楽の演奏で，前奏・間奏・後奏に注意させ曲の終わりに気をつけて表現させる。	ちょうちょう かたつむり 月 日の丸 おもちゃのマーチ たこ
2	終わった感じ，続く感じを感覚的にとらえさせる。 終止のリズムを意識して表現をくふうさせる。（主として二拍子） ・男性動律と女性動律 ・続く形と終わる形 ・延長	フレーズの後半をいろいろにひき変えて，終わったか，続くかを感じとらせる。 基本リズムフレーズと対照させて終止のリズムを意識させる。	おもちゃのマーチ（1年） たこ（1年） さんぽ なかよしこよし ゆき うさぎ
3	終止のリズムを意識して表現をくふうさせる。（主として，三拍子，四拍子） 歌問答で，できた旋律の終止を意識にのせて，作品を味わわせる。	基本リズムフレーズと対照させて，終止のリズムを意識させる。 半終止，完全終止を感じとらせ，作品を味わったり修正させたりする。	風 たのしい春休み 歌のけいこ 小ぎつね 春の小川
4	半終止や完全終止を意識にのせ，形式を理解させる。	フレーズの「終わりの音しらべ」をして，完全終止と半終止の二つの形を階名で意識にのせ理解させる。	小川 水車 きたえる足 赤とんぼ
5	一部形式，二部形式，三部形式の名称を理解させる。	名称を内容と結びつけて理解させる。	雨だれ（一部） 星すむ秋（一部） 春（二部） こいのぼり（二部） かすみか雲か（4年）（三部） きぼうの歌（三部）
6	形式を意識にのせて旋律を創作させる。 半終止と完全終止に用いられる和音を意識にのせる。	4小節の旋律の終止を調べて，続きの節，前の節を創作させる。 旋律の伴奏和音を考える。 半終止（Ⅴ）と完全終止（Ⅴ→Ⅰ）の和音を意識にのせる。	すかんぽのさくころ

XI　基本的要素(およびその内容)を目標として位置づけるための段階

前述のⅧで「指導計画を立てる場合の考え方」の四つの観点（その３）で，すでに触れているが，指導の段階について次のように整理した。

1　感覚の芽ばえを主としたねらいとする**経験させる段階**

親しませる，慣れさせる，与える，おもしろさを味わわせる，芽ばえを育てるなどの目標や指導内容がこの段階に含まれるものである。

2　経験の中から必要なことを**意識にのせる段階**

感じとらせる，感じの違いを味わわせる，比較させる，教師といっしょにしてみる。関心を持たせる，他の要素との関連を意識させるなど。

3　必要な知的理解を加えた**理解のうらづけを持たせる段階**

内容，記号，名称等の理解。必要感をもって表現に生かす，など。

4　自分で発見したり，それを使いこなしていく応用の段階

他の要素との関連を自分で考える，創造的に生かす，創作や鑑賞に応用し生かしていく。

ここに示した四つの段階は，内容によっては，確然と切り離せないものもあるし，主として表現上の要素は，理解と応用が一つに重なることが多い。また応用することによって理解を深めるということも多くあることである。したがってだいたいのめやすということになる。

しかし，だいたいのめやすといってもおろそかにするというものではない。他の教科にもこのようなことは多くみられることで，理科の「たねまき」の例をあげてみても，１年，２年，３年いずれもたねまきを単元として取り上げ，学習活動をとっている。学年の見通しが教師の意識の中に明確にされていないと，１年生に３年生の学習内容を要求するという結果を

招く危険もあるわけで，音楽のこの基本的要素の取り扱いも，これと同様な考え方でこの段階をもつことにしたわけである。

次に，この四つの段階の頭文字を用いて，指導の系統案を一覧表にまとめ，目録ふうに示して使用の便を図った。

次に示す表がそれで，16項目に整理してある。この表の項目は系統表も同じであるが，当初は41項目からできていたが「指導の積み重ね」という面で整理し，それらの指導の基盤に立っての発展的な内容は項目を独立させることをさけ，表中に具体的に示して「指導の系統」がわかるように考慮して16項目に整理した。

経……経験させる段階
意……意識にのせる段階
理……理解のうらづけをもたせる段階
応……応用の段階

No.	1		2				3	4	5		6		7		8		9
基本的要素の内容 項目／学年	リズム		拍子				旋律線（対位法を含む）	順次進行と跳躍進行（分散和音進行）	変奏		長調・短調（五音音階を含む）		日本旋法		和声		終止
	リズム形	リズム群	二拍子	三拍子	四拍子	六拍子			主としてリズム	主として旋律	長調	短調	陰旋法	陽旋法	終止形和声	ドミナントフレーズ・トニックフレーズ	
1年	経、意	経、マーチ	経、意、理	経、意、理	経	経（2♩.）	経、意 曲の山	経、意	経		経、意 歌い分け（長調・短調にまたがる）	経、意	経	経	経、意 I IV V の聞き分け	経	経、意
2年		意 終わりのリズム	応	応	意、理、応						聞き分け（長調・短調にまたがる）						
3年		理、応 ワルツ・続くリズム・まとまるリズム					理 旋律の形 ／＼（ ）⌒			経	理、ハ長調	日旋を加える 聞き分け（長調・短調にまたがる）	意	意	終止形輪唱	意、理	理 続く節 終わる節
4年	理、応 バリエーション・シンコペーション	ガボット				意、理、応（6/8）		理、応	意、理、応	意、理	応 和声（五音音階）ヘ長調	理 イ短調	理 拍節のずれ	理 拍節のずれ	理 終止形合唱（長・短調）	応	理
5年		はじまりのリズム メヌエット・リズムの動きとおちつき					応 オブリガート			応	転調 ト長調	応 ニ短調	応 聞き分け（陰旋法・陽旋法にまたがる）		応 転回形		半終止と完全終止
6年							対位法的旋律				ニ長調	ホ短調		応	和声音と非和声音		応

No.	10					11	12					13			14		15	16	
	基本リズムフレーズ					動機	反復					形式			速度		強弱	音色	
	二拍子	三拍子	四拍子	六拍子	基本形以外のフレーズ		同形リズム	同形反復（主として旋律）	エコーフレーズ	旋律のしりとり	変化と対照	一部形式	二部形式	三部形式	基本的速度	速度の変化		音色（人声を含む）	組み合わせ
1年	経、意、理	経	経	経		経 問答唱 反復	経	経	経、意	経	経	経（問答唱）		経	経	経 rit.	経 <>	経、意 模擬演奏	経 フレーズごとの変化
2年	応	意、理、応		意				意			意	意（問答唱）		意 サンドイッチ形式	意 正しく保つ		意 旋律の山・フレーズごとの変化		意
3年			意、理、応		経		意		理				経、意	トニックフレーズ ドミナントフレーズ		意 rit.			
4年	短いフレーズ 長いフレーズ（二拍子〜四拍子にまたがる） 序	序	序		意			理 変形反復		意、理、応		問いと答え a a'・a b	a a' a' b b a' b'		♩＝60 ♩＝104 ♩＝120		理、応 諸記号の理解		理
5年	結尾	結尾	結尾	理、結尾	理、応	意、理、応	理、応	応	応		理	理	理 聞き分け（序・結尾 反復）（二部形式・三部形式にまたがる）	理	理、応 ♩＝96	理、応 rit. accel. a tempo		理、応 分類	応 和声 オブリガート
6年											応	応	応	応	♩＝80				対位法的旋律

XII　具体的な指導方法

基本的要素の内容やその位置づけが，以上のように整理されるまでの過程においては，常に授業の実際を通して討議したり，実証したり，また修正を加えたりしてきたわけであるが，それらをもとにして，ここでは学習活動の実際からみていく意図によって，一応領域別に，具体的な指導法をまとめてみた。

ここで示される基本的要素の内容については，さきに示した「基本的要素の内容，指導系統一覧表」に示された16項目をもとにしてある。また各領域とも紙面のつごうで，じゅうぶんには書き表わせないが，次の三つの点を共通した考え方として重点をかけて記述してみた。

1　この領域の活動に重点をかけて指導することが最も効果的と思われるもの。

2　他の領域でも扱うが，この領域でもじゅうぶんに扱うもの。

3　同じ内容のものでも，ある段階では，この領域で活動を進めるのが最も効果的と思われるもの。

以下これらの考え方によって，学習活動の実際について，領域別に鑑賞・歌唱・器楽・創作の順で述べる。

1　鑑　賞

鑑賞指導のねらいとして，小学校学習指導要領音楽科に示された一般目標としては，「すぐれた音楽に数多く親しませ，よい音楽を愛好する心情を育て，音楽の美しさを味わって聞く態度や能力を養う。」とされている。

この目標は，児童の音楽活動のすべての面で計画され，実行に移されるのはいうまでもない。すなわち，鑑賞・表現（歌唱・器楽・創作）の各領

域が有機的，統合的な学習活動を通して，児童に深く植えつけられるものと考えられる。音楽における表現活動も，常に鑑賞のうらづけ，ささえのもとに高められていくのであり，つきつめていえば，音楽すなわち鑑賞活動であるということができる。

以上の基本的な考えのもとに，これから鑑賞と基本的要素との関係や，効果的な指導法について，本校の実験研究の概要をまとめてみた。

なお，ここでしるす鑑賞の領域については，主として，レコードによる鑑賞教材にしぼって示してある。

(1)　目標を立てる上での考え方

鑑賞教材の指導内容としては，学習指導要領に示されている，態度・習慣・感覚・楽器・人声・音楽の種類・演奏形態の項目に要約できる。4年の題材「白鳥」に例をとると，その目標として，次のように書かれている。（昭和35年文部省刊行小学校音楽指導書より学習指導の展開例）

①　優雅な旋律と伴奏の美しさをじゅうぶんに味わわせる。（態度・感覚）

②　六拍子のリズムを感じとらせる。（感覚）

③　チェロの音色や形態を理解させる。（楽器・感覚）

これらは，主として，その曲から受ける感じ（曲想・曲趣）や，音楽感覚（基本的要素），理解（楽器・種類・形態）の三つの面から目標を立てている。

この三つのうち，感覚面における形式美と，形式美を通して味わえる内容的な美しさは，どんな鑑賞曲をもってきても，必ず含まれているものと考えられる。たとえば絶対音楽は，形式美が強調されてはいるが，その形式美を通して，優雅さとか，雄大，壮麗などと，人間の感情，情緒に訴える，内容的な美しさを感じる。これは個人の自由

性の中で当然認められなければならないし，指導に当たる者としても，この面をおろそかにすることはできない。したがって，鑑賞教材の取り扱いにあたっては，形式美（基本的要素）をふまえた指導を中心にし，そこから味わえる内容的な美しさ，その曲のもつふんい気や曲想など，児童の美的情操を育てていくことも指導の目標として重要視しなければならない。

そこで本校では，指導計画を立てる際の考え方として，基本的要素の面と，内容的な美しさとの二つの面を，目標を立てる柱として意識にのせていくことに意見の一致をみた。

(2) 鑑賞教材と題材設定の考え方

ごく一般的には，歌唱題材を中心にして，鑑賞・器楽・創作などを有機的，統合的に展開する計画が多い。これは，「かっこう」と「かっこうワルツ」や，「村のかじや」と「アンビルコーラス」などのように，鑑賞教材への導入として，児童の興味もわき，きわめて有効な手段である。しかし，この考え方だけでおし進めると，題名や曲名だけにとらわれて，要素的にはあまりにも関連の薄いものを，無理に関連づけてしまう危険性も伴う。そこで，「子もり歌」と「中国地方の子もり歌」や，「おもちゃのマーチ」と「キューピーの観兵式」のように，要素的な結びつきをもつものを関連させるよう考慮した。

また，上の二つにはいらないものも考えられる。それは，その曲を児童に鑑賞させたいという願いの強い場合で，しかも歌唱題材との関連の薄い場合である。このような曲においては，低学年では，児童の興味の持続も考慮し，短い時間に分けて何回も聞かせ，印象づけたほうがよいという考えから，歌唱題材の中に入れて，毎回，学習時間中の何分かの時間をその曲に充てることとした。高学年では曲によって

は歌唱題材と切り離し，鑑賞題材として独立させたほうがよいと考えられるものは，題材として独立させることにした。

(3) 鑑賞教材と基本的要素との関係

次に示す表は，4年生の鑑賞教材と基本的要素との関係を例として表にまとめたものである。表中○印のものは，教材研究として指導者が意識しておくべき基本的要素の内容であり，◎印は，児童に意識的にとらえさせる基本的要素の内容で，言い換えれば意識にのせたり，理解の目標となるものである。

基本的要素の内容 ＼ 教材	1	2	3	4	5	6	7	8	9	10	11	12	13	14	15	16	
	リズム	拍子	旋律線	跳躍進行と順次進行	変奏	長調・短調	日本旋法	和声	終止	フレーズ 基本リズム	動機	反復	形式	速度	強弱	音色 音色	楽器や人声の組み合わせ
アマリリス	◎	4 ○		○		◎			◎			◎	○				
白鳥		6	◎					○				○		○	○	チェロ◎	チェロ独奏 ○
中国地方の子もり歌		2	○				◎									○	ソプラノ独唱 ◎
メヌエット（ベートーベン）	◎	3 ○							◎			◎	◎			○	○
軍隊行進曲	○	2 ◎				○			○	○	◎	○	◎	○	○	○	ピアノ連弾 ○
ガボット（ラモー）	○	4 ○		○								○				オーボー ◎	
アンビルコーラス	○	4		◎				◎	○						○	○	合唱とオーケストラ◎
スケーターズワルツ	◎	3 ◎	○						○	○	◎	◎	○	○			
数え歌変奏曲	○	4			◎		◎		◎							琴 ◎	
ユーモレスク	◎	2	○			◎			○			◎	○			○	

(4) 鑑賞における，基本的要素を生かした効果的な指導法

本校で考えた16項目の基本的要素の内容のうち，鑑賞の領域と密接な関係にあり，この領域の中で重点的に指導したほうが効果的と思われるものを取り出してみると，主として終止・動機・反復・形式・音色にまとめられる。

そこで次に，それらの内容について学年の系統をふまえての効果的指導法を述べる。

a 〔終止（段落）・動機・反復・形式〕

	1	2	3	4	5	6
内容	身体反応を通してフレーズを感じとる。	→ (+)旋律の終止の感じを感覚的につかむ。	旋律のまとまりとその美しさ，および終止感をつかむ。	→	旋律の反復・模倣・段落ならびにそれらの対照と統一の美しさを感じとる。	→ (+)発展と変化
	旋律の切れ目を感じとる。	→	A・B・Aのまとまりをとらえて聞く。	→	→	→
				(+)動機の反復や変化を意識して聞く。	→	→
				主旋律の反復を意識して聞く。	→	→
教材	アメリカ巡ら兵 キューピーの観兵式 おもちゃの兵隊	かっこうワルツ おどる人形 トルコ行進曲 わらの中の七面鳥	金婚式 メヌエット（ビゼー） メヌエット（ボッケリーニ） おもちゃシンフォニー	アマリリス メヌエット（ベートーベン） ユーモレスク スケーターズワルツ 軍隊行進曲	くるみ割り人形 双頭のわしの旗の下に メヌエット（バッハ）	葬送行進曲 バイオリン協奏曲第9 交響曲から合唱の部

(a) 身体反応を通してフレーズを感じとる。

「わらの中の七面鳥」で，フレーズごとに男女で交互に踊りをしたり，また，全員で円陣を作り，フレーズごとにひとりずつ交替しながら円の中にはいって即興的に身体反応をし，フレーズ感をつける。行進曲に合わせて行進する際にも，グループごとにフレーズの頭から行進に移るなどさせると，フレーズに対する感覚が鋭くなる。

(b) 記号や図示によって形式美を味わわせる。

これは音楽に合わせて，簡単な記号を用いたり，また，教師の図による説明を受けたりして，聴覚と視覚の両面から音楽の形式美を感じ取らせる方法である。以下いくつかの例を図示する。

◦線や色で示す方法

A	B	A	C	A	B	A
赤	白	赤	緑	赤	白	赤

◦○や□で示す方法　○ □ ○ △ ○ □ ○

◦図で示す方法

はじめの節
まんなかの節
はじめと同じ節

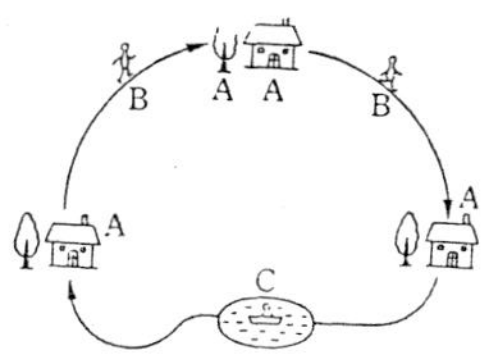

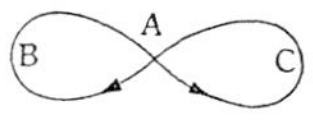

◦楽器図で表わす方法

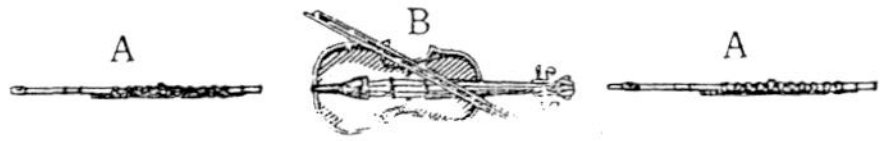

(c) 動機の反復や発展，主旋律の繰り返しの美しさを感じとって聞く。

「スケーターズワルツ」の動機が，二度音程高くなって繰り返されていることや，バッハの「メヌエット」における動機の反復や発展を，階名唱や器楽合奏などを通して感じとらせ，他の鑑賞教材でも常に旋律をまとまりとしてとらえて聞く習慣を身につけさせたい。

また，あらかじめ主旋律を口ずさませて暗唱させ，その主旋律の繰り返しに期待をもたせて聞かせるようにすると，音楽の構成に対する感覚の芽ばえが増してくる。

メヌエット

スケーターズワルツ

(d) 以上のほかに，ピコロによる小鳥の鳴き声が聞こえたらピョコンと頭をもち上げ，それ以外のときはつくえにかくれているという約束をさせて，「さえずる小鳥」を聞かせると，楽しんでレコードの音楽に反応する。これは音色に対する感覚を身につけさせるにも効果的である。

b 音 色

基本的要素の内容のNo.16 音色の中に楽器や人声の組み合わせと，音楽の種類および演奏形態を含めて考えることにした。

また，主旋律に対する副旋律（オブリガート・対位法的な旋律）の動きや美しさを感じとらせるのも，管楽器に対する弦楽器というように音色の面から感じとらせたほうが効果的であると考えた。

次に学年の系統を図示してみる。

	1	2	3	4	5	6
内容	リズム楽器類，ラッパ類，バイオリンおよびけん盤楽器の音色	→ (＋)鉄琴	フルート・クラリネット・トランペットの音色	オーボー・チェロ琴の音色	オーケストラの楽器 日本の楽器の音色	→
					人声の種類と音色	→
	独唱や独奏とせい唱や合奏	→ (＋)合唱	→ (＋)輪唱・管弦楽 声楽曲や器楽曲のいろいろな種類の音楽	→ →	→ (＋)重唱・重奏・弦楽合奏・吹奏楽→	→ →
	楽器の組み合わせの美しさを味わう。(バイオリンとピアノ)	→	→ オーケストラの弦と管，フルートとハープ・ピアノ	→ チェロとハープ・ピアノ	→ 弦楽合奏のハーモニー楽器の特色	→
教材	アメリカ巡ら兵 キューピーの観兵式 おもちゃの兵隊 くまばちはとぶ	おどる人形 トルコ行進曲 鉛の兵隊の行進	メヌエット 軽騎兵序曲	白鳥 ガボット 数え歌変奏曲	オーケストラの楽器 春の海 フォスターメロディー集 タンホイザー行進曲 マドリガル	六段 魔王 第9交響曲から合唱の部 アンダンテカンタービレ バイオリン協奏曲

(a) 楽器図やスライドを見ながら聞く。

児童が生の演奏に接するのは，一部の土地のほかは機会に恵まれていない。そこでスライドなどを利用して楽器の形態と音色，演奏姿勢などを理解させる。この際，低学年ではレコードに合わせて模擬演奏をさせるとよい。

(b) 同じ曲を違う演奏形態で味わわせる。

「軍隊行進曲」（シューベルト）　ピアノ独奏・連弾・オーケストラ
「ユーモレスク」（ドボルザーク）　ピアノ独奏・バイオリン独奏
「魔　王」（シューベルト）　バリトン独唱・アルト独唱
「双頭の鷲の旗の下に」(ワーグナー)　器楽合奏・吹奏楽・管弦楽

などのように，高学年になるに従って，同じ曲をいろいろの演奏形態で聞かせ，それぞれがもつ音色の美しさや特徴を感じとらせたり，その曲がもつ美しさがどの演奏形態でいちばんよく表わされたか，などの話し合いをすると，音色に対する関心も高まり感覚も鋭くなる。

このように演奏形態の違うものを比べて聞かせる際は，話し合いのあとに原曲の演奏形態を児童に伝えることがたいせつである。

(c) 児童の表現を通して演奏形態を理解させる。

高学年で演奏形態（特に重奏など）に関心をもたせる場合などは，できる範囲で，児童のもっている楽器により重奏を試みさせ，重奏する楽しさ，音色のおりなす美しさを，積極的に感じ取るような活動がほしい。（ハーモニカ・たて笛・アコーディオン・オルガン・ピアノなどの組み合わせ）

また，重奏を鑑賞する際に，下に示すような旋律線図を板書しながら聞かせると，各楽器の音色や旋律が浮かび上がってきて，そのおりなす美しさをじゅうぶんに味わえる。

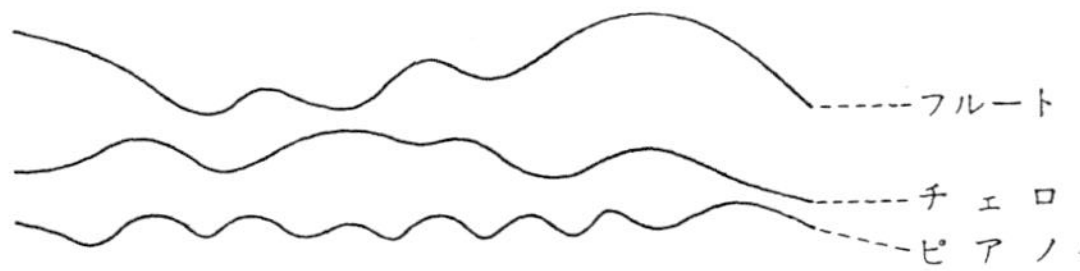

「シューベルトの子もり歌」の編曲より
チェロが主旋律を演奏している。

(d) 楽器の分類をさせる。

5年生で，オーケストラの楽器の学習活動をする際に，児童ひとりひとり，あるいはグループで，楽器の分類整理をさせるとよい。形態によって分類するもの，材質や発音体による分類，または音色によって分類する者などその分け方にそれぞれいくらかの違いが出

てくるはずである。そこで，それぞれの分類の観点を発表し合い，各児童の立場を認めながら楽器やその音色に対する感覚を理解のうらづけをもちながら強めていくとよい。

c 拍子

4年生の歌唱教材で，外国曲の「ねむれよ」があり，その目標として，「ゆるやかな$\frac{6}{8}$拍子の流れにのって，やさしくあたたかな感じを味わわせ，表現させる。」とある。速度は♩＝56～60で，既習曲の六拍子に比べてだいぶゆっくりした曲である。

この教材の学習活動にあたっては，六拍子の感覚をじゅうぶん伸ばすことに一つのねらいをもたなければならない。そこで指導にあたっては，六拍子のいろいろな曲例をもってきて，ピアノ範奏や範唱，またレコードによる鑑賞で六拍子に対する感覚をじゅうぶんに植えつけるとよい。

同じ六拍子でも，速度の速いもの(「タランテラ」など)や，速度のおそいものによって，ずいぶん感じが違ってくるので，レコードの適当なところの一部分だけでも聞かせて，六拍子に対する感覚をいろいろの面からとらえさせたい。

また，拍子の聞き分けは，はじめに二拍子系（二・四・六拍子）のものと，三拍子系（三拍子）のものとに大きく分け，そのあとに，二拍子系であったらその中の何拍子であろうかというようにしてつかんでいくと，児童にとらえさせやすい。六拍子と二拍子との関連も常に耳を通して感じとらせ，それと並行して歌唱で述べられているような低学年用のリズム譜を用いたりして，知的なうらづけをさせていくことがたいせつである。

これらのことも，曲が始まったら，すぐに身体反応（軽くタクトする）するような，鑑賞態度を常に積み上げていくことが何より重要である。

d　日本旋法

「子もり歌」「わらべ歌」などにおいては，日本の伝統音楽の特徴を味わわせる意味や，そぼくな感情を味わわせるため，父母の歌声をテープにおさめて鑑賞させるとよい。いろいろな父母の歌声から，そぼくな日本音楽の美しさを身近に感じとることができるし，地方による歌詞の違いや，陽旋・陰旋による旋律の違いや，リズムの違いなど伝承音楽としての特徴が解説をぬきにして，心から感じとれ味わえると考える。

e　長調・短調

これは，フレーズや形式感の指導と関連させて，転調の美しさや，調の聞き分けの感覚を鋭くし，鑑賞する場合の一つの観点としておさえたい。

2　歌　唱

歌唱指導にあたって，小学校学習指導要領音楽科の目標に「歌唱学習は児童の音楽経験の中心をなすものであり，その直接のねらいの一つは，できるだけ数多くの楽しい歌，美しい歌を学習させることにより，児童の歌う喜びを満足させ，音楽を生活化させることにある。」とあり，小学校音楽指導書の中に「音楽を構成する基本的要素，たとえばリズム・旋律（フレーズ）・和声・速度・強弱・音色・形式などに対する感覚を伸ばし，知的理解を得させることは，音楽の美しさをじゅうぶんにはあくさせるには欠くことのできない要件である。」と述べられている。

この考え方は，児童の音楽を表現する技能の習熟と，表現の喜びや，人間の感情に訴える曲趣を味わわせ，さらに，その音楽美の形成要因としての基本的要素に対する感覚を育てることにより，より深くその音楽を味わ

わせることができるということがいえる。

ここでは，実験学校としての課題である「音楽の基本的要素を身につけさせるための効果的な指導法」という面にだけ内容をしぼって述べてみたい。

(1)　基本的要素の内容の取り上げ方

音楽美を形成している基本的要素は，音楽の中に個々独立して存在するものでなく，すべてが有機的，統合的に結びついているが，指導する上に，いつも全体からながめるばかりでなく，一つの要素を深く掘り下げて指導する場合もあろうし，また，特に関連の深い基本的要素をいくつか組み合わせて学習したほうが，より効果的な場合も非常に多い。

ここでは，歌唱指導においては，特に関連の深いと考えられる要素を，次のようにいくつか組み合わせて指導の段階を記述してみたいと思う。しかし，この組み合わせは，本校の歌唱指導で多くとられていることをまとめたもので，一つの例にすぎない。学年により，また教材により，指導者のねらいにより変えられるのが当然であると思う。

a　基本リズムフレーズとその変化・リズムと拍子
b　フレーズ・音色
c　旋律線・強弱
d　和声・終止・形式
e　調・日本旋法
f　速度

(2)　指導の段階

前記の関連の深い基本的要素を，一つのまとまりとしてとらえ，その指導の段階を低学年，中学年，高学年に分けて，具体的内容をおさえて

みた。しかし，内容によっては，かなり幅の広いものもあって，学年にまたがって指導されるものもある。

a　基本リズムフレーズとその変化・リズムと拍子

＜主として低学年＞

- 二・三・四・六拍子の歌を歌ったり，タクトをとったり，身体反応をしたりして経験させる。
- 歌に合わせ，また歌を歌いながら手拍子をさせる。1拍一つ打ちとして指導し，歌の細かい動きは，タタタタと歌わせる。

（例）

- 歌に合わせて手拍子を打つところを○におき換えて，リズムフレーズの基本形(二拍子)として，三つの形の区別を意識してとらえさせる。

（フレーズの指導，器楽の指導と関連させながら）

1の形

(「ぶんぶんぶん」の第1・第3フレーズ)

2の形
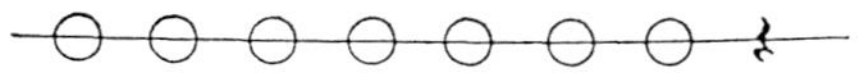
(「かたつむり」の各フレーズ)

3の形
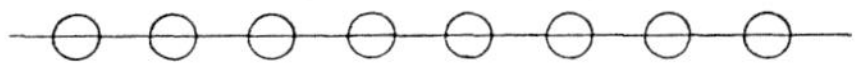
(「むすんでひらいて」の第1・第3フレーズ。
第2・第4フレーズは2の形)

- 友だちやものの名まえと関連づけて，リズムフレーズの基本形を身につけさせる。

（例）
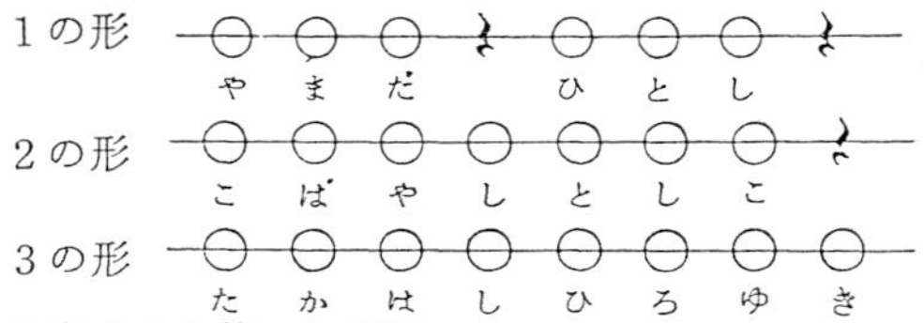

（友だちの名まえを使った例）

- 基本リズムフレーズを使って，リズムによるフレーズ感を身につけさせる。（創作と関連して）

（例）

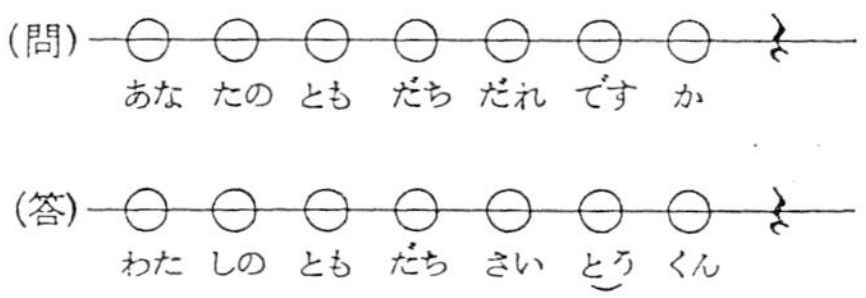

- 歌を歌ったり，行進したり，手拍子を打ったり，拍子変えをして歌ったりして，フレーズ感，拍子感を味わわせる。
- 二拍子の基本リズムフレーズに慣れてきたら，歌の速さに合わせて，○や𝄽でかかせ，記譜の指導に発展させる。

＜主として中学年＞

- 拍子と関連づけて，三・四・六拍子における基本リズムフレーズおよび小節について指導する。
- 「二拍子だから○は二つずつ」「二つずつだったから二拍子」，「4小節でまとまる」ということなどを感じとらせて，意識にのせていく。
- リズム唱を通して，タン（♩）とタタ（♫）を意識させ，♩＝○，♫＝◑，♪.♬＝◔，𝅗𝅥＝○‿○などを用い，また音符と対照させたり併用したりしながら，しだいに本譜に導入する。

（例）

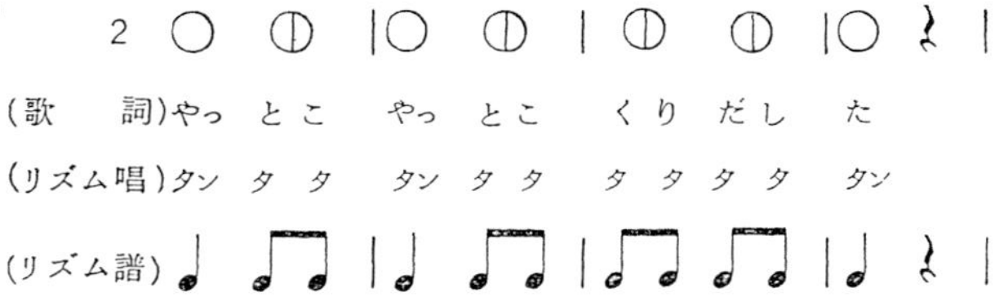

- フレーズごとに手を打ったり，リズム譜で書いたりして，リズムによる同形反復・対照・統一を感じとる。

（例）「うみ」

㋐ ㋒㋯㋩｜㋪ろ㋑㋤｜㋔お㋖㋑｜㋤㋺ 𝄽｜
つきが｜のぼるし｜ひがしず｜む－ 𝄽｜

（同形反復による統一感）

「ぶんぶんぶん」

㋑ ぶん ぶん ぶん 𝄽 はち がと ぶ 𝄽
おい けの まわ りに のば らが さい たよ
ぶん ぶん ぶん 𝄽 はち がと ぶ 𝄽

（基本リズムフレーズやリズムによる対照や統一の感じ）

＜主として高学年＞

○ 伴奏形や最終拍の長さ $\frac{2}{4}$ ♩ 𝄽 ‖，$\frac{3}{4}$ 𝅗𝅥 𝄽 ‖，$\frac{4}{4}$ 𝅗𝅥. 𝄽 ‖，$\frac{6}{8}$ ♩. ♩ 𝄾 ‖，などを聞き分けながら，拍子感をいっそう伸ばす。

○ 二・三・四・六拍子によく出てくるリズムを調べて，リズムや拍子についての感覚ををいっそう伸ばす。（リズム群参照）

○ はじまりや終わりのリズムの形を調べ，表現の違いを感じとり表現に生かす。

（例）　「雨だれ」（始まりのリズム）

㋐ 

かすみか雲か（終わりのリズム）

㋑ 

○ 手拍子をとりながら歌ったり，リズム譜の記譜をしたりして，リズムフレーズを調べ，基本の形に全然合わない形を調べる。基本リズム

フレーズと対照して，違いを意識させ表現をくふうさせる。

（例）　「うさぎ」

（基本の型）
㋐〔例 1〕 十 五や お月 さま みて はね る 𝄽
（長くなった型）
十 五や お月 さま みて は － ね る

「小ぎつね」

㋑〔例 2〕 やま のな か 𝄽（反復されて，余分になつたもの）

○ リズムの動きの多い小節と，リズムの動きが少なくて落ち着いた小節の組み合わせを理解し，歌い方をくふうする。

（例）　「星の世界」

○ 基本の形と対照させて，シンコペーションや特徴ある拍節のずれ（ヘテロフォニー）を感じとり表現する。

（例）㋐　「スキー」

もとの形 

シンコペーションの形 

㋑　「子もり歌」

もとの形 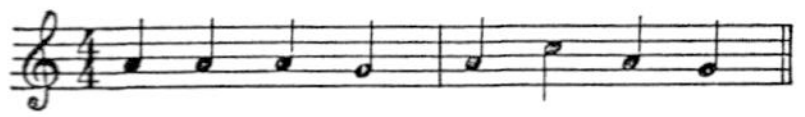

ヘテロフォニー 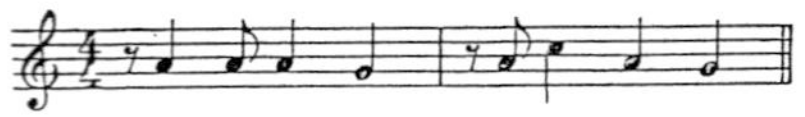

b　フレーズ（形式）・音色（人声の組み合わせ）

＜主として低学年＞

○ フレーズの切れ目で，声・ハーモニカ・手・旗などで合い図をさせる。

○ フレーズごとに歌ったり，男女を交替に起立させたり歩いたりさせ

る。

- 「指の散歩」をして，いくつのフレーズかあてさせる。

※　指の散歩という学習は，たとえば「日の丸」で行なう場合，第1フレーズを　と指先でつくえの左端から右端へ移し，第2フレーズでは，　のように逆へもどっていく。第3フレーズは，はじめと同様に　と動いていき，　第4フレーズを散歩して，「日の丸」の歌の四つのフレーズを2往復するやりかたでとらえさせる方法である。

- 基本リズムフレーズや，旋律線を考えさせながら，フレーズ（形式感の芽ばえ）を生かした身体反応をさせる。

（例）

㋐　a（はねる）　b（あるく）　a（はねる）…………「ぶんぶんぶん」など

㋑　a（右まわり）　a′（左まわり）　結尾（手をつないでふる）………「ちゅうりっぷ」など

- リズム問答や歌問答をして，フレーズのまとまりの感じをとらえさせる。
- フレーズ（形式感の芽ばえ）ごとに音色（人声）を交替し，形式美を生かした歌唱表現をさせる。器楽とも関連させる。

（例）

㋐　a（男）（ハーモニカ）　b（女）（木琴）　a（男）（ハーモニカ）…………「池の雨」

㋑　序（先生）（ひとり）　a（女）（女）　a′（男）（男）…………「はとぽっぽ」

c　旋律線・強弱

＜主として低学年＞

- 歌に合わせて，手を上げ下げしたり，音程のついた絵譜をさしながら歌ったりして，音の高低をからだでとらえさせ，表現させる。

- 旋律線を見ながら歌ったり，自分で描きながら歌わせる。
- フレーズごとに旋律線を描いて，その形の組み合わせを意識にのせたり，曲の頂点をみつけて，フレーズごとの強弱をつけたりして，表現をくふうさせる。

（例）「こいのぼり」

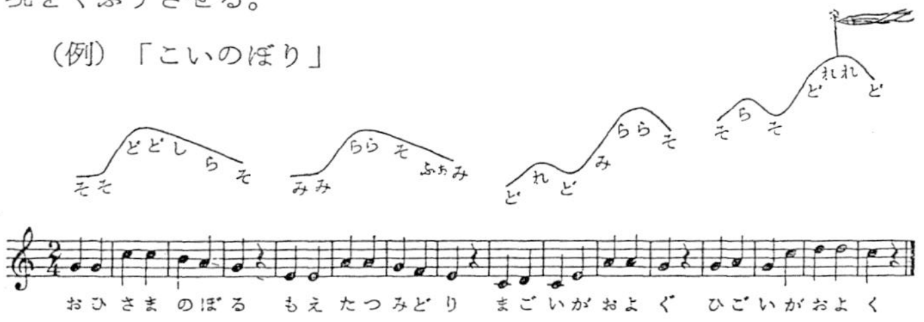

（注）　㋐　強弱を山の線の細い太いで表現してもよい。

㋑　強弱発想だけなら，線が音程よりずれて，少しこ張して表現してもよい。

- 遠近感と結びつけて，強弱をくふうさせる。

（例）「かくれんぼ」，レコードによる「アメリカ巡ら兵」

- 階名唱をして，音程と旋律線と結びつけ，曲の山をみつけて強弱表現をくふうさせる。
- 旋律線の上向，下向による指揮をして＜　＞をつけて歌わせ，曲の山を美しく表現させる。
- 順次進行，分散和音進行を線や点で表わし，指揮や歌い方をくふうさせる。

（例）「がっきあそび」

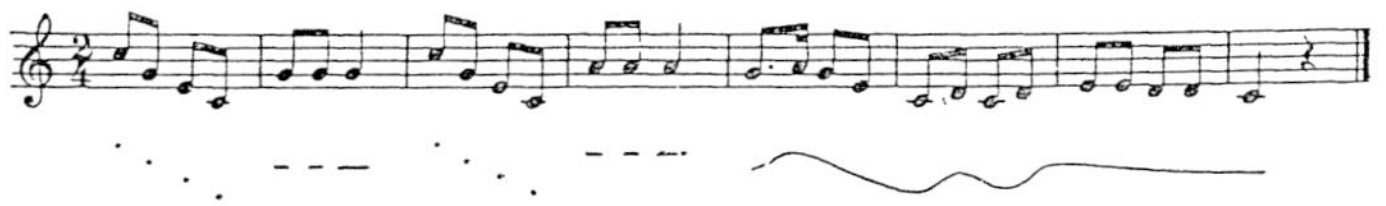

<主として中学年>

- 旋律の線を感じとったり，描いたりして，同形反復（主として旋律）やその発展・対照・統一を感じとり，表現する。

  （例）「まつりのたいこ」など

- フレーズごとに旋律線を描いて変わった形の線をみつけ，表現に生かす。

  （例）「しりとり」

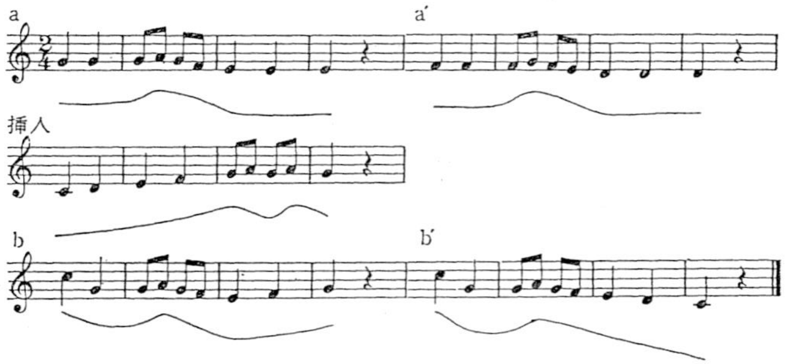

- 旋律線を思い浮かべながら，強弱発想をつけて歌い，*ff*, *f*, *mf*, *mp*, *p*, *pp*, ＜ ＞などの諸記号を理解する。

<主として高学年>

- 旋律の線の上向が必ずしも＜*f*に，また下向が＞*p*に一致しないことを感じとる。

  （例）レコードによる「白鳥」など

- 二つの旋律線を感じとり，対位法的な進行やオブリガートふうな進行を味わい表現する。

  （例）「われは海の子」オブリガートふうな合唱

d 和声・終止・形式

（**b**と関連させながら指導する）

<主として低学年>

- Ｔ・Ｄ・Ｔの和音による礼の合い図に慣れる。
- 長調や短調の歌をたくさん歌い，それぞれの感じに親しむ。
- 長調や短調のＴ・Ｓ・Ｔ・Ｄ・Ｔの和音に身体反応する。Ｔは両手を前へ出す（ぐう），Ｓは両手を上に上げる（ぱあ），Ｄは両手を左右に広げる（ちょき）。
- 高音で和声をひき，低音で旋律をひいて，Ｔ・Ｓ・Ｄの和声に身体反応させる。（１小節１和音の曲がハーモニーをとらえやすい，「おほしさま」など）

<主として中学年>

- トニックフレーズ，ドミナントフレーズを，ドとソで合唱する。
- リズムを調べて，リズムによる続く感じや，終わる感じをとらえ，終止感を感じとる。
- 終止形輪唱（合唱）や部分二・三部合唱して，ハーモニー感を味わう。

  旋律を聞いて，ハーモニーを感じとり身体反応をする。（１小節１和音の曲，または，分散和音進行の多い，ハーモニーのとらえやすい曲がよい。（１年の「しりとり」「おほしさま」など）

<主として高学年>

- 合唱してハーモニー感を味わう。
- 問いかけ，答えの旋律を感じとり，終わりの音調べをして，半終止や完全終止とその和音を理解する。
- 半終止「，」完全終止を「。」で現わし，一，二，三部形式を理解し，表現に生かす。
- 基本リズムフレーズ・旋律線・リズム・歌詞などから，形式の決定に作用しないフレーズ（序，結尾など）を感じとらせ，表現に生かす。

e　調・日本旋法

（**d**と関連させながら指導する）

＜主として低学年＞

- 長調・短調・日本旋法の歌を歌い経験する。
- 長調とその同主短調を歌い比べ感じの違いを味わい，身体反応をする。
- わらべ歌に親しみ，歌遊びをする。
- 長調・短調・日本旋法の聞き分けをする。
- 日本旋法の序のフレーズを「歌い出しの節」とか，「おんどとりの節」としてひとりで歌い，次の旋律をみんなで歌ったりして，序の感じを味わわせる。

　(例) 「かごめかごめ」「ひらいたひらいた」「手まりうた」など。

- 長調・短調・日本旋法の階名唱に慣れさせる。

＜主として中学年＞

- 階名唱けん盤学習などから，ハ長調に導入し，五線・ト音記号等を理解させる。
- 日本旋法の歌によく出てくる特徴ある節（慣用句ともいわれる）や，特徴ある拍節のずれなどについて理解する。
- 長調・短調の輪唱・合唱をして，調性感やハーモニー感を味わう。

＜主として高学年＞

- 学年に従って，へ長調・ト長調・ニ長調とそれと同じ調号を持つ短調，日本旋法の階名唱に慣れさせる。
- 旋律だけを聞いて，長調か短調か日本旋法かを聞き分ける。
- 長調，短調，日本旋法のはじまりや終わりの音調べをして，それぞれの感じの違いを，歌ったり，聞いたりして，感じとる。
- 日本旋法の歌集めをして，陰旋法と陽旋法の感じの違いを味わう。

f　速度

＜主として低学年＞

- 曲に合ったちょうどよい速度で歌う。
- 歌に合わせて，指揮をしたり，行進したりする。
- 曲に合うちょうどよい速度を，いろいろな速度で歌って見つけ出す。
- レコードを聞いて，速くなったり，おそくなったりする速度に合わせて，身体反応をしたり，味わったりする。

　(例) 「おもちゃの兵隊」

＜主として中・高学年＞

- テレビやラジオの時報（♩＝60）や，行進の速度（𝅗𝅥＝132．♩＝120）を基準として覚える。
- ふりこを作って，振りながら歌い，ちょうどよい速度を調べる。
- メトロノームに合わせて行進したり，指揮をしたり，カスタネットを打ったりして，速度を正しく保つ練習をする。
- 音楽の速度はメトロノームのように必ずしも機械的に経過していかない。特に，歌の頂点や歌の終わりに速度の変化がみられる（速度の緩急法，電車が駅に止まるときなどにたとえる。）ことを感じとり美しく表現する。
- ♩＝60　などの記号を理解し表現する。
- 歌いながら，強弱と関連させつつ，rit.，accel.，a tepmo などを感じとり，記号を理解し表現する。
- 自分の創作した曲にちょうどよく合う速度を感じとり，記号を使って表わし，その速度で表現する。

以上いくつかの項目に分けて述べたが，これらの指導は歌唱の領域のみならず，器楽・鑑賞・創作の領域にとけ合って学習されてこそ，効果の上がるものであり，児童の持つ音楽的感覚の育成にたいせつなことである。

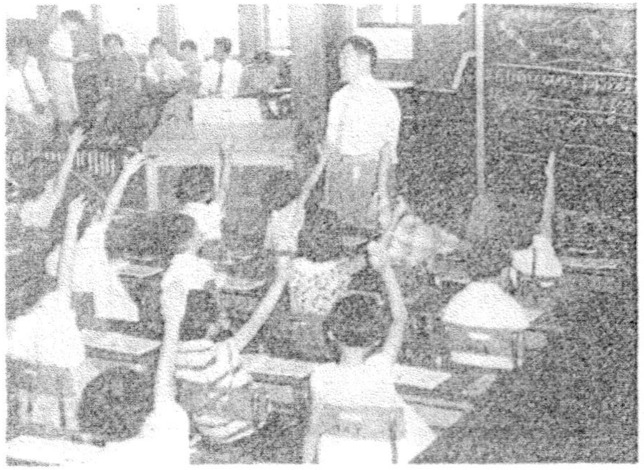

3　器楽

器楽の領域と基本的要素

器楽指導のねらいは，小学校学習指導要領音楽科の目標において，「楽器を演奏する技能の習熟を図り，創造的表現の能力を伸ばす。」と述べられている。

この考え方は，ただ単なる技術の指導に終わるのでなく，その技術が豊かな音楽経験の積み上げによって育てられたものでなくてはならないことを示している。

豊かな音楽経験とは，その音楽の美しさをいろいろの立場から追求する学習であり，基本的要素をふまえた学習といえる。

そこで，ここでは器楽の領域での基本的要素を生かした効果的指導法のいくつかをしるしてみることにする。

(1)　音色

前の表（149ページ）にあるように，基本的要素の内容は，いろいろ

考えられるが，その中で，器楽の領域に特に関係のあるものとして，まず音色が考えられる。

音色については，美しい音色を出させるためのくふうや，楽器の組み合わせをくふうして音色の変化を感じとることなど，いろいろの面について，学年の系統もからみ合わせて，効果的な指導法を述べることにする。

a　音色

学年	1	2	3	4	5	6
内容	リズム打ちに慣れる。リズム楽器の奏法に慣れる木琴のリズム奏・さぐりびきハーモニカのリズム奏オルガンのさぐりびき美しい音色で	→→旋律楽器で好きな演奏→オルガンのリズム奏美しい音色で	→→ハーモニカの旋律奏オルガンの旋律奏木琴・鉄琴の旋律奏→	→→オルガンの和音奏アコーディオンで旋律奏たて笛→	→→木琴・鉄琴の分散和音奏→	→→横笛→
指導法	手拍子を美しく打つ。擬音合奏。合奏に数多く取り組む。	→→→美しい音色を出させるように演奏させる。	ハーモニカのタンギング奏法と音色を結びつける。	たて笛のタンギング奏法と音色を結びつける。	レコードによって	バランスのとれた音色を編成上考えさせる。

低学年のはじめでは，歌唱や器楽を楽しい音楽のふんい気の中で，多く経験させることがたいせつである。

(a)　手拍子を美しく

器楽の出発は，手拍子によるリズム打ちから始まる。その手拍子を一つ打つにしても，人数の多い少ないによって，打ち方を変える。

同じ手拍子でも，左手を少しおわんのように曲げて共鳴を考えさせる。右手は，手首の力を抜いて，はずむように打つなど，いつも美し

い音色と結びつけた指導が必要である。初めにいろいろな手拍子をさせて，美しい音（やかましくない音，響くような音）を選ばせたりすると効果的である。

(b) 擬音合奏

その楽器の特徴のある音のまねをさせて，音を覚えさせたりするのも，一つの方法である。楽器を持つまねをして．打ったりひいたりする模擬演奏と合わせてしてもよい。たとえば  チンカチカチのように，音のまねをさせるわけである。

次に例を「ぶんぶんぶん」にとってみよう。

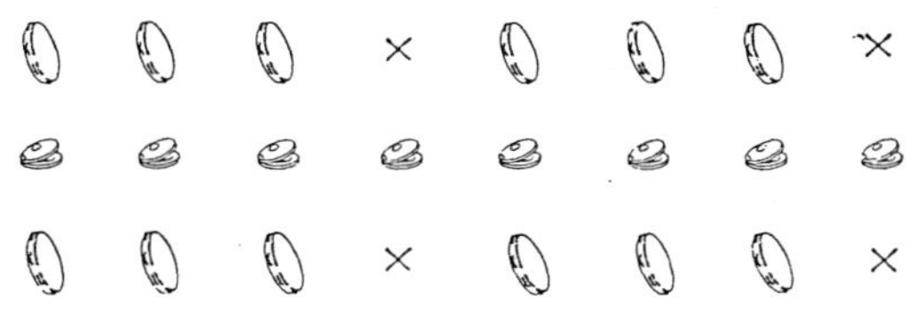

のような絵譜を見ながら，旋律に合わせ

シャン　シャン　シャン　×　シャン　シャン　シャン　×
カチ　カチ　カチ　カチ　カチ　カチ　カチ　カチ
シャン　シャン　シャン　×　シャン　シャン　シャン　×

と歌ってから楽器を持たせるとたいへんやさしく，リズム合奏ができる。

(c) 美しい音色を出すくふう

リズム楽器に，慣れてきたら，正しい持ち方，正しい構え方，正しい打ち方に加えて，よい音色が出るような打ち方のくふうを，こどもたちにさせるような指導がほしい。

。 たとえば，木琴のリズム奏をしたとき，ばちをはずませて打ったときと，ばちを押えつけるようにして打ったときとでは，音がたいへん違う。これなども，こどもに音を聞かせてよい音を出すには，はずませて打ったほうがよいということをつかませるわけである。

。 このことは，旋律楽器でも同じ考え方で指導がなされるわけである。

4年生で扱うたて笛の指導でも，初めからタンギング奏法で指導し，特にハ～トくらいの間の音は「to」と吹くようなつもりで，イ～ロくらいの間の音は「tu」，ハ以上は「ti」と吹かせるときれいな音色で表現することができる。

また笛の練習曲も，本校音楽科学習指導計画4年生にあるような曲，その他「かっこうワルツ」「森の水車」などを用いて，練習させると効果的である。

。 ハーモニカではハ～イまでは，わりにやさしくきれいな音を出すことができるが，ロハニのところ（シドレのところ）は，吹き吸いの関係からもむずかしいところである。しかし，これなども指導者のちょっとした指導で効果を上げることができる。

ドシラと吹くことは，ソファレと吹くことと吹き吸いの関係，音の並び方が同じである。

そこでソファレをよく練習させてからドシラを吹かせると抵抗が少なく，しかも美しい音色でドシラを出すことができる。

(d) 楽器の組み合わせ

楽器の組み合わせも，指導者がいつもきめて与えるのではなく，音色や強弱のバランスなどを考えた組み合わせを，こどもたちにグループで相談させたりして，くふうさせるとよい。この扱いは，低学年のごく初歩的なこと，（たとえば，お馬のリズム奏をするのに，お馬の歩いているポックリポックリの感じを表現するには，木琴・ハーモニカ・鉄琴などの中で，どれがよいかなどを考える学習）から発展して，編成上の楽器の種類，その人数などをバランスを考えて決める高学年の学習にまで，発展するわけである。

特に，中・高学年になって，旋律楽器がふえてきた場合も，時には少人数（例…たて笛１，ハーモニカ１，オルガン１）の編成による合奏にも触れさせ，その他の者は鑑賞して，少人数のアンサンブルの美しさなども感覚的にとらえさせると効果がある。

(e)　鑑賞との関連

学習指導要領に示されている，楽器のもつ特有の音色を聞き分ける能力については，（例…３年，フルート・クラリネット・トランペット）鑑賞との関連で扱うことが必要である。これは，できれば実物，実際の演奏に触れさせたいところであるが，それがむずかしく，レコードによって学習することが多いわけである。

そこで，レコード鑑賞の場合も，ただ音色を聞き分けるという受け身的な鑑賞だけでなく，レコードを聞きながら自分たちの表現をそれにかぶせるといった積極的な鑑賞も必要になってくる。

例を２年生の「クシコスの郵便馬車」にとると，その中で鈴の音がきれいに聞こえてくる部分がある。そのとき，数人に鈴を持たせ，レコードを聞きながら鈴をいっしょに鳴らすという学習をするわけである。こうして，レコードのように美しい音色を出すようくふうさせるわけであ

る。ただし，この方法は鑑賞の「心から味わって聞く」，「静かに」などのねらいを考えて指導しないと，いき過ぎになる場合もある。

以上(1)音色について，いろいろのの指導法を述べたが，(2)楽器の組み合わせについても，いくつかの方法をしるしてみる。

(2)　楽器の組み合わせ

学年	1	2	3	4	5	6
内容	フレーズごとに楽器の組み合わせをくふうして分担奏や合奏をする。	その曲に合った楽器の組み合わせについてそれぞれの感じを比べる。	→	→	和声的に組み合わされた音色の美しさを味わう。	美しい音色でバランスのとれた合奏の編成をくふうさせる。
指導法	基本リズムフレーズにささえられたリズム打ち 絵譜，図譜を見て合奏 教科書以外の楽器の組み合わせ	即興的合奏 グループで相談して楽器を変えて比較させる。			旋律の楽器と伴奏楽器の音色や組み合わせに注意を向けて合奏させる。	編成の楽器や人数をグループで相談させたりする。

(a)　即興的合奏

指の散歩，その他の指導でフレーズ感がだんだん身についてくると，新しい曲を聞いたり歌ったりしたあと，すぐにその曲に合わせて手拍子をリズムフレーズの基本形にささえられて打つことができるようになる。

その手拍子からいろいろな学習への発展が考えられるわけである。

例を２年生の「雪」にとると，これは四つのフレーズからできており，それを♩を１拍として○でかくと下のようになる。

○　○|○　○|○　○|○　○|
○　○|○　○|○　○|○　○|
○　○|○　○|○　○|○　○|
○　○|○　○|○　○|○　×‖

この○を手拍子で打って，それに合わせて，口でタッカタッカと㋐の

ように学習すればリズム唱になり，㋑のようにノートや五線上に書き取れば，リズム書き取りに発展するわけである。

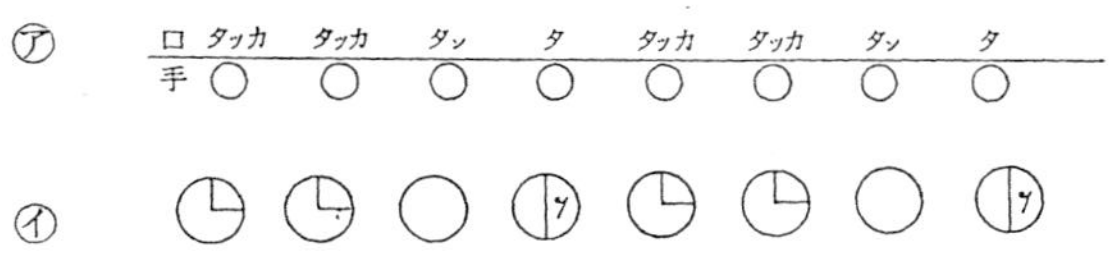

さて，この○に合わせて，即興的に第１フレーズはタンブリン，第２フレーズはカスタネット，第３フレーズはタンブリン，第４フレーズはカスタネットと楽器で演奏させると，すぐ器楽への発展となるわけである。

特に，低学年の初めでは，○○｜○○｜○○｜○○｜の○を消さないで（黒板にかいたときなど），その○をちょっと書き換えることによって，楽器の絵に直しながら学習すると効果的である。次がその例である。

○→◎にして，◎と上に○をつけると「鈴」になる。

0のように，少し平たく書いておいて，→0とし，0と点線を入れると「タンブリン」になる。

また○→○としてもタンブリンになる。

0のように，ななめに書いておくと0で「カスタネット」になる。

0からは0で「大太鼓」ができ上がる。

○→ちょっと消して△とすれば「トライアングル」になる。

このような即興的合奏の扱いは，どのフレーズは，どの楽器がよいだろうか，打ち方は，基本形のリズムのままでよいだろうか。

○𝄽｜○𝄽｜○○｜○𝄽｜のように応用形にするかなどを，グループ

で相談させたりしていくと，楽器の組み合わせをこどもたちが考えるという学習にも深められてくる。

またグループどうしで，すぐに演奏にはいると，即興的合奏の力もつくことになる。

そしてそれは，そのまま高学年での，バランスを考えた編成をくふうさせる学習になっていくわけである。

リズム合奏による即興的合奏は，旋律奏や和音奏に発展する。ハーモニカ・たて笛・木琴などの旋律奏も，フレーズごとに楽器の特色を生かして演奏したり，問いの節を与えて，答えの節を即興的に旋律奏させたりすることに発展させることができるわけである。

またひとりがオルガン（電子オルガン）で旋律をひき，別のひとりがオルガンで，その旋律に合う和音伴奏を即興的につけたりすると，ハーモニー感の学習にもなる。

旋律をハーモニカで，伴奏を木琴による分散和音奏で演奏すると，楽器の音色の特徴，ハーモニーなどを生かした即興的合奏にもなる。

そのほか，基本的要素の内容は，すべて，他領域と同じように，器楽の領域でも生かされてくるわけであるが，紙数の関係もあるので，ここでは他領域と重複しないよう，いくつかの効果的な指導法をあげることにする。

(b) 順次進行と跳躍進行（分散和音進行）

順次進行のなめらかな感じ，分散和音進行のとんでいる感じは，ともに旋律を聞いて感覚的に感じとれるわけであるが，さらにそれをハーモニカ・オルガンなどの楽器と結びつけて指導すると効果的である。

例を３年の「歌のけいこ」にとると，次の㋐の部分と㋑の部分をオルガンでひかせたりすると，運指の関係から順次進行と分散和音進行の感じが確認される。

㋐ 

㋑ 

さらに分散和音進行の場合は，その音を和音としてひき，和音をもとにしてでき上がっている旋律であることや，和音の響きなどを感じとらせる学習にも結びつけることができる。

3年生の「小ぎつね」の合奏で，下の楽譜のところを山びこ（エコー）の感じを出させながら鉄琴で演奏させたとき，鉄琴の残響からファラドの和音としての響きを感じとることもがあった。

(c) バリエーション

バリエーションは，着せ替え人形にたとえて，低学年で経験させることができる。特にリズム変化によるバリエーションは，器楽と結びつけると効果的である。

例を「きらきら星」「春の小川」にとってみると，次の㋐を㋑のように，木琴やハーモニカ・オルガンでリズムを変化して旋律奏させたりするわけである。また㋒のように同主短調にして，オルガンなどでひかせると旋律のバリエーション（ごく初歩的ではあるが）にも，触れることができる。

㋐ 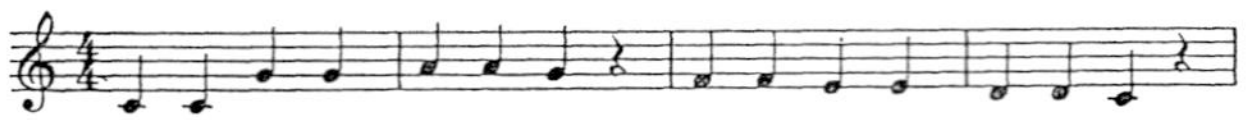

㋑ 

㋒ 

高学年の「思い出」なども，木琴によるリズム変化，旋律変奏（分散和音を使って）によい曲である。

このように楽器と結びつけたバリエーションの指導は，高学年での鑑賞や創作の学習，また器楽の変奏に結びつくわけである。

(d) 和声（和声音と非和声音）・（終止形）・（トニックフレーズ・ドミナントフレーズ）

和声に対する感覚も器楽との関係において，指導すると効果的になるものが多い。

オルガンやハーモニカのリズム奏が進んでくると，単音リズム奏として「ド」や「ソ」の音によるリズム奏が取り上げられてくる。

このリズム奏は，歌唱教材と関連づけて，いつも活用できるのでたいへんつごうがよい。

例を1年生の「かたつむり」にとってみると，「かたつむり」の旋律は，次のようである。

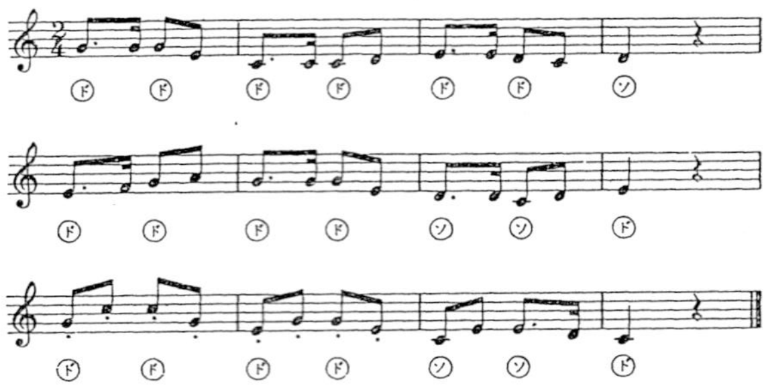

この旋律は，三つのフレーズからできており，その一つのフレーズは二拍子の七つ打ちの基本リズムフレーズによってささえられている。そこで，その○のところでリズム奏するわけであるが，TとSのところは

ドの音で合うし，Dのところはソのリズム奏で合うわけである。このようにドとソの二つの音だけのリズム奏で，普通の教材では，歌唱などと合わせてリズム奏ができ，和声感に結びつけられる。またこの場合も，前にしるしたような即興的な合奏の扱いもできるわけである。

さらに，これは，「きらきら星」「ぶんぶんぶん」などのように，トニックフレーズ，ドミナントフレーズと，はっきりフレーズごとにまとめられている曲では，いっそう効果的である。

例「きらきら星」

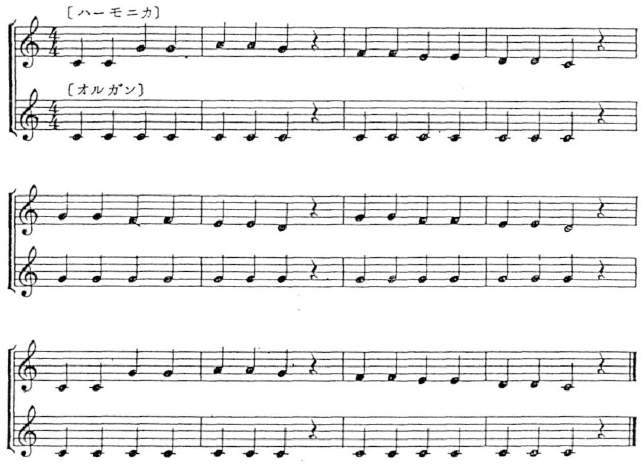

上のように，旋律と合わせて，リズム奏させると，リズム奏そのものも，リズムフレーズの基本形を感じながら，連打でやさしくできるし，しかもトニック・ドミナントのフレーズの統一と対照を感覚的にとらえるといった多方面からの学習ができるわけである。

オルガンのリズム奏は，やがて和音リズム奏や和音奏へと進むわけである。

主要三和音（ＴＳＤ）を指導者の合い図に合わせて，和音リズム奏す

る段階から出発し，それが短い旋律に和音伴奏をつける学習へと発展していくわけである。この学習で旋律と和声の関係について意識にのせることができる。

また，順次進行の旋律に和音伴奏をつける学習を高学年で扱うが，このとき，和音に合う音，合わない音ということから，和声音や非和声音の学習にも，結びつけることができる。

また，長調，短調の終止形（基本形・転回形）についても，オルガンなどの楽器で終止形輪奏や終止形合奏をすると，輪唱・合唱のささえになったり，和声の美しさや，でき方を感じたり，理解したりするのによい。

以上，いくつかの内容を取り上げて，効果的な指導法に触れたが，これは器楽の領域だけで，この要素を身につけさせようとする考え方ではない。それぞれの要素は，四つの領域に，こん然と溶け込んでおり，どの基本的要素についても，それぞれの領域で．触れることができるわけである。

そこに統合学習の姿があるわけである。

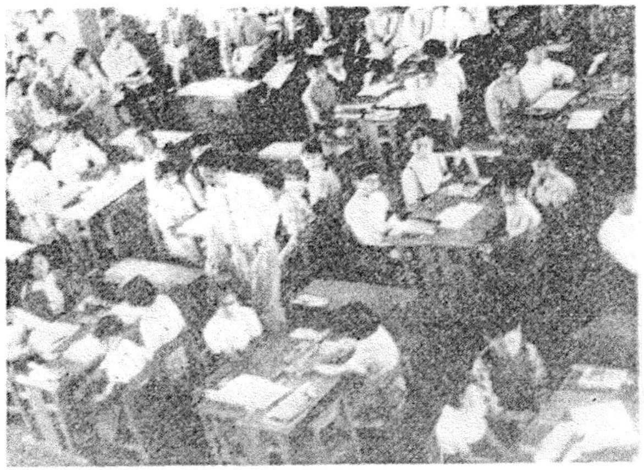

4　創　作

創作活動は，これを創造的な活動とする全領域にまでまたがる広さをもつが，焦点をはっきりさせる意味で，ここでは主として旋律の創作について述べてみよう。

学習指導要領では，動物の鳴き声，物売りの声や呼び声などを模倣させる活動などから，即興的に音楽表現する能力を養うことを低学年から指導するように述べられている。そしてしだいに学年が進むにしたがって，「問答唱」「短いことばの節づけ」，「しりとり遊び」などの活動を盛って，６学年では一部形式の創作および記譜にまで高めている。

これらを通して一貫しているのは「即興的に」ということである。これはいうまでもなく，理論より感覚が先行することを意味しているものと思う。

そこで本校でもこの線に沿って，歌詞（短いことば）をもとにしたり，続きの節を作ることなどの活動を通して，即興的に創作する活動を多く取り入れているが，このようなことから本校としては，基本的要素を次のような考え方で創作活動に生かしていきたいと考えた。

(1)　教師が出題する問題の作製や選定にあたって，基本的要素を観点として教材研究する。

(2)　できた作品は，歌いやすい美しい旋律であると同時に，基本的要素の面からも評価する。必要により児童にもこれを感じとらせる。

(3)　必要により，創作する上でのヒントとして，児童にも基本的要素の内容を理解させて，それを生かして創作させる。また作品を皆で批正して，より美しいものに仕上げていく過程もたいせつに取り扱う。

(4)　他の領域で学習した基本的要素の内容を，創作活動に活用させて，作品をまとめさせる。（いわゆる応用の段階）

(5)　創作活動を通して基本的要素を感じとらせたり，理解のうらづけを持たせたり，深めたりさせる。

このうち，(3)(4)(5)の３点については，よほど計画を綿密に立てないと，知的に走り，また興味を失わせる結果になる。また作曲上の制約（楽理）が，そのまま児童に必要以上の抵抗となるおそれもあり，指導者として特に留意し，反省している点でもある。しかし音楽にとって，ある程度の形式性はやはり必要なものであるから，上記の点にじゅうぶんな注意をはらい，一方では基本的要素をもとにした指導計画が必要であると考えられる。

以下創作活動で取り上げた基本的要素の内容と学習活動および実際に取り扱われた児童の作品を主に，それらを例として載せてみたいと思う。

<主として低学年>

a　基本リズムフレーズ

生活の中にあることばや動物の鳴き声などを使って，ことば遊びや問答唱をさせる。

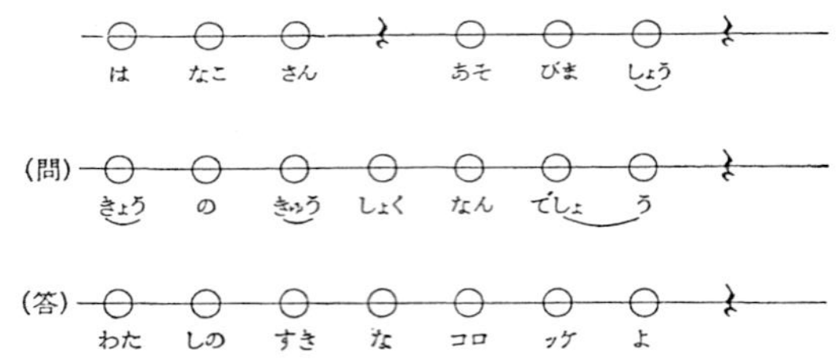

これはことば遊びを通して，リズムフレーズの基本形に慣れさせるもので，逆に言えば，基本リズムフレーズによって，音楽のフレーズを感覚的にとらえさせるための「フレーズについての学習」ということになる。この際，手はリズムフレーズの基本形を打たせ，口でことばを唱えたり，タンタタとリズム唱させて，リズムを意識させていく。

b　陽旋法

生活の中にあることばを，呼びかけふうに旋律をつけて歌わせる。

物売りの声や，幼児の呼びかけふうなことばは，自然に陽旋法になる場合が多い。陽旋法の経験として取り扱う。

また同じ旋律によく合うことばをつける学習活動も取り入れていく。

c　旋律線・リズム群

歌問答・旋律問答をさせる。

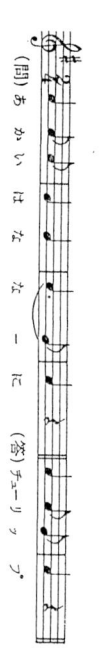

この作品は，問いが二拍子の基本リズムフレーズによっているが，答えは短いフレーズである。初期の段階ではこれも認めていきたい。そしてしだいにフレーズ感を伸ばし，基本リズムフレーズにささえられたフレーズになるよう導いていく。

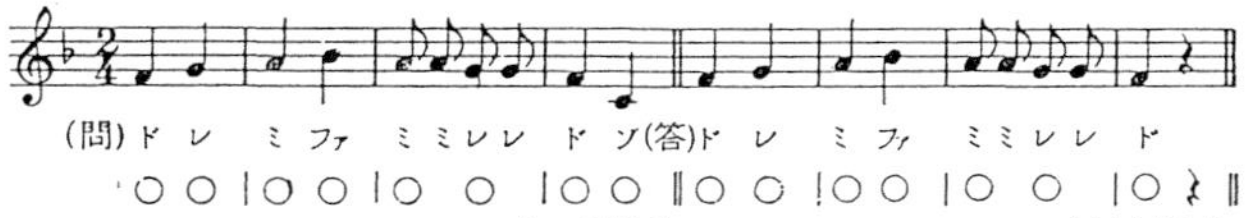

d　基本リズムフレーズ

物音や動物の鳴き声などで拍子と基本リズムフレーズが予想できる長さの問題を与えて，それを節づけして歌わせる。場合によっては拍子と

そのリズムフレーズについて先に取り扱い，それをもとにして高低をつけさせて旋律化することもある。逆に自由に旋律を作らせたあと，リズムフレーズを意識させる方法も有効である。

e　リズム群

１音のしりとりによる歌リレーをさせて，リズムを伴った短い音楽語いを創作させ豊かにする。１音のしりとりは，初めの音が与えられるので，創作しやすい。低学年では順次進行が多くとられる傾向になりやすい。そのようなときは，教師が途中にはいって，分散和音の形をさしはさんでやると変化が得られておもしろみが出てくる。

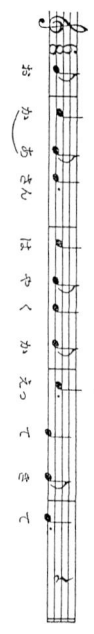

リズム群（１音のしりとりによる歌リレーをさせて，音楽語いを豊かにする）

f　旋律線（順次進行と跳躍進行）

旋律問答唱やハーモニカ問答などで，５個ないし７個の音を用いた旋律を作らせ，作品の旋律線を意識にのせる。

g　終止（半終止と完全終止）

半終止のまだあとに続く感じや，完全終止のまとまる感じを，それぞれ感じとらせ，その観点で作品を味わったり，修正したりさせる。

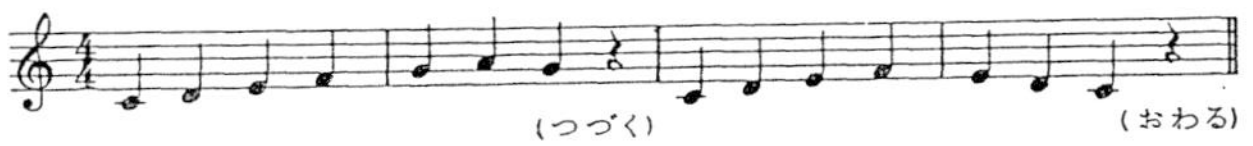

<主として中学年>

a　順次進行と跳躍進行

順次進行や跳躍進行（順に動く節と，とんでいく節）を意識にのせて，美しい旋律を作らせる。

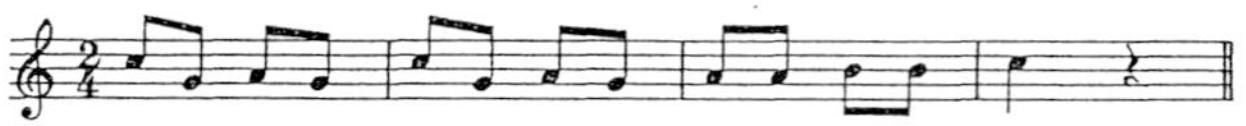

段階的には，順次進行だけによる旋律を作らせ，それに跳躍進行をあとから入れて修正させる方法や，旋律問答の出題（前半）に跳躍進行を用い，順次進行で答えさせる方法もある。

b　リズムフレーズ

リズムだけで，あるまとまったフレーズを作らせる。この学習は，高学年に発展した際，相当に重要な基礎能力となって現われてくるので，じゅうぶんに指導する。

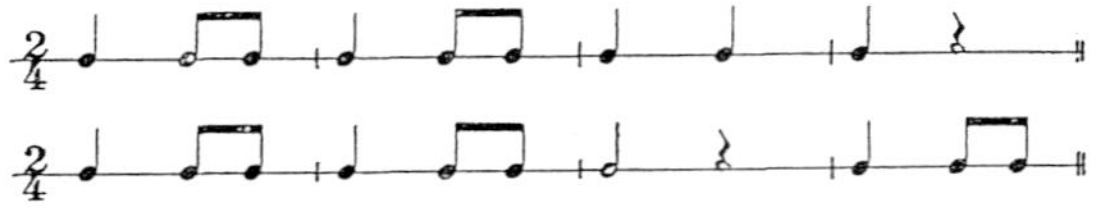

c　リズム形

伴奏に用いられるリズムを，リズム楽器で即興的に打たせる。リズム譜に整理された場合には，同じリズム形の反復や，基本リズムフレーズとの関連などについて触れ，統一感，まとまりの感じを意識にのせていく。

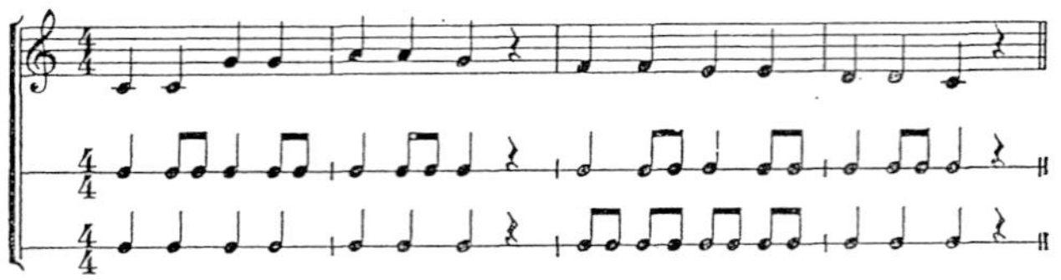

d　変奏（リズムによる変奏）

リズムの単純な旋律をもとにして，拍子やリズムを変えて歌ったりひいたりして，そのおもしろさを味わわせる。

「おほしさま」

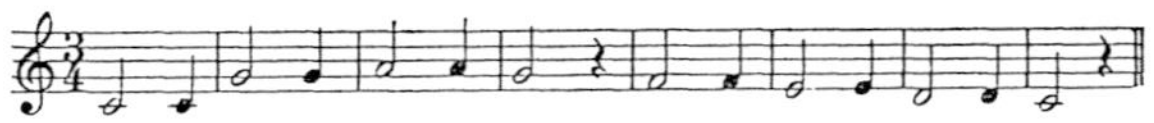

e　リズム・旋律（統一と対照）

2小節または4小節ずつの問答唱で旋律を作らせ，できた作品を統一と対照の面から味わわせる。

一つ目は反復による統一感をもち，二つ目はリズムによる統一感，旋律線の下向と上向が対照している。

f　しりとり

「しりとり」については，小学校音楽指導書（昭和35年文部省刊行）にも例をあげて説明されてあるが，しりとりの音楽的な意味について，「異質のフレーズをスムースにつなげるための作曲上の技法の一つ」と解釈した。したがって1音のしりとりは，この意味からいって音楽的な意味はもたない。最低2音以上が必要であると考えた。したがって，しりとりによる旋律の創作はフレーズとフレーズの間の数音によってなされるように児童にも理解させて取り扱う。

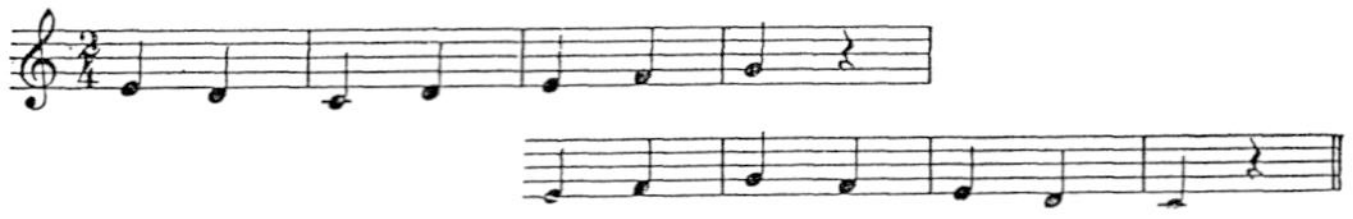

なお前述の基本的要素の内容指導系統一覧表では，「しりとり」を一

応反復の項に入れてあるが，厳密に言えば，同形反復や変形反復とは異なった面をもっていると考えている。

g　分散和音

和音を分散させた形の音楽語いを作らせ，旋律の創作に役だたせる。

＜主として高学年＞

a　エコー　フレーズ

エコー　フレーズをもった旋律を作らせる。最初は教師の与える旋律をもとに，エコーだけを作らせる。進むに従って，自分で旋律を作らせ，エコー　フレーズをもたせるようにする。

また日本旋法の旋律では，エコー　フレーズの自然の美しさがとれやすくてよい。

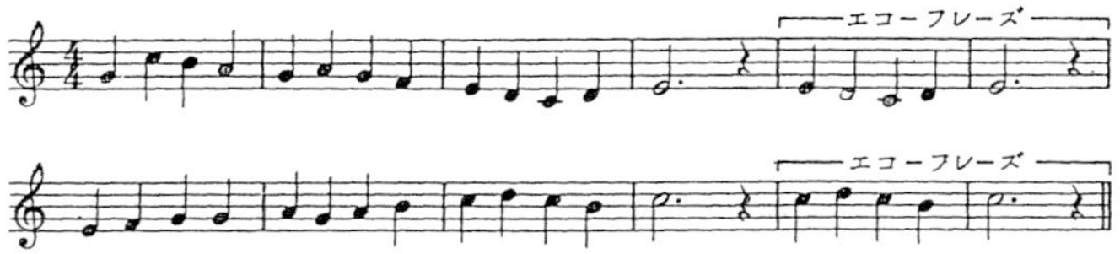

b　リズム群（リズムの動きと落ち着き）

リズムの小刻みな動きと，ゆったりとした感じを意識にのせて続きの旋律を作らせる。

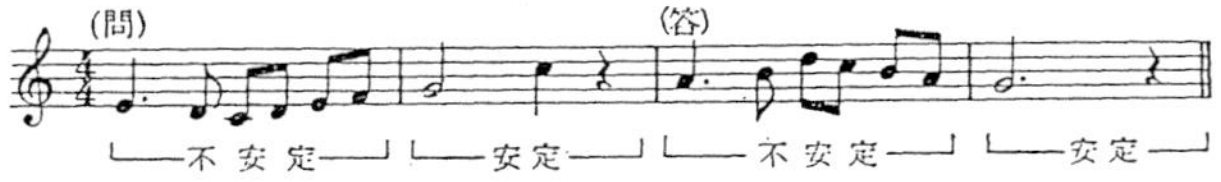

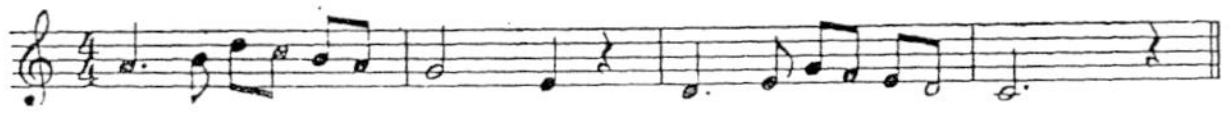

この作品例では，問いかけの後半２小節がしりとりされている。

c　日本旋法

日本旋法の旋律に慣用される音楽語いを用いて，陰旋法の旋律を創作させる。陽旋法の場合もだいたい同じように考えて指導してよい。

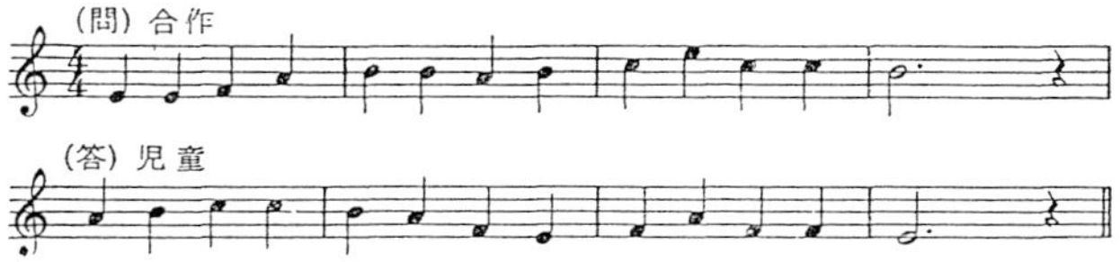

d　動機とその発展

動機をもとにして，反復や発展を用いた旋律を創作させる。

この作品例の場合は，１小節の動機を与えたもので，２小節目はそのままの形で二度上にずらせ，３小節目は，上下に線対象の形にひっくり返した形になっている。反復についての指導は，次の四つの形について簡単に触れ，ヒントとする程度にとどめる。

e　終止形和声

旋律に和声づけして伴奏したり，合奏したりさせる。

日常用いている終止形合唱と，T(トニック)，S(サブ　ドミナント)，D（ドミナント）の和音についての学習によって考えさせる。また方法として，オルガンを最初から用いさせ，さぐりびきのようにして和音をみつけさせることもある。

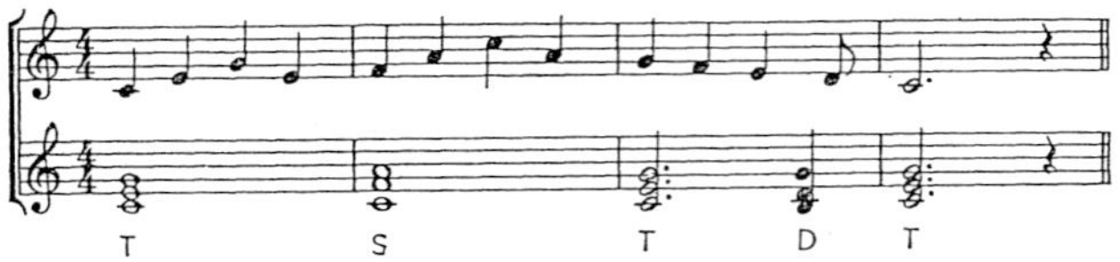

f　変奏（和声音と非和声音）

変奏曲風に，非和声音を用いて旋律を作らせる。

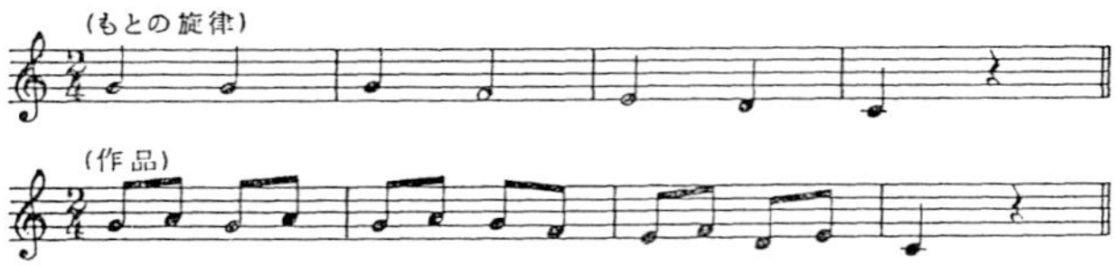

g　短調

旋律の創作は，長調だけにとどめず，短調についても取り扱う。できれば低学年の問答唱に取り入れていきたいが，ここでは記譜することまでを含めているので，短調のソルフェージに慣れた高学年という考えで，この段階の学年で重点をかけることにした。

なお短調の旋律では，第６音（ファ）と第７音（♯ソ）との間に，増二度をもって上向する場合があるので，そのときどきに指導し，第６音にも♯をつけさせる。

h　一部形式・二部形式

曲の形式をもとにして，旋律を作らせる。二部形式の場合は，ａを与えてa′を作らせ，続いてｂ，そしてa′をつけさせて，曲をまとめさせる。

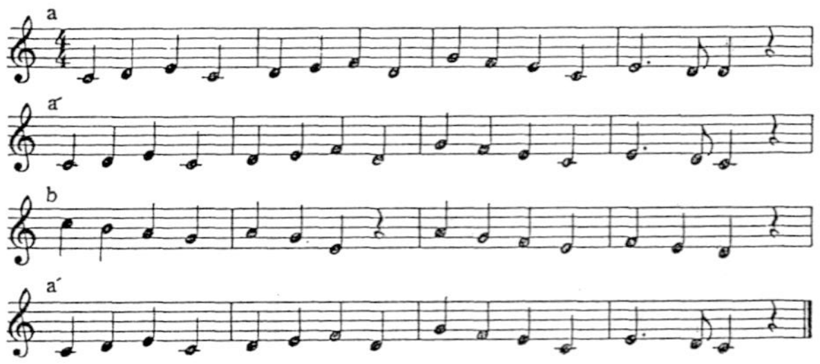

i　終止形和音

終止形合唱をもとにして，終止形輪唱（三部輪唱）の曲をまとめさせる。

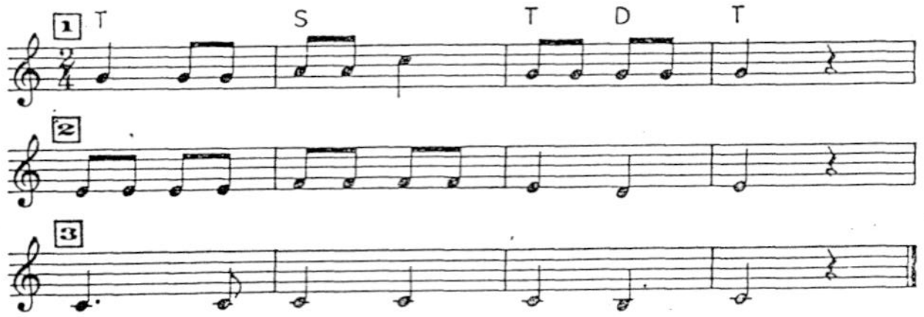

昭和37年６月の研究報告会では，第６学年児童の公開授業に，この終止形輪唱の学習を，ホ短調の学習と結びつけたホ短調による三部輪唱曲の形で，４人１組の合作として創作する過程を公開し，参会の皆さんから御指導をいただいた。次にそのときの作品から，１部例示してみる。

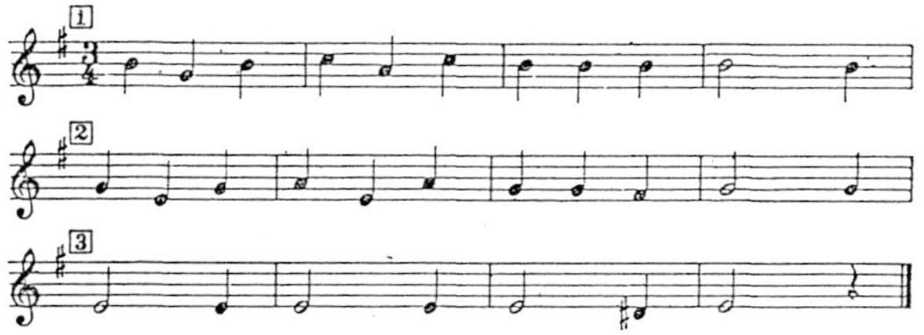

5　その他

以上で四つの領域に見られる基本的要素について述べたが，全部に関連する問題で特に研究課題に関係あるものについて，いくつかを付記する。

(1)　低学年用のリズム譜の指導

読譜記譜の指導と関連して，リズムについての指導は，低学年に重点をかけている。そこでリズム譜については比較的低学年で扱いたいと考え，これを基本リズムフレーズと関連させて，○◑を用いて指導することにした。具体的には歌唱の「基本リズムフレーズとその変化・リズムと拍子」のところで述べてあるので，ここでは省略するが，この方法は児童たちにもよくつかめている。低学年のリズム書き取り，創作には○に階名でかなを書き添えたものを使えばよいし，器楽の項でも説明してあるように絵譜との結びつきにも利用できる。ただしあまりこれにこだわると音符への移行の時期を見誤るおそれもあるし，また視覚にはしり過ぎ

る危険もあるので，この点は指導の積み重ねと児童の実態により措置を考えねばならない。

現在は第２学年の２学期から音楽の五線ノートを使わせ，五線にこの○を書かせている。小節(原則的に４小節)のこと，終わりの印などについても早くから使い慣れさせている。また○の大きさは五線紙を用いると大きさがだいたいそろえられる。音楽を聞きながらそのテンポ（♩＝96ぐらい）で書かせる。○で書かれたものを直ちに♩や♪♪に移し書きさせる段階も必要である。

(2)　リズム群の指導

リズム形について，学習指導要領では，器楽の領域で１小節単位に具的体に示している。これは少なくとも２小節以上の結合なり反復をもって扱わないと意味がない。この考え方を教材楽曲に照らし合わせて，それにフレーズ感をもたせていったのが，ここでいうリズム群で，このようなとらえさせ方が，すでに多くの効果を上げている。また器楽でいうリズム形は，領域の器楽で扱っているように，主として器楽合奏に用いられるリズムを学習の対象としているが，ここでいうリズム群は，器楽に限らず，むしろ歌唱・創作が主たる領域で「旋律のリズム」が学習の対象となる。

149, 156 ページの基本的要素の内容，指導系統一覧表の中で，リズム形とリズム群の二つに分けているのは，このような意味からである。

リズムを一つのかたまり（小さなフレーズ）としてとらえさせ，最小限リズムの動き（不安定）と落ち着き（安定）をもとにしているとらえさせ方で，したがって小節の線をまたぐことがほとんどである。このようにとらえたリズムを意識にのせて，リズムによる統一や対照の感じをつかませていく。そしてさらに，続く形の群とまとまる形の群に分けて

動きと落ち着き（不安定と安定）の感じを味わわせる。

実際例を次に示してみよう。

◦ 3年　「みなと」の例

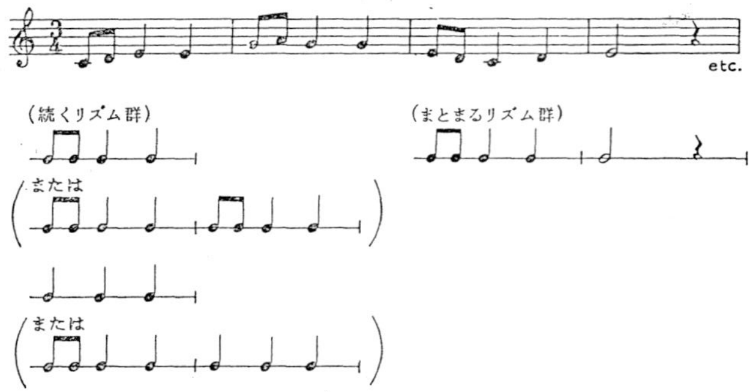

この楽曲は，16小節からできているが，リズムの面から見ていくと，合わせて三つのリズム群だけでできていることになる。さらに言えることは，♫♩♩ のリズムでだいたいを統一させ，第３フレーズに楽曲の構成上でよく見られる起承転結の「転」（変化）をもたせていることである。

◦ 4年　「山の音楽家」の例

この曲は１拍目から始まっている曲ではないが，少し慣れると容易に児童が自分たちでとらえて整理していく。この楽曲の場合，４年生とし

ては，教師がこのように整理して与えたとしても意義がある。リズムの面での対照や統一感がよくつかめるし，またフレージングもこれを通して指導すると自然に感じとり，息つぎもよくできる。

以上のようにして，比較的わかりやすい楽曲を選んで「かたまりとしてのリズム」の上から統一・対照・反復・模倣・段落・発展・終止などを感じとらせる。またこれをもとにして直ちに創作にも発展させることもできる。教師の教材研究の観点としてもだいじなよりどころとなる。

(3)　聴音の問題作製

読譜記譜・創作などの指導の一環として，聴音の練習をさせているが，移動ド唱法をとっている本校では，いわゆる聴音訓練といわれている音名による聴音はしていない。しかし，音をかたまりとしてとらえさせることは，今後の発展としてもきわめて大事なことと考え，次のような観点で問題を作製している。

a　数は四分音符１拍取りで，３個，５個，７個，13個，15個（いずれも終わりに休符をもつ。ただしこの休符は記譜しない場合もある）の順で数を増やしていく。

この根拠は，二拍子系の場合終わりに休符をおくと，まとまるリズム群を構成し，問題にまとまりの感じを持たせることができるからである。

b　跳躍進行は，分散和音の形による進行を主にして取り入れる。

教材楽曲に限らず，分散和音による進行は実際の楽曲にはきわめて多く用いられている。和音感を伸ばす意味から，また調性感を伸ばす意味からも大事なことである。

c　無理な進行を避ける。

小学校課程では増二度・増四度・減五度は実際には使われていない

し，必要も感じられない。児童の旋律創作に記譜されたとしても，それは音として感じているものとは異なった誤った記譜である場合が大部分である。すなおで美しい旋律にもっと多く親しませることがたいせつであると思う。

d　旋律線の上からみて，反復と思われるものを取り入れる。

長い問題も容易にできるし，かたまりとしてとらえる感覚を伸ばす意味からも重要である。特に13個以上の場合は，必ず反復をもった問題にする。

例

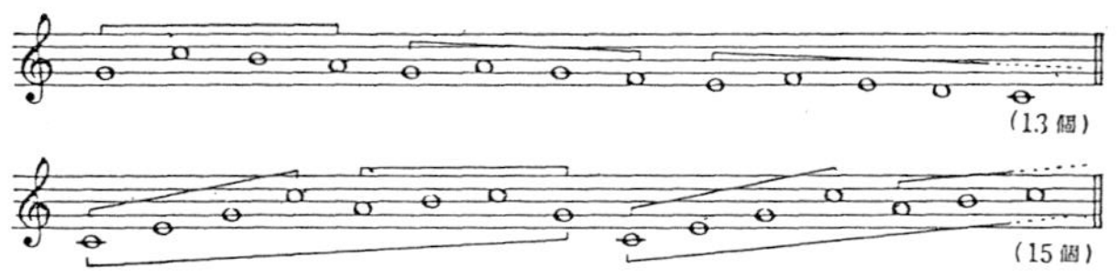

XIII　ま　と　め

実験学校としての２年間の研究を，一応結んだわけであるが，２年間を振り返ってみて，現在のわたくしたちが考えていることをそのまま記述してまとめにしたいと思う。

1　基本的要素は，まず教師が感じとること。その力をもつための研修やお互いの研さんが今後とも必要である。

2　基本的要素を目標として位置づけた場合の四つの段階のうち，1　経験させる段階，2　意識にのせる段階の扱いが最も重要であり，また最もむずかしいことである。この段階の指導には特に綿密な教材研究と指導計画が必要である。

3　「表現上の技能を伸ばす」という音楽教育の一つのねらいから考えると，この点についての効果的な指導法が，まだまだ研究されなければな

らない。このようなことを考えると，基本的要素の指導が音楽教育のすべてとは解釈できない。しかしその逆の立場から，発声や奏法上の技能の指導が，基本的要素を無視した指導であっては，それも意味がないといえる。

4　この２年間で考え実践してきたことは，他教科との関係により，さらに修正されなければならないし，また他教科で応用する面も今後考える必要がある。

文部省からの課題である基本的要素の問題は，音楽教育の四つの領域にかかる大きな内容をもっているとともに，現在ならびに将来の音楽教育の方向を示すものであると考えて取り組んだわけですが，このような意味で，２年間特に勉強させていただいたことを感謝しながら，実験学校としての期間を終了いたしました。今後もこの限りない過程を踏みしめ，確かめつつ歩んでいこうと思います。

MEJ 3036
初等教育実験学校報告書 3
小 学 校
音楽の指導法に関する二つの実験研究

昭和 38 年 6 月 10 日 印刷
昭和 38 年 6 月 20 日 発行

著作権所有 文 部 省
発 行 者 東京都新宿区淀橋 8 2
音楽教育図書株式会社
代表者 三 浦 規
印 刷 者 東京都豊島区要町2の11
三恭印刷株式会社
代表者 大久保泰男

発 行 所 東京都新宿区淀橋 8 2
音楽教育図書株式会社
電話 (368)7612・(369)2715
振替口座 東京 6 4 4 9 8

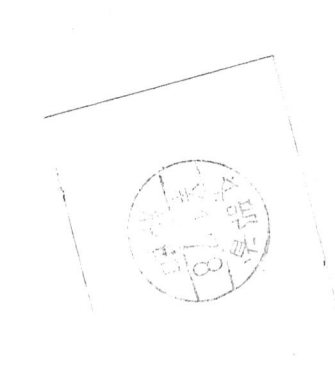

定価 178 円

音楽教育図書株式会社 発行 定価178円

初等教育実験学校報告書 4

小学校

道徳指導計画改善の観点

1963

文部省

初等教育実験学校報告書 4

小学校

道徳指導計画改善の観点

1963

文部省

まえがき

昭和33年9月に道徳が実施されて以来，各学校において多くの研究と実践が積み重ねられ，その成果には見るべきものがある。しかし，道徳の指導をよりいっそう効果的に行なうためには，年間指導計画，指導方法，評価等について，解明すべき多くの問題が残されている。中でも指導計画の確立なくしては，組織的な道徳指導の効果は期待できないものと考えられる。

本書は，道徳指導計画の改善に関し，文部省が昭和36，37年度の2か年にわたって東京都新宿区立戸塚第三小学校に実験研究を委嘱して得た成果をまとめたものである。本書を一つの手がかりとして，各学校における指導計画の改善が図られるよう期待してやまない。

なお，本実験研究に心からの協力を惜しまれなかった戸塚第三小学校の全職員の方々に対し，深く感謝の意を表する次第である。

昭和38年5月

文部省初等中等教育局

初等教育課長　西　村　勝　巳

はじめに

道徳の時間が設けられてから，すでに5年とはいうものの，その指導にあたってはなお多くの未解決の問題が次々と生じてくる状態である。それらの問題の多くは指導を積み重ねることによって生じ，また次々に解決の方途が見いだされるもので，開拓することなくしては前進することはできないともいえよう。

本校では昭和33年度にまず実践の手がかりとして，最初の指導計画を作成した。しかし早急の間に作った一つの試案ともいうべきものであって，実際の指導にあたっては，ねらいの不明確なものや，その学年にそぐわないものや，資料にも問題点があって，使いにくいものという反省があった。

34年度にはそれらを打開するために，指導法を研究の中心にして改善する方針をたてた。たまたま新宿区の道徳研究協力校に指定され，研究のためのよい機会に恵まれたので諸講師の助言をいただいて，本校の実態や，本校の教育目標と道徳の内容との関連を明らかにして，第2次の指導計画を作成した。

その計画を実施するにあたり，計画に拘束されずにそれぞれの学級に応じて，教師の創意くふうにとんだ指導を強調したのであるが，そこには指導を充実するための資料の不足からくるあい路が生じた。

そこで他の領域から道徳に関連のある素材群の摘出と主題への結びつきを中心に研究した。そして道徳の指導が本校のすべての教師により容易に実践にうつせるように努めて，区の研究協力校として公開したのである。

このとき発表したものが道徳指導の資料研究である。36年度にたまたま文部省の実験学校に推薦されて「道徳指導計画改善の観点」という主題を与えられた。

われわれが今までに作成したものをふりかえってみる機会を得たので，本校道徳部が中心となって全職員で，この研究主題をいくつかの観点にわけて実際の研究活動に積極的に取り組むことにした。

道徳の指導の実際においては，ねらいの不明確なものや，児童の発達にそわぬものや，資料に引きづられるものや，道徳の価値追求が学年段階にそっていないものなど，いろいろと解明すべき問題が見いだされてきた。それらを本校道徳教育の基底からながめ，観点別に実践的に検討して作ったのがこの報告書である。

この報告書では第1章で本校道徳教育の歩みをしるし，指導計画改善の観点とその手続きを述べ，第2章で観点別に改善の方向を示し，第3章でその実践例をあげている。

われわれの研究の歩みをふりかえると，はじめは遅々たるものであった。その間に研究授業や，校内研究会を何十回も行ない，討議を重ね，しだいに共通の理解に達し，協力の体制を整えていった。そのようにしてわれわれは問題の分析や研究の方向や道徳指導のあり方を共通のものとしてはあくし得た。

われわれの手で問題を見いだし，かつ解決するといっても，その方向づけをしていただいたり，解明の糸口を与えてくださった文部省の青木孝頼先生や，東京都指導部の間瀬正次先生はじめ多くの先生方の懇切な指導があったことは申すまでもないことで，ここにあらためて謝意を表する次第である。

われわれは，われわれの実践を通して指導計画改善の報告をまとめたが，なお多くの問題もあり，また別の角度からの助言もあることと思われるので，各位の率直な御批判をいただければ，われわれの今後の研究にも有益と考え御叱正を願う次第である。

最後にこの書の執筆を担当した本校職員の氏名をしるして心から敬意を表したい。

教頭	水谷五郎	教諭	越元　実	教諭	福永三郎
教諭	阿見正義	〃	伊藤ハル	〃	鈴木克巳
〃	醍醐　潔	〃	田中正誼	〃	岡部好夫
〃	大塩時男	〃	金城静子	〃	安藤秀吉
〃	堤古都子	〃	大塚昌美	〃	斎藤孝子
〃	坂本美枝	〃	庄司玲子	〃	浦部俊久
〃	飯野和子	〃	林　富代	〃	柏原正子
〃	大塚富美恵	養護教諭	三木美津子	〃	高野武志
〃	黄海歌子	教諭	小宮省吾	〃	毛内勇子
〃	本田鶴子	〃	山根保人		

昭和38年5月

東京都新宿区立戸塚第三小学校

前校長　高山　啓

現校長　篠原都留治

目　次

第1章　総　　論

第1節　本校道徳教育の歩み

道徳の時間が設置されてここに5年，教師のたゆまぬ研究実践によって今日にいたった。道徳の指導計画の改善については，年次ごとに改善の観点を決めて，実践を反省し，全教師の総力で検討を加え改善に改善を積み重ねて今日にいたった。

次にその経過に従って改善の要点を述べることにする。

1　昭和33年度の指導計画作成と問題点

道徳の時間が特設されて，道徳指導の機会をはっきり位置づけられるようになったが，道徳の時間の指導については経験も浅く，学級会的な道徳の時間になったり，社会科的な道徳の時間になったりして，その差異や特質を道徳指導書や参考図書を見て知っていても，なかなか自信のある指導はできなかった。いわゆる暗中模索する状態であった。時には，教師が一方的に教授する形になったり，ねらいからそれて素材についての解説をしたり，指導の方向をあやまって，ねらい達成にいたらなかったこともある。いわゆる「道徳指導はわからない」の段階を脱することはできなかった。

その経験の浅い段階で作成した指導計画であるから，主題設定の理由にしても，ねらいや展開の大要（当時指導の内容と呼んでいた）にしても，教師の未熟な能力で作成したので，実際にはあまり役にたたない計画であった。当時としては，本校の教師は真剣に一致してその作成にあたり，困難な過程を経てできあがったのであったが，その欠陥はまぬかれなかった。

道徳指導計画改善の観点

昭和33年度　　第1次　指導計画の例　　(5年)

主題	リ　ヤ　王　物　語	月	10　月	時間数	2時間
目標	(巧言令色少し仁) といわれるとおり，軽々しく口に出す人は，誠意に欠ける時が多いことを，リヤ王物語の中から感じとらせ，人と人との交わりや，日常の生活には心と心のふれあった生活をしたいものだということを悟らせる。			基準目標との関連	7 9 24 10 13

指　導　内　容	留　意　点	資　料
○リヤ王物語を読もう。 ・教師または，読んだことのある子に読ませる。 ・静かに聞きながら，感じたこと思ったことを，そのつどメモさせる。 ○話の要点を話し合いながら，あら筋，主題を感得させておく。 ○感想を自由に発表させる。 (感想文に書かせてもよい。)	○学年相当のものを選んで，組のだれかに読ませてもよい。 ○あら筋をはじめに知らせ，よく物語をつかませる。 ○おとなの考えをむりに押しつけないようにする。	シエークスピア リヤ王

2　昭和34年度の改善の特色と問題点

「道徳教育はわからない。」という段階から脱するために，まず，指導方法の研究を進めることにした。道徳の時間に「何を，どのように指導したらよいのか。」ということから話し合い，そのためには，研究授業を数多くもって，全教師で研修することにした。文部省の道徳の指導書を読んだだけではわからない。けれども実際に児童の生活を主題のねらいを通して観察すると，具体的な問題をつかむこともできるし，また児童の経験を調べてみると必要な方法や素材，そして資料もどういうものかわかってくる。このように教師自身の指導技術の問題から，道徳教育全般に関する考え方や心構えといったことも貴重な研修の内容となったのである。

道徳の時間の指導はどのようなものであるかがわかってくると，指導計画についても，問題になることが，はっきりしてきた。

そこで，「何を，どのように改めるか。」ということになって，まず，問題点を洗い出すことにした。その結果，次のようなことが明らかになった。

① 本校の道徳教育の全体計画がはっきりしていない。

② 道徳教育と他の教育活動との差異や関連がはっきりしていない。
特に学級会指導や低学年における社会科と道徳の時間の指導との差異や関連を明らかにする必要がある。

③ 道徳の内容について，低学年，中学年，高学年の発達段階に応じたおさえ方が理解されていないし，生かされていない。

④ 道徳性の発達段階についての理解がふじゅうぶんであったので，主題設定の理由があいまいになっている。

⑤ 道徳的内容を機械的に配列したので，その数が多かったり，組み合わせにむりがあって，全体として，ねらいがぼけてしまっている。

⑥ 展開の大要が実際的でない。われわれは経験が浅いので，展開の例はとてもあげられない。そこで，ねらい達成に必要な指導の要点をあげて，展開の参考にしてはどうか。

⑦ 資料がふじゅうぶんであるから，望ましいと思う資料をあげてはどうか。

(1)　改善のあらまし

以上の反省に基づいて，改善を行なった。

ア　本校の教育方針や教育目標と道徳の内容36項目との関係を明らかにした。

イ　児童の生活実態をはあくし，道徳的発達段階を理解するように努めた。

ウ　「アとイ」をもとにして学年の道徳的内容の重点を決め，全学年を通して配列を調整した。

エ　今までの実践を反省して，ねらいを改善し，道徳的な内容をしぼり，文章もわかりやすく改めた。

オ　ねらいの改善に合わせて，主題設定の理由にも手を加えてわかりやすくした。

カ　展開の大要については，指導の要点を取り上げて，展開の参考になるように位置づけた。

キ　指導上の留意点，資料，摘要欄を訂正して充実を図った。

(2)　改善の特色

ア　道徳教育の全体計画の改善に伴い，道徳の時間で特に強調して取り上げる内容がはっきりした。33年度では，道徳教育のすべてを道徳の時間に背負わせるような計画であったが，主題やその道徳的内容を整理したので，ねらいのはっきりした主題になった。

イ　展開の大要が充実して，指導の要点が明確になり，利用しやすい指導計画になった。

ウ　指導上の留意点や資料等も実際的になり，使いやすいものになってきた。

(3)　問題点

ア　総時間数を39時間配当にしたので，主題の指導にむりがある。

イ　指導方法に変化がない。

ウ　ねらいの表現や設定の理由にあいまいなものがある。また，ねらいに道徳の内容が多く盛られているので整理する必要がある。

エ　素材や資料を研究して，望ましい資料の使い方を研究する必要がある。

オ　他の教育活動との関連を明らかにしてはどうか。

昭和34年度　第2次　指導計画の例　（5年）

主題	リ　ヤ　王　物　語	12月	2時間
設定の理由	5年生も後半になると目的の実現のためには手段を選ばないような利己的な面が多く目だってくる。また異性意識が芽ばえて互いに対立することも現われはじめる。そこでこの単元を取り上げ，末娘コーデリヤのやさしい親切な心にふれさせ，日常生活を反省させるために，この単元を取り上げた。		
ねらい	10（正直誠実）　24（親切同情）　26（信頼友情） ○人と人との交わりや，日常の生活には心と心のふれあった生活をしたいものだということを悟らせる。		
展開の要点	○幻燈「リヤ王物語」の観賞 ○リヤ王物語のあら筋と感想 ・リヤ王の心のうつり変わり ・コーデリヤの誠実 ・ふたりの姉の誓いと行動 ・ケントの忠実 ○日常生活の反省と今後の生活のあり方 ・人の心にふれた経験 ・人の心をふみにじった経験		
留意点	○物語をよくつかませる。 ○ことばだけの理解に終わらすことなく，実感として深める。 ○教師，おとなの考えをおしつけない。 ○感想は自由に発表させる。		
資料・摘要	学研スライド「リヤ王物語」 作文「リヤ王」「日常生活の反省」		

などが問題点として残り，35年度の研究に発展したのである。

3　昭和35年度の改善の特色と問題点

昭和35年度の研究は，34年度の実践を反省し，残された問題の解決を目ざして進めた。

そして，34年度の指導方法の研究に積み重ねるように，資料の研究を進めることにした。

(1)　改善のあらまし

そこで，指導計画の主題に適当した資料を集めることになったが，実際には素材研究であり，主題の素材集めに終わった。

ア　主題別に素材群を位置づけた。

各教科をはじめ，特別教育活動，学校行事等の教材や活動には，道徳の時間の指導に必要な素材や資料が多数発見できる。それは必ずしも道徳の時間の指導にそのまま取り上げられるというものではないが，道徳の指導にあたって，教師が配慮しておかなければならないものである。そこで，道徳の内容36項目を観点に手順よく分析したり，整理しながら，指導計画の各主題に位置づけていったのである。

このように集められたものを素材群とし主題に位置づけるようにした。そしてこの作業と平行して，指導計画に，次のような改善の手を加えるようにした。

34年度に改善した指導計画は，年間39時間の配当で多すぎたので，1年は34時間に改め，2年以上は35時間配当に改めて主題の調整を図ったのである。

道徳の内容の調整一覧表を作ったり，主題の系統一覧表を用意して，主題の統合を図ったり，削除した主題もあった。

そして，さきに述べたような素材群を，指導計画の各主題に位置づけて，教師の指導しやすい参考になる指導計画に改めていったのである。

イ　素材や資料を選ぶ手順として

(ア)　各教科や特別教育活動，学校行事等の指導内容から，36項目の道徳的内容に合致するものを選び出すことにした。作業は各教科研究部ごとに進め，選び出したものは印刷して各学年に配布した。

(イ)　各学年ではそれらの内容を，各主題に位置づけるように検討した。

(ウ)　図書館資料，視聴覚教材，新聞，雑誌の記事，ラジオ，テレビの放送目録からも，参考になるものは選んで各主題に位置づけた。

このようにして主題ごとにまとまったものを素材群として資料欄に位

置づけたのである。

(2)　改善の特色

ア　34年度の実践の反省に基づいて主題数を減らし，ねらいも改めたので，全体としてすっきりした主題が多くなった。

イ　素材や資料も多く紹介されたので，教師は自由に選択し，ねらい達成に適当した指導方法や素材や資料を使いわけて指導することができるようになった。

ウ　資料のありかや内容等が明示されているので，資料選択が容易になった。

エ　同学年でも，場合によっては，各教師が違った資料や違った指導方法で，同じ主題の指導を進めることもできるようになった。

(3)　問題点

ア　34年度に改善した展開の大要は，指導に必要な要点だけだったので，具体性の乏しいものであった。けれども，本年度の研究によって，素材群が位置づけられたので，具体的になり，しかも，いろいろの展開が可能になった。そこで，よい指導例を精選し，主題に定着させることが課題になった。

イ　主題設定の理由やねらいには，まだ，あいまいな点があったが，今後の問題に残すことにした。

ウ　特に各教科から引き出した素材や資料は実際にはあまり役だたず，他の教育活動との関連を考慮する場合に参考となる程度のものであった。

エ　以上のことから，当分の間ねらいや主題設定の理由をそのままにして手を加えることなく，よい資料よい指導例を選択するように努めなければならない。

年々，指導計画を改めることも必要なことであろうが，数年間同一

昭和35年度　道徳指導の資料研究　（5年）

主題	リヤ王物語	11月	2時間
ねらい	○人と人との交わりや日常の生活には心と心のふれあった生活をしたいものだということを悟らせる。 内容番号（⑯ 24. 26）		
展開の要点	○幻燈「リヤ王物語」の観賞 ○リヤ王物語の主題と感想 ○日常生活の反省と今後の生活のあり方		
素材群	○新しい国語 ・春を告げる鳥（5のII）　酋長のむすこの平和を愛するやさしい心とむすこを思う酋長の心にふれる。 ・良　寛（5のII）　良寛の童心にあふれたあたたかい心にふれる。 ○新しい社会　（5年I）　最澄と空海 ○スライド ・リヤ王(No. 9)学研（リヤ王の3人の姫の違った性質と口のじょうずな上のふたりの姫にだまされたリヤ王の悲劇を描く。） ・1枚のガラス(No.44)中央（集団と個人のつながり，自分の行為についての責任と反省を児童自身に考えさせるもの。） ・明かるい街(No.45)中央（心のあたたかい親切な平野さんの行為を通して自分たちはどうあるべきかを考えさせる。） ・遠足のかえり(No.86)学研（つかれた子，足をいためた子，乗り物の席をめぐって互いの思いやりの気持ちを学ばせる。） ○録音テープ　学校放送 ・明かるい学校「ものの価値に対する正しい認識」　11月19日放送 「かげひなたのない認識」　11月11日放送 ○図書　シェークスピヤ物語　93 お 2　読書感想文		
指導上の留意点	○物語の筋をおうだけにならぬよう，またことばだけの理解に終わらないよう実感として深める。 ○教師，おとなの考えをおしつけない。 ○感想は自由に発表させる。		

の指導計画によって実践を重ね，計画にふさわしい資料や指導方法を見いだしていくことも有効と考えられる。そこで昭和36年度以降は資料の精選とよい指導例を選ぶ方向に問題を残すことにした。

4　昭和36年度の改善の特色と問題点

35年度に残された問題として，資料の精選とよい指導例を選ぶという方針を決めたのであったが，たまたま文部省の実験学校に指定され，今回の研究主題を与えられたのである。そこで，今までの研究を反省して，なお不足する研究から手をつけることにした。

(1)　改善のあらましと特色

34年度に主題設定の理由やねらいについて改善をしたのであるが，35年度には一部分の改善にとどめたので，問題点が残っていたはずである。そこで，今まで手を加えていなかった問題について，実践を反省し，ねらいの改善や，主題設定の理由に盛られている児童の生活実態や道徳性，地域環境の特殊性を具体的に取り上げて，指導の意図を明らかにしなければならないということになった。

ア　そのための事前調査を次のように進めた。

(ア)　教師の指導反省を整理して整理表を作成した。

(イ)　児童の道徳性診断テストを実施して，本校児童の道徳性発達の傾向と問題点をさぐるようにした。

(ウ)　本校の道徳教育の基底を改善して，ねらい再検討の尺度にした。

イ　このような基礎に立って次のような手続きにより改善の作業を進めたのである。

(ア)　本校における児童の道徳性の発達や，生活実態，および地域環境の特殊性を調べ，その結果を具体問題を取り上げる際の規準，主題設定の際の理由に位置づけた。

(イ)　34, 35, 36年度の指導の結果から問題を発見して改善の参考にした。

(ウ)　主題設定の理由の表現方法を検討した。

ウ　主題のねらいの改善については

(ア)　主題についての指導の反省をもとに整理表を学年ごとにまとめて提

出し，全学年の問題を一覧表にまとめて問題点を明らかにした。

(イ) ねらい一覧表を作成し，学年の系統性を調べて問題点を明らかにした。

(ウ) 道徳教育の基底に合わせて，問題のある主題は改善した。

(エ) ねらいの表現方法をくふうした。

主題設定の理由とねらいは互いに深い関連をもっているから，切り離して改善することはできないので，作業を同時に進めることにした。

(2) 問題点

ア　主題を改めると資料や指導方法も変わってくるので，新しい資料を補充しなければならない。

イ　ねらいの表現をくふうしないと教師の判断がくい違う場合がある。

ウ　新しく改善した指導計画でも，ねらいの表現が前のものと同じであったり，下の学年のねらいが上の学年のねらいより，ややむずかしい表現になっているものも見受けられる。

エ　主題設定の理由やねらいの表現を的確にすることはたいせつであるが，それのみにとらわれていてよいだろうか。展開の大要を含めて主題全体を検討する態度がいっそう強く望まれるのではないか。

5　昭和37年度の改善の特色と問題点

36年度の主題設定の理由やねらいの改善によって，主題そのものは形を整え，指導しやすい役だつ指導計画になったが，残された問題は展開の大要をどのように改善したらよいか，ということであった。その経過を見ると，33年度の展開の具体的指導の例はふじゅうぶんなものではあったし，34年度の改善では展開における指導の要点を示した程度であった。したがって指導計画には具体的な指導過程が示してないのである。

(1) 改善のあらましと特色

34年度においては，教師の弾力性のある指導展開を誘うように要点だ

けを簡単に示す程度にとどめたのである。それが，最近になって，展開例を位置づけたらよいのではないかという考え方に変わってきた。36年度に改善した低学年の新主題を除いて，中には，展開における資料や指導方法，指導過程が定着してきたものもある。そこで，教師間の検討によって，主題の指導にふさわしい展開例を位置づけることにしたのである。

展開例を位置づけるにあたって

ア　展開例に密案を掲げることをさけた。実際には，不可能なことではあるし，密案を示すことによって，教師の弾力的な展開を阻害してもならないので，この点を考慮することにした。

イ　主題の展開例では，指導過程にのせて指導方法や資料を具体的に扱う例を示した。

ウ　他の教科との関連や，前後の指導や参考資料も，参考欄で取り上げるようにした。

エ　展開で取り上げた資料は，資料室に保存し，いつでも使えるように配慮した。

(2) 問題点

ア　展開例を位置づけたが，必ずしも，主題の指導に適当したよい例であるとも考えられない。今後の研究と実践の積み上げに期待して改善していく態度をもたなければならない。

イ　教師の反省をもとにした評価については，今までにも行なわれてきているが，道徳性の診断テストや，観察による評価方法にも，いっそう，研究を重ねる必要もあろうし，実際の指導の中にも，評価方法を取り入れて，指導方法の充実を図ることも考えられる。

道徳の評価はむずかしいとされているが，38年度以降に研究を残し，今回の報告書から省くことにした。

昭和37年度　第3次　指導計画の例　（5年）

主題	リヤ王物語		11月	2時間
I 主題設定の理由 ○5年生も後半になると常識もひろまり，ものごとを判断する力も相当ついてくるようになる。 ○しかし，なまはんかなため，自分たちの考えと実践にみぞがあることが多く，いうことに反して利己的であったり，ごまかしがみられることがある。 ○いっぽう，この段階の児童は，長い物語にも興味をもち，ものごとに感動する時期でもある。 ○そこで，「名作物語」・リヤ王を扱い，その悲劇性の要因を知ることによって，常に善意と正直と思慮ある生活態度，すなわち，誠実さがもてるよう，この主題を設定した。（◎10　○26） II 主題のねらい ○人間の生活では，正直・誠実は第一義の道であることを感得させるとともに，誠実な生活態度を養いたい。 III 展開例				
	展開	指導上の留意点	資料	
第一次	○スライド「リヤ王」を見る。 ○感銘を受けたことがらについて話し合う。 ・リヤ王の心のうつり変わり。 ・コーデリヤの誠実。 ・姉たちの誓いと行動。 ・ケントの忠実。 ○日常生活の反省をする。	○観点をはっきりさせる。 ○ことばだけに終わらずに，実感として受けとめるようにしたい。 ○かっとうの場を，コーデリヤと姉娘との行動の面におく。 ○姉娘の「うそ」についてほりさげ，コーデリヤの誠実と比べる。	スライド 「名作物語・リヤ王」 （学研 No. C. 6）	
第二次	○作文取り扱い。 ○日常生活の事例を反省し今後の生活のあり方を話し合う。 ○誠実な生活態度について話し合う。	○人の心にふれた経験。 ○人の心をふみにじった経験。	児童作文	
IV 参考 ○読みもの資料＝リンカーン（偉人の少年時代・実業の日本社），良寛（新しい国語　5のII） ○スライド＝1枚のガラス（中央視覚教材社），明かるい街（中央視覚教材社）				

第2節　指導計画改善の観点

1　本校の指導計画の特色と改善の必要

道徳の指導計画には，精粗，さまざまな形がある。文部省発行による小学校，道徳指導資料I「小学校道徳指導計画の事例と研究」にAからEまでの形が参考として示されている。どれも，その学校の実際に合ったよい計画である。

(1)　本校の指導計画は道徳教育の全体計画を別に用意して，実際に教師が指導する時に，そのまま，教師の案として利用できる指導案の形にしたもので，事例のCとDの形に近いものである。

(2)　また，指導計画は年々具体的な問題点をとらえて，部分的に改善する手が加わらなければならない。そのためにも，具体的な案が展開例として示されている場合に，比較することもできるし，改善の手も加えることができる。

(3)　さらに，道徳教育は，道徳の時間のみでなしうるものでないが，全領域における道徳教育と相まって，道徳の時間の意義をはっきり示すように指導計画を立てなければならない。そこで，道徳の時間の指導の例を各主題ごとに用意するようにした。

2　指導計画改善の観点

33年度に，ふじゅうぶんながら道徳指導計画を作成し，年々改善の手を加えて今日の第3次指導計画にいたったのであるが，各年次とも改善の観点に立って進めてきたことは，さきに述べたとおりである。これを指導計画および指導案の構成に合わせて述べてみると，次のようになる。

(1)　主題設定の理由についての改善（36年度）

ア　児童の生活実態や道徳性についての観点を改善した。

イ　道徳教育全体計画との関連における道徳的内容のおさえ方を改善

した。

(2) 主題のねらいについての改善（36年度）

(3) 展開の大要についての改善（34，35，37年度）

ア 指導方法についての研究と展開の要点を位置づけた。(34年度)

イ 素材や資料を集め，主題に素材群として位置づけた。(35年度)

ウ 主題にふさわしい資料を選び，指導方法とともに指導過程におさめ，展開の例として主題に位置づけした。(37年度)

(4) 他の教育活動との関連についての改善（37年度）

(5) 主題配列についての改善（37年度）

3 改善の実際

(1) 主題設定の理由についての改善

児童の生活実態はどのように主題の問題となっているか，同じ学年であっても，児童の生活実態や問題傾向にわずかではあるが，違いが出てくるであろうし，年次を重ねることによって，その，はあくのしかたにも改善が必要になる。

ア 本校では，児童の生活実態の調査や教師の指導反省記録を参考にするとともに，道徳性の診断テストも行なって参考にした。

イ さらに，学校の教育目標や道徳教育の全体計画にも改善の手を加えてきたので，この点からも主題設定の理由を改善する必要があった。

ウ 実践を重ねた結果，最初に設定した当時の問題のとらえ方と，今日の児童の生活実態ではわずかではあるが，差異が現われてきた。そこで，主題の立場から，児童の新しい生活実態をはあくして，改善の手を加えることにしたのである。

(2) 主題のねらいについての改善

他の学年の主題との関連や系統性の上で，ねらいそのものを改めなければならないことや，ねらいを組み立てている道徳的な内容が多すぎる

ので，それを整理して，指導の中心になる道徳的内容を明らかにすることや，ねらいの表現を修正して，わかりやすくすることなど，ねらいの改善についても，問題があった。しかし，ねらいをたびたび改めることは，それに伴う展開の大要や資料にまでも影響を及ぼすので，指導方法の定着を期待することがむずかしくなる。そこで，本校では，ねらいに多少の問題があっても，不用意に作りかえることをさけて，展開の要領や資料の適不適といった，細かいことまで実践した上で，ねらいを改めるようにしなければならないとする態度をとった。そこで36年度から37年度にかけて，全学年の系統性を考えて，ねらいを前後の学年と比べて，移動させたり，各学年に盛られている道徳的な内容を整理して，指導の重点をはっきり示すように改善の手を加えたのである。

(3) 展開の大要についての改善

34年度には道徳の時間の六つの方法を指導過程に含めて理解するように研修した。その結果，展開の大要の欄には展開に必要な指導上の要点を位置づけることにした。

また，改善の前提として実践した反省を，どのような形でもよいから書きとめておくことを申し合わせた。

望ましい道徳の指導を期待するためには，指導に必要な素材や資料について改善する関心をもち，ねらい達成にふさわしい素材や資料を選択したり，資料の内容について検討を加えなければならない。

そこで，35年度の素材群集めの作業は，資料選択の手びきの作成にもつながり以後の実践を容易ならしめた。

主題の指導にふさわしい資料は，指導方法や指導の過程と切り離して取り上げることはできないので，実践した事例の中からよいものを選んで，具体的な展開例として主題に位置づけるようにした。

(4) 他の教育活動との関連についての改善

35年度の素材群の研究で特に強調した他の教育活動との関連については，他の教育活動における道徳教育を，どのように道徳の時間の指導にもち込んで深化を図るか，また，道徳の時間で指導した道徳性は，他の教育活動の領域でどのように発展させて，実践的に指導したらよいのか，実際の授業を通して研究したり，その実践に努めてきた。

今回の改善では，これを一つの観点として取り上げ，第3次改善の指導計画には，教師に指導の前後において配慮することが望ましいことがらとして参考の欄に掲げるようにしたが，他の教育活動との関連についてきわめていくと，道徳教育の全体計画的な問題に発展し，観点が他のものと混同するおそれもあるので，ひかえめにした。

(5) 主題配列についての改善

指導の総時間数や主題数，主題の扱い時間，あるいは，学年段階を考慮して系統的な配列を究明することも，指導計画改善には必要な手続きである。

そこで，改善をするためには，その基準になる尺度に相当するものが必要になる。教師の実践した経験事例もたいせつな資料となるが，

・各学年児童の道徳性の発達段階をおさえた系統的な問題配列表
・道徳教育の全体計画としての道徳的な内容を具体化した各学年の指導内容（本校でいう道徳教育の基底）

を配列の基準として，配列の改善を進めることにした。上の二つの基準に合わせて改善すると，理論上からは正しくとも，実際的でない点も現われてくるので，教師の実践した経験を生かし，調和を図って改善を進めるようにしたのである。

第2章　指導計画の改善

第1節　主題設定の理由についての改善

昭和34年度の第1次改善にあたっては，地域環境の特殊性や，児童の生活実態をできるだけ正しくとらえ，それらを生かして改善することと，さらに，児童の発達段階や生活の実態などを設定理由の中に盛り込むことによって，指導計画が利用しやすいものになり指導効果を高めることができるという考え方に立って改善を行なった。

その後昭和35年，昭和36年の2か年間の実践の過程で，いろいろ具体的な問題が浮かびあがり，それらについて再度にわたる討議や検討をして昭和37年度の改善を実施した。

昭和37年度改善にあたっても，設定理由の中に児童の実態，地域環境の特殊性に加えて，指導の意図や他教科との関連，主題のもつ意味を明記することによって指導がしやすくなり指導の効果があがると考えた。

以下設定理由の改善について本校で実施したことを次のような観点で具体的に述べることにする。

① 本校では児童の道徳性の発達や，生活の実態，地域環境の特殊性をどのようにしてとらえたか。
② 昭和35年，36年の指導の結果から，どのような問題が発生したか。
③ 指導の結果発生してきた問題をどのように解決し改善したか。

1　本校では児童の道徳性の発達や生活の実態，地域環境の特殊性をどのようにしてとらえたか

児童の道徳性の発達や生活の実態，地域環境の特殊性などをはあくするのには，種々の調査や検査が考えられるが，昭和34年度の改善にあたっては，児童の学習指導や，生活指導の必要上調査したり記録したもの，

また，学校経営や学級経営のうえで必要があって調査したもの（家庭環境調査，身体検査の記録，週番日誌，児童会の記録や学級日誌，交友関係の調査など）や都，区などで調査したものを利用し次のような方法をとった。

(1) 教師が児童の一般的な発達についての認識を深めるため，小学校学習指導要領の「児童期の道徳性の発達」の内容および児童心理学の諸文献を研究した。

(2) 学習指導要領の中に示されている「道徳指導の内容」を，低・中・高学年の発達段階に即して分析し，「指導内容分析表」（図表１）を作成した。

設定理由（図表１）　　指導内容分析表

		低学年内容	中学年内容	高学年内容
1	健康・安全	自己の健康・安全	小集団の意識に立って	学校集団の意識に立って
2	自　立	身のまわり 自分の仕事	同上	同上
3	礼儀作法	作法や礼儀 (小集団)	都会人としての礼儀作法	国民としての礼儀作法
4	整理整とん	身のまわりを整える	小集団の意識に立って	学校集団の意識に立って
5	物の使い方	自他の区別 たいせつに使う	公共物 金銭の使い方	物や金銭・合理性 公共物のもつ使命
6	時間の尊重	時刻の規律性 習慣をもつ	時間の使い方	時間を有効に使う 能率・自主性
7	人格の尊重	人と仲よくする（いやがらせ・らんぼう）	他人の気持ちや立場を考える	人の価値・心の尊重
8	自主・自律	はっきり意見を述べる。自分の考えをもって行動	信念・自分の考えをもって盲従しない	進んで……主体性をもつ，自主自立…… 人と協調
9	自由と責任	自分の考えや希望をもってのびのびと行動	責任をもった行動 小集団におけるよい行動	自由と責任をふまえた行動 学校集団

(3) さらに児童の生活を43内容99項目について，前記の学習指導・生活

指導・学級・学校経営上必要で実施した調査・記録・観察などを参考として，いろいろな場面いろいな角度から，観察，分析，検討して評価したもの（図表２）によって，各学年・学校の児童の傾向や特質をおさえた。

設定理由（図表２）

目標	観察 内容分類	内容 観点の分類	評価 優	稍優	普通	稍劣	劣	全学年の共通傾向
健康で明るい子	(校外)	登校時における安全	2	3.5	1.4.6			○登校下校をはじめ諸行動については，教師の日常指導により安全は保たれ習慣化されつつある。 ○帰宅後の安全指導の具体策は考えたい。 ○良い習慣として，窓の開閉や給食時の保健衛生の配慮，手洗い，病気に対する配慮・危険な持ち物を持つものがないなどよく指導され実践されている。 ○休み時間の利用は，時間が少ないことが原因のように思われるがどうか？ ○廊下の歩行・便所の使用，ハンカチ，ちり紙清掃の際の保健上の配慮については指導を再考慮してはどうか。 ○安全指導は徹底し，よい規律習慣が維持されているが，細かい個々の習慣に指導の必要があるようだ。 ○ボス的な児童の存在もなく，男女の対立つげ口かげ口も傾向として見られず……
		下校時における安全	2	3	1.4.5.6			
	(校内)	帰宅後の諸行動の安全		2	1.3.4.5.6			
		廊下の歩行状態			1.3.4.5	2.6		
	1.健康・安全の保持	手洗いの状態		1.3.4.5	2.6			
		ハンカチ，ちり紙の取り扱い		4	1.5.6	2.3		
		窓の開閉に対する配慮		1.3.4.5	6		2	
		そうじの際の保健衛生上の配慮			3.4.5	6		
		給食時の保健衛生上の配慮		1.3.4.5	6	2		
		休み時間の利用態度			1.2.3 4.5.6			
		危険な持ち物，がん具の所持	2.4.5	1.3.6				
		病気に対する予防的配慮		1.2.3.5	4.6			
	2.人格の尊重	持ち物をたいせつにする		1.4.	3.5.6	2		
		人のものと自分のものの区別		2.3.	1.4.5.6			
		自己反省の能力			3.4.5.6			

（注）評価欄の数字は学年を示す。

(4) 以上のような方法によって，本校児童の実態や，地域環境の特殊性について，次のような結論を見いだした。

ア　児童の発達は，一部児童を除いて，ほぼ一般的な正常な発達を示

していると考えられた。

イ　生活実態の問題点としては，

(ア)　手洗いの使用，ハンカチ，ちり紙の取り扱い，そうじ当番の際の保健上の配慮などの点に問題がある。(教育目標「健康で明るい子」と関連)

(イ)　まじめに，かげひなたなく行動するが，学習や，作業を根気よく続けてやることや，進んで困難な仕事に取り組む意欲に欠けている。(教育目標「根気よくものごとをなしとげる子」と関連)

(ウ)　すなおで，のびのびとした行動をしているが，礼儀・作法の点でやや劣っている。

規則の尊重，自治については特に用意して指導する必要を認める。(教育目標「礼儀正しい子」と関連)

(エ)　精いっぱいの努力をするということがなく，意欲的な創意くふう，探究心がみられない。(教育目標「よくくふうする子」と関連)

(オ)　責任を果たすことは普通の状態と考えられる。(教育目標「責任を果たす子」と関連)

ウ　家庭調査の結果から

職業調べ，消費材の普及状態などから考えると，父母の教育への関心や生活状態は，一般的に都会のもつ傾向をそのまま示していると考えられた。

1位　知識階級に属するもの　35%　2位　中小工業者　約18%　と全家庭数の5割強を占め住宅街的環境を示しているが，生活保護，準保護家庭42世帯という数は地域性の一面を現わし，山手の下町的環境ともいえる。

2　指導の結果から，どのような問題が発生したか

このような実態はあくの上に立って改善した指導計画も，昭和35年，36年の2年間にわたる30数回の研究授業と，道徳時間の実践記録の討議検討によって数多くの問題のあることが指摘され主題検討一覧表を作成したのであるが，設定理由については特に29主題が問題となった。その問題点を整理し，設定理由については，次の5項目にしぼったのである。

(1)　児童の実態のとらえ方が，まだ不明確なものがあるので，実態を具体的にとらえる必要がある。

(2)　設定理由が一般的で，地域環境と密接な関連のあるものを，本校としての独自性の上に立ってとらえていないものがある。

(3)　実態や主題の解釈がはっきりしていても，指導の意図がぼやけているものがある。

(4)　設定理由や，指導の内容から考えて，主題の再構成を必要とするものがある。

(5)　表現を改める必要のあるものがある。

3　指導の結果発生した問題を，どのように解決し，改善したか

上で述べた五つの問題点について考え，次のような反省がなされた。

昭和34年改善したときの実態のとらえ方に問題はなかったか。

昭和34年度に比べて2年後の現在では実態が変わってきていないか。

さらに改善にあたって，調査したり，研究したことが，じゅうぶんに生かされなかったのではないか。

そこで，34年度の方法に加えて，

(1)　児童の発達段階や，実態のはあくをさらに深めるために，学習指導要領に述べられている「児童期の道徳性の発達」低・中・高学年の特徴に，運動能力，知的判断力，情緒性，社会性，道徳性についての一般的発達段階の特徴を加味し，各学年ごとの発達段階表を作成して児

設定理由（図表3）

		低学年	
低学年の特徴		・自己中心性が多分に残っているため，人の立場を認めたり他人の人格を尊重することはよくできない。 ・善悪は，おとなの是認非認・快・不快と混同して道徳的に判断することはむずかしい。 ・集団のきまりも，その意味を理解して守ることはできにくい。規則も外から与えられるものと考え変更を許されない。 ・行為の判断は結論的で動機や条件は考えられない。 ・おとなの行為を絶対的なものとして自主的な判断はできにくい。	
		1年	2年
運動的発達		基本的な体のこなしは幼児期に身につけているので，全身的な遊びがあそばれる。 指先の巧みさはじゅうぶんでない。	背筋力の発達が著しい。 姿勢に対する意識をもってくる（訓練の時期）
知的発達	言語	・おしゃべり，攻撃的，積極的で人をののしったりおどかす傾向がある。・不平をいったり，大声を出して俗語や下品なことばを使いたがる。	・相かわらずおしゃべりであるが，ことばは一人前である。
知的発達	記憶注意	・有意注意力は乏しい。・課題意識が急に発達をみせる。	・機械的記憶発達のスタートにある。・記憶材料の量，再生までの期間が増大する。
知的発達	思考	・自己中心性の末期にある・アニミズムの第1段階から第2段階にふみこみつつある。	・大部分は自己中心性脱却・しかし次の段階への移行期である。・アニミズム第3期，空想と現実が完全に分化する。
情緒的発達	情緒	・言語的にも行動的にも幼児期にみられた，一応のおちつきがなくなり，言語・行動が攻撃的になり，かんしゃくをおこす，人を打ったり，けったりする。	・怒りの条件は物的身体的であるが行動的，直接的傾向から言語的間接的となる。
情緒的発達	興味		
社会性の発達	社会性	社会生活に対する欲求のめばえ（3才ごろから）がつよくなるが，個人主義時代である。（友だちをもつことに興味をもつが結合がよわい。）	個人主義時代であるが，クリーク時代への移行の時期であり，社会化傾向がつよまり，性的分離傾向もみられてくる。
社会性の発達	遊び		
社会性の発達	道徳性	モラルリアレズムの時代である。	相対的道徳観への移行の時期，悪についての観念が，かなりはっきりとしてくる。

童理解のための基準とした。

(2)　また道徳性の発達について本校児童の実態を知るために，3年・4年・5年・6年の全児童に「原理別/領域別　坂本式道徳性診断検査」を実施し，次のような処理を行なった。

ア　知能偏差値と，道徳性偏差値の関連を見る。

イ　領域別・原理別に，都市とその他の地域と本校児童との得点を比較する。

ウ　道徳性偏差値の分布を全国平均と比較する。

エ　領域別評価点の分布を全国平均と比較する。

オ　各問題の得点平均を出す。

（第3章参照）

(3)　さらに家庭環境調査に記入された親の願いを調査する。

(4)　以上のような方法により，児童の実態についての理解のしかたが，ますます深まった。このような目を通して，設定理由をながめることによって，設定理由の問題点がさらに明確なものとなり，実態のはあくが具体的になってきた。そこで具体的な改善の作業にとりかかったのである。

以下改善された具体例について述べる。

例1　問題点　(1) (2)に該当するもの

主題	学校のいきかえり	4月	2時間
設定の理由	新1年生は，新しい環境の中にはいって，見るもの，聞くものすべてが目あたらしく，学びとらねばならないことが多いが，地域の特性から見て，早急にこの主題を取り上げ，安全な交通のしかたを知り，危険から身を守るようにしなければならない。		

これは1年生4月の第1主題であるが，設定理由改善の問題点(1)，(2)に該当するものであった。すなわち，児童の実態のとらえ方が不明確であり，

地域環境の特殊性もはっきりせず，本校としての独自性の上に立っていない例であるが，これを次のように改善した。

改善された設定理由

1年　No.1
主題名　学校のいきかえり　　4月　2時間
I　主題設定の理由
○はじめて学校に通うようになった1年生は，まだ登校下校の様子に注意が足りない。
○入学式当日安全な登下校の道を親子でさだめさせたが，正しい道の歩き方や，正しい横断のしかたについては不安な点も見られる。
○横断歩道を通る児童，ふみきりを渡る児童もあり，せまい道路を車のいききのはげしいところもある。
○そこで，あぶない道の歩き方を，実際の活動を通してわからせ，その間にきまりやきそくを進んで守るようにし，自主的に身の安全を守る習慣をつけさせたい。
○1年の社会科「学校のいきかえり」に関連づける。

例2　問題点　(3)に該当するもの

主題	学校のきまり	4月	2時間
設定の理由	4年生になると，社会的な考え方がはっきり芽ばえてくる。 学校生活の中においても，集団的な行動が目だっている。そこで学年はじめのこの時期を選んで，新しい学級づくりに参加させて，規則の尊重と自治の態度を育てたい。		

これは4年生の4月第1主題で主題検討整理表によると改善の問題点(3)に該当するものであったが，改善の問題点(1)にも該当することがわかり次のように改善した。

改善された設定理由

4年　No.1
主題名　学校のきまり　　4月　1時間
I　主題設定の理由
○学級会・相談会等で，いろいろなきまりをつくることには関心があるが，

それを実践にうつすことがじゅうぶんでない。
○社会性が芽ばえはじめるとともに，学級の構造も群立的なグループから組織的な段階にはいりはじめる。
○そこで，この時期をとらえて，学級や小集団作りを目ざしてそれには，いろいろなきまりのたいせつなことを理解し，きまりを作るだけでなく，それを実践し改善するような態度を養いたい。
○実践化は学級会活動や毎日の相談・反省の活動としての指導をもるようにする。

第2節　主題のねらいについての改善

日常の教科指導で重要な点は，学習指導要領に基づいて，その教科の指導内容をじゅうぶん吟味し，その上に立って，単元なり教材なりのねらいを，どのようにとらえて指導するかということにある。それによって，適切な指導方法のくふうも，効果的な資料の活用も生まれてくるものである。

これに対して，道徳指導においては今のところ，指導内容が定着していないために，特に，主題のねらいをより確かなものにしておかないと，指導や学習が散漫となり，意図された目標や内容からはずれるおそれがある。

その一つの例をあげてみると，

昭和34年度指導計画（4年）

主題	よい遊び悪い遊び	10月	2時間
ねらい	○学校での休み時間の使い方，遊び方の態度について考えさせる。 ○校外での遊びや遊び場所について考えさせ，公共物の利用について話し合い理解させる。13，29，30		
展開の要点	○近ごろの遊びの傾向を調べて話し合わせる。 ○公共施設の利用。 ○話し合いによる遊びの条件と遊び方。		

この計画では，おもに，学習指導要領の内容13「……中・高学年ではさ

らに，常に言行をふりかえることと，人の教えをよく聞くこと，深く落ち着いて行動することなどを加えて，内容とすることが望ましい。」について，指導しようとしているわけであるが，「ねらい」には，「校外の公共物の利用」に重点がおかれ，はじめに意図したものよりは，むしろ，学習指導要領の内容㉜（公共心・公徳心）に関連あるねらいに変わってしまっている。このため，展開の大要が⑬（思慮・反省）という内容からは，やや縁遠いものとなってしまったのではないかということに気づいたのである。

したがって，「ねらい」を明確にしておかないと，展開の大要が多岐にわたったり，主たるねらいから逸脱することがあるという反省がなされ，あらためて，計画の中に占める「ねらい」の重要性を認識したわけである。

1　ねらいの改善に際しての考察

指導計画に重要な役割をもつ「ねらい」の改善にあたって，われわれは，学習指導要領に示された36の内容を，ふたたび吟味することにした。そして，「ねらい」の中に，「主題のもつ内容が，的確にとらえられているかどうか」を，下記の表のように整理し，考察することにした。

内容番号	1　年		2　年		3　年		4　年		5　年		6　年	
	主題名	ねらい	主題名	ねらい	主題名	ねらい	主題名	ねらい	主題名	ねらい	主題名	ねらい

その中で発見されたいくつかの事例をあげてみたい。

例1　段階的に見て学年が前後するもの

	1　年		2　年	
②自立	じぶんのことはじぶんで	・自分の行動や健康には，常に注意して自主的な生活ができるようにする。 ・お互いに迷惑をかけないで，明朗に楽しく集団生活ができるようにする。	じぶんでできること	・洗顔・歯みがきなど，自分のことは自分できちんとし，他人に頼らないようにしなければならないことを理解させる。

1年では，一般的な生活態度をねらっているのに対して，2年では，より具体的に打ち出されている。これを実際に指導してみた結果，児童の発達段階からみても，むしろ，1年と2年とでは逆であると考えられた。

例2　学年による段階的な差がみられず，同列なねらいであるもの

㉔親切・同情	1年	ありとはと	・親切にされたことに対して感謝の念をもつとともに，他の人にも親切にして弱い人や不幸な人をいたわるような心情を養う。
	2年	あらしの日	・だれにも親切にし，弱い人や不幸な人をいたわらねばならないことをな理解させる。
	3年	小さなしんせつ	・友だちは互いに親切に助け励ましあわねばならないことを認識させる。 ・不幸な人々へのあたたかい思いやりや，不幸な人々に進んで協力する。

これら3主題には，表現こそ違え，学年的発展がみられない。究極として，「親切・同情」という心情の育成や，実践化をねらうことには変わりないとしても，児童の生活経験の広がりや，友人，その他の人々との接触の範囲なども，1～3年の間では，当然変化や発展があるのだから，ここにも児童の発達段階に応じた「ねらい」のおさえ方というものが考えられなければならない。

例3　核心にふれた具体的表現に欠けるもの

⑧自主・自律	4年	もうすぐ5年生	・4年の学年の総まとめとして，5年生に進級する心構えをうちたてさせる。

「5年生に進級する心構え……」では，その解釈が広義にわたるばかりでなく，抽象的で，内容との関連が具体的につかみ得ない。そのため，主題の展開自体に支障をきたしたことが，今までの実践の結果反省され，「ねらい」に，具体性をもたせることの必要が痛感された。

同じような例をもう一つあげてみたい。

⑦人格尊重	6年	人間の尊重	・人間は同じように尊重されなければならないことを理解させる。 ・人間尊重の心情を高める。

前の例と同じように,「ねらい」の第2項の表現が抽象的すぎて，具体性に欠けている。

「人間尊重の心情」といっても，政治的立場からは「人権の尊重」，経済的立場からは「生活の保障」とも，とられるので，道徳指導の場合には，あくまでも「人間の尊厳性」という観点に立って，児童たちの当面する具体的問題で指導することが必要である。

しかし，この点の配慮がじゅうぶんでなかったので，この主題の展開が効果的でなかったという反省がなされた。

以上のように，われわれの実践と反省を通して考察を進めた結果，昭和34年度の計画に，いくつかの問題が発見された。

そこで，指導計画改善の必要が考えられ，計画の中で重要な役割をもつ「ねらい」の改善の観点として，まず，

○　ねらいに系統性が必要ではないか。

○　ねらいは，焦点をしぼり，明確に表現すべきではないか。

という，問題提起になった。そして，討議の結果，

(1)　道徳の時間の意義は，生活指導のように偶発的に起こった問題の指導と異なり，児童の発達段階や，生活の実態に立って，道徳性を計画的・継続的に指導するものである。そこには，当然系統性が考えられねばならないはずである。

しかし，週1時間の指導をもって，早急にその効果を期待することはできない。むしろ，そこで行なった指導の結果が，他の領域で再びなんらかの形で取り上げられたり，実践にうつされたり，また，同じような指導内容が，6か年を通してくり返し指導され，積み上げられて，はじめてその効果の一部が期待されるわけである。

道徳指導の内容は，児童の発達に応じて，違った形や経験，高まった思考などをもとにして学習させるわけであるから，ここにも，広い意味の系

統性が考えられる。

(2)　どの教科でも「指導する」立場に立った時は，当然系統性の配慮がなくては，効果的な指導は期待できないように，道徳性の涵養や価値観の向上にあたっても，系統的な積み上げが必要である。

という結論を得た。

そこで，以上のようなことを基にして，問題点究明のため，指導計画の「ねらい」の細かい検討にはいった。

2　検討の方法と問題点の発見と整理

指導計画の「ねらい」の検討にあたって，次のような方針を立てた。

その一つは,「実際の指導の反省」を基にした分析である。すなわち，われわれ現場にある者にとっては，日々の指導が研究であり，そこから生きた検討資料を得るわけである。そこで，過去1年間の記録を指導計画と照らし合わせて，改善の観点の中心においた。

次に，記録の分析にあたっての尺度を，次のような立場で決定した。われわれがえがく望ましい人間像——（本校では，これが教育目標となっている）——を，道徳指導のめあてとして進めているので，道徳の指導も，それに応じた内容の分析と，その構成が重要である。これが綿密に吟味され，考慮されれば，主題のねらいが生きたものとなるはずである。

道徳の指導内容の構成にあたっては，次の二つの方法がある。

○　児童の直接的な生活経験や道徳性が形成される具体的場面を分析し，それをもとにして，適切な内容を導き出し，それを学習指導要領による道徳指導の内容と照合する方法。

○　学習指導要領の36の内容を分析し，学年別に系統的に配列し，それを，学校の特殊事情や，児童の生活実態に照合する方法。

本校では，上記方法のうち前者の立場をとることにした。

道徳の時間は，ただ，道徳的な一般的な原理や概念的な知識を追求する

のではなく，児童たちが当面する問題に対して，解決の手がかりを与え，いかにして自分自身の方向を見いださせるか。いいかえれば，児童に主体的に考えさせ，反省させながら，自主的に道徳性を育成していくために，児童の生活と関連づけて指導することが，より効果的である。

この基本線に立って，本校では，各学年の発達段階に応じて，具体的内容を明らかにした「道徳教育の基底」第３章66～79を作成し，「ねらい」を検討する尺度としたのである。

そして，全主題にわたり，「道徳教育の基底」番号にしたがい，逐条に審議を進めた。検討にあたっては，「ねらい」独自の問題だけではなく，ねらいが，主題の展開にどのような影響を与えているかについても総合的に検討し，下の表のように，学年ごとの整理をした。

主　題　検　討　整　理　表

月	主題名	主　副	設定理由	ねらい	教材・指導内容・資料	他領域との関連	主題の配列	その他

（詳細は，第３章を参照）

さらに，これらを整理した結果，本校では，次のような全学年共通の問題点を導き出すことができた。

(1)　ねらいの不明確なものがあったり，内容が多すぎるものがあるのではないか。

(2)　主内容と副内容が，ねらいの中で転倒しているものがあるのではないか。

(3)　主題名や素材にひきずられがちな傾向があるのではないか。

(4)　習慣化，心情，判断力，態度といったような点で，系統的なおさえ方を考えるべきではないか。

(5)　主題によっては，ねらいが実践へまで結びつくようなことを考えるべきではないか。

問題点(1)，(2)，(3)については，「明確さの不足」の原因について討議した。

一つの主題を構成する場合，まず，児童の発達段階や生活経験に即して教師が意図する適切な指導内容を用意し，その主なる内容と構造的に関連をもつ他の内容を副としておさえ，主題が想定される。この想定に基づいて，ねらい，展開，資料，時期および時数などを考えるのであるが，あくまでも，主題によって達せられる目標（ねらい）をはっきりとはあくしていなければならない。

すなわち，素材の選択や展開のくふうは，一定のねらいを達成するために，児童をしていっそう深い道徳的な反省的思考をさせるためのものであり，まず，「主題のねらい」が精選され，明確に打ち出されていなければならないものと考えた。

このような立場からみると，問題点(1)～(3)は，後にくるべき展開や素材を頭に描きながら「ねらい」を立てたり，また，素材の吟味の途上で派生的に現われた内容を，主となるべき内容と混同し，取捨選択を忘れ，同列に取り上げたために起こった欠陥と考えられた。すなわち，計画作成の基本的立場について誤っていたことと，教師が意図した内容の分析があまかったり，その組み合わせがふじゅうぶんであったためである。（組み合わせの構造については，前節の主題配列を参照してほしい。）

問題点(4)については，「系統性」に関連して討議した。

道徳の時間における系統性について，われわれは，二つの面から考えた。

一つは，学習指導要領に示された四つの領域に含まれる内容を，学年の発達段階や生活の実態に応じて，どの学年に，どう重点的な配列をするかという意味の系統性である。たとえば，低学年では比較的に１の柱「日常生活の基本的行動様式」を主とし，学年が進むにしたがって，２「道徳的心情，道徳的判断」，３「個性の伸長，創造的な生活態度」，４「国家，社会の成員としての道徳的な態度と実践的意欲」に重点をおくといった配慮である。

二つには，前にも述べたように，道徳性は6か年の積み上げによって，より強固なものに発達していくものであるから，一つの内容を取り上げても，いろいろの角度からの指導が考えられる。たとえば，学習指導要領の内容⑥時間をたいせつにし，きまりのある生活をする。低学年においては，決められた時刻を守ることを指導の中心とし（習慣化），中学年・高学年においては，さらに，時間の有効な使い方や時間を決めてきまりのある生活をすること，（判断を基礎とした態度）のように，学年に応じて，行動としてくり返し訓練し，習慣化することをねらったり，発達するにつれて，知的な判断や心情を基礎とし，それに裏づけられながら行動へ向かう態度を養ったりする系統性である。

このような点から「ねらい」がたてられなければならないことに気づいた。昭和34年度の指導計画では，第1の点は，主題の配列で考えられていたが，第2の点で，じゅうぶんな考慮がなされていなかったわけである。

問題点(5)については，本校の道徳の時間のうけとめ方として，道徳の時間では，その指導を通して道徳性を意識化させ，問題にあたって，それぞれの場面に適合した融通性のある道徳的行動がとれるようにするという立場から，実践という問題は，他の領域との関連でおさえることとし，「ねらい」の中には表現しないことにした。（他領域との関連を参照）

3　改善の観点の具体的細目

以上のような討議のすえ，改善の観点の具体的細目を次のように決めた。

(1)　多くの内容をもった主題のねらいを，精選して整理する。

(2)　一つのねらいでも，分析すると1～2の内容をもつように表現する。

(3)　習慣，判断力，心情，態度のなにをねらうかを明らかにする。

(4)　主・副の関係をおさえる。

(5)　主題名に引きづられないよう，また，素材や資料に引きづられないように注意する。

これらの細目のもとに，新たな学年の担当者が前担当者より引き継いだ基礎資料を生かしながら，再検討を加え，本校「道徳教育の基底」を重要なよりどころとして作業を進め，改善を完了した。

第3節　主題の展開例についての改善

昭和33年度に指導計画を作成した時は，主題の展開についての大要を具体的に示したつもりであった。ところが実際に利用することになると，展開の大要そのものがまだ抽象的で，そのうえ，ねらいから離れたものもあったりして，実際には利用しにくい指導計画であった。

道徳の指導計画を作成する場合には，指導方法をじゅうぶんに理解したうえで，指導実践の累積を資料として指導計画を作成するものでなければならない。形ばかり整えても，実際に使えない指導計画であっては無意味にひとしいので，実践の裏づけのある指導計画にしたいと考えた。そこで，本校では，33年度の第1次指導計画に手を加え，それを実践にうつして年年改善に改善を重ね，だれでも有効に使える指導計画にしようとしてきたのである。

昭和37年度は，今までの実践の結果を検討して，主題の展開としてふさわしい例を位置づけたのであるが，一つ一つの主題には曲折に満ちた改善の経過が含まれているのである，それを略記すれば次のようになる。

①　指導方法についての改善（昭和34年度）

・　指導方法についての理解を深め，実践を通して研修し，展開の要点を指導計画に位置づけた。

②　素材についての改善（昭和35年度）

- 素材の性質と意義について理解を深めた。
- 資料の性質と価値について考えを深めた。
- 素材や資料を集め，主題の素材群として指導計画に位置づけた。

③ 資料についての改善（昭和37年度）

- 資料を精選し，主題の展開資料として位置づけた。

④ 展開例についての改善（昭和37年度）

- 展開例を指導計画の主題に位置づけた。

1 指導方法についての改善

昭和34年度の研究計画の第1に，道徳時間の指導方法の研究を決定し，日常の指導の反省を重ね，学年の教師間で話し合い，あるいは，校内の教師間で輪番で研究授業を行なって一つ一つ指導方法を理解するように努めた。

話し合いの方法の特色や効果と指導上の問題点。教師の説話の機能的な特色と問題点。読み物利用についての分類と指導上の問題点。最も新しい方法としての視聴覚教材の利用についての理解。劇化の特色と指導上の留意点。実践活動に対する理解と利用の方法。といったそれぞれの方法の特色と指導上の問題点について，全職員で理解を深めるようにした。その一連の研修と実践の結果，展開の要点を指導計画の主題ごとに位置づけしたのである。

昭和34年度の指導方法の研修と展開の改善について述べると，

(1) 六つの指導方法については，それぞれに特色があり，その特徴を生かすように実践し，一つの主題についてよいと思ういくつかの方法を学年内で取り上げて実践し，その指導方法を比較検討した。展開のしかたについては，必要な要点を指導計画にしるす程度にとどめた。

(2) 指導実践を活発に行ない，効果をあげるために，視聴覚の教具や施設

の充実を図ることがたいせつである。また，素材や資料としてのスライド，紙しばい，映画，ラジオ，テレビ等の利用を研究して，使いやすい状態に整えることもしなければならない。

(3) 素材や資料を調べて，あらかじめ適当しているものを選んでおくこともたいせつなことである。特に読み物を利用する時に，いきなり図書館から適当した資料を選び出すことはたいへんに困難なことである。

(4) 実際に指導して，道徳の時間で最もたいせつな方法は話し合いの指導である。問題についての道徳的内容の追求，道徳的価値の判断という内面的自覚までに導く指導過程の大半は一般に話し合いの方法で行なわれる。そこで指導過程を考えるには，話し合いの進め方に対する研究はぜひ重ねなければならない。指導計画そのものがりっぱに作成されていたとしても，それを利用して指導する教師の指導技術に未熟な点があったら，道徳の時間の指導はじゅうぶんに効果をあげられないものになる。特に道徳の話し合いの指導方法は，他の教科における話し合いの方法と異なっている。低学年では教師が中心になって問答することが主になるが，中学年では，しだいに児童相互で話し合いができるように導き，高学年では，教師はいっそう後退して助言を与える程度に留まることが必要である。話し合いを進めることによって，児童が主体的に考え，ひとりひとりが内面的に自覚し，積極的に実践する態度を育てなければならない。ややもすると，教師が多く話すために児童は話し合う場を失い，教師が問いかければ答えるという消極的活動で終わる場合が少なくない。本校の33年度から34年度の初めにかけて見受けられた指導方法上の欠陥もここにあった。

(5) 話し合い以外の方法を利用する場合，1時間を全部，物語を読んでしまったり説話したり，映画を見せてしまったということもあるが，これはごくまれなことである。実際の道徳の時間の指導過程はいくつかの指

導方法が組み合わされてできるもので，ねらい達成に最もよい指導過程を構成するものであるから，実際の指導経験を重ねることが必要である。したがって指導方法と指導過程は密接不可分の関係にあるので，切り離して考えることはできない。指導過程には一般に大きな段階として導入，展開，終末が考えられるが，どの指導方法をどこでどのように活用するかということになると，資料や素材の内容や主題のねらい，児童の発達段階を考えに入れなければならない。一つの限定された形式は考えられないであろう。道徳の目標達成には，いろいろな指導過程の組み方があるということになる。このことについても，今後解明を必要とすることであるが，昭和34年度としては，導入，展開，終末といった段階を前提として，指導過程を研究することにした。

(6) 道徳の時間の学習活動が，児童に興味や関心をもって迎えられるかどうかはたいせつなことである。そこで１時間の指導が，低・中・高学年の発達段階や主題の性格にふさわしい指導方法をもって構成されなければならない。

(7) 教師の個性や特技によって，指導方法上のかたよりも生まれ，それが悪い影響を及ぼすこともあるので，いろいろな指導方法を活用する指導技術を身につけなければならない。

以上，概略ではあるが昭和34年度において研究した内容にふれて述べたのであるが，指導計画の展開の大要を改善するには，主題設定の理由や主題のねらい達成にふさわしい展開を示さなければならないことになった。研究をはじめた昭和34年度の状態では，経験も浅く，実践例を掲げることは不可能であったので，それは後の問題に残して，教師としてこの主題では，概略，どの程度の指導を展開したらよいのか，ねらいと設定理由から見て考えられる内容を具体化したものを，展開の要点として掲げたのである。指導の流れだとか，具体的な指導の例といったものではないが，展開にあ

たっての要点を示すことによって，主題の指導案を教師の主体的な考えから作成できるように期待したのである。こうして昭和33年度の指導計画から見たら使いやすい参考になる指導計画になったわけであるが，このように展開の要点を示す程度にしたことも，やがて，具体的な展開例を位置づけようとする見通しに立って行なったことで，日々の実践の記録を残すことを申し合わせて第１次改善指導計画を活用することにしたのである。

2　素材についての改善

主題のねらいにそって指導過程を組んでも，なにを素材にして指導したらよいのか，その材料になるものを選び出すことに困難を感じた。主題設定の理由には，問題となる児童の実態や問題行動が示されていたので，それを素材としたり，児童の周辺に見られる直接経験的な素材を取り上げて指導するようなことが多かった。また，直接経験的な素材に対して，間接経験的な素材の価値についての理解も浅かったために，直接経験的な素材にたよりすぎる傾向もあった。その結果，主題によっては適切なよい指導もあったが，なかには，児童の個人生活のきびしい批判の場になったり，教師の一方的な訓戒や教授の場になったこともあった。

昭和34年度の研究によって，指導方法や指導過程をおおよそ理解し，展開の要点を明らかにしたものの，素材や資料の研究と位置づけが行なわれていなかったので，昭和35年度には，道徳の素材や資料を選び出して主題に盛り込んだならば，素材を選び出す困難度も減少し，指導の効果も高まるであろうということになった。

主題のねらい達成に必要な素材は，前年度指導した教師も持ち合わせていることであろう。また，日常学校で指導する他の教育活動の教材の中からも，あるいは，図書館資料や雑誌，新聞の記事の中からも，全教師の協力によって多くの素材や資料が集められるのではないかということになった。

(1)　主題の素材集めの手順は，

ア　各教科や特別教育活動，学校行事等の領域から道徳の時間の指導にふさわしいと思う素材を，内容36項目を観点にして選び出して，各々の担当分野で一覧表を作成した。

イ　一覧表は各学年に配布して，学年の教師間で選択し，各学年の主題に位置づけるようにした。そして，これを主題の素材群とした。

ウ　第2の手続きとして，図書館資料や視聴覚教材，新聞・雑誌その他あらゆる方面から素材になりそうなものを選び出して一覧表を作り，学年に配布して，同じように主題に位置づける作業をした。（詳しくは，第3章第3節に述べる。）

(2)　精選にあたっては，

ア　実践した主題の反省記録に基づいて教師間で話し合い，効果的な資料を確保することに努めた。

イ　選択にあたっては，ねらい達成を中心に，指導方法や指導過程を検討して，最もよいと思う資料を選び出すことにした。

ウ　資料は資料室に，学年別整理だなに保存し適宜利用できるようにした。

3　展開例についての改善

34年度以降の展開の大要についての改善は前述のとおりであるが，これを大別するなら，

(1)　指導方法や指導過程について研究し，理解を深めるとともに展開の大要を改善して，指導の要点を位置づけた。

(2)　展開における指導の要点を具体的に示し，かつ素材や資料を集めて主題に位置づけた。

(3)　多くの実践の中から，主題の指導に望ましい展開の例を選んで位置づけた。

展開の改善については，以上の3段階に分けて進め，今日にいたった。

そこで，注意しなければならないことは，主題ごとに位置づけた展開例は，必ずしも模範的な指導の例ではないということである。

年ごと実践した主題の中には，同じような指導方法や資料を扱ったものもあって，比較的定着しだした主題の展開もあるが，なかには，37年度に新しく位置づけたために実践の裏づけの欠けているものもある。いずれにせよ，みがきのかかった展開例が取り入れられて，指導計画も，いっそう充実したものに改善されていくことが期待できる。

第4節　他の教育活動との関連についての改善

学校における道徳教育は，学校の全教育活動を通じて行なわれるのをたてまえとするので，ここでは，各教科，特別教育活動，学校行事等において，道徳教育に直接関係のあるものを取り上げて検討してみることにした。

1　各教科との関連について

各教科において道徳教育に役だつと思われる素材（活動例を含む）を抽出して，各教科の果たす道徳教育への役割を考えてみた。特に本校では道徳教育は全教育活動を通じて行なわれるべきものとして考えてきたので，道徳教育と関連のある内容を分析して参考になる点を素材群としてまとめてみた。

道徳素材選択表　（4年）

月	主題名	素材	領域	内容の要素	素材の位置づけ	備考
5月	わがまま ① 14,15	(二) わたしたちの学級 (国語単元名)	国語	学校生活をよくするための相談のしかた，相談会，学級日記。	よい生活，よい習慣，学級生活のきまりに位置づける。	

このように道徳の主題のねらいを達成するためには，各教科の単元との

結びつきを通して深化発展の具体的な手がかりをうるようにしたが，詳しいことは「第３章第５節」で述べることにする。

2　学校行事等との関連について

学校行事等は学校が計画して実施するものであるが，楽しい学校行事にするためには児童が積極的に協力し参加することが必要である。そこで本校では，事情の許すかぎりなるべく児童の積極的な参加を受け入れるように考え，学校行事を児童のものとして指導し，その成果をあげるようにしている。学校行事等は道徳教育の実践的な場として大きな役割を果たしている。児童が自らの手で行事を民主的にし楽しい活動の場にしていく営みの中で，互いに他と協力し，互いに信頼しあい，よりよい学校生活のふんい気を作りあげていくのであるが，この経験を通して，望ましい道徳性を育てる基盤とすることができる。道徳の時間だけをどんなに充実しても，実践も活動を通さないことには，道徳性は育たない。したがって本校では学校行事の活動の中で道徳の指導をいっそう発展的・実践的に育てることをねらって指導してきた。

3　学級会活動との関連，相違について

道徳教育の実践の場として特別教育活動の役割の重要なことはいうまでもないが，本研究では特別教育活動のなかで，特に学級会活動に焦点をしぼって，道徳教育の実践化の問題を取り上げることにした。いままで道徳の時間の指導にあたって，学級会的，生活指導的な主題の扱い方のものがあったり，また学級会活動において内容的に道徳の内面的な指導を行なうこともあって，両者の相違は必ずしも明確ではなかった。しかしこれらは領域として異なったものであるから，それぞれの独自性をもたせるためには，そのねらいをはっきりおさえる必要がある。そこで本校では，領域のまぎらわしい主題は所属を区別することにしたが，いっぽうでは両者の特質を生かし密接な関連を考えて，一体として取り扱うように配慮したもの

もある。こうして実践を通して学級会と道徳の時間との差異を明確にする努力を続けてきたのである。

その結論をまとめてみると，まず問題提起の段階では，学級会では児童自身が自主的に問題を発見し提案するのに対して，道徳の時間では教師が意図的に問題を児童の生活のなかから導き出して設定する。次に学級会で問題が展開され議題が整理される段階では，児童が話し合いを通して問題を処理し教師がそれに指導助言を与えるが，道徳の時間では，教師が中心になって，「なぜか」と原因を追究し，「それでいいのか」と児童と話し合い，どうすべきかと考えさせ，児童に価値を体得させていくのである。まとめの段階においても，学級会で一応申し合わせによって実行にうつし，うまくいかない場合はふたたび取り上げて集団的に改善していくのであるが，道徳の時間では道徳的な理解，判断，心情を高めて各人が望ましい実践への意欲をもたせることがねらいとなる。このような前提に立って両者の関連を図るために，本校では特別教育活動の指導計画を立てる際に，道徳の主題のねらい，内容，資料，方法との関係をじゅうぶんに考慮して行なうことにした。そのために各領域ごとに調査を行なって関連を確かめたが，詳しいことは第３章第５節に紹介することにする。

要するに学級会では，学級生活をより楽しくするための配慮を優先させて，当面している問題はなにか，どうしたらよいかについての児童の自主的な判断や活動を重んじ，集団生活の向上を目ざすのに対し，道徳の時間は個人の内面化を目ざしているといえる。

第５節　主題の配列についての改善

主題の配列については，

①　各学年の年間配当時間数，月別配当時間数

②　主題の大きさ（各学年の主題数，各主題の扱い時間数）や主題の学

年配当

③　主題名

④　主題の年間配列

⑤　各学年の主題の系統性

などについての検討が必要なわけであるので，以下順を追って改善の歩みを述べることにする。

1　各学年の年間配当時間数，月別配当時間数について

34年度における第２次指導計画の改善では，文部省の基準の時間数を上回る年間39時間を配当したが，その後の研究と実践の結果から，35年度における一部改善の際に，第１学年34時間，第２学年以上を35時間とした。また，各学年の月別配当時間数も下表の通りとした。

主題配列（図表１）　　35年度　月別配当時間数

学年＼月	4	5	6	7	9	10	11	12	1	2	3	計
１学年	2	3	4	2	3	3	4	3	3	4	3	34
２学年	3	3	4	2	3	3	4	3	3	4	3	35
３学年	3	3	4	2	3	3	4	3	3	4	3	35
４学年	3	3	4	2	3	3	4	3	3	4	3	35
５学年	3	4	4	2	3	4	4	3	3	3	2	35
６学年	3	4	4	2	3	4	4	3	3	3	2	35

（注）低・中学年と高学年の配当の違いは季節・行事などを考慮に入れた結果である。

この月別配当時間数における，低・中学年と高学年の月別配当時間数の差異は，季節や行事などと，各学年の特殊性を考慮に入れ，実施可能時間数を考えた結果である。37年度においても，月別配当時間数はこの表に従っている。

2　主題の大きさ，主題の学年配当について

上に述べたとおり，35年度は素材および資料の研究に中心をおいたの

で，各学年における主題数は，どの学年でも変更はなく，わずかに主題の移動（配列変更）や，主題の加除，主題名の変更がみられる程度である。

36年度にいたり，

○　低学年における２時間扱いの主題の是非。

○　高学年（６学年）における３時間扱いの是非。

などが大きな問題となり，さらに，

○　主題の新設・増加の必要が重要な問題点となった。

これは，研究授業や，平素の指導実践において，児童の興味や能力の持続時間の問題など，児童の実態の面から，また，特に，くり返しての指導，積み重ねの指導の必要さが強調されてきたためである。

たとえば，

(1)　低学年における日常生活の基本的な行動様式の内容を指導する場合，一つの主題を２時間扱いとして１個所に集中し指導する扱いは，児童の興味や，関心能力を持続させる面からもむりがあることが明らかとなった。このような場合には，むしろある期間を経過した後（もちろんその間においても，他の領域の教育活動の全領域で指導を積み重ねるのであるが）新しい資料と，変わった指導の方法や，別な角度から取り上げて指導したほうが効果があがることが確かめられた。このような，積み重ね方式により，基本的行動様式の習慣化をねらうことが，より効果があがるとの結論が出てきたからである。

(2)　また，第６学年における34年度指導計画の１月主題「人間の尊重」⑦（人格の尊重）３時間扱いや，２月主題「将来の希望」⑲（向上心・努力）⑫（忍耐・不とう不屈）４時間扱い（35年度に３時間扱いに変更）などの３時間扱いも，指導実践の結果から，内容をしぼり，２時間扱いとし，余った時間では，新しい主題を設定したほうがよいという結論に

なった。(最終的には新主題として12月主題「子じか物語」⑰(敬虔)⑯(動植物の愛護)㉝(家庭愛)2時間扱いが新設された。)

37年度の研究会の席上，各学年における主題数について討議の結果，低学年においては25～30くらいの主題を取り上げたほうがよいという結論となり，長い時間数の主題を整理し，余裕の生まれた時間数を新主題に当てた。そして，前述の「期間をおいてくり返しの指導」「積み重ねの指導」の効果を生かすことにした。

以上の結果，新しく決定された各学年の主題数は，34，35年度と対比すると下の表のとおりである。

この表を見て，一般的にいえることは，低学年から中学年をへて，高学年に進むにつれて，主題数を少なくし，それだけ1主題についての配当時間を多くするほうが望ましいといえよう。

主題配列（図表2）

	34年度主題数	35年度主題数	37年度主題数	増減
第1学年	22	22	29	＋7
第2学年	22	22	26	＋4
第3学年	22	22	21	－1
第4学年	22	22	21	－1
第5学年	21	21	19	－2
第6学年	18	18	19	＋1

また，特にその具体例として，第1・2学年の主題の年次的変化を整理した結果を掲げてみると次の表（図表3）のとおりである。

この表を見ると，33年度指導計画の第1学年では，学習指導要領の道徳の内容番号①（健康・安全）を4月主題「学校のいきかえり」①（健康・安全）③（礼儀・作法）⑥（時間の尊重）のようにおさえてはいるが，その「ねらい」としては，

主題配列（図表3）その1　低学年における道徳主題の年次的変化　（第1学年）

主目標	34年度主題	時数	副目標	35年度主題	時数	副目標	37年度主題	時数	副目標
1	学校のいきかえり	2	3	学校のいきかえり	1	6 3	学校のいきかえり きれいなからだ(新)	2 1	6.29 4
2	じぶんのことはじぶんで	2	4	じぶんのことはじぶんで	2	4	じぶんでできること	1	4
1	よいことば	1	15	よいことば	1	15	よいことば おきゃくさま(新)	1 1	15 15
4	きれいにしましょう	2	13	きれいにしましょう	2	1 3	きれいにしましょう しまのおさるたち(新)	1 1	1 2
5	ものをじょうずに使いましょう	2	32	ものをじょうずに使いましょう	2	32	おさるの大工さん㊔	1	32
6	たのしいなつやすみ	2	1 2	たのしいなつやすみ	2	1 2	かねがなってるよ㊔	1	2
7	わたしのすきな人	2	25 26	わたしのすきな人	2	25 26	わたしのすきな人	2	26
8									
9									
10	やくそくをまもろう	2	6	やくそくをまもろう	2	6	やくそくをまもろう	1	6
11									
12	うんどうかい	2	19	うんどうかい	1	19 29	うんどうかい	1	29
13	あやまち	2	10 28	あやまち	2	10 28	あやまち	1	10 28
14	お正月	1	5 20	お正月	1	5 20	お正月	1	5
15	おきゃくさま	1	3 10	おきゃくさま	1	3 10			
16	いきものをかわいがろう	1	9 12	いきものをかわいがろう	1	9 12	いきものをかわいがろう	1	9
17									
18									
19	もうすぐ2年生	1	13 25	もうすぐ2年生	1	13 25	もうすぐ2年生 うしわかまる(新)	1 1	25 12
20									
21	こどもかい	2	26 31	こどもかい	2	26 31	こどもかい	1	26
22									
23									
24	ありとはと	2	25 26	ありとはと	2	26 31	ありとはと	2	26
25	きゅうしょくのおばさん	2	26	きゅうしょくのおばさん	2	26	きゅうしょくのおばさん	1	26
26	みんななかよく	2	13 27 14	みんななかよく	2	13 27 14	みんななかよく ないた赤おに(新)	1 1	13 13
27									
28							こまったときのこと(新)	1	13
29	雨の日のあそび	2	21 32	雨の日のあそび	2	21 32	雨の日のあそび	1	21
30									
31	わたしのしごと	2	4 10	わたしのしごと	2	4 19	わたしのしごと おてつだい	2 1	19 33
32	たのしいえんそく	2	1 29	たのしいえんそく	1	1 29	たのしいえんそく 学級文庫の使い方(新)	1 1	 5
33	おかあさんありがとう	2	25	おかあさんありがとう	1	25	おかあさんありがとう	1	
34									
35									
36					－5			(±0)	
	主題数（22）	39		主題数（22）（±0）	34		主題数（29）（＋7）	34	

表中の(新)は新主題　㊔は名称変更主題

主題配列（図表３）その２　低学年における道徳主題の年次的変化　（第２学年）

主目標	34 年 度 主 題	時数	副目標	35 年 度 主 題	時数	副目標	37 年 度 主 題	時数	副目標
1	あぶないもちもの	2	45				春夫君のけが(新)	2	29
2	じぶんでできること	2	31 23	じぶんでできること	2	31	じぶんのことはじぶんで	1	31
3	ただしいみなり	2	14	ただしいみなり	1	14	ただしいみなり	1	14
4	せいせき物のあとしまつ	2	2 8	しまつよく㊔	2	2 8	しまつよく	1	8
5	お年だま	2	4 6	お年だま	2	4 6	お年だま	2	20
6	たのしい夏休み	1	1	たのしい夏休み	1	8 19	たのしい夏休み	2	8
7	友だちのあやまち	2	28	友だちのあやまち	2	28	友だちのあやまち	1	28
8	からすのものまね	2	2	からすのものまね	1	2	からすのものまね	1	2
9									
10	金のおの	2	11	金のおの	2	11	金のおの	2	
11									
12							もう一度やってみよう(新)	1	20
13	いなばのしろうさぎ	1	24	いなばのしろうさぎ	1	24	いなばのしろうさぎ	1	24
14	うんどう会	2	12 15	うんどう会	2	12 15	うんどう会	1	15
15	子どもの日	2	14	子どもの日	1	14	子どもの日	1	14
16	草花のせわ	2		草花のせわ	2		草花のせわ	1	2
17									
18									
19	もうすぐ3年生	1	21 22	もうすぐ3年生	1	21 22	もうすぐ3年生	2	24
20									
21	あそびのくふう	2	13	あそびのくふう	2	1 13	あそびのくふう	1	1
22									
23									
24	あらしの日	2	26	あらしの日	2	26	あらしの日 なつぼし(新)	1 2	26
25	学校でおせわになった人	2	24	学校でおせわになった人	2	24	学校でおせわになった人 おじいさんおばあさん(新)	1 1	
26	おみまい	2	24 25	おみまい	2	24 25	みんななかよく	2	24
27									
28									
29	じゅんばんを守ろう	1		じゅんばんを守ろう	1		じゅんばんを守ろう	1	32
30									
31	力を合わせて	2	20 23	力を合わせて	2	20 23	力を合わせて	1	30
32	みんなで使うもの	2	5 29	みんなで使うもの	2	5 29	みんなで使うもの	2	5
33	るすばん	1	2 31	わたしのうち㊔	2	2 31	わたしのうち	2	31
34									
35							国のおいわいの日(新)	1	
36					(−4)			(±0)	
3	主 題 数 22	39		主 題 数 22（±0）	35		主 題 数 26（＋4）	35	

○登下校における交通規則を知り，身の安全に心がけさせる。○時間を守り，元気よく登校させるようにする。

ことをねらい，展開の内容も，交通安全を主としたものであった。

これを，37年度に作成された，本校の「道徳教育の基底表」によって検討すると，前述の，交通安全の指導と同列的に，

○顔や手足をきれいにする。○衣服を清潔にする。○よい姿勢をたもつ。○あぶない遊びをさけ，持ち物の安全を図る。

などがたいせつな指導の具体内容として取り上げられている。そこで37年度指導計画では，他の主題において削減された時間をこれに当て，No.５（注　主題配列番号）６月主題「きれいなからだ」①（健康・安全）④（整理整とん）といった形で，健康・安全をねらいとした主題を新しく設定したわけである。

また，37年度指導計画では，34，35年度においては主題として取り上げられていなかった㉘（寛容）を，No.17　11月主題「こまったときのこと」㉘（寛容）⑬（思慮・反省），１時間扱い，として取り上げている。これは，36年度実施の校内研究会の際，第１学年主題「あやまち」（現在　No.14　10月主題⑬，10，28，１時間扱い）の授業を実施した後の研究会の席上，あやまちをゆるす立場，㉘の主題を新設する必要が強調されるにいたった。（「道徳教育の基底」では，(1)ちょっとしたことでおこったり，乱暴をしない。(2)あやまちをゆるしてやる。）

主題「あやまち」の素材を取り上げて，道徳的な価値かっとうの場面について考えた場合，「あやまちをしないように，あやまちをなおす。」立場に焦点を合わせれば，⑬（思慮・反省）となるであろうし，「あやまちをかくさない。」立場に焦点を合わせれば，⑩（正直・誠実）になるであろう。また，「人のあやまちをゆるす。」立場に焦点を合わせれば，㉘（寛容）になるわけである。そこで，「あやまちをしない」⑬（思慮・反

主題配列（図表4）　　昭和37年度　主題配当表

	領域	基本的行動様式						道徳的心情と判断										
	No.	1	2	3	4	5	6	7	8	9	10	11	12	13	14	15	16	17
主とするねらい	1学年	◎	◎	◎	◎	◎	◎	◎			◎		◎	◎	◎	◎	◎	
		2	1	1	1	1	1	1			1		1	1	1	1	1	
	2学年	◎	◎	◎	◎	◎	◎	◎	◎		◎		◎	◎	◎	◎	◎	
		1	1	1	1	1	1	1	1		1		1	1	1	1	1	
	3学年	◎	◎	◎	◎	◎	◎	◎	◎		◎	◎				◎	◎	
		1	1	1	1	1	1	1	1		1	1				1	1	
	4学年							◎	◎	◎		◎	◎	◎	◎			◎
								1	1	1		1	1	1	1			1
	5学年							◎	◎	◎	◎	◎	◎	◎				
								1	1	1	1	1	1	1				
	6学年							◎	◎	◎		◎						◎
								1	1	1		1						1
	小計	3 (4)	3	3	3	3	3	全 (6)	5	3	4	4	4	4	3	3	3	2
副とするねらい	1学年	○	○	○	○	○	○			○	○		○	○		○	○	
		1	1	1	3	1	1			1	1		1	3		1	1	
	2学年	○	○	○		○			○				○		○	○		
		1	2	1		1			2				1		2	1		
	3学年		○	○			○	○		○		○	○	○	○			○
			1	1			1	3		2		1	3	2	2			2
	4学年		○		○	○		○	○	○		○	○	○				
			2		1	2		1	1	2		1	2	5				
	5学年			○				○	○	○	○	○		○				
				2				4	1	1	2	1		1				
	6学年	○	○	○				○		○			○				○	○
		1	1	1				2		1			1				2	1
	小計	3	5 (7)	5 (6)	2 (4)	3 (4)	2	4 (10)	3 (4)	5 (7)	2 (3)	3	5 (8)	4 (11)	2 (4)	2	2 (3)	2 (3)

	領域	個性の伸長と創造的生活態度						道徳的態度と実践的意欲													計
	No.	18	19	20	21	22	23	24	25	26	27	28	29	30	31	32	33	34	35	36	
主とするねらい	1学年		◎		◎			◎	◎	◎		◎	◎	◎	◎	◎	◎				29
			2		1			1	1	2		1	1	1	3	1	1				
	2学年		◎		◎			◎	◎	◎			◎		◎	◎	◎		◎		26
			1		1			2	2	1			1		1	1	1		1		
	3学年	◎	◎		◎			◎	◎	◎					◎	◎				◎	21
		1	1		1			1	1	1					1	1				1	
	4学年	◎	◎	◎	◎				◎	◎		◎	◎	◎	◎	◎		◎	◎		21
		1	1	1	1				1	1		1	1	1	1	1		1	1		
	5学年		◎	◎	◎	◎		◎		◎		◎	◎	◎	◎	◎				◎	19
			1	1	1	1		1		1		1	1	1	1	1				1	
	6学年	◎	◎				◎	◎		◎			◎	◎	◎	◎		◎	◎	○	19
		1	1				1	1		1			1	1	1	1		2	2	1	
	小計	3	全 (7)	2	5	1	1	5 (6)	4 (5)	全 (7)	0	3	5	4	全 (8)	全 (6)	2	2 (3)	3 (4)	3	
副とするねらい	1学年		○		○				○	○			○			○	○				29
			1		2				1	4			3			1	1				
	2学年	○		○				○		○		○	○	○	○	○	○				23
		1		1				2		1		1	1	1	2	1	1				
	3学年	○	○	○		○	○	○		○	○	○	○		○			○	○		36
		1	2	3		1	1	1		1	2	1	1		1			1	2		
	4学年				○		○	○	○	○	○	○	○							○	29
					1		1	1	1	3	1	1	2							1	
	5学年	○	○		○	○		○	○	○		○	○		○						30
		2	4		1	1		2	1	3		2	1		1						
	6学年		○	○		○			○	○							○			○	22
			2	1		1			2	2							2			2	
	小計	3 (4)	4 (9)	3 (5)	3 (4)	3	2	4 (6)	4 (5)	全 (14)	2 (3)	4 (5)	5 (8)	1	3 (4)	2	3 (4)	1	1 (2)	2 (3)	

省）の立場からの角度づけ，焦点づけを変えないものとすれば，㉘（寛容）を別な角度づけの場において，取り上げる必要がある，ということが明らかになったわけである。また，この ⑬，10，28 を道徳の内容相互の有機的な関連の立場から（第３章第１節参照）考えると，当然⑬の内容の主題を指導した後に，28の内容の主題を設けておき指導することが望ましいことになる。（後述の「各学年の主題の年間配列について」を参照）そこで，２時間扱いの主題の時間数の削減によって浮いた時間により，㉘（寛容）を主題として取り上げ，「自己のこまった時の，苦しさや悲しさ」を出発点にし，「道徳教育の基底表」にもられた「こまっている人の立場を理解し，広い心で人のあやまちをゆるす。」心情を育てることをねらってNo. 14 10月主題「あやまち」の後に，No. 17 11月主題「こまった時のこと」㉘（寛容）⑬（思慮・反省）１時間扱いが新設されたのである。

以上のような研究の末，各学年において主題の配当に検討を加えて修正し，各学年の主題配当の改善の作業が終了したのである。

(3) 主題配当表について

前項に述べた主題の学年配当の結果を，全学年を通して整理したものが，昭和37年度主題配当表である。

本配当表には，学習指導要領の道徳の内容について，37年度の指導計画の改善によって配当された主題の内容を「主とするねらい」「副とするねらい」とに分けて整理し，検討しやすい，使いやすいものにした。◎は主とするねらいであり，右欄の計は各学年の主題数，◎の下の数は，その学年で取り上げられた度数，小計欄は第１学年から第６学年における取り上げた度数を示している。○は副とするねらいについての配当であるが，整理の方法は上記の主とするねらいの整理の方法と同じやり方で整理してある。

（注　㉗（公平・公正）は，主とするねらいの中ではまったく取り上げられていないが，副とするねらいで，４学年にわたりおさえてあり，また他領域の教育活動や，生活指導の場で重点的に指導されているものである。――34年度以来の確認事項――。）

3　主題名について

主題名についても，35年度における指導計画の一部改善の際に問題点としてあげられ，34年度指導計画における，第１学年の「せいせき物のあとしまつ」を「しまつよく」④（整理整とん）㉘（寛容）「るすばん」を「わたしのうち」㉝（家庭愛）②（自立）㉛（協同・奉仕)。第５学年の「よい友人」を「よい友だち」㉘（寛容）⑦（人格の尊重）㉔（親切・同情）などと変更を加えたが（上記，低学年における道徳主題の年次的変化の図表３参照）これは児童に対して，親しみやすくするという配慮によるものである。

今回の改善の問題点の一つとして，「主題名に引きずられがちな主題のあること」が明確にされた。

そこで，「ねらい」「設定理由」「資料の精選」「展開の例」が具体化された後において，主題名についても再検討を加え，必要に応じて主題名を変更することにした。主題名再検討の観点としては，

○主題の意図が明確に想像できるものであること。

を考え，具体的には，○日常生活における共通な経験的事実。○児童が解決を必要とする切実な問題（たとえばけんかなど)。○学校や社会の行事，季節に関係のあること。○道徳の時間の内容・価値を現わしたもの――価値的主題。○児童の道徳的心情に訴えるもの。○新しい価値を創造するものをおさえることにした。

たとえば，

第１学年における，No. 16，11月主題「どうぐをたいせつに」⑤（も

のの使い方）㉜（公共心・公徳心）は34年度の指導計画の主題においては「ものをじょうずに使いましょう」であり，ねらいは「自分のもの，みんなのもの，すべて感謝の気持ちをもってたいせつに使うようにさせる。」であったが，本校の「道徳教育の基底表」では，「もち物に記名する。もち物（学用品など）をたいせつにする。自分のものや，他人のもの，学校のものをていねいに扱う。」ことが，指導の具体的内容となっているので「じょうずに使う」前の段階として「たいせつに使う」ことを指導の中心のねらいにすえて，それに直結した主題名に変更したわけである。これは，主題の意図を明確に打ち出したものである。

以上のような研究の結果をもとにして各学年においても，主題名に検討を加え，さらに，全学年にわたる主題名の検討を行ない主題名再検討の作業を終了した。（主題名の一覧表は次の項の末尾にのせてある図表5，37年度の主題一覧表を参照されたい。）

4　主題の年間配列の改善について

(1)　年間配列の改善

主題の年間配列については，34年度においても，

ア　内容の難易の程度。

イ　興味関心の度合い。

ウ　学校や社会の行事。

エ　生活の季節的変化（生活のリズム）に合わせる。

などを考慮して，本校児童の生活実態と関連づけて配列し，指導計画を作成したが前に述べたとおり（主題の学年配当，主題の大きさの項）主題数の増加に伴い，再調整が必要となった。すなわち，34年度に設定された主題の「展開の大要」のようなおさえ方から，指導の要点をしぼり，展開例とし，指導する素材や資料を指導過程において明確に位置づけたこと。新設する主題を，ある期間を置いての「くり返し」「積み重ね」として位置づけ配列することを考えたため，当然，相当大規模な配列の変更，移動が行なわれる結果となった。

たとえば，

第１学年　No. 3「草花のせわ」⑯（動植物の愛護）②（自立）④（整理整とん）は，34年度においては５月扱いであったが，理科学習における「春のたねまき・花だんの手入れ」や，季節・行事「みどりの週間・遠足」などと関連づけて４月末に移動させた。

また，第２学年，No. 25，「学校でおせわになった人」㉕（尊敬・感謝）③（礼儀作法）は，34年度では２月に扱うことになっていたが，学年最後の月に移したほうが，より効果的な指導ができるという結論が出たため，比較的行事・季節に関係のない，３月に配当されていた主題「金のおの」と交換したわけである。

以上のような，研究の結果をもとにして，各学年において，学年の主題の配列に検討を加え，さらに，全学年にわたる主題の配列に検討を加え，主題の年間配列の改善の作業を終了したのである。

(2)　昭和37年度　主題一覧表について

上に述べてきたような，主題配列に関するすべての作業が終了した後それらをまとめて，昭和37年度（第３次指導計画）における「主とするねらい」「副とするねらい」および「主題名」とその配列状況を明確にするため，主題一覧表を作成した。この一覧表には，まえに述べたことがらのほかに，全学年の時間数，各学年月別配当時間数，主題の加除，移動，その他も整理して記載してある。

（注　本主題一覧表の第２段目は，月別配当時間数を１・２年，３～６年の別で記載してある。

また，主題名欄の(新)は新設された主題　(名)は主題名の変更された主題(移)は配列の移動のあった主題を示している。）

主題配列（図表５）　　　　　　　　　昭和37年度

学年	月	4月	5月	6月	7月	9月	10
	時間数	3	4	2	4	3	
		1年のみ(2) 3	3	2	4	3	
1学年	主題名	学校のいきかえり	おかあさんありがとう、(移)よいことば(4月より)、みんななかよく	(新)きれいなからだ、きれいにしましょう、雨の日のあそび、(新)学級文庫の使い方	いきものをかわいがろう、(新)かねがなってるよ	わたしのしごと、うんどうかい	たのしいえんそく
	内容番号	①$^{6}_{29}$	㉝25 ③15 ㉖13	①4 ④1 ㉙21 ㉜5	⑯9 ⑥2	㉛19 ⑫29	㉜29
	時数	2	1 1 1	1 1 1 1	1 1	2 1	1
2学年	主題名	力を合わせて、じゅんばんを守ろう、(移)草花のせわ(5月より)	子どもの日、(新)春夫君のけが	みんなで使うもの、あそびのくふう、(移)からすのものまね(7月より)	たのしい夏休み	あらしの日、(新)もう一度やってみよう、うんどう会	しまつよく
	内容番号	㉛30 ㉙32 ⑯2	⑮14 ①29	㉜5 ㉑1 ⑧2	⑥8	㉔26 ⑫20 ⑭15	④8
	時数	1 1 1	1 2	2 1 1	2	1 1 1	1
3学年	主題名	友だちどうし、(名)私たちの教室	(名)学級会、(名)明かるい心	フランダースの犬、私の生活表	けんきゅうノート、(名)夏の健康	としよりの話、よごれた遊園地	(名)人の気持ち
	内容番号	㉖$^{7}_{27}$ ④$^{2}_{20}$	②14 ⑮3	⑯ ⑥$^{20}_{29}$	㉑$^{18}_{22}$ ①29	㉕35 ㉜$^{7}_{31}$	⑦$^{24}_{28}$
	時数	2 1	2 1	2 2	1 1	2 2	2
4学年	主題名	学級のきまり、(新)勉強と遊び	(移)アルプスの山の少女、わたしたちの学校	当番、(新)おともだち	(新)九九の勉強	住みよい学級、(名)わざとやったんじゃない	よい遊び悪い遊び
	内容番号	㉙ ⑭2	⑰$^{24}_{25}$ ㉞$^{9}_{2}$	⑳$^{9}_{13}$ ㉖$^{13}_{28}$	㉑26	⑦13 ㉘26	⑫5
	時数	1 2	1 2	2 2	2	2 1	2
5学年	主題名	(名)よくない遊びにさそわれたとき、(名)われた窓ガラス	(名)どちらが正しいか、(名)学校の仕事	(名)できなかった宿題、(名)くもの糸	(名)遊びと勉強	学校のきまり、男子と女子の協力	ナイチンゲール
	内容番号	⑧19 ⑨29	㉘$^{7}_{24}$ ㉚$^{9}_{31}$	⑳$^{21}_{22}$ ⑬$^{7}_{28}$	㉑18	㉙19 ⑦26	㊱7
	時数	1 2	2 2	2 2	2	1 2	2
6学年	主題名	(名)自主自律、生活ときまり	明かるい学校、自由と責任	開校記念日、(名)公徳心	(名)私の考え	ゆうわく、日本をみつめよう	(名)人類の幸福
	内容番号	⑧$^{19}_{23}$ ㉙9	㉚26 ⑨$^{7}_{26}$	㉞$^{17}_{22}$ ㉜1	⑱2	⑪20 ㉟36	㊱17
	時数	2 2	2 2	1 2	2	2 1	2

主　題　一　覧　表

月	11月	12月	1月	2月	3月	
4	4	3	3	3	2	3〜6年　35時
3	4	3	3	4	3	1年34時，2年35時
(移)あやまち(11月より)、(新)うしわかまる	(新)おさるの大工さん、(新)こまったときのこと、(新)しまのおさるたち	(移)じぶんでできること(11月より)、(新)おてつだい、お正月	おきゃくさま、ありとはと(12月より)	(移)きゅうしょくのおばさん(2月下旬より)、やくそくをまもろう、(新)ないた赤おに、こどもかい(1月より)	わたしのすきな人、もうすぐ二年生	主題数(29)
⑬$^{10}_{28}$ ⑲12	⑤32 ㉘13 ④2	②4 ㉛33 ⑭5	③15 ㉔26	㉓26 ⑩6 ㉓13 ㉑26	⑦26 ⑲25	
1 1	2 1 1	1 1 1	1 2	1 1 1 1	2 1	34時
(新)友だちのあやまち、(新)おじいさんおばあさん	(名)みんななかよく、(移)ただしいみなり(12月より)、じぶんのことはじぶんで	(移)いなばのしろうさぎ(1月より)、お年だま	(新)国のおいわいの日、(新)ななつぼし	(移)わたしのうち(12月より)、(移)金のおの(3月より)	(移)学校でおせわになった人(2月より)、もうすぐ三年生	主題数(26)
⑦28 ㉕33	㉖24 ③14 ②31	⑬24 ⑤20	㉟ ㉔	㉝31 ⑩	㉕3 ⑲18	
1 1	2 1 1	1 2	1 2	2 2	1 2	35時
(名)私のかんがえ	(名)まごころ、ピノキオの行ない	おこづかいのゆくえ、エチケット	私はこんな人になりたい、小さなしんせつ	人のとくちょう、(名)いろいろな国の人	(名)少年金次郎	主題数(21)
⑧11	⑩$^{9}_{12}$ ⑪$^{9}_{13}$	⑤20 ③$^{14}_{34}$	⑲$^{12}_{23}$ ㉔$^{7}_{26}$	⑱$^{13}_{19}$ ㊱$^{7}_{35}$	⑪12	
2	2 2	1 2	1 2	2 1	2	35時
(名)燈台を守る人々	玉川兄弟、はたらく人々	(移)三日ぼうず(12月下旬より)、(移)リンカーン(12月上旬より)	ことしはこんなことをしよう、雨にも負けず	みんなのもの、わたしたちの国	わたしのしごと、(名)一年間をふりかえって	主題数(21)
㉚29	㉕12 ㉛25	⑲12 ⑪$^{7}_{13}$	⑱$^{8}_{23}$ ⑫$^{11}_{27}$	㉜$^{4}_{5}$ ㉟36	⑨29 ⑧$^{13}_{21}$	
2	1 2	1 2	1 2	2 2	2 1	35時
発明発見につくした人々	働く喜び、リヤ王	(名)なかま、助け合い	野口英世の少年時代	(名)親友、こわれた机	わたしの希望	主題数(19)
㉓21	㉛25 ⑩26	⑪$^{10}_{20}$ ㉔	⑫$^{8}_{19}$	㉖$^{7,10}_{24}$ ㉜3	⑲$^{3\ 13}_{18}$	
2	2 2	2 1	2	2 2	2	35時
(新)友情	働く詩、(名)進取	子じか物語、助け合い	人間の尊重	(移)将来の希望(2月より)、(新)最後の授業	記念の木	主題数(19)
㉖7	㉛25 ㉓19	⑰$^{16}_{33}$ ㉔36	⑦36	⑲12 ㉕	㉞25	
2	2 2	2 1	2	2 2	2	35時

5　主題の系統表について

道徳の指導においても，他の教科の学習指導と同様，各主題の学年相互間の系統や，他の領域の道徳教育の内容との有機的な関連をおさえておくことの重要さは論をまたないところである。

このことについては，「道徳教育の基底表」の改善や，設定理由の改善，主題のねらいの改善の項で，詳しく述べているので省略するが，まえに述べた研究と作業を終えた後，本校の全学年の主題について他学年との関連や系統を明確に示すために，次のような「主題の系統表」を作成した。

系統性を見るためには，まえに述べた主題配当表によってもある程度はつかめるわけではあるが，主題名を入れることにより，さらに使いやすくすることをねらっている。また，この表には，各学年の主題数，各主題の扱い時数も入れて取り扱いの便を図ってある。特に，本年度新設された主題には○をつけてわかりやすくしてある。

この系統表を作成したため，指導計画の，各主題の具体的展開の例の中には，他学年との系統や関連を記載しないことにした。なお，これと同じように，他の教育活動との関連も，別に整理して「他の教育活動との関連一覧表」としてまとめてある。

参考として，昭和34年度指導計画における「主題の系統表」も次に示しておいた。

この系統表や，前に述べた主題配当表を検討すると，
「日常生活における基本的行動様式」の道徳の内容，①（健康・安全）から⑥（時間の尊重）までのものは，第１学年より第３学年までが全部主題としておさえてあること，⑦（人格の尊重）は全学年で主題としておさえていること。

これと同様に，

⑲（向上心・努力）㉖（信頼・友情）㉛（協同・奉仕）㉜（公共心・公徳心）が全学年で主題としておさえていること，その他５学年においておさえているものなどのあることもわかる。

また，上学年（４～６学年）下学年（１～３学年）といった分類に入れられるものもいくつかあるのであるが，詳細は省略する。ただ，本校児童の道徳性診断テストの結果から見て，新しく加えられたもの，第２学年主題「もう一度やってみよう」⑫（忍耐・不とう不屈）⑳（合理的精神）などの例もあるが，他の項でふれているので詳しいことは省略する。

以上，配当表や系統表から見た本校の道徳の主題の学年配当の情況は，一定のわく組を決めたしゃくし定木の配当ではなく，33年度以降の道徳指導の実践の結果から生まれた本校独自のものであり，各学年の児童の実態に即した主題の配当の現実の姿といえよう。だから，33～37年度の主題の配当の年次的変化は，そのまま，本校道徳教育の歩みの一端を如実に物語っているといえよう。（各学年において欠けているところは道徳教育の全体計画の立場から，道徳の時間の，副とするねらいとしておさえたり，他の領域の教育活動の場でおさえたりしているのはもちろんである。）

主題配列 (図表6)　　　　昭和34年度　主　題

	1	2	3	4	5	6	7	8	9	10	11	12	13	14	15	16	17	18
1学年	学校のいきかえり	じぶんのことはじぶんで	よいことば	きれいにしましょう	ものをじょうずに使いましょう	たのしいなつやすみ	わたしのすきな人			やくそくをまもろう		うんどうかい	あやまち	お正月	おきゃくさま	いきものをかわいがろう		
時数	2	2	1	2	2	2	2			2		2	2	1	1	1		
2学年	あぶないもちもの	じぶんでできること	ただしいみなり	せいせき物のあとしまつ	お年だま	たのしい夏休み	友だちのあやまち	からすのものまね		金のおの			いなばのしろうさぎ	うんどう会	子どもの日	草花のせわ		
時数	2	2	2	2	2	1	2	2		2			1	2	2	2		
3学年	夏休みのくらし	おかあさんと私	エチケット	私の身のまわり	おこずかいのゆくえ	私の生活表	小人と青虫	はずかしい時のこと		一寸ぼうしの話から	ピノキオの行ない		私の日記		友だちの家	フランダースの犬		人のとくちょう
時数	1	2	2	1	1	2	2	2		2	2		2		2	2		2
4学年	わがまま						すみよい学校	もうすぐ五年生	わたしのしごと	みんなの不満	リンカーン	雨にも負けず	よい遊び悪い遊び				アルプスの山の少女	今年はこんなことをしよう
時数	2						2	1	2	2	2	2	1				2	1
5学年							男子と女子の協力	五年生の朝	学級のしごと	リヤ王	リーダーとメンバー	野口英世の少年時代	けんかの原因					私の性質
時数							2	2	2	2	2	2	2					1
6学年								学習時間のくふう　児童会のにないて	人間の尊重　自由と責任		ゆうわく	運動会の運営						夏休みの生活設計
時数								2 1	2 2		2	2						2

系　統　表

	19	20	21	22	23	24	25	26	27	28	29	30	31	32	33	34	55	36	
1学年	もうすぐ二年生		こどもかい			ありとはと	きゅうしょくのおばさん	みんななかよく			雨の日のあそび		わたしのしごと	たのしいえんそく	おかあさんありがとう				主題数 (22)
時数	1		2			2	2	2			2		2	2	2				39
2学年	もうすぐ三年生		あそびのくふう			あらしの日	学校でおせわになった人	おみまい			じゅんばんを守ろう		力を合わせて	みんなで使うもの	るすばん				主題数 (22)
時数	1		2			2	2	2			1		2	2	1				39
3学年	私はこんな人になりたい		けんきゅうノート			小さなしんせつ	としよりの話	友だちどうし					人のためにつくした二宮金次郎	よごれた遊園地				テレビにうつった世界の人びと	主題数 (22)
時数	1		2			2	2	2					2	2				1	39
4学年	三日ぼうず	当番		私たちの図書館	ジャングルの病院		働く人に感謝しよう			ひとの立場を考えよう	学級のきまり	わたしのいいぶん	玉川兄弟	みんなのもの		私たちの学校	日本の文化につくした人々		主題数 (22)
時数	1	2		2	2		2			2	2	1	2	2		2	2		39
5学年	わたしの希望	科学と迷信	夏休みの計画	発明発見につくした人々		助け合い	老人の日	トランペット少年		よい友人	学校のきまり	児童会の委員	働く喜び	こわれた机				ナイチンゲール	主題数 (21)
時数	1	2	2	2		1	2	2		2	2	2	2	2				2	39
6学年	将来の希望　名作を読んで					助け合い	記念の木				生活ときまり	明かるい学校	働く詩	つゆ時の衛生		開校記念日	日本をみつめよう	人類の幸福につくした人々	主題数 (18)
時数	2 4					3	3				2	2	2	2		2	2	2	39

主題配列（図表7）　　昭和37年度　主題系統表

	1	2	3	4	5	6	7	8	9	10	11	12	13	14	15	16	17	18
1学年	○きれいなからだ / 学校のいきかえり	じぶんでできること	おきゃくさま / よいことば	○きれいにしましょう / しまのおさるたち	○おさるの大工さん	○かねがなってるよ	わたしのすきな人			やくそくをまもろう		うんどうかい	あやまち	お正月		いきものをかわいがろう		
時間数	2 1	1	1 1	1 1	2	1	2			1		1	1	1		1		
2学年	○春夫君のけが	じぶんのことはじぶんで	ただしいみなり	しまつよく	お年だま	たのしい夏休み	○友だちのあやまち	からすのものまね		金のおの		○もう一度やってみよう	いなばのしろうさぎ	うんどう会	子どもの日	草花のせわ		
時間数	2	1	1	1	2	2	1	1		2		1	1	1	1	1		
3学年	夏の健康	学級会	エチケット	私たちの教室	おこづかいのゆくえ	私の生活表	人の気持ち	私のかんがえ		まごころ	ピノキオの行ない				明かるい心	フランダースの犬		人のとくちょう
時間数	1	2	2	1	1	2	2	2		2	2				1	2		2
4学年							住みよい学校	一年間をふりかえって	わたしのしごと		リンカーン	雨にも負けず	よい遊び悪い遊び	○勉強と遊び			アルプスの山の少女	ことしはこんなことを
時間数							2	1	2		2	2	2	2			1	1
5学年							男子と女子の協力	よくない遊びにさそわれたとき	われた窓ガラス	リヤ王	なかま	野口英世の少年時代	くもの糸					
時間数							2	1	2	2	2	2	2					
6学年							人間の尊重	自主自律	自由と責任		ゆうわく						○子じか物語	将来の希望 / 私の考え
時間数							2	2	2		2						2	2 2

	19	20	21	22	23	24	25	26	27	28	29	30	31	32	33	34	35	36	
1学年	○もうすぐ二年生 / うしわかまる		こどもかい			ありとはと	きゅうしょくのおばさん	○ないた赤おに / みんななかよく		○こまったときのこと	雨の日のあそび		○おてつだい / わたしのしごと	○たのしいえんそく / 学級文庫の使い方	おかあさんありがとう				主題数 (29)
時間数	1 1		1			2	1	1 1		1	1		2 1	1 1	1				34
2学年	もうすぐ三年生		あそびのくふう			○ななつぼし / あらしの日	○学校でおせわになった人 / おじいさんおばあさん	みんななかよく			じゅんばんを守ろう		力を合わせて	みんなで使うもの	わたしのうち		○国のおいわいの日		主題数 (26)
時間数	2		1			1 2	1 1	2			1		1	2	2		1		35
3学年	私はこんな人になりたい		けんきゅうノート			小さなしんせつ	としよりの話	友だちどうし					少年金次郎	よごれた遊園地				いろいろな国の人	主題数 (21)
時間数	1		1			2	2	2					2	2				1	35
4学年	三日ぼうず	当番	○九九のべんきょう				玉川兄弟	○友だち		わざとやったんじゃない	学級のきまり	燈台を守る人々	はたらく人々	みんなのもの		私たちの学校	私たちの国		主題数 (21)
時間数	1	2	2				1	2		1	1	2	2	2		2	2		35
5学年	わたしの希望	できなかった宿題	遊びと勉強	発明発見につくした人々		助け合い		親友		どちらが正しいか	学校のきまり	学校の仕事	働く喜び	こわれた机				ナイチンゲール	主題数 (19)
時間数	2	2	2	2		1		2		2	1	2	2	2				2	35
6学年					進取	助け合い		○友情			生活ときまり	明かるい学校	働く詩	公徳心		開校記念日 / 記念の木	○最後の授業 / 日本をみつめよう	人類の幸福	主題数 (19)
時間数					2	1		2			2	2	2	2		1 2	1 2	2	35

第3章　調査と実験

第1節　道徳の全体計画の改善

32年度以前の本校の道徳教育は，各教科および教科外，特に生活指導を通しての指導であった。33年度に道徳の時間が設けられるにいたって，本校においては，「小学校道徳実施要綱」「小・中学校学習指導要領」「小・中学校道徳指導書」などに具体化されたものを手がかりとして，本格的な道徳教育の研究とその実践に着手した。

学校教育における道徳教育は，学校の教育活動の全体を通して行なわれるのがたてまえであるが，特に道徳の時間は，計画的・系統的な指導をしなければならない。したがって，道徳教育の前提として，全体計画の上に立った道徳の指導計画を，組織的・意図的に作成する必要がある。

そのためには，

① われわれ教師がえがく望ましい人間像と，本校の教育のあり方，つまり，本校教育目標および教育方針と，学習指導要領の道徳の内容（36項目）との関連をはっきりさせること。

② 本校の道徳教育を，学年別に，系統的に整理した道徳教育の基底を明らかにすること。

③ 学習指導要領の道徳の内容（36項目）の相互の関連を明らかにし，全体を有機的に構造づけること。

④ 他領域の教育活動との関連（本校では特に，特別教育活動における月別生活目標との関連）を明らかにすること。

などが必要であるとして，34年度から実践を通して継続的に研究が続けられて今日にいたった。

以下に，指導計画の改善の観点に中心をおいて，34年度以降の年次的改

全体計画の改善(図表1.)34年度本校教育方針および教育目標と道徳の内容との関連分析表
（目標分析表）

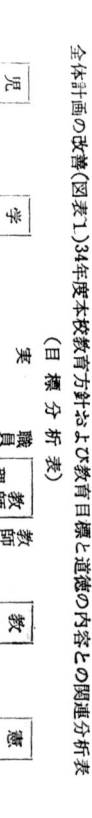

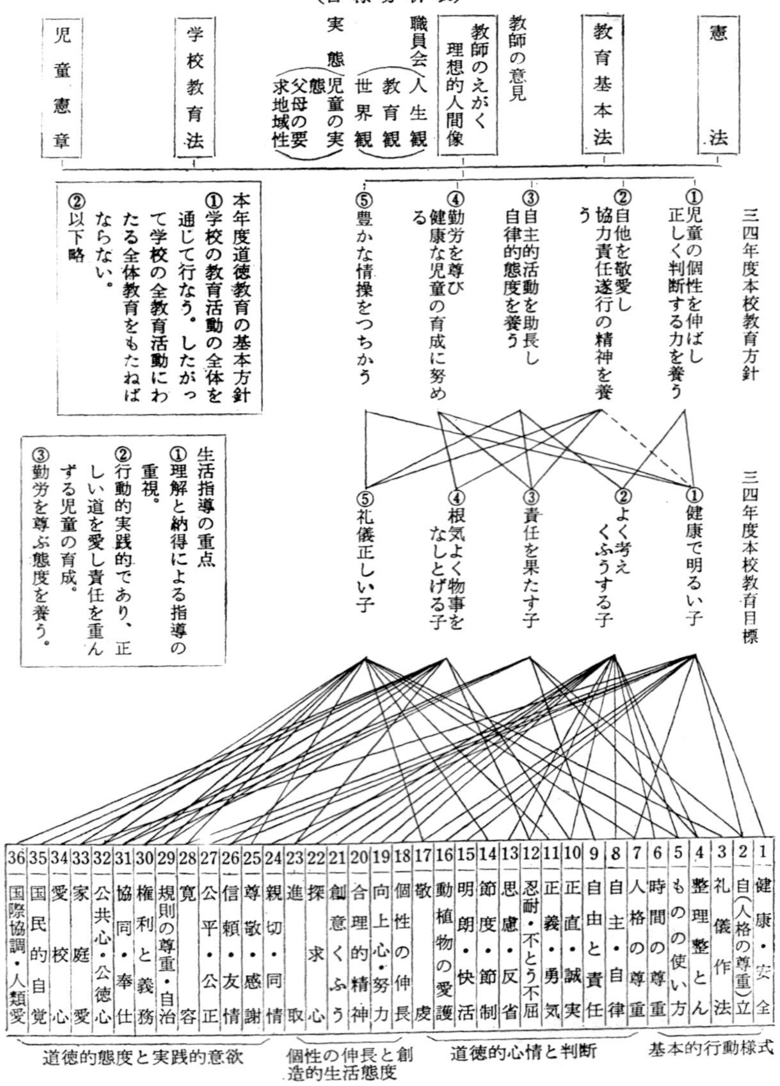

善の経過を述べてみることにしよう。

1　本校の教育方針および教育目標と，学習指導要領の道徳の内容（36項目）との関連について

34年度における教育方針および教育目標は，前年度までの実践の反省に基づき，前年度の教育方針および教育目標に検討を加えて決定されたものであるが，これと，学習指導要領の道徳の内容（36項目）との関連を示すと，次のとおりであった。

(1)　35年度においては，前年度の実践の反省の結果から，前年度において教育方針に取り上げられていた「児童の個性を伸ばし，正しく判断する力を養う。」をさらに具体化して，「正しく判断する子」を加えたので，上述の①～⑤が①～⑥となった。そこで，この年度は，この①～⑥の教育目標と道徳の内容（36項目）との関連について，検討を加えたのにとどまった。

(2)　37年度にいたり，前年度の実践の反省の結果から，35年度の教育目標①～⑥に，新たに⑦として「進んで協力する子」を加えた。これは，35年度と同様に，いままでの教育方針の「自他を敬愛し，協力・責任遂行の精神を養う。」の中から，すでに，教育目標として具体化されてきた③の「責任を果たす子」と並んで「協力の精神を養う。」ことを具体的に引き出す必要のあることが明らかとなったからである。

このようにして決定された37年度の教育目標と，本校の「道徳教育の基底」（図表２参照）との関連を示すと，次の表のとおりである。

なお，今回の関連分析では，本校の教育方針と教育目標，教育目標と「道徳教育の基底」についての関連を分析してあり，特に，道徳教育の四つの領域に分けて整理することにした。

2　本校の「道徳教育の基底」を明らかにする

――「道徳の指導内容分析表」から「道徳教育の基底表」への改善――

全体計画の改善（図表２）本校教育方針および教育目標と道徳の内容との関連分析表

教育方針
①　児童の個性を伸ばし，正しく判断する力を養う。
②　自他を敬愛し協力・責任遂行の精神を養う。
③　自主的活動を助長し，自律的態度を養う。
④　勤労を尊び健康な児童の育成に努める。
⑤　豊かな情操をつちかう。

教育目標	基本的行動様式	道徳的心情と判断	個性の伸長創造的態度	道徳的態度実践的意欲
①健康で明るい子	①③	⑦⑮⑯⑰		㉔㊱㉘㉝㉞㉟
②よく考えくふうする子	④⑥	⑧⑬	⑱⑲⑳㉑㉒	
③責任を果たす子	⑥	⑨⑩⑫		㉙㉚㉛㉜㉝
④根気よくものごとをなしとげる子		⑫	⑲㉓	㉛
⑤礼儀正しい子	③	⑦⑮⑰		㉔㉜㉕㉝㉖㉞㉘㉟㊱
⑥正しく判断する子	①②⑤⑥	⑦⑭⑧⑩⑪⑬	⑳㉑	㉗㉙㉚㉜
⑦進んで協力する子	②	⑦⑮		㉛㊱㉜㉝㉞㉟

道徳教育の実施にあたって，道徳教育の全体計画の重要なことは，第１章にも述べてあるが，これは，指導計画の作成の際や道徳の時間の指導にあたっての基盤となるものである。

(1)　34年度指導計画における「指導内容分析表」は，道徳の内容(36項目)を，道徳指導上の問題領域をおさえたり，指導する内容を引き出してくるときや，その問題の位置づけをみるため，また，学年の発達段階を明確にするために，ある程度具体化して作成したものである。

これは，指導計画作成時において，主題を設定する際の基準的な役割を果たしてきたが，その具体化は，まだじゅうぶんに各学年のねらいをおさえるための，具体内容を明確にするまでにはいたっていなかった。

そのため，本校の指導計画における，各学年の主題の系統をおさえるための検討の基準としては，その役割を果たし得なかったことが，36年度における「設定の理由」や「主題のねらい」の検討を進めるにつれて，問題として浮かびあがってきた。

そこで，学習指導要領の道徳の内容（36項目）をもととし，34年度の「指導内容分析表」に検討を加え，さらに，具体性，系統性をもたせるために各学年で各学年内の指導の内容を分析したり，道徳部会で各領域の各項目ごとに，縦の系統性をもたせる立場からの検討を加えて，具体化したものを作成し，これを新たに，本校の「道徳教育の基底表」と名づけたのである。

以上のようにして作成された本校の「道徳教育の基底表」は，次のようなものとなった。

全体計画の改善（図表3）　本校の道徳教育の基底表

学年＼内容	(1) 健康・安全	(2) 自立
1年	○顔や手足をきれいにする。 ○衣服を清潔にする。 ○よい姿勢をたもつ。 ○交通安全のきまりを守る。 ○あぶない遊びをさけ，持ち物の安全を図る。	○洗たく，歯みがきなど，自分でできることは自分でする。 ○学習の準備など自分でする。 ○交通のきまりを守り，学校へ行く。
2年	○あぶない持ち物の取り扱い方に注意する。 ○あぶない遊び場をさける。 ○交通安全の徹底を図る。 ○きまりを守る。 ○食事の時のよい習慣を身につける。 ○からだや衣服を清潔にする。	○自分で身のまわりの始末をする。 ○進んできまりを守り，楽しく遊べる。 ○進んで学習する。
3年	○健康安全に気をつけ，むりな生活行動をしない。 ○食事の好ききらいをしない。 ○よい遊び，きまりを守る。 ○交通道徳を確実に守る。	○自分の行ないや健康に注意し，人に迷惑をかけない。 ○みんなと楽しく，集団生活ができる。 ○進んで疑問を解こうとする。
4年	○季節による衛生に注意し，病気やけがの予防を図る。 ○危険な場所に近よらないよう努める。 ○遊び場のきまりを守りせわができる。 ○広い意味の交通道徳を守る。	○場に応じた行動ができる。 ○計画的な生活ができるようにする。 ○疑問や興味をもったことは，自分で解決しようとする。
5年	○身体の清潔，入浴の習慣をつけ，合わせて健康の増進に努める。 ○適当な睡眠時間を守る。 ○種々の災害を知って，安全保持に努める。	○自分の長所を知って，生活に役だてる。 ○場に応じた行動ができる。 ○自分で生活設計を立て実践する。 ○問題解決に積極的になる。
6年	○積極的な健康増進に努める。 ○運動と休養のバランスがとれる。 ○いろいろの災害の安全保持ができるとともに下級生のせわができる。 ○校内の清潔と安全を図り，下級生のせわができる。	○自分の長所短所を知って，生活改善に努める。 ○集団の問題にも関心をもち，解決することに努める。 ○場に応じ積極的に行動する。

学年＼内容	(3) 礼儀作法	(4) 整理整とん
1年	○身なりをきちんとする。 ○「はい」とはっきりと返事ができる。 ○おはよう，さようならなどのあいさつができる。 ○朝の行事に参加できる。	○かばんや机の中をきちんとする。 ○くつ箱・帽子かけなど自分のものを決められた所にきちんとおく。 ○使ったものをもとの場所にもどす。
2年	○いつもきちんとした身なりができる。 ○あいさつがよくできる。 ○食事の作法がよくできる。 ○乱暴なことばを使わない。	○教室や校庭に紙くずなど散らさないできれいにする。 ○学習や遊びのあと始末をする。 ○教室の備品やもけいなどの整とんに気がついたらなおす。
3年	○相手を考えて適当なことばで話す。 ○相手を考えたあいさつができる。 ○身なりを整え，しまつができる。	○教室や自分の部屋の整理整とんの必要を知る。 ○教室・学校内の紙くずなど積極的に拾う。 ○あと始末をきちんとする。
4	○物の受け渡しが正しくできる。 ○あいさつができる。 ○明るく話ができる。	○学校・家庭など常に身近の整理整とんをきちんとする。 ○自分の身辺を美しくしようとす

年	○野卑なことば使いをさける。	る。 ○図書館の図書をじょうずに始末する。
5年	○服装や持ち物などきちんと整える。 ○敬語の使いわけが正しくできる。 ○訪問時の作法が身につく。	○環境の整理整とんのよさがわかりくふうする。 ○学級学校その他公共物の整理整とんに気をつける。
6年	○訪問と応待の作法を知って実践する。 ○場に応じた服装を整え正しく行動する。	○仕事の能率や美化を考え環境の整理整とんをする。 ○公共物や施設の性質や機能を理解し，積極的，合理的に整理整とんをする。

学年＼内容	(5) 物の使い方	(6) 時間の尊重
1年	○持ち物には必ず記名する。 ○持ち物（学用品など）をたいせつにする。 ○自分のものや，他人のもの，学校のものをていねいに扱う。	○決まった時間に，寝たり，起きたりする。 ○学校におくれない。 ○道草をしない。
2年	○学用品をじょうずに使う。 ○みんなのものをたいせつにする。 ○不必要なものをほしがらない。 ○むだ使いをしない。	○登校の時間を決め，遅刻したり開門前に来ないようにする。 ○約束の時刻を守る。 ○物事をさっとする。
3年	○教材や教具をたいせつに扱う。 ○目的によって，物をじょうずに使う。 ○こわれたもので簡単なものは，なおして使う。 ○こづかいをじょうずに使う。 ○そうじ用具をじょうずに使う。	○登下校，外出，帰宅など，決められた時刻や，自分で決めたり約束した時刻を守る。 ○遊びと勉強のけじめをつける。 ○余暇を楽しくする。
4年	○学校で使う公共物をたいせつにする。 ○学級の備品などこわれたら，なおせるものはなおす。 ○こづかいを計画的に使う。	○時間のたいせつなわけを知り，たいせつに使うように心がける。 ○時間を決めてきまりよい生活をする。
5年	○公共物や施設を大事に使う。 ○こづかい帳をつけて，自分の予算生活をくふうする。 ○物を修理して使う。	○決められた時刻や約束の時刻をきちんと守る。 ○家庭における時間を有効に使う。
6年	○公共物や施設の目的を考え大事に使ったりなおしたりする。 ○物を生かしたりくふうして活用する。 ○計画的に予算生活をする。	○時間を有効に使うことが必要なわけを理解する。 ○時間を計画的に有効に使うようにする。

学年＼内容	(7) 人格の尊重	(8) 自主・自律
1年	○いやがらせをしない。 ○勉強や遊びのじゃまをしない。 ○からだの不自由な人や，幼い人にやさしくする。 ○入学した新しい友だちを，大事にする。	○はっきり自分の考えがいえる。 ○自分で考えてからする。 ○身のまわりのことは親や兄姉のせわにならないでもできる。 ○先生や友だちにあまりたよらない。
2年	○人の悪口をいわない。 ○わけもなくばかにしたり，笑ったりしない。 ○おせっかいをしない。 ○じゃまをしたり，いやがらせをして，人を困らせない。	○自分の考えを，だれの前でもはっきりいえる。 ○よく考えてからものごとをする。 ○きょう一日のことを考えて暮らす。
3年	○人のことも自分と同じように大事にする。 ○あやまちをとがめて，人をきずつけない。 ○人を困らせるようなことはぜったいにしない。	○常に自分の考えを大事にする。 ○学級やグループの中で行動するときも自分の考えでする。 ○人のいいなりにならない。
4年	○人の気持ちや立場を考える。 ○自他の区別なく大事にする。 ○あだなや悪口などをいわない。 ○けんかなどについてもよく反省して互いの人格を大事にする。	○だれにでもどこでも，自分の意見をはっきりといえる。 ○たしかな理由もなく人の意見に動かされない。 ○自分の考えを確かめて，自分の考えで行動する。
5年	○人の気持ちや立場を尊ぶ。 ○生命のたいせつさを正しく理解して自他を大事にする。 ○男女の別，貧富の差，能力のちがいなどによる偏見で人を見ない。	○自分の立場を正しくみつめ，みだりに人の意見に左右されない。 ○よく考え意志を強固にもってものごとをする。
6年	○だれでも人間としての尊さがあることをじゅうぶんに理解して，自他の人格を尊重する。 ○暴力などにより不当に人格がそこなわれるような場合に際して，正しい判断による行動がとれる。	○自分の考えを基礎にして行動し，みだりに人の言行に盲従しない。 ○場面や人のちがいに適応して自主的な態度をとる。

学年＼内容	(9) 自由と責任	(10) 正直・誠実
1年	○約束を守って楽しく遊べる。 ○学級のきまりを守って，のびのびと行動する。 ○人にたのまれたことは忘れずにする。	○うそをいわない。 ○本気で仕事をする。 ○他人のものをかくしたりしない。 ○約束を守る。 ○まちがったことをしたらすぐ話す。

2年	○自分の仕事は最後までする。 ○遊んだあと始末は，かならずする。 ○いろいろな遊びを知って，楽しくのびのびとできる。	○約束を守る。 ○うそを言ったり，自分につごうの悪いことをごまかしたりしない。 ○まちがいはすなおに話してあやまる。 ○学習や手伝いをする時は，まじめにする。
3年	○自分かってな言行で人に迷惑をかけない。 ○係りや分担した仕事は責任をもってやりとげる。 ○きまりを守って楽しくみんなと遊ぶ。	○あやまちをしたら正直にあやまる。 ○仕事をする時はまじめにする。 ○真心をもって友だちとつきあう。
4年	○無責任な発言はつつしむ。 ○日直や当番等自分の仕事は自分の責任で果たす。 ○学級・学年として分担した仕事を確実になしとげる。	○学習や仕事はまじめにかげひなたなくやる。 ○真心をもって友だちとつきあう。
5年	○発言や行動には，常に責任をもってする。 ○自由と自分かってとのちがいをはっきり理解して行動する。 ○遊びと仕事の別をはっきりさせて適当した行動がとれる。	○仕事や行動する時は，けっしてうそやごまかしなどしない。 ○みんなには真心をもってつきあう。
6年	○自由のたいせつさと責任の重要さをよく理解して行動する。 ○自由な意見と責任ある行動をもって正しい目標に向かってのぞむ。	○常に責任感をもって，かげひなたなく誠実に行動をする。 ○仕事をする時，どのようなことでも真心こめてする。

学年＼内容	(11) 正義・勇気	(12) 忍耐・不とう不屈
1年	○友だちにいけないと思ったことをはっきりいうことができる。 ○正しいことを好み，きまりをみだすことをしない。	○やりはじめた仕事は，さいごまでやりぬく。 ○失敗してもやめないでがんばる。
2年	○友だちのやった正と不正とを見分けることができる。 ○正しいことを好み不正をしない。 ○いたずらやむだづかいなどのさそいにのらない。	○仕事をはじめたら途中で，あきらめないでやりぬく。
3年	○正しいと思ったことを実行しようとする。 ○遊びやむだづかいのさそいにのらない。	○仕事や学習など結果ばかり気にせず，しんぼうしてやりぬく。 ○負けたり，つらいことなどあってもひるまず最後まで全力を尽く

3年	○友だちのすることの正と不正を見分けられる。	す。
4年	○いろいろなできごとに対して，正と不正をよく考えて見分ける。 ○ものごとや遊びなどの誘惑にまけず行動する。 ○不正な行ないをさとす。	○継続する仕事など，たゆまずねばり強くやりとおす。 ○困難や失敗にくじけずがんばる。
5年	○不正な行動をにくみ，正しいことは正々堂々と実行する。 ○損得，ことの難易など利害関係の誘惑にまけない。	○学習や仕事など，最後までしんぼう強くやりぬく。 ○障害や失敗にくじけず努力する。
6年	○正を愛し，不正を批判しにくむ。 ○ものごとの正と不正を見きわめる力をもち，誘惑などにまけない。	○目標に向かって困難に屈せず最後までねばり強くがんばる。 ○いろいろな障害や失敗にもくじけないでねばり強くやりとおす。

学年＼内容	(13) 思慮・反省	(14) 節度・節制
1年	○他人に注意されたことをよく考える。 ○すなおにあやまるようになる。 ○よい遊び，悪い遊びの判断ができる。	○わがままを言って人を困らせない。 ○順番を守って遊べる。 ○欲ばりをしない。 ○遊びすぎや食べすぎをしない。
2年	○約束はよく考えてやたらにしない。 ○注意されたことは，よく考えてからする。 ○１日のできごとを日記につける。	○友だちや家の人との約束を守る。 ○わがままを言わない。 ○遊びなど夢中になって，自分かってをしない。 ○遊びすぎない。
3年	○日記や話し合いで反省できる。 ○遊びや読み物をよく考えてから選ぶようにする。	○ものごとにけじめをつける。 ○遊びすぎないように，自分で加減をする。 ○きまりよい生活をする。
4年	○自分のやったことや，１日のことを反省できる。 ○衝動的に行動しない。	○時間を考え遊びすぎたりしない。 ○物や金銭をやたらに使ったり，むだにしない。 ○きまり正しい生活をする。
5年	○自分をよくみつめ反省して，これからの生活や仕事に役だつようにする。 ○落ち着いてものごとをする。	○自分で計画を立て遊びと勉強のけじめをつける。 ○目標をもって，きまりよい生活ができる。
6年	○常に自分を反省し，行動するようにする。 ○落ち着いてものごとが処理できるようになる。	○節度・節制のたいせつなわけを知って生活に生かす。

学年＼内容	⒂ 明朗・快活	⒃ 動植物の愛護
1年	○すねたりしないで，だれとでも仲よく話ができる。 ○すぐ泣いたりおこったりしない。	○木や草花などをいためないようにして遊べる。 ○草花や小動物の世話を，よろこんでする。 ○学校や公園などの木，草花の役だつことがわかる。
2年	○だれとでも仲よく遊ぶことができる。 ○いつもはきはきとした動作でものごとをする。	○やさしく注意深く草花，動物の世話ができる。 ○むやみに草花の芽をとったり，枝をとったり，動物をいじめない。 ○学校・公園の動植物の役だつことを知りたいせつにできる。
3年	○いつも明るい行動ができる。 ○失敗してもくじけず，元気よく仕事や勉強をする。	○動植物の世話がうまくできる。 ○小鳥の巣を荒らしたりなど，みだりに動植物をいじめたりしない。 ○動植物がわたしたちの生活を豊かにしてくれることを理解し，やさしい思いやりをもつ。
4年	○家庭でも学校でも，はきはきと自分の考えが言える。 ○明るいふんい気が作れる。	○動植物を育てる喜びを知り，学校園での世話を分担し進んでやる。 ○小鳥に親しむことなどから，緑の週間，愛鳥週間などに参加したりよい行動がとれるようになる。
5年	○はきはき行動し，学級や家庭のふんい気を明るくする。 ○常に明るく積極的に行動する。	○動物にも感情のあることを知る。 ○動物の訴えることを察して，その扱いがうまくできる。 ○動植物の愛護も，資源保護のうえから考える。
6年	○ユーモアなどを理解して明るいふんい気がつくれる。 ○どんな時でも明るく，元気よく行動する。	○動植物の愛護は，やさしいいたわりのある心情をそだてるのに，大きな意味のあることを知る。 ○動植物の愛護の意義を正しくとらえ，行事にも進んで協力する。

学年＼内容	⒄ 敬虔	⒅ 個性の伸長
1年	○自然の美しさに目を向ける。 ○清らかな，すなおな心をもつ。	○好きな遊びを，のびのびやる。 ○好きな遊びや勉強を進んでやる。
2年	○自然の美しさにひたる。 ○人のりっぱな行ないや仕事など美しいものにふれ感動する。	○自分の得意なものを続けてやる。 ○友だちと比べて，自分のよい点がわかる。

3年	○美しいもの，心を打つものにすなおに感じる。 ○読み物，芸術的なものに関心をもつ。	○環境に合って，自分の長所を伸ばすことのたいせつさを理解する。 ○不得意をくふうしてなおす。
4年	○自然の美しさ，たくましさに感動する。 ○美しい心をもつ人々に対して先入感なしに接する。 ○読み物，観劇などで清らかなものけだかいものに関心をもつ。	○自分の生活をすなおに反省し，短所をなおすように努力する。 ○自分の長所に気づき，これを伸ばすことにたえず努力をする。
5年	○世のため，人のためにつくした人々をすなおな気持ちで尊敬し，その人の生き方を学ぶ。 ○芸術作品を味わい清らかな心を持つ。	○自分の特技や趣味をみつけて，将来に伸ばす。 ○自分の長所を生かし，生活を豊かにする。
6年	○美しいもの，崇高なものをすなおに感じ，それを心に取り入れる。 ○芸術作品の鑑賞に，進んで興味をもち清らかですなおな人になる。	○自分の力，長所・短所を知り，自分に適した仕事をじゅうぶんにやり，よいものをますます伸ばす。 ○個性を生かし，生活をより高いものに近づけようとする。

学年＼内容	⒆ 向上心・努力	⒇ 合理的精神
1年	○本気に勉強する。 ○仕事をあきないでする。	○遊び方を考える。 ○人のまねをしないで自分で考えてみる。
2年	○自分から進んで勉強する。 ○根気よくものごとをなしとげた時のよろこびを知る。	○物の使い方を考える。 ○仕事のやり方を考え，順序よくする。
3年	○目あてをもって学習したり仕事をする。 ○教科の好ききらいなく努力する。	○仕事や勉強の手順を考えてする。 ○能率を 高める ための 方法を 考える。
4年	○仕事や学習の目標を決めて励む。 ○なにごともまじめに，あせらずにする。	○事実に即して考える。 ○理にかなった行ないをする。
5年	○常に希望をもって努力する。 ○失敗にくじけず，あせらずに努力する。	○事実に即して考える。 ○偏見にわざわいされることなく，筋道を通して考える。
6年	○志を立てて励み，その実現に全力を尽くす。 ○偉人の伝記に学び，常に希望をもつ。	○広い視野に立って批判する。 ○正しく判断して行動する。

学年＼内容	(21) 創意くふう	(22) 探求心
1年	○遊び方をくふうする。 ○好きなことを考えてしてみる。	○動植物の世話などをくふうする。 ○わからないことは進んで確かめようとする。
2年	○遊び方や道具の使い方をくふうする。 ○くふうして仕事をする。	○生きものの世話や作業など方法を考えてするようになる。 ○ものごとを根気よく考えたり，確かめたりする。
3年	○くふうして仕事をする。 ○よい暮らし方を考える。	○疑問は進んで調べ，それでも不審な時は人にたずねるようにする。 ○注意深く根気よくなしとげる。
4年	○よい暮らし方をくふうする。 ○仕事や学習に新しい方法を生み出す。	○問題意識をもち，解決しようと努める。 ○図書やその他の資料により，疑問を解決しようとする。
5年	○生活設計に新しいくふうを加える。 ○ものごとに創意を生かす。	○研究しようとする意欲を養い，研究的な態度でものごとに当たる。 ○真理を学ぶ。
6年	○能率的な新しい方法や考えを生み出す。 ○創造的な生活態度をもつ。	○先人あるいは現存の人々の伝記などから研究的態度を学びとる。 ○真理を追究しようとする態度と意欲を高める。

学年＼内容	(23) 進取	(24) 親切・同情
1年	○遊びや作業の中で，よいと思うことは進んでする。	○自分が親切にされた時のうれしい気持ちを思い起こす。 ○困まっている友だちや，弱い人をいたわる。
2年	○学級の仕事など，よく考えて自分で進んで行なう。 ○自分にできる手伝いなど，よいと思ったら進んでする。	○1年生や弟妹，あるいはきのどくな人にやさしくよく世話ができる。
3年	○学級のために，よいと思ったことは進んでする。 ○日常生活でよいことはすぐ実行する。	○よその学級，ことに下級生に親切にやさしくできる。 ○大きな苦しみや悲しみは人々の親切によって励まされる。
4年	○考えて，よいと思ったことは進んで実行する。 ○学校や家のために進んで仕事をひきうける。	○みんなの幸福を願い，互いに励ましあって，生活を楽しいものにするよう心がける。
5	○みんなのためによいと思ったこと	○世の中の不幸な人々に目を向け，

年	は進んで行なう。	あたたかい思いやりの心で接する。
6年	○積極的に新しい分野をきりひらいていく態度や能力を身につける。	○助け合い運動などの意義を知り協力しようとする。

学年＼内容	(25) 尊敬・感謝	(26) 信頼・友情
1年	○先生，給食のおばさん，用務員，上級生にお世話になっていることを知る。 ○友だちの親切を知る。	○友だちと仲よく遊ぶ。 ○約束を果たす。 ○なかよく助け合う。
2年	○父母に対し感謝の心をもつ。 ○日常世話になる人々に，感謝の気持ちをもつ。	○親切にした人，された人の行ないを考える。 ○いつも仲よく助け合う。
3年	○自分の身のまわりを世話してくれる人々に感謝の心で接する。 ○町のために尽くしてくれる人々に感謝する。	○友だちをたいせつにする。 ○友だちと仲よく励まし合う。
4年	○父母の心づかいを理解する。 ○公共のために尽くした人々に感謝する。 ○偉人の伝記をこのみ，その心情にふれる。	○だれにでも，思いやりの態度がとれる。 ○友だちを信頼し助け合う。
5年	○偉人を敬う。 ○父母，学校の人々など，せわをしてくれた人々を敬い感謝する。	○友だちに真心を尽くし，よい友だちをもつ。 ○正しい忠告をしあう。
6年	○ひろく先人の偉業を敬う。 ○目だたない人々の労苦を理解し，感謝する。	○人を信頼し，人の信頼を裏切らないようにする。 ○社会生活における信頼・友情のたいせつさを知る。

学年＼内容	(27) 公平・公正	(28) 寛容
1年	○だれとでも仲よく遊べる。 ○遊び道具を自分だけで使わないようにする。	○ちょっとしたことでおこったり，乱暴をしない。 ○あやまちをゆるしてやる。
2年	○自分のものとみんなのものの違いを考える。 ○勝ち負けを公正にする。 ○役割を交替しながら仲よく遊ぶ。	○友だちのことを考えて，思いやりをもつ。 ○人のあやまちをゆるしてやる。
3年	○学級の係りの仕事の分担を，公平にする。 ○グループどうしが仲よくできる。	○人の意見を聞き入れる。 ○ひろい心で，人のあやまちをゆるしてやる。

4年	○すべてものごとを公平に考える。 ○学級内の仕事，施設等の利用など公平にできる。	○人の意見を聞いて考える。 ○人の立場に立って，あやまちをゆるしてやる。
5年	○社会の問題を公平に考える。 ○日常生活のあり方に，常に公平・公正にする。	○自分と違った意見を，冷静に聞いて考える。 ○人の過失や失敗をゆるし，にくまない。
6年	○日常生活における公平・公正の重要性を知る。 ○だれにも公平・公正な態度で接する。	○広い心をもって，自分と異なる意見も尊重する。 ○過失や失敗をゆるしかつその人の立場になって援助することをおしまない。

学年＼内容	(29) 規則の尊重・自治	(30) 権利と義務
1年	○遊びのきまりを守る。 ○学校のきまりを守る。 ○交通の規則を守る。	○学校や家庭でも自分のしなければならないことはかならずする。
2年	○世の中にはいろいろのきまりのあることを知る。 ○みんなでつくったきまりを守る。 ○交通規則を正しく実行する。	○学校や家庭で，自分でしなければならない役割を知り，なしとげる。
3年	○学級のきまりの，必要を知って実行する。 ○児童会活動に進んで協力する。 ○社会のきまりを知って，正しく実践する。	○家族の一員として児童として，自分のすることをなしとげる。 ○思っていることをはっきり言う。
4年	○学級のきまりを作り，また改善する。 ○社会のきまりの意義を知って，実践する。 ○児童会活動に参加して，積極・的に活動する。	○果たさなければならないことは，ちゅうちょすることなく実行する。 ○自分の立場で言い分を正しく言う。
5年	○学級のきまりを作り，実践・改善する。 ○社会のきまりや規則の意義を知り，それを守り，反省して，よい暮らしをきずく。	○社会の一員として果たさなければならないことを自覚し，なしとげる。 ○よく考えて自分の言い分を正しく主張する。
6年	○規則尊重の精神を理解し，集団の一員として実践するとともに，正しい批判もできる。 ○進んで規則やきまりを改善する。	○権利を正しく主張するとともに，自分のなすべき義務を考えて実行する。 ○権利と義務の関係を考えて行動する。

学年＼内容	(31) 協同・奉仕	(32) 公共心・公徳心
1年	○自分にできる家事の手伝いをする。 ○自分にできるお使いをする。 ○学級の中での仕事を進んでする。	○交通道徳を守る。 ○学校の遊び道具をじょうずに使う。 ○遊び方に注意してまわりに迷惑をかけない。 ○教室や道具をよごさぬようにする。 ○紙くずを落とさない。
2年	○自分にできる家事の手伝いを進んでする。 ○お使い，るすばんが，しっかりできる。 ○学級のなかでの係りの仕事を進んでする。	○交通道徳を守る。 ○みんなのものを大事に使う。 ○まわりの人の迷惑にならないようにする。 ○みんなで使う場所や家のまわりをきれいにする。
3年	○自分にできる家事の手伝いを決め，仕事に励む。 ○学級の中での日直や係りの仕事を最後までやりぬく。 ○清掃作業を協力してできる。	○交通道徳を守る。 ○学校内外の公共物をたいせつにする。 ○身近な公衆衛生を知り，これを守る。 ○進んで学校をきれいにする。
4年	○勤労のたいせつなことを知り，進んで仕事に励む。 ○協力のたいせつさを知り進んで協力しみんなのためになることをする。 ○家事を分担し仕事に励む。	○交通道徳を守る。 ○公共物のたいせつさを知り，よい使い方をくふうする。 ○公衆衛生のたいせつさを知りこれを守る。 ○町をきれいにする。
5年	○勤労の尊さや意義を理解し積極的に仕事に励む。 ○学校や社会のためになる仕事を協力してやりぬく。 ○仕事にくふうを加え最後までやりぬく。	○交通道徳を守る。 ○公共施設を保護し，たいせつに使う。 ○公衆道徳のたいせつさを知り，進んでこれを守る。
6年	○勤労の尊さや意義を考え，自覚的に仕事に取り組む。 ○社会奉仕の尊さを知り，進んでみんなのためになる仕事をする。 ○児童会のにない手を自覚し先頭に立って努力する。	○公共施設の社会的役割を理解し，たいせつにする。 ○社会生活における公徳を守り，人に迷惑をかけない。 ○社会の美化に協力する。

学年＼内容	(33) 家庭愛	(34) 愛校心
1年	○父母のいいつけをよく聞き守る。 ○父母によけいな心配をかけない。 ○きょうだい仲よくする。 ○自分にできる手伝いをする。	○喜んで学校に行き，その生活になれる。 ○組の友だちをはじめ，上級生や先生に親しみをもつ。

		○学校のきまりを守り，学校のものをたいせつにする。
2年	○父母の仕事を知り，愛情にふれて感謝の気持ちをもつ。○弟妹をいたわり兄姉を助ける。○自分にできる家事の手伝いを進んでする。	○学校の行事を知り，参加できる。○校舎や道具をたいせつにする。○校旗や校歌を知って親しみをもつ。○先生や上級生に親しむ。
3年	○家庭の中での自分の役割を決めてしっかり果たす。○兄弟は仲よく協力する。	○学校行事を理解し，進んで参加する。○学級の美化に努め，よい学校づくりに協力する。○先生や上級生に親しみをもつ。
4年	○家族の心の交流を考え，明るい家庭を作るために努力する。○家族を敬愛し協力して明るい家庭にしようと努力する。	○学校行事の意義を理解し，進んで協力する。○児童会活動の意義を知り，奉仕活動に協力する。○級友はもとより人々と仲よく，よい学校づくりに協力する。
5年	○家族の心の交流を考え，明るい家庭を作るために努力する。○進んで家庭における自分の役割を果たす。	○学校の伝統を知り，行事をはじめ諸活動にその美点を発揮する。○愛校心をもつ。
6年	○常に協力してよい家風を作る。○家庭における自分の役割を考え，家庭生活の改善に努める。○進んで家事と自分の仕事の調整を図る。	○卒業生の美風をたいせつに守り，よい伝統をきずく。○学校の恩恵に謝し親愛の情をもつ。

内容／学年	(35) 愛国心	(36) 国際協調・人類愛
1年	○国旗や国家を知ってたいせつにする。○国の祝日を楽しく祝う。○近所の人々と仲よくする。	○外国の国旗をそまつにしない。○外国の様子に興味をもつ。
2年	○国旗の扱い方，国歌の正しい歌い方を知る（礼儀）。○国の祝日を知って有意義に過ごす。○よい町づくりに協力する。	○外国の国旗をたいせつにする。○外国のことに興味をもつ。
3年	○郷土の文化や伝統を知り，東京の人としてふさわしい行ないをする。○国の祝日の意義を考えて，有意義に過ごす。	○外国の国旗の意義を知り，たいせつにする。○外国人に対する偏見をもたない。
4年	○郷土の文化や伝統をたいせつに進んで郷土の美化や発展に協力する。○国の行事やできごとに，国民的関心をもつ。	○外国人に対する偏見をもたない。○世界の国々について関心をもつ。
5年	○日本の国土，すぐれた文化や伝統をたいせつにする。○国民的心情を伸ばす。○国民の互助と国家の繁栄に尽くす。	○世界の国々と仲よくし，親善に努める。○人々は平和を願い助け合う。
6年	○国の繁栄を願い，国民としての責任を自覚し，国民の福祉に協力する。○国際社会の一環としての日本の発展に尽くそうとする心をもつ。	○進んで国際親善に努める。○世界の平和と人類の幸福を追求し，役だつ人になる。

(2)「指導内容分析表」と「道徳教育の基底表」との対比

次に，34年度の「指導内容分析表」と，37年度に作成された本校の「道

全体計画の改善（図表４）　道徳の内容番号　1.「健康・安全」

34年度指導内容分析表		37年度道徳教育の基底表
自己の健康・安全 低学年内容	1学年	○顔や手足をきれいにする。○衣服を清潔にする。○よい姿勢を保つ。○交通安全のきまりを守る。○あぶない遊びをさけ，持ち物の安全を図る。
	2学年	○あぶない持ち物の取り扱い方に注意する。○あぶない遊び場をさける。○交通安全の徹底を図る。○食事の時のよい習慣を身につける。○からだや衣服を清潔にする。
小集団の意識に立って。 中学年内容	3学年	○健康・安全に気をつけむりな生活行動をしない。○食事の好ききらいをしない。○よい遊びやきまりを守る。○交通道徳を確実に守る。
	4学年	○季節による衛生に注意し病気やけがの予防を図る。○危険な場所に近よらないように努める。○遊び場のきまりを守りせわができる。○広い意味の交通道徳を守る。
学校集団の意識に立って。 高学年内容	5学年	○身体の清潔・入浴の習慣をつけ合わせて健康増進に努める。○適当な睡眠時間を守る。○種々の災害を知って安全保持に努める。
	6学年	○積極的な健康増進に努める。○運動と休養のバランスがとれる。○いろいろの災害の安全保持がとれるとともに下級生のせわができる○校内の清潔と安全を図り下級生のせわができる。

徳教育の基底表」の一部をのせて，その対比を試みることにする。

以上のように，具体化した内容は，本校児童の実態に即し，各学年の生活経験，あるいは発達段階に合わせ，問題場面を具体化し，その指導の意図や，方向までもある程度明らかにしてあるものであり，道徳の時間の主題のねらいにあたるようなものにまで，内容を具体化してある。また，道徳の時間の主題に取り上げられないものでも，他領域の教育活動——各教科，学校行事等，特に特別教育活動——における，道徳教育のねらいとしても，おさえやすくしてあるので，本校における道徳教育の全体計画の基盤ともいえるわけである。

これをもとにして，34年度の指導計画の各学年の「主題のねらい」の系統性を検討した経過と，その結果については，第２章第２節以下に詳述してあるので参照されたい。

3 「道徳教育の基底表」における，36項目相互の有機的な関連について

35年度における，主題の一部改善の際，４領域，36項に盛られた内容は，ら列的にのせられてはいるが，これらの36項目の相互の有機的な関連や全体の構造化を明確にする必要があるのではないか，との問題点が残された。

たとえば，34年度指導計画における，６年　９月主題「ゆうわく」⑪（正義・勇気）⑳（合理的精神）（注　本校においては，各主題のおもなねらいの内容番号を○でかこみ，副とするねらいの内容番号を記入し，内容を簡単明確に表現するため熟語表現の形式で使用してきた。以下については同様の形式で記載する。）

２年　２月主題「金のおの」⑩（正直・誠実）⑪（正義・勇気）の研究討議の際，善悪是非の判断なくしては，正・不正の判別はなく，正・不正の判別の上に立って行為の上に行動化されるものが勇気であることなどから，「金のおの」の場合における⑪と10は，当然うらはらの関

係にあるものであり，不即不離のものである。だから，一つの主題で一つの内容をおさえる線で，ねらいをおさえる立場に立つとしても，相互に深い有機的関連のある内容のものを，副とする内容としておさえておかなければならないというわけである。これを，別なことばで言えば，道徳的価値の同じ系列にあるものは，一つの主題では，一つの指導の内容をねらいとして主題を設定することを原則としても，これに有機的な関連のあるものは，副とする内容としておさえておく必要があるということになる。また，指導の過程と指導効果を考えた場合，心情→判断→行動化，また理解→心情→行動化という過程を通してこそ，より効果を高めることができるのであるから，それぞれの過程において，有機的な関連をもつ指導の内容を順序立てて用意しておくことが必要である。

さらにまた，36年度における，児童の道徳性の発達の段階と，本校児童の道徳性の実態をつかむための研究会の際，文部省で36項目を決める際必要な道徳の内容としては，少なくは十数項目，多くは百数十項目もの徳目が，学者の間から出され，数次にわたる研究討議の結果，整理精選されたものが36項目であることを知った。したがって，４領域，36項目を，道徳的価値の同じ系列からおさえておくことは，指導計画作成の立場からだけではなく，実際の道徳の指導の過程においても効果的な役割を果たすものと考えたわけである。

また，道徳的価値の系列をはっきりさせておくことは，各学年における各主題の年間配列を決める場合においてもじゅうぶん考えておかなければならないことであろうが，それについての考察は省略する。

今回の改善の出発点においても，「設定の理由」の問題点として，また，「主題のねらい」を明確にするためにも，道徳の内容を有機的につかみ再構成する必要があるという問題点があげられた。また，道徳の主題の「ねらい」の問題点としても主題の主とする内容と，副とする内容

の有機的な関連から副とする内容が取り上げられたものではなく，素材や資料に引きずられて取り上げられた副とする内容があるのではないか，ということも問題となったからである。

4　月別生活主題との関連

道徳指導の時間と生活指導との関連については，一言にして言えば，「生活指導は，道徳教育のねらっている道徳的実践力の養成，習慣形成，望ましい生活態度，を養うための重要な場と，機会を与える。」ものと言えよう。だから，生活指導をより強力に推進することは，道徳の時間の指導をより効果的にする基盤となるものと考えられる。

そこで，本校の教育目標および道徳の内容36項目を，月別の生活主題に具体化し，季節や行事を考慮した生活主題を配列しておけば，指導計画の主題の配列を決める際にも，また，実際の主題の展開の際にも，生活の場における具体的な問題の場面から道徳の時間に導き入れ，内面化し深化することもできるし，あるいは，道徳の時間の発展として生活の場におろし，効果的な実践化へと導くこともできることになる。

したがって，34年度においては，指導計画の改善にあたり，主題の配列を決める際の有効な手がかりとして，この月別生活主題がたいせつな役割を果たしてきたのであるが，その具体化はじゅうぶんなものではなかった。

そこで，36年度にいたり，月別生活主題をさらに細かく分析し，各月の①季節行事に関する努力点，②学校のきまりについての努力点，③日常のしつけに関する内容，などについて，具体的な努力点の線にまでおろして指導することにした。

この36年度の月別生活主題は，特別教育活動――特に児童会活動，学級会活動――や，学校行事等の指導を進める基盤であるが，同時に，上に述べた道徳の時間との交流を考えた場合，重要な役割をもつものと言

全体計画の改善（図表５）　36年度月別生活主題と努力点

月	4	5	6	7
生活主題	たしかな学級づくり。 きまりよい生活。	みんなで力を合わせる。 みんななかよく。	健康な生活。 じょうぶなからだ。	夏休みの暮らし。 たのしい夏休み。
季節行事に関する努力点	○楽しく１年生を迎える。 ○近所の友だちとなかよく登校する。 ○学級会で係りを決め，学級づくりをする。 ○児童会を組織し，学校づくりをする。 ○身体検査の受け方を考える。 ○遠足の計画を立てきまりをまもる。	○遊び場所を考え人に迷惑をかけない。 ○祝日の計画を立て楽しく過ごす。 ○児童会で運動会の計画運営をする。 ○身体検査の結果をまとめる。	○創立記念日を迎え学校の歩みを調べる。 ○健康手帳を調べ自分の健康状況を知る。 ○病気を防ぐ方法を考え実施する。 ○予防注射を進んで受ける。	○帽子をかぶる。 ○安全登校をする。 ○プールをきまり正しく使う。 ○健康相談をし夏休みの計画を立てる。 ○児童会で夏休みの生活の計画を立てよう。 ⊙地区別児童会で夏休みの暮らしを相談する。
学校のきまりについての努力点	○登下校の時間の励行。 ○横断歩道を渡って安全登校をする。 ○朝礼のならび方話しの聞き方。 ○記名の徹底と持ち物の整理。 ○清掃用具の整備と使い方。	○運動場の使い方，遊び方。 ○教室移動のしかた。 ○廊下の歩き方。 ○放送時間の聞き方。	○窓の開閉，戸締りの励行。 ○教室の整理整とん。 ○そうじをしっかり。 ○手洗いの励行。 ○給食準備と食事のしかた。	○水道の使い方。（節水） ○下校時間の徹底と戸締り。 ○朝礼のならび方。
日常のしつけについての努力目標	○正しい姿勢と元気な返事。 ○正しいことばづかい。 ○右側通行。	○上ばき下ばきの区別。 ○正しい姿勢と元気な返事。 ○きちんとしたみなり。	○手洗いの励行。 ○時間を守る。 ○清潔なみなり。（衣服，手足，ハンカチ，チリ紙）	○手洗い励行。 ○清潔なみなり。

月	8	9	10	11
生活主題	夏休みの生活記録をつける。	明るく強く。 からだをきたえる。	進んで学習。 進んで勉強。	汗の働き。 おてつだい。
季節行事に関する努力点	○帰宅の時間を決めて守る。 ○遠出について考えひとり歩きをしない。 ○決められた場所以外には行かない。 ○水泳指導の時間を守り終わったらまっすぐ家に帰る。 ○食べ物，のみ物に気をつける。	○夏休みの反省会を開く。 ○児童会で2学期の計画を立てる。 ○夏休み作品展の計画を立て実施する。 ○研究発表の計画を立て実施する。 ○運動会を計画立案し運営する。	○都民の日の過ごし方について相談する。 ○遠足の計画を立てきまりよく実践する。 ○読書週間の計画を立て各学級で発表会をもつ。 ○児童会で交通安全旬間の行事を決め交通安全について考える。	○学校の環境整備の計画を立て実施する。 ○文化の日の過ごし方を考える。 ○勤労感謝の日の意義について考える。 ○作業や手伝いの反省する。
学校のきまりについての努力点	○プールの使用時間の励行。 ○着がえ室の整とん。 ○横断歩道を渡って登下校。 ○帰宅時間の励行。	○登校下校の時間の励行。 ○清掃用具の整備と使い方。 ○運動場の使い方遊び方。 ○給食時の準備と食事のしかた。	○道路の歩き方（右側通行)。 ○記名の徹底と持ち物の整理。 ○教室移動のしかた。 ○放送の聞き方。 ○窓の開閉，戸締り。	○清掃しっかりすみずみまで。 ○正しい姿勢，元気な返事。 ○かぜの予防 ○学校への奉仕（学級会)。
日常のしつけについての努力目標	○計画表にしたがいきまり正しい生活。 ○個人研究。 ○共同研究。	○机の中の整理。 ○上ばき下ばきの区別。	○学用品の整理。 ○読書・勉強の姿勢。	○うがいの励行。 ○家事の手伝い。

月	12	1	2	3
生活主題	助け合い。 友だちどうししんせつに。	明るい家庭。 きれいなみなり。	しんぼう強く。 学用品の整理。	感謝の心。 ありがとう。
季節行事に関する努力点	○児童会で助け合い運動の計画を立て運動に参加する。 ○音楽会の計画を立て運営する。 ○冬休みの計画を立てる。	○新年の祝賀式に参加する。 ○あいさつやことばづかいについて反省する。 ○今年の覚悟について話し合う。 ○児童会で3学期の計画を立てる。	○芸能会の計画を立て運営する。 ○寒さに負けぬ室内での暮らしについて相談する。 ○学習の総まとめの計画を立て各学級で行なう。	○児童会で6年5年の引継ぎ会を開く。 ○教室や学用品を整理する。 ○卒業記念運動会を計画実施する。 ○卒業式の準備をして卒業生を送る。
学校のきまりについての努力点	○登下校の歩き方。 ○ストーブの使い方，火の用心。 ○室内遊び。 ○教室の整理整とん。	○登下校の時間の励行。 ○室内の遊び方。 ○ストーブの使い方。 ○教室の整とん，火気の注意。	○教室の環境整理。 ○学校の道具の使い方。 ○うがいの励行。	○清掃美化。 ○1年間の生活の反省。
日常のしつけについての努力目標	○正しいみなり。 ○思慮反省。	○清潔なみなり。 ○正しいことばづかい。 ○正しいあいさつ。	○机の中の整理。 ○学用品の整理。	○正しいあいさつ。 ○正しいことばつかい。 ○思慮反省。

えるので，次に，36年度作成された「月別生活主題」と，それを具体化した努力目標を掲げておく。詳しい説明と考察は第５節「他の教育活動との関連」の項を参照されたい。

5　道徳性診断テストについて

(1)　実施期日　昭和37年２月

(2)　対　　象　本校児童，3，4，5，6年（全員）

(3)　実施人員　3年　120　　4年　147　　5年　137
　　6年　187　　計　591名

(4)　使用テスト　領域別・原理別 坂本式道徳性診断テスト

(5)　目　　的　ア　本校児童の道徳性の発達について今まで観察や直観的なはあくをしてきたが，標準化されたもので，科学的な資料を得て，児童の実態をはっきりとらえ，指導に役だてる。

イ　できれば指導計画を改善する資料として利用したい。

(6)　結果の処理　ア　知能偏差値と道徳性偏差値を比較して関係を見る。全体計画の改善（図表６）

イ　得点の地域差と本校得点を比較する。（図表７）

ウ　道徳性偏差値の分布を全国標準と比較する。

エ　領域別評価点の分布を全国標準と比較する。
全体計画の改善（図表８）

オ　各問題別の得点平均を見る。

(7)　結果の考察　テストの結果を考察してみると，標準化の資料と比較して，ほとんど有意差は認められず，普通の傾向であると言える。

知能との関係を比較してみると，相関はあまり認め

全体計画の改善（図表６）　５年〇学級

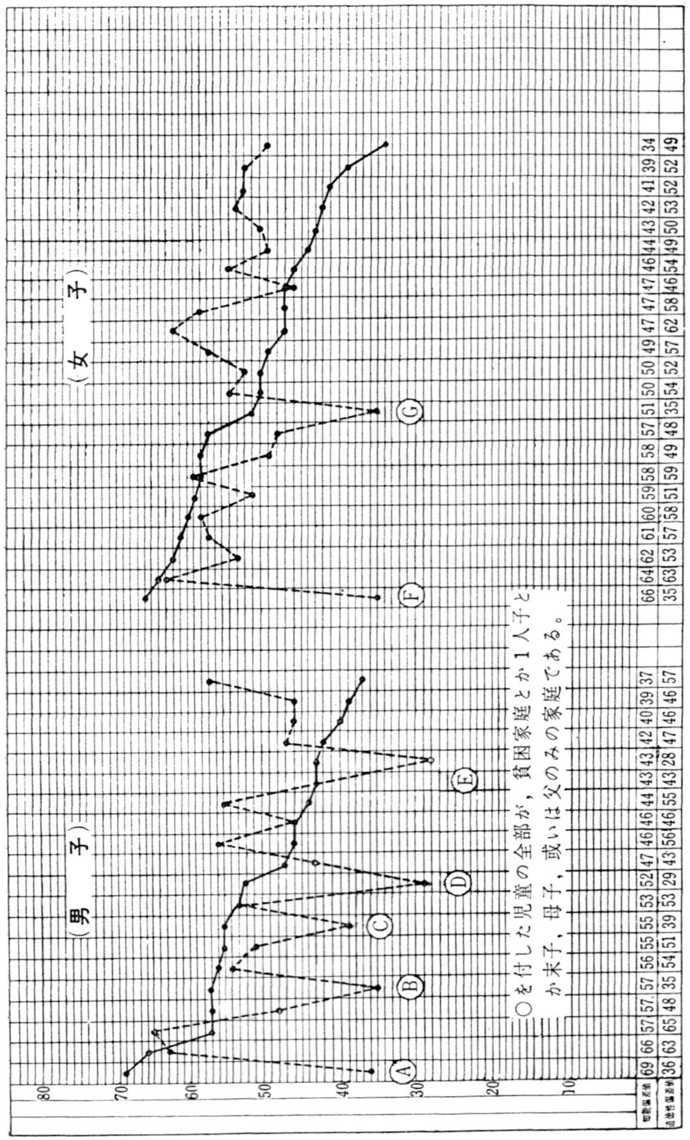

全体計画の改善　（図表７）　得点の地域差と本校得点の比較

３年

		都　市	その他	本　校
領域	第１部	14.7	15.1	10.7
	第２部	17.3	14.7	31.9
	第３部	13.4	13.4	16.8
	総得点	45.4	43.2	59.4

４年

		都　市	その他	本　校
領域	第１部	15.4	14.6	10.3
	第２部	17.2	16.1	17.5
	第３部	14.0	13.5	16.8
	総得点	46.6	44.2	44.6

５年

		都　市	その他	本　校
領域	第１部	20.1	19.7	19.7
	第２部	36.2	35.7	35.2
	第３部	35.0	33.9	37.9
	総得点	91.2	89.3	92.8

６年

		都　市	その他	本　校
領域	第１部	21.9	18.1	19.8
	第２部	39.1	34.5	34.9
	第３部	36.2	34.8	38.5
	総得点	97.2	87.4	93.2

全体計画の改善　（図表８）　領域別評価点の分布（％）

３　年

領　域	第　I　部		第　II　部		第　III　部		理論値
評価段階	全　国	本　校	全　国	本　校	全　国	本　校	
5	20.0	20.8	20.0	14.2	10.7	5.8	6.7
4	36.7	36.2	21.1	24.2	26.1	32.5	24.2
3	29.2	34.2	35.0	42.5	39.8	46.0	38.2
2	11.7	7.7	16.6	15.8	18.5	10.0	24.2
1	2.3	1.7	7.3	3.3	4.9	6.7	6.7

４　年

領　域	第　I　部		第　II　部		第　III　部		理論値
評価段階	全　国	本　校	全　国	本　校	全　国	本　校	
5	17.1	15.0	24.1	17.7	5.2	4.8	6.7
4	42.5	35.4	28.8	11.0	38.5	35.4	24.2
3	26.4	26.5	23.1	44.2	37.8	42.9	38.2
2	9.7	17.7	19.6	20.0	14.2	11.6	24.2
1	4.2	5.5	4.4	7.5	4.3	5.5	6.7

５　年

領　域	第　I　部		第　II　部		第　III　部		理論値
評価段階	全　国	本　校	全　国	本　校	全　国	本　校	
5	8.7	11.7	5.1	16.1	21.5	42.3	6.7
4	32.3	38.7	40.6	11.7	40.5	27.0	24.2
3	45.2	19.0	34.0	42.3	26.2	20.4	38.2
2	10.2	24.1	15.5	22.0	9.9	10.2	24.2
1	4.6	6.7	4.8	6.7	1.9	0	6.7

６　年

領　域	第　I　部		第　II　部		第　III　部		理論値
評価段階	全　国	本　校	全　国	本　校	全　国	本　校	
5	13.5	10.2	8.3	1.6	27.0	0.5	6.7
4	27.7	30.5	46.6	20.3	39.6	32.6	24.2
3	42.7	40.1	26.7	47.1	21.8	48.2	38.2
2	10.8	14.4	13.9	25.1	8.5	15.5	24.2
1	4.2	4.8	4.4	5.9	2.0	3.2	6.7

られず，家庭状態の影響力が大きいように感じられた。

得点の地域差との関係を見ると，3，4年では第1部「基本的行動様式」の得点が3年　都市 14.7　その他 15.1　本校10.7　4年　都市 15.4　その他 14.6　本校10.3と3年で都市との差が4，4年で 5.1 低く，また第2部「道徳的な心情判断，個性の伸長，創造的な生活態度」では，都市17.3　農村14.7　本校31.9と，都市平均よりも 14.6 高い。

また6年生で，第2部が 4.2 低いのが特徴的である。

領域別評価点の分布でも標準化したときの資料との有意差は認められないが，5，6年において第Ⅱ部の分布で，評価段階5，4の百分率が極端に低い。

(8)　結果の利用　以上のような考察から指導計画改善にあたって，低学年で基本的行動様式についての主題を考慮し，生活指導の面でも徹底することを考え，高学年においては第Ⅱ部の柱に，34年度よりもウエイトをかけた改善を行なった。

第2節　主題のねらいについての検討

第2章第2節の1で述べたように，ねらいの一覧表から改善の手がかりを求めたわけであるが，「ねらい」の改善では，それ自体を独立させて検討することはきわめてむずかしい。そこで，次のように，主題全体の検討の流れの中で行なうこととした。

検討のだいたいの手順（手続き）について述べると，

① 授業者の反省（主題全体について）――問題の提起――

② ①の反省をもとにして，学年または研究会で「道徳教育の基底」や実

態と比較しながら討議し，その主題の改善すべき箇所の発見。

③ 「指導計画改善の観点表」 ねらいの改善（図表1）に整理。

④ 学年ごとに全主題の問題点または改善表の一覧表作成（図表2）

⑤ 全学年共通の改善点の整理　ねらいの改善（図表3）

⑥ 改善の観点の具体的細目の決定と改善の作業のような経過をたどった。

1　問題の提起と問題点の発見

これを昭和34年度指導計画6年11月主題「働く詩」について具体的に述べると，次のようになる。

主　題	働　く　詩	11　月	2 時 間
設定理由　こどもたちの日常の勤労の実態はじゅうぶんとはいえない。したがって，働く人の詩を作ることによって，日常注意をはらわなかったものごとを深くみつめ，働く人々の実態を知り，その人たちの苦労を知るとともに，感謝の気持ちを育て，勤労への意欲をよびおこしたい。			
指導目標　㉛協同・奉仕　25尊敬・感謝 ・山イモの詩を読んだり，働く人々の詩を作ったりして，勤労の尊さを知り，働くことへの意欲を高める。 ・社会はたくさんの人々のつながりで成り立っていることを知り，勤労への感謝の気持ちを身につける。			
指導の要点　・勤労感謝の日　行事，意義 ・職業調べ　職業の種類　働く人々への感謝，分業による社会様式 ・山イモの話の鑑賞 ・山イモの話を参考にして，働く人々を題材にした詩を作る。			

(1)　――問題の提起――授業者反省記録

ア 「山イモの話」は，児童の生活経験に密着したものではない。したがって，都会の児童には，その感覚が実感としてうけとられにくい。そのため，

㉛を指導することよりも，話の鑑賞に重点が移ってしまったようである。

イ　目標が「山イモの話を読んだり……」という表現になっているが，この主題では㉛をねらったものであるから，表現をもっと整理したものにすべきではないか。

ウ　設定理由の中におさえられている指導意図が，児童の実態をつかんでからのものでない。「どう，この主題を指導するか」のためには，児童の実態をもっと分析しはあくした上で，内容と関連させて「ねらい」「指導意図」を設定すべきではないか。

エ　この主題は11月に指導するので，勤労感謝の日と関連して素材が取り上げられるし，また，児童のまわりからも，素材はじゅうぶん取り上げられると思うので，むりに「山イモの話」にこだわる必要はない。

オ　職業調べ→分業による社会様式→勤労の必要という計画を，はじめに考えてみたが，職業的な偏見が強く表面に出そうな予想がし，また，社会科的な展開になりそうな予想が考えられた。したがって，内容はもっと児童の生活に密着したものを積極的に盛り込む必要はないか。

カ　山イモの話を素材とすると，㉕（尊敬・感謝）の方向に引きづられがちである。

(2)　問題点の発見

この主題については，以上の反省がもととなって，次の点について討議が行なわれた。

(1)　児童の実態のはあくのしかたに問題はなかったろうか。

(2)　素材「山イモ」を取り上げたことのよしあしはどうか。

(3)　この主題では「ねらい」はどういうことを主とすべきか。

ア　児童の実態はあくについて，討議のあらましを述べると，

他の主題でもそうであるように，昭和34年度指導計画では，児童の実態はあくがきわめてあいまいである。この主題でも，児童の実態のはあくが，

「こどもの日常の勤労の実態はじゅうぶんとはいえない。」という点だけでは，㉛の内容に照らし合わせて，なんら切実な問題として児童におしせまるものがない。したがって，指導意図と思われる「人々の苦労に対する感謝の気持ちを育てる。」「勤労への意欲をよび起こしたい。」ということが，児童の日常生活のどういう実態と結びついているかよくわからない。したがって，もっと，本校の地域の特殊性に立った実態のはあくが必要ではあるまいか。そうすることによって，授業者の反省イに掲げたように，「ねらい」の第１項目が「山イモの詩」の鑑賞が主となって，実際のこどもたちの生活に結びつかないこととなり，それでは，道徳のねらう実践への動機づけや意欲づけがじゅうぶんに達せられないということが反省された。

イ　素材としてのよしあしについては，反省(ア・エ・カ)に述べたとおりである。特に，都会の児童では，こうした地方の生活経験がないために，この詩を理解させることに多くの時間がとられる。また，それが理解されても，表面的な理解に終わってしまい，ほんとうに本校の児童の実生活上でのことでないために，実践と結びつかないということが反省として出された。

しかし，一方では「山イモの詩」全編にあふれる勤労の苦しさ，そして，その苦しさに対して共鳴させることの価値は認められた。したがって，この詩を通して，また，これを手がかりとして，児童に自分自身の生活を深くみつめさせれば，道徳的実践への意欲を高めるためには適切な資料となる。という意見も出された。

このような討議から「道徳の時間では，常に児童に自分自身の生活の現実を深くみつめさせることが必要である。」といった立場，また「６年生になって，こうした形の主題の不足から，指導にも変化をもたせる必要」という２点から，この資料はこのまま活用することとなった。ただし，その取り扱い上，授業者の反省にも述べられたように，単に，その詩の鑑賞が中心となったり，「ねらい」に「山イモ」といったような字句を入れずに，

内容が適切に現わされるように「ねらい」を訂正する必要がある，ということになった。

ウ「ねらい」の主とすべきことについては，次のような討議がなされた。

本校の「道徳教育の基底」によってみると，㉛（協同・奉仕）では，

・勤労の尊さや意義を考え，自覚的に仕事と取り組む。

・社会奉仕の尊さを知り，進んでみんなのためになる仕事をする。

・児童会のにない手を自覚し，先頭に立って努力する。

と，6年の内容がおさえられている。これを，

(ア) 本校の道徳の時間のあり方（第2章第3節参照）から大別すると，

① 道徳の時間でおさえる内容

② 実践化としておさえる内容

とすることができる。そして，それぞれ，①を児童の中に意識づけることによって，②の実践化をより高度のものにする。といったことを——もちろん，②を高めることは，道徳の時間だけではないが——考えながら，ねらいの設定が必要であろう。

(イ) 6年になって，社会に対する視野も広がり，社会科等でも，世の中のいろいろのしくみについても学習したのであるから，「勤労の尊さ」とか「意義」を社会生活と関連づけて意識を高めることをねらうべきではないか。したがって，昭和34年度指導計画の「ねらい」第2項であげているような「社会はたくさんの人々のつながりで成り立っていることを知り，勤労への感謝の気持ちを身につける。」だけでなく，もっと力強く，勤労への意欲を高めるような「ねらい」とすべきだろう。

2 問題点の整理

(1) このような検討が，一つ一つの主題について，研究会を通したり，学年内で研究したりして，主題ごとに「改善の観点表」が作成された。（図表1）

(2) さらに，学年全主題の見通しを知る上に，主題検討一覧表（ねらいの

ねらいの改善（図表1）　指導計画改善の観点表

	34 年 度 指 導 計 画		改 善 の 観 点 （問 題 点）
設定の理由	こどもたちの日常の勤労の実態はじゅうぶんとは言えない。したがって，詩を作ることによって，日常注意をはらわなかった。ものごとを深くみつめ，働く人々の実態を知り，その人たちの苦労を知るとともに感謝の気持ちを育て勤労への意欲をよびおこしたい。		・一般的な理由でなく，本校の特殊性に立った理由にする必要がありはしないか。 ・現実の用意がどんな切実な問題をもっているか，具体的にしぼる必要があろう。 ・現実の児童をどの方向にひき伸ばしていくか（指導意図をもっと明確に出すべきではないか）。
目標	㉛協同・奉仕，25尊敬・感謝 ・山イモの詩を読んだり，働く人々の詩を作ったりして勤労の尊さを知り働くことへの意欲を高める。 ・社会はたくさんの人々のつながりで成り立っていることを知り勤労への感謝の気持ちを身につける。		・上の場合と同じように，この内容の分析がされその中からどの面をねらうかはっきりとさせる必要があろう。 ・㉕は㉛をねらうことによって自然発生的に出てくるもので，特にねらいの中にうたうべきではあるまい。 ・「山イモ……」云々といったような指導内容まで限定するような表現はさけこの主題のねらっているものを力強く出すべきではないか（1項目後半と2項目前半のあらわれ方をミックスさせてもっと力強いものとしたい。）
指導の要点	・勤労感謝の日行事，意義 ・職業調べ 職業の種類 働く人々への感謝 分業による社会様式	・山イモの詩の鑑賞 ・山イモの詩を参考にして働く人を題材とした詩を作る。	・山イモの詩の展開内における位置づけを考える必要あり。 ・「職業調べ」は社会科学習に近づくおそれがあり，一考が必要。 ・（だが社会科との関連で取り扱うように留意してもよいのではないか。）
素材・他領域との関連			・「山イモの詩」はそのままでもよいがそれと関連して児童の身近な素材を並列的に取り上げる必要があろう。 （場合によっては社会ニュースを取り上げてもよいのではないか）

ねらいの改善（図表２）　　主　題　検　討　一　覧　表（６年）（注）目標欄◎は追加，×は削除，他の◎は特に改善の重点。

月	主題名	主目標	副目標	設定理由	ねらい	素材	他の領域との関連	主題配列	その他
1	人間尊重	7		◎児童の実態を分析の要あり	◎表現かきかえ（具体的に）	・児童の身近な生活の場を活用する			
4	児童会のにない手	8	19 ◎13	◎児童の実態をもっと加味する	◎⑬を㉞に変更 ◎目標の訂正の要あり	最近の学校生活の諸問題を加える	・学級会，児童会と関連をもたせる		
5	自由と責任	9	7 26		◎表現訂正(具体的に)				
11・12	福沢諭吉	23	19 20			・指導の要点の改訂 諭吉の伝記指導のように見うけられる。業績の追求に終らないことが必要			
12	助け合い	24	36	◎児童の実態を明確にする要あり ・指導意図がはっきりとしない	◎積極的実践へまで高めるねらいとしたい	◎身近な経験の追加が必要			
3	記念の木	25	24						・字句訂正
4	生活のきまり	29	9 ×21	◎規則尊重というような態度は５年生までにおさえ，６年生では，それに対する批判的態度の養成という面からこの主題に立ち向かいたい	・㉑を削除 ・ねらい第２項目のみとする				
4	明るい学校								・現行どおり
11	働く詩	31	25	◎一般的理由でなく本校の特殊性をおさえたい ・指導意図を明確に	・㉕は表現すべきでない，㉛の中にふくまれると考えるべきである ・「山イモ……」は削除 ・もっと力強いねらいにすべきではないか	・山イモの詩の位置づけを考える必要あり	・社会科との関連をふまえる必要はないか		
6	つゆ時の衛生	32	1	・意図が不明確，公衆衛生に重みがかかっている変更の余地あり	・ねらいの後半を削除の要あり	・①に相当重みがかかっている変更の必要あり			
6	開校記念日	34				・内容が設定理由に合わない変更		・５月下旬の配当がよいのではないか	
10	日本をみつめよう	35	20 21		・⑳，㉑の面から㉟に結びつけていくことが疑問㉟で他を総合するという立場でよいのではなかろうか	・業績追求でなく内面化に重点をおく必要がある「日本歴史」をふりかえるは削除したい			
10	人類の幸福につくした人々	36	7 ×11	・指導意図を訂正する要あり	・㉑は削除				
9	ゆうわく	11	20						・表現訂正
7	夏休みの生活設計	18		・夏休みの生活設計が強くですぎている，個性伸長をねらう理由を具体的にする必要がある ・実態の分析がじゅうぶんでない	・主目標がなんであるかはっきりしない あくまで個性の伸長にしぼりたい	・内容の大幅の変更が必要			
10・11	名作を読んで	19	10 17 12						・主題全体の流れが読書指導の領域と思われるので全面改訂が必要 ・方法としては読書を中心とした方法を残したいと思うが，なにをねらっているかはっきりさせたい
2	将来の希望	19	12						・⑲は他でも取り上げておりまた，この主題名だとねらうものは㉓のほうがよいのではないか ・福沢諭吉のところと合わせ再検討する必要がある

道徳指導計画改善の観点

ねらいの改善（図表3）　　主題検討表

（注）各主題は一つの問題点をのみ含んでいるものでなく，下の問題が大小おりくんで含まれている。そこで下表の主題名は特に左の問題が顕著なものをあげたものである。

（共通問題）

	問題点	1年主題名	2年主題名	3年主題名	4年主題名	5年主題名	6年主題名
設定の理由	1. 児童の実態のとらえ方が不明確なものがあるその主題につながる実態を具体的におさえる必要があるのではないか。	みんななかよく じぶんのことはじぶんで わたしのすきな人	ただしいみなり もうすぐ3年生	友だちどうし 夏休みのくらし おかあさんと私 としよりの話 フランダースの犬 小人と青虫 私の生活表 はずかしい時のこと 一寸ぼうしの話から	雨にも負けず 当番 日本の文化につくした人人	けんかの原因 よい友人 男子と女子の協力	人間の尊重 助け合い
	2. 実態や主題の解釈は明確であっても指導の意図が明示されていないものがある。			人のとくちょう テレビにうつった世界の人びと けんきゅうノート おこづかいのゆくえ		リヤ王 夏休みの計画 リーダーとメンバー	人間の尊重 助け合い 人類の幸福につくした人人
	3. 設定理由が一般的で本校の独自性にたっていない。				学級のきまり	働く喜び 夏休みの計画 リーダーとメンバー	働く詩
	4. 設定理由，指導内容から考えると，主題変更したほうが効果的と思われるものがある。	きれいにしましょう			わがまま 玉川兄弟 働く人に感謝しよう	5年生の朝 夏休みの計画 学校の仕事 児童会の委員	福沢諭吉
	5. 表現訂正により設定理由を明確にする必要がある。	正しいことば いきものをかわいがろう わたしのしごと	お年だま		もうすぐ5年生 よい遊び悪い遊び	すべての主題	児童会のにない手 記念の木
ねらい	1. ねらいの不明確なものがあったり内容の多すぎるものがある。	学校のいきかえり	お年だま おみまい			けんかの原因 男子と女子の協力	児童会のにない手 ゆうわく
	2. 主内容と副内容がねらいの中で転倒しているものがあるのではないか。			おかあさんと私 小人と青虫	私たちの学校	リヤ王	ゆうわく 夏休みの生活設計
	3. 主題名や素材にひきづられがちの傾向があるのではないか。	みんななかよく しまつよく 雨の日のあそび	じぶんでできること	おかあさんと私 友だちの家 私の生活表 小人と青虫	わたしのいいぶん 玉川兄弟	5年生の朝 学校のきまり 発明発見につくした人々	生活ときまり 人類の幸福につくした人々
	4. 習慣化，心情，判断力，態度といったような点で系統的なおさえ方を考えるべきではないか。	全主題検討の要あり					
	5. 主題によってはねらいが実践へまで結びつくようなことを考えるべきではないか。	じぶんのことはじぶんで				リヤ王 リーダーとメンバー	助け合い
内容	1. 素材をもっと児童の身近な経験から取り上げる必要がある（特に児童会・行動観察の記録，学級日記等から）。	きゅうしょくのおばさん	ただしいみなり おみまい	夏休みのくらし 一寸ぼうしの話から	働く人々に感謝しよう みんなのもの		人間の尊重 助け合い 働く詩 児童会のにない手
	2. 伝記などの取り扱いはその業績追求にならないようにする必要がある。		からすのものまね	人のためにつくした二宮尊徳	ジャングル病院		福沢諭吉 日本をみつめよう
	3. ねらいと合っていない内容がある。	よいことば しまつよく		人のとくちょう おかあさんと私	ひとの立場を考えよう わたしのいいぶん		開校記念日 夏休みの生活設計
	4. 指導内容の量が扱い時数からみて多すぎるものがある。			私の身のまわり 友だちの家	学級のきまり		
	5. 特活プラン的内容のものの性格をはっきりさせる必要がある。	わたしのしごと たのしいなつやすみ うんどうかい たのしいえんそく こどもかい	力を合わせて たのしい夏休み	私の身のまわり おかあさんと私	もうすぐ5年生	5年生の朝 夏休みの計画 リーダーとメンバー 学校の仕事 児童会の委員	

改善図表2）資料に整理した。

(3) 上に掲げたような検討表は，表現を自由にしたため，その統一の意味と，指導計画全体に，どんな共通問題を含んでいるかを知るため，主題検討表が（ねらいの改善図表3）作成された。

3 改善の作業

(1) これをもとにして，それぞれの問題に対する基本線が話し合われたわけである。そして，「ねらい」の検討は，前に述べたように，「ねらい」それ自体のみの検討では，主題の的確なはあくを誤ったり，字句のみにこだわる心配があったので，常に主題全体を見通し，設定の理由，ねらい，展開，資料などと関連づけて，検討や改善をしたわけである。

改善の理由となった問題点は，個々の主題のねらいが，それらの問題点をいくつかあわせもっているわけである。したがって，その改善にあたっては，基礎資料を生かしながら，本校の「道徳教育の基底」を重要なよりどころとして，あらためて欠陥を洗いあげ，改善の観点の具体的細目にしたがい，改善の作業をしたのである。

(2) この検討は，各学年を通して行なわれたのであるが，ねらいの改善（図表2）と合わせて具体的な実際の例をいくつかあげる。

		主題名	内容番号	主題のねらい
6年	旧	ゆうわく	⑬ 20	○自分の考えをしっかりもって，みだりに他人に動かされない。 ○正義と勇気をもって行動できるようにする。
	新	ゆうわく	◎21○20	○正・不正を見きわめ，誘惑に負けないで行動する判断力を育てる。

この主題の主たる内容は，⑪（正義・勇気）であるが，正義・勇気そのままの用語では，6年生としてのねらいが，そのどこを意図したものかばくとしてとらえどころがない。設定の理由には「視野のせまさや本能に負け

て，よくないと知りつつしてしまう……」とあるので，6年生に要求される正しい勇気も，ある程度は汲みとれるには違いないが，主題の中心となるものが，「主題のねらい」に明確に表現されていなければ，児童の発達の段階に即して，系統的に正しい指導を期待できないであろう。

また，正・不正を見きわめ，誘惑などに負けない勇気は，広い視野に立って正しく判断できる合理的精神がその裏づけになるものであるから，この主題の⑪（正義・勇気）⑳（合理的精神）は，互いに密接な関連をもっている。しかし，合理的精神を主として指導し，その裏づけとして正義・勇気のたいせつさをわからせるのではないわけである。ねらいの第1項に，合理的精神と考えられる表現をしたのは，「みだりに他人に動かされない。」すなわち，主題名「ゆうわく」の字句にとらわれすぎて，主と副のねらいを転倒した表現になったのではなかろうか。

このように問題点の究明をし，主・副の関係をおさえ，主題名にとらわれることなく，内容の分析をじゅうぶんにして精選したのが，上記新主題のねらいとなったのである。

6　年

	主題名	内容番号	主題のねらい
旧	夏休みの生活設計	⑱ 2	○夏休みをきまり正しく過ごすことのできるよう，自主的に生活計画を立て，実践についてくふうするとともに，地区の幹部として，地区活動の世話を進んでやる。
新	わたしの考え	◎18○2	○自分をみつめ，その特徴を知り，長所を伸ばす意欲を育てる。

これも主・副の転倒におもな問題点があると反省されたわけであるが，ねらいの不明確になった原因を考えてみると，「夏休みの生活」という素材にこだわりすぎ，夏休みの生活指導のにおいが強く表面に出てしまったために混乱したと考えられた。したがって，その指導方法や資料の活用にも，生活指導が強くにじみ出てしまい，道徳の時間の指導としてはますま

す焦点のずれた計画になっているわけである。

また，焦点がすり変わってしまった一面には，内容分析の不足もあると考えられた。すなわち，個性の伸長も，自立も，積極的に生活改善に努めるという点に，その一致点は認められるとはいっても，この主題で意図するものは，夏休みというものを一つのきっかけとして，それぞれが，個性伸長の最適の場として，その意欲を喚起するものと考えなければならない。とすれば，自立はあくまでも関連指導としてねらうもので，主となるべきねらいではない。

そこで，昭和34年度指導計画の弊をさけるため，主題を改め，主内容を精選して，主たるねらいを明確に打ち出すように改善したのである。

	主題名	内容番号	主題のねらい
旧	福沢諭吉	㉓，19，20	○正しいと信じたことは進んで行ない，積極的に新しい分野を切り開いた諭吉の心情にふれさせる。 ○伝記の中にある努力，向上，合理的精神をくみとらせる。
新	進　取	◎23○19	○よいと思ったこと（計画したこと）は，根気よくあきらめずに努力して，新しい分野を開拓していく態度を養なう。

指導反省では，「諭吉の伝記指導のように見うけられる。業績追求に終わらないように。」という記録が残されたのであるが，伝記は，その偉人の生がいを通じてその全人格を伝えようとするものであり，人に与える感銘も，多種多様の道徳的要素をもっているわけである。したがって，素材の選択にあたっては，そのどれに焦点を合わせるかが重要なわけであるが上記の旧計画では，進取を主として取り上げながら，それと平行して，向上心・努力心・合理的精神をも同列に掲げたために，指導の方法，展開，資料の扱いが広範囲のものを対象として取り上げられ，焦点のしぼれない授業になるおそれが出てきたのではなかろうか。

すなわち，内容を多く盛り込みすぎたために起こった欠陥と考えられるので，指導の意図を明確にし，進取をはっきりと打ち出し，内容を精選する必要があったわけである。

また，発達の段階からみて，6年としては，「心情にふれさせる」より一歩進んで，この指導を通して「態度を養いそだてる」高度化をもねらって改訂をした。

	主題名	内容番号	主題のねらい
旧	生活ときまり	㉙，9，21	○学校や学級で定めた規則や，自分たちで作るきまりの意義を理解し，進んでこれを守るようにさせる。 ○規則を尊重するとともに，自分たちできまりの改善を考えることのたいせつさを知らせる。
新	生活ときまり	◎29○9	○学校や学級の定めた規則や，自分たちで作るきまりの意義を理解し，尊重してこれを守るとともに，改善してよい学校生活を営もうとする態度を養なう。

この主題については，副内容㉑（創意くふう）の位置づけにむりがあるので，これを削除し，主内容の㉙（規則の尊重・自治）は，一つのねらいであり，これを分析した場合に，内容が分かれるものであるから，旧計画のように，項をあらためて二つのねらいに分ける必要はないと考えられた。

主内容㉙（規則の尊重・自治）と副内容㉑（創意くふう）の関連を考えた場合，主と副との関連上，規則の尊重・自治の精神を理解し，守るのは，自由と責任がその土台となり，集団の一員として実践し，正しい批判のもとに自治的に改善すると考えられる。したがって，生活全般にわたった能率的，創造的な改善とは，直接的に関連がうすいといえるのではなかろうか。

以上，6年生の事例のみをあげたが，系統性に関する問題が欠けているので，1年生の事例を補って述べてみたい。

旧	たのしいなつやすみ	⑥，1，2	○夏休みの計画を立て，自分から進んできまり正しい生活をし，勉強にも遊びにもくふうをし，根気よくやりとげるように導く。 ○健康で心豊かな毎日が送れるようにさせる。
新	かながなってるよ	◎6○2	○決められた規則を守り，きまりよい生活を送る態度を養なう。

この例は，1年生としては「ねらい」が高度すぎるという，指導結果の反省がなされた。

自分から進んで計画的に生活をさせるには，1学期の終わりという時期的な問題と，またその発達から見て2年生ならば，可能と考えられるが，1年生としては，決められたわくの中できまり正しい生活をし，その結果として，きまりのよい生活となるという程度に取り扱うのが妥当であると考えた。

また，遊びのくふうも，創意くふうという点からも考えられるが，しかし，1年生では，自分のすきなことをしてみるといった程度である。「健康で心豊かな毎日」ということも，1年生のねらいとしては，抽象的にすぎ，「夏休み」という主題名にこだわって，あまりに多くの内容を盛り込みすぎたとも考えられた。

したがって，ねらいを一つにしぼり，そのねらいの程度を1年生の児童の実態に合わせて，改訂したわけである。

改善を終わって，全学年を通して問題点を再検討してみた場合，改善の観点ごとによく整理され，系統的で，明確なよりよいまとめがなされた。ただ，表現上で，系統性を明確にし得なかった主題がいくつか出てしまったが，学年の発達段階に応じ，設定の理由，指導内容の取り扱い方にくふうを加え，発達の段階差を現わすように作成されている。

第3節　展開についての改善の例

第2章第3節で述べたように，主題の展開について，第3次指導計画では具体的な展開の例をかかげるようにした。すなわち，33年度以降において教師の実際授業を反省して最も適当していると思うものを取り上げたのであるが，教師の指導経験とか，指導技術や個性，学級の特色などを考え合わせると，どれが果たして適当しているか，判断に苦しむ実践例もあった。概して，長い間に，素材や資料，指導方法もしだいにかたまって主題の展開例としたものも多数にのぼった。けれども，主題によっては，多くの指導方法を誘い出し，どれを取り上げてよいのか困難なものもあった。教師間の話し合いによって，一般的でだれでも指導ができると思われるものを選んで位置づけることにした。

次に実践例を順を追って述べることにする。

① 主題のねらい達成にふさわしい素材を集めて，素材群とし，各主題に用意した。

② 素材群の中から適当と思われる素材や資料を選んで実践した。

- 道徳の時間における資料の取り上げ方と活用を考えて選んだ。〔事例研究(1)〕
- 主題の素材や資料を選んで指導し，適当しているものを展開例に位置づけた。〔事例研究(2)〕
- 指導方法を検討してよりよい方法のものを選んで展開例に位置づけた。〔事例研究(3)〕
- 指導過程を考え素材や資料を展開例に位置づけた。〔事例研究(4)〕

1　主題のねらい達成にふさわしい素材を集めて，素材群とし，各主題に用意した（昭和35年度の実践）

昭和35年度の年次研究として，指導計画に素材群を主題ごとに位置づ

主題の素材群の例　5年　No.11

主　題	発明発見につくした人々		10　月	2　時　間
ねらい	○正しい目標実現のためにあらゆる因難に耐えて真実を探究しようとする先人の努力，人となり業績にふれ，真理探究への意欲を高める。 内容番号（㉒，21，18）			
展開の要点	○発明発見の事例	○発明発見の必要とその着眼 ○発明発見途上の努力 ○発明発見を成功させた条件	○発明発見家の共通点 ○発明発見による恩恵 ○個性を伸ばすための努力点	
素材群	○新しい国語 ・世のために「塩田の父」（五II）　郷土坂出開発のためにつくした周到な調査研究と献身的努力の偉大さ。 〃「けんび鏡とともに」（五II）　北里柴三郎のすぐれた能力と情熱をかたむけて医学を追求した偉大さ。 ・人のくふう「いねの改良」（五I）　並河誠資田中稔の苦心のあと。 ○新しい社会 ・大昔のくらし（四下）　大昔から今にいたるまでに開発のために力を尽くした人々のくふうや事例について理解する。 ○スライド ・奇跡の一マイル走者（No. 25）（アメリカの一少年が足のけがをみごとに克服して栄冠を得る物語。） ・野口英世の少年時代 ・月光の曲（No. 25）学研　（ベートーベンについての有名な伝説を描く。（芸術の探究心）） ・松阪の一夜（No. 26）学研　（勉強と師弟愛の物語を感激的に描く） ・コロンブス（上下）（No. 10）学研（新天地をめざしてコロンブスが苦心のすえ，アメリカ大陸を発見するまでの物語。） ・豊田佐吉 ・モールス ○図書 ・発明発見文庫［28 き］　コロンブス［28 こ］　エジソン［28 こ］　バードとともに南極へ［29 す］　南極の探険［29 な］ ○学校放送 ・明るい学校「読書生活による豊かな心」10/22 「個性と趣味の伸長」10/29			
指導上の留意点	○上記事例の選択（児童の興味関心度から） 事例を分担しグループ研究，いっせい研究も考えられる。 ○伝記は児童の抵抗の少ないものを選定また要約も可。 ○伝記を指導する場合，当時の時代環境を理解させる。			

けした。そして，その中から適当していると思う素材や資料を選んで実践することにした。指導にあたっては，反省を指導計画の中に記入して，

学年の教師間で比較検討する材料にした。

素材や資料を主題に位置づけた手順は右図に示したとおりである。

素材群を用意したことによって，素材や資料の選択が幅広く，自由に選べるようになった。こうして実態を考え，主題のねらいを考え，教師自身の個性や指導技術を考えて，最も適当している素材や資料が選べるようになった。主題の展開に先だって，より適切な素材や資料を選ぶことができるようになったわけである。

（図表1）素材や資料を主題に位置づけた手順

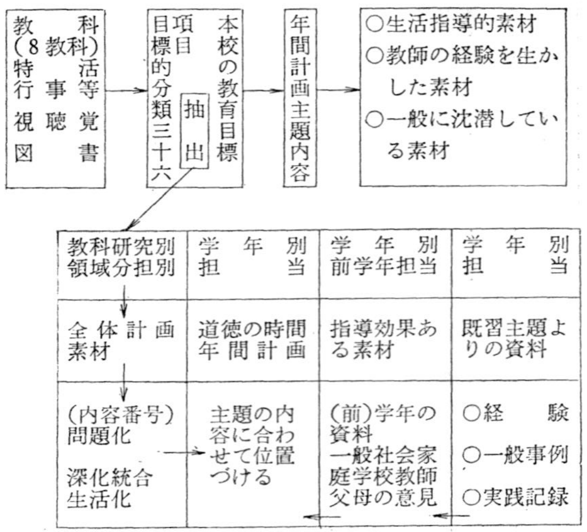

2　素材群の中から適当と思われる素材や資料を選んで実践した

〔事例研究(1)〕　道徳の時間における資料の取り上げ方と活用を考えて選んだ。

(1)　主題のねらい達成の指導過程を考えて資料の価値を吟味する。

ア　教師も児童もみんなで話し合える，いわゆる問題を含む資料を選ぶ。

イ　同時に資料の内容から発展して，児童の問題としての道徳性を引き出したり，道徳性の適応に役だつ資料を選ぶ。

ウ　ねらい達成を図るために，指導過程のどの段階で取り上げたらよいか，導入，展開，終末における位置を考える。

主題の素材群の例　　5年　No. 12

主　題	働　く　喜　び	11　月	2時間
素材群	○新しい国語（五のII）ぼくはペンキ屋さん ○家庭科 ・ぜんたて（五）家族が気持ちよく食事のできるように考える。 ・調理の実習（五）計画に従い手順よく仕事を進め協力してよろこびを知る。 ○作文 ・勤労感謝の日の経験　感想などの作文を活用する。 ○スライド ・箱根用水（No. 20）　学研（ひじょうに貧しかった村を救った人の創意と努力） ・川風の子ら（No. 40）　とうふいる（めぐまれない環境に負けない水上小学校の子らの記録） ・あとしまつ（No. 87）　学研（ものごとを解決するのに一番よい方法は何かということを教える） ○録音テープ　学校放送 ・明るい学校　「働くことと勤労感謝」11月5日放送 ○図書 ・ぞうきん　・バケツの王国 「デービット・フラード」「ダニエル・フラードの伝記」 新潮社「住みよい社会をつくる人たち」坂西志保著		

(2) 児童の発達段階から見て資料を取り上げる。

ア　読解能力，視聴能力からして困難の伴うものはさける。

イ　児童が興味と関心をもって迎える資料でなければならない。

ウ　長文や長編物は45分の時間では制約されるので，取り上げ方法を考え，その一部を取り上げるか，事前に読ませておくか，要点を抜すいするか，縮めて扱うことを考えなければならない。

エ　道徳性の発達や学年間の系統性を考えて選び，資料の内容として程度の高いものはさける。

オ　時代的背景や時代感覚のずれを考慮し，特に伝記については，伝記の人物の全人的人がらや業績，時代，そして著者の意図や人がらも考えにいれて扱うことがたいせつである。

カ　教訓的なもの，徳目のら列に終わるもの，格言等はさける。

(3) 指導効果を考えて資料を選ぶ。

ア　文学的に価値のある作品は，そのままでは必ずしも道徳の時間のよい資料にはならない。多くの道徳的価値がかっとうしてねらい達成に困難な場合がある。

イ　同一素材であっても，著者によって焦点のあて方が違っている。そこで事前に比較検討することが望まれる。

ウ　資料を豊富に用意しても，深めることが困難で素通りしてしまうこともある。量を多く取り上げるより，資料を生かし，話し合いによって深められる資料を精選することがたいせつである。

エ　児童作文や教師の自作による資料も使われるが，だれが使ってもよいように，内容を訂正して資料室に保存するとよい。

オ　指導の結果を記録して，資料とともに保存すると，次に使う教師にはよい参考となる。

概略，以上の留意点に注意して素材群より旧国語教材「ぼくはペンキ屋さん」（4年児童の作文）を第1次の中心資料に選び，「ぞうきん，バケツの王国」の伝記は第2次の中心資料として取り上げることにした。

〔指　導　案〕

I　主題設定の理由

○低学年のころは学校のそうじや係り活動について，やりたくてしようがなかった児童も，学年が進むにつれて仕事をいとう傾向も見られるようになった。

○農・山・漁村の児童に見られるような，家庭の重要な労働力として仕事をさせられることはない。したがって勤労の意義や尊さについては経験に乏しい。

○父母や教師に言いつけられるとすなおに働くが，自主的に，自発的に働こうとする意欲に乏しく，学級の仕事でも，なげやり的な場面も見られ，協力して仕事をする態度も劣る。

○このような実態から，児童の趣味や特技に合った仕事を主体的に選択し，なぜするのか。なんのためにするのか。みんなで協力して働く時の心情にもふれさせたいと考えて，この主題を設定した。

○５年の社会科のねらい「働く人々への関心を高める。自分が国民のひとりとして生活している事実に気づかせる。」に関連して取り扱い，実践指導は特別教育活動を中心におさえて進める。

Ⅱ　主題のねらい

○勤労の意義や尊さを知るとともに，みんなのために，正しい目的をもって力を合わせて仕事をする態度を養う。

（注）　作文「ぼくはペンキ屋さん」の資料を中心に，前主題の資料伝記「ナイチンゲール」を副として扱い，勤労の意義と尊さについて知るように導くことを第１次の方針とし，ダニエル・フラードの伝記を資料に，正しい目的をもって，合理的に協力して仕事をする態度を指導することを第２次の方針とする。

Ⅲ　展　開

（第１次）

展　　開	指導上の留意点	資　　料
①日常の仕事について話し合う。	○主題名を示さずに話し合う。	
②作文を読んで話し合う。 ・読後の感想の話し合い。 ・仕事に対する心の変化を知る。	○文脈を追求することをさけ，作者の心の変化心情をはあくさせる。	作文「ぼくはペンキ屋さん」旧東書国語５のII
③作業をした時の経験を対比して考える。	○本時のねらいにそうように話し合う。	
④ナイチンゲールの働きを例に働く意義と尊さを整理する。	○前主題の資料のナイチンゲールの働く動機や働く態度を考えさせる。	伝記「ナイチンゲール」偉大な一生より。
⑤課題を考えてみる。	○アンクル・トムを読んで考える。	

（第２次）

展　　開	指導上の留意点	資　　料
①どれいの働きをどう思ったか話し合う。	○要点をまとめるように話し合う。	道徳ノート
②ダニエル・フラードの話を聞いて考える。 ・勤労の意義 ・仕事の目的 ・働く喜び	○説話でわかりやすく話すか要点を印刷物にして配布し読ませる。	伝記「ダニエル・フラード」ぞうきん・バケツの王国・新潮社・坂西志保著「住みよい社会をつくる人たち」
③力を合わせて仕事をする心構えを話し合う。 ・学校での仕事 ・家庭での仕事	○現代の科学的な，合理的な働き方に気づかせる。	

Ⅳ　資　料

(1)　ぼくはペンキ屋さん（旧東書　国語　５のⅡ）

ぼくのうちは，とてもちっぽけな家です。まだ建ってから間がないので，たなこしらえや，えんはりなど，あれこれすることばかりです。

このあいだ，おかあさんが，へいにペンキをぬっていましたが，急に用事ができたので，①そばで見ていたぼくに，

「正一，きょうは代わってペンキ屋さんになってちょうだい。」

と言いました。④「はい。」と返事して，ぼくはさっそくペンキ屋さんに早変わりしました。その時，こんなことぐらいはやれるという自信がありました。

麦わらぼうしに，長いそでの服を着て，手ぬぐいを首にまき，ペンキのはいったかんを持って，へいのそばまでくると，近所の子たちがぼくを見て，

「なあんだ，あいつ。」

と言ってわらいました。ぼくは，なんだかはずかしくなりました。でも，②ぼくの家を美しくするのだと思うと，人がわらうぐらいなんだいと勇気を

出してぬりました。

一筆一筆ぬるたびに美しくなっていくので，㋺ぼくの心はほくほくしてきます。でも，㋩ペンキ屋さんは，とてもたいへんな仕事だと思いました。だって，少しも白い所を残さず，きれいに，ぬらなければならないからです。それにペンキをこぼさないようにしなければなりません。初めのうちは，それがぼくにはなかなかできませんでした。何べんもぬっているうちに，だんだんうまいぬり方がわかってきました。まず上からぬっていくと，ペンキが流れる。それを受けて，また下からぬり上げる。こんなふうにすると，わりあいこぼさないようにできます。

もう半分ぐらいぬれたかと思って，後へさがって見ると，まだ二，三まいです。またぬり始めました。

ひたいから，あせがぽたぽたと落ちて来ます。しまいには鼻のところからもぽとりと落ちます。それを手ぬぐいでふきながら仕事を続けました。③働いて出て来たあせだなと思うと，ぼくはうれしくなりました。いつも遊んで出てくるあせなど，なんとも思わないのに，きょうはなにかしらあせがうれしくてたまりません。休んで見てはぬりました。②′ぼくの頭の中に，美しい家がうかび上がりました。へいもきれいにぬれています。小鳥が来て，美しい歌を歌います。そして，ぼくは，庭の木にもたれながらグリム童話集を読んでいます。「いいなあ。」と，ぼくはため息をつきます。

こんなことを思ってぬっているうちに，へいが全部ぬれました。お昼前から始めたのに，もう夕方近くになっていました。ぼくはさっそくおかあさんに，④「ぬれました。」と言いに行きました。㋥おかあさんは，「ありがとう。」と言って，みかんを出してくれました。ぼくは，すぐ食べはじめました。

「つかれたでしょう。みかんを食べたら，おふろにはいりなさい。」と，

おかあさんが言いました。

㋭おとうさんが帰ってから，「正一，よくやったな。」と言ってくれました。

〔資料についての考察〕

ア　本主題のねらいの勤労の意義は②②′④に現われている。

イ　同じく勤労の尊さ，働く態度等については㋺㋩③でくみとれる。

ウ　少年の興味・関心・心の変化や深まりは①から②へ，そして㋺の心情に変わっている。さらに，経験を通して㋩の理解をしている。

エ　㋺の心は③の心情や態度に変わり，働く喜びを知ったことに焦点をあてたい。

オ　④の「ぬれました。」と言った時のことばに，少年の全力を尽くした喜びがうかがえるが，児童にその気持ちはわかるだろうか疑問である。

カ　㋥や㋭についてはふれたくない。話し合いに出たなら話し合ってもよい。

キ　資料全体からして，おとなの手が加わった文章でむだがない。それだけにこどもらしさが失われているようにも思える。資料にふりまわされぬように注意したい。

(2)　ぞうきん・バケツの王国

「デービット・フラード」「ダニエル・フラード」の伝記

新潮社「住みよい社会をつくる人たち」坂西志保著

①今からちょうど74年前，1887年の秋，デービット・フラードは，18才になるむすこのダニエルをつれて，スカンジナビア半島からアメリカに移住して来ました。ニューヨーク港内にあるエリス島に上陸して，ここで移民官の取り調べを受けるのです。フラード親子もこの島に数日とめられて調べられました。移民たちが着くとニューヨーク市の職業しょうかいを商売にしている人たちがやってきます。ヨーロッパからの移民は正直でよく働きますし，大きな希望をもち勇かんな人たちですから，少しくらいのこん

なんにくじけるようなことはありません。やとう人にとってはつごうのよいはずです。

②フラード親子も移民局から，まっすぐペンシルバニヤ鉄道会社にやとわれ，そうじ夫になりました。そのころはまだ電とうもなく，ランプを使っていた時代でしたから，この親子はハドソン河を渡ってニュージャジー駅でランプそうじをすることになったのです。親子は1年働き，つつましく暮らし，家族をヨーロッパからよびよせるようになりました。それまでは，ことばもわからないので，あまり仲間ともつきあいませんでした。

妻のアンと娘のフロリーが来てからは，家庭も明るく，フラードさんたちはまえよりいっそうよく働いたので，鉄道じゅう業員の間で急にひょうばんがよくなりました。アンはすばらしいコックでした。夫とむすこのべんとうに，おいしいごちそうをたくさん作ってやりました。職場ではフラードさんたちのべんとうがひょうばんになり，最初は仲間にわけてやり，次に機関手，事務長，しまいには社長にまでごちそうしました。

このようにして，フラードさんは，2，3年のうちにたくさんのよい友だちをつくりました。アメリカの事じょうにも少しわかってきました。

③㋑しょうじきに働く人たちは生活にこまるようなことはない。会社にやとわれているのもいいが，Ⓐ独立して事業をしてみたいと思いました。フラードさん親子には大きな夢があったのです。

そして，その夢をほんものにするのは自分の義務だと考えたのです。「アメリカは自由の国，希望の国，働きたい人たちにはいくらでも仕事がある。㋺人は平等だから，会社の社長も，社員も，小使いも人間として尊敬される。」自分にはことばも，学問も，特別の技術もないが，そうじをすることができるのだ。この国に住みよい社会をつくるおてつだいをすることはできないものかと考え，公共の建物をおそうじする仕事を引き受けました。

④最初は，むすこのダニエルと4，5人の若い人たちを集め，駅や公園の

そうじをうけおいました。みんないっしょうけんめいに仕事をするので，ひょうばんもよく，おとくいもふえました。フラードさんたちは喜びをもって毎日の仕事にあたり，今まで，Ⓔいやしいとされていたそうじ夫や小使いさんの職をりっぱな職業にしました。

1917年にデービッドさんは死に，ダニエルがその後を引きつぎました。ダニエル・フラードは94才になります。数百万ドルの財産家になっているとのことです。今では連合保健株式会社としてアメリカでは有名だといわれています。　　　　　　　　　　　　　　　　　　　　　（後略）

〔資料についての考察〕

ア　①は移民の親子には希望があった。（Ⓐの文章）それには，強い信念と決意，実行力をたいせつにしたこと，②と㋑㋺そして④の文章に注意するよう指導したい。

イ　Ⓐはフラードさんの夢であったが，Ⓑのような結果をもたらした。

ウ　フラードさんの働く姿が描写されていないのは残念であるが，児童の話し合いの中で想像させたい。

エ　本時の指導に不必要な箇所は整理して与える。

オ　フラードさん親子は，仕事を合理的に，科学的に進めた。自動式のモップを考察したり，蒸気によるそうじ機を発明したり，薬品を使ってそうじすること等，そうじのしかたを常にくふうした。

カ　文章全体から，フラード親子，その友人は一致協力して仕事にはげんでいる。

以上のことから，主題のねらい達成に効果的な資料と思う。

V　指導記録（第1次）

（○印は教師，△印は男子，▲印は女子。——は板書した要点）

①　日常の仕事について話し合う。

○　最近の学級日記を見ると，そうじ当番をさぼる人がいると言うので

すが，そうじ当番はいやですか。

△　いやなこともある。

（にやにやしている男子が多い。女子はくすくす笑っている。）

○　どんなことがいやですか。

▲　みんな（男子）遊びながらするのではかどらない。

▲　男の人の中にふざけながらそうじをするので，A先生にしかられました。

▲　よくやる人もいますが，さぼる人はいつも決まっています。

○　そうじ当番はうまくいっていないということになりますか。

△　（小さい声で）まあそうだな。（ささやきが起こる。）

○　家ではどんな仕事がありますか。Nくん。

△　あんまりない。庭のそうじくらい。

○　みなさんの仕事はなんにもありませんか。

△　朝，玄関から新聞を持ってくるの，それに，食事の準備をすることだな。

○　おかあさんの手つだいをする人，手をあげてください。

（挙手多数）

○　朝夕の決められた仕事をするという程度ですか。何か特別にしたということはありませんか。日曜だいくとか，大そうじとか。

△　ぼくは，おとうさんと庭づくりをしたことがある。大きな石を動かす手つだいでした。でも，きょ年のことです。（笑い声）

○　ほかにありませんか。

（なさそうである。）

②　「ぼくはペンキ屋さん」を読んで話し合う。感想の発表

○　では，またあとで話し合うことにして，きょうは，これから配る作文を読んで話し合いの材料にしましょう。読んで感じたところ，たい

せつだなと思った所に線を引いて，意見を書いて見ましょう。

（配布や，黙読，朗読，作業を含めて８分）

○　作業をやめて——感想を聞いてみましょう。

▲　友だちに「なあんだ，あいつ。」と言って笑われたのですが，最後まで，③いっしょうけんめいにやったところがえらいと思います。

○　ほかにありませんか。では，たいせつだな，と思ったことは——。

▲　ひたいから，あせが③ぼたぼたと落ちて来ました。というところから，ぼくは③うれしくなりました。というところまで。

○　Kくんはどうです。

△　おとうさんに㋭「よくやったな。」と言われたところ。

○　なぜ。

△　いっしょうけんめいにやったのでうれしかっただろうと思った。

○　なぜ，ペンキぬりをしようと思ったのだろう。

▲　ペンキぬりって①おもしろいなあと思って見ていたから。

△　おかあさんにたのまれたから。

○　その時の気持ちが出ていますね。はりきって身じたくをしていますね。ペンキ屋さんは，おもしろく，楽な仕事だろうか。

▲　初めは，そう思っていたかもしれないが，仕事をしてみて，ペンキ屋さんはとてもたいへんな仕事だとわかった。

△　よくぬれないのでたいへんな仕事だとわかった。

○　この文章を読んでいくと，仕事をしながら，いろんなことを考えていますね。心の移り変わりが……。

△　あのう，最初は「なんとなく，おもしろそうだな。やってみたい。」と思っていたのが，「なんだ，あいつ。」と言われたでしょ。それで，ばかにされたと思って，②勇気を出して仕事をした。

△　ばかにされたので，負けないでがんばった。

○　何かしっかりしたことを言っていますね。

▲　②家を美しくするのだ。恥ずかしいけれどやらなければと思ったのです。

○　そのやる気持ちはわかりましたか，いやいややったのでしょうか。

△　いい気持ちでぬっています。

○　どうして。

△　一筆一筆ぬるたびに美しくなっていくので，㊃ぼくの心はほくほくしてきます。と書いてある。

○　ほくほくする気持ちはわかるかな。

△　わくわくすること。

▲　おもしろくて，心のおどる様子。

○　そのほくほくの気持ちは最後まで続いただろうか。

△　続いた。だって，途中で，やめなかった。

▲　いろいろのことを感じています。

○　どんなこと。Oさん続けて言ってください。

▲　ペンキ屋さんのたいへんなこと，きょうのあせは遊んでいる時のあせと違うこと。それから，美しくなった自分の家を思いうかべていますね。けっきょく，いっしょうけんめいにやったのだが――楽しかったのだと思います。

○　感想として，働いて楽しかった。

△　でも，いやな気持ちはなかったが，ぜんぶ楽しいかどうかわからない。

○　Tくん，なぜ。

△　だって，人に見られて，恥ずかしいという気持ちや，うまくぬれない時には，「しまった」と思っているんではないかな，ぼくだったらそうなんだが。

▲　そういうことだってあったかもしれないが，文章では楽しくぬっている様子が出ているのではないですか。

○　はい。Tくんは自分の経験も加えて言ったことですし，OさんやMさんは，文章から受ける感想を述べたのでどちらもよい意見です。

③　作業をした時の経験を話し合う。

○　さあ，そこで，ペンキ屋さんから離れて，自分が仕事をした時のことを思い出してください。Kくんたちいいことをしていますね。

△　この間，校庭のみぞにつまった土をさらって花だんに入れたのです。

○　なぜしたのですか，動機は。

△　あれはね，やぎのたべかすが下水のみぞにつまっていたのを飼育係のSくんがひとりでかたづけていたの，それを見たので手つだったわけです。

△　Kくんは当番でもなかったのですが，Yくんといっしょに応援してくれたのです。

△　別に動機はなかったのですが，早く終わってみんなで遊ぼうと思ってしたのです。

△　はじめたら，①おもしろくなって③――やっちゃった。

○　終わってどんな気持ちでした。あせをいっぱいかいていましたが。

△　別に感じなかった。㊁悪い㊄気持ちはしなかった。

○　学校の裏側で穴掘りをしていた人がいましたね。

▲　Tさんたちでしょう。

△　ぼくばかりじゃないよ。

○　その時の様子を話してください。

△　みんなで，ごみや紙くずのしまつをしていたのですが，②このままでは，また，よごれてしまう。穴を掘って，その中に捨てるなら――よごれないと思ったからです。

▲　それからね，掘った土はきれいでしょ。ごみだらけの上にまいてきれいにならしたのです。

○　先生が通りかかった時，裸になって穴掘りしていましたね。

△　土の下に，大きな石や，木の根っこがあって，なかなか掘れなかったのであせをいっぱいかいちゃった。

○　Ｔくんは何かぶつぶつ言っていたようだが。

△　あのねえ，やってみなければ，その苦労はわからないなって言ったのです。

△　ぼくたちは町で，下水工事やビルの土を掘っているのをおもしろそうに見ていたけど，楽じゃないということがわかったのです。

○　二つの作業とペンキ屋さんの作文を比べて，同じところはありませんか。

▲　(ハ)仕事をしてみて，はじめて人の苦労がわかった。

△　③あせをかいていっしょうけんめいに仕事をした。

▲　はじめはおもしろいから，と思ってしていますが，仕事をしながら②いいことをしていることに気づいている。

△　ぼくたちは，これを手つだってあげて早く遊ぼうと思った。

○　これをやってと言いましたが，④責任を果たしてということではありませんか。（同感の様子）ほかに。

▲　作業している時も終わっても，いい気持ちになっている。

④　ナイチンゲールの話から働く意義と尊さについて。

○　この前の週にナイチンゲールの話を聞いたでしょう。きょうの話し合いから，たいせつなことを，ナイチンゲールの行動とか考えの中にみつけることはできませんか。

△　戦場で自分を忘れて負傷者を手当てした。進んでよく働いた。

▲　夜もねないで看病したので，兵士たちから女神さまのようにしたわ

れた。

▲　人のためによいことをしようと少女時代から考え，おとなになって実行しています。

○　ナイチンゲールの伝説からも，働く時の態度，仕事をする時の心がけやねらいをうかがうことができますね。

⑤　課題提出

○　それでは課題を一つ出しましょう。アンクル・トムのお話を読んで感想をまとめてみましょう。図書部の人は本を用意してください。朗読会を開きましょう。

〔反　　省〕

1.　資料を使ったので，すらすらと話し合いができたのだと思う。
資料なしでは児童の働いた経験を引き出すことは困難である。

2.　話し合いはできたが児童全員には不徹底である。第２次では本時の要点をいっそう明確にするように指導してみたい。

3.　課題としての意義は，勤労の尊さや意義に気づいてもらうことで，働く喜びを心から求めるどれいの姿に発見できるのではないかと思う。それと対照的な第２次資料フラード親子の働きぶりは児童にとってよい資料となるだろ

Ⅵ　考　察

道徳の時間の資料の取り上げかたについては前に述べたので，ここでは指導記録を中心に指導結果について考察してみる。

①　主題のねらい達成のために，資料の中にその道徳的な価値を発見することができただろうか。

②　児童の道徳的な発達段階や知識に，資料は適当していただろうか。

③　指導方法として読み物の扱い方はこれでよいだろうか。

④　指導過程はこれでよいだろうか。

⑤ 話し合いは活発に行なわれただろうか。道徳的な価値追求に役だっただろうか。

⑥ 第2次との関連は適当しているだろうか。

⑦ 物語や伝記物を扱う場合，このような扱い方でよいだろうか。

(1) 主題のねらい達成のために，資料の中にその道徳的な価値を発見することができただろうか。

ア 主題「働く 喜び」のねらいには，「勤労の意義や尊さを知るとともに，みんなのために正しい目的をもって，力を合わせて仕事をする態度を養う。」となっている。今この文章を分けて考えてみると，

・勤労の意義を知る。
・勤労の尊さを知る。
・勤労はみんなのために正しい目的をもって行なうものである。
・近代の労働の特色として，力を合わせて仕事をすることを理解し，同時に参加して働く態度や能力を身につけなければならない。

以上の要点に分けて考えることができる。指導した教師の考えは，方針にも示しているように，第1次では「ぼくはペンキ屋さん」の資料を中心に扱って，勤労の意義や尊さを理解させ，副資料としてのナイチンゲールの伝記によって，勤労はみんなのために正しい目的をもって行なうといった，筋を通そうとしているようである。

第2次では，近代の労働の特色として力を合わせて合理的に，能率的に働く態度を指導しようとしている。

5年生の11月ごろの指導の内容としては適当していると思うが，第2次のねらいや方針はやや程度が高いようにも考えられる。むしろ，児童の経験に引き下げて指導してよいのではないかと思う。

イ それでは 資料の 中に 道徳的な 価値をみいだすことができるだろうか。

(ア) 勤労の意義については，仕事をすることによって，目的を達成しようとしていることがどこに現われているだろうか。②のぼくの家を美しくするのだ。人が笑うぐらいなんだい，といっているあたりに働く意義が読みとれる。はじめから考えてペンキぬりをしたのではないが，近所のこどもに笑われて，はっと気づいているといった状態で，むしろ自然な自覚のしかたである。指導記録でも児童が取り上げている。働く意義や目的については，第2次でも取り上げるようであるが，家の仕事や学校の作業をする時でも意義や目的をしっかり理解して進める態度を養いたいものである。

(イ) 勤労の尊さについては，㋑の「ペンキ屋さんは，とてもたいへんな仕事だと思いました。」㋺の「ぼくの心はほくほくしてきます。」③「働いて出てきたあせだなあと思うとぼくはうれしくなりました。」といったところに発見することができる。勤労の尊さは，文章を読んだだけでは，感銘できぬものである。実際に自分が働いてみた経験がないとわからないと思う。児童の中にもそのような発言をしているが，当然のことである。勤労の喜びとか，働いたあとのうれしさは，労働の苦しさや困難を克服した経験の次にくるもので，困難の伴わぬ作業をなしおえても，それほど，感銘とか感激は起きないものである。④に「ぬれました。」といった作者のことばがあるが，すべての困難を乗り越えた感動がうかがえる。

(ウ) 勤労はみんなのために正しい目的をもって行なうものである。作者のペンキ屋さんは，家族の喜びとか幸福のために働いた正しい目的をもっているが，やや弱いようである。児童たちが毎日行なう学校のそうじや各部の活動はもっと公共的であるし，働く意義も大きい。そのへんに資料の弱さが感じられる。ナイチンゲールの伝記でそれを補おうとしたのであろうが，前時主題の資料ナイチンゲールをもってき

てもまとまりはつかないだろうし，資料の量からしても，むりなことである。むしろ，第２次の資料フラード親子の奉仕的な働きに求めたらよいと思うのである。

(エ) 近代の労働の特色は，合理的に能率的に働くという点にある。ひとりの最大の努力より，多くの人々が仕事を分担し，どうしたら能率的な仕事ができるか，常にくふう改善するところにある。その点で第２次扱いのフラード親子の伝記はおもしろい資料であると思う。フラード親子は移民して，最大の努力をしてしかも明るく，楽しく働いている。その考え方や働きぶりに近代人として参考になる態度がうかがえるようである。

第１次の「ぼくはペンキ屋さん」は，こどもらしくよい資料であるが，やや，まとまりすぎた感じがする。

第２次のフラード親子の伝記は，おもしろい読み物であるが，経歴的記述になっているので，取り扱い方が単調になるおそれがある。

(2) 児童の道徳的な発達段階や知識からして，資料は適当していただろうか。

「ぼくはペンキ屋さん」の資料の原作者は４年生の児童である。文章も適当した長さであり，読み取りやすい。なお，フラード親子の伝記は全文を縮めて扱ったようで，よいと思うが，第１次のような扱い方にならないように注意したいものである。たとえば，読後の感想をもとに話し合い，話し合いに児童の経験を交えていくようにしたらよいと思う。

(3) 指導方法としての読み物の扱い方については，第１次の場合には時間中に配布して読ませているが，時間前に配布して読ませておく方法も考えられる。時間中に配って１，２回読んで話し合うのは，すこしむりのようである。第２次の資料についても同様のことが言えると思う。

(4) 指導過程については，無難な方法で，一般的な流し方である。第１次

のナイチンゲールの資料と対比して考えさせるようにしているのはどうかと思う。指導記録でも，形式的な扱いになっている。むりに取り上げることをさけて，児童の話し合いをみずからの経験を出し合って話し合うようにしてよかった。

(5) 話し合いの発展を見ると，導入では働いた経験は素材として出てこないようである。導入で経験を話し合うより，いきなり資料にはいってよかったようにも考えられる。話し合いに必要な材料が乏しいので，活発に発展しないのであるから，指導案どおりにいかなくてもよいと思う。客観的に話し合える場を早く作ってやることがたいせつである。「ぼくはペンキ屋さん」の資料については，じゅうぶんに話し合い，道徳的価値の追求に進んでいるのであるから，もっと早目に展開にはいることが望まれる。

(6) 第１次と第２次との関連については，ねらい達成の方針にそってよいと思うが，「アンクル・トムの伝記を読んで」という課題の出し方については疑問がある。どれいの労働意欲とフラード親子の労働意欲を対比するつもりなのであろうが，そのために長文のアンクル・トム物語を読ませることは困難な課題である。教師が話して聞かせてもよいし，その一節を読んでやってもよいことである。

(7) 物語や伝記物には道徳の時間によい資料となるものが数多くあるが，長文のものが多いので，どうしても縮めて資料にするようになる。その点映画の短編物やスライド，紙しばいには，その配慮がされているので扱いやすいといえる。伝記物を扱う際には，教師が資料におぼれたり，たよりきって，安易に取り上げてはならないということである。アンクル・トムの物語を軽く考えて扱ったり，フラード親子の伝記を軽く見て扱ってはならないと思う。その伝記の人物の全人的な人がらや一貫して述べられている道徳的な価値や著者の意図をたいせつにしなければなら

ないと思うのである。また資料は道徳の時間の資料として利用するのではあるが，物語や伝記の本来の目的や価値についても，教師は配慮して扱うようにしたいと思う。

〔事例研究(2)〕 主題の素材群から素材や資料を選んで指導し，適当しているものを展開例に位置づけた。

35年度に改善した素材群の中から，いくつかの素材や資料を選んで指導し，その中から適当している指導例を指導計画の主題展開例として位置づけたのであるが，ここに次の二つの記録を取り上げて比較検討してみる。

① 素材群の中から，どのようにして素材や資料を取り上げるか。

② 主題のねらい達成のためにどの資料を取り上げて指導計画に位置づけるか。

1 素材群の素材や資料の検討

〔5年No.11 主題名 発明発見につくした人々〕の素材群の検討

（第3章第4節図表1参照）

主題のねらいを分けて考えると，

○ 正しい目標実現のためにあらゆる困難に耐えて，真実を探究しようとする先人の努力，人がら，業績にふれる。

○ 真理探究への意欲を高める。

ということになる。ねらいに照らして二つの要素を満たし，児童の発達段階に合って利用できる素材や資料であったら取り上げてよいのではないか。

2 素材群の検討例

ア 新しい国語・世のために「塩田の父」は発明発見とか真理，真実の探究にはあたらない。ねらいの正しい目標の実現には相当するが，本主題のねらいを満たす素材ではないようである。

イ 同じく新しい国語・人のくふう「いねの改良」については，ねらい

の各項に該当しているが，その内容は高次のもので，いねの改良として，理科的分野に進むおそれがある。特に都市の児童には容易に理解のできない素材である。

ウ 新しい社会・大昔のくらしは，社会科で効果のある教材であるが，どこに道徳性を見つけるか困難である。

エ スライド・野口英世の少年時代は，3年の素材として取り上げられているので，感心しない。

オ スライド・奇跡の1マイル走者は，およそ真理の探究にはならない素材である。

カ 月光の曲・ベートーベンは，真理の探求よりそれた素材である。

キ 松阪の一夜は，よい資料であるが，児童の興味関心等からはかた苦しく，内容もむずかしい。

ク コロンブスは，ねらいにふさわしいようであるが，冒険・勇気といった他の道徳性にふれることになる。真実とか真理の探求にはならないと思う。

ケ スライド・豊田佐吉は，時代的にも新しく，その生がいはねらいにぴったりしている。中心は少年時代におかれている。織機そのものについての理解はむずかしいが，スライドそのものを検討したうえで織機について理解のいかない場合には，補説を加えてもよい。(5年1組)

コ 図書・モールス，コロンブス，エジソン，バードともに南極へ等を調べた結果，モールスを取り上げることとした。（5年2組）

3 指導実践記録を通しての比較検討の例

指導例(1)はスライド・豊田佐吉の伝記を扱って指導した。

指導例(2)は読み物・モールスの伝記を扱って指導した。

1. **指導例**(1) 豊田佐吉の伝記を視聴覚資料として取り上げた例

I 指導案

(1) 主題名　発明発見につくした人々

(2) 主題設定の理由

○日常生活において意欲的なくふうや探究心はあまり見られないし，せいいっぱいの努力をするということも少ないようである。

○５年生の読書傾向として伝記物語がふえ，なかでも発明発見に関するものに興味や関心が深まっている。

○身近な環境に，発明発見に尽くした人物をもっていないので，伝記や物語からはいっていくのが最も取り組ませやすい。

○この期の児童に発明発見の生まれてくる過程やそれをなしとげた人物の人となりを理解させることによって，生活や学習にあたって，ものごとを究明しようとする心情を深めたい。

(3) 主題のねらい

○真実を探究しようとする先人の努力，人となり，業績にふれ真理探究への意欲を高めたい。

(4) 準備　スライド「自動織機の父豊田佐吉」日本スライドＫＫ

(5) 展　開

展　開	指導上の留意点	資　料
(1) 豊田佐吉について知っていることを発表しあう。 (2) スライド　豊田佐吉を見る。 (3) 豊田佐吉について話し合う。 ㋑ 人となり，業績について。 ㋺ 佐吉の発明が人々に与えた恩恵について。 ㋩ 発明への着眼点について。 ㋥ 発明成功の要因について。	○視点をそろえる程度にして，深入りをしないようにする。 ○難解な箇所については補説してやる。 ○要点を適確におさえるとともに，児童の心情をどう察して次の話し合いの手がかりをつかむよう配慮する。 ○佐吉の若いときの夢については，本時のねらいと直接的関係はないと思うが，取り上げる児童があれば，成功への条件の一つとして扱いたい。 ○国のためなどと答える児童がいるかもしれないが，観音堂の夜学会の場面をとらえて，遠大な理想でなく，身近に着眼点のあったことを発見させたい。 ○努力・根気など徳目的なおさえ方でなく児童が実感的にとらえたものを尊重したい。	スライド自動織機の父「豊田佐吉」

展　開	指導上の留意点	資　料
(4) 自分たちの生活ぶりと対比して感想をまとめる。	○時間のつごうによって，次時までに作文させる。	

Ⅱ 資　料

スライド・自動織機の父「豊田佐吉」

① トップタイトル

② 世界の人々が毎日からだに着ている衣服は，ほとんど織物機械つまり織機によって織られるのですが，豊田式自動織機というりっぱな機械を発明して，日本の織物工業を世界一といわれるまでに発展させ，さらに世界各国の一流織物工場にもどんどん採用されて世界の人々の生活を豊かにした人，日本の生んだ偉大な発明家豊田佐吉の一生をこれから写します。

③ 「佐吉，さあ，読んでごらん。」

おしょうさんにいわれて，佐吉は立ち上がりました。昔の人は，このように寺子屋というところに行って勉強したのです。豊田佐吉は慶応３年２月14日静岡県に生まれ，妙源寺という寺子屋に行って，勉強したのでありました。

④ 佐吉は，小さい時から機械が大好きでした。寺子屋が終わると，近所のおばさんのところへ，バッタンハタゴを見に行きました。

「この子は，よくおとなしく見ている子だね。」

おばさんはいつも感心して言いました。

⑤ 「佐吉，じょうずに板をけずるんだよ。」

「うん……」

寺子屋が小学校に変わって，12で小学校を卒業すると，佐吉は13の年から，父の大工の仕事の手伝いをすることになりました。小さくてよく働く大工さん，佐吉は村の人からもたいへんかわいがられました。こうして，それから５年間，父にしたがって大工の仕事をしていましたが――

⑥ 17才のころから，佐吉はしだいに，何事かを考え込むようになりました。昼間から障子をしめきって，本を読んだり，じっと考え込んでいることもしばしばありました。佐吉はいったい何を考えていたのでしょうか。

⑦「おい五郎作，おれは荒地を開墾しようかと最初考えたんだ。日本は貧乏だ。だから荒地を開墾して米をうんと作れば，それだけ外国から食物を買わなくてもすむ。だけんどなあ，開墾だけじゃあつまらない。おい，五郎作，笑わないでくれ，おれが海の真中に大きな島を作ったもんだ。お前も知っているとおり，日本は狭い国だ。どうしても，もっと大きな島がほしい。それでおれがいろいろ苦心してその島を作ったのさ。そしておれはその島の王様になって，蔭になり日向になり日本を助けてやる。日本はだんだん金持ちになって，世界一の国になる。」

仲よしの佐原五郎作に打ち明けた考え――島の王様になるというのが，若い日の豊田佐吉の理想だったのです。

⑧「これからの人間は，学問がなければだめだ。勉強しなければ役にたたないぞ。」

「そうだ，そうだ。」

五郎作を初めみんなが，佐吉のことばに賛成しました。そして村の観音堂で，夜学をやることに決まりました。このころから佐吉の頭に浮んだのは，バッタンハタゴの改良でした。1日朝早くから夜おそくまで織っても，わずか10メートルぐらいしか織れないバッタンハタゴ，それを村の人々が皆使っている――もっとどんどん織れる機械を発明すれば，村の人々も助かるし日本中の機織る人々はどんなに助かることだろう――よし，おれはやるぞ。

⑨「やあい，男が女のまねをしてらあい。」

村の人たちが皆笑いました。改良をするには，まず自分で織ってみるのがいちばんだと考えて，わき目もふらずにバッタンハタゴを織る佐吉，村のあき納屋にこもる佐吉を，しまいに村人は，気違い扱いをするようになりました。

⑩「おい佐吉，お前のことを村の人は，何ていっているか知っているだろう。お前はいっしょうけんめいに大工の仕事を覚えればいいんだ。ほかのことを考えないで，早く一人前の大工になるんだ。そして早くおれの後つぎになってくれ。」

「おとっあん，おれはけっして大工の仕事も悪いと思っていねえ。だけど，バッタンハタゴよりもっと良い機械を発明すれば，おれが大工をするより，もっと国のためになると思うんだ。おとっあんのことばにそむいて申し訳ないがおれは，どこまでも，それをやりたいんだ。」

熱心な佐吉の顔を見ると，おとうさんもそれ以上，大工になれとはいいかねるのでした。

⑪ 明治23年の春，東京上野公園で第3回国内勧業博覧会が開かれました。佐吉が24才の時です。世界中の珍しい機械がいろいろ陳列される――世界中の機械，自分の大好きないろいろの機械が見られる――佐吉は矢もたてもたまらずに，日ごろためておいたわずかのこづかいをもって，東京に出て来ました。目ざすは，いろいろの機械が出ている機械館です。

⑫「あれ，あの男はきょうも来ているよ。」

「きのうもそうだったが，ああして，あの機械の前で，何時間も動かないじゃないか。」

機械館の番人たちは不思議そうに話し合いました。毎日毎日やって来ては，外国製の織物機械の前を離れない青年――いうまでもなく佐吉です。

⑬ ひじょうな意気込みで郷里に帰った佐吉は，今までにも増して少しの暇も惜しみ，発明考案にふけるのでした。時がたつのも忘れて熱中し，一番どりの鳴き声に驚いたこともたびたびありました。そして，その年の秋，豊田式人力織機を発明したのです。

⑭「佐吉さんこれはすばらしい。あんたの機械で織ると，バッタンハタゴで１日かかるところを，半日と少しで織り上げてしまう。それに，少しも織り上がりにムラがない。こりゃあ偉いもんだ。」

「そうですか，どこかもっとなおすところはありませんか。」

「いやもう，これで上等上等。」

佐吉の人力機械を，隣村の尾崎さんの工場で試験に使って見てくれたのでした。大喜びの尾崎さん，――しかし，これで満足する佐吉ではありません。人の力で織らずに，機械がひとりで織り物を作るようにしたい――これが佐吉の考えでした。それから７年――

⑮ 明治30年，佐吉が31才の夏には，木製動力織機を発明し，続いてこの織機を動かす石油発動機を発明しました。佐吉の機械は各地の織物工場で盛んに使われるようになりました。

⑯「豊田さん，これからの日本は，どうしても輸出を盛んにして，国を豊かにせねばならんと思います。それには日本人に最も適した織物工業を発達させて，りっぱで値段の安い織物をどんどん外国へ売るのが一番です。そのためにはどうしても優秀な織物の機械がほしい。あなたの動力織機も見ましたが，あの何倍もすぐれた良い機械を発明してくれませんか。」

三井物産名古屋支店長寺島昇は，佐吉の動力織機で織った織物が，10反が10反とも寸分の違いもなく平均に織れているのに感心して，発明者の佐吉をたずねてきたのでした。三井物産といえば，当時日本一

の貿易会社です。

⑰ 寺島昇の激励に力を得て，佐吉は苦心をかさね，改良に改良を加えた豊田式動力織機は，だんだん外国にまで認められるようになりました。明治38年，鐘ケ淵紡績会社の兵庫工場は，１年間にわたって豊田式自動織機と，外国製自動織機の優劣を比べる試験をすると発表しました。そして試験の結果，最優秀と決定したのは，イギリスのプラット織機でした。豊田式はプラット式に，まだまだ及ばない――佐吉はくやしかった。しかし正しい試験の結果敗れたのだ。実力がなかったのだ。よし！　今に見ろ，佐吉は涙とともに，心に固くちかうのでした。

⑱ 明治43年５月，佐吉は外国視察の旅に上りました。欧米の進んだ国を訪れて，工場やすぐれた機械を見学し自分の発明に役だてるためでした。蔭になり日向になり佐吉を励ましてくれる寺島昇も横浜の波止場まで見送って来ました。燃えるような佐吉の希望を乗せて，船は太平洋の荒波の中に進んで行きます。

⑲ アメリカのニューヨークで佐吉は，高峰譲吉博士に面会しました。タカジアスターゼの発明者として世界的に有名な日本人高峰博士は，35年もの長い間アメリカで暮らし，アメリカで死んだ人です。

「豊田さん，発明家というものは，自分ひとりがあらゆる苦難をなめて発明に全力を注ぐわけだが，いざ発明が完成するとその恩恵を受けるのは自分ひとりでなく，世界全人類である――それが発明家にとって，せめてもの慰めなのです。発明の道は遠くて苦しいが，お互いにしっかりやりましょう。」

世界的大学者，日本の誇り高峰博士は同じ発明の道を進む佐吉の手をしっかり握って言いました。

⑳ 佐吉はアメリカからイギリスに渡って，世界一の織物の中心地マン

チェスター付近の織物工場を，見学して歩きました。それからフランス，ベルギー，オランダ，ロシアを視察し，シベリア鉄道で帰国の途につきました。

㉑ 甲板からはるかに見渡す玄海灘，世界視察の旅を終えて，佐吉の船は，一路母国日本へと急いでいます。半か年にわたる旅行で，佐吉は何を感じたでしょうか。くちびるを固く結んで，じっと海面を見つめる佐吉のほおを，快いそよ風が静かになでていくのでした。

㉒ 日本に帰ると，佐吉は新しい意気込みで織物の改良に熱中しました。豊田織機の評判はますます高くなり，全国の織物工場からは注文が山のように集まってきます。

㉓ 大正14年10月，豊田佐吉は，理想的蓄電池発明の懸賞金として帝国発明協会に百万円の寄付をしました。佐吉はこの時，次のように語りました。

「わたしは，織機発明の最初から，動力のたいせつなことを考えてりっぱな蓄電池を発明したいと思いましたが，理想的な織機がまだできませんので蓄電池の研究までには，とても手がとどきません。だれか日本人の中から天才が現われて理想的な蓄電池を完成してくれたら，どれほど世の中のためになることでしょう。自分が考え，それでできなかったことを成しとげてくださる方のために，わたしは寄付するのです。」

㉔ 大正15年3月，佐吉はついに，自分の理想とする自動織機を完成しました。これが世に豊田式自動織機といわれるもので，世界中の人をびっくりさせた大発明でありました。ただのひとりでこの自動織機は50台も動かすことができ，バッタンハタゴに比べて，その織り出す力は実に100倍，それまであった自動織機に比べても10倍の能率があがるものでした。織機の研究にとりかかってから実に25年，たゆまぬ努

力が実を結んだのです。

㉕ かれは自動織機の完成をもって，満足したのではありません。さらにまたまた一歩を進めて，世界に例のない環状織機の考案にとりかかっていました。これこそ世界のどこにもない，豊田佐吉にしてはじめて考え出されたすばらしいものでした。

㉖ 豊田式自動織機の優秀な成績は，たちまち外国にも知れわたり，はるばる海をこえて注文が殺到しました。日本の名誉をのせて，港から山のように積み出される豊田式自動織機，かつて鐘紡兵庫工場の試験で第1位になったイギリスのプラット社からも，豊田式自動織機こそ世界一であると折紙をつけて，特許権をゆずってほしいと申し込んできました。

㉗ 独学よく自動織機を完成して日本の名を世界の空高く掲げた偉人，世界各国にそのすぐれた機械を提供して，産業の発達に貢献した発明家，豊田佐吉こそわれら日本人の大きな誇りであります。

豊田佐吉は，最後の発明である環状織機の完成を見ずに，昭和5年10月30日，64才でなくなりました。

㉘ タイトル

Ⅲ 指導記録

① 豊田佐吉について知っていることを発表しあう。

○ みなさんは，豊田佐吉という人について知っていますか？

△ 伝記を読んだことがあります。

△ 自動織機を発明した人です。たしか静岡県で生まれたと思います。

○ 自動織機――みなさんなんの機械か知っていますか。

△ 織物をつくる機械です。

○ そうです。それではきょうは，「豊田佐吉のスライド」を写しますから，どんな人で，どんなことをした人かよく見てください。

② 〔スライドを見る。〕

③ 豊田佐吉について話し合う。

○ 佐吉の一生についてわかったと思いますが，どんな人でどんなことをした人ですか。

△ 寺子屋で勉強しました。

○ 寺子屋というものを知っていますか。……学校のきまりが，今日のようにしっかりできていなかった江戸時代，それから明治の初め，お坊さんや，学問のある人が，こどもたちを集めて，勉強を教えました。今の学校に比べると，たいへん劣っていて，読むこと，書くこと，そろばんなどがおもな学習の内容だったのです。

△ 大工の仕事もしました。

△ その次に，近所の家でバッタンハタゴを見ていました。

△ 佐吉は，日本が貧乏だから，大きな島を作って，自分がそこの王様になって，日本を助ける理想をもっていました。

△ 今のは，夢で実際にはできなかったけれど，そのころから夜学会を開いて勉強するようになりました。

△ バッタンハタゴに熱中しすぎて，みんなからばかにされたり，気違い扱いにされた。

△ 博覧会を東京へ見に行きました。

△ その時も，織機のところばかり何日も見ていて，人から不思議に思われた。

△ それからあとで，人力織機を発明しました。

○ はじめは，人力織機を作ったんですね。

△ それから，7年ぐらい後で，石油発動機のついた，動力織機を発明しました。

△ 外国も見てあるきました。そして，ニューヨークでは，高峰博士

に会って励まされました。

△ 外国の織機と佐吉の作った機械とで，競争して，佐吉のほうが負けました。

△ 大正14年に豊田式自動織機を完成しました。

△ 世界最初の環状織機というものを発明しないうちになくなりました。

○ どんな人で，どんなことをした人かよくわかりました。さっき，Oくんが言いましたが，自動織機の発明ですね。この発明によって人々はどんな恩恵を受けたのでしょうか。

△ はたを織る人が，らくにたくさんの織物を作ることができるようになったと思います。

△ ぼくは，佐吉の村のバッタンハタゴを使っている人がいちばん喜んだのではないかと思います。

○ どうしてですか。

△ だって，バッタンハタゴで織るより自動織機で織ったほうが，何十倍も早く，きれいに織れるからです。

○ そうです。みなさんの知っているとおり日本は，織物工業の発達した国でした。この織物工業の発達，ひいてはわたしたちの生活にもたいへん役にたっていると言えます。

○ ところで，この自動織機の発明に，佐吉が取り組んでいった動機はどこにあったと思いますか。

△ 自分のもうけを考えないで，国のためを考えたからです。

△ ぼくも賛成です。佐吉が百万円寄付したところで気がついたのですが，佐吉は自分のことより国の財政のことを考えたから，お金もうけの多いものを発明したと思います。

○ そうでした。——でもこのことは，結果的にみてそうなったと思

いますがどうだろうか。

△　わたしは，小さい時バッタンハタゴに興味をもったから，大きくなってもそのことを研究したのだと思います。

△　バッタンハタゴを見ていたとき思いついたと思います。

○　何を思いついたのですか。

△　バッタンハタゴは，よい機械ではないのに，村の人がそれを使って織物をつくっていたでしょう。だから佐吉は，バッタンハタゴを改良して，村の人の暮らしをらくにしてあげようと思って，代表してやったんです。

△　そうです。夜学会をしている時にも佐吉はそう言っていました。

○　そうでした。佐吉のはたを織る人々へのあたたかい思いやりが，出発点となっていたようですね。

○　話し合いがだいぶ進んできましたが，ここで皆さんの印象に残っているのはどんな場面でしょう。――発表してくれませんか。

△　みんなから気違い扱いにされながら，自分の気のすむまでやったところです。

△　証拠がないのに，まわりの人が気違い扱いにするなんてひどいと思います。

○　他の人には，はた織りの機械をいじるのは，女の仕事だという考えと，佐吉の態度があまりにも熱心であったからですね。

△　ぼくは，博覧会を見ていたところです。１日ぐらいならそうでもないけど，何日も見ていたから，ずいぶん熱心だったと思う。

△　わたしが読んだ本には，そのとき，博覧会の番人からあやしまれて追い出されそうになって，佐吉がいっしょうけんめいたのみこんで見せてもらったように書いてありました。

○　そう，そのとおりの話がありました。

△　それはやっぱり，興味があったからだと思います。

△　わたしは，人力織機を発明してから，発明をそれで終わりにしないで，また続いて，石油発動機のついた織機をつくり，その次には環状織機の発明をしようとしたところです。

△　小さい時から，バッタンハタゴに興味をもっていたから，あきないで最後までやれたんだと思う。

△　前にテレビで見たと思うのですが，５，６回失敗したんですよね。それなのに続けたところは，根気強いと思いました。

△　今まで，いろいろの人の伝記を読みましたが，佐吉ほど努力した人はいないと思います。

○　たいへんよい発表がありましたが，このへんで整理しますよ。寺子屋で学び，夜学会を開いて勉強した佐吉が，織機の改良に取り組んだ。そして，気違いと呼ばれ，イギリスの機械に負けた。この苦しみをのりこえ――しかも25年の長い間――研究にうちこんだ。これをささえていたものは何だったろうか。

△　17才の時のかたい決心とあとの努力です。

△　はじめの考えを途中でかえなかったから。

△　はたを織る村の人のことを強く思っていたからです。

○　そう，ニューヨークで会った高峰博士のことばにもありました。「全人類に与える恩恵のみが，発明発見家の慰めである。」と。

④　自分たちの生活ぶりと対比して，感想を発表しあう。

○　それでは，最後に，佐吉の一生を皆さんの生活ぶりと比較して，感想を発表してください。

△　わたしは，自分でやろうと計画したことがいつも途中でだめになってしまいます。だから佐吉が織機を完成したときのような喜びを感じたことがありません。

△　図工の時間などに，1度失敗すると2度やろうとする気になれないで，図工なんてなければよいと思う。

△　それから社会科の研究をするときなど夜おそくなると，参考書にどんなよいことが書いてあっても，それを書いたり，読んだりしないで，いいかげんにごまかして終わらせるようなことがよくあります。

△　ぼくは，テストの前には少しやるのですが，途中でやったってだめだと思ってやる気をなくしてしまいます。

△　そろばん塾で，あとからはいって来た人にぬかれて，いやになりやめてしまいました。

△　夏休みに，先生から自由研究をするように言われたのですが，算数の文章題を20題ぐらいやって，あとが続かないまま夏休みが終わってしまいました。佐吉のように長い間努力することはひじょうにたいへんなことだと思います。そしてその努力が続かなければなにごともだめなんだと思います。

○　Aさんの言ったとおりわたしたちは，最後までやりぬく努力やかたい決心がたいせつだと思います。きょうは佐吉について学習しましたが，たいへん深く考えた意見が発表されたと思います。これからの皆さんの生活の中にきょうの学習をじゅうぶん生かしていってください。ではきょうはこれで終わります。

2.　指導例(2)　モールスの伝記を資料として取り上げた例

Ⅰ　指導案

(1)　主題名　発明発見につくした人々

(2)　主題設定の理由（指導例(1)参照）

(3)　主題のねらい

○真実を探究しようとする先人の努力，人となり，業績にふれ，真理

探求への意欲を高める。

(4)　準備　プリント「発明発見物語」

(5)　展　開

展　　開	指導上の留意点	資　料
○発明発見とはどんなことかについて話し合う。 ○知っている発明発見家にはどんな人がいるか発表しあう。 ○モールスの伝記文を読む。 ・研究の発端 ・発明するまでの苦心などについて話し合う。 ○発明発見のたいせつさについて話し合う。 ○次時への予告	○簡単にふれる程度にする。 ○発明発見家の名まえとことがらについて関心を呼びおこす意味で扱う。 ○伝記文は抜すいしたものを使用する。 ○一問一答にならないよう発展的に扱う。 ○自分だったらどうしたかを考える。必要さと恩恵について話し合う。 ○発明発見家の伝記を各自読んでくるよう指示する。	○発明発見家一覧表 ○モールスの伝記

Ⅱ　資　料

発明発見物語

かれは1791年にアメリカに生まれました。おとうさんは，牧師で，おかあさんは，大学の総長にまでなったフィンレー神学博士のまごでした。

かれは小さい時から絵をかくことが大好きで，4才のころには幼稚園の園長先生の足の不自由な姿をありのまま写生してしかられたこともありました。7才でアンドヴァの小学校に入学し，16才でエール大学に入学しました。続いて2人の弟がおなじ大学に入学したので，あまり金持ちでなかったおとうさんは，3人のこどもの勉強をさせるためにたいへん苦労しました。

ちょうどそのころ，エール大学のドワイト総長が，目が見えなくなったので，きょうだいは総長の助手をしたりしました。かれはその間肖像画の練習をし，うまくなると1枚5ドルで売って兄弟3人のくらしにあてました。

このころエール大学では，最も新しい科学の学問を授業の中に取り入れていました。ちょうどそのころイタリアのボルタが，「ボルタの電池」を発見したので，この電池を使っていろいろの実験をやったので，かれは電気についてたいへん興味を持ったのです。

大学を卒業したかれは，画家となる決心をして1826年，35才にナショナル意匠学校の校長先生になるまでは，いっしょうけんめい絵の研究をしていました。それから美術の国フランスに渡り，さらに絵の研究をして，1832年10月に，フランスのハーブル港から，定期便シュリー号に乗って，ニューヨークに向かって帰国することになりました。

このころになると，ヨーロッパでは電気と磁気の関係が発見されたばかりだったので船の中でも，お客様の話のたねになったりしたのです。かれも電気のことに対して興味を持っていましたから，パリーからのおみやげの中に，ピクシー電磁石と電池がはいっていました。

ある日船の長い旅をなぐさめあうため，余興大会が開かれました。船客の中に神学の研究家として有名なボストン大学のジャクソン博士が乗り合わせていて，神学博士の番にみんなの前で，パリーのソルボンヌ大学のプィエ教授から習ったという電磁石の実験をして見せました。たいへんびっくりした船客のひとりが，

「先生，電気は針金が長くなると，伝わるのがおくれるのですか？」と

たずねた。博士は，

「実験の結果では，針金がどんなに長くなっても，電気は少しも変わらないほど，短い時間で伝わるのです。」

と答えました。この話をきいたかれの頭には，このときいなずまのように……

「もし電気がかよっているということを，ある箇所でしることさえできたら，これで通信をまたたくまに遠く伝えることができないはずはない。」

という考えがうかんできたのです。

かれは，それから船室にとじこもって，昼も夜もねむらずに，信号を通信でおくる機械の考案にふけりました。そして船がニューヨークにつくまでに，送信機と受信機と，それに信号符号の考案をほとんどまとめてしまいました。

かれは船をおりるとき，船長に，

「もしあなたが近いうちに，世界のふしぎとして電信のことを，お聞きになりましたら，その発明はこのシュリー号の上でなされたものであることを思い出してください。」

と言いました。

ニューヨークに船が着くと，すぐにかれは両親や兄弟や友人をたずねこの考えを知らせ，すぐに電信機を組み立てることにとりかかりました。かれは自分のかいた絵を売ったり，もっている品物を金にかえたりして，熱心に研究を続けましたが，それから３年たっても電池と何メートルかの絶縁銅線と，紙テープを動かす木製の時計じかけの機械を手に入れたほかはなにもできませんでした。

1835年７月にかれはニューヨーク大学の先生になり，絵や図面を教えながら，部分品を集めたり，機械を組み立てたりして研究を続けました。部分品を作るのもたいへんな苦心がいります。電磁石にする鉄の棒は，かじ屋にたのんで作ってもらわなければなりませんし，絶縁銅線は，はだかの銅線を苦心して手に入れ，それにもめん糸をまきつけてまにあわせたのです。このような苦心を何べんもくり返して，1837年，ニューヨーク大学の中で600メートルほどの電線をはった実験はみごとに成功しました。しかしこれで電信機の発明は完成したのではありません。それは，何キロメートル，何10キロメートルという長い距離では電流が少な

くなって，うまくはたらいてくれないからです。

かれがこのように苦心に苦心を重ねていた時，ニューヨーク大学を卒業したヴェイルという若者と知り合いになりました。ヴェイルは，かれよりも，15，6才も若く元気な研究ずきの青年でしたが，かれの電信機の実験を見て，ひじょうに心をひかれ，かれの研究の助手になることを申し込んだのです。それからふたりは，いっしょになって遠くまで電流がよわらないで確実にはたらくものを作り上げるのに苦心しました。そしてついにワシントンとボルチモアの間，60キロメートルも離れた間を，早く確実に通信を送ったり，受けたりすることのできるりっぱな電信機を発明したのです。

しかしアメリカの人たちはなかなかかれの発明のすばらしさがわかりませんでした。アメリカの議会に電信の開通を願い出ましたが，議会では，気違い画家の考え出したもので，しごとの役にはたたないだろうといって，1度めはとうとう相手にされなかったのです。

そこでかれは，2度めの電信の開通を議会に願い出ましたが，心配なのでワシントンにでかけて来たのです。何日かたって，あきらめて下宿に返って来ました。そして朝になったら郷里にひきあげるつもりで床につきました。

ところが，朝になってモールスは，ドアをノックするやさしい音に目をさましました。そこには，日ごろ親しくしている議員のひとりであるエルスワースの娘のアンニーが喜びにあふれた，明かるい顔でたっていました。

「おお，アンニーさん。」

「モールスさんおめでとう。」

「ええっ？」

モールスにはなんでおめでとうと言われたのかわかりません。

「電信の議案が上院をとおったのです。」

「ほんとうですか！　アンニーさん。」

Ⅲ　指導記録

○　この間，読書週間があったね。その時読み物調べをしたら，偉人や発明発見家の伝記をよく読んでいたようなので，きょうはそのことについて勉強しましょう。

○　発明発見というのはどういうことなのだろう。簡単に言ってごらんなさい。

△　発見は知らないことを見つけることだと思います。

△　発明というのは，今までになかったものを作り出すことです。

○　ただ何もしないで，見つけたり作り出すわけにはいきませんね。

△　いっしょうけんめいに考えて。

○　そうです。研究することがたいせつなんですね。

○　発明発見ということはどうして大事なんだろうか。

△　薬を発明すれば病気をなおすことができます。

△　それから，生活に役だつ物を発明すれば，人々の生活を豊かにするからだと思います。

○　世の中のために役だつんですね。

○　きょうの物語は長いので，プリントを読んできておくことになっていましたね。

○　先生が1度読みますよ。

（読みながら，時々説明を加える。）

○　だれの話でしょう。いつごろのことだろうか。

△　モールス。

△　1830年ごろのことです。

○　それでは，モールスという人は何をした人ですか。

△　電磁石から，電信機を発明した人です。

△　はじめから発明家ではなくて，途中から発明するようになった。はじめは絵の先生でした。

△　そうです。パリーへ行った時まで絵の研究をして，帰りに電信機を考えるようになったんです。

△　それから，1837年にその電信機を完成した。

○　それでは聞きますが，モールスはどんな人だと思いますか。

△　しんぼう強い人。

△　最後までやりぬく人。

△　わたしだったら船の中の電磁石の余興は，おもしろいなあと思うくらいだと思うけど，モールスは，研究しようとする心をおこしたのは偉いと思います。

○　よいことに気がつきましたね。それをもとにして，そこから研究がはじまる。そう動機になった。それにもう一つ動機になるいいことがありましたよ。

△　船の中で，お客さんが言ったことばですか？

○　そうです。

△　お客さんが，針金が長くなると伝わるのがおくれるのですか，と聞きました。

△　針金がどんなに長くなっても電気は少しも変わらないほど，短い時間で伝わるのです，と博士が教えていました。

○　そのお客さんの質問が，モールスの研究に役だっていますね。

○　それでは，このジャクソン博士の電磁石の実験を見たことだけで，電信機がモールスの頭にひらめいたのだろうか。

△　前からモールスは，電気に興味をもっていたからよかったと思います。

△　エール大学で，電池を使った実験をした時から，電気に興味をもつようになったんです。

○　最初画家を志したモールスだったけど，そのへんに発明が生まれるもとがあったわけですね。

△　それから，パリーから帰るときのおみやげに電池を持ってきているのだから，やはり，電気に興味があったと思います。

○　そうです。それでは，電気に興味をもっていたモールスは，どのようにして電信機の発明をしましたか。

△　パリーから帰国するときに船の中で考えました。

△　夜も昼も考え続けたと書いてありました。

△　下船する時船長に，自信がありそうなことを言ったんだから，船の中でだいたいでき上がったと思います。

△　違います。船で帰国した時は1832年だし，電信機を発明したのは1837年だから，５年ぐらいかかっています。

○　そう，だけど夜も昼も考えて，それでも５年もの歳月がかかるんですね。どうしてでしょう。

△　材料を集めるのに手間がかかった。

△　それに，働きながら研究したからだと思います。

△　絵をかいて売ったり，品物を売ってお金をつくるのにも苦労したからです。

○　そう，部分品といえば，はじめて作り出す機械だから全然ないわけだね。鉄の棒はどうして作ったの。

△　それはかじやにたのみました。

○　絶縁銅線は？

△　自分でもめんの糸を銅線にまいて作りました。

○　まだほかにも，モールスの苦心があったと思うけど……

△　遠くまで送るのにどうしたらよいか考えつかなかった。

△　議会で気違い扱いされて，認めてもらえなかった。

△　認められないので，何回もお願いしました。

△　2度めに認められました。

○　そんなに苦心をかさねて完成したんですね。しんぼう強く，最後までやりぬく心がけがたいせつなんです。みなさんは，5年生の始めに校長先生が言われた，こんなことばを覚えていますか。

「心ここにあらざれば，見れども見えず，聞けども聞こえず，食らえども，その甘きを知らず。」

きょうのお話の中にちょうどこれにあてはまるところがあるんですよ。どこでしょうか？　めいめい考えておいてください。この次聞かせてもらいます。それではきょうはこれで終わります。

1　指導例(1)についての反省

(1)　豊田佐吉は，日本人としてのすぐれた発明家であり，児童に親しみをもってむかえられた。また「日本人にあんなすぐれた発明家があるとは思わなかった。」というような会話を授業後聞いた。

(2)　スライドであるため，共通理解をもたせることが容易で，視聴後の話し合いもよどみなく発展させることができた。

(3)　指導記録でもわかるように，主題のねらいである真理の探求が，むりなく引き出せた。

(4)　織機の発明が人々に与えた恩恵についての場面や解説が用意されていないので，教師の補説が必要である。

(5)　指導記録によると，児童の生活経験へおろす方法に問題はある。第2次の指導で深めたい。

(6)　豊田佐吉の苦心の場面を取り上げて，追求する必要はあると思うが，このスライドではものたりぬものがある。補助資料として，図書豊田

佐吉の伝記から，補充することが考えられる。

2　指導例(2)についての反省

(1)　この資料は，長文であるため，読解力を身につけてきた児童ではあるが，理解度にかなりの差異があり，話し合いの進展に困難が感じられた。

(2)　電信機が取り上げられているために，科学的関心の強い児童には，ねらいからそれた思考をされる危険性がある。

(3)　電信機が発明されていなかったころの人々の生活がどのようなものであったか，という点について表現がなされてないので，モールスの発明の偉大さが児童には理解しにくく，動機づけの資料としてはふじゅうぶんと思われる。

(4)　発明の過程の叙述だけをみても平板で，かっとうの場面があって，印象に残るものが少ない。

(5)　伝記全文について扱い，モールスの全人的な人がらを理解させるよう努めるとともに，その一節を取り上げて深く追求することが望まれる。したがって教師が資料を取り上げる時に，主題のねらいが，伝記のどの部分ににじみ出ているかをじゅうぶん検討する必要を感じた。

(6)　本時の指導にあたって，教師は理科的知識が豊富で，電気に関しての指導技術もすぐれているので，わかりやすく，実験も交えて指導したのであるが，他の教師にも同じような指導効果を期待することは困難である。

3　二つの指導例を比較して

以上二つの指導例のほかに，エジソンを素材に読み物を資料とした反省もあったが，紙面のつごうで掲げなかった。

同じねらいを達成するために違った資料を扱うことはよくあることである。それぞれの指導記録を対比すると，

(1)　ねらいを達成するために，その資料に含まれている道徳性は，どちらにも同じように見いだすことができる。

(2)　素材や資料の程度は，豊田佐吉よりモールスの資料が高い。

(3)　興味・関心からいったら，豊田佐吉のほうが親しみがある。おもしろさは，指導技術も加わるがモールスの扱いのほうがおもしろい。

(4)　感銘や理解から見たら豊田佐吉の資料がすぐれていると思う。

(5)　両者それぞれ特色があるが，資料のまとまりと内容と経験を結びつけて考え豊田佐吉を位置づけることとした。

〔事例研究(3)〕　指導方法を検討してよりよい方法を選んで，展開例に位置づけた。

方法　指導例(1)　野口英世の少年時代を，視聴覚（スライド）で扱った例

指導例(2)　野口英世の少年時代を，説話で扱った例

指導例(3)　野口英世の少年時代を絵話で扱った例

主題のねらい達成にふさわしい素材は多く存在するけれども，本主題では，読み物その他で「野口英世の少年時代」を知り，関心も深いので素材として取り上げることにした。しかし，多くの指導方法も考えられるので，前年度の反省により伝記を要領よくまとめたスライドを扱うように指導計画では示しているので，第1にスライドを扱った指導例をあげた。伝記物の場合，長文であるから説話による方法も多く扱われると思うので，指導例(2)として説話を掲げた。同様に指導例(1)　指導例(2)の混合の形として，絵話の方法を掲げてみた。

〔観点〕　同一素材を違った指導方法で扱ってどのような方法がよいか比較して，指導計画に例として位置づける。

1.　指導例(1)

Ⅰ　指導案

(1)　主題名　わたしはこんな人になりたい　　1時間

(2)　主題設定の理由

○2学期の国語の教科書に伝記が登場し，児童たちの伝記に対する興味が高まってきている。

○自分の好きな人，尊敬する人などについて友だちと批判しあうようになってきた。

○理想的な人物が，歴史的，公共的人物に変わってきている。そこで，理想が現実ばなれしないように配慮しながら，向上心を育成する。

◎19　○12　○13

(3)　主題のねらい

○困難にもくっせず，進んで勉強や仕事をし，新しい希望をもって明るく努力する態度を養う。

(4)　展　開

展　　開	指導上の留意点	資　料
○スライド「野口英世の少年時代」を見る。 ○スライドを見て感想を話し合う。 ・手の不自由な少年 ・母の愛情 ・医者を志す ・努力する野口英世 ○わたしたちの生活の中にこの人から学ぶ点はどんなところか話し合う。 ・ねらいをもつ ・進んで勉強や仕事をする ・がまんやはげみ	○ねらいをもって見るようにする。 ○野口英世が不自由な身体や困難に負けずに努力したことに重点をおいて考えさせる。 ○自分の可能な範囲でねらいをもち，努力する態度をもたせ，身につける。	スライド 学研スライドNDC—367

(5)　参　考

○説話を利用するのもよい。

○2年の偉い人の話，道徳編から「のぐちはくしの少年じだい」

Ⅱ　資料「野口英世の少年時代」

○ねらい

貧しい環境，不具という肉体条件にもめげず，常に明るく勉学にいそしんだ野口英世の少年時代を児童に示すことによって，児童にはげましを与える。また，医学に志し，多くの苦難を乗りこえてついにその志をつらぬいた博士の生がいを強調して，立志の尊さを児童に知らせたい。

製　　作　学習研究社

製作担当　藤平波三郎

○内　容

野口英世については，女子ひとりを除く全児童が知っているので，主題のねらいにつながるいくつかの場面を除いて，その生いたちの紹介については軽く読みながしていく。以下は重点に扱う場面である。

⑪ 「さあ，わけを言いなさい。」おかあさんのきびしい声に，清作はわっとなきだした。「ゆるしてください。ぼく学校へ行くと，みんながばかにするのです。でもおかあさんに心配させたくないので，自分でよごして学校へ行ったふりをしていたのです。」

⑬ 清作は「もうけっしてよわい心をおこすまい。どんなにつらくても，それをしのんで勉強しよう。」と心にかたくちかいました。

⑮ 冬になると清作は，近くのまつしまやという宿屋のふろたきをしながら，そのあかりで本を読みました。

⑯ 村のおまわりさんにたのんで，英語の勉強したり，お寺のおしょうさんに，漢文を教わったりしました。

⑳ 先生がたは，みんなでお金を出しあって清作の左手を病院で手術してもらうことに決めました。それを聞いた友だちは，「ぼくたちも応援しよう。」「それがいい，あの気のどくな手をみんなでなおしてあげよう。」といって，それぞれこづかいを出しあって，清作におくることにしました。

㉒ 「ぼくは医者になろう。」清作は心にかたくちかいました。「世の中

には病気で苦しんでいる人たちがたくさんいる。ぼくのように，かたわで悲しい思いをした人がたくさんいる。そうだ，ぼくは医者になるんだ。」清作にはこうして勉強のしっかりした目標ができました。

㉓ 野口英世博士は，日本が生んだ世界的な医学者です。黄熱病の研究をはじめ，たくさんの研究は，中国，アメリカ，ヨーロッパ，アフリカへと，悪い病気になやむ世界中の人々を救いました。博士こそ，少年の日の志をつらぬき通し，人類のしあわせのために一生をささげた人といえましょう。

Ⅲ　指導記録

(1) 展　開

○　野口英世について，ぼくの知っていることを聞きましょう。

△　いろりでやけどをした。

△　「てんぼう」とみんなにいじめられたの。

△　勉強して，あとで博士になった。

△　こどもの時，どじょう売りをした。

○　よく知っていますね。きょうは，野口英世のスライドを見て勉強しましょう。

野口英世がどんなふうにして勉強したか気をつけて見ましょうね。みんなと同じぐらいのときの話ですよ。

○　スライド映写（15分）

○　いま見たスライドの野口英世は，みんなと同じぐらいの少年時代の話ですね。

みんなが考えてどんなことに気がつきましたか。

△　偉いと思った。

○　そう，偉いと思ったの。どんなことが偉いと思ったの。

△　勉強をいっしょうけんめいしたから。

△　おふろのあかりで本を読んだ。

△　英語も習ったから偉い。

△　よくがんばって勉強して，偉い博士になったから。

○　よく気がつきましたね。みんなもそう思いますか。そうですね。

○　じゃあ，どうして英世はがんばる気持ちになったんでしょうね。

○　どうしてがんばる気持ちを起こしたか。

（板書）

△　手をなおしてもらったから。

△　友だちに「てんぼう」といわれて，つらかったから偉くなろうと思った。

△　先生やおかあさんのはげましがあったからです。

△　偉くなっておかあさんにらくをさせたいと思ってがんばった。

△　先生やみんなに恩返しをしようと思ったから勉強した。

○　そうね，いろいろありますね。先生が読んだ本に，おかあさんのことが詳しく書いてありました。おかあさんは，英世にやけどをさせたことを，いつも「すまない，すまない。」と言っていました。そうして，英世のために，いっしょうけんめい働いたそうです。

○　では，いまみんなが発表したことを，まとめてみましょう。

○　おかあさんや友だちのはげまし。

お医者さんになって，人を救う気持ち。

○　この二つになりますね。それで，がんばって勉強したんですね。

○　おかあさんにしかられたとき，清作はどう思ったの。

△　どうしてもがんばろうと決心した。

△　もうけっして弱い心をおこすまいと思った。

△　磐梯山のようになろうと決めた。

△　がまんして勉強しよう。

△　おかあさんのはげましに，すまないと思った。

○　そうですね。もう弱い心を起こさないで強くなって，勉強しようと思ったのね。

○　清作の勉強の様子はどんなふうだったの。

△　ふろたきの火で本を読んだ。

△　村のおまわりさんに英語を教えてもらった。

△　働いて勉強した。

△　つらくても，がんばりとおした。

○　おかあさんの気持ちがよくわかったからですね。勉強しようと決心したのね。

○　先生，今こんな話を思い出しました。こども新聞に書いてあった話です。

なっとう売りをして，勉強をした感心な少年の話です。その新聞を読んだこどもから，新聞社へ手紙がきたそうです。

「ぼくの家では，おかあさんがなっとう売りをさせてくれないので，どうしたらよいですか。」と書いてあったそうです。

○　みんなどう思いますか。

△　なっとう売りをしなくても，ほかにがんばることがあると思う。

△　ぼくもそう思います。

○　そうですね。その話を書いた先生も，Ｋくんのような返事をしたそうです。

○　みんなと清作と違うところを考えると，みんなは，もっとしなければならないことがありますね。なんでしょう。

△　がまんがたりない。

○　そうね。みんなは，からだもちゃんとして元気ですね。清作みたいに，つらい思いをしないですみますね。

△　もっと勉強をしなければならないと思う。

△　やる気持ちが足りなかったと思います。

○　みんながしっかり勉強してくれると，みんなのおかあさんも安心しますよ。

がんばろうね。

○　自分で目あてを決めたら，やりとおすのね。

苦しいことがあったら，清作の話を思い出してがんばりましょう。

(2)　指導後の反省

○　児童の既知の物語であるから，直接的，具体的に指導内容の与えられるもののほうが，興味をもって再現しやすいと思ってスライドを選んだ。

しかし，視聴覚教材共通問題点としてのおちいりやすい欠陥をみせてしまった。見終わってから，だれてしまい，指導技術のまずさも加わって，深く考えさせることができなかった。

むしろ，説話の方法をとって，いくつかの場面を重点的に考えさせたほうがよかったように思った。児童が各自で知っている野口英世と頭の中で結びつけ，その場面をつくり，自分の問題として考えさせたほうがよかったように思った。

○　1時間扱いなので，野口英世の少年時代を共通の問題として取り上げることにこだわりすぎたように思われた。

児童に自分の経験をなげだして問いかけることや，それとひきくらべ自分を考えるという指導ができなかった。

内容的にも時間的にも，もっと手ぎわよく指導できたなら，もっと児童の活動が活発になったと思う。

2.　指導例(2)

Ⅰ　指導案

(1)　主　題　名　　(指導例(1)に同じ)

(2)　主題設定の理由（　　同　上　　）

(3)　主題のねらい　（　　同　上　　）

(4)　展　開

展　開	指導上の留意点	資　料
○野口英世の少年時代の話を聞く。 ・家が貧しかったこと。 ・てんぼうといわれたこと。 ・母，先生の愛情。 ・医学を志したこと。 ・努力したこと。	○ねらいにあまり関連のない話は省く。 ○母の不注意についてはあまり強調しない。	のぐちはくしの少年時代　2年のえらい人の話。道徳編。小学館発行
○説話の感想を話し合う。 ・貧困や身体の不自由にも負けなかった態度。 ・勉学に努めたこと。 ・目標に向かって努力したこと。	○発表を取り上げながら，ねらいに近づける。	
○清作の話から何を考えたか発表する。	○不利な条件のなかでも屈せず努力した清作と自分との対比を考えさせる。	
○本時のまとめをする。	○改めて決意し実行できるようにする。	

(5)　参　考

○事前に伝記物を読ませておく。

Ⅱ　資料　のぐちはくしの少年時代

2年のえらい人の話　道徳編　小学館発行

○ねらい

貧苦とやけどという身体の欠陥のため，さまざまなつらい目にあったが，母の力にはぐくまれて，自分自身のやるべきことをじっとがまんしてやりとげた偉さを感じとらせる。

○内　容

福島県のおきな島村というさびしい村のたんぼ道で，

「やあい，てんぼう。」「てんぼう。」

学校がえりのこどもたちがひとりのこどもをからかっています。からかわれているのは，野口清作という子で，つぎだらけの着物に古ぼうし，きたないかっこうをしていました。

清作は追いかけて行って，ひどい目にあわせてやろうと思いましたが，じっとがまんをしました。

「くやしいなあ。」

かくしていた左手を出して，くっついたままの指をじっと見つめました。

清作は，三つのとき，いろりに落ちてやけどをしてこうなったのです。おかあさんは，いつも「わたしが悪かったんだ。すまない，すまない。」といいますが，清作は，おかあさんを世の中で一番ありがたい人だと思っていました。ですから，どじょうをとって売ったり，わらじを作ったりして，貧しい家の暮らしを助けました。

清作がぼうしをかぶりなおして帰ろうとすると，向こうの空に磐梯山が見えました。あたりの山を見おろして，一だん高くそびえています。「何といわれてもかまわない。あの山のように偉くなろう。」清作は胸をはって元気よく家に帰りました。

清作は家が貧しいので，上の学校へは行かないつもりでいましたが，受持の先生が「勉強ができるのにおしい。」といって上の学校へ進ませてくれました。

先生は，清作の手をたいへんきのどくに思い，ほかの先生がたや清作の友だちと相談をしてお金を出し合って，手術をしてもらうことにしました。

3週間ほどして，ほうたいを取ってみるとどうでしょう。もうなおるまいといわれていた指は，ほとんどもとどおりになおっていました。

「なおった，なおった。」

清作はうれしさになんども指を動かしながら，

「お医者ってりっぱな仕事だなあ。ぼくはお医者になって，重い病気で苦

しんでいるきのどくな人を救ってあげよう。」と決心しました。

お医者になろうと決心した清作は，それからも働きながら，夜おそくまで熱心に勉強しました。

清作はその後アメリカに行って医学の勉強をして，世界に知られるりっぱな人になりました。

Ⅲ　指導記録

(1)　展　開

○　野口英世（板書）

○　読める人。

△　のぐちひでよです。

○　そう野口英世のこと知っている人いますか。本で読んだのでも，お話を聞いたのでもいい。

△　小さい時やけどをした。

△　熱病の研究をした人です。

△　みんなに「てんぼう」って言われた。

○　だいぶ知っているね。きょうは，その野口英世の勉強をしよう。

○　清作（板書）

○　野口英世がまだ清作といっていたころの話なの。みんなと同じぐらいのときの話だからよく聞いてね。

説話をする。

○　さあ，今の話でどんなことを考えたかな。どんなことでもいいよ。

△　「てんぼう」と言われてとてもくやしかったと思う。

△　ひどい目にあわせてやろうと思ったが，がまんしたのが偉い。

○　きみならどうしたかな。

△　がまんできないでけんかしたかもしれない。

△　おかあさんのために働いたから，おかあさん思いだ。

△　おかあさんをにくまない。

○　まだあるかな。

△　清作は手が悪いのに勉強ができて，友だちは勉強ができないのに，悪口を言っている。

△　心に決めたことを守って偉い。

△　磐梯山みたいに希望をもったのが偉い。

○　みんなの発表は，ぜんぶいいね。清作がどんなこどもだったかよくわかった。

○　じゃあ，自分と比べて清作が偉いなと思ったことは，なんだろう。こんどは友だちと答えが違うかもしれないよ。

さあ，考えついた人。

（挙手13人ぐらい）

○　手のあがった人が少ないね。では，もう少し待ってよう。

○　さあ，まとまった人。自分の考えが決まった人は手を上げてごらん。

△　（挙手40人ぐらい）

○　まだ手のあがらない人がいるね。では，となりの人やまわりの人と話し合ってごらん。考えの違った人は，違ってもいいんだよ。

○　もういいかな。では聞くよ。

△　がまん強いこと。

△　最後までやりとおした。

△　働いたこと。

△　熱病の研究をしたこと。

○　熱病の研究をしたのは，大きくなってからの話だったね。

ほかにないかな。じゃあ，ほかの人は，いま発表した人のどれかと同じなんだね。

○　みんな手を出してごらん。両方出して見せなさい。

だれの手も指がちゃんとしているね。

○　清作は手が不自由だったんだね。

○　きょうの勉強はなんだったろう。

△　悲しくてもやっていく。

△　しんぼう強くする。

△　いっしょうけんめいやる。

○　悲しくてもやっていく。
しんぼう強くする。
いっしょうけんめいやる。　}（板書）

○　ほかの考えの人はいないかな。先生もこれでいいと思う。

○　みんなは，からだもりっぱだし，いいおとうさんおかあさんもいるししあわせだね。清作にまけないようがんばろうね。でも，考えただけではだめだね。きょうからほんきでやろう。

○　では，これで終わりにします。

(2)　指導後の反省

○　説話後の第１の発問はばくぜんとしていた。はっきりとした問題を投げかけて考えさせ発表させるほうがよい。

○　１時間扱いなので，端的にねらいに結びつけて発問すべきであった。

○　まとめかたも型にはまりすぎた。児童はわかっているのに，教師のほうでは，ことばでまとめようとしている。

○　指導計画で「……態度を養う。」とあるが中学年のねらいなので，内容的には，「心情を養い身につけさせる。」ところをもっと重点として指導すべきであったが，理解だけで終わってしまった。

3.　指導例(3)

I　指導案　　　昭和38年１月

(1) 主　題　名　　(指導例(1)に同じ)

(2) 主題設定の理由（　　同　上　　）

(3) 主題のねらい　（　　同　上　　）

(4) 展　開

展　開	指導上の留意点	資　料
○今までに読んだ伝記物について話し合う。	○導入として軽く扱う。 ○野口英世の話もいくらか知っていると思うので，次の展開に役だてる。	自作絵ばなし
○野口英世の絵ばなしを聞く。	○ねらいをもって聞くようにさせる。 ○少年時代を重点に取り上げる。	
○絵ばなしについて話し合う。 ・不自由な手 ・まわりの人の愛情 ・医者になろうと努力したこと。	○苦しみに打ちかったことを考えさせる。	
○自分たちの生活をふり返ってみる。 ・ことしの目標について ・これから改める点について	○自分のまずかったところを意識させる。	

(5) 参　考

○国語教科書で伝記を取り扱って興味がでた時を利用して，たくさん読ませる。

○テレビ，ラジオで見たり聞いたりしたら感想を書かせる。

Ⅱ　資料　野口英世

自作絵ばなし　5枚

○ねらいは，スライド・図書に同じ

○内　容

① 野口英世は3才のとき，やけどをして左手の指がくっついてしまいました。おかあさんは，

「この子は学問をさせて，片手でできる仕事をさせたい。」おとうさんも，

「それはよい。この子はりこうだからな。」

② 英世の家は貧しいので，魚を取って売り，そのお金で筆や墨を買いました。

冬になると，宿屋のふろ番をして働きました。少しでもひまがあると，たき火のあかりで本を読んで勉強したので，学校の成績はいつも優秀でした。

③ ある春の日のこといつものようにねえさんと魚とりに行きました。そして，青空にそびえる磐梯山を見ていいました。

「ねえさん，ぼくもあのお山のようにどっしりした偉い人になりたい。」

④ 高等小学校のとき，小林先生やお友だちのおかげで手術してすっかりなおった指を見て，「いまに，自分も医者になって，かたわの人や病人を助けてあげたい。」と，かたく心に決めました。

⑤ お医者になろうと決心した英世は，夜もねないでいっしょうけんめい勉強して，りっぱな医学博士になりました。

いろいろの病気になるばいきんの研究を続けましたが，自分もその熱病にかかってなくなりました。

野口英世博士の名は，世界に広まり人々からもうやまわれています。

Ⅲ　指導記録

(1) 展　開

○　みんなは，今までたくさんの本を読んだと思いますが，りっぱな人の伝記を読んだことがありますか。

△　国語でエジソンを習った。

○　そうね，まだありますか。ひとりの人のことをくわしく書いた本ですよ。

△　キューリー夫人を読んだ。

△　野口英世を読んだ。

△　ライト兄弟を読んだよ。

△　湯川秀樹を読んだ。

△　リンカーンや福沢諭吉も読んだ。

○　ずいぶんたくさんありますね。また本でなく，テレビやラジオで知っている人もあるでしょう。

○　では，今たくさんの人の名まえが出ましたが，どこが偉かったと思いましたか。読んだ人に聞いてみましょう。

△　エジソンは小さいとき，にわとりがひなをかえすのをふしぎに思って，自分のふところへ入れてじっとしていたけど失敗したの。でも失敗にこりず，研究を続けたのが偉いと思った。

△　ライト兄弟は，飛行機の研究に失敗しても，やっと発動機を使って飛ぶようにしたのが偉い。

△　野口英世は，てんぼうとひやかされたけど負けないで勉強して偉いお医者さんになった。

△　まだあるよ。自分の研究している病気になって死んだよ。

○　よく覚えているね。いろいろ感心したり偉いなあと思って読んだのね。

○　きょうは野口英世のお話をしましょう。知っている人も，まだよく知らない人も，野口英世がどうして偉くなったか，よく考えながら聞いてください。

○　野口英世（板書）

○　自作の絵を示し話をする。

○　野口英世は日本人なのに世界中の人からうやまわれるようになりました。では，少年のころはどうだったでしょう。おうちのことやいろいろ気のついたことを話しましょう。

△　びんぼうだったからやけどをしてもすぐお医者にいけなくてかわいそう。

△　お魚を売って，そのお金で筆や墨を買って勉強した。

△　てんぼうといわれながらも負けないで，いっしょうけんめい勉強した。

△　磐梯山のようにどっしりした人になりたいと思った。

○　野口英世は手が不自由で，悪口をいう子もあったけど，みんなに助けられて，いやだいやだって遊んだりなまけていただろうか。

△　違う。いっしょうけんめい勉強した。

△　てんぼうっていわれてもがんばった。

△　ふろたきのあかりで勉強したんだよ。

○　そうね，手が棒みたいで変だから恥ずかしいなんてかくれないで，がんばって勉強したのね。だから勉強もよくできたのね。そこで，先生や友だちがお金を出しあって手を手術するようにしてくれたのね。

　野口英世は，みんなに偉くなれといわれてがんばったんだろうか。よく考えてみましょう。

△　手をなおしてもらったから自分もからだの不自由な人や病気をなおすお医者になろうと決心したんだよ。

△　それもあったけど，磐梯山のようなりっぱな人になりたいと思ったから勉強したんだ。

△　やっぱりお医者になって，けがをした人や病人を助けようと思ったんだよ。

○　そう。不自由な手がなおったので，自分もお医者になって，苦しんでいる人を助けようと思っていっしょうけんめい勉強したのね。

　みんなもお正月に，ことしの目標を考えてきたね。ことし１年がんばる約束だったけど。

△　うん，やってるよ。

△　やってることはやっているんだけど……

○　さぁ，もうそろそろ困った声が聞こえるね。忘れたのかな。それとも，なまけてやらないのかな。

△　やろうと思うんだけど，ついだめになっちゃうんだ。

△　がんばってやろうと思ってんだけど。

△　少しはね，やってると思うんだ。

○　野口英世はどうしてりっぱな人になったんだろう。

△　はじめに自分でやろうとしたことを守ってやった。

△　心に決めたことをやりとおした。

△　最後までやりぬいたんだね。

△　頭がよかったんだよ。

○　みんなのいったことをまとめましょう。

○　心に決めたことをやりとおした。(板書)

○　よく考えて聞いていたね。みんなもせっかく決めたことしの目標できないや，なんていっているのはだれでしょう。

△　ぼくやっているよ。

△　あれ，あんなこといってら。

△　ぼくね，おしゃべりやめようと思ってんだけど，すぐだめになっちゃうんだ。

△　わたしね，お行儀よくしようと思ってもすぐうしろ向いちゃうの。

△　ぼく図画の時間，色ぬりがすぐ乱暴になるからがんばってるの。

○　いろいろがんばろうと思ってやっているお話がでたけれど……

△　わたしね，算数の勉強しようと思うんだけど，よくわからないからやめちゃう。

△　ぼくね，おかあさんにいわれて，お行儀なおそうとしてるんだけど

やっぱりだめ。でもね，漢字だけはきれいに書こうと，がんばってるんだよ。

○　みんなよくがんばって偉いわね。でも何か一つのことを決めてやりとおすのは，努力がいるわね。

きょう，野口英世の話を聞いても，一度心に決めたことをどこまでもやりとおしたので，りっぱな人になったことがわかりますね。きょうは，よい勉強をしました。

よいお話があったら，みんなにも教えてあげましょうね。

(2)　指導後の反省

○　伝記となると，すぐ偉い人，特別な人と考えがちであるが，自分たちと同じ少年時代があり，同じような勉強や仕事をしているが，最後までやりぬいた努力があったことをねらいに指導したつもりである。

○　野口英世を扱って，都会と田舎，時代のずれなどがあり，児童には，自分たちの生活とだいぶちがうので，この点は考えなければならなかった。

○　そこで，もっと自由に感想を発表させてから，生活反省にはいればよかった。

○　読書調査で，伝記物を読んでいる児童は少数の読書好きのものであった。

Ⅳ　考　察

(1)　指導案について

ア　主題設定の理由について

中学年児童の発達段階から考えても，生活態度が変わる時期であるので，共通した問題として取り上げたことは適切と思う。

イ　ねらいについて

設定の理由にあるように，生活態度の変わるときに，自分の生活を

改めてみつめさせ，向上心を高め，それに向かって努力させるようにしたことは，第3学年としてよいと思う。

ただ，態度を養うとあるが，内容的には習慣づける，心情を育てる指導になっているので，その内容的なことばで結ぶほうがよい。

以上，指導例(1)(2)(3)ともに同じ。

ウ　展開について

(ア)　指導例(1)について

導入としては，指導上の留意点の欄に，ねらいをもって見るように注意してあるので，よいと思う。なお1時間扱いなので，すぐ展開にはいるためにもよく用意された導入になっている。

展開についても，第2項の「わたしたちの生活の中にこの人から学ぶ点は……。」とねらいについての発展のしかたは適当である。

留意点に書かれてある配慮もよい。

生活態度の対比がどんなふうに行なわれるか，その手段がもっと具体的に示されればなおよかった。

整理のしかたも1項目ほしい。

(イ)　指導例(2)について

導入段階で，学習目標をどうつけようとしたかの1項がほしい。

展開のしかたはよいと思うが，感想の話し合いの項では，教師の予想と児童の発表とは，必ずしも一致しないことが多いので，その注意や配慮が必要である。

整理の方法としての具体的な方法が，問題になると思う。

(ウ)　指導例(3)について

導入のための話し合いの問題点を整理してあるのはよい。

展開では，野口英世の少年時代の話から，自己反省への結びつけ方は，よく考えて指導しなければならない。話題のうつり方に技術

がいる。

整理の方法では，生活反省にことしの目標を関連させたのは適切である。

(2)　資料について

同一資料，野口英世の少年時代を扱っているので，図書，スライド，絵ばなしのちがいはあっても，内容はほぼ同じである。

児童の読書傾向が伝記物に移ってきた時期なので，ねらいを達成するためには，ふさわしい資料と思う。

ただ，時代的なずれや，生活様式のちがいが表現されているので，扱い方の注意と配慮はじゅうぶん考えなければならない。

ア　スライドについて

視聴による興味から，児童の学習意欲がわいている。

すぐ内容にはいれるので展開がしやすい。

しかし，視聴後の扱いに注意が必要である。児童の感じ方が一様でないこと。感覚的な興味や筋のおもしろさだけで見おわってしまうことも考えられるので，視聴前の指導に注意しなければならない。

イ　図書について

あまり必要でない部分は省いて，本時のねらいに直結した扱いができる。

考えさせながらの扱い方もできる。

しかし，説話の技術が必要であるし，また，児童の聞く態度や考え方を考慮しながら話をすすめなければならない。

ウ　絵ばなしについて

話の間にも，絵の掲示による児童の興味が喚起され，学習に変化がみられる。

重点になるねらいの話し合いが容易にできる。

しかし，次のような点は考えなければならない。つまり，話と絵の変わり方である。

なお，絵の技術が多すぎても効果をひくくするし，また，絵の表現のしかたも学級児童に向くようにしなければならない。

〔事例研究(4)〕 指導過程を考え，素材や資料を展開例に位置づけた。

指導例(1)　スライド「やくそくを守ろう」を導入なしで展開のはじめで扱った。

指導例(2)　スライド「やくそくを守ろう」を展開の中ごろで扱った。

指導例(3)　スライド「やくそくを守ろう」を終末で扱った。

中心になる資料をどこで扱ったらよいか，資料そのもののもつ内容にもよるが，指導過程のどの位置で扱ったらよいか，日ごろの実践を学年の教師間で話し合うことも多い。先年度の指導反省に基づいて，指導計画では導入なしでただちにスライドを見せているのであるが３学級を話し合いによって指導過程を変えて扱ってみた。設定の理由や主題のねらいは指導計画によることにした。

Ⅰ　指導案

(1)　主題名　やくそくをまもろう

第１学年　　45分

(2)　設定の理由

○学校生活にもなれ，友人もできてきたがまだ自己中心性が強く，他人の立場を考えないことが多い。

○約束を平気でやぶったり，うそやごまかしが多く，その間に他への迷惑に気づかないことがある。

○友だち関係において約束したが，なぜ守れないことが多いのか，相手の立場を考えた行動がとれない。

○そこで約束を守り，誠実な行動が身につくようにしたい。（◎10○６）

(3)　主題のねらい

○約束がなんであるかを理解し，約束を守り，うそやごまかしをしないような態度を養う。

(4)　展開例１

	展　開	指導上の留意点	資　料
１時間扱い	○スライド「やくそくを守ろう」を見る。 ○スライドを中心に話し合う。 ・どんな約束をしたか。 ・三郎は約束を守れたか。 ・三郎はどうすればよかったのか。 ・よしおは約束をどう考えているか。 ・５時になった時よしおはどうか。 ・自分だったらどうするか。 ○自分たちの経験を話し合う。	○約束をする時は簡単にしてしまわないでよく考えてするとよいこと。 ○約束が守れなくなってしまったときはどうしたらよいか。 ○５時になった時の考え方と行動をわからせ，自分の生活を反省させる。 ○児童たちの生活にもどして話し合い実行できることを約束する態度のたいせつなことに気づかせたい。	スライド「やくそくを守ろう」日本光芸ＫＫ

展開例２

	展　開	指導上の留意点	資　料
１時間扱い	○指きりをしてみせる。 ・したことがあるか。 ・だれとどんな時にしたか。 ○その約束がうまく守れたかどうか児童の経験を発表させて話し合う。 ○もし約束を守らなかったら相手の人や周囲の人はどうなるか話し合う。 ○スライド「やくそくを守ろう」を見る。 ○スライドについて話し合う。 ・三郎は何と返事をしたか。 ・よしおはどうか。 ・三郎が楽しくなかったのはなぜか。 ・どうすればよかったか。	○導入として軽く扱う。 ○児童共通の問題として考えさせる。 ○約束する時はその内容ができることかを考え，時刻などのたいせつであることに気づかせたい。 ○つごうの悪い時は，早くことわることのたいせつさに気づかせる。	スライド「やくそくを守ろう」日本光芸ＫＫ

	○自分たちの経験と対比して話し合い，約束したことはしっかり守ることを約束する。	○ことわり，あやまればよいのではなく，よく考えて約束することのたいせつさを知らせる。	

展開例 3

	展　開	指導上の留意点	資　料
1時間扱い	○うちへ帰ってどんな友だちと遊ぶか話し合う。 ○約束が守れた時，守れなかった時のわけについて発表する。 ・友だちとの約束 ・家族との約束 ○自分の気持ちについて考え話し合う。 ○スライド「やくそくを守ろう」を見る。	○友だちと遊びや勉強のことで約束した経験について発表し話し合う。 ○約束する時にはその内容を理解し，時間的なことも考えることがたいせつであることに気づかせる。 ○約束は守らなければ相手に迷惑をかける。 ○約束はよく考えてからやらないと守れなくなりやすいことに気づかせる。 ○これから見るスライドに出てくる人たちは約束をどう考えているかを見るように注意する。	スライド「やくそくを守ろう」日本光芸KK

Ⅱ　指導記録

(1)　展　開（展開例 1）

①　スライド「やくそくを守ろう」を見る。

○　きょうはおもしろいスライドを見せてあげましょう。どんなお話かよく見てあとで話し合いましょう。

（スライド映写時間12分）

○　どんなお話でしたか。

△　約束を守ろう（全員口をそろえて言う）

○　約束をしたことがありますか。

△　ある。ある。（元気よくおおぜいが手をあげる。）

○　どんな約束か，あとでお話してもらいましょう。

②　スライドを中心に話し合う。

○　どんなお話でしたか。

△　お庭でボール遊びをした。

○　だれとだれが遊んだの。

△　ひかるさん，それからよしおさん。

△　まだいます。

△　みち子さん。

△　ひかるさんのたんじょう日でみんな遊びに来たの。

③　どんな約束をしたか。

○　学校の帰り道で，ひかるさんは友だちになんと言ったでしょう。

△　みんな遊びに来てねって言った。

○　みんなどうしたでしょうか。

△　よしおさんはね。おかあさんに聞いてからって言った。

△　みち子さんはおかあさんに聞いてあったの。

○　約束をしたお友だちはみんなひかるさんの家に行ったんですね。

△　違います。三郎さんは行かなかった。

④　三郎さんは約束を守れたか。

○　どうして行かなかったのでしょう。

△　おじさんが船を見せてやるって連れて行ったの。

△　まえにおじさんと約束していたので困っちゃったの。

△　おじさんあした連れて行ってと言った。だけどおじさんはあした船に乗って外国に行くのでだめだと言ったの，だから，きょう行くことになったの。

○　もうひとり言ってもらいましょう。

△　いけないとは言えないから，友だちとの約束をやぶっちゃった。

△　そのおじさんは１ぺんか２へんしか来ないから。

△　そのおじさんは，いつも船に乗って外国に行くから，そんなに会えないので行っちゃった。

○　ひかるさんのおうちではどうだったでしょうか。

△　みんなつまんない。

△　おばさんは困ってふみきりまで見に行った。

△　心配していた。

△　交通事故にあってはたいへんだと思ってふみきりまで行ってみた。

○　どうしておかあさんは心配してふみきりまで行ったの。

△　三郎さんが来ないから。

△　約束したのに来ないから。

○　三郎さんは船にのせてもらったので，うれしかったでしょうか。

△　あんまりうれしくなかった。

△　はじめはうれしくなかったけどあとでうれしくなった。

△　最初みんなと約束した時いばっていたでしょう。だから思い出してあんまりうれしくなかった。

△　約束やぶってたんだもの。

⑤　三郎はどうすればよかったのか。

○　みなさんが三郎さんだったらどうする。

△　わたしはあやまる。

○　なんといってあやまるの。

△　次の日ごめんねってあやまる。

△　わたしも次の日に外国へいく船に乗っているおじさんが来て行かれなかったの，ごめんねってあやまる。

△　ぼくだったら，おじさんにちょっと待っててねって，行かれないってことわってから行く。

○　行く前にことわるの。

△　行く前にことわってからおじさんと行く。

○　Ｋさんだったらどうする。

△　おじさんのほうをことわる。

○　お友だちのほうをことわるのと，おじさんのほうをことわるのになりましたが，みんなに聞いてみましょう。手をあげてくださいね。

○　おじさんのほうをことわる人——（４人～５人と手をあげる。）

○　次の日にあやまる人——（２人～３人）

○　先にあやまる人——（大部分）

○　はいわかりました。いちばんいいのは先にことわることですね。そうすれば，だれも心配しないのね。

⑥　５時になった時よしおさんはどうしたか。

○　時計が５時になったらどうしたでしょう。

△　約束したから帰る。

△　みち子さんといっしょに帰りますといってことわる。

△　よしおさんはおかあさんと約束したんだから帰るといったの。

○　みなさんは遊びに行って帰る時刻の約束をおかあさんとしますか。

△　わたしは６時。

△　ぼくは５時。

△　電気がついたら。

△　ぼくはしない。

（めいめい好きなように自由に答える。）

○　今まで帰りの時刻を約束していなかった人は帰る時刻をおかあさんと約束しましょう。それから，帰る時刻も守らなければなりませんね。

△　ぼく守っているよ。６時に約束してある。

○　６時はちょっとおそくないでしょうか。どうです。５時ぐらいに。

△ (うなずく)

⑦ よしおの約束をどう考えているか。

○ よしおさんのことでよいと思うことありますか。

△ よしおさんはおかあさんに聞いてからと言った。ぼくも聞く。

△ お庭のお花を持って行ってあげた。

△ おかあさんと約束した。6時になったので帰りますといった。

○ 三郎さんをよしおさんに比べて考えてみましょう。

△ 三郎さんはみんなと約束したが行かなかった。

△ よそへ行っちゃったからだめ。

△ よしおさんはおかあさんに聞いてから決めたの。

△ だからよしおさんのほうがいい。

⑧ 自分たちの経験を話し合う。

○ きのう，おうちへ帰る時友だちと何か約束しなかった。

△ 遊びに行くからねってKさんと約束した。

△ きょう勉強しようねってMさんの家へ行った。

△ 遊ぼうねってＩさんとした。

○ はい，Ｓさんは。

△ Ｒくんときょういっしょに遊ぼうねって約束した。

△ しなかったもの。

(ＳくんとＲくんと意見対立して言い合いになる。教師はなだめ役にまわる。)

○ 約束は，はっきりしましょう。どっちだかわからなくなったのね。ふたりともおりこうだから，仲よくしましょう。

○ 約束した人は守れましたか。

△ よそに行っちゃったから守れなかった。

△ でもね。あやまった。

○ ＨさんはＮさんと約束したんでしょう。Ｎさんが来なかった時どうしたの。

△ Ｎさんの家に行ったのね。戸がしまっていたのね。どこかに行ったと思ったのね。Ａくんがいたのね。遊んでたら，Ｎさんが来たので行ってみたら，ごめんなさいと言ったの。

○ Ｈさんの気持ちはどうだったでしょうね。

△ いやだなあと思う。

△ ぼくだったらおこっちゃう。

○ どうすればいいの。

△ 行く前にことわる。

△ いっしょに勉強できないでごめんねと言うの。

⑨ 板書の整理と話し合いのまとめ。

○ 約束はよしおさんのように守るほうがいい子ですね。

守れない約束はしないのね。でも約束して守れない時もあるからその時は早くことわらないと，相手の人は心配しますね。

○ それから，出かける時は，帰る時刻をおかあさんに言っておかあさんとの約束を守るようにするのですね。(板書のことばを読んでみる。)

○ 約束を守ろうというお勉強でしたが，これで終わりにしましょう。

〔指導後の反省〕

指導例1の場合は資料「約束を守ろう」を導入なしで展開の始めで扱った。この資料は文学作品と違い，スライドの組み方が，見て児童に問題を意識させ考えさせるようになっている。1年生にわかりよいし生活との結びつきも深いので授業の流れも円滑に運ばれる。教師の不手際で児童の日常生活の中に深くくい込むことができなかった。約束をやぶった時の相手側の立場や考え方についてじゅうぶん考えさせたかった。

(2) 展　開 (展開例2)

① 指切りをしてみせる。

○ 指切りげんまんしたことある人。

(多数手をあげる。)

△ ある。

○ Kさんしたことありますか。

△ Tさんとしたことある。

○ どんな時にやったの。

△ Tさんの家に行く時に鬼ごっこして遊ぼうと言った。

② その約束がうまく守れたかどうか話し合う。

○ Cさんどんな時。

△ 遊ぶときにしたの。

○ KさんがTさんと遊びましょうと約束する。その時にただ遊ぼうと言うだけですか。

△ ……。

○ Tさん。

△ 野球しようというの。

○ 女の子は？ Y子さん。

△ 何時ごろ遊びましょうと言います。

○ 何時ごろと約束したら守れましたか。

△ S子さんなかなか来なかった。

○ S子さんどうしたの。

△ 頭が少し痛かったの。

○ Y子さんどうしたの。

△ びょういん行ってから，遊んだの。

○ Bさん。

△ 焼けあとを見に行く約束をしたの。

○ それでどうしたの。

△ 来なかったの。Dさん来なかったの。

○ Bさんにあとでどうしたのって聞かれたの。

△ 聞かれない。

○ 聞かれたらどうする。

(待っていた事情を話す。)

△ Bさんの隣が火事だったので，焼けあとをいっしょに見に行こうっていったんだけど，Dさんなかなか来なかったの。

○ 何時ごろ行きましょうって約束したの。

△ しなかった。

○ いつまで待っても来ない。それでも待っていたの。

△ 違う。焼けあとでEさんと遊んだの。

○ どうしたのと翌日聞かれたらどうする。

(間をおく)

△ 忘れたという。

△ 原っぱで遊んだの。

○ G子さんだったらどうします。(大きい声で)

△ ごめんなさいという。

△ きのうは遊べなかったからきょう行くね。

(指切りをさせて)

○ 何か約束しますか，何を。

△ 時間を守る。

○ 約束したが守れなかったようなことがありますか。

△ ある。おかあさんが出かける用事のとき。

△ おかあさんが急にぐあいが悪くなってお使いに行ってちょうだいと言われたとき。

△　勉強の時間がすんでおそくなったとき。

○　約束するけど，よくわからない時にどうしますか。

△　行かれないかもしれないと言っておく。

○　Mさんは。Fちゃんはどうでしょう。(いずれも声なし)

○　行かれるかどうかよくわからない時には，Hさんの考えどうでしょう。

△　いい。

○　おかあさんや先生，お友だちに何か約束しませんか。

△　おぎょうぎをよくするって。

△　字がきたないからきれいにかきましょうとおかあさんと約束した。

△　はいと返事をすることの約束をした。

③　約束を守らなかった時の相手の人のことについて。

○　Fちゃんはよそへ行った時，必ず4時には帰ってらっしゃいとおかあさんと約束したけど守れた時と守れない時があるそうです。守れなかったらどうでしょう。

△　ごめんねとあやまるの。

△　おかあさんが心配する。

△　ぼくね。Dさんと8時半まで遊んだ。家に帰っておかあさんに「こんなにおそくまで遊んでどこに行っていたの。」「公園に行っていた。」とうそをついたの。それで学校に行くまでにほんとうのこと言ったの。

○　今はBさんのお話でした。8時半じゃ心配しますね。

△　ぼくは電気がついたら帰ってくる。

○　Fちゃんの家にいなかったから，めずらしい人が来た。Fちゃんの大きくなったのが見たいなあとまっている。来ないと……。

△　迷惑する。

○　だから約束は守らないとだめね。Dさんはほかのところに遊びに行

っちゃったんですって。次の日，もしどうしたのって聞かれたら，みんなならどうしますか。

△　忘れちゃった。

△　ごめんねと言う。

△　原っぱで遊んじゃった。

△　きのう行かれなかったからきょう遊ぼうね。

④　スライド「やくそくを守ろう。」を見て話し合う。

○　ではスライドを見て考えましょうね。

(スライド「やくそくを守ろう。」を見る。(12分))

○　今のスライドは何年生くらいでしょう。

△　1年生，2年生。

○　みんなくらいですね。

○　みんなもおたんじょう日によばれたことありますか。よしおさんは何と言ったの。

△　おかあさんに聞いてから。

○　みち子さんは行きましたか。

△　行った。

○　お友だちに何て進めたの。

△　ここで決めちゃえって言ったの。

○　必ず行くよって言ったのは？

△　みち子さんと三郎さん。

○　三郎さん行けましたか。

△　行けなかった。

○　なぜ行けなかったの。

△　おじさんと行っちゃったの。

○　三郎さんは楽しかったかな。

△　楽しくない。

○　どうして？

△　約束のこと考えていたから。

○　楽しくするためにみんなだったらどうしますか。

△　約束やぶったら，次の朝帰ってからごめんねとあやまる。

△　あとでことわる。

△　次の日，わけをいってごめんねって言う。

△　おなじ，おなじ。

△　あとでことわる。

○　ではごめんねと先にことわるのと，あとであやまるのとどちらがよいでしょうか。

△　先にことわる。

○　なぜ？

△　心配するもの。

△　迷惑だから先にあやまるの。

○　ひかるくんに早くことわるのね。約束する時には守れるかどうかよく考えてからするのね。もしつごうが悪くなったら，できるだけ早くことわるほうがよいのね。

よく考えてからしましょうね。

それではきょうのお勉強は「約束を守ろう」でしたがこれでおしまいにしましょう。

〔指導後の反省〕

○児童の身近な生活からはいったが問題がたくさん出て導入に時間がかかりすぎた。

○スライドの内容が児童の生活に結びつきが深いのでスライドを中心に授業を進めて深めていくとよかった。

○スライドの内容はよくつかめているが，生活にもどして話し合う時間がふじゅうぶんだった。

(3)　展　開（展開例3）

①　うちへ帰ってどんな友だちと遊ぶか。

○　みんな家に帰ってから友だちと遊ぶでしょう。

△　遊ばない。

△　勉強してから遊ぶ。

△　るすばんだもの。

（他におおぜい発言あり）

○　はい。Sちゃん。

△　6年の子Hくんと遊ぶ。

○　そう。6年の子と遊ぶの。

Yさんは。

△　Mちゃんやほくんちのおにいさんと遊ぶの。

○　では他の人は，はいU子さんは。

（聞きとれない）

○　では遊ぶ人決まっていますか。

△　たいていね。

△　はいNちゃんと遊ぶ。

○　Nちゃんはどう。

△　Lさん。

○　Cさん，Lさんはだれと遊ぶって？

△　Nちゃんと遊ぶ。

○　Hさんは。

△　Iさんと遊ぶ。

○　Iさんは。

△　Hくんと遊ぶの。

○　Fさんはどうですか。

△　(声は少さいが) 外に出て遊ばない。

△　ハハハ……はんたいだ。(数名おもしろがる)

○　ちっとも外へ出ませんか。

△　時々外で遊ぶ。

○　その時はだれと遊びますか。

△　たいていおにいさんとおるすばん。

○　ちっとも外へ出ない。

△　うん，おるすばん。

○　他の人は？

△　2組のKちゃんと遊ぶ。

○　あ，そう。Kちゃんは近くですか。

(児童，遊びのこと友だちのことでざわめく。)

○　みんなおうちの近くの人でなくて少し離れたお友だちと遊ぶこともありますか。変電所地区の人が学校地区の人と遊ぶとか。Dさん。

△　Tくんと。

○　そう変電所地区と観音寺地区ですね。どんなことをするの。

△　Tくんとせいきやったり，リヤカーやったりして遊ぶの。リヤカーをひっぱるの。(手まねしながら説明する)

○　Tさんが行きますか，あなたが行きますか。

△　行くこともある，でもね。

○　お友だちがふえたでしょう。

△　22人もいるもの。

△　41人もいるもの。　　　　　　　　　(以上5分)

② 約束が守れた時，守れなかった時。

○　お友だちと遊ぶとか，お勉強の約束をすることがありますか。

△　あるよ。(少数の児童)

○　この組の人でなくてもいいですよ。

はい，Gさん。

△　Aくんとしたの。

○　みんなで聞いてくださいね。Aさんとどんな約束したの。

△　Aさんといっしょに計算ドリルをしようねって。

○　それが，はいAさん。

△　えーとね，計算ドリルをいっしょにやろうって言ったの。

○　どこで。

△　Gくんのところで。

○　いつやりましょうって，時間の約束したの。

△　しなかった。

○　じゃ，昼とか夜とか約束したの。

△　昼。

△　でもかばんをおいてからすぐやろうねっていったの。

○　それでもいいでしょうね。他の人は勉強で約束したことあるの。

△　ないなあ。

△　3年のO子ちゃんに勉強を教えてもらう約束したの。

○　教えていただけましたか。

△　わかんない所だけ教えてもらった。

○　それであなたはどう思いましたか。

△　O子ちゃんのことやさしいと思った。

○　他の人は，Bさん。

△　あのね，Pくんドリルがわからないから教えてあげた。(Pくんとは長欠の児童)

○ Pさん長いこと休んでいたからね。
今のは勉強の約束ですね。みなさんは勉強だけしていますか。

△ 遊ぶほう。

○ 遊びと勉強とどっちが多いでしょうね。

△ 遊ぶほう。

△ 勉強のほう。

○ 家に帰ってから遊ぶほうが多い人。(挙手)
しょうじきに言ってごらんなさい。
(10名くらいだんだん挙手が多くなり半数以上。)

○ 勉強が終わってだれと遊びますか。

△ おにいさん。

○ みなさんは地区で並んで帰るでしょう。その時に遊ぶことで約束したことはありませんか。Qさん。

△ 中学1年の子と3年のね。3年じゃなくて1年のね(?)と遊ぶ。

(以上15分)

○ 約束はいつも守れていますか。

△ おかあさんが用事ができてどこかに行く時だめになるの。

○ そう，だめになるの。遊ぼうと約束するけど，おかあさんの用事ができて遊べない時はどうしますか。

△ 遊ぼうという前に，きょうは遊べないからまたねとことわる。

○ 友だちはどんな顔をしますか。

△ じゃ，またあしたね，という。

○ じゃね，Qさんお友だちを待たせておくことがありますか。

△ おかあさんがどこかへ出かけるから，とその前にことわる。(あとは声が小さくて聞きとれない。)

○ Qさんのお話わかりますか。

△ わからない。

△ 聞こえないもの。

○ では，先生が言いましょうね。Qさんは約束が守れなくなることがあるんですって，そういう時にどうしましたか。

△ またあしたね，とことわる。

○ みんなはどうですか。

△ Qくんと同じ。

○ ではFさんはどうですか。

△ おにいさんが朝言わなかったから知らなかったからDくんと遊ぶ約束をした。家に帰ったらおにいさんが西戸山に行こうっていったので出かけたらDくんが来た。……ことわった。(口々に聞こえないという。)

③ 自分の気持ちについて考え話し合う。

○ FさんはDさんとのことですね。Dさんお話してください。

△ 約束しちゃってたばこやのところで待っているよって言った。なかなか来ないのでFくんの家に行ったら，どこかへ行くのでまたあしたねっていった。

○ その時あなたは？

△ 帰っちゃったの。

○ Dさんはどこで待っているって約束したの。

△ たばこやのかど。

○ (たばこやのかどの絵を板書しながら)ここに立っていてDさんは何を考えていたのでしょう。このたばこやのかどとFさんの家とは近いのね。

△ どうしたかなあ。

△ でも約束した場所だもの，待っている。

△ 早く来ないかなあ。

△　きょうは遊ばないのかなあ。

△　何か用事ができて来られないのかなあ。

△　来ないからきょうは遊ばないのかなあ。

○　Ｄさんはどんな気持ちでしたか。

△　わすれちゃった。でもいやだった。

○　他の人は？

△　帰っちゃおうかなあ。

○　こんなに待たされたらどうしよう。

△　もう待つのいやだなあ。

○　もう待つのいやだなあと思う人。

（みんな手をあげる。）

○　こういう気持ちになった人ありますか。

△　はい，あります。（7，8人挙手）

○　もし自分がＦさんだったらどうしますか。

△　Ｄくんが待っているんだから，そんなに待たせちゃ悪いから行こうと思う。

○　どうする。Ｗさんなら。

△　ことわる。

○　他の人は？

△　早くことわる。

△　行ってことわる。（いわれちゃったを声7，8人賛成の意を現わす。）

△　行くこと知らないで約束したら悪いと思う。

○　そんなに遠くないのよ。どうしますか。

△　行ってことわる。そうそう（と10人から15人くらい挙手）

○　この時に時間の約束もしましたか。

△　勉強がすんで1時間半くらいしてねって。（Ｄくん）

○　みんな時間の約束しますか。

△　します。（半分以上）

○　時間の約束をするとよいですね。たいせつなことです。おくれないようにどんな約束かを考えるのね。

○　守れない時はどうですか。

△　悪い。

△　いやな気持ち。

○　守れないことも約束しますか。する前によく考えてしたほうがよいでしょうか。

△　よく考える。（数名）

△　守れないと迷惑する。　　　　（以上33分）

○　それでは約束を守ろうというスライドを見て，それに出てくる人はみなさんと比べてどうだろうか。考えながら見ましょう。

○　スライド「やくそくを守ろう」を見る。　　　　（以上45分）

〔指導後の反省〕

児童の身近な生活から導入し，生活経験を発表させたが，児童の発言を取り上げてやり，できるだけ児童全員に検討させたいと思ったが，ややもすると1対1の問答になる傾向になりやすい。

児童の生活経験を発表させ，その中から，どれを選んでどのような形でなげかけるかについてくふうしたがＦくんとＤくんの約束が適当だったのでこれで深めていった。

スライドを見てあとの話し合いのないのは惜しい気がする。

Ⅲ　考　察

道徳の時間をおえて教師間で話し合った結果

(1)　指導過程の対比

間接資料の出し方を変えて三つの流し方を試みた。(1)の展開は，いきなりスライド「やくそくを守ろう」を見せることからはじまり，中心内容を深くほりさげ，児童の生活にもどす方法をとった。

(2)は身近な生活から導入し間接資料スライド「やくそくを守ろう」を見せ，その中心内容をほりさげ，児童の生活にもどる。いいかえれば生活からはいって生活にもどる方法をとった。

(3)は身近な生活から導入し，生活経験を発表させ，ねらい達成に適当な事例を取り上げて深めていき，終末の段階で間接教材スライド「やくそくを守ろう」を見る方法をとった。

(2) 指導後の反省比較

ア　展開例(1)の場合では1年生は視聴覚的な目に訴えるものはわかりよいし，興味や関心も深い。この間接資料は内容が平易で理解も容易である。児童の生活に結びつく内容が多く含まれているのでいきなりスライドを見せた。その中心的内容を深めて児童の生活との結びつきをもたせ，生活にもどす流し方をとったのであるが，これはよい方法だった。

イ　展開例(2)の場合は身近な生活から導入して間接教材を見せ，児童の生活にもどる展開のしかたで適切ではあるが，導入に時間をかけすぎた。

中心のねらいのほりさげが大ざっぱになりやすい。前半に力がはいりすぎないように留意したい。

ウ　展開例(3)の場合は児童の身近なことから導入し児童の生活経験を発表させ，その中からねらいに適当な事例を取り上げ，これを中心にほりさげようとした。適当な事例を取り上げることは困難であるから，事前にある程度用意しておくことがたいせつである。

ここの展開ではFくんとDくんの約束の事例，待つ身のつらさ，待たせて平気といった両者を対比し，考えさせようとしたのであるが，この素材では話し合いは発展しない。(2)の場合も同様であるが，教師は事前に話し合いの素材を中心資料のほかに用意しておくことがよい。

また教師の発問のくふうもたいせつである。

エ　間接教材を終末の段階で見せることについては，児童がここまでの話し合いでじゅうぶん深まっていれば効果はあろうが，取り上げる位置が不適当である。

オ　そこで三つの展開例を比較検討すると，この期の児童でこのねらいを達成する間接教材の場合には，スライドをいきなりみせる展開のしかたのほうがきっかけができ共通のものとして円滑に展開する。

カ　展開例(2)と(3)では(2)の場合の導入を軽く扱い，中心内容のほりさげに重点をおき，生活にもどす方法をとれば(2)のほうがよい。

キ　展開例(3)は生活経験の中からきっかけをもつことがなかなかくふうを要するし，話し合いが長いので途中にざわめくことも見られる。終末のスライドは静かに興味深く見ている様子が見られた。

視聴後の話し合いがなかったのは惜しい。

ク　展開に変化をもたせ，興味や関心を深めながらねらいを達成するには(1)の場合が最もよく，次に(2)であろう。

第4節　資料の一覧表について

34年度指導計画における資料を取り上げる立場は，第2章第3節以下に述べてあるとおり，いくつかの素材，資料を豊富に用意し，教師の自由選択に任せるといった形でおさえてきたため，道徳の時間の指導過程のどの段階に位置づけ活用するかといったことを明確にするところまでにはいたっていなかった。

また，35年度の研究テーマとして取り上げた「資料の研究」も結果的には「素材研究」の線にとどまったといえよう。そこで，37年度には，道徳の時間の指導計画を，指導過程を具体化した展開の例を作成することにまでしぼり，それに合った最も効果的な資料を精選し，指導過程の中に位置

道徳主題一覧表

資料（図表1）第1学年

月	No.	主題名	主目標	副目標	主題の特性（中心となる指導方法，資料など）			時間数
4月(2)	1	学校のいきかえり	1	6, 29	視聴覚	スライド	「あぶない道」 学研 No. C-428	2
5月(3)	2	おかあさんありがとう	33	25	視聴覚	紙しばい	「おかあさんありがとう」 童心社	1
	3	よいことば	3	15	視聴覚	絵話	「ごあいさつ」自作	1
						紙しばい	「ふしぎなめがね」 教育画劇	
	4	みんななかよく	26	13	視聴覚	けんかの例		1
						紙しばい	「けんかのはじまりなんだったけ」童心社	
6月(4)	5	きれいなからだ	1	4	視聴覚	紙しばい	衛生検査表，紙しばい「ふしぎなめがね」 教育画劇	1
	6	きれいにしましょう	4	1	視聴覚	絵話	「かばんのひとりごと」 自作	1
	7	雨の日のあそび	29	21	視聴覚	絵話	「内遊び」 自作，天気しらべ	1
	8	学級文庫の使い方	32	5	話し合い	寸劇	「本のあつかい方」 もっともよいやり方と悪いやり方	1
7月(2)	9	いきものをかわいがろう	16	9	視聴覚	絵話	「小さな友だち」 自作	1
	10	かねがなってるよ	6	2	読み物	図書	「鐘がなっているよ」 自作	1
							「カント」 東書国語 6のII ローマ字教材	
9月(3)	11	わたしのしごと	31	19	読み物	図書	「てつだい」 作文1年生，小山玄夫，佐藤茂夫著 P. 73	2
						絵話	絵を4枚，学級の係りの表	
	12	うんどうかい	12	29	視聴覚	絵話	「うんどう会」 自作	1
10月(3)	13	たのしいえんそく	32	29	視聴覚	スライド	「たのしいえんそく」 都 No. 88	1
					視聴覚	スライド	「みんなのこうえん」 学研 C-236	
	14	あやまち	13	28, 10	視聴覚	絵話	「花びん」 自作	1
	15	うしわかまる	19	12	読み物	図書	「うしわかまる」 読み物利用の指導 文部省	1
11月(4)	16	どうぐをたいせつに	5	32	視聴覚	絵話	「おさるの大工さん」 自作	2
	17	こまったときのこと	28	13	視聴覚	スライド	「だれがこわしたの」 学研 No. C-667	1
	18	しまのおさるたち	31	4	視聴覚	スライド	「しまのおさるたち」 日本光芸	1
12月(3)	19	じぶんでできること	2	4	視聴覚	紙しばい	「おおさまとけらい」 童心社	1
	20	おてつだい	31	33	視聴覚	絵話	「おてつだい」 自作	1
	21	お正月	14	5	読み物	図書	「おとしだま」 たのしい道徳文庫図書明かるくのびる子，1年生 P. 170～180東西文明社	1
1月(3)	22	おきゃくさま	3	15	劇化	ごっこあそび	ごっこに必要な諸道具（かんたんな茶道具ござ，ざぶとん）	1
	23	ありとはと	24	26	視聴覚	絵話	「ありとはと」 自作	2
2月(4)	24	きゅうしょくのおばさん	25	26	視聴覚	絵話	「きゅうしょくのおばさん」 自作	1
	25	やくそくをまもろう	10	6	視聴覚	スライド	「やくそくを守ろう」 日本光芸	1
	26	ないた赤おに	26	13	視聴覚	スライド	「泣いた赤おに」 学研スライド No. C-385	1
	27	こどもかい	21	26	読み物	図書	東書国語III「たんじょうかい」	1
3月(3)	28	わたしのすきな人	7	26	視聴覚	スライド	「良寛さまとかくれんぼ」 日本光芸	2
					視聴覚	絵話	「良寛さまとおじぞうさん」 自作	
	29	もうすぐ2年生	19	25	読み物	作文	「もうすぐ2年生」 1年間の成績物	1
34時								

— 192 —

資料（図表2）第2学年

月	No.	主題名	主目標	副目標	主題の特性(中心となる指導方法，資料など)			時数
4月	1	力を合わせて	31	30	視聴覚	スライド	「てあしといぶくろ」 学研 C-352	1
	2	じゅんばんを守ろう	29	32	読み物	絵・作文	手あらい・くつ箱などの絵	1
	3	草花のせわ	16	2	話し合い	飼育日誌等	花だんや小鳥，係りの日記や絵，ポスター	1
5月	4	子どもの日	15	14	視聴覚	スライド	「こどもの日」 学研 C-570	1
	5	春夫君のけが	1	29	視聴覚	絵話	「春夫君のけが」自作，写真新聞切りぬき	2
6月	6	みんなで使うもの	32	5	視聴覚	絵話 スライド	「わたしは机です」 自作 「のりもの・公園のエチケット」 学研 225	2
	7	あそびのくふう	21	1	視聴覚	スライド	「あぶないあそび」学研C-698	1
	8	からすのものまね	8	2	読み物	図書	「からすのものまね」講談社，世界名作童話全集	1
7月	9	たのしい夏休み	6	8	話し合い	行事予定表等	行事予定，児童会の決まり	2
9月	10	あらしの日	24	26	話し合い	災害写真	災害の写真，新聞の切りぬき，「ありとはと」の絵	1
	11	もう一度やってみよう	12	20	読み物	作文	「もう一度やってみよう」	1
	12	うんどう会	14	15	視聴覚	映画	「うんどう会」 自作	1
10月	13	しまつよく	4	8	視聴覚	絵話	「しまつよく」 自作	1
	14	おじいさんおばあさん	25	33	読み物	図書	「おばあちゃん」あじさい6集	1
	15	友だちのあやまち	7	28	視聴覚	紙しばい	「三太と友だち」自作	1
11月	16	みんななかよく	26	24	視聴覚	スライド	「みんななかよし」 絵「泣いた赤おに」	2
	17	ただしいみなり	3	14	話し合い	アンケート	親の意見，こどもの意見	1
	18	じぶんのことはじぶんで	2	31	視聴覚	スライド	「自分のことは自分で」	1
12月	19	いなばのしろうさぎ	13	24	読み物	図書	「いなばの白うさぎ」 おはなしきょうしつ1年生 P. 19. 金の星社	1
	20	お年だま	5	20	視聴覚	絵話	「絵話」自作 児童作文	2
1月	21	国のおいわいの日	35		話し合い	カレンダー新聞の切りぬき	新しい年のカレンダー，元旦や成人の日などの新聞	1
	22	ななつほし	24		読み物	図書	「ななつほし」 トルストイ童話，あかね書房	2
2月	23	わたしのうち	33	31	読み物	図書	「生活する子ら」 小峰書房 児童作文	2
	24	金のおの	10		読み物	図書	「木こりとマーキュリー」 絵話「正夫君のやくそく」自作	2
3月	25	学校でおせわになった人	25	3	視聴覚	切りぬき紙	切りぬき，絵，警備員日誌	1
	26	もうすぐ3年生	19	18	視聴覚	教科書 絵巻物	新しい教科書 1年間の絵巻物	2
35時間								

— 193 —

資料（図表3）第3学年

月	No.	主題名	主目標	副目標	主題の特性（中心となる指導方法，資料など）			時数
4月(3)	1	友だちどうし	26	7 27	視聴覚	スライド	「なかまはずれ」学研 No. 381	2
	2	私たちの教室	4	2 20	読み物	図書 アンケート	「わたしたちは考える」子どもの生活シリーズ P. 70～71. 田島定雄著，牧書店 「おかあさんの希望」	1
5月(3)	3	学級会	2	14	視聴覚	絵話 日誌	「そうじ当番」自作 学級日誌	2
	4	明るい心	15	3	読み物	図書	「おはなしのすきなハンス」2年のえらい人の話・道徳編 P. 46～58 熊谷更新著，小学館	1
6月(4)	5	フランダースの犬	16	9 17	視聴覚	スライド 理科	「フランダースの犬」学研 No. C-59 「草花のせわ」理科3年，大日本図書	2
	6	私の生活表	6	20 29	読み物	図書	「私たちは考える」子どものシリーズ第2集2 P. 109～111 桑原三郎著，牧書店「宿題」	2
7月(2)	7	けんきゅうノート	21	18 22	読み物	図書	「かすりもようを考えた少女」新しい道徳逸話集，2年，P 8～16 山本和夫著，偕成社	1
	8	夏の健康	1	29	話し合い	作文	「おなかをこわした時」「おたふくかぜ」「しなければよかった」	1
9月(3)	9	としよりの話	25	35	話し合い	作文 行事	「おとうさんにきいた話」あたらしい社会「のうかのくらし」3年上，東書 老人の日	2
	10	よごれた遊園地	32	7 31	視聴覚	絵話	「西戸山公園」自作	2
10月(4)	11	人の気持ち	7	24 28	読み物	図書 作文	「クラスの広場」道徳の研究授業 P. 89 宮田丈夫，小林信郎，松村謙編集，新光閣書店 「いやなこと」	2
	12	私のかんがえ	8	11	視聴覚	スライド	「こわれたお面」学研 No. 367	2
11月(3)	13	まごころ	10	12 19	読み物	図書	「おとぎばなしのおじさん」世界の偉人ものがたり，P. 19～22 中山信夫著，羽田書店	2
12月(3)	14	ピノキオの行ない	11	9 13	視聴覚	スライド	「ピノキオ」学研 No. C-21，「雪合戦のできごと」道徳時間のお話集 P.283 東洋館出版社	2
	15	おこづかいのゆくえ	5	20	話し合い	調査	こづかいしらべの表	1
1月(3)	16	エチケット	3	14 34	劇化	調査 日記	「たんじょう日」あたらしい国語3年I 東書 「母親から担任へ」学級日記，児童日記	2
	17	私はこんな人になりたい	19	12 23	読み物	図書	「七少年のころ」あたらしい国語3年I東書「2年のえらい人の話」道徳編 P.14～23 小学館	1
2月(4)	18	小さなしんせつ	24	7 26	読み物	図書 作文	「クオレ」世界文学全集 24 P. 199～201 講談社 「しんせつ」	2
	19	人のとくちょう	18	13 19	読み物	図書	「友情」羽仁説子著，学校図書館文庫 P. 176～177	2
3月(3)	20	いろいろな国の人	36	7 35	読み物	図書	「国歌のなつかしい思い出」よい子のエチケット P.181 山室民子著，学校図書館文庫	1
	21	少年金次郎	31	12	読み物	図書	「二宮金次郎」りっぱな人のはなし，P.74～85 小川未明，木下一雄，金田一京助著，小学館	2
35時間								

資料（図表4）第4学年

月	No.	主題名	主目標	副目標	主題の特性（中心となる指導方法，資料など）			時数
4月(3)	1	学級のきまり	29		視聴覚	スライド 生活記録	「仲間はずれ」新しい道徳 小学校中学年 1～7,8～10 光芸社 1週目からのきまりの記録	1
	2	勉強と遊び	14	2	読み物 視聴覚	スライド	「あそびと勉強」新しい道徳 日本光芸社	2
5月(3)	3	アルプスの山の少女	17	24 26	視聴覚	スライド 絵はがき	「アルプスの山の少女」学研 No. C-30 各地の自然	1
	4	わたしたちの学校	34	2 9	読み物 話し合い	生活記録	学校要覧，卒業生の話，学級日誌，週番日誌，身近な問題	2
6月(4)	5	当番	20	9 13	読み物 話し合い	図書 生活記録	「わたしたちの当番」ぼくらの生活記録 国土社 当番の反省記録	2
	6	おともだち	26	13 28	読み物 読み物	図書 図書	「体そうの時間」クオレ物語 創元社 「てつぼうのけいこ」生活する子ら4年生 小峰書店	2
7月(2)	7	九九の勉強	21	26	読み物 読み物	図書 図書	「九九のべんきょう」生活する子ら4年生 小峰書店。「からだをつかうのが百姓ではない」ぼくらの生活記録5年生 国土社	2
9月(3)	8	住みよい学級	7	13	読み物	図書 作文	「学級児童会」わたしたちは考える 国土社 男女仲よい事例，学級日誌	2
	9	わざとやったんじゃない	28	26	読み物	自作	「わざとやったんじゃない」自作	1
10月(4)	10	よい遊び悪い遊び	13	5	読み物 視聴覚	スライド	「みんな仲よし」新しい道徳 日本光芸社	2
	11	燈台を守る人々	30	29	読み物	図書 児童作文	「燈台を守る人々」P. 46～49 好学社 「燈台を守る人々」を読んで	2
11月(3)	12	玉川兄弟	25	12	読み物	図書 写真	「玉川兄弟」光を掲げた人々 高楷書店 玉川兄弟の銅像，羽村取入口所在	1
	13	はたらく人々	31	25	読み物 視聴覚	児童作文 児童詩 説明図	「わたしのおとうさん」 「ごみやさん」 製品工程図解図	2
12月(3)	14	三日ぼうず	19	12	視聴覚	児童作文 紙しばい	「三日ぼうず」 「世界一の織機」教育画劇社	1
	15	リンカーン	11	13 7	読み物 視聴覚	図書 スライド	「リンカーン」世界伝記全集 偕成社 「どちらが正しいか」学研	2
1月(3)	16	ことしはこんなことをしよう	18	8 23	読み物	児童作文 分類表	「ことしはこんなことをしよう」 「ことしの希望」	1
	17	雨にも負けず	12	11 27	読み物	児童作文 図書	「失敗・困難の例」「成功した例」 「宮沢賢治」小学生伝記文庫 東洋館	2
2月(4)	18	みんなのもの	32	5 4	読み物	新聞記録	「くつを洗える駅の話」朝日新聞，声らん	2
	19	わたしたちの国	35	36	読み物	図書	「日本の美術のために」偉人の話 金の星社 「スイスの小旗」新しい国語4年II 東京書籍	2
3月(3)	20	わたしのしごと	9	29	読み物	図書 図書	「降り出した雨」道徳話材百選 小峰書店 「まくを引く少女」学校における道徳教育掲載 P.193～144	2
	21	1年間をふりかえって	8	21 13	読み物	生活記録	学級日記より	1
35時間								

資料（図表5）第5学年

月	No.	主題名	主目標	副目標	主題の特性（中心となる指導方法，資料など）			時数
4月(3)	1	よくない遊びにさそわれたとき	8	19	読み物	児童作文	「遠のり」	1
	2	われた窓ガラス	9	29	視聴覚	スライド 児童作文	「われた窓ガラス」 日本光芸 「飼育番当」	2
5月(4)	3	どちらが正しいか	28	7 24	視聴覚 読み物	スライド 図書	「どちらが正しいか」 学研 「一ふさのぶどう」 有島武郎著	2
	4	学校の仕事	30	9 31	読み物	児童作文	「わたしは委員になりたくない」	2
6月(4)	5	できなかった宿題	20	11 22	視聴覚 読み物	スライド 作文	「できなかった宿題」 学研	2
	6	くもの糸	13	28 7	読み物	図書	「くもの糸」筑摩書房「万年筆がでてきた」道徳指導のための話材12か月	2
7月(2)	7	遊びと勉強	21	18	読み物	図書	「ただいま勉強中」 あかるい道 5年 大阪書籍	2
9月(3)	8	学校のきまり	29	19	視聴覚	スライド	「博君の反省」 中央視覚教材社	1
	9	男子と女子の協力	7	26	読み物	児童作文	「男子から女子へ」「女子から男子へ」	2
10月(4)	10	ナイチンゲール	36	7	視聴覚	スライド	「作文ナイチンゲール」 学研 No. C-56	2
	11	発明発見につくした人々	22	21	視聴覚	スライド 作文	「豊田佐吉」 日本スライド 「夏休みの研究発表会の反省」	2
11月(4)	12	働く喜び	31	25	読み物	作文 図書	「ぼくはペンキ屋さん」 旧東書5のII 「住みよい社会を作る人たち」 P. 34～43 新潮社	2
	13	リヤ王	10	26	視聴覚 読み物	スライド 児童作文	「名作物語，リヤ王」 学研 No. C-6	2
12月(3)	14	なかま	11	10 20	視聴覚 読み物	スライド 図書	「なかま」 学研 「私は弱虫か」 東書，新しい生活	2
	15	助け合い	24		読み物	新聞 図書	「新聞切りぬき」 毎日 37. 11. 26 「星はかがやく」 善行会	1
1月(4)	16	野口英世の少年時代	12	8 19	視聴覚 読み物	スライド 図書	「野口英世の少年時代」 学研 「並河成資」 新しい国語5の1	2
	17	*親友	26	7 24 10	視聴覚 読み物	スライド 図書	「走れメロス」 日本光芸 「少年イリューシャ」大日本図書	2
2月(2)	18	こわれた机	32	3	視聴覚 読み物	スライド 読み物	「ガラスのかけら」 学研 「こわれた机」 自作	2
3月(2)	19	わたしの希望	19	13 3 18	読み物	図書	「ノーベル伝」 中学国語1 「雨にも負けず」	2
35 時間	*は1月～2月にわたって指導する。							

資料（図表6）第6学年

月	No.	主題名	主目標	副目標	主題の特性（中心となる指導方法，資料など）			時数
4月(3)	1	自主自律	8	19 23	読み物	図書	「ぼくの12条憲法」 生活する子ら6年 小峰書店	2
	2	生活ときまり	29	9	読み物	児童作文	「さよなら放送」 自作，日々の反省記録，学級のきまり	2
5月(4)	3	明かるい学校	30	26	読み物	図書	「私をボスにしないで」 生活する子ら6年生 小峰書店 「部落にボスはいなくなった」 子供と文学を結ぶ会 宝文館	2
	4	自由と責任	9	7 26	読み物 視聴覚	図書 スライド	「しんせつな心」 子どもの生活シリーズ (2) 美しい心人間らしい生き方，古谷綱武著，牧書店 「われた窓ガラス」 学研	2
6月(5)	5	開校記念日	34	17 22	読み物	児童作文	「卒業生のお話」 4題，卒業生作文	1
	6	公徳心	32	1	読み物	児童作文	「よごれた手洗い場」 児童作文 「きれいな町」 児童作文	2
7月(1)	7	私の考え	18	2	読み物 視聴覚	図書 スライド	「ランプそうじ」 宮沢賢治，伊藤佐喜雄著，偕成社 「遊びと勉強」 日本光芸	2
9月(3)	8	ゆうわく	11	20	視聴覚 読み物	スライド	「なくなったボール」 学研 ゆうわくされた事例，児童作文	2
	9	日本をみつめよう	35	36	読み物 視聴覚	図書 調査	「青い目ちらり，ちくり」 東京オリンピック準備委員会	1
10月(4)	10	人類の幸福	36	17	読み物 視聴覚	図書 スライド	「野口英世」世界伝記全集〕金子 「シュバイツアさん」 〃 〕書房 「志をたてて」 学研	2
	11	友情	26	7	読み物 視聴覚	図書 スライド	「少年イリューシャ」 ドストエフスキー原作，大日本図書 「忠告」 スライド，東京都教育委員会	2
11月(4)	12	働く詩	31	25	読み物	詩	「山イモ」「水」の詩，大関松三郎作。「働く人」 児童の詩	2
	13	進取	23	19	読み物	図書 児童作文	「福沢諭吉」 吉田与志雄著，偕成社。 「成功のよろこび，失敗」	2
12月(3)	14	子じか物語	17	16 33	読み物 視聴覚	図書 写真	「子じか物語」 世界名作全集 (63) 講談社 外国で保護されている動物写真	2
	15	助け合い	24	36	読み物 視聴覚	図書 写真	「ペスタロッチ」 偉人伝文庫2. 池田宣政著，ポプラ社 歳末助け合いの写真集，ユニセフの感謝状	1
1月(3)	16	人間の尊重	7	36	読み物	図書	「アンクルトム」 北川千代著，少国民文庫，講談社。「シュバイッアー」山室静著，講談社	2
	17	*将来の希望	19	12	読み物	図書 新聞	「和井内定行」 佐々木千之著，ポプラ社。「日本人の手」14 新聞記事（日経）	2
2月(3)	18	最後の授業	35		読み物	図書	「最後の授業」 道徳時間のお話集 東洋館発行	2
3月(2)	19	記念の木	34	25	読み物 視聴覚	詩 スライド	「記念の木」 児童の詩 「6年間お世話になった人」 日本光芸	2
35 時間	*は1月～2月にわたって指導する。							

づけたわけである。

1　資料の一覧表について

上に述べたような立場から，各学年に配当された主題の再構成の具体的な作業が進み，展開の例を作成するにいたって，主題の性格や，各学年の児童の発達段階や実態に合わせ，指導する問題場面などに応じた最も効果的な指導の方法を考え，その方法にあった資料を精選し位置づけたものが，37年度指導計画に盛られた「展開の例」であるが，これに盛られた本校の各学年の主題のおもな指導の方法と，資料を一覧表にまとめることになった。これは，各主題の特性を明確にするため，また，資料の準備の際の便を考えたためである。各学年ごとの資料一覧表（資料図表１～図表６）をしるした。

本一覧表は，年間配列，月別時間数，主とするねらいと副とするねらい，主題の特性（おもな指導の方法，資料）時間数などを容易につかむことができるように考慮して作成されている。

2　指導の方法と資料の分析

(1)　指導の方法についての分析

展開例の中に取り上げられたどの主題を検討してみても，ただ一つの指導の方法のみに終止しているものはなく，２～３の方法が組み合わされた展開となっているのが現実であるから，上にしるした資料の一覧表からは，各主題の特性のすべてをつかむことは困難であるが，この一覧表に現われた各学年のおもな指導の方法を集計し整理した結果は次のようなものとなった。（資料図表７）

下の表では，各主題のおもな指導の方法と考えられたものを１～２取りあげて（第４学年以上では，２時間扱いのものの各時間の特性を取り上げてある），主題の特性をつかもうとしたため，指導過程に対応したもの，たとえば，視聴覚→話し合い，話し合い→視聴覚→話し

合い。読み物→話し合い，話し合い→読み物→話し合い，あるいは，これに他の方法が組み合わされた形のものが現われてこないが，学年ごとにみると児童の発達段階に即した効果的な指導の方法の違いなど，いくつかの傾向をつかむことができよう。

資　料（図表７）　おもな指導の方法（主題の特性分析）

	おもな指導の方法					
	話し合い	説　話	読み物	視聴覚	劇　化	実践活動
１学年	1	0	6	22	1	0
２学年	4	0	8	14	0	0
３学年	3	0	11	6	1	0
４学年	2	0	20	7	0	0
５学年	0	0	15	11	0	0
６学年	0	0	19	9	0	0

たとえば，低学年においては，視聴覚教材を利用したものが多く，読み物を利用した主題が比較的少なく，高学年になるにしたがって読み物を利用した指導が多くなっているが，これは，低学年においては，具体的に直接見たり聞いたりでき，興味をいだくことのできる視聴覚教材を利用するのが効果的であり，中学年においてはだんだん自立的になり，読解力の向上などにつれて，読み物――童話・伝説など――の利用が効果をあげることをねらうようになり，高学年では，さらに，読み物の質が高まり物語伝記などを利用して指導の効果をあげることをねらっていることを示している。

また，説話と話し合いについて言えば，資料の扱い方により，確然とした区別はつけられぬのではあろうが，資料を広い面からおさえて，短時間に豊富な内容を与えたり，児童の興味や関心に応じて話を進め，知識を明確にしたり，感銘を与え，心情を養なうことをねらう

場合には説話が効果的なものであると考えた。また，話し合いにおいては，話すことと聞くことが並行して行なわれ，問題の理解を深めることができ，自発的な判断もつき，思考も的確にすることができるし，また，同時に児童相互の協調・協力性を高め，集団の道徳性を高めることができるのであるが，説話の指導の場合でも話し合いの指導の場合でも，低学年においては，問答式の形で扱い教師と児童の問答をかわすようにし，児童が常に受け身の態勢で終始しないようにすることがたいせつである。さらに，中学年をへて高学年になるにしたがい，児童対児童で自主的に問題を解決しようとする立場で，すべての児童が話し合いに積極的に参加するように指導することがたいせつであろう。また，上の表の結果では，高学年で話し合いが少なくなっているが，これは視聴覚教材や読み物教材を利用した際の前後の話し合いが集計上には現われないからであり，話し合いが軽視されているのではなく，むしろ，視聴覚教材や読み物教材の利用前後の話し合いの中に効果的な道徳の指導がなされるという考え方に立っているわけである。

また，劇化や実践活動を通しての指導が全学年を通してたいへん少ないようであるが，指導計画の「展開の例」の指導過程を見れば明らかなとおり，

第１学年における，

No. 8 「学級文庫の使い方」㉜，⑤

No. 14 「あやまち」⑬，㉘，⑩

No. 22 「おきゃくさま」③，⑮

などの指導過程においては，寸劇，役割劇，ごっこなどの形で取り扱っている。また，

No. 1 「学校のいきかえり」①，⑥，㉙

No. 3 「よいことば」③，⑮

No. 5 「きれいなからだ」①，④

No. 6 「きれいにしましょう」④，①

No. 7 「雨の日のあそび」㉙，㉑

No. 11 「わたしのしごと」㉛，⑲

No. 12 「うんどうかい」⑫，㉙

No. 16 「どうぐをたいせつに」⑤，㉜

No. 19 「じぶんでできること」②，④

No. 20 「おてつだい」㉛，㉝

No. 21 「お正月」⑭，⑤

No. 27 「こどもかい」㉑，㉖

などは，おもな指導の方法としての集計上では現われてはこないが，整理の段階つまり発展的な指導の段階として実践化，習慣化をめざした実践活動の指導を考えているのである。特に，日常生活の基本的行動様式の指導にあたっては，「主題の年間配列の項」や，「他の教育活動との関連」で述べたとおり，「道徳の時間と他領域の教育活動との交流」の視点から，積み重ねの指導，くり返しの指導を考えている。

しかし，道徳の時間と，日常生活の実践の指導との違いを考えてみると，道徳の時間においては，教室内での指導であるという制約があるため，事例的に扱うことが主となることが考えられ，教室を離れた現場での指導を含めることには種々の困難点やむだが考えられるにいたった。そこで，特に低学年の日常生活における基本的行動様式を指導するには，視聴覚教材を利用して実際の方法を教えたり，主題の指導に望ましい，正しい方法を教師が示範したり，代表の児童の実演などを通して指導することがよいという結論にいたった。

(2) 主題の展開例における資料の位置づけについて

37年度指導計画において各学年の主題に盛られた資料を，展開の過程（指導過程）の中で，どの段階において活用しているかを分析し検討した結果，次のような表が得られた。（注　ただしこの表に取り上げた資料は上に述べた「資料一覧表」にあげられたものだけではなく，指導計画の展開例に盛られている資料も加えてあるので「資料一覧表」の資料の合計数とは合致していない。）

資　料（図表8）　　指導過程における資料の位置づけ

	導入としての資料						展開に活用する資料						整理に活用する資料					
	スライド	紙しばい	絵話	読み物	劇化	記録写真(調査)	スライド	紙しばい	絵話	読み物	劇化	記録写真(調査)	スライド	紙しばい	絵話	読み物	劇化	記録写真(調査)
1学年	3	0	2	1	0	2	5	3	8	5	2	6	0	0	0	2	1	0
2学年	2	1	1	4	0	5	4	0	6	8	0	16	0	0	0	2	0	0
3学年	3	0	0	8	0	3	2	0	1	13	0	4	0	0	0	0	0	1
4学年	0	0	0	6	0	3	5	1	0	21	0	7	0	0	0	1	0	1
5学年	7	0	0	0	0	3	5	0	0	17	0	9	0	0	0	0	0	3
6学年	1	0	0	7	0	2	6	0	0	18	0	5	0	0	0	1	0	0
計	16	1	3	26	0	18	27	4	15	82	2	47	0	0	0	6	1	5

この結果について考察を加えると，

ア　導入の段階に利用される資料

低学年においては，スライド，紙しばい，絵話などの視聴覚資料が多く使われていること，中学年から読み物資料が数多く使われてくること，また，記録，写真，調査統計などが2年生以上に取り上げられていることなどがわかる。また，これと反対に，中学年をへて高学年となるにしたがって，スライドを除く視聴覚資料の数が減少すると同時に，読み物資料が多くなってきていることがわかる。

これについては，「おもな指導の方法の分析」のところにも述べてあるので省略する。

イ　展開の段階に利用される資料

展開の段階に利用する資料は，量の上からも，また，資料の種類の上からも多くなることは当然と考えられるが，この場合にも導入の段階と同様のことが言える。

ウ　整理の段階に利用される資料

整理の段階には話し合いによるまとめといった形が主となり，この段階で利用される資料の量は当然少ないことが予想されたが，結果も同様となった。

35年度の研究討議の際，すぐれた文学作品（読み物）やスライドなどを利用した場合には，鑑賞後の深い感動，感銘に包まれたうちに道徳の時間を終え，まとめの話し合いなどでいたずらなほり返しをしないほうがよいのではないか，ということが，大きな問題となった（5年主題「リヤ王」——スライド——）36，37年度にも文学作品や伝記などの扱い方について，深い討議がかわされたが，このことについては他の項（資料についての改善）を参照されたい。

第5節　道徳の時間の主題と他領域の教育活動との関連についての試み

この問題を究明するために，まず道徳の時間の各学年の主題と他領域の教育活動との関連を本校の指導計画（昭和36年度）に基づいて調査し，その結果道徳の時間の指導を効果的にするためには，各教科，特別教育活動，学校行事等がどのような役割を果たすことが望ましいか，という課題を解明することにした。

1　調査の目的とその方法

本校では昭和35年度に道徳の指導を充実するために，他の領域から素材と資料を抽出して指導計画の補充をすることを目ざし，指導方法や展開例を通して資料を位置づける研究をして第２次指導計画を改善した。このようにしてある程度，素材や資料が指導計画の中に定着できたのであるが，今にして思えば，それは素材群ともいうべきものであって，むしろ道徳教育の全体計画的な立場からの検討とも言える。しかし全体的立場が明らかになるにつれて，道徳の指導に深化統合発展がもたらされるものである。そこで第１章で述べたように道徳の時間の指導と，他の教育活動との関係を明らかにするために，まず実態を明確にするための調査を進めたわけである。調査にあたっては，35年度の素材群作成のころにさかのぼって考えてみた。

その手順として

(1) 各教材から，36項目に該当する内容を引き出した。（各教科の研究部員により一覧表の作成）

(2) 各学年で各教科から，選び出された教科の内容や教材を道徳の主題に，素材群として位置づけた。

(3) さらに視聴覚教材としてのラジオ，テレビの番組より，あるいは市販のスライド，紙しばい等より道徳の主題に適当な素材や資料を位置づけた。

(4) 本校の図書館より，読み物資料を選び出し，また新聞，雑誌その他参考になる資料から道徳の資料や素材を位置づけた。

以上の手続きをとって，抽出した資料や素材は，それらすべてを必ずしも主題の展開に実際に利用したわけではない。そこでその後，素材群より選んで，実際に指導し，実践の結果に基づいて比較検討が加えられて資料や素材の精選が行なわれた。こうして第３次指導計画に定着したのである。しかしその精選された以外の残された資料や素材は，他の教

育活動のすべてにおいて，道徳教育上参考になるものである。そこで今回の調査は，特に道徳の主題と密接な関係をもつ，各教科の教材や内容を，35年度の資料や素材集から選び出して再検討することにした。

2　各教科と特別教育活動，学校行事等と道徳の主題との関連ひん度表

ここにあげた数字は各教科の教材，特別教育活動の題材，および学校行事の中から道徳の時間に密接に関連のあるものを取り上げたものである。

他の教育活動との関連（図表１）

	学年別，道徳の時間に深化し発展するもの					
教科別	1　年	2　年	3　年	4　年	5　年	6　年
国語	10	6	2	7	6	8
社会	13	6	0	6	0	6
算数	1	0	0	0	0	0
理科	1	1	1	1	0	0
音楽	5	0	0	0	0	0
図工	0	1	0	0	0	0
体育	0	0	0	1	0	0
特活	15	14	11	14	13	9
行事	0	2	9	1	0	3

各教育活動には，それぞれ独自の目標がある。

そこでたとえば各教科では，本来の目的をもって学習を進めていくことが，そのまま道徳教育につながる意味をもっている。したがって道徳教育のために，各教科の学習が利用されるということは，望ましい姿でないと考えられる。特にこの表で明らかなとおり，国語，社会に，道徳的な内容の多いことがわかる。そこで道徳と国語・社会とは，特に密接な関係をもって，国語の読解指導，読書指導を通して道徳的心情を養ったり，社会科で社会認識を高めることによって，道徳的理解や判断を高

めることを考えるべきである。さらに道徳的習慣や態度を養う機会は，各教科はもとより，特別教育活動，学校行事等の指導を通して常に留意しなければならないことである。特に道徳の実践活動は時間的にかぎられているので，特別教育活動や学校行事等でそれに結びついた実践指導をすることが考慮されなければならない。

他の教育活動との関連（図表２）

他領域の教育活動における単元や題材や行事名と道徳の時間のねらい（道徳的内容）との結びつきについての例

No	学年	領域と各教科，特活，行事	他領域と単元名	月	内　容	主題名	月	主題のねらい
1	3年	国　語	本をよんで（ピノキオ）	11月	内容と感想を中心にしておおよその筋をつかませる。	ピノキオの行ない	12月	よく考えて行動することがたいせつであることに気づきさそいがあってもまけないで正しく行動する態度を育てる。
	6年		人間の本分（ひとりひとりの人間）	1～2月	人間の尊厳と価値を知らせようとする，社会における個人のあり方，真の個人主義。	人間の尊重	1月	人はだれでも同じように尊重し人の立場や心をたいせつにして愛情や尊敬の念をもって接する態度を育てる。
2	5年	社　会	工業の発達とわたしたちの生活	9月	日本の工業の発展につくした先人に感謝し国民としての責任を自覚する。	発明発見につくした人々	10月	真実を探究しようとする先人の努力，人となり業績にふれ真理探究への意欲を高める。
3	1年	算　数	おきゃくさんごっこ	5月	さし絵や掛け図を利用してごっこ遊びを通してよい校風や習慣化を図る。	おきゃくさま	1月	明るくはきはきした応待ができ服装，言語，動作など時と場に応じて適切にし，正しい礼儀作法が身につくような態度を養う。
4	3年	理　科	からだとしせい	6月	自分のからだをたいせつにする。	夏の健康	7月	きまりのある生活をし，自主的な態度のもとに健康・安全の保持につとめる習慣を身につけさせる。

No	学年	領域と各教科，特活，行事	他領域と単元名	月	内　容	主題名	月	主題のねらい
5	1年	音　楽	よいこのうた	5月	みんないいごあいさつ。よいこのおへんじでおむかえに楽しく歌う。	よいことば	5月	先生や友だちにおはよう，さようならなどはっきりあいさつができるようになることを主眼とし日常の簡単なあいさつ作法ができるような態度を養う。
6	2年	図　工	おてつだい	11月	進んで手つだう態度を養う。	たのしい夏休み	7月	時間をたいせつにし，きまりのある生活をさせる。
7	4年	体　育	機械運動	6月	用具の取り扱いの決まりを守る。	みんなのもの	2月	公共物のたいせつさを知り，よい扱い方をくふうする態度を養う。大ぜいの人のことを考え自分の身辺を常に美しく保ち，公衆衛生を守る態度を養う。
8	4年	特　活	特活目標３中学年	4月	自主的な態度を身につけ企画する能力をのばす，係りの仕事を計画する。	学級のきまり	4月	規則のたいせつなことや意義を知り，進んできまりを守りきまりを改善するような態度を養う。
9	6年	行　事	開校記念日	6月	卒業生の幹事会を利用して感想を集め深化させる。	開校記念日	6月	わたしたちの学校の歴史や伝統について理解させ，よい校風を作るために自覚とほこりをもって努力する意識を育てる。

この表は本校における各教科の指導内容のうち道徳的事項に関連をもつものの例をあげたものであって，他教科とどのように結び，交流され実践指導されているかを考察したものである。

他の教育活動との関連（図表３）

1年　道徳の時間の主題と他領域の教育活動との関連表

月	主題名	内容番号 中心	副	副	指導上関連する教育活動（各教科，特活，行事等）	指導上の留意点
4月	学校のいきかえり	1	6	29	特５（低3,4） 社　きんじょの道	・道徳の指導や社会科の指導で強調し身の安全の徹底を図る。
5月	おかあさんありがとう	33	25		社　うちの人々の仕事 音（１）あめふり	・社会でおかあさんの仕事を理解させ感謝と尊敬の気持ちをおこさせる。 ・深化に役だてる。
	よいことば	3	15		音（１）よいこのうた，みんなよいこ。ごあいさつ，よいこのおへんじ，おむかえ。 国（１のⅠ）がっこう，おはよう，さようなら，あいさつや返事。 特７（低2,3）	・道徳の時間の指導を音楽の指導でくり返しリズム感とともに身につけさせる。 ・国語の指導でも一般化し，くり返し強調する。 ・日常実践の徹底（あいさつが正しくできる，悪いことばを使わない）
	みんななかよく	26	13		国（１のⅠ）たのしいあそび ㈠すなば　㈡こくばん ㈥しりとり 社　おともだち 音（１）なかよしこよし	・友だちどうし仲よく遊ばなければ楽しい学校生活ができないことを強調する。 ・深化に役だてる。
6月	きれいなからだ	1	4		社　じょうぶなからだ つゆの衛生，健康診断，予防注射，なつのくらし 病気やけが 特１（低1,2,3,4,5,6,7） 特９（低２） 社　たのしいあそび 国（１のⅠ）たのしいあそび 特９（低２）	・社会科の指導で内容を重視し理解させる。 ・日常生活指導において実践の徹底を図る。 ・いろいろな遊びがあることを知らせ雨の日に適した遊びが選べるようにする。 ・日常生活で実践の徹底を図る。
	きれいにしましょう	4	1			
	雨の日のあそび	29	21			
	学級文庫の使い方	32	5			
7月	いきものをかわいがろう	16	9		理（１）とり，うさぎ，きんぎょ，めだか，はるののやま，あさがおのせわ，興味と関心を深め愛育する気持ちを高める。 社　なつのくらし，あそびかたのくふう。 特９（低１）	・理科の時間に興味と関心を深め愛育する気持ちを高め実際の飼育に発展する。 ・道徳の指導を理科の飼育栽培，社会科の指導で強調する。 ・日常の実践活動においてくり返し指導する。
	鐘がなっているよ	6	2		社　なつのくらし 特５（低４）	・日常生活において強調し習慣化を図る。 ・学校児童会と関連づける。
	わたしのしごと	31	19		国（１のⅢ）おつかい　①がっこうからうちへ　②おばさ	・おつかいがじょうずにできた時のたのしい気持ちを扱う。

月	主題名	中心	副	副	指導上関連する教育活動	指導上の留意点
9月					んのうち 社　うちの人々の仕事 特３（低１） 特９（低3,4）	・家庭での自分の役割を考えさせ自発的にそれができるようにさせる。 ・日常生活での実践。
	うんどうかい	12	29		国（１の１）うんどうかい 社　うんどうかいとえんそく 特５（低3,4）	・日常生活指導において最後までがんばりぬく気持ちを育てる。
10月	たのしいえんそく	32	29		社　うんどうかいとえんそく 特８（低1，2，3）	・たのしい安全な遠足のあり方を考えさせ実践にうつせるようにする。 ・その場での実践の徹底。
	あやまち	13	28	10	特６（低1，2）	・あやまる，ゆるすことがらを理解させる心情を深める。
	うしわかまる	19	12		音（１）いっすんぼうし 特３（低３）	・本気でものごとをやりぬく心情をつちかう。
11月	どうぐをたいせつに	5	32		特９（低1，2）	・道徳の指導を日常生活で実践させる。
	こまったときのこと	28	13		特６（低1，2）	・日常生活の事例から強調し心情を深める。
	しまのさるたち	31	4		特３（低１）	・日常生活指導において強調し習慣化する。
12月	じぶんでできること	2	4		特２（低２）	・日常生活指導の徹底を図りよい生活習慣が身につく。
	おてつだい	31	33		社　うちの人々の仕事 おかあさんの仕事 年のくれとお正月 お正月を迎える家での用意 国（１のⅢ）おつかい　伝言のしかた 特９（低3，4）	・国語におけるおつかい，社会科におけるうちの仕事，おかあさんの仕事の内容を重視して指導する。 ・道徳の指導を国語，社会の指導で一般化し習慣化する。
	お正月	14	5		社　年のくれとお正月 国（１のⅢ）もうすぐお正月 ねんがじょう，はねつき，たこあげ	・正月のたのしさをもとにしてよい生活態度について強調し実践させる。
1月	おきゃくさま	3	15		算（１の上）おきゃくさんごっこ 特７（低1，2，3）	・算数のさし絵や掛け図を利用して，ごっこ遊びを通してよい校風や習慣化を図る。
	ありとはと	24	26		国（１のⅡ）ありとはと（長文の読みと素ぼくな感想の表現） 音（１）すずめのおやど，うらしまたろう 特７（低２）	・国語において素ぼくな感想の表現より困っているものをたすける気持ちを深化する。 ・日常生活において一般化し強調しその心情をつちかう。

2月	きゅうしょくのおばさん	25	26			
	やくそくをまもろう	10	6		特5（低1,2,3,4）	・児童会や友人関係における日常生活の習慣化を図り実践化する。
	ないた赤おに	26	13		社　おともだち 特6（低2）	・道徳の指導を社会科および特活で一般化し，くり返し指導する。
	こどもかい	21	26		国(1のⅢ)たんじょう会，たんじょう会の場を計画して話す。 社　みんなのたんじょう会（会を開くためにどんな人々の力がいるか） 特4（低1,2,3）	・国語において会の計画内容人々の協力に重点をおいて指導する。 ・道徳の指導を社会科の指導で一般化し実践化する。
3月	わたしのすきな人	7	26		音(1)すずめのおやど 特6（低2）	・日常生活において一般化し強調しその心情を育てる。
	もうすぐ2年生	19	25		国(1のⅢ)2年生になったら進級の喜びと今後への希望 特8（低1,2,3）	・道徳の指導と国語の指導でさらに強調し現実の問題から出発してより高いモラルを皆で追求し実践への意欲を高める。

2年　道徳の時間の主題と他領域の教育活動との関連表

月	主題名	内容番号 中心	副	副	指導上関連する教育活動（各教科，特活，行事等）	指導上の留意点
4月	力を合わせて	31	30		社(2)おひゃくしょうさん・大そうじ　時の動け合い。近所の助け合い，むらの助け合い	・世の中の人もみんな助け合って生活していることを知り，協力の必要なことを徹底させる。
	じゅんばんを守ろう	29	32		社(2)みちとのりもの 行事（遠足）	・実践性を高めるよう指導する。
	草花のせわ	16	2		理（2）(一)草花のそだちかた　春のたねまき 行　緑の週間，愛鳥週間	・理科学習の場で実践化をはかる。
5月	子どもの日	15	14		行　こどもの日 特1（低3）	・こどもの日の祝日前後にさらに深化し実践化するよう指導する。元気に遊ぶ。
	春夫君のけが	1	29		社(2)おいしゃさん 特9（低3）	・日常実践の徹底。
6月	みんなで使うもの	32	5		特5（低3）	
	あそびのくふう	21	1			・日常生活の徹底。

	からすのものまね	8	2		特2(低2)	・自分の考えをはっきりいう。
7月	たのしい夏休み	6	8		国（2のⅠ）なつやすみ(一)先生へのてがみ(二)にっき 国（2のⅡ）なつやすみの計画をたてよう。おてつだい	・具体的に生活のしかたをほりさげる。 ・進んでおてつだいをしよう。
9月	あらしの日	24	26		社(2)おひゃくしょうさん。いねかりと天気。	よいと思った事は行なう　友だちをたいせつにする　困っている人を助ける　ような態度をくり返し指導する
	もう一度やってみよう	12	20		国(2のⅠ)(六)夏休み(二)にっき 特2（低4） 特5（低2） 特6（低2）	
	うんどう会	14	15			
10月	しまつよく	4	8		特2(低1)	・日常生活での実践を徹底する。
	おじいさん，おばあさん	25	33		国(2のⅠ)てつだい，せんたく，るすばん 行　としよりの日	
	友だちのあやまち	7	28		特5(低2)	・友だちをたいせつにする指導をくり返し指導する。
11月	みんななかよく	26	24		国(2のⅡ)(三)おしくらまんじゅう　特5（低2）	同上
	ただしいみなり	3	14		特7(低1)	・日常生活での徹底を図る。
	自分のことはじぶんで	2	31		特2(低1)	同上
12月	いなばのしろうさぎ	13	24		特6(低2)	
	お年だま	5	20			
1月	国のおいわいの日	35			行　1月1日成人の日	
	なたつぼし	24			特6(低1，2)	・日常生活での徹底を図る。
2月	わたしのうち	33	31		国(2のⅡ)(二)てつだい 特9(低4)	・先生や親のお手伝いをすすんでやる日常生活での実践化を図る。
	金のおの	10			特6(低2)	
3月	学校でおせわになった人	25	3		社(2)ゆうびんやさん，しょうほう，おまわりさん	・公共のために働く人々の学習を通してさらにそれらの人への感謝の気持ちを深める。
	もうすぐ3年生	19	18			

3年　道徳の時間の主題と他領域の教育活動との関連表

月	主題名	内容番号 中心	副	副	指導上関連する教育活動（各教科，特活，行事等）	指導上の留意点
4月	友だちどうし	26	7	27	特5（中4）	
	私たちの教室	4	2	20	特1（中2）	
5月	学級会	2	14		特2（中2）　児童委員選挙	
	明かるい心	15	3		特8（中3） 行　こどもの日	・明るい協調的な人間形成。
6月	フランダースの犬	16	9	17	特9（中3） 行　緑の週間	・動植物の愛護の実際を。
	私の生活表	6	20	29	愛鳥週間 時の記念日	・時間のたいせつさを自分の生活へ
7月	けんきゅうノート	21	18	22	行　夏休み作品展 国語　楽しい工作	・夏休みの作業の実際化に。
	夏の健康	1	29		行　交通安全旬間 理（3）からだとしせい	・日常実践の徹底。
9月	としよりの話	25	35		行　老人の日，勤労感謝の日	・行事の意義を深める。
	よごれた遊園地	32	7	31	行　えんそく	・公共物の扱いの実際を実践させる。
10月	人の気持ち	7	24	28	特5（中1）	
	私のかんがえ	8	11		特2（中1）	
11月	まごころ	10	12	19	特5（中3） 国（3のII）げき	・正直であることのたいせつなこと。
12月	ピノキオの行ない	11	9	13		
	おこづかいのゆくえ	5	20			
1月	エチケット	3	14	34	特7（中4）	・伝記物を事前指導として読ませて道徳の時間の用意としておく。
	わたしはこんな人になりたい	19	12	23	特6（中2） 行　読書週間	
2月	小さなしんせつ	24	7	26		
	人のとくちょう	18	13	19		
3月	いろいろな国の人	36	7	35	行　国旗制定記念日	・国旗に対する考え方を道徳の時間に深めるために事前指導とする。
	少年金次郎	31	12			

4年　道徳の時間の主題と他領域の教育活動との関連表

月	主題名	内容番号 中心	副	副	指導上関連する教育活動（各教科，特活，行事等）	指導上の留意点
4月	学級のきまり	29			特3（中1）	・学級会，係り活動，日常生活等で実践をめざす。
	勉強と遊び	14	2		夏休み 特3（中2）	・日常生活の指導へ発展しそれが夏休みへの自主的生活に

月	主題名	中心	副	副	指導上関連する教育活動	指導上の留意点
						むすびつくようにする。
5月	アルプスの山の少女	17	24	26	国語（読書指導，作文等に関連して）	・美しさをすなおに認めるような心情を指導と関連づける。
5月	わたしたちの学校	34	2	9	国（4のII）新しい校舎 行　開校記念日 社（4の下）㈣きょうどを開いた人々 特7（中4）	・学校に対する愛着の気持ちを感じとらせる。 ・開校記念日の意義を徹底させる。 ・学校，きょうどを発展させるために多くの先人の努力のあることを理解させる。 ・日常の児童会活動，学級会活動に積極的に参加させる。
6月	当番	20	9	13	特6（中2）	・道徳では深化し実践活動に発展させる。
	おともだち	26	13	28		
7月	九九の勉強	21	26		国（4のII）㈥　発表 特2（中1）	・道徳では創意くふうの重要性を考えさせ， ・国語ではその実際を学びとらせる。 ・日常生活も目を向けさせる。
9月	住みよい学級	7	13		特5（中2）	・日常生活における友だち関係に問題をうつして考えさせる。
	わざとやったんじゃない	28	26		特5（中4）	・日常実践人の立場を考えるようにする。
10月	よい遊び悪い遊び	13	5		特2（中4）	・日常生活と関連をもたせて考えさせる。
	燈台を守る人々	30	29		特6（中2）	・日常の係り活動等に結びつけて実践化を図る。
11月	玉川兄弟	25	12		社（4の下）㈣　きょうどを開いた人々 社（4の上）㈢　すすんだ交通 交通通信の歴史	・社会の時間には先人の偉業について理解させる。
	はたらく人々	31	25		特9（中1） 社（4の下）㈡　土地とくらし 国（4のII）㈠　鉄道機関車	・日常生活，係り活動などの徹底。 ・農村，山村，漁村等の人々のくらしのくふう，苦心を復習的に扱う。 ・人間の働きに対する作者の感動を主題とむすびつけて考えさせる。
12	三日ぼうず	19	12		理科，社会等の研究作品	・本主題の実際例として取り上げる。

月	主題名	中心	副	副	指導上関連する教育活動	指導上の留意点
月					社（4の下）きょうどを開いた人々——用水をひく——	・道徳の指導の実際の例として扱う。
12月	リンカーン	11	7	13	特2（中2）	・道徳指導を日常生活で徹底する。
1月	ことしはこんなことをしよう	18	8	23	夏休み　冬休み 特5（中3）	・道徳の時間の素材として扱う。 ・日常生活への発展を考えさせる。
	雨にも負けず	12	11	27	社（4の下）きょうどを開いた人々	・道徳の指導を反復する。
2月	みんなのもの	32	4	5	特2（中3） 体　道具のあとしまつ	・道徳の時間に理解させ，日常生活で徹底を図る。 ・素材として扱ったり，発展として扱う。
	わたしたちの国	35	36		社（4の上）㈣　大むかしのくらし 国（4のII）㈡　美しい心——スイスの小旗——	・社会科での学習を道徳で素材として反復する。 ・国旗に対する認識をさらにここで深めさせる。
3月	わたしのしごと	9	29		特2（中2）	・発展として日常生活の反省をしそれを土台として徹底する。
	1年間をふりかえって	8	13	21	国（4のII）天下一の馬	・主人公の人間性にふれさせそうした心情を育てる。

5年　道徳の時間の主題と他領域の教育活動との関連表

月	主題名	内容番号 中心	副	副	指導上関連する教育活動（各教科，特活，行事等）	指導上の留意点
4月	よくない遊びにさそわれたとき	8	19		特3（高1）	・日常実践の徹底，自分の行動に責任をもつ。
	われた窓ガラス	9	29		特9（高2）	
5月	どちらが正しいか	28	7	24	特5（高2）	・日常生活における行動に責任がもてるように反復指導する。
	学校の仕事	30	9	31	特5（高3，4）	
6月	できなかった宿題	20	21	22	社（5の下）工業の発達，豊田佐吉	・計画を立て合理的に仕事を進められるような心情を深める。
	くもの糸	13	7	28	特9（高1）	
7月	遊びと勉強	21	18		特3（高1）	・常に自分の生活を反省する習慣をつけるように指導する
9月	学校のきまり	29	19		特5（高4）	・日常実践への徹底を図る。 ・ひとりひとり人格を尊び男女の偏見をもたぬよう日常くり返し強調する。
	男子と女子の協力	7	26		特7（高3）	
10月	ナイチンゲール	36	7		国（5のII）世のために，けんび鏡とともに	・国語において北里博士のたゆまぬ努力を強く押えるように指導する。
	発明発見につくした人々	22	21		社（5の下）工業の発達をわたしたちの生活	・工業の発達につくした先人に感謝する。
11月	働く喜び	31	25		特6（高2）	・日常実践の徹底。 ・国語における良寛の人間性

月	主題名	中心	副	副	指導上関連する教育活動	指導上の留意点
	リヤ王	10	26		国（5のII）良寛	をしっかりつかませる。
12月	なかま	11	10	20	国（5のII）がん 特6（高2）	・残雪の勇気と仲間思いの点をおさえ心情を深める。
	助けあい	24			国（5のI）古ぐつホテル	・国語における出場人物の思いやりの心を読み取らせ心情を深めるよう指導する。
1月	野口英世の少年時代	12	8	19	国（5のI）母の手紙 特6（高2）	・野口英世と母の気持ちを考えさせる。
	親友	26	7	10 24	特5（高3）	・常に全体のためを考えて行動する面の心情を深める。
2月	こわれた机	32	3		特2（高3）	・日常生活における実践化への徹底を図る。
3月	わたしの希望	19	13	3. 18	国（5のII）人のくふう，いねの改良	・失敗にくじけず常に努力する内容を強くおさえる。

6年　道徳の時間の主題と他領域の教育活動との関連表

月	主題名	内容番号 中心	副	副	指導上関連する教育活動（各教科，特活，行事等）	指導上の留意点
4月	自主自律	8	19	23	特2（高2）	・正しく判断して積極的に行動する。人にたよらない実践化の徹底を期す。 ・社会科の指導で知識をまとめておく。さらに道徳の時間に深化させる。
	生活ときまり	29	9		社（6の上）生活と政治（児童会） 特3（高1）	・学級会に発展するように問題を残しきまりの改善をさせる。
5月	明かるい学校	30	26		社（6の上）わたしたちの生活と政治	・法に従うこと，正しい選挙のあり方，国民の権利義務を学び日常生活に活用させる。
	自由と責任	9	7	26	特9（高2）	・人の立場を理解し勤務には責任を持ち日常生活への徹底を図る。
6月	開校記念日	34	17	22	行　開校記念日 特7（高1，3，4）	・卒業生の幹事会を利用して感想を集め深化させる。 ・実践的話し合いの場を学級会に発展させる。
	公徳心	32	1		特7（高2）	・実情を調べたり経験を思考したりして公衆道徳を守らせる。
7月	私の考え	18	2		国（6のI）ペンの力	・ノースクリッフの伝記の少年時代の夢を達成させた内容を自己反省の資料とさせる。
9月	ゆうわく	11	20		特5（高1）	・学級の友人関係を調査しておき実態をつかむ。
	日本をみつめよう	35	36		国（6のI）日本の国，東西文化の交流	・日本各地や時代によるよさを読みとらせ，よい面への方

月	主題					関連教材	留意点
							向へ発展させる。
10月	人類の幸福	36	17			社（６の下）世界の平和と親善	・社会科では２月教材になるので道徳で指導し思い出させる。
	友　　情	26	7			国（６のⅠ）富士山ちょう，ペンの力	・大きな仕事をなしとげるには真の協力者がいかにたいせつかを考えさせ理解しうけいれる。
11月	働　く　詩	31	25			国（５のⅡ）みんな働く，ぼくはペンキ屋さん 特９（高４）	・５年に関連しているので発展的に扱う。 ・部活動の仕事を通して勤労への意欲を高める。
	進　　取	23	19			国（６のⅠ）決死の旅	・恵海の心を読みとらせこの主題に発展させる。
12月	子じか物語	17	16	33		国（６のⅡ）すずめの生活	・愛情をもって生き物に接することを特に重視して指導する。
	助け合い	24	36			社（６の下）平和をきずく心 特２（高１） 行　歳末助け合い運動	・弱い人や不幸な人々をいたわる態度を常にもつよう日常指導する。
1月	人間の尊重	7	36			国（６のⅡ）人間の尊さ 社　これからの世界と日本 特５（高２）	・ひとりひとりの人間の内容を重視して指導する。 ・社会科の指導で一般化しくり返し強調する。
	将来の希望	19	12			国（６のⅡ）映画の歴史，ペニシリンを作り上げた人々	・発明発見の苦心に共感させ創造の精神を養い，将来に希望をもたせる。
2月	最後の授業	35				社（６の下）おそろしい戦争	・戦争のおそろしさ，祖国愛，平和を願う心に関連づけて扱う。
3月	記念の木	34	25			行　卒業式 特７（高３）	・卒業式などに進んで協力的態度でのぞむように指導する。 ・世話になった人々への感謝（日常実践の徹底）

3　他の教育活動との交流について

(1)　３年国語，「本を読んで」（ピノキオ）について11月に内容や文章について深く考え味わっており，また読書の習慣もある程度養われている。道徳の時間，「ピノキオの行ない」（主題）に12月扱いにおいては，ピノキオはどんなこどもでどんなことをしたかについて導入でかるく扱うことができる。したがってその時の気持ち，立場，判断，勇気をもっ

て行動することをねらいとする学習に深みをもたせることが容易と考えられる。

(2)　５年社会科（工業の発達とわたしたちの生活）の内容を展開の事例として素材（資料）と対比して判断させる。

(3)　１年算数（おきゃくさんごっこ）の掛け図，さし絵を素材（資料）として発展させ，児童の問題追究への意欲と興味をもたせる。

(4)　３年理科（からだとしせい）を生活化に役だたせる。すなわちまとめて具体的な実践意欲を盛り上げる資料として扱う。

(5)　１年音楽（よいこのうた）問題を単純化して提示する歌を通して，楽しく問題に気づき満足感を与え実践化に発展させる。

(6)　２年図工（おてつだい）道徳の時間から教科に，行動の調査や観察をもとにして教科でさらに意識を高める。

(7)　４年体育（機械運動）日常問題として深化させ，習慣化の事例として対比追究する。

(8)　特別教育活動，学校行事等，本校特活目標（低学年，中学年，高学年）を掲げ，その目標との関連において道徳の主題や学級会の議題などが決められ，年間計画が月生活目標のもとに統一され組織的に作成されている。

以上全人的育成に努める手がかりとして，他の領域の教育活動の内容，教材が児童の道徳的な問題として取り上げられ，深化のはしわたしとなることの一端を示した。これらは道徳の資料として利用すれば，道徳的な判断・習慣・心情を高める手がかりとなることもわかった。すなわち各教育活動本来の目的達成とともに，児童の全生活を通して道徳教育が高められるように，教師はひとりひとりのこどもにいきとどいた配慮をしなければならない。その基本は本校道徳教育の基底に示されている。

MEJ 3034

初等教育実験学校報告書 4

小学校

道徳指導計画改善の観点

昭和38年7月1日印刷
昭和38年7月5日発行

著作権所有 文部省

東京都新宿区市ケ谷船河原町6
発行者 教育図書株式会社
代表者 久本弥吉

東京都文京区西江戸川町21
印刷者 二光印刷株式会社
代表者 佐藤精亮

東京都新宿区市ケ谷船河原町6
発行所 教育図書株式会社
電話 (331) 5536―9
振替口座 東京12565

定価 115円

小学校指導資料等一覧

書		名	定価	発行所
国語	1	読むことの学習指導	125円	光風出版
〃		作文の指導I		東洋館
社会	I	社会科学習指導法-低・中学年中心-	113円	光風出版
〃	II	〃 -高学年中心-	108円	教育図書
算数	I	数と計算の指導I	95円	大日本図書
〃	II	〃 II	75円	教育図書
理科	I	低学年の指導	92円	大日本図書
〃	II	低学年の理科施設・設備とその活用	94円	〃
音楽	I	器楽の指導	600円	東洋館
〃	II	鑑賞の指導	220円	〃
図画工作	I	デザイン学習の手びき	215円	日本文教出版
〃	II	彫塑学習の手びき	139円	学校図書
家庭	I	第5学年の家庭科の学習指導	55円	開隆堂
〃	II	第6学年の家庭科の学習指導	108円	〃
道徳	I	道徳指導計画の事例と研究	120円	光風出版
〃	II	道徳指導方法の事例と研究	190円	〃
〃	3	道徳についての評価	40円	日本文教出版
〃	4	読み物利用の指導I（低学年）	74円	東洋館
〃	5	読み物利用の指導II（中学年）	81円	〃
〃	6	読み物利用の指導III（高学年）	89円	〃
特別教育活動	I	特別教育活動の指導計画作成と運営	65円	光風出版
〃	II	児童会活動の事例と研究		
学校行事等	I	学校行事等実施上の諸問題の研究	70円	光風出版
〃	II	優式の事例と研究		
学校図書館		小・中学における学校図書館利用の手びき	185円	東洋館
〃		学校図書館の管理と運用	229円	〃
実験学校報告書	I	道徳の評価	110円	〃
〃	2	特別教育活動指導計画のあり方	130円	教育図書
〃	3	音楽の指導法に関する二つの実験研究		音楽教育図書
〃	4	道徳指導計画改善の観点	115円	教育図書
〃	5	クラブ活動の効果的な運営	75円	〃

教育図書株式会社 発行

¥115

編集復刻版 戦後改革期文部省実験学校資料集成（せんごかいかくきもんぶしょうじっけんがっこうしりょうしゅうせい）

第Ⅲ期　全3巻

2018年5月20日　第1刷発行

揃定価（本体75、000円＋税）

編・解題者　水原克敏

発行者　小林淳子

発行所　不二出版

東京都文京区水道2-10-10

TEL 03（5981）6704

印刷所　富士リプロ

製本所　青木製本

乱丁・落丁はお取り替えいたします。

第1巻　ISBN978-4-8350-8203-5

（全3冊 分売不可 セットISBN978-4-8350-8202-8）